全面从严治党及其实践路径

杨根乔 等 著

中国科学技术大学出版社

内 容 简 介

本书在吸收借鉴国内学术界现有研究成果的基础上,运用跨学科研究方法,从全面从严治党的形成依据、发展历程、重大意义、科学内涵、主要内容、鲜明特点、实践路径与具体对策等方面,对新时代全面从严治党进行较为系统的研究。在突出宏观研究优势的同时,力求从研究视角、研究内容等方面寻找新的突破点,以更加开阔的视野和更为多样的维度,强化对贯彻落实全面从严治党的研究。

本书既希望引起学术界对这一领域的关注和研究,同时也能为高校、科研院所等研究人员开展相关研究提供有益参考,为党和政府有关部门制定有关政策提供理论依据。可供高校、科研院所和党政机关使用,也可作为广大党员干部、专家学者的阅读参考用书。

图书在版编目(CIP)数据

全面从严治党及其实践路径 / 杨根乔等著. -- 合肥:中国科学技术大学出版社,2024.12. -- ISBN 978-7-312-06128-8

Ⅰ. D26

中国国家版本馆CIP数据核字第2024YY6524号

全面从严治党及其实践路径
QUANMIAN CONGYAN-ZHIDANG JI QI SHIJIAN LUJING

出版	中国科学技术大学出版社 安徽省合肥市金寨路96号,230026 http://press.ustc.edu.cn https://zgkxjsdxcbs.tmall.com
印刷	合肥市宏基印刷有限公司
发行	中国科学技术大学出版社
开本	787 mm×1092 mm　1/16
印张	25.5
字数	542千
版次	2024年12月第1版
印次	2024年12月第1次印刷
定价	98.00元

前　言

办好中国的事情，关键在党，关键在坚持党要管党、全面从严治党。全面从严治党是党的十八大以来党中央作出的重大战略部署，是新时代坚持和发展中国特色社会主义基本方略的重要组成部分，也是新时代加强党的建设最鲜明的主题。全面从严治党的核心是加强党的领导，它的基础在全面，关键在严，要害在治。

进入新时代，以习近平同志为核心的党中央根据新时代党的建设面临的新情况和新问题，深刻总结历史上党通过自我革命保持先进性和纯洁性并领导各项事业胜利前进的宝贵经验，将全面从严治党纳入"四个全面"战略布局，以前所未有的勇气和定力推进党风廉政建设和反腐败斗争，全面从严治党取得了历史性、开创性成就，产生了全方位、深层次影响，党在革命性锻造中更加坚强有力，焕发出新的强大生机活力，开辟了百年大党自我革命的崭新境界，探索出依靠党的自我革命跳出历史周期率的成功路径。

新时代全面从严治党取得的伟大成就，根本在于以习近平同志为核心的党中央坚强领导，在于习近平新时代中国特色社会主义思想科学指引。在不断推进全面从严治党这一新时代党的自我革命的伟大实践过程中，围绕"建设什么样的长期执政的马克思主义政党、怎样建设长期执政的马克思主义政党"这一重大时代课题，习近平总书记先后发表了一系列关于全面从严治党的重要论述。这些重要论述，是习近平新时代中国特色社会主义思想的重要组成部分，是构建中国化的马克思主义党建理论体系的最新成果，是推进新时代党的建设新的伟大工程的行动指南和根本遵循，丰富和发展了马克思主义的建党学说，为中国特色社会主义事业发展提供了坚强保证。

当前，深入研究阐释新时代全面从严治党及其实践路径，无疑是新时代新征程上坚持和发展中国特色社会主义的一种有效形式。本书重点研究新时代全面从严治党理论与实践，这是建党100多年尤其是改革开放40多年来，中国共产党人进行党的建设理论和实践创新的最重要成果，它传承和弘扬了党的建设的宝贵历史经验，深化了管党治党的科学内涵，系统回答了我们党为什么要全面从严治党、为什么能全面从严治党、怎样推进全面从严治党等重大理论和现实问题。

全书分为上、中、下3篇,共13章,从宏观视角对新时代全面从严治党及其实践路径进行了较全面和系统的研究。其中,上篇为全面从严治党的形成依据与重大意义,主要研究新时代全面从严治党的形成依据、发展历程和重大意义;中篇为全面从严治党的科学内涵与鲜明特点,主要研究新时代全面从严治党的科学内涵、主要内容和鲜明特点;下篇为全面从严治党的实践路径与具体对策,主要研究新时代全面从严治党要以政治建设为统领、以思想建设为基础、以组织建设为重点、以作风建设为抓手、以纪律建设为根本、以制度建设为保障,以深入推进反腐败斗争为关键。

以上各篇及其各章之间既相互独立又相互联系,在突出宏观研究优势的同时,注重考察历史与现实、理论与实践、国内与国外、国情与党情等因素,从研究视角、研究内容等方面实现新的突破,以更加开阔的视野和更为多元的维度,强化对贯彻落实全面从严治党的系统研究,比较全面地阐述了新时代全面从严治党的形成依据、发展历程、重大意义、科学内涵、主要内容、鲜明特点、实践路径与具体对策,建构了一个比较完整的体系。

目 录

前言 ··· (i)

上篇　全面从严治党的形成依据与重大意义

第一章　全面从严治党的形成依据 ··· (003)
　第一节　全面从严治党的理论依据 ··· (003)
　　一、马克思主义建党学说是全面从严治党的理论基石 ··················· (004)
　　二、毛泽东党建思想是全面从严治党的重要思想来源 ··················· (022)
　　三、中国特色社会主义党建理论体系是全面从严治党的直接理论来源 ··· (032)
　第二节　全面从严治党的历史依据 ··· (043)
　　一、中国共产党百余年来自身建设的宝贵历史经验 ····················· (044)
　　二、苏联共产党亡党的历史教训 ··· (052)
　第三节　全面从严治党的现实依据 ··· (059)
　　一、全面从严治党是应对世界百年未有之大变局的现实需要 ············ (059)
　　二、全面从严治党是应对国情发生深刻变化的现实需要 ················· (061)
　　三、全面从严治党是应对党情发生深刻变化的现实需要 ················· (062)

第二章　全面从严治党的发展历程 ··· (068)
　第一节　全面从严治党的提出 ·· (068)
　　一、"党要管党"概念的提出 ·· (068)
　　二、"从严治党"概念的提出 ·· (071)
　　三、从"从严治党"到"全面从严治党"的演进 ································ (075)
　第二节　全面从严治党的发展 ·· (078)
　　一、把党的思想政治建设摆在首位 ·· (078)
　　二、切实贯彻落实新时代党的组织路线 ··································· (082)
　　三、作风建设永远在路上 ·· (085)
　　四、反腐倡廉建设 ·· (088)
　　五、全方位扎紧制度笼子 ·· (091)
　第三节　全面从严治党向纵深发展 ·· (094)
　　一、把党的政治建设摆在首位 ·· (094)
　　二、深化运用监督执纪"四种形态" ··· (095)
　　三、争取反腐败斗争压倒性胜利 ··· (096)

四、着力惩治群众身边的腐败问题 ……………………………… (097)
　　五、完善党和国家监督体系 …………………………………… (098)
　第四节　全面从严治党新的发展阶段 …………………………… (101)
　　一、坚持和加强党中央集中统一领导 ………………………… (101)
　　二、坚持不懈用习近平新时代中国特色社会主义思想凝心铸魂 … (102)
　　三、完善党的自我革命制度规范体系 ………………………… (103)
　　四、建设堪当民族复兴重任的高素质干部队伍 ……………… (105)
　　五、增强党组织政治功能和组织功能 ………………………… (106)
　　六、以严的基调强化正风肃纪 ………………………………… (107)
　　七、一体推进"三不腐" ………………………………………… (108)
　　八、保持解决大党独有难题的清醒和坚定 …………………… (108)

第三章　全面从严治党的重大意义 ………………………………… (113)
　第一节　为马克思主义建党学说理论宝库增添了新的内容 …… (113)
　　一、政治建设中的"根本论" …………………………………… (113)
　　二、思想建设中的"补钙论" …………………………………… (114)
　　三、组织建设中的"关键少数论" ……………………………… (115)
　　四、作风建设中的"打铁论" …………………………………… (116)
　　五、纪律建设中的"挺在前面论" ……………………………… (117)
　　六、反腐败斗争中的"无禁区、全覆盖、零容忍"论 ………… (118)
　　七、制度建设中的"笼子论" …………………………………… (119)
　第二节　为中国共产党在新时代巩固执政地位提供了根本保证 … (120)
　　一、全面从严治党是保持党的先进性的重要保证 …………… (120)
　　二、全面从严治党是解决党内突出问题的必然要求 ………… (121)
　　三、全面从严治党是解决国内突出问题的必然选择 ………… (122)
　　四、全面从严治党是厚植党执政根基的有效手段 …………… (124)
　第三节　为实现中华民族伟大复兴中国梦提供了理论武器 …… (127)
　　一、实现中华民族伟大复兴关键在党 ………………………… (128)
　　二、担当新时代历史使命必须全面从严治党 ………………… (128)
　　三、毫不动摇把党建设得更加坚强有力 ……………………… (129)
　第四节　为世界各国政党治理提供了中国智慧 ………………… (131)
　　一、全面从严治党为世界各国共产党重树了信心 …………… (131)
　　二、全面从严治党为社会主义国家执政党建设提供了中国方案 … (131)
　　三、全面从严治党为世界政党治理提供了中国经验 ………… (133)
　　四、全面从严治党为世界各国政党治国理政提供了有益借鉴 … (134)

中篇　全面从严治党的科学内涵与鲜明特点

第四章　全面从严治党的科学内涵 (138)
第一节　全面从严治党的核心是加强党的领导 (139)
一、中国共产党的领导是中国特色社会主义最本质特征 (140)
二、深刻理解坚持和加强党的领导 (143)
三、坚持和加强党的全面领导 (146)
第二节　全面从严治党的基础在"全面" (148)
一、从全面从严治党的表述看,规律全体现 (149)
二、从全面从严治党的背景看,现实全考量 (149)
三、从全面从严治党的主体看,责任全落实 (150)
四、从全面从严治党的对象看,人员全覆盖 (150)
五、从全面从严治党的任务看,部署全方位 (151)
六、从全面从严治党的内容看,领域全涵盖 (151)
七、从全面从严治党的方法看,标本全兼顾 (152)
八、从全面从严治党的时间看,进程全盯紧 (153)
第三节　全面从严治党的关键在"从严" (153)
一、从严抓思想 (154)
二、从严抓管党 (155)
三、从严抓执纪 (156)
四、从严抓治吏 (157)
五、从严抓作风 (157)
六、从严抓反腐 (158)
第四节　全面从严治党的要害在"治党" (159)
一、明确全面从严治党的目标,解决为什么要害在治的问题 (160)
二、明晰全面从严治党的任务,解决治什么的问题 (160)
三、严实全面从严治党的责任,解决由谁来治的问题 (161)
四、抓住全面从严治党的重点,解决重点治谁的问题 (162)
五、提供全面从严治党的保障,解决靠什么治的问题 (163)
六、阐明全面从严治党的动力,解决依靠谁推动治的问题 (164)

第五章　全面从严治党的主要内容 (165)
第一节　夯实立身之本,突出政治引领作用 (165)
一、把准政治方向 (166)
二、坚持政治领导 (167)
三、涵养政治生态 (167)
四、严明政治纪律和政治规矩 (168)
五、提高政治能力 (169)

六、建设民心政治 ……………………………………………………………(169)
第二节　补足精神之钙,筑牢理想信念根基 ……………………………………(170)
一、坚定理想信念 ……………………………………………………………(170)
二、大兴学习之风 ……………………………………………………………(172)
三、开展主题教育 ……………………………………………………………(173)
第三节　匡正吏治之失,建设堪当民族复兴重任的高素质干部队伍 ……………(175)
一、坚持党的全面领导和党中央集中统一领导 ……………………………(175)
二、科学概括新时代党的组织路线 …………………………………………(176)
三、完善选人用人标准和工作机制 …………………………………………(177)
四、抓好党的组织制度建设 …………………………………………………(179)
第四节　扫除作风之弊,密切党同人民群众的血肉联系 ………………………(179)
一、党的作风关系党的生死存亡 ……………………………………………(180)
二、作风建设的核心问题是保持党同人民群众的血肉联系 ………………(181)
三、作风建设永远在路上 ……………………………………………………(182)
第五节　绷紧纪律之弦,持之以恒正风肃纪 ……………………………………(184)
一、把纪律建设摆上突出位置,强调纪律建设是全面从严治党的治本之策 …(185)
二、坚持标本兼治原则,强化纪律的制定、教育和执行 …………………(185)
三、把纪律挺在前面,用严明的纪律管全党治全党 ………………………(187)
第六节　扎紧制度之笼,用制度治党管权治吏 …………………………………(189)
一、建立配套完备的党内法规制度体系 ……………………………………(189)
二、强化法规制度的执行 ……………………………………………………(190)
三、坚持依法治国与制度治党、依规治党统筹推进、一体建设 …………(191)
四、把制度建设贯穿于党的建设全过程 ……………………………………(192)
第七节　清除腐败之瘤,营造良好政治生态 ……………………………………(194)
一、阐释反腐败斗争的重要性,作出反腐败斗争形势的重大判断 ………(194)
二、明确反腐败斗争的战略目标,坚持依靠人民群众和专门机关
　　开展反腐败斗争 …………………………………………………………(195)
三、完善党统一领导的反腐败机制,构建科学的反腐败战略策略体系 …(196)
四、运用科学的方式方法,推进反腐败斗争 ………………………………(198)

第六章　全面从严治党的鲜明特点 ………………………………………………(200)
第一节　继承性 ……………………………………………………………………(200)
一、继承和发展了马克思主义建党学说 ……………………………………(200)
二、传承和弘扬了人类文明成果特别是中华民族的优秀文化传统 ………(202)
三、丰富和发展了中国化马克思主义建党学说 ……………………………(204)
第二节　时代性 ……………………………………………………………………(205)
一、在把握时代格局中谋划全面从严治党 …………………………………(205)
二、在肩负时代重任中推进全面从严治党 …………………………………(207)
三、在应对时代考验和挑战中落实全面从严治党 …………………………(207)

第三节　实践性
一、实现党肩负的历史使命的实践要求 (209)
二、深化拓展全面从严治党的实践部署 (210)
三、引领新时代党治国理政的实践创新 (212)

第四节　人民性
一、坚守鲜明的人民立场 (214)
二、拥有真挚的人民情怀 (215)
三、汇聚磅礴的人民力量 (216)
四、坚持成效由人民评判 (217)

第五节　创新性
一、全面从严治党要以党的政治建设为统领 (219)
二、纪律建设是全面从严治党的治本之策 (219)
三、加强党的领导是全面从严治党的核心 (220)
四、严肃党内政治生活是全面从严治党的基础 (220)
五、抓"关键少数"是全面从严治党的重点 (221)
六、政治生态是检验管党治党是否有力的重要标尺 (221)
七、自我革命精神是全面从严治党的推动力量 (222)

第六节　辩证性
一、坚持问题导向与使命引领的辩证统一 (223)
二、坚持重点突破和全面推进的辩证统一 (224)
三、坚持思想建党、理论强党与制度治党的辩证统一 (225)
四、坚持治标与治本的辩证统一 (226)
五、坚持党内监督与党外监督的有机统一 (227)
六、坚持依法治国与依规治党的辩证统一 (228)

下篇　全面从严治党的实践路径与具体对策

第七章　全面从严治党要以政治建设为统领 (232)
第一节　坚持党对一切工作的领导 (232)
一、确保党始终总揽全局、协调各方的领导核心地位 (233)
二、坚定不移地全面推进党的自身建设 (236)
三、不断完善党的领导制度体系 (240)

第二节　严守政治纪律和政治规矩 (243)
一、严格执行党的政治纪律 (243)
二、发扬党的优良传统和工作惯例 (245)
三、强化党员的政治纪律意识 (247)

第三节　建设风清气正的良好政治生态 (250)
一、全面加强和规范党内政治生活 (251)

二、以党内政治文化建设涵养政治生态 …………………………………(253)
　　三、坚持正确的选人用人导向 ……………………………………………(255)
　　四、从严从实推动党风廉政建设 …………………………………………(257)

第八章　全面从严治党要以思想建设为基础 ……………………………(259)
第一节　筑牢社会主义共产主义理想信念根基 …………………………(259)
　　一、真懂真信社会主义共产主义理想信念,是共产党员的基本要求 …(260)
　　二、坚定理想信念,是防止共产党员思想滑坡的思想防线 ……………(260)
　　三、坚定理想信念,必须用习近平新时代中国特色社会主义思想武装全党 …(261)
　　四、坚定理想信念,是共产党员坚持与时俱进保持先进性的时代要求 …(262)

第二节　巩固马克思主义的指导地位 ………………………………………(264)
　　一、必须坚持马克思主义指导地位 ………………………………………(264)
　　二、必须旗帜鲜明地回击各种反马克思主义思潮 ………………………(265)
　　三、必须建立巩固马克思主义指导地位的保障体系 ……………………(267)

第三节　加强党对意识形态工作的领导 ……………………………………(269)
　　一、坚定不移地加强党对意识形态工作的领导 …………………………(270)
　　二、大力推进马克思主义中国化时代化大众化 …………………………(271)
　　三、坚持用党的创新理论武装头脑、指导实践、推动工作 ……………(272)
　　四、在构建中国特色哲学社会科学中把握好政治方向和研究导向 ……(273)
　　五、高度重视现代化的传播手段建设与创新 ……………………………(273)
　　六、切实加强网络建设与治理 ……………………………………………(274)
　　七、严格落实意识形态工作责任制 ………………………………………(274)

第九章　全面从严治党要以组织建设为重点 ……………………………(276)
第一节　坚持党中央权威和集中统一领导 …………………………………(276)
　　一、推动全党自觉在思想上、政治上、行动上同党中央保持高度一致 …(276)
　　二、强化政治监督确保党中央重大决策部署贯彻落实 …………………(280)
　　三、完善坚定维护党中央权威和集中统一领导的各项制度 ……………(281)

第二节　夯实严密的组织运行体系 …………………………………………(284)
　　一、着力加强新时代党的组织体系建设 …………………………………(285)
　　二、统筹推进组织体系建设的任务落实 …………………………………(286)
　　三、健全完善党的组织制度体系 …………………………………………(288)
　　四、不断增强组织体系的整体功能 ………………………………………(290)

第三节　强化全体党员的组织观念和组织纪律 ……………………………(293)
　　一、切实增强党员干部的组织观念 ………………………………………(293)
　　二、提升党员的党性修养 …………………………………………………(295)
　　三、严格执行党的组织纪律 ………………………………………………(297)

第四节　发挥好领导干部这一关"键少数"的作用 ………………………(299)
　　一、选优配强领导干部 ……………………………………………………(299)
　　二、发挥好领导干部的示范带动作用 ……………………………………(300)

  三、健全和落实从严管理监督干部制度 ……………………………………（303）

第十章　全面从严治党要以作风建设为抓手 ……………………………（305）
第一节　弘扬党的优良传统和优良作风 ………………………………（305）
  一、以传统为"根"着力新时代枝繁叶茂 …………………………（305）
  二、以经典为"魂"着力新时代伟大创造 …………………………（308）
第二节　坚持以人民为中心的执政方略 ………………………………（312）
  一、以人民为中心统筹推进"五位一体"总体布局 ………………（313）
  二、以人民为中心协调推进"四个全面"战略布局 ………………（315）
  三、以人民为中心坚定不移贯彻"五大发展理念" ………………（316）
  四、以人民为中心统筹协调"四个伟大"战略设计 ………………（316）
  五、以人民为中心构建人类命运共同体 …………………………（316）
第三节　作风建设永远在路上 …………………………………………（317）
  一、持之以恒正风肃纪 ……………………………………………（317）
  二、扛起作风建设的政治责任 ……………………………………（321）
  三、标本兼治抓作风建设 …………………………………………（323）

第十一章　全面从严治党要以纪律建设为治本之策 ……………………（325）
第一节　完善党纪党规，实现党纪党规的与时俱进 …………………（325）
  一、把规矩和纪律立起来 …………………………………………（325）
  二、坚持高标准与守底线相结合 …………………………………（327）
  三、把纪律和规矩挺在前面 ………………………………………（329）
第二节　深入开展纪律教育，增强党员干部纪律和规矩意识 ………（331）
  一、深入开展党章党规教育 ………………………………………（331）
  二、突出政治纪律和政治规矩教育 ………………………………（333）
  三、坚持纪律教育与理想信念教育相结合 ………………………（335）
  四、实现正面教育与警示教育相统一 ……………………………（336）
第三节　强化纪律执行，发挥纪律建设标本兼治的利器作用 ………（337）
  一、落实管党治党责任 ……………………………………………（338）
  二、深化纪律检查体制改革 ………………………………………（339）
  三、用好监督执纪"四种形态" ……………………………………（341）
  四、发挥巡视监督利剑作用 ………………………………………（343）

第十二章　全面从严治党要以制度建设为保障 …………………………（345）
第一节　完善党内法规制度体系 ………………………………………（345）
  一、坚持以党章为统领，推进党内法规制度体系化发展 ………（346）
  二、坚持问题意识，明确党内法规制度建设的目标方向 ………（347）
  三、坚持科学立法立规，保证党内法规立得住、行得通、管得住 …（348）
第二节　强化制度约束 …………………………………………………（350）
  一、强化制度意识，奠定强化制度约束的思想基础 ……………（350）

二、做好顶层设计,增强党内法规制度科学性 …………………………(351)
　　三、坚持改革创新,保持党内法规制度的生命力 …………………(354)
　　四、提高法治能力,坚持把依法依规治党贯穿于党的建设始终 ……(355)
第三节　增强制度执行力 ……………………………………………………(357)
　　一、坚持民主平等,增强党内法规制度执行的权威性 ……………(358)
　　二、严格选人用人,培养尊崇制度执行的领导干部 ………………(360)
　　三、增强责任意识,形成党内法规制度执行的监督合力 …………(361)

第十三章　全面从严治党要以深入推进反腐败斗争为关键 ……………(366)

第一节　加强党对反腐败斗争的集中统一领导 ……………………………(366)
　　一、充分发挥党的领导核心作用 ……………………………………(366)
　　二、健全完善反腐败斗争工作的领导体制 …………………………(369)
　　三、加强党的自身建设 ………………………………………………(371)
第二节　加强法规制度建设 …………………………………………………(373)
　　一、统筹规划党内反腐败法规体系 …………………………………(374)
　　二、突出反腐败法规建设的重点内容 ………………………………(376)
　　三、强化反腐败法规制度的执行 ……………………………………(378)
　　四、做好党内法规与国家法律的衔接协调 …………………………(380)
第三节　完善健全反腐败斗争工作机制 ……………………………………(382)
　　一、强化防控,建立健全预防腐败机制 ……………………………(382)
　　二、多措并举,健全反腐败斗争保障机制 …………………………(384)
　　三、深化改革,构建新时代反腐败斗争长效机制 …………………(386)
第四节　完善权力监督体系 …………………………………………………(388)
　　一、强化巡视工作制度 ………………………………………………(388)
　　二、重点加强对"关键少数"的监督和制约 ………………………(391)
　　三、完善反腐监督体系 ………………………………………………(392)

后记 …………………………………………………………………………(395)

上 篇
全面从严治党的形成依据与重大意义

"办好中国的事情,关键在党,关键在党要管党、全面从严治党。"①这是中国共产党百余年奋斗的宝贵历史经验,也是我们走好新征程、实现中华民族伟大复兴的制胜法宝。新时代新征程,中国共产党面临"团结带领全国各族人民全面建成社会主义现代化强国、实现第二个百年奋斗目标,以中国式现代化全面推进中华民族伟大复兴"②的历史任务。

全面建设社会主义现代化国家、全面推进中华民族伟大复兴,关键在党。中共二十大明确提出必须坚持和加强党的全面领导,强调"坚持党的全面领导是坚持和发展中国特色社会主义的必由之路"③。"打铁必须自身硬",坚持和加强党的全面领导必须加强党的自身建设。

在新时代条件下,中国共产党如何应对"四大考验"、克服"四大危险","建设什么样的长期执政的马克思主义政党、怎样建设长期执政的马克思主义政党"等,成为摆在中国共产党人面前的重大时代课题。中共十八大以来,以习近平同志为核心的党中央统筹国内国际两个大局,统揽伟大斗争、伟大工程、伟大事业、伟大梦想,作出全面从严治党的重大战略部署,并将其纳入"四个全面"战略布局。中共十九大明确提出,坚持全面从严治党是新时代坚持和发展中国特色社会主义的基本方略。中共二十大进一步强调:"全面从严治党是党永葆生机活力、走好新的赶考之路的必由之路。""全面从严治党永远在路上,党的自我革命永远在路上,决不能有松劲歇脚、疲劳厌战的情绪,必须持之以恒推进全面从严治党,深入推进新时代党的建设新的伟大工程,以党的自我革命引领社会革命。"④

中共十八大以来,习近平围绕全面从严治党发表了一系列重要论述,这些重要论述,相互联系、相互贯通,构成了一个逻辑严密、系统完备的有机整体,深刻阐述了新时代党的建设的一系列重大理论和实践问题,创造性回答了新时代为什么推进全面

---

① 中共中央关于党的百年奋斗重大成就和历史经验的决议[N].人民日报,2021-11-17.
② 党的二十大文件汇编[M].北京:党建读物出版社,2022:16-17.
③ 党的二十大文件汇编[M].北京:党建读物出版社,2022:53.
④ 党的二十大文件汇编[M].北京:党建读物出版社,2022:48,53.

从严治党、怎样推进全面从严治党的重大党建问题，进一步丰富和发展了马克思主义建党学说，开拓了马克思主义建党学说新境界。在习近平关于全面从严治党重要论述的指引下，以习近平同志为核心的党中央坚持和加强党的全面领导，坚定不移推进全面从严治党，进行了卓有成效的党的建设新的伟大工程实践。"经过坚决斗争，全面从严治党的政治引领和政治保障作用充分发挥，党的自我净化、自我完善、自我革新、自我提高能力显著增强，管党治党宽松软状况得到根本扭转，反腐败斗争取得压倒性胜利并全面巩固，消除了党、国家、军队内部存在的严重隐患，党在革命性锻造中更加坚强"①，为全面推进中华民族伟大复兴提供了根本保证。

任何一种具有重大价值的科学理论都不是"无中生有"，都有其产生的理论依据。马克思主义建党学说是全面从严治党坚实的理论基石，毛泽东党建思想为全面从严治党提供了丰富的重要思想来源，中国特色社会主义党建理论体系是全面从严治党的直接理论来源。恩格斯曾指出："每一个时代的理论思维，包括我们这个时代的理论思维，都是一种历史的产物，它在不同的时代具有完全不同的形式，同时具有完全不同的内容。"②全面从严治党既是中国特色社会主义的需要，又是历史的必然。中国共产党百余年来自身建设的宝贵历史经验和苏联共产党亡党的历史教训，是全面从严治党形成的历史依据。全面从严治党是中国共产党在新时代条件下，应对世情、国情、党情发生深刻变化的现实需要的必然选择。

全面从严治党的形成和发展，经历了一个从中国共产党执政初期提出"党要管党"到改革开放后强调"从严治党"再到"全面从严治党"不断发展演进的长期的历史过程。随着党的建设的实践发展，我们党对马克思主义执政党建设规律认识的不断深化，全面从严治党不断被赋予新的时代内涵。

全面从严治党，不仅为马克思主义建党学说理论宝库增添了新的内容，为中国共产党在新时代巩固执政地位提供了根本保证，为实现中华民族伟大复兴中国梦提供了理论武器，而且为世界各国政党治理提供了中国智慧。"事辍者无功，耕怠者无获。"全面从严治党永远在路上，只有一以贯之、坚定不移全面从严治党，才能"不断增强党的政治领导力、思想引领力、群众组织力、社会号召力，确保我们党永葆旺盛生命力和强大战斗力"③。在新时代中国特色社会主义的伟大实践中，以党的坚强领导和顽强奋斗，激励全体中华儿女不断奋进，凝聚起实现中华民族伟大复兴的磅礴力量！

---

① 中共中央关于党的百年奋斗重大成就和历史经验的决议[N].人民日报，2021-11-17.
② 马克思，恩格斯.马克思恩格斯选集：第3卷[M].北京：人民出版社，2012：873.
③ 习近平.决胜全面建成小康社会 夺取新时代中国特色社会主义伟大胜利：在中国共产党第十九次全国代表大会上的讲话[M].北京：人民出版社，2017：16.

第一章　全面从严治党的形成依据

全面从严治党是中共十八大以来党中央抓党的建设的鲜明主题。中共十八大以来,以习近平同志为核心的党中央把马克思主义建党学说与中国特色社会主义伟大实践相结合,坚持把全面从严治党作为党的建设的鲜明主题,在政治、思想、组织、作风、纪律和制度上提出了新的、更严格的要求,逐渐形成了全面从严治党,开创了党的建设新的伟大工程新局面。中共十九大将全面从严治党置于习近平新时代中国特色社会主义思想的突出位置,对新时代党的建设理论进行了系统阐述,提出了新时代党的建设的总要求和重要任务:"坚持和加强党的全面领导,坚持党要管党、全面从严治党,以加强党的长期执政能力建设、先进性和纯洁性建设为主线,以党的政治建设为统领,以坚定理想信念宗旨为根基,以调动全党积极性、主动性、创造性为着力点,全面推进党的政治建设、思想建设、组织建设、作风建设、纪律建设,把制度建设贯穿其中,深入推进反腐败斗争,不断提高党的建设质量,把党建设成为始终走在时代前列、人民衷心拥护、勇于自我革命、经得起各种风浪考验、朝气蓬勃的马克思主义执政党。"[①]这标志着全面从严治党向纵深发展,全面从严治党进一步科学化和系统化。中共二十大对新征程上坚定不移全面从严治党作出全面部署,并首次提出"健全全面从严治党体系"的重大举措。

第一节　全面从严治党的理论依据

任何一种具有重大价值的科学理论都不是"无中生有",都有其产生的思想理论依据。全面从严治党也不例外,虽然其理论之根深植于中国特色社会主义伟大实践,但是它也有自己的丰富而深厚的思想理论来源。这也是人类认识的继承性和连续性的表现。

---

① 习近平.决胜全面建成小康社会 夺取新时代中国特色社会主义伟大胜利:在中国共产党第十九次全国代表大会上的报告[M].北京:人民出版社,2017:61-62.

一、马克思主义建党学说是全面从严治党的理论基石

(一) 马克思恩格斯无产阶级政党建设思想

毋庸讳言,马克思、恩格斯关于建党管党治党没有作过专门的论述。但是,在被称为共产党人的"圣经"——《共产党宣言》和其他一系列的经典著作中,在创建无产阶级政党以及指导各国无产阶级政党革命实践活动中,马克思、恩格斯对建立无产阶级政党的必要性等重大问题都作出了理论上和实践上的回答,开创了无产阶级执政党建设理论的先河,为中国共产党全面从严治党奠定了重要的理论基石。

1. 明确无产阶级政党的性质、宗旨和奋斗目标

党的性质是一个政党的根本特征,也是判别一个政党不同于其他政党的显著标志。从根本上说,党的性质问题是关于建设一个什么样的党的问题,这是马克思主义关于无产阶级政党建设的核心问题。在《共产党宣言》中,马克思、恩格斯旗帜鲜明地阐述了共产党的性质、宗旨及奋斗目标。他们指出:"在无产阶级和资产阶级的斗争所经历的各个发展阶段上,共产党人始终代表整个运动的利益。""在实践方面,共产党人是各国工人政党中最坚决的、始终起推动作用的部分,在理论方面,他们胜过其余无产阶级群众的地方在于他们了解无产阶级运动的条件、进程和一般结果。"[①]这就表明了共产党是无产阶级的先锋队。马克思、恩格斯强调:"过去的一切运动都是少数人的,或者为少数人谋利益的运动。无产阶级的运动是绝大多数人的,为绝大多数人谋利益的独立的运动。"[②]"共产党人不是同其他工人政党相对立的特殊政党,他们没有任何同整个无产阶级的利益不同的利益"[③],它是为最广大的劳动群众谋取利益。"为绝大多数人谋利益"就是工人阶级政党与其他一切政党的根本区别。"共产党人为工人阶级的最近的目的和利益而斗争,但是他们在当前的运动中同时代表运动的未来。"[④]这就是无产阶级政党的性质和宗旨。关于无产阶级政党的奋斗目标,他们指出:"工人革命的第一步就是使无产阶级上升为统治阶级,争得民主。无产阶级将利用自己的政治统治,一步一步地夺取资产阶级的全部资本,把一切生产工具集中在国家即组织成为统治阶级的无产阶级手里,并且尽可能快地增加生产力的总量。"[⑤]马克思主义诞生100多年来的历史和实践表明,在这个奋斗目标的指引和导向下,全世界的无产阶级政党都曾为此作出不懈的努力和奋斗。

2. 重视思想理论建设

思想是行动的先导。任何一个政党都是在一定的思想理论指导下进行活动的。无产阶级政党作为工人阶级实现其伟大历史使命的先进部队,必须以科学的思想理

---

①③ 马克思,恩格斯.马克思恩格斯文集:第2卷[M].北京:人民出版社,2009:44.
② 马克思,恩格斯.马克思恩格斯文集:第2卷[M].北京:人民出版社,2009:42.
④ 马克思,恩格斯.马克思恩格斯文集:第2卷[M].北京:人民出版社,2009:65.
⑤ 马克思,恩格斯.马克思恩格斯文集:第2卷[M].北京:人民出版社,2009:52.

论为指导。注重党的思想理论建设,是马克思恩格斯建党思想的一项重要原则。马克思在《〈黑格尔法哲学批判〉导言》中把思想理论形象地比喻为"思想的闪电",他指出:"哲学把无产阶级当做自己的物质武器,同样,无产阶级也把哲学当做自己的精神武器;思想的闪电一旦彻底击中这块素朴的人民园地,德国人就会解放成为人。德国人的解放就是人的解放。这个解放的头脑是哲学,它的心脏是无产阶级。哲学不消灭无产阶级,就不能成为现实;无产阶级不把哲学变成现实,就不可能消灭自身。"①恩格斯进一步明确指出:"我们党有个很大的优点,就是有一个新的科学的世界观作为理论的基础。"②这就是说,无产阶级政党是以科学社会主义作为其理论基础和指导思想的。也只有科学社会主义这样的理论才能真正说服人,掌握群众,达到指导人们认识世界和改造世界的目的。可见,以先进的思想理论为指导,是无产阶级政党建设的一个鲜明和显著的特点,也是无产阶级政党区别于世界上任何其他政党的一个基本标志。

马克思和恩格斯高度重视以革命的科学理论加强无产阶级政党建设。在《共产党宣言》中明确指出了思想建党是无产阶级建党理论的基本原则,无产阶级政党在理论方面就在于"了解无产阶级运动的条件、进程和一般结果"③。在世界第一个无产阶级政党"共产主义者同盟"的早期雏形"正义者同盟"时期,马克思和恩格斯就用科学的思想理论武器与"正义者同盟"中以威特林等为代表的空想共产主义,以克利盖、格律恩等为代表的"真正的社会主义"和以蒲鲁东等为代表的普鲁东主义等流派进行坚决斗争,逐步使科学社会主义的指导地位得以确立。

为了彻底划清科学社会主义同各种错误理论的界限,"用真正的工人阶级的战斗组织来代替那些形形色色的社会主义的或半社会主义的宗派"④,马克思、恩格斯通过积极撰写《法兰西内战》等著作,批判了马志尼主义、蒲鲁东主义、拉萨尔主义以及巴枯宁主义等错误理论,从而捍卫了对无产阶级运动的指导地位。

马克思在总结巴黎公社的经验时诚恳地批评公社错误,他指出,作为公社委员多数派布朗基主义者和蒲鲁东主义应该对公社在政治和经济方面的行动和失策承担责任。正是马克思、恩格斯不断肃清各种资产阶级、小资产阶级以及各种社会主义的错误思想理论,才保证了第一国际各国工人阶级政党对工人阶级运动的坚强领导。

在帮助欧洲各国建立无产阶级政党期间,马克思、恩格斯通过撰写《给奥·贝贝尔的信》《哥达纲领批判》以及《反杜林论》等著作,对当时出现的机会主义、教条主义、宗派主义、无政府主义等所标榜的各种错误言论坚决予以批判与澄清,进一步巩固了马克思主义的指导地位。

小资产阶级思想以及其他非无产阶级思想必然会对党思想上的纯洁性造成不良

---

① 马克思,恩格斯.马克思恩格斯选集:第1卷[M].北京:人民出版社,2012:16.
② 马克思,恩格斯.马克思恩格斯选集:第2卷[M].北京:人民出版社,2012:10.
③ 马克思,恩格斯.马克思恩格斯选集:第1卷[M].北京:人民出版社,2012:7.
④ 刘宁宁.马克思恩格斯无产阶级政党理论及其当代意义[J].马克思主义研究,2010(11):38-46.

影响。马克思、恩格斯特别强调,要克服各种非无产阶级思想,从思想上保持党组织的纯洁性,在吸收新党员时,"如果其他阶级出身的这种人参加无产阶级运动,首先就要求他们不要把资产阶级、小资产阶级等等的偏见的任何残余带进来,而要无条件地掌握无产阶级世界观"①。认为无产阶级如果向小资产者和农民的思想和愿望作出让步,"它就会丧失自己在历史上的领导地位"②。

3. 注重组织建设

马克思、恩格斯还注意到了组织建设在无产阶级革命实践中的重要作用。恩格斯指出:"在阶级反对阶级的政治斗争中,组织是最重要的武器。"③"任何政党没有组织都是无法存在的。"④马克思、恩格斯在创建无产阶级政党的实践中,确立了一系列重要的组织原则。

马克思、恩格斯最早提出"党内民主"的概念。他们早在共产主义者同盟初期就开始探讨党内民主问题。恩格斯指出:"民主在今天就是共产主义……民主已经成了无产阶级的原则,群众的原则。……当各民族的无产阶级政党彼此联合起来的时候,他们完全有权把'民主'一词写在自己的旗帜上。"⑤后来在总结共产主义者同盟的历史经验时,恩格斯又指出,这个"组织本身完全是民主的,它的各委员会由选举产生并随时可以罢免",党的章程交由各支部讨论并由党的代表大会审查通过,党内生活的"一切都按这样的民主制度进行"。⑥

他们首先倡导民主集中制原则,指出民主是一种党团结一切可以团结力量的有效工具;同时,没有权威,力量也就无法集中,一切革命行动也就无法取得任何的一致。不懂革命者和口头的革命派是不谙集中的。全部地反对权威是荒谬的,更是可怕的。"巴黎公社遭到灭亡,就是由于缺乏集中和权威。"⑦为了加强党的集中领导,他们在《共产主义者同盟章程》中规定了党的代表大会是同盟的最高权力机关和立法机关,代表大会的代表由各选区选举的代表组成,代表大会每年定期召开会议,代表大会具有修改政党章程,选举中央委员会(总委员会)委员,决定开除党员党籍等职能,各级委员会必须服从中央委员会和代表大会领导,要坚决执行同盟作出的决议。《共产主义者同盟章程》还制定了上下级党组织定期联系和报告的制度。规定每个区部至少每两个月向总区部报告一次本地区工作进展情况,每个总区部至少每三个月向中央委员会报告一次本地区的工作进展情况。国际工人协会组织条例规定,支部至迟均须在每年召开代表大会前两个月向总委员会提出关于该组织本年度内的工作和

---

① 马克思,恩格斯.马克思恩格斯选集:第3卷[M].北京:人民出版社,2012:739.
② 马克思,恩格斯.马克思恩格斯选集:第4卷[M].北京:人民出版社,2012:536.
③ 马克思,恩格斯.马克思恩格斯全集:第19卷[M].北京:人民出版社,1963:284.
④ 马克思,恩格斯.马克思恩格斯全集:第8卷[M].北京:人民出版社,1961:449.
⑤ 马克思,恩格斯.马克思恩格斯全集:第2卷[M].北京:人民出版社,1957:664.
⑥ 马克思,恩格斯.马克思恩格斯选集:第4卷[M].北京:人民出版社,2012:207.
⑦ 马克思,恩格斯.马克思恩格斯选集:第4卷[M].北京:人民出版社,2012:500.

发展情况的详细报告。总委员会每年要向代表大会报告年度全协会工作和发展情况。

他们还探索了发展民主的途径,指出,"任何一个身居高位的人,都无权要求别人对自己采取与众不同的温顺态度"①,要求领导干部"不要那么器量狭小,在行动上少来点普鲁士作风"②。他们视民主为"防止国家和国家机关由社会公仆变为社会主人"③的可靠办法。

为提高党员队伍素质,保证党组织的质量,他们提出严把入党关,在《共产主义者同盟章程》中明确规定了加入同盟的条件和程序,要求入盟要宣誓,还对党员的权利和义务作了规定,要求党员作为"最坚定的共产主义者也是最勇敢的士兵",要遵守党的纲领和章程,履行党的义务。对于其他阶级入党的条件,一"要对无产阶级运动有益处,这些人必须带来真正的教育因素";二"不要把资产阶级、小资产阶级等等的偏见的任何残余带进来,而要无条件地掌握无产阶级世界观"。④马克思、恩格斯还十分强调必须无条件接受无产阶级世界观改造。他们在《给奥·倍倍尔、威·李扑克内西、威·白拉克等人的通告信》中,要求其他阶级的人入党必须树立无产阶级世界观,克服资产阶级、小资产阶级等的偏见思想。

4. 严明党的纪律

马克思、恩格斯把必须绝对保持党的纪律特别是严明党的政治纪律作为无产阶级政党的一条建党原则,指出了党的纪律对于无产阶级政党和党所领导的事业的极端重要性。马克思指出:"我们现在必须绝对保持党的纪律,否则将一事无成。"⑤他们在《共产主义者同盟章程》中也对纪律有明确的规定:志愿入盟者必须"承认共产主义;服从同盟的一切决议;保守同盟的一切机密;获得一致通过,才能被接收入某一支部"⑥;并规定了盟员应尽的义务,对犯错误的盟员作了严格的处分规定。马克思、恩格斯还明确地制定了少数服从多数的党内政治生活根本原则,"少数都要服从多数"⑦,应当维护"多数对少数的权威"⑧。恩格斯认为在无产阶级斗争中,"胜利的首要条件是严格遵守法律,而一切革命的高调和喧嚷都不可避免地会导致失败。这种纪律是一个有成效的和坚强的组织的首要条件,是资产阶级最害怕的"⑨。在反对巴枯宁主义斗争中,恩格斯指出:"没有任何服从纪律的支部!没有任何党的纪律,没有任何力量在一点的集中,没有任何斗争的武器!那末未来社会的原型会变成什么呢?

---

① 马克思,恩格斯.马克思恩格斯全集:第38卷[M].北京:人民出版社,1972:72-73.
② 马克思,恩格斯.马克思恩格斯文集:第10卷[M].北京:人民出版社,2009:612.
③ 马克思,恩格斯.马克思恩格斯文集:第3卷[M].北京:人民出版社,2009:110.
④ 马克思,恩格斯.马克思恩格斯选集:第3卷[M].北京:人民出版社,2012:738-739.
⑤ 马克思,恩格斯.马克思恩格斯全集:第29卷[M].北京:人民出版社,1972:413.
⑥ 马克思,恩格斯.马克思恩格斯全集:第4卷[M].北京:人民出版社,1958:572.
⑦ 马克思,恩格斯.马克思恩格斯全集:第17卷[M].北京:人民出版社,1963:519.
⑧ 马克思,恩格斯.马克思恩格斯全集:第33卷[M].北京:人民出版社,1973:391.
⑨ 马克思,恩格斯.马克思恩格斯全集:第36卷[M].北京:人民出版社,1975:540.

简而言之,我们采用这种新的组织会得到什么呢?会得到一个早期基督教徒那样的畏缩胆怯的而又阿谀奉承的组织。"①恩格斯的这个论断,再次说明了党的纪律和权威是马克思主义政党区别于任何其他阶级的政党并获得独特的优势和强大战斗力的关键所在。

5. 坚决反对腐败

马克思、恩格斯站在人类社会历史发展的高度,从物质关系中剖析腐败产生的根源。在他们看来,腐败作为一种异化的社会现象,并非随着人类社会的形成而产生,而是随着生产力的发展,伴随私有制、阶级和国家的出现而产生。他们指出:"表面上高高凌驾于社会之上的国家政权,实际上正是这个社会最丑恶的东西,正是这个社会一切腐败事物的温床。"②国家的官吏迥然不同于氏族社会的首领,他们已经由"社会公仆"蜕变为凌驾于社会之上、寻求特权、追逐个人利益的"社会主人"。马克思指出,资本主义社会的国家比前资本主义社会的国家腐败更加严重。"它用昔日的破旧面具来掩盖今天的贪污腐化的闹宴,掩盖最腐朽的寄生集团——金融骗子们的得逞;它放纵过去的一切反动势力——下流勾当的万恶渊薮。乍看起来,这是这个政府权力对于社会的最后胜利;实际上,这是这个社会里一切腐败分子的胡作非为。"③根本原因就在于,建立在生产资料私有制基础之上的资本主义社会,是一个极少数人剥削和压迫绝大多数人的畸形社会。马克思深入分析巴黎公社的经验指出,无产阶级政权的建立,使国家及其机关成为社会的公仆。然而由于新政权是在旧社会的废墟上建立起来的,"因此它在各方面,在经济、道德和精神方面都还带着它脱胎出来的那个旧社会的痕迹"④。因此,恩格斯在总结巴黎公社经验教训时,就告诫无产阶级要防止"国家机关由社会公仆变为社会主人"⑤。

那么如何防止国家和国家机关由社会公仆变为社会主人,凌驾于人民群众之上?马克思、恩格斯根据巴黎公社实践经验,提出了以下措施:

一是实行普选制。"公社是由巴黎各区通过普选选出的市政委员组成的。这些委员对选民负责,随时可以罢免。其中大多数自然是工人或公认的工人阶级代表。公社是一个实干的而不是议会式的机构,它既是行政机关,同时也是立法机关。"⑥公社的领导人、各级政府机构的领导人员以及工厂和军队的各级领导人,全部由普选产生并受人民群众监督,可随时撤换。对此,马克思高度评价说:"公社的真正秘密就在于:它实质上是工人阶级的政府,是生产者阶级同占有者阶级斗争的产物,是终于发现的可以使劳动在经济上获得解放的政治形式。如果没有最后这个条件,公社体制就没有存在的可能,就是欺人之谈。生产者的政治统治不能与他们永

---

① 马克思,恩格斯.马克思恩格斯全集:第17卷[M].北京:人民出版社,1963:519.
②⑥ 马克思,恩格斯.马克思恩格斯选集:第3卷[M].北京:人民出版社,2012:98.
③ 马克思,恩格斯.马克思恩格斯全集:第17卷[M].北京:人民出版社,1963:586.
④ 马克思,恩格斯.马克思恩格斯选集:第3卷[M].北京:人民出版社,2012:363.
⑤ 马克思,恩格斯.马克思恩格斯选集:第3卷[M].北京:人民出版社,2012:55.

久不变的社会奴隶地位并存。所以,公社要成为铲除阶级赖以存在、因而也是阶级统治赖以存在的经济基础的杠杆。"①可见,巴黎公社的这种普选制度不同于资本主义普选制度。

二是加强群众监督。法国思想家孟德斯鸠说过:"一切有权力的人都容易滥用权力,这是万古不易的一条经验。有权力的人们使用权力一直到遇有界限的地方才休止。"②因此,权力必须接受制约和监督。加强对权力的监督与制约,是无产阶级政党建设的重要组成部分,也是无产阶级政党保持先进性、纯洁性的有效利器,不可须臾放松。马克思、恩格斯早在创建共产主义者同盟以及第一国际时期,就已经注意到了无产阶级政党监督问题。他们根据巴黎公社的实践经验总结认为,要保证工人阶级选举出的代表或官员在任职期内永远代表人民群众的利益,唯一可行的办法就是将他们置于选民的监督之下,通过监督来防止腐败的产生。公社"彻底清除了国家等级制,以随时可以罢免的勤务员来代替骑在人民头上的作威作福的老爷们,以真正的负责制来代替虚伪的负责制,因为这些勤务员经常是在公众监督下进行工作的"③。1891年,恩格斯在《法兰西内战》单行本导言中写道,"为了防止国家和国家机关由社会公仆变成社会主人——这种现象在至今所有的国家中都是不可避免的——公社采取了两个可靠的办法。第一,它把行政、司法和国民教育方面的一切职位交给由普选选出的人担任,而且规定选举者可以随时撤换被选举者。第二,它对所有公职人员,不论职位高低,都只付给跟其他工人同样的工资。……这样,即使公社没有另外给代表机构的代表签发限权委托书,也能可靠地防止人们去追求升官发财了"④。恩格斯还指出:"任何一个身居高位的人,都无权要求别人对自己采取与众不同的温顺态度。"⑤要求领导干部要善于容纳和处理各种不同的意见,克服官僚主义,同时号召人民群众要以主人的角色,监督政府及其公职人员,积极与腐败行为作斗争,"不要再总是过分客气地对待党内的官吏——自己的仆人,不要再总是把他们当作完美无缺的官僚,百依百顺地服从他们,而不进行批评"⑥。

三是取消高薪制和特权。公社正式通过的《废除国家机关高薪法令》宣称,"在真正的民主共和国里,既不应有干俸,也不应该有高薪"⑦。公社对所有公职人员,包括公社委员,不论职位高低,一律取消从前国家的高官显爵所享有的一切特权以及公务津贴,每个人所得的报酬只相当于当时一个熟练工人的工资水平。同时,公社还通过一系列法令,制止和消除公职人员的各种特权。

马克思、恩格斯所提出的关于腐败及其治理的思想,对中国共产党把党风廉政建

---

① 马克思,恩格斯.马克思恩格斯选集:第3卷[M].北京:人民出版社,2012:102.
② 孟德斯鸠.论法的精神:上[M].张雁深,译.北京:商务印书馆,1961:154.
③ 马克思,恩格斯.马克思恩格斯全集:第17卷[M].北京:人民出版社,1963:590.
④ 马克思,恩格斯.马克思恩格斯选集:第3卷[M].北京:人民出版社,2012:55.
⑤ 马克思,恩格斯.马克思恩格斯全集:第38卷[M].北京:人民出版社,1972:72-73.
⑥ 马克思,恩格斯.马克思恩格斯全集:第38卷[M].北京:人民出版社,1972:33.
⑦ 罗新璋.巴黎公社文告集[M].上海:上海人民出版社,1978:126.

设和反腐败斗争作为全面从严治党的重要内容,着力构建不敢腐、不能腐、不想腐的体制机制,产生了深远的影响。

(二) 列宁建党学说

列宁在领导俄国革命和建设的实践中,坚持把马克思恩格斯无产阶级政党建设思想与俄国具体实际相结合,紧紧围绕俄国无产阶级政党建设问题,进行了深刻的理论阐释和艰辛的实践探索,形成了系统而完整的无产阶级政党建设学说,丰富发展了马克思恩格斯无产阶级政党建设思想。正如邓小平指出的那样,"马克思、恩格斯讲得不多,列宁有个完整的建党的学说。正是因为列宁建立了那么一个好的党,才能取得十月革命的胜利,建立了第一个社会主义国家"[①]。这为中国共产党更好地从严治党提供了重要的思想渊源。

1. 加强思想理论建设

马克思、恩格斯确立了"从思想上建党"的重要原则。列宁继承了"从思想上建党"的重要原则,并将其付诸实践。正如他自己指出的那样,"布尔什维主义是1903年在马克思主义理论的最坚固基础上产生的"。列宁在创建俄国新型无产阶级政党的实践中不断丰富和发展马克思主义思想建党的原理。

(1) 无产阶级政党必须以马克思主义为指导

列宁深刻地意识到革命理论所具有的重要作用。他指出:"没有革命的理论,就不会有革命的运动。"[②]而工人运动本身只能产生工联主义,要使工人摆脱工联主义,必须以科学社会主义理论武装工人。"没有革命理论,就不会有坚强的社会党,因为革命理论能使一切社会党人团结起来,他们从革命理论中能取得一切信念,他们能运用革命理论来确定斗争方法和活动方式。"[③]"只有以先进理论为指南的党,才能实现先进战士的作用。"[④]共产党之所以是无产阶级的先锋队,原因就在于,它是以先进的理论——马克思主义理论武装起来的。

列宁认为,由于俄国共产党当时正处在形成阶段,还没有同其他非马克思主义派别划清界限;同时,它承担着世界上任何一个政党都不曾担负过的领导责任,因此"理论的意义就显得更为重要了"[⑤],"严格的无产阶级世界观只有一个,这就是马克思主义"[⑥]。要求俄国共产党人认真学习和掌握马克思主义理论,并以其作为自己的行动指南。他告诫全党:"沿着马克思的理论的道路前进,我们将愈来愈接近客观真理(但决不会穷尽它);而沿着任何其他的道路前进,除了混乱和谬误之外,

---

① 邓小平.邓小平文选:第二卷[M].北京:人民出版社,1994:44.
② 列宁.列宁全集:第6卷[M].北京:人民出版社,1986:23.
③ 列宁.列宁选集:第1卷[M].北京:人民出版社,1995:274.
④ 列宁.列宁选集:第1卷[M].北京:人民出版社,1995:312.
⑤ 列宁.列宁选集:第1卷[M].北京:人民出版社,1995:311.
⑥ 列宁.列宁全集:第10卷[M].北京:人民出版社,1987:271.

我们什么也得不到。"①

马克思主义"这一学说在其生命的途程中每走一步都得经过战斗"②。因此,坚持以马克思主义为指导,首先要批判形形色色的非马克思主义的错误思想,以捍卫马克思主义的指导地位。

19世纪后期,西欧主要国家的社会民主党由于受当时泛滥成灾的机会主义错误思潮的影响,以伯恩施坦为重要代表的人物以时代变化为借口、以"批评自由"为旗号,大肆攻击马克思主义已经"过时""僵化",并全面篡改"修正"马克思主义,造成党的指导思想上的混乱。在俄国国内,经济派作为伯恩斯坦修正主义的变种和孟什维克同第二国际机会主义思潮一拍即合,否认马克思主义对工人运动和工人政党的指导,造成俄国社会民主党内思想一片混乱。"列宁于1899—1904年间写下《俄国社会民主党人抗议书》(1899年8月底—9月初)、《我们的纲领》(1899年下半年)、《我们运动的迫切任务》(1900年11月)、《怎么办?(我们运动中的迫切问题)》(1901年秋—1902年2月)、《进一步、退两步(我们党内的危机)》(1904年2—5月)等著作"③,同第二国际和俄国国内各种修正主义、机会主义作艰苦卓绝的斗争,彻底清算了机会主义者的错误,有力消除了当时流行的错误思想对俄国工人运动的不良影响,坚决捍卫了马克思主义的指导地位。

20世纪初,以考茨基为代表的机会主义思潮,以"中派"面目出现,以"正统的马克思主义"自居,表面上不偏不倚,调和折中,在基本立场上则公开倒向机会主义。如列宁所说,中派是"口头上的革命家,实际上的改良主义者","暗藏的机会主义派"。为捍卫马克思主义,列宁在《帝国主义是资本主义的最高阶段》《国家与革命》《无产阶级革命和叛徒考茨基》等著作中,对考茨基主义作了彻底的批判。他指出,"机会主义者在客观上是资产阶级的政治队伍,是资产阶级影响的传播者,是资产阶级在工人运动中的代理人"④,必须尽快和细心地把这块脓排除掉。

十月革命胜利后,列宁批判了形形色色的机会主义和反动势力,揭露了共产主义运动中的"左派"幼稚病,维护和捍卫了马克思主义理论。苏俄新经济政策时期,列宁正确看待曲折,辩证处理退却与前进的辩证关系,根据苏俄当时的特有国情,不失时机地提出并实施了"战略退却",旨在利用资本主义发展社会生产力。党内反对派视"战略退却"为"国家资本主义威胁论""社会主义失败论",列宁予以尖锐批判,维护和捍卫了实践中发展的马克思主义。

正是列宁深刻认识到科学世界观的重要性,始终捍卫马克思主义的指导地位,才保障了俄国共产党思想的正确性。

---

① 列宁.列宁全集:第18卷[M].北京:人民出版社,1988:145.
② 列宁.列宁选集:第2卷[M].北京:人民出版社,1995:1.
③ 黄宪起.无产阶级先进政党建设的光辉文献:学习列宁1899—1904年的几篇著作[J].科学社会主义,1991(3).
④ 列宁.列宁选集:第2卷[M].北京:人民出版社,1995:493-494.

(2) 用马克思主义理论灌输教育工人阶级

马克思、恩格斯一贯重视对工人阶级的思想理论教育，列宁在继承马克思、恩格斯有关灌输思想的基础上，于1902年在《怎么办？》一书中较为系统和完整地提出了自己的灌输理论。他指出："工人本来也不可能有社会民主主义的意识。这种意识只能从外面灌输进去，各国的历史都证明：工人阶级单靠自己本身的力量，只能形成工联主义的意识。"①在列宁看来，科学社会主义意识不可能从工人运动中自发产生出来，只能从外部灌输进去。

关于灌输的主体，列宁认为，只有具有扎实的马克思主义理论基础的知识分子才能担负起灌输的重任，向工人阶级进行思想理论灌输。关于灌输的客体，列宁明确地把无产阶级作为马克思主义理论的灌输客体。关于灌输的方法，列宁认为，必须"从外面灌输给工人"，特别强调"为了向工人灌输政治知识，社会民主党人应当到居民的一切阶级中去，应当派出自己的队伍分赴各个方面"。②

通过马克思主义理论灌输，对广大工人群众进行正确引导，使他们远离了形形色色的非马克思主义思想，提高了工人的社会主义觉悟，赋予工人运动以社会主义性质，推动了社会主义运动的发展。

(3) 以科学态度对待马克思主义

列宁在坚持马克思主义、捍卫马克思主义的指导地位的同时，又强调不应以教条主义的态度对待马克思主义，要以科学的态度对待马克思主义，把马克思主义基本原理同各国革命的具体实际相结合，发展马克思主义。他说："我们决不把马克思的理论看作某种一成不变的和神圣不可侵犯的东西；恰恰相反，我们深信：它只是给一种科学奠定了基础，社会党人如果不愿落后于实际生活，就应当在各方面把这门科学推向前进。我们认为，对于俄国社会党人来说，尤其需要独立地探讨马克思的理论，因为它所提供的只是总的指导原理，而这些原理的应用具体地说，在英国不同于法国，在法国不同于德国，在德国又不同于俄国。"③列宁的这一思想，为中国共产党学习和运用马克思主义理论提供了基本遵循。

列宁还批判了没有根据实际情况灵活运用马克思主义的人，认为这样导致了马克思主义的庸俗化和简单化。他警告说："只有不可救药的书呆子，才会单靠引证马克思关于另一时代的某一论述，来解决当前发生的独特而复杂的问题。"④科学的态度对待马克思主义，就是要做到理论与实际相结合，坚持马克思主义与发展马克思主义相结合。

2. 加强组织建设

切实加强组织建设，是列宁党建思想的重要内容。严密的组织体系是发挥组织

---

① 列宁.列宁专题文集·论无产阶级政党[M].北京：人民出版社，2009：76.
② 列宁.列宁全集：第6卷[M].北京：人民出版社，1986：76.
③ 列宁.列宁选集：第1卷[M].北京：人民出版社，1995：274-275.
④ 列宁.列宁选集：第1卷[M].北京：人民出版社，1995：162.

优势的关键。列宁非常重视组织的重要作用,他指出,"无产阶级在夺取政权的斗争中,除了组织而外,没有别的武器";"给我们一个革命家的组织,我们就能把俄国翻转过来"。①只有不断加强组织建设,才能永葆党的先进性。

(1) 党必须有自己的纲领和章程

工人阶级要推翻反动阶级的统治,必须有一个建立在马克思主义基础上的统一的纲领和章程。列宁指出:"一个政党如果没有纲领,就不可能成为政治上比较完整的、能够在事态发生任何转折时始终坚持自己路线的有机体。"②党的纲领是一面公开树立起来的旗帜,党章是党组织的形式和规范的总的决议,一个政党"如果没有正式规定的党章,没有少数服从多数,没有部分服从整体,那是不可想象的"③。在列宁看来,党的纲领和章程在党的代表大会通过后,就要求每个党员,不仅包括一般的党员,而且也包括党的负责人员,都要严格遵守和执行。

(2) 提高党员质量

党是由党员组成的,党员是党的基础。只有严格党员标准,提高党员质量,才能确保党的先进性和纯洁性。早在布尔什维克创立时期,列宁在党的建设中就提出纯洁党员队伍,"宁要好梨一个,不要烂梨一筐"④的建党原则。十月革命胜利后,列宁更加重视提高党员质量,进一步提出:"徒有其名的党员,就是白给,我们也不要。世界上只有我们这样的执政党,即革命工人阶级的政党,才不追求党员数量的增加,而注意党员质量的提高和清洗'混进党里来的人'。"⑤俄共(布)在列宁的正确领导下,曾在1919年和1921年开展了两次清党工作。通过清党,党员数量明显地减少了。但是,"党员数量上的这种减少意味着党的力量和作用的大大增加"⑥。清党工作是列宁领导建设新型无产阶级革命政党的一个伟大的开拓性工作,它不仅解决了俄国共产党在思想、组织、纪律、作风等方面的突出问题,还为世界其他国家的无产阶级政党建设尤其是组织建设提供了有益借鉴、积累了宝贵经验,丰富发展了马克思主义建党学说。

高度注重党员质量,列宁针对投机分子想方设法混进党内的情况,提出严守入口关、严把党员发展关,并制定严格入党条件,以确保党员质量。首先,提高标准、从严要求,俄共(布)八大把党员和预备党员写进党章,并对党员预备期作出规定,俄共(布)十大进一步修改入党条件,提高吸收新党员的标准,"把工人和其他阶级中最可靠的人吸收到党内来""对于非工人阶级出身的分子,党的大门只容其中能够经极严格考验的人进来"。⑦其次,对发展对象要注意从多方面培养和考察。对积极要求

---

① 列宁.列宁全集:第6卷[M].北京:人民出版社,1986:121.
② 列宁.列宁全集:第20卷[M].北京:人民出版社,1989:357.
③ 列宁.列宁全集:第8卷[M].北京:人民出版社,1986:387.
④ 列宁.列宁全集:第44卷[M].北京:人民出版社,1990:308.
⑤ 列宁.列宁全集:第37卷[M].北京:人民出版社,1986:215.
⑥ 列宁.列宁全集:第37卷[M].北京:人民出版社,1986:24.
⑦ 列宁.列宁全集:第37卷[M].北京:人民出版社,1986:350.

入党者,组织要"考察了解三个月,通过住宅管理部门、通过红军、通过对待工作的认真态度、通过非党人员的反映、通过担任高级职务:对这段时间的情况进行审查"①,从而确定合格人选;再次,延长新党员预备期。列宁"极力主张必须延长预备期,同时责成组织局拟定一些条例并严格执行,这些条例应能真正使预备期成为极其严肃认真的考验,而不至于流于形式"②。这样,党组织就能够有充足的时间对新党员进行全面考察、充分了解。最后,规定入党介绍人的资格条件、主要职责。对于"介绍工人入党的要有三年党龄,介绍农民和红军战士的要有四年,介绍其他人的是五年"③。同时党章还特别强调,如果入党介绍人不负责任轻率介绍,一旦新党员态度不端正、违反党纪,其入党介绍人就会受到纪律处分,甚至会被开除党籍。

(3)创建民主集中制

民主集中制原则是马克思主义政党的重要组织原则,民主集中制是马克思主义政党的根本制度,民主集中制建设是马克思主义政党的组织建设的重要任务。只有实行民主集中制,才能建立起党的完整而严密的组织系统,把全体党员和党的各个组织组成统一的整体。列宁基于俄国当时国情和党情的实际状况,把民主集中制确立为党的组织原则,推广运用于政治经济建设,并在领导俄国无产阶级政党建设的实践中,不断完善民主集中制的内涵,形成了民主集中制理论体系,创新发展了马克思、恩格斯的民主集中制思想。

组织形式至关重要,它直接决定党的战斗力。俄国社会民主工党在建党之初,围绕着党的组织原则在党内展开过激烈的争论,焦点主要集中于"集中程度的大小"问题,由此形成"布尔什维克"和"孟什维克"两派,列宁提出了集中制的组织原则并得以通过。他在1899年写的《我们的当前任务》和《迫切的问题》两篇文章中指出,"必须成立统一的因而也是集中制的党",在集中制原则基础上"建立起来的组织严密的革命政党,将成为现代俄国的一支最强大的政治力量!"④1905年12月,列宁在俄国社会民主工党第一次代表会议上通过的《论党的改组》中首次提出"民主集中制"概念,"强调关于党的改组的决议规定必须遵守民主集中制原则"⑤,并"确认民主集中制是不容争论的"⑥。由此,列宁提出的集中制发展演进为民主集中制。根据列宁的建议,1906年4月,俄国社会民主工党召开的四大把民主集中制原则载入党章,正式规定:"党的一切组织是按民主集中制原则建立起来的。"⑦至此,民主集中制作为无产阶级政党的

---

① 列宁.列宁全集:第41卷[M].北京:人民出版社,1986:355.
② 列宁.列宁全集:第43卷[M].北京:人民出版社,1987:18.
③ 列宁.列宁全集:第43卷[M].北京:人民出版社,1987:16.
④ 列宁.列宁全集:第4卷[M].北京:人民出版社,1984:167,174.
⑤ 沈志华,于沛,等.苏联共产党九十三年:1898至1991年苏共历史大事实录[M].北京:当代中国出版社,1993:62.
⑥ 中共中央马克思恩格斯列宁斯大林著作编译局.苏联共产党代表大会、代表会议和中央全会决议汇编:第一分册[M].北京:人民出版社,1964:119.
⑦ 中共中央党校党建教研室.苏联共产党章程汇编[M].北京:求实出版社,1982:10.

组织原则和制度正式确立起来。

民主集中制是民主基础上的集中和集中指导下的民主有机结合的一种新型无产阶级政党的组织原则和制度。列宁在1905年7月写的《〈工人论党内分裂〉一书序言》中,把民主集中制原则的内容概括为六条基本组织原则:一是少数服从多数;二是党的最高机关应当是代表大会,即一切享有全权的组织的代表的会议,这些代表作出的决定应当是最后的决定(这是民主代表制度的原则,它同协商会议的原则和把会议决定交付各组织表决即举行"全民投票"的原则是相反的);三是党的中央机关(或党的各个中央机关)的选举必须是直接选举,必须在代表大会上进行;四是党的一切出版物,不论是地方的或中央的,都必须绝对服从党代表大会,绝对服从相应的中央或地方党组织;五是对党员资格的概念必须作出极其明确的规定;六是对党内任何少数人的权利同样应在党章中作出明确的规定。①这六条组织原则,构成了民主集中制的基本形态。

3. 党的纪律建设

严明纪律是无产阶级政党的显著特点和最大优势。马克思、恩格斯强调坚持党的纪律对党的性质、党的建设的极端重要性。列宁一贯主张党内要实行严格的纪律,高度重视党的纪律建设,把党的严格的纪律同巩固无产阶级专政、战胜资本主义紧密联系起来,深刻地论证了加强党的纪律建设的重大意义。他指出,无产阶级革命和无产阶级专政要取得胜利,必须有铁的纪律来保障。极严格的纪律,是布尔什维克成功的基本条件之一。他在总结十月革命后布尔什维克党领导无产阶级战胜资产阶级,巩固无产阶级专政的胜利经验时指出:"如果我们党没有极严格的真正铁的纪律,如果我们党没有得到整个工人阶级全心全意的拥护,就是说,没有得到工人阶级中所有一切善于思考、正直、有自我牺牲精神、有威信并且能带领或吸引落后阶层的人的全心全意的拥护,那么布尔什维克别说把政权保持两年半,就是两个半月也保持不住。""无产阶级实现无条件的集中和极严格的纪律,是战胜资产阶级的基本条件之一。"②

列宁从否定党的纪律可能造成的消极影响的角度论述了党的纪律的必要性,指出:"否定政党和党的纪律,——这就是反对派得到的结果。而这就等于完全解除无产阶级的武装而有利于资产阶级。……要使无产阶级能够正确地、有效地、胜利地发挥自己的组织作用(而这正是它的主要作用),无产阶级政党的内部就必须实行极严格的集中和极严格的纪律。"③由此,列宁强调了党的纪律对于无产阶级专政的极端重要性,指出:"谁哪怕是把无产阶级政党的铁的纪律稍微削弱一点(特别是在无产阶级专政时期),那他事实上就是帮助资产阶级来反对无产阶级。"④

---

① 列宁.列宁全集:第11卷[M].北京:人民出版社,1987:154-155.
② 列宁.列宁选集:第4卷[M].北京:人民出版社,1995:134-135.
③ 列宁.列宁选集:第4卷[M].北京:人民出版社,1995:154.
④ 列宁.列宁选集:第4卷[M].北京:人民出版社,1995:155.

列宁还提出严明政治纪律,禁止党内派别活动,维护党的统一和团结。根据列宁的建议,1921年3月,俄共第十次代表大会关于党的统一的决议草案初稿,特别规定,"任何派别活动都是有害的,都是不能容许的"①,"代表大会宣布毫无例外地解散一切按这个或那个纲领组成的派别(如'工人反对派''民主集中派'等等),并责令立即执行。凡不执行代表大会这项决定者,应立即无条件地开除出党"②。

4. 加强党的作风建设

党的作风是党的性质的本质表现,党的作风建设是无产阶级政党的从严治党的重要内容。只有不断加强党的作风建设,才能使党始终立于不败之地。

(1)同人民群众保持密切联系

人民群众是无产阶级政党的安身立命之本,无产阶级政党与人民群众的关系问题是一个关乎党的性质宗旨、兴衰成败、生死存亡的根本问题。列宁在探索苏俄社会主义革命和建设的伟大实践中,继承发展马克思主义党群关系思想,高度重视密切党群关系,形成了一系列关于无产阶级政党群众路线的思想。

首先,列宁认为,密切联系群众是无产阶级革命取得胜利的保障。无产阶级政党是无产阶级利益的忠实代表,"党的任务就是维护工人的利益,代表整个工人运动的利益"③。无产阶级的革命运动是为大多数人谋利益的,不仅要密切联系工人阶级巩固自己的阶级基础,还要密切联系广大人民群众,壮大自己的群众基础,"谁的群众基础厚,谁更能持久,谁就能在战争中取得胜利"④。密切联系群众是党巩固执政地位的需要。列宁指出:"无产阶级为争取大多数劳动者的同情、为争取他们的支持而进行的阶级斗争,并不以无产阶级夺得政权而告结束。"⑤"只有毫不犹豫地无条件地依靠大多数居民的政权,才能成为稳固的政权。"⑥为此,"我们不仅应当把工人阶级的大多数争取到我们这边来,而且应当把农村居民中被剥削劳动群众的大多数争取到我们这边来"⑦。密切联系群众还是建设社会主义的需要。列宁认为"劳动群众是苏维埃共和国的根本和基础"⑧,"社会主义不是少数人,不是一个党所能实施的"⑨。列宁把联系群众作为工会一切工作的基本条件,他告诫全党:"对于一个人数不多的共产党来说,对于一个作为工人阶级的先锋队来领导一个大国在暂时没有得到较先进国家的直接援助的情况下向社会主义过渡的共产党来说,最严重最可怕的危险之一,就是脱离群众,就是先锋队往前跑得太远,没有'保持排面整齐',没有同全体劳动大军即

---

① 列宁.列宁选集:第4卷[M].北京:人民出版社,1995:469.
② 列宁.列宁选集:第4卷[M].北京:人民出版社,1995:471-472.
③ 列宁.列宁全集:第2卷[M].北京:人民出版社,1984:85.
④ 列宁.列宁全集:第37卷[M].北京:人民出版社,1986:231.
⑤ 列宁.列宁全集:第37卷[M].北京:人民出版社,1986:211.
⑥ 列宁.列宁全集:第32卷[M].北京:人民出版社,1985:159.
⑦ 列宁.列宁全集:第42卷[M].北京:人民出版社,1987:36.
⑧ 列宁.列宁全集:第37卷[M].北京:人民出版社,1986:166.
⑨ 列宁.列宁全集:第34卷[M].北京:人民出版社,1985:49.

同大多数工农群众保持牢固的联系。"①

列宁不仅论述了密切联系群众的极端重要性,还论述了无产阶级政党怎样保持与人民群众的密切联系。一是要铲除官僚主义的脓疮。列宁认为,官僚主义是脱离群众的突出表现。无产阶级夺取政权后,为了有效防止官僚主义,新的国家机构必须采取如下措施:"(1)不但选举产生,而且随时可以撤换;(2)薪金不得高于工人的工资;(3)立刻转到使所有的人都来执行监督和监察的职能,使所有的人暂时都变成'官僚',因而使任何人都不能成为'官僚'。"②但是由于主客观原因,还是不可避免地出现了官僚主义,"官僚不仅在苏维埃机关里有,而且在党的机关里也有"③,甚至就连工会里也有。为此,列宁告诫全党指出:"我们内部最可恶的敌人就是官僚主义者。"④他强调要通过有步骤的和顽强的斗争来彻底铲除官僚主义的脓疮。要求实行工人检查制度,以便将"同官僚主义和拖拉作风进行坚决斗争"⑤作为党工作的重点。为同官僚主义斗争到底,列宁还提出了吸收劳动群众参加国家管理的思想,他指出:"只有当全体居民都参加管理工作时,才能把反官僚主义的斗争进行到底,直到取得完全的胜利。"⑥

二要放下官架子,深入基层。他把"摆官架子"看作"地主和资本家生活方式的'余孽',因为这种'余孽'会使人行动起来像一个'官'"⑦。列宁认为:"在人民群众中,我们毕竟是沧海一粟,只有我们正确地表达人民的想法,我们才能管理。否则共产党就不能率领无产阶级,而无产阶级就不能率领群众,整个机器就要散架。"⑧为保持与群众的密切联系,列宁要求党的干部,尤其是高级领导干部要深入基层,与群众打成一片。"哪里有群众,就一定到哪里去工作。"⑨根据列宁提议,俄共(布)八大通过一项决议,要求"长期担任苏维埃或党的工作的工作人员派到机床和耕犁旁去工作",并且"应当按工人的普通生活条件对他们进行安排"。规定并严格实行"每位副主席每周'下基层'时间不得少于两小时,亲自对机关上层和基层五花八门的各个部分,而且是最意想不到的部分进行考察"。⑩他还质问:"为什么现在不可以把全俄中央执行委员会某些委员,或者某些部委委员,或者其他身任要职的同志们,调到下面去工作,甚至是担任县的、乡的工作呢?""我们确实还没有'官僚化'到这样的程度,还不至于因为

---

① 列宁.列宁全集:第42卷[M].北京:人民出版社,1987:372.
② 列宁.列宁全集:第31卷[M].北京:人民出版社,1985:105.
③ 列宁.列宁专题文集·论社会主义[M].北京:人民出版社,2009:373.
④ 列宁.列宁全集:第43卷[M].北京:人民出版社,1987:14.
⑤ 列宁.列宁全集:第35卷[M].北京:人民出版社,1985:537.
⑥ 列宁.列宁选集:第3卷[M].北京:人民出版社,1995:770.
⑦ 列宁.列宁全集:第36卷[M].北京:人民出版社,1959:525.
⑧ 列宁.列宁选集:第4卷[M].北京:人民出版社,1995:695.
⑨ 列宁.列宁全集:第39卷[M].北京:人民出版社,1986:33.
⑩ 列宁.列宁全集:第43卷[M].北京:人民出版社,1987:321.

下调就'感到难堪'。"①列宁制定的密切党与人民群众联系的一系列措施,有效整治了党的作风,使党群干群关系得到明显改善,为无产阶级政党作风建设作出了重要贡献。

（2）开展批评与自我批评

批评和自我批评是无产阶级政党保持肌体健康的一大法宝,也是规范党内政治生活的重要手段。

列宁认为,批评和自我批评是无产阶级政党区别于其他政党的重要标志。开展批评与自我批评,是取得社会主义革命和建设胜利的根本保证。他说:"一个政党对自己的错误所抱的态度,是衡量这个党是否郑重,是否真正履行它对本阶级和劳动群众所负义务的一个最重要最可靠的尺度。公开承认错误,揭露犯错误的原因,分析产生错误的环境,仔细讨论改正错误的方法——这才是一个郑重的党的标志。"②在列宁看来,一个敢于直面错误,并及时改正错误的政党,是可以赢得最广大人民群众的支持和尊敬的。反之,"一个政党假如不敢如实地说出自己的病,不敢进行严格的诊断和找出治病的办法,那它就不配受人尊敬了"③。列宁进一步把开展批评与自我批评上升到关乎一个政党生死存亡的高度。他指出:"过去所有灭亡了的革命政党之所以灭亡,就是因为它们骄傲自大,看不到自己力量的所在,也怕说出自己的弱点。而我们是不会灭亡的,因为我们不怕说出自己的弱点,而且能够学会克服弱点。"④

对于如何更好地开展批评和自我批评,列宁提出,一是要做到实事求是,"批评必须是公正客观的,不能出现恶意中伤,或鸡蛋里挑骨头"⑤。"每一个党的工作人员在工作上都有缺点,但是在批评缺点或向党的各个中央机构分析这些缺点时,应当慎重、合乎分寸,否则就成为搬弄是非"⑥。不能感情用事,要一把尺子量到底,"在衡量一个事物时,如果根据是涉及自己的'下级团体'（对党而言）还是涉及他人的（下级团体）而使用两个不同的尺度,——这是很糟糕的。这正是庸俗观念和小组习气,决不是党性的态度"⑦。

二是不能打击报复。列宁认为,在开展批评与自我批评的过程中,对那些敢于开展批评的同志要给以支持和保护,不能使其遭到打击报复。对打击报复者应严惩。比如,1921年8月,当列宁得知有人因揭发领导干部的错误而遭到逮捕时,立即指示:"应立即予以释放,马上把指使逮捕他的人送法院受审并清洗出党,不管他是什么人。"⑧

---

① 列宁.列宁全集:第41卷[M].北京:人民出版社,1986:224.
② 列宁.列宁选集:第4卷[M].北京:人民出版社,1995:167.
③ 列宁.列宁全集:第8卷[M].北京:人民出版社,1986:317.
④ 列宁.列宁全集:第43卷[M].北京:人民出版社,1987:115.
⑤ 列宁.列宁全集:第12卷[M].北京:人民出版社,1987:353-354.
⑥ 列宁.列宁全集:第45卷[M].北京:人民出版社,1990:78.
⑦ 列宁.列宁选集:第8卷[M].北京:人民出版社,1986:216.
⑧ 列宁.列宁文稿:第9卷[M].北京:人民出版社,1979:724.

三是对于知错能改者既往不咎。列宁指出:"在俄国十月革命的前夕和革命以后不久,俄国的一些优秀的共产党员犯了一个错误,这个错误我们现在不愿意再提了。为什么不愿意再提了呢?因为没有特别的必要而去重提已经完全改正了的错误是不对的。"①因为"不怕承认自己的错误,不怕三番五次地作出努力来改正错误,这样,我们就会登上山顶"②。

列宁关于开展批评与自我批评的思想,闪耀着马克思主义辩证唯物论思想的光辉,丰富和发展了马克思主义建党学说的理论宝库。

5. 权力监督思想

列宁把马克思主义权力监督理论与社会主义国家政权建设的实践结合起来,并在实践中不断丰富和发展,逐步形成了党内监督、人民监督、法律监督和舆论监督"四位一体"较为完整的权力监督思想体系。这个思想体系是列宁给后人留下的极为宝贵的思想遗产,也是我们全面从严治党的重要源头。

(1) 党内监督

一是充分发挥党的代表大会和基层党组织的监督职能。党的最高机关是党代表大会,代表大会由中央委员会召开。党的所有负责人员、所有领导成员、所有机构都是党的代表大会选举产生的,必须向党的代表大会负责和报告工作,接受党的代表大会的监督。党的代表大会有权撤换或罢免不合格的委员。列宁指出,"要真正民主地决定问题,只召集该组织选出的代表开会还是不够的。必须让该组织的全体党员在选举代表的同时就整个组织所关心的有争议的问题都能人人独立地发表自己的意见"③。他提议尽可能经常地召开全体党员大会,在这些大会上,区委员会、市委员会和省委员会做关于自己工作的报告,然后,最好对这些报告进行讨论。这样,广大党员对党的负责人和领导机构又起到了有力的监督作用。列宁还重视发挥基层党组织对党员的监督作用。在列宁看来,只有让党员加入党的一个组织才能对其进行有效监督,"对不加入党组织的党员实行监督不过是一句空话"④。

二是建立健全专门的党内监督机构。1920年9月,俄共(布)第九次全国代表会议根据列宁的提议提出:"有必要成立一个同中央委员会平行的监察委员会。由受党的培养最多、最有经验、最大公无私并最能严格执行党的监督的同志组成。党的代表大会选出的监察委员会应有权接受一切申诉和审理(经与中央委员会协商)一切申诉,必要时可以同中央委员会举行联席会议或把问题提交党代表大会。"⑤1921年3月,俄共(布)第十次代表大会通过了《关于监察委员会》的决议,规定中央和地方均成立监察委员会,目的就是同侵入党内的官僚主义和升官发财思想,同党员滥用自己在

---

① 列宁.列宁全集:第39卷[M].北京:人民出版社,1986:415.
② 列宁.列宁选集:第42卷[M].北京:人民出版社,1987:455.
③ 列宁.列宁全集:第14卷[M].北京:人民出版社,1988:249.
④ 列宁.列宁全集:第8卷[M].北京:人民出版社,1986:256.
⑤ 列宁.列宁全集:第39卷[M].北京:人民出版社,1986:288.

党内和苏维埃中的职权的行为,同破坏党内的同志关系、散布毫无根据的侮辱党或个别党员的谣言以及其他诸如此类的破坏党的统一和威信的流言飞语的现象作斗争。监察委员会是俄共(布)历史上第一个党内纪律检查监督机构。俄共(布)十大规定了监察委员会的权责和制度,俄共(布)十一大明确规定了报告制度,补充和完善了党的监察制度。为保证监察委员会真正地实施监督,列宁提出保证中央监察委员会以及监察委员会委员身份的最大限度的独立性,"这些中央委员在其监察委员会的工作中,不受中央委员会决定的约束;参加监察委员会的中央委员,在监察委员会专门讨论同他们的主管部门或工作范围有关的问题时,不参加表决"①。

(2) 人民群众监督

由于社会主义国家的一切权力,政府及其官员是由人民选举产生的,人民群众"随时可以罢免"不称职的政府官员,因此,人民群众监督是一种参与主体最为广泛、发挥作用最为基础的监督形式。列宁十分重视发挥人民群众在监督中的作用。他指出:"只有群众知道一切,能判断一切,并自觉地从事一切的时候,国家才有力量。"②他主张:"应当使工人进入一切国家机关,让他们监督整个国家机构,而这应当由非党工人去做,应当让他们在非党工农代表会议上选出自己的代表去做。"③俄共(布)保障人民群众监督的基本途径有三:一是建立完善人民监督机构。1918年1月,根据列宁提议设立群众性监督的国家机关——国家监察人民委员部,要求吸收工农群众参与监督工作,吸引优秀工农群众参与国家管理。1920年,在国家监察人民委员部的基础上进行机构重组,成立了工农检查院。列宁认为,工农检查院排除公务人员,只吸收非党工人和非党农民参加工作,才能确保工农检查院工作的透明。因此,他要求广泛吸收非党群众参与检察工作。为了利于工农检查院的监督工作,列宁提出增加工农检查院的权威,"把它的地位提得特别高,使它的领导具有中央委员会的权利等等"④。1923年俄共(布)采纳列宁的建议,将工农检查院和中央监察委员会合并,成为党和国家最有权威的监督机构。二是赋予人民群众罢免权。列宁认为,罢免权是人民群众对权力监督和行使权力的重要内容和体现。为此,列宁还亲自起草了《罢免权法令草案》,规定,"任何由选举产生的机关或代表会议,只有承认和实行选举人对代表的罢免权,才能被认为是真正民主的和确实代表人民意志的机关"⑤。对那些不合格的代表,人民有权予以罢免。《罢免权法令草案》规定的人民群众罢免权的范围主要包括:(1) 罢免主体范围广泛,即"无论是工人、无论是士兵、农民、铁路员工,一切劳动者都可以自由地把自己的代表选进苏维埃,

---

① 列宁.列宁全集:第39卷[M].北京:人民出版社,1986:289.
② 列宁.列宁全集:第33卷[M].北京:人民出版社,1985:16.
③ 列宁.列宁全集:第38卷[M].北京:人民出版社,1986:140.
④ 列宁.列宁全集:第43卷[M].北京:人民出版社,1987:392.
⑤ 列宁.列宁全集:第33卷[M].北京:人民出版社,1985:102.

自由地罢免那些不能满足人民的要求和愿望的代表"①。(2)罢免对象范围广泛,既包括苏维埃政权机关的工作人员,又包括"党的所有负责人员,所有领导人员,所有机构的工作人员",因为他们"都是选举出来的,是必须向党员作工作报告的,是可以撤换的"②,不允许有不受监督的特殊党员和特殊公职人员。三是制定有利于工农群众实行民主监督的信访制度、检查和报告制度。扎实做好信访工作,认真对待群众检举和揭发的腐败问题,保护好举报人,切实发挥群众的监督功能。"对于工作不认真的人,对待来访者态度恶劣的人,应当交由革命法庭给予严惩。"③明确规定:"每个苏维埃机关,都要张贴接待群众来访日期和时间的告示,不仅贴在室内,而且贴在大门外面,使没有出入证的群众都能看到。……每个苏维埃机关都要设登记簿,要有简要的记载,记下来访者的姓名、申诉要点、交谁办理。星期日和节日必须规定接待时间。"④列宁高度重视群众来信来访工作,要求认真处理人民来信和接待人民来访,要求问讯局节假日不休息,不仅要耐心处理人民群众口头咨询的问题,还要为不识字的人免费代写申诉书。

(3)法律监督

列宁认为,批评教育手段不能从根本上整治官僚主义、消除各种腐败现象,必须运用法律手段来防治。列宁高度重视法制建设,提出法律是管理政治的重要手段。他指出,"假使我们拒绝用法令指明道路,那我们就会是社会主义的叛徒"⑤。为此,他要求党和国家机关都要"加强法制……为法制而斗争"⑥,依靠法律预防、监督和惩治权力滥用。他指出:"我们的政权愈趋向稳固,民事流转愈发展,就愈需要提出加强革命法制这个坚定不移的口号。"⑦在列宁的领导下,苏维埃政权相继颁布了诸如《关于贿赂行为》《关于惩办受贿的法令》《关于消灭拖拉现象》等一系列法律法令,苏维埃俄国的权力制约和监督机制建立起来。一是建立新型的法律监督机关——检察机关。列宁指出:"如果没有一个能够迫使人民遵守法权规范的机构,法权也就等于零。"⑧在他心目中,"检察长有权利和有义务做的只有一件事:注意使整个共和国对法制有真正一致的理解,不管任何地方差别,不受任何地方影响""检察长的责任是使任何地方政权机关的任何一项决定都不同法律抵触,所以检察长有义务仅仅从这一观点出发,对一切不合法律的决定提出异议"。⑨二是主张检察机关实行垂直领导。为保证检察机关独立行使检察权,列宁强调检察机关必须实行自上而下的垂直领导,并享有

---

① 列宁.列宁全集:第33卷[M].北京:人民出版社,1985:299.
② 列宁.列宁全集:第11卷[M].北京:人民出版社,1959:418.
③ 列宁.列宁全集:第42卷[M].北京:人民出版社,1987:196.
④ 列宁.列宁全集:第35卷[M].北京:人民出版社,1985:360.
⑤ 列宁.列宁全集:第36卷[M].北京:人民出版社,1985:188.
⑥ 列宁.列宁全集:第42卷[M].北京:人民出版社,1987:498.
⑦ 列宁.列宁全集:第42卷[M].北京:人民出版社,1987:353.
⑧ 列宁.列宁选集:第3卷[M].北京:人民出版社,1960:256.
⑨ 列宁.列宁全集:第43卷[M].北京:人民出版社,1987:195-196.

"根据法制对地方政权的一切决议提出抗议"①的权力。列宁提议从中央机关找十来个人行使总检察长、最高法庭和司法人民委员部部务委员会的中央检察权。代表三个机构行使检察权的"这十个人在中央机关工作,受党的三个机关的最密切的监督,同他们保持最直接的联系,而这三个机关是反对地方影响和个人影响的最大保证"。同时"规定地方检察机关只受中央机关领导"。②三是正确处理党委与司法机关的关系问题。列宁指出,党员干部不得干预司法活动,要"消除任何利用执政党地位得以从轻处理的可能性","对共产党员更要追究法律责任"。③

（4）舆论监督

列宁十分重视发挥报纸舆论对党和政府的监督作用。苏维埃政权成立伊始,列宁就表明对舆论监督的明确态度："我们不希望有什么秘密。我们希望政府时刻受到本国舆论的监督。"④俄共（布）第八次代表大会根据列宁提议通过的《关于党和苏维埃的报刊》决议明确规定："党和苏维埃的报刊的最重要任务之一,是揭发各种负责人员和机关的犯法行为,指出苏维埃组织和党组织的错误和缺点。"⑤在强调报刊对党和政府监督作用的同时,决议还赋予受到报刊批评的党的机构和工作人员辩驳的权利,要求他们"必须于最短期间在同一报刊上作出认真的合乎事实的反驳,或者说明缺点和错误已经改正"⑥。为了充分发挥报纸对党内错误的舆论监督作用,列宁在党的第九次全国代表会议上建议"创办报刊（争论专页等）来更经常、更广泛地批评党的错误和开展党内各种批评"⑦。俄共（布）十大通过的决议再次强调要充分发挥党的舆论作用,使党的舆论对领导机关的工作进行经常的监督。1923年,在列宁因病未能出席大会的情况下,俄共（布）十二大根据列宁的指示,作出了工农检查院和中央监察委员会应当有系统有计划地利用苏维埃和党的报刊来揭发各种犯罪行为（懈怠、受贿等）的决定。可以说,报刊在俄共（布）从严治党中发挥了强有力的舆论监督效能。

二、毛泽东党建思想是全面从严治党的重要思想来源

毛泽东作为中国共产党的缔造者之一、中共第一代中央领导集体的核心,自中国共产党成立之日起就高度重视党的建设,并首次提出了把加强党的建设作为一项伟大的工程。在长期的中国革命和建设实践中,把马克思主义建党学说与中国具体实

---

① 列宁.列宁全集:第33卷[M].北京:人民出版社,1957:328.
② 列宁.列宁全集:第43卷[M].北京:人民出版社,1987:197-198.
③ 列宁.列宁全集:第42卷[M].北京:人民出版社,1987:268,581.
④ 列宁.列宁全集:第33卷[M].北京:人民出版社,1985:14.
⑤ 中共中央马克思恩格斯列宁斯大林著作编译局.苏联共产党代表大会、代表会议和中央全会决议汇编:第一分册[M].北京:人民出版社,1964:580.
⑥ 中共中央马克思恩格斯列宁斯大林著作编译局.苏联共产党代表大会、代表会议和中央全会决议汇编:第一分册[M].北京:人民出版社,1964:580-581.
⑦ 列宁.列宁全集:第39卷[M].北京:人民出版社,1986:288.

践相结合,在党的思想建设、组织建设、作风建设等方面创造性地提出了一系列重要思想和观点,形成了党的建设的指导思想,即毛泽东党建思想,为新时代全面从严治党提供了丰富的重要思想来源。

(一)着重从思想上建党

着重从思想上建党、始终把思想理论建设放在首位,坚持用马克思主义理论武装全党,这是毛泽东党建思想的核心内容和最鲜明的特征。着重从思想上建党,是由中国共产党所处的社会环境以及党的自身特点决定的。当时,在中国这样一个工业极不发达、工人阶级人数较少、农民和其他小资产阶级占人口的绝大多数的国家,如何克服以农民为主要成分的党内各种非无产阶级思想,特别是小资产阶级思想,建设一个先进的工人阶级政党,就成为保持党的工人阶级先锋队性质的关键问题,这也是中国共产党面临的一个具有中国特色的特殊问题。毛泽东创造的思想建党的根本方法,成功解决了这一重大课题,对马克思主义建党学说作出了重大贡献。

井冈山时期,毛泽东就意识到思想上建党的重要性。他指出:"无产阶级思想领导的问题,是一个非常重要的问题。边界各县的党,几乎完全是农民成分的党,若不给以无产阶级的思想领导,其趋向是会要错误的。"[1]"共产党内存在着各种非无产阶级的思想,这对于执行党的正确路线,妨碍极大。"[2]"在这种情形下,'斗争的布尔什维克党'的建设,真是难得很。"[3]为了纠正党内各种非无产阶级思想,提高党的先锋队性质,毛泽东提出了以思想教育为主,辅以必要的制度和政策的纠正方法。1929年12月,毛泽东在古田会议上分析了党和红军中存在的种种非无产阶级思想的来源、表现及其危害,强调了思想建党的重要性,指出"有计划地进行党内教育,纠正过去之无计划的听其自然的状态,是党的重要任务之一"[4]。要求共产党员通过开展无产阶级思想对各种非无产阶级思想全面交锋和坚决斗争,从而实现党的无产阶级化。[5]明确提出党员不但要在组织上入党,而且要在思想上入党,要用无产阶级思想改造和克服各种非无产阶级思想。初步回答了如何着重从思想上建设党以保持无产阶级先锋队性质问题。1935年12月的瓦窑堡政治局会议决议,系统论述了思想建党的基本原则和基本方法:"中国共产党是中国无产阶级的先锋队。他应该大量吸收先进的工人雇农入党,造成党内的工人骨干。同时中国共产党又是全民族的先锋队,因此一切愿意为着共产党的主张而奋斗的人,不问他们的阶级出身如何,都可以加入共产党。""能否为党所提出的主张而坚决奋斗,是党吸收新党员的主要标准。社会成分是应该注意到的,但不是主要的标准。应该使党变为一个共产主义的熔炉,把许多愿意为共产党主张而奋斗的新党员,锻炼成为有最高阶级觉悟的布尔什维克的战士。党内两条战线的斗争,与共产主义的教育,就是达到这一目的的方法。党在思想上的布尔什维克

---

[1] 毛泽东.毛泽东选集:第一卷[M].北京:人民出版社,1991:77.
[2][5] 毛泽东.毛泽东选集:第一卷[M].北京:人民出版社,1991:85.
[3] 毛泽东.毛泽东选集:第一卷[M].北京:人民出版社,1991:74.
[4] 毛泽东.毛泽东文集:第1卷[M].北京:人民出版社,1993:94.

的一致,是党的坚强的无产阶级领导之具体表现。""党不惧怕非无产阶级党员政治水平的不一致,党用共产主义教育去保证提高他们到先锋队地位。"①1939年10月,毛泽东在《〈共产党人〉发刊词》中提出,"建设一个全国范围的、广大群众性的、思想上政治上组织上完全巩固的布尔什维克化的中国共产党",是一项"伟大的工程"。②后来,毛泽东谈到两个先锋队党建工程时指出:"中国共产党是无产阶级的政党。无产阶级里头出了那样一部分比较先进的人,组织成一个政治性质的团体,叫共产党。共产党里当然还有别的成分,有别的阶级如农民、小资产阶级出身的人,有别的阶级出身的知识分子。但出身是一回事,进党又是一回事,出身是非无产阶级,进党后是无产阶级,他的思想、他的行为要变成无产阶级的。"③

延安整风时期,毛泽东进一步阐述了从思想上建党的理论,"着重从思想上建党"成为毛泽东党建思想的重要组成部分,他《在延安文艺座谈会上的讲话》中对"思想入党"予以精准的表述:"有许多党员,在组织上入了党,思想上并没有完全入党,甚至完全没有入党。这种思想上没有入党的人,头脑里还装着许多剥削阶级的脏东西,根本不知道什么是无产阶级思想,什么是共产主义,什么是党。"④因此,毛泽东认为,党要领导各方面工作,"掌握思想领导是掌握一切领导的第一位"⑤,我们党的建设中最主要的问题,首先就是思想建设的问题。1943年1月25日,毛泽东进一步明确指出,我们的教育有思想教育、政治教育、军事教育、文化教育等项,但应着重思想教育,因为这是建党的基本政策。

刘少奇把"着重从思想上建党"明确概括为"着重从思想上建党"的建党路线,他在中共七大上指出:"我们党的建设,思想建设问题放在首位,要把思想教育和思想领导放在党的领导的第一位。"⑥

着重从思想上建党,最根本的是要用马克思主义理论武装全党。毛泽东认为,要赢得革命的胜利,就必须加强马克思主义理论的学习。他要求每个共产党员应当成为学习马克思主义理论的好榜样。在延安整风期间,毛泽东多次反复强调要努力学习马克思列宁主义。他说,我们"要有目的地去研究马克思列宁主义的理论,要使马克思列宁主义的理论和中国革命的实际运动结合起来,是为着解决中国革命的理论问题和策略问题而去从它找立场,找观点,找方法的"⑦。号召"同志学会应用马克思列宁主义的立场、观点和方法,认真地研究中国的历史,研究中国的经济、政治、军事和文化,对每一问题要根据详细的材料加以具体的分析,然后引出理论性的结论来"。

---

① 孙迪.毛泽东与党的建设[N].学习时报,2024-01-08.
② 毛泽东.毛泽东选集:第二卷[M].北京:人民出版社,1991:602.
③ 毛泽东.毛泽东文集:第3卷[M].北京:人民出版社,1996:305-306.
④ 毛泽东.毛泽东选集:第三卷[M].北京:人民出版社,1991:875.
⑤ 毛泽东.毛泽东文集:第2卷[M].北京:人民出版社,1993:435.
⑥ 刘少奇.刘少奇选集:上卷[M].北京:人民出版社,1981:330.
⑦ 毛泽东.毛泽东选集:第三卷[M].北京:人民出版社,1991:801.

"对于马克思主义的理论,要能够精通它、应用它,精通的目的全在于应用。"①这一时期,中国共产党通过延安整风切实加强马克思主义理论学习,在思想上、理论上、政治上日益成熟,全党马克思主义理论水平整体提升。

(二) 确立了党的实事求是的思想路线

思想路线是一定的世界观在实践中的具体体现,马克思主义思想路线是马克思主义科学世界观在认识世界和改造世界中的具体体现。以毛泽东同志为主要代表的中国共产党人坚持马克思主义思想路线,立足于中国具体实际,确立了极具中国特色的党的思想路线,即实事求是的思想路线。实事求是是我们党铸就辉煌的重要法宝,在实事求是思想路线指引下,我们党在领导人民进行革命、建设、改革的伟大实践中不断取得伟大胜利。

马克思在"包含着新世界观的天才萌芽的第一个文件"②的《关于费尔巴哈的提纲》中确立了科学实践观,进而把科学实践观引入认识论,他指出:"人的思维是否具有客观的真理性,这不是一个理论的问题,而是一个实践的问题。"③"哲学家们只是用不同的方式解释世界,问题在于改变世界。"④恩格斯在《自然辩证法》中进一步指出:"在自然界和历史的每一科学领域中,都必须从既有的事实出发,因而在自然科学中要从物质的各种实实在在的形式和运动形式出发;因此,在理论自然科学中也不是设计种种联系塞到事实中去,而是从事实中发现这些联系,而且一经发现,就要尽可能从经验上加以证明。"⑤马克思、恩格斯的这些论断,不仅科学地解决了主观与客观、理论与实践的关系问题,而且科学地解决了哲学史上长期悬而未决的关于真理的标准问题,实质上确立了马克思主义思想路线。但是,"马克思活着的时候,不能将后来出现的所有的问题都看到,也就不能在那时把所有的这些问题都加以解决。俄国的问题只能由列宁解决,中国的问题只能由中国人解决"⑥。以毛泽东同志为主要代表的中国共产党人,把马克思主义思想路线与中国实际相结合,赋予马克思主义思想路线以中国化语境——实事求是。1929年6月,毛泽东在写给林彪的一封信中分析红四军党内存在着种种错误思想的原因时,第一次使用了"思想路线"概念。他指出:"我们是唯物史观论者,凡事要从历史和环境两方面考察才能得到真相。我现举出了自有四军以来的历史问题的各方面,以证明近日的问题(军委问题,但原则问题)只是历史的结穴,历史上一种错误的思想路线上的最后挣扎。"⑦1930年5月,毛泽东在《反对本本主义》一文中,再次明确使用了"思想路线"的概念,并提出了"没有调查,没有发

---

① 毛泽东.毛泽东选集:第三卷[M].北京:人民出版社,1991:815.
② 马克思,恩格斯.马克思恩格斯选集:第4卷[M].北京:人民出版社,1995:213.
③ 马克思,恩格斯.马克思恩格斯选集:第1卷[M].北京:人民出版社,1995:55.
④ 马克思,恩格斯.马克思恩格斯选集:第1卷[M].北京:人民出版社,1995:57.
⑤ 马克思,恩格斯.马克思恩格斯选集:第4卷[M].北京:人民出版社,1995:288.
⑥ 毛泽东.毛泽东文集:第8卷[M].北京:人民出版社,1999:5.
⑦ 毛泽东.毛泽东文集:第1卷[M].北京:人民出版社,1993:74.

言权""中国革命斗争的胜利要靠中国同志了解中国情况"等重要论断。这些重要论断的提出,实际上蕴含了毛泽东思想的基本点,为实事求是的思想路线奠定了初步基础。1938年10月,毛泽东在中共六届六中全会报告中第一次使用了"实事求是"的概念。1941年5月,毛泽东在《改造我们的学习》一文中,创造性地对"实事求是"作了马克思主义的诠释:"'实事'就是客观存在的一些事物,'是'就是客观事物的内部联系,即规律性,'求'就是我们去研究。我们要从国内外、省内外、区内外、县内外的实际情况出发,从其中引出其固有的而不是臆造的规律性,即找出周围事变的内部联系,作为我们行动的向导。而要这样做,就需不凭主观想象,不凭一时的热情,不凭死的书本,而凭客观存在的事实,详细地占有材料,在马克思列宁主义一般原理的指导下,从这些材料中引出正确的结论。"①从此,实事求是就成为党的思想路线的科学表述。1945年,中共七大通过的《中国共产党党章》对党的指导思想作出了明确的规定,中国共产党"以马克思列宁主义的理论与中国革命的实践之统一的思想——毛泽东思想,作为自己一切工作的指针,反对任何教条主义的或经验主义的倾向"。这就确立了毛泽东思想在全党的指导地位,同时也从党的章程上明确了全党必须遵循的实事求是的思想路线。

在党的实事求是的思想路线的指引下,以毛泽东同志为主要代表的中国共产党人,开辟了中国特色的革命道路,建立了新中国,确立了社会主义基本制度,并取得了艰辛探索建设什么样的社会主义、怎样建设社会主义的宝贵经验。没有党的实事求是的思想路线,"至少我们中国人民还要在黑暗中摸索更长的时间"②。尽管由于主客观原因和历史条件的限制,毛泽东在晚年与自己所倡导确立的思想路线渐行渐远,"给党的事业带来很大的危害,使国家遭到很大的灾难,使党和国家的形象受到很大的损害。但是我们还是应该说,党的这条思想路线是毛泽东同志确立的,他在领导革命的大部分时间内是坚持这条思想路线的。……决不能忽视毛泽东同志在这个问题上的伟大功绩"③。

(三)党的组织建设

实现党的奋斗目标,要有强有力的组织保证。毛泽东认为建立巩固的、有战斗力的统一的党,还要加强党的组织建设。他在领导党的建设过程中,提出了许多关于从严加强组织建设的思想和举措。

党的组织建设为党的事业取得成功提供了可靠保证。基于对中国革命和建设任务艰巨性的深刻认识,毛泽东在治党实践中一直高度重视党的组织建设问题。

1. 严格党员要求

党员是党组织的细胞。党员的质量如何直接关系到党组织的战斗力。在毛泽东

---

① 毛泽东.毛泽东选集:第三卷[M].北京:人民出版社,1991:801.
② 邓小平.邓小平文选:第二卷[M].北京:人民出版社,1994:345.
③ 邓小平.邓小平文选:第二卷[M].北京:人民出版社,1994:278-279.

看来,党的革命战斗力不仅在于党员的人数有多少,更在于党员的整体素质如何。为了保证党组织的纯洁性和战斗力,从建党起,毛泽东就强调严把党员入口关。土地革命战争时期,毛泽东针对当时入党门槛低、党员质量差的现实,提出了入党的五个条件:"(1)政治观念没有错误的(包括阶级觉悟);(2)忠实;(3)有牺牲精神,能积极工作;(4)没有发洋财的观念;(5)不吃鸦片、不赌博。"①此后,党在革命实践中不断总结组织建设的经验教训,不断完善入党条件,对党员的要求也越来越高。抗日战争时期,针对共产党必须扩大自己的组织以战胜敌人的现实,毛泽东提出,在发展新党员过程中,要严格审查,坚持"大胆发展而又不让一个坏分子侵入"的方针,以防止"暗藏的汉奸、托派、亲日派、腐化分子、投机分子,装扮积极面目,混入我们的党里来"②。后来,随着革命的开展,我们党"不断总结组织建设经验,入党条件也愈加完善和严格,从而保证了党的先进性和纯洁性,大大提高了党的战斗力。建国后,中共中央通过了《关于发展新党员的决议》和《共产党员标准的八项条件》等文件,对中国共产党执政条件下的党员作出了明确性要求"③。

2. 严格干部选拔标准

干部队伍建设是党的组织建设最重要的内容。毛泽东历来重视党的干部队伍建设,他指出:"政治路线确定之后,干部就是决定的因素。因此,有计划地培养大批的新干部,就是我们的战斗任务。"④毛泽东在实践中十分注重干部的选拔、任用和培养工作。

一是,制定选拔标准。革命年代,毛泽东同志提出了"才德兼备"的干部标准。1937年5月,毛泽东提出了懂马列、讲政治、有能力、敢牺牲等七条标准。1938年10月,毛泽东将执行路线、服从纪律、联系群众、不谋私利等确定为好干部标准。解放战争后期,为了适应城市工作,党针对城市干部提出了"懂政策、有能力"的干部标准。20世纪60年代,毛泽东借鉴国际共产主义运动基本经验,又提出了选拔无产阶级革命事业接班人的具体标准,大力选拔和培养无产阶级事业接班人。

二是,毛泽东提出"任人唯贤"的干部路线,实行"知人善任"的干部政策,搞"五湖四海"全面团结干部的方针。毛泽东指出,我们民族历史上从来就有两个对立的路线:一个是"任人唯贤"的路线,一个是"任人唯亲"的路线。前者是正派的路线,后者是不正派的路线。我们实行正派的任人唯贤的干部政策。任人唯贤就是要搞五湖四海,以贤能而不是亲疏远近来选人用人。任人唯贤就是"以能否坚决地执行党的路线,服从党的纪律,和群众有密切的联系,有独立的工作能力,积极肯干,不谋私利为标准"⑤。这样的标准就是强调才与德的统一,政治素质与工作能力的统一。

---

① 毛泽东.毛泽东文集:第1卷[M].北京:人民出版社,1993:90.
② 毛泽东.毛泽东选集:第二卷[M].北京:人民出版社,1991:524.
③ 高晶华.习近平关于党的建设重要论述研究[D].西安:西安科技大学,2019:27.
④ 毛泽东.毛泽东选集:第二卷[M].北京:人民出版社,1991:526.
⑤ 毛泽东.毛泽东选集:第二卷[M].北京:人民出版社,1991:527.

三是,毛泽东提出了爱护干部的五种方法。"指导他们""提高他们""检查他们工作,帮助他总结经验,发扬成绩""采取说服的方法,帮助他们改正错误""照顾他们的困难"。

3. 加强纪律性

我们党是靠革命理想和铁的纪律组织起来的马克思主义政党,纪律严明是党的优良传统和政治优势。毛泽东继承发展了马列主义加强党的纪律思想,并在中国革命和建设实践中不断制定和完善党的纪律。

从1927年10月到1929年初,毛泽东制定了著名的"三大纪律八项注意"。为了反对党内无组织、无纪律的个人极端民主倾向,1928年11月25日,毛泽东在《井冈山的斗争》一文中指出:"必须是为着加强纪律而不是为着减弱纪律,所以在部队中提倡必要的民主的时候,必须同时反对要求极端民主的无纪律现象。"①1938年,毛泽东在中共六届六中全会上首次提出了"纪律是执行路线的保证"②的科学论断,全会还根据毛泽东的建议,制定并通过了《关于中央委员会工作规则和纪律的决定》《关于各级党部工作规则和纪律的决定》。

毛泽东强调建设有纪律的党。1949年6月30日,毛泽东在《论人民民主专政》一文中指出,我们党是"一个有纪律的,有马克思列宁主义的理论武装的,采取自我批评方法的,联系人民群众的党"。③之后,毛泽东一贯注重强调加强党的纪律建设,指出:"加强纪律性,革命无不胜。"④毛泽东在革命和建设中又制定了一系列纪律和规章制度,使我们党取得一个又一个胜利。

4. 坚持和健全民主集中制

民主集中制是无产阶级政党的根本组织制度和领导制度。中国共产党从诞生之日起,就把民主集中制作为自己的组织原则。毛泽东对民主集中制问题一贯高度重视,并在中国革命和建设的具体实践中深刻总结了民主集中制的经验和教训,对民主集中制作出了创新性的理论贡献,极大地丰富了马克思主义建党学说。

一是科学阐述民主与集中的辩证关系。毛泽东运用辩证法对民主、集中二者的相互关系进行了深入研究和科学阐述。1937年毛泽东在讲到政府是民主集中制的组织形式时就阐述了民主集中制,"它是民主的,又是集中的,将民主和集中两个似乎相冲突的东西,在一定形式上统一起来"。"应当不但看名词,而且看实际。民主和集中之间,并没有不可越过的深沟,对于中国,二者都是必需的"。⑤1945年,毛泽东在中共七大上所作的《论联合政府》的政治报告中对民主集中制原则作了科学概括,"它

---

① 毛泽东.毛泽东选集:第一卷[M].北京:人民出版社,1991:83.
② 毛泽东.毛泽东著作专题摘编[M].北京:中央文献出版社,2003:2015.
③ 毛泽东.毛泽东选集:第四卷[M].北京:人民出版社,1991:1480.
④ 毛泽东.毛泽东文集:第5卷[M].北京:人民出版社,1996:194.
⑤ 毛泽东.毛泽东选集:第二卷[M].北京:人民出版社,1991:383.

是民主的,又是集中的,就是说,在民主基础上的集中,在集中指导下的民主"①。1957年,毛泽东在《关于正确处理人民内部矛盾的问题》一文中又对民主集中制进行了哲学概括,进一步深化了对民主集中制的认识。他指出:"在人民内部,民主是对集中而言,自由是对纪律而言。这些都是一个统一体的两个矛盾着的侧面,它们是矛盾的,又是统一的,我们不应当片面地强调某一个侧面而否定另一个侧面。在人民内部,不可以没有自由,也不可以没有纪律;不可以没有民主,也不可以没有集中。这种民主和集中的统一,自由和纪律的统一,就是我们的民主集中制。"②可见,民主和集中是内在不可分割的辩证统一的关系。毛泽东对民主集中制的科学阐述把"列宁提出的民主集中制原则精神发挥了"③。

二是将民主集中制和党的群众路线相融合。毛泽东创造性地把民主集中制与党的群众路线联系起来,明确提出民主集中制是群众路线在党内政治生活中的运用,民主集中制的方法就是一个群众路线的方法。毛泽东站在马克思主义群众观点和认识论的高度,阐述了民主集中制和群众路线之间辩证统一、相辅相成的关系。他坚持人民群众是历史创造者的唯物史观,指出:"单有党还不行,党是一个核心,它必须要有群众。我们的各项具体工作,包括工业、农业、商业、文化教育等等工作,百分之九十不是党员做的,而是非党员做的。所以,要好好团结群众,团结一切可以团结的人一道工作。"④他强调,"我们共产党人区别于其他任何政党的又一个显著的标志,就是和最广大的人民群众取得最密切的联系。全心全意地为人民服务,一刻也不脱离群众;一切从人民的利益出发,而不是从个人或小集团的利益出发;向人民负责和向党的领导机关负责的一致性;这些就是我们的出发点"⑤。

在毛泽东看来,坚持民主集中制必须坚持马克思主义认识论和党的群众路线。他指出,领导机关制定路线、方针、政策和办法,都必须"从群众中来,到群众中去",广泛向群众征求意见,只有这样,才能制定出好的路线、方针、政策和办法。"如果没有民主,不了解下情,情况不明,不充分搜集各方面的意见,不使上下通气,只由上级领导机关凭着片面的或者不真实的材料决定问题,那就难免不是主观主义的,也就不可能达到统一认识,统一行动,不可能实现真正的集中。"⑥毛泽东民主集中制思想对马克思主义民主集中制思想的创新之处就在于,把民主集中制置于马克思主义群众观点和认识论的有机结合之上。

三是加强党的集体领导。毛泽东认为,加强党的集体领导是正确贯彻民主集中制、实现党内生活正常化的重要保证。关于如何实现集体领导,毛泽东创造性提出党

---

① 毛泽东.毛泽东选集:第三卷[M].北京:人民出版社,1991:1057.
② 建国以来毛泽东文稿:第六册[M].北京:中央文献出版社,1992:321.
③ 邓小平.邓小平文选:第一卷[M].北京:人民出版社,1994:347.
④ 毛泽东.毛泽东选集:第五卷[M].北京:人民出版社,1977:295.
⑤ 毛泽东.毛泽东选集:第三卷[M].北京:人民出版社,1991:1094-1095.
⑥ 毛泽东.毛泽东著作选读:下册[M].北京:人民出版社,1986:819-820.

委制的集体领导方式。明确指出,党委制是保证集体领导、防止个人包办的党的重要制度。规定了党委实行集体领导的范围:"今后从中央局至地委,从前委至旅委以及军区(军分会或领导小组)、政府党组、民众团体党组、通讯社和报社党组,都必须建立健全的党委会议制度,一切重要问题(当然不是无关重要的小问题或者已经会议讨论解决只待执行的问题)均必须交委员会讨论,由到会委员充分发表意见,作出明确决定,然后分别执行。地委、旅委以下的党委亦应如此。高级领导机关的部(例如宣传部、组织部)、委(例如工委、妇委、青委)、校(例如党校)、室(例如研究室),亦应有领导分子的集体会议。"①他强调要建立健全党委会议制度,不能用常委会代替全委会。毛泽东还论述了如何处理集体领导和个人负责的关系,他指出:"集体领导和个人负责,二者不可偏废。"②这表明,集体领导和个人分工负责并非相互矛盾,而是辩证统一的,前者是后者的前提,后者为前者的基础。强调集体领导也绝不是为了降低和否认个人的作用。

毛泽东关于集体领导的思想,为新时代全面从严治党、加强集体领导新探索提供了有益的借鉴和启迪。

5. 始终重视党的基层组织建设

毛泽东历来高度重视党的基层组织建设,始终把党的基层组织作为党的全部工作和战斗力的基础。

1925年6月,毛泽东创建了中国农村最早的党支部之一——中共韶山特别支部,并指导该支部开展了英勇顽强的革命斗争。这是毛泽东在加强党的基层组织建设上的成功实践。

1927年,在著名的"三湾改编"中,毛泽东明确提出了"支部建在连上"的建党建军组织原则。这个原则规定,在党领导的红军队伍中,班、排有小组,连队有支部,营团建立党委。这就确立了党对军队的领导,为党的建设提供了坚强的组织保证。这一做法成功地解决了党对军队的领导权问题,奠定了党对军队绝对领导的根本原则。毛泽东要求"党要注意党的基本组织——支部,实现'一切工作归支部'的口号"。这样,基层党组织的作用得到了充分发挥。"红军所以艰难奋战而不溃散,'支部建在连上'是一个重要原因。"③

中共七大通过的党章明确提出"党的基础组织,是党支部",并且要求"支部必须使人民群众与党密切结合起来"④并从构成、职权以及任务等方面对基层党组织进行了系统阐释。

新中国成立后,根据毛泽东的建议,为了纯洁党的队伍,中共中央又历时三年在全国开展了基层党组织专项整顿工作。通过整顿,巩固了党的基层组织,纯洁了党的

---

① 毛泽东.毛泽东选集:第四卷[M].北京:人民出版社,1991:1340-1341.
② 毛泽东.毛泽东选集:第四卷[M].北京:人民出版社,1991:1341.
③ 毛泽东.毛泽东选集:第一卷[M].北京:人民出版社,1991:65.
④ 建党以来重要文献选编:第22册[M].北京:中央文献出版社,2011:545.

队伍,党的战斗堡垒作用得到了空前发挥。

毛泽东基层党组织建设思想在党史各个时期不断丰富完善发展,我们党在自身建设实践中,高度重视并不断创新基层党组织建设,健全党的基层组织,扩大党的基层组织覆盖面,充分发挥基层组织战斗堡垒作用,推动党的事业不断前进。

(四)党的作风建设

党的作风关系党的形象,关系人心向背。党的作风建设关系党的生死存亡。毛泽东高度重视党的作风建设并在中国革命和建设实践中创立了比较完整的党风建设理论。1941年9月,毛泽东在《反对主观主义和宗派主义》一文中首次明确提出了"党风"概念。1945年4月,毛泽东在中共七大的政治报告中系统总结概括出我们党的三大优良作风:"以马克思列宁主义的理论思想武装起来的中国共产党,在中国人民中产生了新的作风,这主要的就是理论和实践相结合的作风,和人民群众密切地联系在一起的作风以及自我批评的作风。"[①] 新中国成立前夕,毛泽东把夺取全国政权比作"进京赶考",提出了"两个务必",即"务必使同志们继续地保持谦虚、谨慎、不骄、不躁的作风,务必使同志们继续地保持艰苦奋斗的作风"。他告诫全党要注意抵御资产阶级"糖衣炮弹"的攻击。新中国成立后,针对党内存在的各种问题,毛泽东采取了整党整风等一系列实际行动,较好解决了党的作风建设各方面存在的问题。

毛泽东独创性地提出了通过整党整风的方式来加强党的作风建设。实践证明,整党整风运动是加强党的作风建设的有效途径之一。从1941年5月开始,在毛泽东的领导下,在延安开展了一场大规模整风运动。整风的主要内容是"反对主观主义以整顿学风,反对宗派主义以整顿党风,反对党八股以整顿文风"[②]。以"惩前毖后、治病救人"为其根本方针,以"团结—批评—团结"为其主要方式,通过延安整风,使全党确立了一条实事求是的辩证唯物主义思想路线,使干部在思想上大大提高,使党达到了空前团结。1950年,全国各地出现了许多干部强迫命令主义的恶劣作风,党的优良作风受到了极大挑战。毛泽东指出,我们党"如不及时加以整顿,即将脱离群众"[③]。5月1日,中共中央发出《关于在全党全军进行大规模整风运动的指示》,全党上下又一次开展了整风运动。这次整风的重点是克服党内首先是领导干部中的居功自傲情绪、命令主义作风,以及少数人贪污腐化、政治上堕落颓废、违法乱纪等错误。1951年,又在国家机关、部队和国营企事业单位开展了以"反贪污""反浪费"和"反官僚主义"为主要内容的"三反"运动,次年,又在资本主义工商业者中开展了"反行贿""反偷税漏税""反盗骗国家财产""反偷工减料"和"反盗窃经济情报"的"五反"运动。

---

① 毛泽东.毛泽东选集:第三卷[M].北京:人民出版社,1991:1093-1094.
② 毛泽东.毛泽东书信选集[M].北京:人民出版社,1983:110.
③ 毛泽东.毛泽东文集:第6卷[M].北京:人民出版社,1999:56.

通过新中国成立初期的整风整党运动,净化了党风和政风,巩固了工人阶级的领导地位和社会主义国营经济在国民经济中的主导地位。

(五)严厉惩处腐败

毛泽东在长期领导中国革命和建设的实践中,一贯高度重视反对腐败,形成了丰富的反腐倡廉思想。这一思想是毛泽东党建思想的重要内容,对于新时代全面从严治党仍具有重要的指导意义。

毛泽东一贯重视反腐倡廉,对于党员干部中的消极腐败现象和腐败分子,严厉惩处,决不手软。早在苏维埃时期,毛泽东就积极探索如何预防和惩治贪污腐败,提出了"贪污和浪费是极大的犯罪"[①]的著名论断。延安时期,毛泽东提出了"政府工作人员必须全心全意为人民服务""厉行节约、反对贪污浪费""共产党员在政府工作中应是廉洁奉公的模范""用民主制度保证廉政"等观点,并在廉政建设实践中,亲自处理了黄克功逼婚杀人案。要求"共产党与红军,对于自己的党员与红军成员不能不执行比较一般平民更加严格的纪律"。并通过整风运动,保证了边区政府的清正廉洁。

新中国成立前后,毛泽东对廉政问题进行了更为丰富的探索。

1949年3月,毛泽东在中共七届二中全会上向全党敲响了警钟:"可能有这样一些共产党人,他们是不曾被拿枪的敌人征服过的,他们在这些敌人面前不愧英雄的称号;但是经不起人们用糖衣裹着的炮弹的攻击,他们在糖弹面前要打败仗。我们必须预防这种情况。"[②]

1951年12月8日,中共中央发出《关于反贪污斗争必须大张旗鼓地进行的指示》,在党政机关工作人员中开展了一场反对贪污、反对浪费、反对官僚主义的"三反"运动。在这次反腐败斗争中,"有23.8万人被开除党籍,对犯有贪污行为的罪犯,判处有期徒刑的9942人,判处无期徒刑的67人,判处死缓的9人,判处死刑的42人"[③],这在很大程度上有效地遏制了腐败现象的蔓延,营造了清正廉洁的党风政风。

三、中国特色社会主义党建理论体系是全面从严治党的直接理论来源

改革开放以来,党在领导人民建设中国特色社会主义的历史进程中,紧紧围绕"建设一个什么样的党,怎样建设党"这个根本问题,在实践上和理论上进行积极探索,形成了中国特色社会主义党建理论体系。中国特色社会主义党建理论体系,坚持和发展了马克思主义建党学说和毛泽东党建思想,凝结了几代中国共产党人带领人民不懈探索实践的智慧和心血,是马克思主义建党学说中国化最新成果,是全面从严治党的直接理论来源。

---

① 毛泽东.毛泽东选集:第一卷[M].北京:人民出版社,1991:134.
② 毛泽东.毛泽东选集:第四卷[M].北京:人民出版社,1991:1438.
③ 薄一波.若干重大政策和事件的回顾[M].北京:中央党校出版社,1991:150.

（一）恢复和重新确立了党的实事求是的思想路线

1. 重新确立了党的思想路线在中国特色社会主义建设中的重要地位

以邓小平同志为主要代表的中国共产党人，在中共十一届三中全会前后，针对"两个凡是"以巨大的政治勇气、理论勇气、实践勇气领导和支持了关于实践是检验真理唯一标准的大讨论。这场大讨论冲破了个人崇拜和"两个凡是"的束缚，恢复了党的实事求是的思想路线，重新确立了党的思想路线在中国特色社会主义建设中的重要地位。邓小平指出，实事求是"是马列主义、毛泽东思想的一个基本组成部分"①，"是毛泽东思想的出发点、根本点"②。强调："实事求是，是无产阶级世界观的基础，是马克思主义的思想基础。过去我们搞革命所取得的一切胜利，是靠实事求是；现在我们要实现四个现代化，同样要靠实事求是。""只有解放思想，坚持实事求是，一切从实际出发，理论联系实际，我们的社会主义现代化建设才能顺利进行，我们党的马列主义、毛泽东思想的理论也才能顺利发展。"③以江泽民同志为主要代表的中国共产党人，把党的思想路线视为我们在思想上和工作上永远保持蓬勃生机与活力的法宝。江泽民指出："我们党在历史上的一些时期曾经犯过错误，甚至遇到严重挫折，根本原因就在于当时的指导思想脱离了中国的实际。我们党能够依靠自己和人民的力量纠正错误，战胜挫折，继续胜利前进，根本原因就在于重新恢复和坚持贯彻了解放思想、实事求是的思想路线。"④他要求全党同志在任何时候都"必须坚持党的马克思主义的思想路线"，"能否做到这一点，决定着党和国家的前途命运"⑤。以胡锦涛同志为主要代表的中国共产党人，把解放思想、实事求是、与时俱进的思想路线，看作是马克思主义活的灵魂，看作是马克思主义最重要的理论品质，看作是"发展中国特色社会主义的一大法宝"⑥。

2. 进一步回答了"什么是党的思想路线"

1980年2月，邓小平在中共十一届五中全会上第一次系统地概括了党的思想路线，指出："实事求是，一切从实际出发，理论联系实际，坚持实践是检验真理的标准，这就是我们党的思想路线。"⑦中共十二大进一步把党的思想路线精辟提炼为："一切从实际出发，理论联系实际，实事求是，在实践中检验和发展真理。"从此，党的思想路线的基本内涵就有了比较统一的表述，"什么是党的思想路线"问题得到了进一步回答。

党的思想路线的基本内涵，包含一个核心，三个基本点。实事求是是党的思想路

---

① 邓小平.邓小平文选：第二卷[M].北京：人民出版社，1994：278.
② 邓小平.邓小平文选：第二卷[M].北京：人民出版社，1994：114.
③ 邓小平.邓小平文选：第二卷[M].北京：人民出版社，1994：143.
④ 江泽民.江泽民文选：第三卷[M].北京：人民出版社，2006：283.
⑤ 十六大以来重要文献选编：上[M].北京：中央文献出版社，2005：9.
⑥ 中国共产党第十七次全国代表大会文件汇编[M].北京：人民出版社，2007：2.
⑦ 邓小平.邓小平文选：第二卷[M].北京：人民出版社，1994：278.

线的核心,亦是中国化的马克思主义的精髓,它内在地包含一切从实际出发、理论联系实际、在实践中检验真理和发展真理的内容。一切从实际出发,从根本上说,就是要从客观事物存在和发展的规律出发,按照客观规律办事,不唯书、不唯上、只唯实。理论联系实际,就是坚持马克思主义基本原理同中国具体实际相结合的原则。"马列主义、毛泽东思想的基本原则,我们任何时候都不能违背,这是毫无疑义的。但是,一定要和实际相结合,要分析研究实际情况,解决实际问题。"①"马列主义、毛泽东思想如果不同实际情况相结合,就没有生命力了。"②纵观党的历史,什么时候理论和实际结合得好,党的事业就蓬勃发展;反之,党的事业就遭受挫折。在实践中检验真理和发展真理,是做到实事求是的必然要求。毛泽东坚持并发挥了马克思主义关于实践是检验真理标准的思想,强调:"判定认识或理论之是否真理,不是依主观上觉得如何而定,而是依客观上社会实践的结果如何而定。真理的标准只能是社会的实践。"③邓小平也明确指出:"实践是检验真理的唯一标准,实践是检验路线、方针、政策是否正确的唯一标准。"④他还告诫人们"不要小看实践是检验真理的唯一标准"⑤,真理标准的问题"是个关系到党和国家的前途和命运的问题"⑥。实践是永无止境的,认识真理也不是一次完成的,要遵循实践、认识、再实践、再认识的唯物辩证认识论,不断接近真理。党的思想路线的这一个核心三个基本点,既相互区别、各有侧重、又互相关联、互为补充,共同构筑了党的思想路线的基本内涵。

3. 科学解决了"怎样坚持党的思想路线"

中国特色社会主义理论体系在重新确立了党的思想路线在中国特色社会主义建设中的重要地位、正确回答了"什么是党的思想路线"问题之后,就面临着"怎样坚持党的思想路线"问题。中国特色社会主义理论体系在认真总结我党坚持党的思想路线的经验教训的基础上,创立了以解放思想、与时俱进、求真务实来坚持并发展党的思想路线的方法论,从而科学解决了"怎样坚持党的思想路线"问题。

邓小平认为,不从实际出发的本本主义之根源就在于思想僵化,而"一个党,一个国家,一个民族,如果一切从本本出发,思想僵化,迷信盛行,那它就不能前进,它的生机就停止了,就要亡党亡国"⑦。因此,坚持党的思想路线,"首先是解放思想。只有思想解放了,我们才能正确地以马列主义、毛泽东思想为指导,解决过去遗留的问题,解决新出现的一系列问题"⑧。什么是解放思想?邓小平指出:"我们讲解放思想,是指

---

① 邓小平.邓小平文选:第二卷[M].北京:人民出版社,1994:114.
② 邓小平.邓小平文选:第二卷[M].北京:人民出版社,1994:118.
③ 毛泽东.毛泽东选集:第一卷[M].北京:人民出版社,1991:284.
④ 邓小平.邓小平文选:第三卷[M].北京:人民出版社,1993:28.
⑤ 邓小平.邓小平文选:第二卷[M].北京:人民出版社,1994:191.
⑥ 邓小平.邓小平文选:第二卷[M].北京:人民出版社,1994:143.
⑦ 邓小平.邓小平文选:第二卷[M].北京:人民出版社,1994:143.
⑧ 邓小平.邓小平文选:第二卷[M].北京:人民出版社,1994:141.

在马克思主义指导下打破习惯势力和主观偏见的束缚,研究新情况,解决新问题。"①针对如何解放思想的问题,邓小平还提出了"民主是解放思想的重要条件"的论断,指出:"解放思想,开动脑筋,一个十分重要的条件就是要真正实行无产阶级的民主集中制。"事实充分证明,只有解放思想,才能使思想和实际相符合,使主观和客观相符合。没有解放思想,党的思想路线就会被抛弃,也就没有中国特色社会主义。

以江泽民同志为主要代表的中国共产党人,根据国内外的新形势、新变化,顺应时代的新发展,提出了与时俱进是马克思主义所特有的理论品质,强调坚持党的思想路线,解放思想,实事求是的关键就在于与时俱进。与时俱进,要求党的全部理论和工作要体现时代性,把握规律性,富于创造性。要不断解放思想、实事求是、与时俱进,就要勇于创新,善于创新。因为"创新是一个民族进步的灵魂,是一个国家兴旺发达的不竭动力,也是一个政党永葆生机的源泉"②,"马克思主义的生命力,就在于它在实践中能够不断创新。马克思主义理论的每一次重大突破,社会主义实践的每一次历史性飞跃,都是马克思主义基本原理同具体实践相结合进行理论创新的结果"③。

以胡锦涛同志为主要代表的中国共产党人,面对风云变幻的国际形势,面对艰巨繁重的国内改革发展稳定任务,高屋建瓴地提出,"求真务实,是辩证唯物主义和历史唯物主义一以贯之的科学精神,是我们党的思想路线的核心内容,也是党的优良传统和共产党人应该具备的政治品格"④。坚持党的思想路线,必须大力弘扬求真务实精神、大兴求真务实之风。求真务实的"关键是要引导全党同志不断求我国社会主义初级阶段基本国情之真,务坚持长期艰苦奋斗之实;求社会主义建设规律和人类社会发展规律之真,务抓好发展这个党执政兴国的第一要务之实;求人民群众的历史地位和作用之真,务发展最广大人民群众根本利益之实;求共产党执政规律之真,务全面加强和改进党的建设之实"⑤。

中共十八大以来,以习近平同志为核心的党中央始终坚持实事求是思想路线,以实事求是精神面对伟大事业、伟大工程面临的各种突出问题,把实事求是思想路线贯穿于中国特色社会主义的伟大事业和党的建设新的伟大工程各个方面,并就新时代如何坚持党的实事求是思想路线提出了新的明确要求,赋予了实事求是以新的内涵,进一步丰富发展了党的实事求是的思想路线。

(二)组织建设

1. 干部队伍建设

党的干部队伍建设是党的建设最关键的环节,在党的组织建设中居于核心地位。

---

① 邓小平.邓小平文选:第二卷[M].北京:人民出版社,1994:279.
② 十六大以来重要文献选编:上[M].北京:中央文献出版社,2005:9.
③ 江泽民.江泽民文选:第三卷[M].北京:人民出版社,2006:131.
④ 十六大以来重要文献选编:上[M].北京:中央文献出版社,2005:724.
⑤ 十六大以来重要文献选编:上[M].北京:中央文献出版社,2005:728-729.

党的组织是通过党的干部队伍来发挥作用和威力的。党的干部是党组织的骨干,是党的路线、方针、政策的主要贯彻执行者,是实现党的领导的决定性力量。

中共十一届三中全会以后,党恢复了"任人唯贤"的干部路线和"德才兼备"的干部原则。邓小平倡导并践行废除党和国家干部职务的终身制。中共十二大明确规定:"党的各级领导干部,无论是由民主选举产生的,或是由领导机关任命的,他们的职务都不是终身的,都可以变动或解除。"①中共十三大确立了干部人事分类管理的原则。

中共十三届四中全会以后,以江泽民同志为主要代表的中国共产党人坚持干部"四化"方针,不断深化干部人事制度改革,制定了《党政领导干部选拔任用工作暂行条例》等重要文件,颁布了《国家公务员暂行条例》《法官法》《检察官法》以及一系列配套法规,制定了《党政领导干部考核工作暂行规定》,进一步完善干部考核工作,一些地方和部门还建立了绩效评估、干部考察工作责任制等制度,公开选拔领导干部和党政机关竞争上岗工作逐步推开,并推进干部交流工作。

中共十六大以来,以胡锦涛同志为主要代表的中国共产党人积极稳步推进我国的干部人事制度改革。先后出台了《党政领导干部选拔任用工作条例》《公开选拔党政领导干部工作暂行规定》《中华人民共和国公务员法》等法规文件,极大地推进了我国干部人事工作制度化建设工作。中共十七大鲜明提出,干部选拔要坚持"民主、公开、竞争、择优"原则,形成干部选拔任用科学机制。

中共十八大以来,以习近平同志为核心的党中央,重视从严管理和治理干部,完善干部考核评价机制。中共十九大进一步指出:"要坚持党管干部原则,坚持德才兼备、以德为先,坚持五湖四海、任人唯贤,坚持事业为上、公道正派,把好干部标准落到实处。""坚持严管和厚爱结合、激励和约束并重,完善干部考核评价机制,建立激励机制和容错纠错机制,旗帜鲜明为那些敢于担当、踏实做事、不谋私利的干部撑腰鼓劲。各级党组织要关心爱护基层干部,主动为他们排忧解难。"②

2. 民主集中制建设

中共十一届三中全会以来,以邓小平同志为主要代表的中国共产党人,认真总结历史上正反两方面的经验,重新恢复并进一步发展了民主集中制。1978年邓小平在中央工作会议上作的《解放思想,实事求是,团结一致向前看》的重要讲话中指出:"解放思想,开动脑筋,一个十分重要的条件就是要真正实行无产阶级的民主集中制。我们需要集中统一的领导,但是必须有充分的民主,才能做到正确的集中。"③中共十一届五中全会制定了《关于党内政治生活的若干准则》,对如何贯彻民主集中制原则作出了具体明确的规定。

---

① 中国共产党第十二次全国代表大会文件汇编[M].北京:人民出版社,1982:101.
② 习近平.决胜全面建成小康社会 夺取新时代中国特色社会主义伟大胜利:在中国共产党第十九次全国代表大会上的报告[M].北京:人民出版社,2017:64.
③ 邓小平.邓小平文选:第二卷[M].北京:人民出版社,1994:144.

中共十四大明确指出,实行民主集中制的原则是我们的一项根本制度。并对如何贯彻民主集中制,作了更为具体的规定:通过加强制度建设来加强民主集中制。中共十四大通过的关于《中国共产党章程》(修正案)科学界定了民主集中制的内涵,即"民主基础上的集中和集中指导下的民主相结合"。把民主集中制作为党的建设必须坚决实现的四项基本要求之一。中共十六大指出:"党内民主是党的生命。"这一科学论断说明了党认识到只有加强党内民主,才能真正贯彻好民主集中制。

中共十六大以来,以胡锦涛同志为主要代表的中国共产党人创造性地提出了"尊重党员主体地位"的重要论断,强调坚持民主集中制,尊重党员主体地位,保障党员民主权利,充分发挥党员在党内事务中的参与、管理、监督作用。中共十七大强调,"以健全民主集中制为重点加强制度建设"。

中共十八大以来,以习近平同志为核心的党中央,把民主集中制作为中国共产党的"根本领导制度和组织制度","最大的制度优势",并对新时代坚持和完善民主集中制提出了具体要求。

(三) 党的作风建设

党的作风是党的形象,是党群关系、人心向背的晴雨表。改革开放以来,我们党坚持不懈地加强和推进作风建设,赢得了广大人民群众的衷心支持和拥护。

中共十一届三中全会以后,"因为毛主席倡导的许多党的好作风被'四人帮'破坏干扰了"①,以邓小平同志为主要代表的中国共产党人首先全面恢复并进一步发扬了党的优良传统和作风。邓小平反复强调,"如果不坚决搞好党风,进一步恢复党的实事求是、群众路线和艰苦奋斗的优良传统,就可能出现一些本来可以避免的大大小小的乱子,使我们的现代化建设在刚刚迈出第一步的时候就遇到严重的障碍"②。在以邓小平同志为主要代表的中国共产党人的领导下,我们党的优良传统和作风得到全面的恢复和进一步发扬,党的各级纪律检查机关也逐步恢复重建并开展工作。其次,为了加强党风建设,实现党风的根本好转,中共十二大决定进行全面整党。1983年10月,中共十二届二中全会审议通过了《中共中央关于整党的决定》,对整党的目的和要求作了明确规定:"揭露和解决党内存在的思想、作风和组织严重不纯的问题,实现党风的根本好转,提高全党的思想水平和工作水平,更加密切党和人民群众的联系,努力把党建设成为领导社会主义现代化事业的坚强核心。"③从1983年冬季至1987年5月,党中央在全党范围开展了整党整风活动。经过这次整党,全党的思想、组织、作风、纪律建设有了明显进步,为党领导改革开放和现代化建设奠定了基础。

中共十三届四中全会后,以江泽民同志为主要代表的中国共产党人,高度重视党的作风建设,明确指出:"党的作风,关系党的形象,关系人心向背,关系党的生命。要

---

① 陈云.陈云传:下[M].北京:中央文献出版社,2005:1444.
② 邓小平.邓小平文选:第二卷[M].北京:人民出版社,1994:162.
③ 十二大以来重要文献选编:上[M].北京:人民出版社,1986:392.

全面加强党的思想作风、工作作风、学风、领导作风和干部生活作风建设。"① 始终把党的作风建设摆在重要位置,在加强党的执政能力建设实践中不断加强和推进党的作风建设。

中共十六大以来,以胡锦涛同志为主要代表的中国共产党人不断推进党的作风建设。一是落实"四个大兴",转变干部作风。提出"四个大兴",通过大兴密切联系群众之风、大兴求真务实之风、大兴艰苦奋斗之风、大兴批评和自我批评之风,切实解决党员干部在作风方面存在的突出问题。二是狠抓廉洁自律,确保风清气正。始终把党员领导干部廉洁自律工作作为加强和改进党的作风建设的一个重要抓手,针对党性党风党纪方面存在的问题有的放矢抓整改;严把干部选任监督关,匡正选人用人风气。三是维护群众权益,净化基层党风。各级党组织以维护群众权益为重点,切实加强基层党风廉政建设。

中共十八大以来,以习近平同志为核心的党中央把党的作风上升到党和国家生死存亡的高度,反复强调,"执政党的党风关系党的形象,关系人心向背,关系党和国家的生死存亡"。以抓铁有痕、踏石留印的劲头狠抓作风建设,提出了"作风建设永远在路上"②等一系列新理念新思想,推出了一系列重大举措改进作风,驰而不息坚决纠正形式主义、官僚主义、享乐主义和奢靡之风"四风",有力地推进了党的作风建设,实现了党的作风建设的制度化、规范化和常态化。

一是按照"两个务必"的要求反对"四风"。二是贯彻落实中央"八项规定"。中央八项规定开启了一场深刻转变党风政风的激浊扬清之变,通过贯彻落实中央八项规定精神,党风政风为之一振,民风社风焕然一新。三是深入开展党的群众路线教育实践活动。教育实践活动抓住党的建设关键领域,集中整治了形式主义、官僚主义、享乐主义和奢靡之风"四风"问题,有效推进了党的作风建设。四是开展"三严三实"专题教育。"三严三实"专题教育是党的群众路线教育实践活动的延展深化,是加强党的思想政治建设和作风建设的又一重要举措。"三严三实"切中作风之弊的要害,把准作风建设的命脉,为新形势下党的作风建设提供了重要遵循。五是开展"两学一做"学习教育。在"两学一做"学习教育中,广大党员干部认真学习党章党规和习近平总书记系列重要讲话,坚持学用结合,知行合一,进一步增强了"四个意识",推动了党的作风建设不断向纵深发展。六是开展"不忘初心、牢记使命"主题教育。习近平在中共十九大报告中开宗明义地指出:"不忘初心,方得始终。中国共产党人的初心和使命,就是为中国人民谋幸福,为中华民族谋复兴。"③明确要求"在全党开展'不忘初心、牢记使命'主题教育,用党的创新理论武装头脑,推动全党更加自觉地为实现新时代党

---

① 江泽民.论党的建设[M].北京:中央文献出版社,2001:519.
② 中共中央纪律检查委员会,中共中央文献研究室.习近平关于党风廉政建设和反腐败斗争论述摘编[M].北京:中央文献出版社,2015:81.
③ 习近平.决胜全面建成小康社会 夺取新时代中国特色社会主义伟大胜利:在中国共产党第十九次全国代表大会上的报告[M].北京:人民出版社,2017:1.

的历史使命不懈奋斗"①。"不忘初心、牢记使命"主题教育是新时代深化党的自我革命、推动全面从严治党向纵深发展的生动实践,是新时代开展党内集中教育的新探索。为我们党统揽"四个伟大"、实现"两个一百年"奋斗目标作了思想上、政治上、组织上、作风上的有力动员。七是开展党史学习教育。中国共产党历史,就是一部践行党的初心使命、全心全意为人民服务的历史。通过党史学习教育,激励全党不忘初心、牢记使命,引导全党深刻认识党的性质宗旨,始终以人民为中心,把人民放在心中最高位置,与人民心连心、同呼吸共命运,立足本职岗位切实为群众办实事、做好事、解难事,进一步密切了党同人民群众的血肉联系。八是开展学习贯彻习近平新时代中国特色社会主义思想主题教育。这次党内集中教育,触及思想、涤荡灵魂。广大党员干部在主题教育中,以学铸魂,坚定理想信念,铸牢对党忠诚,站稳人民立场;以学增智,提升政治能力,提升思维能力,提升实践能力;以学正风,大兴务实之风,弘扬清廉之风,养成俭朴之风;以学促干,树牢造福人民的政绩观,鼓足干事创业的精气神,形成狠抓落实的好局面。九是开展党纪学习教育。引导党员干部学纪、知纪、明纪、守纪,督促领导干部树立正确权力观,公正用权、依法用权、为民用权、廉洁用权。

(四)纪律建设

加强纪律建设是无产阶级政党的本质要求和根本属性。中国共产党自诞生以来,始终高度重视纪律建设。毛泽东继承发展了马列主义加强党的纪律思想,提出了"加强纪律性,革命无不胜"的经典论断,并在中国革命和建设实践中不断制定和完善党的纪律制度。但是,"文革"期间党的纪律制度和纪律检查工作遭到严重破坏。"文革"结束后,以邓小平同志为主要代表的中国共产党人痛定思痛,尤其重视理想和纪律:"我们这么大一个国家,怎样才能团结起来、组织起来呢?一靠理想,二靠纪律。"②强调要大力加强纪律建设:"国要有国法,党要有党规党法。党章是最根本的党规党法。没有党规党法,国法就很难保障。"③中共十一届三中全会提出"健全党规党法,严肃党纪",并恢复设立了中共中央纪律检查委员会。1982年9月,中共十二大对原有党章进行了全面的修改。其中,"党的纪律"专设一章,明确规定"坚决维护党的纪律,是党的每个组织的重要责任。党组织如果在维护党的纪律方面失职,必须受到追究"。同时专列"党的纪律检查机关"一章,明确了各级纪律检查委员会的地位、权限和任务。

1987年10月,中共十三大指出,必须从严治党,严肃执行党的纪律。纪委的职能任务被明确为"集中力量管好党纪,协助党委管好党风"。

中共十三届四中全会以后,以江泽民同志为主要代表的中国共产党人积极探索"建设一个什么样的党、怎样建设党"的时代课题,提出了"三个代表"重要思想,多方

---

① 习近平.决胜全面建成小康社会 夺取新时代中国特色社会主义伟大胜利:在中国共产党第十九次全国代表大会上的报告[M].北京:人民出版社,2017:63.

② 邓小平.邓小平文选:第三卷[M].北京:人民出版社,1991:111.

③ 邓小平.邓小平文选:第二卷[M].北京:人民出版社,1994:147.

面推进纪律建设。

1992年10月,中共十四大首次把"从严治党"写入党章,第一次在党章上明确规定了党的纪律的含义,指出,党的纪律是党的各级组织和全体党员必须遵守的行为准则,是维护党的团结统一、完成党的任务的保证。1997年2月,中共中央发布《中国共产党纪律处分条例(试行)》(以下简称《条例(试行)》),对党内各种违纪行为及其处分作了具体、明确的规定。《条例(试行)》是党的纪律最为具体、系统、完整的条规,是党内处理违纪案件的基本依据,是中国共产党的各级组织和党员必须遵守的行为规范。《条例(试行)》的发布是党的建设的一件大事,是党中央加强党的纪律建设和党风廉政建设,使党的纪律建设逐步制度化、法制化的重要举措。

中共十六大以来,以胡锦涛同志为主要代表的中国共产党人面对世情、国情、党情的深刻变化,坚决惩治贪腐,推进党的纪律建设。2003年12月,中共中央印发了第一个《中国共产党纪律处分条例》和第一个《中国共产党党内监督条例(试行)》,对于坚持党要管党、从严治党,严肃党的纪律等发挥了重要作用。胡锦涛在中共十七大报告中要求:"深入开展党风党纪教育,积极进行批评和自我批评,使领导干部模范遵守党纪国法。"①

中共十八大报告首次正式提出"党的纪律建设"的概念,并将"严明党的纪律,自觉维护党的集中统一"作为全面提高党的建设科学化水平的八项工作之一,指出:"党面临的形势越复杂,肩负的任务越艰巨,就越要加强党的纪律建设,越要维护党的集中统一。各级党组织和广大党员、干部特别是主要领导干部一定要自觉遵守党章,自觉按照党的组织原则和党内政治生活准则办事,任何人都不能凌驾于组织之上。要坚决维护中央权威,在思想上政治上行动上同党中央保持高度一致,坚决贯彻党的理论和路线方针政策,保证中央政令畅通,决不允许'上有政策、下有对策',决不允许有令不行、有禁不止。加强监督检查,严肃党的纪律特别是政治纪律,对违反纪律的行为必须认真处理,切实做到纪律面前人人平等、遵守纪律没有特权、执行纪律没有例外,形成全党上下步调一致、奋发进取的强大力量。"②

中共十八大以来,以习近平同志为核心的党中央把纪律建设纳入新时代党的建设总体布局。把纪律教育渗透于各种主题教育之中。不断健全党内法规体系。于2015年、2018年、2023年连续3次修订《中国共产党纪律处分条例》。此外,还以党章为总源头和总依据,以《关于新形势下党内政治生活的若干准则》和《中国共产党纪律处分条例》为基本遵循,新修订了一系列相关党内法规。习近平就加强新时代党的纪律建设作出一系列重要论述,提出了一系列重要观点,进一步丰富和发展了党的纪律建设理论。实现了用纪律管全党、治全党,开启了党纪建设的新篇章。

在加强党的纪律建设重要性方面,习近平指出,"加强纪律建设是全面从严治党的治本之策。我们党是用革命理想和铁的纪律组织起来的马克思主义政党,组织严

---

① 中国共产党第十七次全国代表大会文件汇编[M].北京:人民出版社,2007:53.
② 中国共产党第十八次全国代表大会文件汇编[M].北京:人民出版社,2012:51.

密、纪律严明是党的优良传统和政治优势,也是我们的力量所在。全面从严治党,重在加强纪律建设。我们现在要强调的是扎紧党规党纪的笼子,把党的纪律刻印在全体党员特别是党员领导干部的心上"[1]。

在党的纪律内容方面,习近平指出,"严明党的纪律,首要的就是严明政治纪律"。"遵守党的政治纪律,最核心的,就是坚持党的领导,坚持党的基本理论、基本路线、基本纲领、基本经验、基本要求,同党中央保持高度一致,自觉维护中央权威"[2]。

在党的纪律权威性方面,习近平指出,要使纪律真正成为带电的高压线。"遵守党的纪律是无条件的,要说到做到,有纪必执,有违必查,而不能合意的就执行,不合意的就不执行,不能把纪律作为一个软约束或是束之高阁的一纸空文。"[3]

在党的纪律建设路径方面,习近平指出,要创新党内法规制度,把各项纪律和规矩立起来。建立健全党内制度体系,要以党章为根本依据。党的纪律规定要根据形势和党的建设需要不断完善。各级领导干部要带头依法办事,带头遵守法律,各级组织部门要把能不能依法办事、遵守法律作为考察和识别干部的重要条件。

中共十九大第一次把党的纪律建设纳入党的建设总体布局,要求"全面推进党的政治建设、思想建设、组织建设、作风建设、纪律建设,把制度建设贯穿其中"[4]。中共二十大进一步强调,全面加强党的纪律建设。这表明,党的纪律建设在治党治国整体布局中的地位和作用更加重要了。习近平总书记在二十届中央纪委三次全会上指出,以学习贯彻新修订的纪律处分条例为契机,在全党开展一次集中性纪律教育。经党中央同意,自2024年4月至7月,在全党开展党纪学习教育。这次党纪学习教育,是加强党的纪律建设、推动全面从严治党向纵深发展的重要举措。

(五)制度建设

党的制度关系党的建设的根本性、全局性、稳定性和长期性。制度建设是实现全面从严治党的重要保障。中共十一届三中全会后,以邓小平同志为主要代表的中国共产党人,高度重视党的制度建设,把制度问题看作事关党和国家前途命运的重大问题。邓小平明确指出:"我们过去发生的各种错误,固然与某些领导人的思想、作风有关,但是组织制度、工作制度方面的问题更重要。……制度问题更带有根本性、全局性、稳定性和长期性,这种制度问题,关系到党和国家能否改变颜色,必须引起全党的高度重视。"[5]他多次强调必须建设高质量的治党制度。他在反思"文化大革命"的错误时指出,"这些方面的制度好可以使坏人无法任意横行,制度不好可以使好人无法

---

[1] 中共中央纪律检查委员会,中共中央文献研究室.习近平关于严明党的纪律和规矩论述摘编[M].北京:中央文献出版社,2016:9.

[2] 十八大以来重要文献选编:上[M].北京:中央文献出版社,2014:132.

[3] 十八大以来重要文献选编:上[M].北京:中央文献出版社,2014:764.

[4] 习近平.决胜全面建成小康社会 夺取新时代中国特色社会主义伟大胜利:在中国共产党第十九次全国代表大会上的报告[M].北京:人民出版社,2017:62.

[5] 邓小平.邓小平文选:第二卷[M].北京:人民出版社,1994:333.

充分做好事,甚至会走向反面"①,因此,"在整个改革开放过程中都要反对腐败。对干部和共产党员来说,廉政建设要作为大事来抓。还是要靠法制,搞法制靠得住些"②。

邓小平从全局和战略高度谋划党的制度建设,对以制度建设推进从严治党作了深入思考。

一是改革党和国家的领导制度。1980年8月,邓小平在中共中央政治局扩大会议上作了《党和国家领导制度的改革》的重要讲话,深刻分析了党和国家领导制度、干部制度方面存在的主要弊端,即官僚主义、权力过分集中、家长制、干部领导职务终身制和形形色色的特权现象。他指出,发挥社会主义优越性,加快现代化建设,必须改革党和国家的领导制度,完善社会主义制度。

二是强调党章要做到与时俱进。党章是党内其他规章制度的基础和根据。邓小平同志强调要与时俱进适时修改党章。他指出,修改党章要进一步明确党在社会主义建设中的地位和作用。在邓小平的指导下,中共十二大通过的党章规定了党的指导思想、性质、任务以及党的建设基本要求等,对党员领导干部提出更加严格的要求。

三是建立和强化党内监督制度。改革开放以来,邓小平多次强调,"要有群众监督制度,让群众和党员监督干部,特别是领导干部"。"要制定各种条例,最重要的是要有专门的机构进行铁面无私的监督检查"。③中共十二大重新恢复了中央纪律检查委员会行使对党的领导干部的监督职能。

以江泽民同志为主要代表的中国共产党人继承和发展了邓小平关于制度建党的思想。高度重视和切实加强党的制度建设,采取了许多措施,获得了许多经验,在实践和理论上把党的制度建设推进到了一个新的阶段。

一是强调完善各个方面的制度。江泽民明确提出:"完善各个方面的制度,是新的历史条件下加强党的制度建设的发展与创新,是新的历史条件下加强党的建设的重要课题。"④

二是强调把制度建设贯穿党的建设的全过程。要求加强和改进党的建设,一定要把思想建设、组织建设和作风建设有机结合起来,把制度建设贯穿其中。既立足于经常性工作,又抓紧解决存在的突出问题。用制度保证思想建设、学风建设、组织建设、作风建设等党的各项建设的科学有序进行。

三是重视党的保障制度。中共十四届四中全会提出,特别要注重制度建设,以完备的制度保障党内民主,维护中央权威,保证全党在重大问题上的统一行动。中共十六大指出,要进一步完善党内通报制,以便及时通报党内工作、反映党内情况,征集党员意见;要建立一套可操作性强、科学有效的保障制度,以实现科学管党治党。

中共十六大之后,以胡锦涛同志为主要代表的中国共产党人,着眼加强党的执政

---

① 邓小平.邓小平文选:第二卷[M].北京:人民出版社,1994:333.
② 邓小平.邓小平文选:第二卷[M].北京:人民出版社,1993:379.
③ 邓小平.邓小平文选:第二卷[M].北京:人民出版社,1994:332-333.
④ 江泽民.论党的建设[M].北京:中央文献出版社,2006:547.

能力建设和先进性建设,进一步大力推进党的制度化建设,使其内容更广阔、程序更缜密、配套更完备、更加科学管用,[①]从而使党的建设制度的规范化、科学化迈上了新台阶。

一是注重保护党员的权利。2004年出台的《中国共产党党员权利保障条例》规定党员是党内民主生活的主体,并采取了系列措施保障党员参与党务的权利,推进了党内民主。

二是进一步改革和完善干部人事制度。陆续颁布了《公开选拔党政领导干部工作暂行规定》《党政机关竞争上岗工作暂行规定》《党政领导干部职务任期暂行规定》等党内法律法规,提高了制度建设的质量和水平。

三是启动党务公开制。中共十七大把党务公开写入党章,使党的制度建设向前迈进了一大步。

中共十八大以来,以习近平同志为核心的党中央站在党长期执政、国家长治久安的高度,着眼党的建设新的伟大工程实际,坚持思想建党和制度治党同向发力,把党内法规制度建设作为全面从严治党的根本依靠。强调要把"权力关进制度的笼子里",并不断扎紧扎密扎牢制度的笼子。中共十八大以来,"截至2021年7月1日,全党现行有效党内法规共3615部,包括党章1部,准则3部,条例43部,规定850部,办法2034部,规则75部,细则609部"[②],形成了一个以党章为根本、以准则条例为主干、以各层级法规为支脉、比较完善的党内法规体系。这些党内法规的出台或修订,为全面从严治党提供了制度保障,有力地推动了党的建设发展。中共十九大明确提出新时代党的建设总要求,强调把制度建设贯穿其中。"全面推进党的政治建设、思想建设、组织建设、作风建设、纪律建设,把制度建设贯穿其中,深入推进反腐败斗争"[③],这是党的建设总体布局的重大理论和实践创新,对新时代全面加强党的建设具有重要意义。

综上所述,通过对全面从严治党的寻根溯源,我们可以更加深刻体会到:全面从严治党是与马克思主义建党学说既一脉相承又与时俱进的科学体系,是贯穿于马克思主义建党学说的鲜明主题。当前我们党坚定不移推进全面从严治党,抓住了执政党建设的本质和关键,必须长期坚持、永不动摇。

第二节　全面从严治党的历史依据

恩格斯曾指出:"每一个时代的理论思维,包括我们这个时代的理论思维,都是一

---

① 胡锦涛.不断推进党的建设制度化规范化程序化[N].人民日报,2011-07-01.
② 杨在平.构建依规治党制度规范体系的内在逻辑[N].学习时报,2022-07-08.
③ 习近平.决胜全面建成小康社会　夺取新时代中国特色社会主义伟大胜利:在中国共产党第十九次全国代表大会上的讲话[M].北京:人民出版社,2017:62.

种历史的产物,它在不同的时代具有完全不同的形式,同时具有完全不同的内容。"① 全面从严治党的产生也不例外,它既是中国特色社会主义新时代的需要,又是历史的必然。中国共产党百余年来自身建设的宝贵历史经验和苏联共产党亡党的历史教训,是全面从严治党形成的历史依据。

一、中国共产党百余年来自身建设的宝贵历史经验

1921年7月,一个伟大的政党——中国共产党成立了。中国共产党的成立,是中国历史上开天辟地的大事;中国从此有了代表整个中华民族利益的新型的无产阶级革命政党;自从有了中国共产党,中国革命的面貌焕然一新,从一个胜利走向另一个胜利。

百余年来,中国共产党"始终把为中国人民谋幸福、为中华民族谋复兴作为自己的初心使命,始终坚持共产主义理想和社会主义信念,团结带领全国各族人民为争取民族独立、人民解放和实现国家富强、人民幸福而不懈奋斗"②,在中国这片古老的土地上,书写了人类发展史上惊天地、泣鬼神的壮丽史诗;夺取新民主主义革命伟大胜利,为实现中华民族伟大复兴创造了根本社会条件;完成社会主义革命和推进社会主义建设,为实现中华民族伟大复兴奠定了根本政治前提和制度基础;进行改革开放和社会主义现代化建设,为实现中华民族伟大复兴提供了充满新的活力的体制保证和快速发展的物质条件;开创中国特色社会主义新时代,解决了许多长期想解决而没有解决的难题,办成了许多过去想办而没有办成的大事,推动党和国家事业取得历史性成就、发生历史性变革,为实现中华民族伟大复兴提供了更为完善的制度保证、更为坚实的物质基础、更为主动的精神力量。中国共产党和中国人民以英勇顽强的奋斗向世界庄严宣告:中华民族迎来了从站起来、富起来到强起来的伟大飞跃。③

在百余年波澜壮阔的历史进程中,中国共产党与人民群众一道在书写中华民族几千年历史上最恢宏的史诗的同时,把自身建设作为伟大工程不断推进,并取得了显著成绩,积累了宝贵经验。这对于我们深刻理解新时代全面从严治党,不断推进新时代党的建设新的伟大工程,具有十分重要的意义。

(一) 不断推进马克思主义中国化,始终坚持马克思主义的指导地位

指导思想是一个政党的精神旗帜,中国共产党从诞生之日起就把马克思主义确立为自己的指导思想。中国共产党百余年来之所以能够不断发展壮大,之所以能够团结带领人民创造举世瞩目的伟业,完成近代以来各种政治力量不可能完成的艰巨任务,一个根本原因,就在于始终坚持马克思主义的指导地位,把马克思主义这一科学理论作为自己的行动指南,并坚持在实践中把马克思主义基本原理同中国革命、建设、改革的具体实际相结合,不断推进马克思主义中国化,实现了党的指导思想和基

---

① 马克思,恩格斯.马克思恩格斯选集:第3卷[M].北京:人民出版社,2012:873.
②③ 中共中央关于党的百年奋斗重大成就和历史经验的决议[N].人民日报,2021-11-17.

本理论的与时俱进。"这使我们党得以摆脱以往一切政治力量追求自身特殊利益的局限,以唯物辩证的科学精神、无私无畏的博大胸怀领导和推动中国革命、建设、改革,不断坚持真理、修正错误。无论是处于顺境还是逆境,我们党从未动摇对马克思主义的信仰。"①

马克思主义是我们立党立国的根本指导思想。背离或放弃马克思主义,我们党就会失去灵魂、迷失方向。在坚持马克思主义指导地位这一根本问题上,我们必须坚定不移,任何时候任何情况下都不能有丝毫动摇。

恩格斯曾经说过:"马克思的整个世界观不是教义,而是方法。它提供的不是现成的教条,而是进一步研究的出发点和供这种研究使用的方法。"②坚持马克思主义,要根据新的时代特点和实践要求,立足中国、放眼世界,保持与时俱进的理论品格,深刻认识马克思主义的时代意义和现实意义,不断推进马克思主义中国化、时代化、大众化。我们党在领导中国革命、建设、改革的长期实践中,把马克思主义基本原理同中国具体实际和时代特征相结合,不断推进马克思主义中国化,实现了两次历史性飞跃。

第一次飞跃发生在新民主主义革命时期,中国共产党人经过反复探索,在总结成功经验和失败教训的基础上,找到了农村包围城市、最后夺取全国胜利的有中国特色的革命道路,并在革命胜利后积极探索适合我国国情的社会主义建设道路,形成了被实践证明了的关于中国革命和建设的正确的理论原则和经验总结——毛泽东思想。在毛泽东思想指引下,中国共产党领导全国各族人民,经过长期反对帝国主义、封建主义、官僚资本主义的革命斗争,取得了新民主主义革命的胜利,建立了人民民主专政的中华人民共和国;新中国成立以后,顺利地进行了社会主义改造,完成了从新民主主义到社会主义的过渡,确立了社会主义基本制度,发展了社会主义的经济、政治和文化。③

第二次飞跃发生在中共十一届三中全会以后,中国共产党人在总结我国经验和研究国际形势的基础上,开辟了中国特色社会主义道路,形成了被实践证明了的关于在中国建设、巩固和发展社会主义的正确的理论原则和经验总结,这就是中国特色社会主义理论体系。中国特色社会主义理论体系作为马克思主义中国化最新成果,是我们党领导的改革开放和社会主义现代化建设伟大实践的重要理论结晶。

中共十一届三中全会以来,以邓小平同志为主要代表的中国共产党人,总结新中国成立以来正反两方面的经验,解放思想,实事求是,实现全党工作中心向经济建设的转移,实行改革开放,开辟了社会主义事业发展的新时期,逐步形成了建设中国特色社会主义的路线、方针、政策,阐明了在中国建设社会主义、巩固和发展社会主义的基本问题,创立了邓小平理论,实现了党的指导思想和基本理论的与时俱进。邓小平理论是马克思列宁主义的基本原理同当代中国实践和时代特征相结合的产物,是毛

---

① 习近平.在庆祝中国共产党成立95周年大会上的讲话[J].求是,2021(8).
② 马克思,恩格斯.马克思恩格斯全集:第39卷 上[M].北京:人民出版社,1974:406.
③ 李树林.中国共产党与马克思主义中国化[J].实践(思想理论版),2011(2).

泽东思想在新的历史条件下的继承和发展,是马克思主义在中国发展的新阶段,是当代中国的马克思主义,是中国共产党集体智慧的结晶,引导着我国社会主义现代化事业不断前进。邓小平理论是中国特色社会主义理论体系的开创之作,是最基础的重要组成部分。

中共十三届四中全会以来,以江泽民同志为主要代表的中国共产党人,深刻认识和准确把握世情、国情、党情的发展变化,在建设中国特色社会主义的实践中,加深了对什么是社会主义、怎样建设社会主义和建设什么样的党、怎样建设党的认识,积累了治党治国新的宝贵经验,形成了"三个代表"重要思想,实现了党的指导思想和基本理论的又一次与时俱进。"三个代表"重要思想是对马克思列宁主义、毛泽东思想、邓小平理论的继承和发展,反映了当代世界和中国的发展变化对党和国家工作的新要求,是加强和改进党的建设、推进我国社会主义自我完善和发展的强大理论武器,是中国共产党集体智慧的结晶,是党必须长期坚持的指导思想。始终做到"三个代表",是我们党的立党之本、执政之基、力量之源。"三个代表"重要思想是中国特色社会主义理论体系承上启下的极为重要的组成部分。①

中共十六大以来,以胡锦涛同志为主要代表的中国共产党人,坚持以邓小平理论和"三个代表"重要思想为指导,根据新的发展要求,深刻认识和回答了新形势下实现什么样的发展、怎样发展等重大问题,形成了以人为本、全面协调可持续的科学发展观。科学发展观是同马克思列宁主义、毛泽东思想、邓小平理论、"三个代表"重要思想既一脉相承又与时俱进的科学理论,是马克思主义关于发展的世界观和方法论的集中体现,是马克思主义中国化重大成果,是中国共产党集体智慧的结晶,是发展中国特色社会主义必须长期坚持的指导思想。

中共十八大以来,以习近平同志为主要代表的中国共产党人,顺应时代发展,从理论和实践结合上系统回答了新时代坚持和发展什么样的中国特色社会主义、怎样坚持和发展中国特色社会主义这个重大时代课题,创立了习近平新时代中国特色社会主义思想。习近平新时代中国特色社会主义思想是对马克思列宁主义、毛泽东思想、邓小平理论、"三个代表"重要思想、科学发展观的继承和发展,是马克思主义中国化最新成果,是党和人民实践经验和集体智慧的结晶,是中国特色社会主义理论体系的重要组成部分,是全党全国人民为实现中华民族伟大复兴而奋斗的行动指南,必须长期坚持并不断发展。在习近平新时代中国特色社会主义思想指导下,中国共产党领导全国各族人民,统揽伟大斗争、伟大工程、伟大事业、伟大梦想,推动中国特色社会主义进入了新时代。②

邓小平理论、"三个代表"重要思想、科学发展观以及习近平新时代中国特色社会主义思想,既一脉相承又与时俱进。说一脉相承,一是它们都坚持以马克思列宁主义、毛泽东思想为指导,在理论渊源上一脉相承;二是它们都坚持为建设和发展中国特色社会主义、实现中华民族伟大复兴而奋斗,在理论主题上一脉相承;三是它们都

①② 李忠杰.准确把握党的历史的基本内涵[J].中华魂,2021(7).

坚持解放思想、实事求是、与时俱进,在理论品质上一脉相承;四是它们都以社会主义初级阶段这一基本国情为立论基础,在理论基点上一脉相承;五是它们都坚持以人为本,把实现好、维护好、发展好最广大人民的根本利益作为全部理论的出发点和落脚点,在理论目标上一脉相承。说与时俱进,是说邓小平理论、"三个代表"重要思想、科学发展观以及习近平新时代中国特色社会主义思想,都坚持从实际出发,注重总结改革开放不同时期、不同阶段的经验,注重探索和回答不同时期、不同阶段遇到的新矛盾、新问题,在理论创新和理论发展上都作出了各自的独特贡献。它们既相互贯通又层层递进,体现了新时期以来我们党理论创新成果的科学性体系、阶段性成果和发展性要求的内在统一。①

在中国化马克思主义指导下形成的路线、方针、政策以及制定的制度,指导着全党的行动,成为我们党保持勃勃生机的一个决定性因素。

(二) 坚持党的领导,始终确保正确政治方向

始终坚持党的领导,始终确保正确政治方向,既是对中国共产党百余年历史经验的深刻总结,也是推进新时代中国特色社会主义事业的根本保证。

始终坚持党的领导是由无产阶级政党的本质和性质决定的。马克思、恩格斯在《共产党宣言》中指出:"共产党人是各国工人政党中最坚决的、始终起推动作用的部分;""在无产阶级和资产阶级的斗争所经历的各个发展阶段上,共产党人始终代表整个运动的利益。"②列宁指出:"党是阶级的先进觉悟阶层,是阶级的先锋队。"③在列宁看来,无产阶级政党作为阶级的先锋队,在革命时期的任务是组织领导阶级斗争,在政权建设时期的任务则是对所有国家机关的工作进行"总的领导"。"我们党是以马克思列宁主义为指导建立起来的无产阶级政党,是中国工人阶级的先锋队,同时是中国人民和中华民族的先锋队,是中国特色社会主义事业的领导核心,代表中国先进生产力的发展要求,代表中国先进文化的前进方向,代表中国最广大人民的根本利益。"④坚持党对一切工作的领导,这是重大政治依据、政治原则。

坚持党对一切工作的领导,是对中国共产党百年历史经验的深刻总结。早在1942年9月,我们党就强调党"应该领导一切其他组织,如军队、政府与民众团体。根据地领导的统一与一元化,应当表现在每个根据地有一个统一的领导一切的党的委员会"⑤。1943年,毛泽东发表《关于领导方法的若干问题》,将党的领导问题更加具体化和规范化。中华人民共和国成立以后,毛泽东始终不忘坚持党的领导,他强调指出:"中国共产党是全中国人民的领导核心。没有这样一个核心,社会主义事业就不

---

① 习近平.关于中国特色社会主义理论体系的几点学习体会和认识[J].求是,2008(7).
② 马克思,恩格斯.马克思恩格斯文集:第2卷[M].北京:人民出版社,2009:44.
③ 列宁.列宁全集:第24卷[M].北京:人民出版社,1990:38.
④ 黄一兵.坚持党对一切工作的领导[N].内蒙古日报(汉),2018-03-05.
⑤ 董佳.抗战时期根据地民主政治的构建与当代中国民主的起源[J].中共党史研究,2015(3).

能胜利。"① 1962年1月,毛泽东同志在扩大的中央工作会议上明确指出:"工、农、商、学、兵、政、党这七个方面,党是领导一切的。党要领导工业、农业、商业、文化教育、军队和政府。"②邓小平在改革开放初期也指出:"中国由共产党领导,中国的社会主义现代化建设事业由共产党领导,这个原则是不能动摇的;动摇了中国就要倒退到分裂和混乱,就不可能实现现代化。"③"我们人民的团结,社会的安定,民主的发展,国家的统一,都要靠党的领导。"④"从根本上说,没有党的领导,就没有现代中国的一切。"⑤江泽民在讲话中再次明确,工农兵学商,党是领导一切的。当今中国的事情办得怎么样,关键取决于我们党。胡锦涛将党的建设与党的领导紧密联系在一起,强调要坚持党的领导核心地位。进入新时代,以习近平同志为核心的党中央把坚持和加强党的全面领导摆在更加突出的位置上。习近平指出,中国特色社会主义最本质的特征是中国共产党领导,中国特色社会主义制度的最大优势是中国共产党领导。坚持和完善党的领导,是党和国家的根本所在、命脉所在,是全国各族人民的利益所在、幸福所在。中共十九大报告再次强调:"坚持党对一切工作的领导。党政军民学,东西南北中,党是领导一切的。"⑥

一百多年来,正是始终坚持党对一切工作的领导,"我们党领导人民完成新民主主义革命,实现了从几千年封建专制向人民民主的伟大飞跃;领导人民完成社会主义革命,推进社会主义建设,实现了中华民族由近代不断衰落到根本扭转命运、持续走向繁荣富强的伟大飞跃;领导人民进行改革开放新的伟大革命,实现了中国人民从站起来到富起来、强起来的伟大飞跃,迎来了实现民族复兴的光明前景"⑦。历史已经并将继续证明,中国共产党与新中国、改革开放、中国特色社会主义有着不可分割的联系。没有中国共产党,就没有革命、建设、改革的胜利。没有中国共产党的领导,民族复兴必然是空想。

中共十九大报告提出在决胜全面建成小康社会基础上,分两步走到本世纪中叶建成社会主义现代化强国的奋斗目标。同时要看到,在我们这样一个有着14亿多人口、资源又相对贫乏的大国实现现代化任务之艰巨前所未有。正如习近平指出的:"中华民族伟大复兴,绝不是轻轻松松、敲锣打鼓就能实现的。全党必须准备付出更为艰巨、更为艰苦的努力。"⑧坚持党对一切工作的领导不是空洞的、抽象的,是具体

---

① 毛泽东.毛泽东文集:第七卷[M].北京:人民出版社,1999:303.
② 毛泽东.毛泽东文集:第八卷[M].北京:人民出版社,1999:305.
③ 邓小平.邓小平文选:第二卷[M].北京:人民出版社,1994:267-268.
④ 邓小平.邓小平文选:第二卷[M].北京:人民出版社,1994:342.
⑤ 邓小平.邓小平文选:第二卷[M].北京:人民出版社,1994:266.
⑥ 习近平.决胜全面建成小康社会 夺取新时代中国特色社会主义伟大胜利:在中国共产党第十九次全国代表大会上的报告[M].北京:人民出版社,2017:20.
⑦ 黄一兵.坚持党对一切工作的领导[N].内蒙古日报(汉),2018-03-05.
⑧ 习近平.决胜全面建成小康社会 夺取新时代中国特色社会主义伟大胜利:在中国共产党第十九次全国代表大会上的讲话[M].北京:人民出版社,2017:15.

的,必须落实到国家治理各领域各方面各环节,贯穿于科学执政、民主执政、依法执政全过程,不断提高党把方向、谋大局、定政策、促改革的能力和定力,确保党始终处在总揽全局、协调各方的领导核心地位,确保党的领导全覆盖,确保党的领导更加坚强有力。

（三）坚持立党为公、执政为民,始终保持党同人民群众的血肉联系

坚持立党为公、执政为民,全心全意为广大人民群众谋利益,是马克思主义政党的根本宗旨,也是马克思主义政党区别于其他政党的根本标志。马克思、恩格斯早在1848年发表的《共产党宣言》中就明确指出:"过去的一切运动都是少数人的,或者为少数人谋利益的运动。无产阶级的运动是绝大多数人的,为绝大多数人谋利益的独立的运动。"①中国共产党是以马克思主义为指导思想的工人阶级政党,自诞生之日起,就把全心全意为人民服务作为自己的根本宗旨,党除了工人阶级和最广大人民群众的利益,没有自己特殊的利益。

中国共产党的百余年历史,就是一部全心全意为人民服务的历史。在新民主主义革命的探索中,中国共产党认识到要解决农民的根本利益问题,就必须解决土地问题,党领导人民打土豪、分田地。毛泽东在1941年《在陕甘宁边区参议会的演说》中指出:"共产党是为民族、为人民谋利益的政党,它本身绝无私利可图。"②中共七大把"中国共产党人必须具有全心全意为中国人民服务的精神"正式写入党章,成为共产党员的思想引领和行为规范。中华人民共和国成立后,中国共产党继续尊重人民群众的主体地位,牢记全心全意为人民服务的宗旨,把立党为公、执政为民作为执政的核心价值观。毛泽东一再强调要始终坚持全心全意为人民服的宗旨,指出:"共产党就是要奋斗,就是要全心全意为人民服务,不要半心半意或者三分之二的心三分之二的意为人民服务。"③邓小平曾经深情地表达:"我是中国人民的儿子,我深深地爱着我的祖国和人民。"他反复强调,要全心全意为人民服务,深入群众倾听他们的呼声。他把"是否有利于提高人民的生活水平"作为"三个有利于"标准中的重要一条,强调要把人民拥护不拥护、赞成不赞成、高兴不高兴、答应不答应作为衡量一切工作得失的根本标准,体现了人民至上的价值取向和执政为民的责任担当。江泽民提出了"三个代表"重要思想,强调我们党要始终代表中国最广大人民的根本利益。胡锦涛提出了坚持以人为本的科学发展观,反复告诫全党,要坚持立党为公、执政为民,做到"权为民所用,情为民所系,利为民所谋",始终把最广大人民的根本利益作为党和国家工作的根本出发点和落脚点。进入新时代,以习近平同志为核心的党中央坚持以人民为中心的发展思想,始终把人民放在心中最高的位置,永远把人民对美好生活的向往作为奋斗目标。2014年2月7日,习近平在接受俄罗斯电视台记者专访时说:"我的执

---

① 马克思,恩格斯.马克思恩格斯文集:第2卷[M].北京:人民出版社,2009:42.
② 毛泽东.毛泽东选集:第三卷[M].北京:人民出版社,1991:809.
③ 毛泽东.毛泽东文集:第七卷[M].北京:人民出版社,1999:285.

政理念,概括起来说就是:为人民服务,担当起该担当的责任。"我们党之所以具有卓越的政治优势,长盛不衰、枝繁叶茂,归根结底就在于密切联系群众。"得人心者得天下,失人心者失天下",这是历史发展的必然规律。

执政党的党风关系党和国家生死存亡,马克思主义政党最大的优势是密切联系群众,最大的危险是严重脱离群众,最严峻的考验是长期执政。因为长期执政,一些党员特别是党的领导干部容易产生形式主义、官僚主义、享乐主义和奢靡之风,这样就会严重脱离群众,最后失去群众的支持,失去执政的资格。我们党要经受住这种考验,巩固执政地位,完成党的历史使命,就必须始终坚持立党为公、执政为民,保持党同人民群众血肉联系。

始终坚持立党为公、执政为民,保持党同人民群众血肉联系,要把实现好、维护好、发展好最广大人民的根本利益作为党的建设必须始终遵循的宗旨、方向和目的。要牢固树立马克思主义群众观点、在自己的工作中自觉贯彻党的群众路线,"一切为了群众,一切依靠群众,从群众中来,到群众中去,把党的正确主张变为群众的自觉行动"①。

始终坚持立党为公、执政为民,保持党同人民群众血肉联系要顺应人民群众对美好生活的向往,坚持以人民为中心的发展思想,以保障和改善民生为重点,发展各项社会事业,加大收入分配调节力度,打赢脱贫攻坚战,保证人民平等参与、平等发展权利,使改革发展成果"更多更公平地惠及全体人民,朝着实现全体人民共同富裕的目标稳步迈进"②。

"只有我们把群众放在心上,群众才会把我们放在心上;只有我们把群众当亲人,群众才会把我们当亲人。"③每一个共产党员都要把人民放在心中最高位置,尊重人民主体地位,尊重人民首创精神,拜人民为师,把政治智慧的增长、执政本领的增强深深扎根于人民的创造性实践之中。要高度重视并切实做好新形势下群众工作,坚持问政于民、问需于民、问计于民,真诚倾听群众呼声,真实反映群众愿望,真情关心群众疾苦,依法保障人民群众经济、政治、文化、社会等各项权益。只有我们把群众放在心上,群众才会把我们放在心上;只有我们把群众当亲人,群众才会把我们当亲人。各级党政机关和干部要坚持工作重心下移,经常深入实际、深入基层、深入群众,做到知民情、解民忧、暖民心。要把基层一线作为培养锻炼干部的基础阵地,引导干部在同群众朝夕相处中增进对群众的思想感情、增强服务群众本领。要把服务群众、做群众工作作为基层党组织的核心任务和基层干部的基本职责,使基层党组织成为推动发展、服务群众、凝聚人心、促进和谐的坚强战斗堡垒。

(四)坚持从严治党,坚决反对腐败,始终保持党的先进性和纯洁性

党的先进性和纯洁性是马克思主义政党的生命所系。保持党的先进性和纯洁

---

① 中国共产党章程(中国共产党第二十次全国代表大会部分修改,2022年10月22日通过)[J].前线,2022(11).
② 中国共产党第十八次全国代表大会文件汇编[M].北京:人民出版社,2012:14.
③ 胡锦涛.在庆祝中国共产党成立90周年大会上的讲话[N].人民日报,2011-07-02.

性,是马克思主义政党建设永恒的主题。坚持从严治党,坚决反对腐败,是保持党的先进性和纯洁性的治本之道,也是我们党的一贯方针。

中国共产党百余年的历史,是一部中国共产党团结带领人民进行革命、建设和改革开放的奋斗史,也是一部坚持从严治党,坚决反对腐败,始终保持党的先进性和纯洁性的历史。第一次国内革命战争时期,针对那些品质不好的人混入党内"吞款、揩油的情弊",中国共产党于1926年8月4日发布了第一个反贪污腐化的文件——《坚决清洗贪污腐化分子》的中央扩大会议通告,严肃指出:"在这革命潮流仍在高涨的时候,许多投机腐败的坏分子,均会跑在革命的队伍中来,一个革命的党若是容留这些分子在内,必定会使他的党陷于腐化,不特不能执行革命的工作,且将为群众所厌弃。所以应该很坚决地洗清这些不良分子,和这些不良倾向奋斗,才能巩固我们的营垒,才能树立党在群众中的威望。"① 通告发布后,各地加强了对党员的教育,对党组织进行了整顿,保持了党的队伍的纯洁性,提高了党在群众中的威望,推动了大革命的胜利发展。第二次国内革命战争时期,党更加重视反腐败斗争。1932年7月,中华苏维埃政府中央执行委员会发出的第14号训令指出,"对苏维埃中的贪污腐化分子,各级政府一经查出,必须给以严厉的纪律上的制裁,谁要隐瞒、庇护和放松对这种分子的检查与揭发,谁也要同样受到革命的斥责"②。毛泽东直接参与和领导严厉惩处了一批贪污腐败分子,有效遏制了中央苏区存在的贪污浪费现象。毛泽东反复告诫全党,要防止因腐化而导致失败甚至危及国家政权的现象出现。在中共七届二中全会上,毛泽东提出了"两个务必"的重要思想。

中共十一届三中全会以后,随着改革开放和社会主义现代化建设的深入推进,反腐败斗争展现出了与以往不同的新形势、新特点。邓小平及时提出"整个改革开放过程中都要反对腐败"③的重大政治命题,反腐败必须旗帜鲜明、坚定不移,要求"一手抓改革开放,一手抓惩治腐败"。如果以过于倚重群众运动治理腐败,就会导致无政府主义,不但达不到应有的效果,反而吏治更坏。党中央改变了以往群众性的"大民主"运动做法,实施法治反腐,阻断了腐败滋生蔓延。

中共十八大以来,以习近平同志为核心的党中央从关系党和国家生死存亡的高度,着眼于全面从严治党,作出打铁还需自身硬的庄严承诺,以力挽狂澜的气魄和胆识,以猛药去疴、重典治乱的决心,以刮骨疗毒、壮士断腕的勇气,推动全面从严治党向纵深发展,打虎拍蝇雷霆万钧,正风肃纪驰而不息,形成了反腐败斗争压倒性态势,党心民心为之一振,党风政风为之一新。

---

① 中国共产党首份反腐文件:1926年诞生 措辞很严厉[EB/OL].[2016-06-26].http://www.xinhuanet.com/politics/2016-06/26/c_129090454.htm.
② 邵景均.始终坚持我们党防治腐败的基本经验[J].中国监察,2011(13).
③ 邓小平.邓小平文选:第二卷[M].北京:人民出版社,1993:327.

二、苏联共产党亡党的历史教训

列宁作为国际无产阶级革命的伟大导师和精神领袖,把马克思主义同俄国革命实际相结合,创建了俄国无产阶级政党——布尔什维克党,缔造了世界上第一个社会主义国家,开辟了人类历史新的纪元。但是,在20世纪90年代初,作为世界上第一个社会主义国家和横跨欧亚两洲、面积达2400多万平方千米的大国强国,苏联在没有外敌入侵和特大自然灾害的情况下,顷刻之间土崩瓦解。苏共在建党之初拥有20万党员时夺取了政权,在执政28年拥有200万党员时打败了德国法西斯,而在执政74年拥有2000万党员时却黯然垮台。[①]问题究竟出在哪里?列宁曾经说过,堡垒最容易从内部攻破。导致苏联亡党亡国内部原因固然很多,但究其根源还是苏共离开了全面从严治党、党蜕化变质所致。

古人云:"以铜为镜,可以正衣冠;以古为镜,可以知兴替;以人为镜,可以明得失。"苏共亡党,对中国共产党来说,是一面镜子,更是前车之鉴,给中国共产党人提供了极其深刻的历史教训。

(一)思想政治方面:放弃马克思主义

"一个政权的瓦解往往是从思想领域开始的,政治动荡、政权更迭可能在一夜之间发生,但思想演化是个长期过程。思想防线被攻破了,其他防线就很难守住。"[②]苏共正是首先因为"思想防线被攻破了",所以"其他防线就很难守住",最终导致"政治动荡、政权更迭"。俄罗斯学者亚历山大·季诺维耶夫在总结苏共亡党的历史教训时深刻地指出:"现实社会主义的变形总是同马克思主义的教条化或对马克思主义的背弃一起开始的。这两种情况都是苏联现实社会主义所特有的。如果说在其发展的第一阶段是教条主义盛行的话,那么在其最后年代,则是苏共领导开始疏远马克思主义,并用各种各样的自由主义和改良主义思想偷换马克思主义。"[③]

列宁把马克思主义与俄国具体国情相结合,成功地领导了十月革命,建立了世界上第一个社会主义国家政权。列宁在其晚年还对社会主义建设进行了大胆的探索,在经济上,实行新经济政策,在政治上,成立苏维埃社会主义共和国联盟,简称"苏联",在党的建设上,实行民主集中制。针对党内出现的官僚主义,列宁提出了对执政党进行监督,并作出了有益的尝试。

斯大林虽然坚持马克思列宁主义,但对马克思列宁主义泛化、神化和工具化,利用其对马克思列宁主义解释权的垄断地位,打击甚至清算不同意见者。列宁去世后,

---

① 习近平.推进党的建设新的伟大工程一以贯之[J].求是,2019(19).
② 中共中央文献研究室.习近平关于社会主义文化建设论述摘编[M].北京:中央文献出版社,2017:21.
③ 郭德钦.苏联解体:马克思主义意识形态建设上的沉痛教训[EB/OL].[2018-01-25].http://www.qstheory.cn/dukan/hqwg/2018-01/25/c_1122313681.htm.

苏联思想理论界倾向于把苏共领导人对马列主义的理解和解释以及他们的论断作为判断是非、划分敌我的唯一标准和根据,借坚持马列主义之名把马列主义教条化,以钦定教科书的形式,把科学的、生机勃勃的、富有战斗性的马列主义变成封闭的、僵硬的、脱离实际的教条,理论成为剪裁现实和实践的僵化的标尺,这样做的后果是思想僵化、精神压抑、万马齐喑,社会生活一潭死水,理论严重脱离实际,各种非马克思主义的思潮泛滥成灾。

戈尔巴乔夫上台后,完全否定了原来的马克思主义建党学说和实践。他攻击共产党已经发生"严重变形",几十年来只是为"专横的官僚体制服务",造成了"政治上和意识形态上的垄断主义"。因此,必须重新认识"建党原则和活动方法",对党进行根本的、所谓"新思维"的错误改革,并推行"民主化、公开性、多元化"的资产阶级自由化意识形态方针政策,这样苏联思想理论界"从长期的'左',一下子跳到了右,搞意识形态多元化。长期处于封闭状态的思想闸门被打开后,作为对教条主义的强烈反弹,原先蛰伏的各种思潮汹涌而至,使苏共原有的意识形态部门和思想理论界陷入被动挨打的境地,造成极大的思想混乱"[①]。最后,戈尔巴乔夫主动地从根本上放弃了马克思主义的指导地位,导致苏共党员干部和群众思想上的空前混乱与迷茫,破坏了苏联74年建立起来的马克思主义意识形态认同,最终葬送了苏共和苏联。

有鉴于此,中国共产党人始终坚持马克思主义指导地位不动摇。中共十八大以来,以习近平同志为核心的党中央在推进全面从严治党过程中,强调必须坚持马克思主义指导地位,不断推进实践基础上的理论创新,强调"理想信念是共产党人的精神之'钙',必须加强思想政治建设,解决好世界观、人生观、价值观这个'总开关'问题"。习近平指出:"我们干事业不能忘本忘祖、忘记初心。我们共产党人的本,就是对马克思主义的信仰,对中国特色社会主义和共产主义的信念,对党和人民的忠诚。我们要固的本,就是坚定这份信仰、坚定这份信念、坚定这份忠诚。世界社会主义实践的曲折历程告诉我们,马克思主义政党一旦放弃马克思主义信仰、社会主义和共产主义信念,就会土崩瓦解。共产党人如果没有信仰、没有理想,或信仰、理想不坚定,精神上就会'缺钙',就会得'软骨病',就必然导致政治上变质、经济上贪婪、道德上堕落、生活上腐化。"[②]在中共十九大报告中,习近平特别强调指出,要牢牢掌握意识形态工作领导权,要始终牢固确立马克思主义在意识形态领域的指导地位,让马克思主义、中国特色社会主义核心价值观成为人民的行动指南。2018年1月5日,习近平在新进党的中央委员会委员、候补委员和省部级主要领导干部学习贯彻习近平新时代中国特色社会主义思想和中共十九大精神研讨班上发表重要讲话,强调指出:"马克思主义政党不是因利益而结成的政党,而是以共同理想信念而组织起来的政党。建设坚强的马克思主义执政党,首先要从理想信念做起。对马克思主义的信仰,对社会主义和共产主义的信念,是共产党人的政治灵魂,是共产党人经受任何考验的精神支柱。

---

① 季正矩.苏联共产党兴衰成败的十个经验教训[J].党的建设,2004(5).
② 习近平.习近平谈治国理政:第二卷[M].北京:外文出版社,2017:326.

我们常说,基础不牢,地动山摇。信念不牢也是要地动山摇的。苏联解体、苏共垮台、东欧剧变不就是这个逻辑吗?苏共拥有二十万党员时夺取了政权,拥有二百万党员时打败了希特勒,而拥有近二千万党员时却失去了政权。我说过,在那场动荡中,竟无一人是男儿,没什么人出来抗争。什么原因?就是理想信念已经荡然无存了。"①

(二)作风建设方面:贪污腐败盛行;严重脱离群众

1. 贪污腐败盛行

苏共的创始人列宁同志一直比较关注腐败问题,在建立苏维埃政权之初,他就已认识到,党和政府的机关"在很大程度上是旧事物的残余","仅仅在表面上稍稍粉饰了一下,而从其他方面来看,仍然是一些最典型的旧式国家机关",因此"官僚主义在苏维埃制度内部部分地复活起来","我们的国家机关的情况,即使不令人厌恶,至少也非常可悲"。1921年列宁在论述新经济政策时指出:在每一个共产党员面前都有三大敌人:一是共产党员的狂妄自大,二是文盲,三是贪污受贿。②为了巩固和发展苏共,防止腐败现象的滋长,他不仅进行清党,在党中央建立了中央监察委员会,在国家机关建立了人民监察委员部,在基层建立了工人监察机构,而且经常告诫领导干部保持艰苦奋斗精神,防止腐化堕落。列宁的这些措施为保证党的廉洁作出了重要的贡献,为苏联社会主义建设创造了良好的政党基础。

列宁之后的斯大林,建立健全了一套高度集中的体制,腐败问题日益突出。罗·亚·麦德维杰夫在《让历史来审判》一书中写道:"一些不太坚定的共产党员有了权之后,开始滥用自己的地位,在他们的行为中开始出现和共产党人格格不入的一些征候:高傲起来,轻视劳动人民的利益,出现官僚主义——这些人开始成为骑在人民头上的、首先追求自己个人利益的官吏。甚至党的监督也不能使部分国家机器官僚主义蜕变过程完全停止,况且,许多党的领导干部在成为国务活动家之后,也沾染上了老爷作风和官僚主义这些毛病。""党的机构的某些工作人员开始远不是为劳动人民的利益去使用自己的影响,党内机构的个别环节也出现了腐化因素,完全没有什么理由使一些党的干部享有特权,这些特权后来又变成了目的本身,成为一种拜物教。"体制系统中"缺乏任何比较有效地防止滥用权力的措施"。③

斯大林逝世后,他的继任者赫鲁晓夫通过一系列重大改革举措反腐败反特权。一是改革司法体系,建立公正透明的审判制度,遏制滥用职权行为,成立专门的反腐机构,加大追查腐败力度;二是整顿苏共内部,反对个人崇拜,限制特权。这些改革举措遭遇既得利益者强烈反对,改革受到严重抵制,最终被赶下台。

到了勃列日涅夫时期,原来被取消的所有特权全部恢复,且增加了各种名目繁多的特权,赫鲁晓夫的反腐败反特权成果丧失殆尽。勃列日涅夫自己也始终冲在腐败

---

① 中共中央党史和文献研究院、中央"不忘初心、牢记使命"主题教育领导小组办公室.习近平关于"不忘初心、牢记使命"论述摘编[M].北京:中央文献出版社,2019:87.

②③ 季正矩.腐败与苏共垮台[J].当代世界与社会主义,2000(4).

的最前线,是腐化堕落的"示范者"和"带头者"。整个勃列日涅夫时代,"苏共的许多书记、州委书记、边疆区委书记、中央委员都卷入了肮脏勾当"。越来越多的干部以权谋私,贪污腐败,这种愈演愈烈的腐化堕落不仅造成苏联国家经济上的损失,"道德上的损失就更为惨重:社会分化加剧;经常遇到磨难的大多数人对那些不仅享受福利照顾而且享有种种特权、任意攫取不义之财而又逍遥法外的'上流人物'的憎恨之情与日俱增,埋下了社会冲突的地雷,党、政府、整个领导层的威信下降"。①

在经历了安德罗波夫和契尔年科"昙花一现"后,苏联到了戈尔巴乔夫时代。戈尔巴乔夫上台之后就开始改革,但是全面腐败下的经济改革注定只能是悲剧。结果是,"国家官员、党的职能人员、共青团积极分子成为最初类型的俄罗斯企业家、20世纪90年代初的第一批百万富翁和'新俄罗斯人'"。1992年,利加乔夫在《戈尔巴乔夫之谜》一书中,形容"改革的真正悲剧"时说:"一股可怕和无孔不入的营私舞弊势力,简直是一瞬间,大约一两年时间,就取代了几十年在苏共和整个社会中滋长并泛滥的营私舞弊分子。这股势力扼杀了1985年4月以后在党内出现的健康发展的开端。这股寄生势力就像繁殖很快的马铃薯甲虫一瞬间吃光马铃薯的嫩芽那样,很快就使改革的幼芽枯萎了。结果,一个奋起实行改革的国家就这样失去了平衡,受到动摇,现在已坠入深渊。"②

有鉴于此,2012年11月17日,在当选为中共中央总书记仅两天后,习近平就警示:"党风廉政建设,是广大干部群众始终关注的重大政治问题。'物必先腐,而后虫生。'近年来,一些国家因长期积累的矛盾导致民怨载道、社会动荡、政权垮台,其中贪污腐败就是一个很重要的原因。大量事实告诉我们,腐败问题越演越烈,最终必然会亡党亡国!我们要警惕啊!"③中国共产党深刻吸取苏联亡党亡国的历史教训,把党风廉政建设和反腐败斗争提高到关系党和国家生死存亡的高度,坚定不移推进全面从严治党,持续深化正风肃纪反腐。2013年4月19日,习近平在主持中共十八届中央政治局第五次集体学习时,发表重要讲话指出,"历史的经验值得注意,历史的教训更应引以为戒","我们党把党风廉政建设和反腐败斗争提到关系党和国家生死存亡的高度来认识,是深刻总结了古今中外的历史教训的"④。

2. 严重脱离群众

在十月革命胜利后和苏联建国之初,列宁十分重视党群关系,在他看来,不仅革命的胜利和政权的巩固需要依靠人民群众,社会主义的建设同样也需要依靠广大人民群众,"只有千百万人学会亲自做这件事的时候,他们才能实施社会主义"⑤。"生气

---

① 格·阿·阿尔巴托夫.苏联政治内幕:知情者的见证[M].徐葵,等译.北京:新华出版社,1998:178.
② 季正矩.权贵阶层与苏共的腐败及其垮台[J].当代世界社会主义问题,2001(4).
③ 习近平.习近平谈治国理政[M].北京:外文出版社,2014:16.
④ 习近平.习近平谈治国理政[M].北京:外文出版社,2014:390.
⑤ 列宁.列宁全集:第34卷[M].北京:人民出版社,1985:49.

勃勃的创造性的社会主义是由人民群众自己创立的"①。在如何维护好党群关系上，列宁在实践中艰辛探索并积累了许多宝贵的经验。在晚年，他还为反对官僚主义进行过不少探究和努力，但由于疾病缠身，他力不从心。

斯大林时期，在高度集权和专断体制下，党的领导干部长期脱离群众，并损害了人民群众的利益和诉求，造成了党群关系紧张。这个时期，"党群关系的基本特点是党的各级组织和干部越俎代庖，包办一切，缺乏对人民群众的起码尊重。这不但使工人和广大劳动群众对自己国家的主人翁意识日渐淡漠，而且造成党和群众之间的严重对立和隔阂。这种心理上的对立，都在后来的改革中转化为实际的不服从、对抗和反叛"②。

赫鲁晓夫时期，经济领域，进行急躁冒进的改革（盲目开荒，开展玉米大生产运动），政治领域，干部任命制度，党内腐败滋生、官僚主义现象严重、特权阶层膨胀。这严重伤害了人民群众的感情，降低了民众的认同和支持。

勃列日涅夫时期加剧了党群关系的疏离程度。据统计，勃列日涅夫时期，苏联党政领导干部与普通人民群众之间的收入差距高达30～44倍。③

到了戈尔巴乔夫时期，严重损害了人民利益，苏共真正脱离了群众，人民丧失对苏共的信任。大批苏共党员退党。如苏联最大的乌拉尔汽车制造厂，在1989年还有9072个党员，到1991年1月，只剩1646个党员，其中还有300个人不交党费。④戈尔巴乔夫在19次党的全国代表大会提出"人道的民主的社会主义"总路线后，从1989年1月到1991年1月，苏共党员由19487822人降至16516100人，足足减少了290万人，更不用说发展新党员（全国每年吸收的新党员人数都呈下降趋势。如在切良斯克地区，1986年有6000人入党，1989年为750人，1990年81人，1991年仅有4人）。到1990年，据不完全统计，全国有1/5车间党组织、1/2的党小组或解散、或停止了活动。苏共战斗力几乎丧失殆尽。据1991年初的民意调查表明：苏联政府的支持率仅有13%，不支持率达73%，苏共的支持率仅有14%。在这个时候，苏共确实彻底失去了群众的支持。④

戈尔巴乔夫在反思自己的错误时曾承认："失去了人民的支持，就失去了主要的资源，就会出现政治冒险家和投机家。这是我犯的错误，主要的错误。"1990年6月，《西伯利亚报》曾作过一次"苏共究竟代表谁的利益"的民意调查，结果令人十分吃惊：被调查者认为苏共仍然代表工人的占4%，认为代表全体人民的占7%，认为苏共代表全体党员的也只占11%，而认为苏共代表党的官僚、代表干部、代表机关工作人员

---

① 列宁.列宁全集：第33卷[M].北京：人民出版社，1985：53.
② 王长江.苏共：一个大党衰落的启示[M].郑州：河南人民出版社，2002：121.
③ 奚广庆.也谈苏联解体的一个原因：兼评美国学者科兹的几个论点[J].当代世界社会主义问题，2001(2).
④ 吴恩远.同心则盛，离心则衰：党群关系演变与苏联国家命运之关联[J].人民论坛·学术前沿，2013(7).

的竟高达85%。④苏共到此时已经彻底脱离了群众,完全失去民心,也就失去了靠山和力量,丧权亡党实属必然。

得民心者得天下,失民心者失天下。苏联亡党亡国最根本的原因就在于苏共的蜕化变质,丧失民心。中国共产党对此有着十分清醒和深刻的认识,始终把密切联系群众作为党的三大作风之一,看作党的优良传统之一。中共十八大以来,以习近平同志为核心的党中央在推进全面从严治党过程中一再强调指出,人心向背关系党的生死存亡。2013年6月18日,习近平在党的群众路线教育实践活动工作会议上发表重要讲话,再次明确指出:"得民心者得天下,失民心者失天下,人民拥护和支持是党执政的最牢固根基。人心向背关系党的生死存亡。党只有始终与人民心连心、同呼吸、共命运,始终依靠人民推动历史前进,才能做到哪怕'黑云压城城欲摧','我自岿然不动',安如泰山、坚如磐石。"⑤2013年12月26日,习近平在纪念毛泽东同志诞辰120周年座谈会上发表重要讲话时进一步指出:"人民是我们党的工作的最高裁决者和最终评判者。如果自诩高明、脱离了人民,或者凌驾于人民之上,就必将被人民所抛弃。任何政党都是如此,这是历史发展的铁律,古今中外概莫能外。"③中共十八大以来,以习近平同志为核心的党中央在治国理政的实践中,坚持以人民为中心,把人民对美好生活的向往作为奋斗目标,将以人民为中心的治理理念落实到经济社会发展的各个环节,通过狠抓全面从严治党,为实现以人民为中心的发展思想提供坚强力量保证。

(三)组织建设方面:特权阶层兴起

由于苏联高度集中的经济政治体制,列宁时期苏共党员领导干部就已经在工资、住房、医疗等方面享有一定的特权。列宁逝世后,斯大林为领导干部建立起了一整套特权制度。苏共在干部选拔任用工作中"任人唯亲""任人唯近"现象比比皆是,党内逐渐形成了官僚特权阶层。比如,斯大林的次子瓦西里尽管是个"酒鬼",却当上了莫斯科军区的空军首脑。1935年,法国著名作家罗曼·罗兰到莫斯科访问时,他根据自己的耳闻目睹,提出苏联已经出现了"精英人物组成的特殊的共产主义特权阶层"。他在其《莫斯科日记》中评述道:"身为国家与民族卫士的伟大共产党人队伍与其领导者们,正在不顾一切地把自己变成一种特殊的阶级","宫廷中的达官显贵(即便应该得到这种恩赐)过着特权阶级的生活,但人民却仍然不得不为了谋取面包和空气(我想说的是住房)而进行艰苦的斗争。""对党自身来说,可能不知不觉地形成由久经考验的领导人、忠于党的技术工作者、各种先进生产者以及工人大军、集体农庄庄员和士兵大军的精英人物组成的共产主义特权阶层。"③叶利钦在《我的自述》一书中,回顾了特权化在斯大林时代的情形:"你在职位的阶梯上爬得越高,归你享受的东西就越丰富,……如果你爬到了党的权力金字塔的顶尖,则可享有一切——你进入了共产主

---

④ 王长江.苏共:一个大党衰落的启示[M].郑州:河南人民出版社,2002:270-271.
⑤ 习近平.习近平谈治国理政[M].北京:外文出版社,2014:368.
③ 习近平.习近平谈治国理政[M].北京:外文出版社,2014:28.
④ 罗曼·罗兰.莫斯科日记[M].袁俊生,译.上海:上海人民出版社,1995:117-119.

义……共产主义完全可以在一个单独的国家里为那些获取权位的少数人而实现。""全莫斯科享受各类特供商品的人总共有4万人。国营百货大楼有一些柜台是专为上流社会服务的。而那些级别稍稍低一点的头头们,则有另外专门商店为他们服务。一切都取决于官级高低。"①

到了勃列日涅夫时期,任人唯亲、拉帮结伙、裙带关系等风气盛行,造就了一批唯命是从、既缺乏马克思主义原则性又缺乏群众观点的干部。加之干部委任制和职务终身制更是促进了特权阶层核心力量的形成。苏联著名学者格·阿·阿尔巴托夫对这个时期的官僚特权现象作了描述:"在停滞年代,就这样使负责干部和担任高级职务的人最终形成一个特殊阶层(共和国、州、区的干部则形成自己的'小阶层')。这有点类似某种贵族制度。与荣誉相联系的终身制,享受高生活水平(至少按照苏联标准来看是如此)和各种特权(日用品的供应、住宅的保证、医疗和休假,甚至丧葬……)。这个阶层和社会上其他人的鸿沟不断扩大。这是一个真正的越来越脱离社会的阶层:他们孤立地生活、治疗、休养,在这个阶层中往往形成自己的家庭、氏族关系——须知这个阶层的子女们在一起度时光,互相认识,往往通婚。不仅如此,正是在停滞年代,迈出了下述合乎逻辑的一步:试图建立交权制度,或者叫作特权继承制度。也就是通过建立专收这些子弟的教育制度,然后通过一套任命和提升职务的制度来达到继承权力的目的。"②

特权阶层活动的所有目的,不是国家的发展大计,而是本阶层、本人的利益。正是戈尔巴乔夫等苏共特权阶层这些所谓的"共产党人",革了苏联共产党的命,这也正应验了列宁生前所预警过的:"共产党人成了官僚主义者,如果有什么东西会把我们毁掉的话,那就是这个。"③

有鉴于此,中共十八大以来,以习近平同志为核心的党中央在推进全面从严治党的过程中,坚决反对特权思想和特权现象。习近平深刻指出:"人民群众最痛恨各种消极腐败现象,最痛恨各种特权现象,这些现象对党同人民群众的血肉联系最具杀伤力。一个政党,一个政权,其前途和命运最终取决于人心向背。"④反复强调,共产党员永远是劳动人民的普通一员,除了法律和政策规定范围内的个人利益和工作职权外,所有共产党员都不得谋求任何私利和特权。中共十九大报告进一步指出,人民群众反对什么、痛恨什么,我们就要坚决防范和纠正什么。搞特权不得人心,把全面从严治党引向深入,必须切除特权现象这个毒瘤。习近平在十九届中央纪委二次全会上谆谆告诫各级领导干部。"坚决反对特权思想、特权现象,保持对人民的赤子之心。"近年来,中共从中央到地方下大力气治理特权现象,一是严格"治权"。把权力关进制度

---

① 鲍利斯·叶利钦.我的自述[M].朱启会,等译.上海:东方出版社,1993:129.
② 格·阿·阿尔巴托夫.苏联政治内幕:知情者的见证[M].徐葵,等译.北京:新华出版社,1998:309-310.
③ 列宁.列宁全集:第35卷[M].北京:人民出版社,1972:552.
④ 中共中央文献研究室.习近平关于全面从严治党论述摘编[M].北京:中央文献出版社,2016:178.

的笼子里,让权力在阳光下运行。二是深入"治心"。守初心、担使命,永远保持一切为了人民的赤子之心,切实把手中权力用来为党分忧、为国干事、为民谋利。三是加强监督。把党内监督同国家机关监督、民主监督、司法监督、群众监督、舆论监督等贯通起来,形成监督的制度合力,特别是充分发挥群众监督的作用。充分调动群众参与监督的积极性,让干部习惯在受监督和约束的环境中工作生活,让干部的特权行为、腐败行为无处遁形。四是加大惩治力度。特权问题之所以禁而不止,其中一个重要原因就是查处不严,从而产生"破窗效应"。所以,在治理特权问题上,坚持严肃惩治,坚持重遏制、强高压、长震慑,让党员干部知敬畏、存戒惧、守底线。①

第三节　全面从严治党的现实依据

中共十八大报告指出:"世情、国情、党情继续发生深刻变化,我们面临的发展机遇和风险挑战前所未有。"②中共十八大以来,全面从严治党的必要性在世情、国情、党情的深刻变化中日益凸显。全面从严治党就是中国共产党在新的时代条件下,应对世情、国情、党情发生深刻变化的现实需要,为深入推进的党的建设新的伟大工程、实现新时代党的历史使命而提出的重大战略举措。

一、全面从严治党是应对世界百年未有之大变局的现实需要

当前,国际形势复杂多变,世界多极化、经济全球化、社会信息化、文化多样化深入发展;经济全球化进程中矛盾加剧;新科技革命迅猛发展,综合国力竞争激烈。世界处于百年未有之大变局。

世界多极化发展使得国际力量对比更趋平衡,呈现了"东升西降""新升老降"的趋势,西方国家出现了严重的国内矛盾和危机。当今世界主要力量呈现为"一超六强",其分别属于三个层级:第一层级仍是美国,第二层级包括中国、欧盟、俄罗斯,第三层级为"脱欧"后的英国以及日本、印度。发展中国家尤其是新兴市场国家成为世界经济增长的主要引擎。其中,中国自2010年GDP总量超过日本,跃升世界第二大经济体以来,在全球治理中的地位及影响力日益凸显,在世界中承担着更多的大国责任,中国已经与世界各国在共同利益基础之上构成"命运共同体",如何使中国特色社会主义彰显世界意义,如何使中国道路更加可持续,如何消除"中国威胁论""黄祸论"等西方偏见,始终要依靠作为社会主义事业领导核心的中国共产党。而世界力量对比"东升西降""新升老降",特别是"中进美退",也使得美国的危机感加深,其不甘示弱并加紧反制,重点施压围堵中俄两国,导致中美、美俄战略博弈加剧,博弈领域涵盖

---

① 王长久.旗帜鲜明反对特权现象[N].中国纪检监察报,2018-05-31.
② 中国共产党第十八次全国代表大会文件汇编[M].北京:人民出版社,2012:2.

经贸文化与地缘政治等,较量手段包括舆论战与贸易战等,乃至引发了世人对所谓"新冷战"的担忧。①

后冷战时代的国际秩序正在出现"碎片化"的特点。美国在显著减少自己作为"世界警察"的海外干涉行动,其内政和外交出现了明显的"内视化"趋势;随着英国的离去,欧盟在政治、经济、军事等多方面都失去了相当重要的一部分。欧盟一方面要处理好同英国未来关系,另一方面要防止有脱欧倾向的其他国家进一步撕裂欧盟,甚至颠覆欧洲一体化进程。与此同时,因为身份认同产生了偏差,西方国家的民粹主义浪潮兴起,呼吁大幅度削减中东和北非难民、主张维护西方民族国家利益的右翼势力迅速壮大。美国和欧洲的"白人民族主义"势力日趋活跃。

经济全球化促进了商品流通、人员与资本流动,形成了囊括越来越多国家的产业链。经济全球化也是一把"双刃剑","反全球化"的趋势反映了全球化给不同国家内部的利益诉求带来了重大冲击;与此同时,广大的发展中国家的自我意识增强,第三世界的国内求变进程加速,国际关系的全球化、多极化和多元化的主张和声音不断加强。世界需要在完善经济全球化、降低全球化负面影响的同时,容纳多极政治生态和多元政治势力,全球治理体系面临空前的挑战。②

文化多样化进一步走强,"发展模式之争"加剧。中国倡导践行文明对话与治国理政交流互鉴,独立自主、对外开放、改革创新、行之有效的"中国模式"影响力增强,导致西方发达国家对华政治疑虑与意识形态焦虑加重,故而大肆炒作与不断翻新"中国威胁论"。③

在科技革新的推动下,人类正在走向第四次工业革命。新一轮科技和产业革命蓄势待发,其主要特点是:多种重大颠覆性技术不断涌现,科技成果转化速度明显加快,产业组织形式和产业链条更具垄断性。世界主要国家都加大了以人工智能、大数据、物联网等技术为代表的新兴技术的投资研发力度。世界科技格局正在经历南北国家大变迁。④

加速演进的百年未有之大变局,全球动荡源不确定因素增多,国际环境复杂、外部环境不稳,国际政治形势变幻莫测,意识形态领域斗争日趋激烈。百年未有之大变局给中国共产党提出了一系列全新的时代课题,中国共产党形势复杂、责任重大、任务艰巨。因此,百年未有之大变局下,中国共产党比以往任何时候更加需要加强自身建设、全面从严治党,永葆党的旺盛生命力和强大战斗力,系统破解管党治党时代课题和大党独有难题,成功应对管党治党面临的重大挑战。

---

① 陈向阳.世界大变局与中国的应对思考[J].现代国际关系,2018(11).
② 朱锋.近期学界关于"百年未有之大变局"研究综述[J].人民论坛·学术前沿,2019(7).
③ 陈向阳.世界大变局与中国的应对思考[J].现代国际关系,2018(11)
④ 朱锋.近期学界关于"百年未有之大变局"研究综述[J].人民论坛·学术前沿,2019(7).

二、全面从严治党是应对国情发生深刻变化的现实需要

经过长期努力,中国特色社会主义进入了新时代,这是我国发展新的历史方位。

一是,中国特色社会主义进入新时代,社会主要矛盾发生了重大变化。我国社会主要矛盾已经由人民日益增长的物质文化需要同落后的社会生产之间的矛盾,转化为人民日益增长的美好生活需要和不平衡不充分的发展之间的矛盾。这一重大历史性变化,对我国发展全局产生了广泛而深刻的影响。随着改革开放的深入推进,随着中国特色社会主义的深入发展,我们实现了第一个百年奋斗目标,在中华大地上全面建成了小康社会,历史性地解决了绝对贫困问题,人民美好生活需要日益广泛,不仅对物质文化生活提出了更高要求,而且在民主、法治、公平、正义、安全、环境等方面的要求日益增长。同时,我国社会生产力水平总体上显著提高,社会生产能力在很多方面进入世界前列,更加突出的问题是发展不平衡不充分。所谓发展不平衡,从区域发展上看,有的地方快一些,有的地方慢一些,生产力布局还不平衡。比如,东部与中西部地区资源禀赋、经济社会发展水平、教育科技创新水平存在较大差距,近年来东北地区经济增速整体逐渐下降,局部地区出现"断崖式"的下滑态势。城乡之间在收入、医疗、教育、就业、基础设施、社会保障等方面存在显著差距。发展不平衡不充分问题,已经成为满足人民日益增长的美好生活需要的主要制约因素,势必带来很多复杂的社会矛盾和问题。对党和国家工作提出了许多新要求。

二是,中国特色社会主义进入新时代,全面深化改革进入新的阶段。从改革进程看,改革已进入攻坚期。全面深化改革就必定要触动原有的利益格局,但触动利益往往比触及灵魂还难。改革已进入深水区,进入攻坚阶段,改革的艰巨性、复杂性和纵深性在不断加强。面临的各种问题和深层矛盾千头万绪、错综复杂。从改革领域来看,重要改革依然滞后。从改革动力来看,形成合力难度加大。伴随着改革的纵深推进,各种利益主体之间的矛盾开始凸显,一些矛盾积重难返,改革往往要动既得利益的"奶酪"。如果没有壮士断腕的政治勇气,改革就很难进一步推进。[①]

三是,中国特色社会主义进入新时代,经济发展进入新常态。中共十八大以后,我国经济发展处于增长速度换挡期、结构调整阵痛期、前期刺激政策消化期"三期叠加"阶段。我国经济增长速度从2012年开始结束近20年年均10%的高速增长,转而进入增速换档期。习近平深刻认识"三期叠加"阶段的基本特征,作出了我国经济发展进入新常态的重大判断。新常态下,我国经济发展的主要特点是:增长速度要从高速转向中高速,发展方式要从规模速度型转向质量效率型,经济结构调整要从增量扩能为主转向调整存量、做优增量并举,发展动力要从主要依靠资源和低成本劳动力等要素投入转向创新驱动。世界上不少国家进入这个阶段后,都没有成功度过这个回落期而实现经济转型,导致经济发展长期停滞、落入所谓"中等收入陷阱"。不仅经济

---

① 张占斌.一鼓作气 爬坡过坎 攻坚克难 三中全会可能突围的几个领域[J].人民论坛,2013(30).

问题会更加复杂,政治、社会问题也会更加突出。这是因为,发展初期社会面临的主要矛盾是解决温饱问题,增长成为解决矛盾的主要途径。而当温饱问题基本解决之后,人们就会对公平、正义提出更高要求,相应的政治诉求也会不断增加。过去长期存在但并不突出的收入差距问题、腐败问题、环境问题、食品安全问题、社会信用缺失问题等,都有可能成为引发社会动荡的诱因。一旦社会稳定局面不能得到有效维持,追赶进程就会中断,增长就会受到较大影响。①

新常态下中国经济发展必须"加快转变经济发展方式、调整经济发展结构、提高发展质量和效益,着力推进供给侧结构性改革,推动经济更有效率、更有质量、更加公平、更可持续地发展,加快形成崇尚创新、注重协调、倡导绿色、厚植开放、推进共享的机制和环境"②,以更加积极的姿态参与经济全球化进程。实现这样广泛而深刻的变化并不容易,对我们党的执政能力是一个新的巨大挑战。

三、全面从严治党是应对党情发生深刻变化的现实需要

中共十八大以来,中国共产党党情发生了深刻变化。

(一)中国共产党党员数量和结构发生了巨大变化

1. 党员数量持续稳步增长,党组织覆盖面不断扩大

中央组织部最新党内统计数据显示,截至2023年底,中国共产党党员总数为9918.5万名,比2022年底净增114.4万名,增幅为1.2%。全国入党申请人2098.0万名,入党积极分子1054.7万名。中国共产党现有基层组织517.6万个,比2022年底净增11.1万个,增幅为2.2%。其中,基层党委29.8万个,总支部32.5万个,支部455.4万个。全国城市街道、乡镇、社区、行政村已建立党组织覆盖率均超过99.9%。机关、事业单位、企业和社会组织基层党组织,基本实现应建尽建。

2. 党员队伍结构持续优化

现有党员中,40岁及以下党员已超过总数的三分之一。随着教育事业全面快速发展和吸纳优秀人才入党,党员文化程度明显提高,大专及以上学历党员5578.6万名,占56.2%,比上年提高1.5个百分点。女党员3018.5万名,占党员总数的30.4%,比上年提高0.5个百分点。少数民族党员759.2万名,占7.7%,比上年提高0.1个百分点。

3. 党的阶级基础和群众基础不断巩固扩大

工人和农民仍是党员队伍主体,占总数的33.0%。企事业单位、社会组织专业技术人员1619.0万名,企事业单位、社会组织管理人员1145.3万名,党政机关工作人员764.5万名,学生277.1万名,其他职业人员776.4万名,离退休人员2064.4万名。

---

① 李伟.新常态下面临的风险和挑战[N].人民日报,2014-12-29.
② 习近平.在庆祝中国共产党成立95周年大会上的讲话[J].求是,2021(8).

党员数量结构的巨大变化,一方面说明党的新鲜血液不断充实、吸引力不断增强、凝聚力不断提高、影响力不断扩大;另一方面也给保持党的先进性和纯洁性提出了新要求和新挑战。"这么大的一支队伍,要管理好不容易。如果放松管理,肯定会出问题,甚至出大问题。""数量和质量是辩证统一的关系。没有数量就没有质量。但如果数量过大,不能保持统一的品质,就会影响到质量。我们党的队伍,也有个数量和质量的关系。党员队伍过于庞大,必然会增加管理上的难度。"①在新的时代条件下,如何应对这些新变化可能带来的新问题、新挑战。如何让每一名党员成为一面旗帜,每一个基层党支部成为一个战斗堡垒,全面从严治党作为党的建设的重大举措,必将应运而生。

(二)"四大考验"的长期性和复杂性对党建提出了更高要求

中共十八大报告指出:"新形势下,党面临的执政考验、改革开放考验、市场经济考验、外部环境考验是长期的、复杂的、严峻的。"②中共十八大以来,党面临的执政考验、改革开放考验、市场经济考验、外部环境考验对党的建设提出了更高的要求,它要求对党的建设更加严格,通过全面从严治党锻造一支高素质的党员干部队伍来直面"四大考验"。

1. 执政的考验

我们党经过漫长的革命,付出了无数的牺牲,才成为在全国执政的党。正是因为执政,党发挥社会主义制度集中力量办大事的优势,带领中国人民取得了社会主义现代化建设的巨大成就,"从根本上改变了中国人民和中华民族的前途命运,不可逆转地结束了近代以后中国内忧外患、积贫积弱的悲惨命运,不可逆转地开启了中华民族不断发展壮大、走向伟大复兴的历史进军,使具有5000多年文明历史的中国面貌焕然一新,中华民族伟大复兴展现出前所未有的光明前景"③。同时也应该看到,执政对我们党的严峻考验。因为执政,容易形成形式主义、官僚主义、享乐主义和奢靡之风"四风",使党的作风建设难度加大。苏联东欧剧变的一个重要原因,就是这些国家共产党没有经受住执政的考验。我们党作为一个马克思主义政党,是能够经受得住执政的考验的,但前提是必须直面执政所带来的各种考验,全面从严治党,正确应对这些挑战,有效处理执政所带来的各种问题。

2. 改革开放的考验

改革开放是党和人民大踏步赶上时代的重要法宝,是坚持和发展中国特色社会主义的必由之路,是决定当代中国命运的关键一招,也是决定实现"两个一百年"奋斗目标、实现中华民族伟大复兴的关键一招。改革开放也给党的建设带来巨大挑战。"随着改革开放的深入和社会主义市场经济体制的建立,党所处的环境和条件与过去

---

① 十五大以来重要文献选编:中[M].北京:人民出版社,2001:1120-1121.
② 中国共产党第十八次全国代表大会文件汇编[M].北京:人民出版社,2012:45-46.
③ 胡锦涛.在庆祝中国共产党成立90周年大会上的讲话[N].人民日报,2011-07-02.

相比发生了很大的变化。社会经济成分、组织形式、就业方式、利益关系和分配方式日益多样化,各种思想文化相互激荡,经济、社会生活出现了许多未曾遇到的新情况。社会经济成分多样化冲击着党的执政基础;社会组织形式的多样化,使人们选择多样;就业方式多样化、生产方式和生活方式多样化,促进人们自主意识、竞争意识、效率意识、民主意识和权利意识觉醒,导致人们思想活动独立性、选择性、多变性和差异性增强;物质利益和分配方式的多样化,使得群众自主性增强,对党依赖减弱。这些新情况,使得传统比较有效的党建办法受到挑战"①,适应新情况的党建办法还在探索中。

3. 市场经济的考验

在社会主义制度下建设市场经济,是中国共产党在人类历史上第一次伟大的创举。改革开放以来,特别是建设社会主义市场经济体制大方向确定以后,市场经济作为一种有效的配置资源的方式,使中国社会发生了翻天覆地的变化,使中国改革取得了巨大的成就,大大加速了中华民族伟大复兴的进程,使社会主义焕发了前所未有的活力。但同时,我们也应清醒地看到,市场经济的存在和发展不可避免地带有一定的自发性和盲目性,有其负面性。市场经济的唯利性渗透到党内,必然会诱发党员队伍中一些意志薄弱者产生追求金钱、物质享受,淡化精神追求,有人会利用手中的权力谋取特殊利益,以权谋私,以公为私,为自己和亲朋好友谋取不正当利益;市场经济的开放性拓展了我国的发展空间,使我们得以跟上世界新技术革命的步伐,但其负面影响,就是使一些西方敌对的意识形态和黄赌毒等趁机涌入,使一些党员受到资产阶级的影响,追求资产阶级的生活方式,从而影响党的纯洁性。市场经济强化成本意识,增强了党建活动的物质约束,党建需要成本,需要资本的支持;市场交换原则延伸到党内,易导致权力市场化。2010年全国党建研究会调查1200多名党员,29.1%的党员认为党建中出现的不少问题是市场经济的负面影响所致。

市场经济作为商品经济的高级形式,它产生的一系列思想、观念和原则,渗透到党员的心理行为之中,进入党内运行机制,与党性原则发生矛盾,造成党员心理上的强烈反差。这种反差具体表现为:商品经济的等价交换原则与全心全意为人民服务的党的宗旨的冲突;商品经济追求利润的冲动与党性要求以他人利益为第一的冲突;商品经济自发滋长的个人主义与党所提倡的集体主义的冲突;商品经济产生的"金钱至上"观念与党所要求的精神激励的冲突,等等。②

4. 外部环境的考验

改革开放以来,中国充分把握经济全球化带来的机遇,不断对内深化改革、对外扩大开放,取得巨大发展成就。站在世界舞台上,"中华民族迎来了从站起来、富起来

---

① 关于"党建科学化"几个问题的问与答[N].北京日报,2011-07-18.
② 龚云."四大考验":党的建设面临的重大挑战[EB/OL].[2011-07-08].http://www.dzwww.com/2011/ndcs_2_1/jd/201107/t20110708_6456752.htm.

到强起来的伟大飞跃,中华民族伟大复兴展现出前所未有的光明前景"①。在日益走近世界舞台中央的过程中,中国遇到的挑战将更严峻、竞争将更激烈。

当今世界正经历百年未有之大变局。在深度调整的世界格局之中,中国面临的外部环境考验更加复杂。一是经济环境复杂多变。国际金融危机深层次影响在相当长时期依然存在,世界经济复苏和金融市场走势的不确定性增加。二是政治秩序不确定性增加。西方一些国家自身治理乱象丛生,民粹主义、极端主义、保守主义、分离主义、排外主义、反全球化思潮涌动,党争加剧,社会分化。某些外部势力对中国颠覆破坏的图谋不改,在意识形态上加紧渗透,甚至想发动"颜色革命",颠覆中国共产党领导,颠覆中国社会主义制度,对我国政治安全构成重大现实威胁。三是文化环境纷繁复杂。世界范围内文化交流交融交锋日益频繁,维护文化安全任务更加艰巨。我们党面临的外部环境考验具有长期性、复杂性和变化性。从根本上说,化解外部风险、赢得外部挑战的关键在中国共产党自身。②

(三)"四大危险"的尖锐性和严峻性对党建提出了更高要求

中共十八大报告指出:"新形势下,精神懈怠危险、能力不足危险、脱离群众危险、消极腐败危险更加尖锐地摆在全党面前。"③中共十九大报告再次强调:"要深刻认识党面临的执政考验、改革开放考验、市场经济考验、外部环境考验的长期性和复杂性,深刻认识党面临的精神懈怠危险、能力不足危险、脱离群众危险、消极腐败危险的尖锐性和严峻性,坚持问题导向,保持战略定力,推动全面从严治党向纵深发展。"④如何去防范危险、应对危险、化解危险是作为马克思主义执政党的中国共产党所必须面对的现实问题。

1. 精神懈怠的危险

人无精神不立,国无精神不强。伟大的事业需要伟大的精神支撑。精神懈怠是首要危险,是能力不足、脱离群众、消极腐败的思想根源所在。精神懈怠主要有三个方面的表现:一是理想信念不坚定。理想信念是共产党人精神上的"钙",理想信念不坚定,精神上就会"缺钙",就会得"软骨病"。二是贪图享乐。在市场经济大潮中,个别党员、干部受到腐朽思想侵蚀,世界观、人生观、价值观出现扭曲。丧失自我约束,贪图享乐。三是没有担当。个别党员、干部没有把责任当作信任,精神不振、动力不足、不敢担当,工作不积极、不主动。取得一点成绩就出现骄傲自满、贪图享乐情绪,导致在工作中思想涣散、精神懈怠,虽然精神懈怠是党内个别现象,但对党的事业、党的形象和党群干群关系的危害十分严重,会危害党的事业、损害党的形象。要把新时

---

① 中共中央关于党的百年奋斗重大成就和历史经验的决议[N].人民日报,2021-11-17.
② 陈须隆.新时代如何有效应对外部环境考验[N].人民日报,2018-04-15.
③ 中国共产党第十八次全国代表大会文件汇编[M].北京:人民出版社,2012:46.
④ 习近平.决胜全面建成小康社会 夺取新时代中国特色社会主义伟大胜利:在中国共产党第十九次全国代表大会上的报告[M].北京:人民出版社,2017:61.

代中国特色社会主义事业推向前进,必须全面从严治党,大力克服精神懈怠危险。

2. 能力不足的危险

能力不足的危险,实际上就是一种本领恐慌和能力缺失。早在1939年的延安时期,针对党和军队的实际情况,毛泽东就非常明确地指出:"我们队伍里边有一种恐慌,不是经济恐慌,也不是政治恐慌,而是本领恐慌。"当前,一些党员干部能力不足的危险主要以下方面:一是学习能力不足。学习能力不足首先表现为理论学习能力不足。其次表现为业务学习能力不足。再次表现为实践学习能力不足。二是创新能力不足。创新能力不足主要表现为缺少创新的激情、创新的方法、创新的手段、创新的对象。三是执政能力不足。执政能力主要包括"驾驭社会主义市场经济的能力、发展社会主义民主政治的能力、建设社会主义先进文化的能力、构建社会主义和谐社会的能力、应对国际局势和处理国际事务的能力"[①]等五个方面。能力不足是党员干部不能继续胜任工作的体现,是党员干部不能履行神圣使命的体现,是党员干部执政能力落后于群众要求的体现,是党员干部丧失先进性的体现,其所造成的后果是十分严重的。

3. 脱离群众的危险

我们党来自人民、植根人民、服务人民,党的根基在人民、血脉在人民、力量在人民。"水能载舟、也能覆舟""皮之不存、毛将焉附"。千险万险,都不如脱离群众最危险。党员干部脱离群众突出表现在思想、工作和生活三个方面。一是思想上背离群众。少数领导干部理想信念不坚定,宗旨意识淡薄,对人民群众的感情比较淡漠,对保持党同人民群众血肉联系的重要性、必要性的认识淡化,人生观、世界观和价值观发生蜕变,不能以公仆之身对待群众,看不起群众,总觉得自己比群众地位高,习惯对群众指手画脚,站在群众头上发号施令,忘了"我是谁、为了谁"。二是工作上远离群众。有些干部高高在上,不接近群众,不重视调查研究,不认真倾听群众心声,不广泛征求群众意见;主观地考虑和决定工作,从而导致工作与实际脱节,决策与群众需求不合拍,工作得不到群众支持。三是生活上脱离群众。对群众最关心、最直接、最现实的利益问题漠不关心,对群众的呼声置若罔闻,对群众生活疾苦麻木不仁,只对上级领导负责、不对基层群众负责。

失去了人民拥护和支持,党的事业和工作就无从谈起。党要继续经受住执政考验、改革开放考验、市场经济考验、外部环境考验,就必须始终密切联系群众。

4. 消极腐败的危险

腐败是政治发展的毒瘤,它与中国共产党的性质和宗旨是格格不入,水火不容的。中共十九大报告指出,"人民群众最痛恨腐败现象,腐败是我们党面临的最大威胁"[②]。中共十八大以来,以习近平同志为核心的党中央以强烈的历史责任感和深沉

---

① 中共中央关于加强党的执政能力建设的决定[J].求是,2004(19).
② 习近平.决胜全面建成小康社会 夺取新时代中国特色社会主义伟大胜利:在中国共产党第十九次全国代表大会上的讲话[M].北京:人民出版社,2017:66-67.

的使命忧患感,把全面从严治党纳入"四个全面"战略布局,坚持反腐败无禁区、全覆盖、零容忍,坚定不移"打虎""拍蝇""猎狐",不敢腐的目标初步实现,不能腐的笼子越扎越牢,不想腐的堤坝正在构筑,反腐败斗争压倒性态势已经形成并巩固发展。同时,我们也要清醒地看到,消极腐败现象在某些领域仍然存在。

(四) 实现新时代中国共产党的历史使命,必须坚持全面从严治党

实现中华民族伟大复兴是近代以来中华民族最伟大的梦想。一百多年来,为了实现中华民族伟大复兴的历史使命,无论是弱小还是强大,无论是顺境还是逆境,我们党都初心不改,团结带领人民历经千难万险,创造了一个又一个彪炳史册的人间奇迹。今天,我们比历史上任何时期都更接近、更有信心和能力实现中华民族伟大复兴的目标。同时,我们也要清醒地看到,前行道路上的困难和问题集中摆在面前,党必须带领人民涉险滩,啃硬骨头,打攻坚战。实现伟大梦想,中国共产党要团结带领人民有效应对重大挑战、抵御重大风险、克服重大阻力、解决重大矛盾,必须进行具有许多新的历史特点的伟大斗争,必须深入推进党的建设新的伟大工程,必须推进中国特色社会主义伟大事业。"伟大斗争,伟大工程,伟大事业,伟大梦想,紧密联系、相互贯通、相互作用,其中起决定性作用的是党的建设新的伟大工程。推进伟大工程,要结合伟大斗争、伟大事业、伟大梦想的实践来进行,确保党在世界形势深刻变化的历史进程中始终走在时代前列,在应对国内外各种风险和考验的历史进程中始终成为全国人民的主心骨,在坚持和发展中国特色社会主义的历史进程中始终成为坚强领导核心。"①

综上所述,面对世界百年未有之大变局,面对发生深刻变化的国情、党情形势,我们要赢得优势、赢得主动、赢得未来,必须坚持全面从严治党,深入推进的党的建设新的伟大工程,使我们党能够拨云见日,把握历史规律,认清世界大势,团结带领人民有力应对重大挑战、抵御重大风险、克服重大阻力、解决重大矛盾,实现中华民族伟大复兴的历史使命。历史已经并将继续证明,没有中国共产党的领导,民族复兴必然是空想。"只要我们党把自身建设好、建设强,确保党始终同人民想在一起、干在一起,就一定能够引领承载着中国人民伟大梦想的航船破浪前进,胜利驶向光辉的彼岸!"②

---

① 习近平.决胜全面建成小康社会 夺取新时代中国特色社会主义伟大胜利:在中国共产党第十九次全国代表大会上的报告[M].北京:人民出版社,2017:17.
② 习近平.决胜全面建成小康社会 夺取新时代中国特色社会主义伟大胜利:在中国共产党第十九次全国代表大会上的报告[M].北京:人民出版社,2017:69.

第二章　全面从严治党的发展历程

恩格斯曾经说:"我们的理论不是教条,而是对包含着一连串互相衔接的阶段的发展过程的阐明。"①全面从严治党也不是一蹴而就的,它的发展历程也同样包含着一连串互相衔接的阶段。全面从严治党的形成和发展,经历了一个从中共执政初期提出"党要管党"到改革开放后强调"从严治党"再到"全面从严治党"不断发展演进的长期的历史过程。随着党的建设的实践发展,我们党对马克思主义执政党建设规律的认识不断深化,"从严治党"不断被赋予新的时代内涵。要想理解、坚持和发展全面从严治党,行之有效的办法就是深入研究它的发展历程,把握贯穿其中的历史联系,进而把握蕴含其中的科学规律。

第一节　全面从严治党的提出

一、"党要管党"概念的提出

"从严治党"历来是马克思主义政党的建党原则。中国共产党自诞生之日起就一直高度关注党的自身建设问题,始终坚持党要管党、从严治党。1921年中共一大通过的《中国共产党的第一个纲领》,明确规定全党必须建立统一的组织和严格的纪律;地方组织必须接受中央的监督和指导,这是"从严治党"最初的内涵体现。1922年中共二大党章专设"纪律"一章,提出了政治纪律、组织纪律、保密纪律的基本要求。制定了具体的党员纪律处分细则。蕴涵了民主集中制的主要思想,奠定了党的基本组织原则的基础。此后,在党章中专门设置纪律一章的结构形式被继承沿用,这突出体现了中国共产党对党要管党、从严治党的高度重视。1923年中共三大党章首次明确规定"党部的指导原则为民主集中制",这是我们党根本大法首提民主集中制,为从严治党奠定了组织基础。1926年8月,中共中央扩大会议发布关于《坚决清洗贪污腐化分子》的通告,这也是中共颁布的首个惩治贪腐的专门性文件,体现我们党早在大革命时期就已经高度重视党要管党、从严治党,并拉开了反腐序幕。从1927年10月到1929年初,毛泽东制定了著名的"三大纪律八项注意"。从1932年初至1934年10月,

---

① 马克思,恩格斯.马克思恩格斯选集:第4卷[M].北京:人民出版社,2012:586.

中华苏维埃共和国临时政府在中央苏区开展了历时两年的惩腐肃贪运动,这是中共历史上第一次较大规模的反腐倡廉运动。当时颁布了《关于惩治贪污浪费行为的训令》,其中明确规定,凡苏维埃机关、国营企业及公共团体的工作人员,贪污公款500元以上者,处以死刑。时任江西省瑞金县叶坪村苏维埃政府主席谢步升贪污腐败分子被查处,这是中华苏维埃共和国成立后被枪决的第一个贪官。

即使在严酷、惨烈的抗日战争时期,中国共产党也没有忽视对贪污腐化行为的惩治。1937年,依法严肃查办了黄克功案。这是当时的一件惊天大案,也是史册上从严治党、从严治军的一个经典案例。1938年,毛泽东在党的六届六中全会的报告中,首次提出了"纪律是执行路线的保证"的科学论断。这次全会还根据毛泽东的建议,制定并通过了《关于中央委员会工作规则和纪律的决定》《关于各级党部工作规则和纪律的决定》。1939年10月4日,毛泽东在《共产党人》发刊词中,把党的建设作为我们党克敌制胜的三大法宝之一。

1941年,中共边区中央局提出并经中共中央政治局批准公布的《陕甘宁边区施政纲领》规定:严惩公务人员贪污行为。并探索成立各级监察委员会,建立自我检查制度、审查制度,订立公约,要求政务人员"要在品行道德上成为模范,为民表率。要知法守法,不滥用职权,不假公济私,不要私情,不贪污,不受贿,不赌博,不腐化,不堕落",发挥群众监督作用,推进党风廉政建设。

正因为中国共产党能够真正做到党要管党、从严治党,抗日战争时期,陕甘宁边区和各抗日民主根据地呈现"十个没有"的清明兴旺景象:一没有贪官污吏,二没有土豪劣绅,三没有赌博,四没有娼妓,五没有叫化子,六没有小老婆,七没有结党营私之徒,八没有萎靡不振之气,九没有人吃摩擦饭,十没有人发国难财。

在解放战争时期,1947年9月22日,中共中央发出《关于重新统一公布三大纪律八项注意给各地的指示》,10月10日发出《中国人民解放军总部关于重新颁布三大纪律八项注意的训令》,要求全军"以此为准、深入教育,严格执行"。这一时期,虽然处于连续的战争状态,但是党要管党、从严治党、从严治军一天也没有松懈。正因为如此,党才能领导数百万军队和全国人民夺取解放战争的胜利,缔造一个崭新的新中国。

如何在执政条件下从严治党,是摆在中国共产党面前的一个新课题。早在全国解放前夕,毛泽东就倡导学习郭沫若的《甲申三百年祭》,教育全党不要犯胜利时骄傲的错误,"不要当李自成"。1949年3月,党中央召开了七届二中全会,为即将到来的全国革命胜利进行理论和政策上的准备。毛泽东在会上语重心长地告诫全党特别是党的领导干部:"因为胜利,党内的骄傲情绪,以功臣自居的情绪,停顿起来不求进步的情绪,贪图享乐不愿再过艰苦生活的情绪,可能生长。"要警惕资产阶级"糖衣炮弹"的袭击,提出:"务必使同志们继续地保持谦虚、谨慎、不骄、不躁的作风,务必使同志们继续地保持艰苦奋斗的作风。"新中国成立后,我们党更加注重党要管党、从严治党的优良传统。1949年11月,中华人民共和国成立仅一个月后,中共中央就作出《关于成立中央及各级党的纪律检查委员会的决定》，成立了由朱德等11人组成的中共中央纪律检查委员会，负责对党员干部进行监督检查和对违纪党员的处理。该决定规定，各中央局、分局、省委、区委、地委、县委均设立纪律检查委员会，并须设置一级工作机关，开展经常性的工作。同时，也规定了中央和各级党的纪律检查委员会的任务与职权。这为党的纪律检查工作作出了奠基性的贡献，也为党要管党、从严治党提供了组织保障。

为巩固政权和发展经济，从1950年5月开始在全党范围内进行了大规模整风，克服党政机关中存在的官僚主义、居功自傲情绪和"革命到头"思想。1951年开始整风运动，特别是在20世纪五六十年代，我们党发动和领导了大规模的"三反""五反"运动，将大批腐化堕落分子清除出党，果断处决了腐败变质分子刘青山、张子善等人。毛泽东指出："华北天津地委前书记刘青山及现书记张子善均是大贪污犯，已经华北局发现，并着手处理，我们认为华北局的方针是正确的。这件事给中央、中央局、分局、省市区党委提出了警告，必须严重地注意干部被资产阶级腐蚀发生严重贪污行为这一事实，注意发现、揭露和惩处，并须当作一场大斗争来处理。"①刘青山、张子善案是中华人民共和国成立初期严肃处理的一起重大贪污典型案件。刘青山、张子善贪腐案件的处理，直接推动了全国性"反贪污、反浪费、反官僚主义"斗争的兴起和深入发展，掀起了共和国历史上第一场反腐肃贪风暴，表明了中国共产党从严治党、严惩贪污腐败分子的决心。

1956年9月，中共八大即根据执政后党的建设的实际，从学习教育、思想政治、扩大民主、健全法制、党群关系等方面提出了党要管党、从严治党的要求，对《中国共产党章程》进行了新的修改。在新党章中，党员义务增加了"严格地遵守党章和国家的法律，遵守共产主义道德，一切党员不管他们的功劳和职位如何，都没有例外"。1962年底，全国组织工作会议在北京召开。按照毛泽东要求，刘少奇在主持召开组织工作座谈会时强调："健全组织部就是说党要管党，就是要建立经常工作。"这是我们党第一次提出"党要管党"建党思想。1962年11月29日，邓小平在接见参加组织工作会议和全国监察工作会议的同志时指出："党要管党，一管党员，二管干部。对执政党来说，党要管党，最关键的是干部问题，因为许多党员都在当大大小小的干部。"1963年1月，中共中央对《全国组织工作会议纪要》的批示中指出："党要管党。党的建设，是我们在民主革命时期的主要法宝之一，也是我们在社会主义建设时期的主要法宝之一。"

"文革"十年，党和国家的各级组织都受到了严重的冲击，广大党员被剥夺了应有的权利，基本上停止了组织生活。砸烂公检法，撤销各级纪委，"踢开党委闹革命""无法无天"的内乱，使党的纪律和国家法制遭到严重破坏。

---

① 建国以来毛泽东文稿：第2册[M].北京：中央文献出版社，1988：528.

二、"从严治党"概念的提出

1978年12月，中共十一届三中全会从根本上冲破了长期"左"倾错误的严重束缚，端正了党的指导思想，重新确立了解放思想、实事求是的马克思主义思想路线和党的正确的组织路线，制定了党内政治生活的若干准则，并决定恢复重建党的纪律检查机关。中共十一届六中全会通过的《关于建国以来党的若干历史问题的决议》对"文化大革命"和"左"的错误做了彻底的否定，为新时期党的建设定下了良好的基调，从严治党也进入了新的时期。

1982年，中共十二大进一步总结了"文化大革命"的错误与教训，对原有党章进行了全面的修改，重新设立了"党的纪律"和"党的纪律检查机关"两章，更加注重强调用严格的纪律来约束全党。十二大党章强调在党纪面前人人平等，党员不仅要遵守党纪，而且要遵守政纪国法。更加重视党的纪律检查工作，提高了党的纪律检查委员会的地位，扩大了它的职权。十二大党章关于纪律的规定基本被后来的党章所继承，奠定了改革开放新时期从严治党的基础。1983年召开的中共十二届二中全会通过的《中共中央关于整党的决定》指出："党内还存在着不少没有来得及清理和解决的严重问题。这里有十年内乱遗留下来的消极东西，也有在新的历史条件下产生和发展起来的消极东西……'三种人'，严重的经济犯罪和其他刑事犯罪分子，以权谋私、严重损害党和群众的关系的人，长期在政治上不同中央保持一致或者表面上保持一致实际上另搞一套的人，等等。所有这些，都是党内的危险因素，腐败因素，是党内思想不纯、作风不纯、组织不纯的严重表现"，"这就要求我们党下定决心，用坚决、严肃、认真的态度来进行这次整党"。[1]我们党决定用三年时间进行一次全面整党，任务是统一思想、整顿作风、加强纪律、纯洁组织。目的是，实现党风的根本好转，提高全党的思想水平和工作水平，更加密切党和人民群众的联系，"努力把党建设成为社会主义现代化事业的坚强领导核心"[2]。

1984年11月28日《人民日报》刊发了《改组后的成武县委从严治党赢得群众信任》一文，"从严治党"第一次出现在党政机关报的标题中。1985年11月24日，中共中央整党工作委员会发出《关于农村整党工作部署的通知》，提出"要从严治党，坚决反对那种讲面子不讲真理，讲人情不讲原则，讲派性不惜牺牲党性的腐朽作风"[3]。"从严治党"第一次出现于党和国家的重要文献中。之后，全党上下积极贯彻从严治党的方针，遵循从严治党方法，狠抓党风建设。"从严治党"这一概念也开始频繁出现在党和国家的重要文件和决策部署中，如在1987年5月《中共中央关于改进和加强高等学校思想政治工作的决定》中就指出，为了提高高等学校领导班子的思想政治水平，"从

---

[1] 邓小平.邓小平文选：第三卷[M].北京：人民出版社，1993：37.
[2] 十二大以来重要文献选编：上[M].北京：中央文献出版社，2011：39.
[3] 整党学习资料[M].上海：上海人民出版社，1985：292.

党委到基层支部,都要从严治党,切实抓紧党内教育"①。

1987年10月25日,中共十三大报告在列举党内存在的诸多问题后,指出,"但经验证明,仅仅靠教育不能完全解决问题,必须从严治党,严肃执行党的纪律。对于那些败坏党和人民事业的腐败分子,必须采取坚决清除的方针,一经发现立即处理,有多少清除多少,决不能姑息养奸。""从严治党,除了必须把少数腐败分子开除出党之外,还必须着眼于对绝大多数党员经常地进行教育,提高他们的素质。"②这样,"从严治党"的概念正式使用于党的代表大会报告,彰显了我们党对从严治党的高度重视,这对于推进从严治党具有重大意义。在提到搞好党风建设的方法时强调,"一方面要加快和深化改革,建立、健全各种制度,逐步减少产生不正之风的土壤;另一方面要靠从严治党、严肃党的纪律。两者要紧密结合,相互促进"③。

1989年,邓小平在谈到国内"政治风波"时告诫:"这次出这样的乱子,其中一个原因,是由于腐败现象的滋生,使一部分群众对党和政府丧失了信心。""要整好我们的党,实现我们的战略目标,不惩治腐败,特别是党内的高层的腐败现象,确实有失败的危险。"④他同时严肃指出:"腐败的事情,一抓就能抓到重要的案件,就是我们往往下不了手。这就会丧失人心,使人们以为我们在包庇腐败。这个关我们必须过,要兑现。是一就是一,是二就是二,该怎么处理就怎么处理,一定要取信于民。腐败、贪污、受贿,抓个一二十件,有的是省里的,有的是全国范围的。要雷厉风行地抓,要公布于众,要按法律办事。该受惩罚的,不管是谁,一律受惩罚。"⑤1990年10月,《中共中央纪委关于加强党风和廉政建设的意见》中强调,"要贯彻从严治党的方针,狠抓大案要案,重点是查处贪污受贿、敲诈勒索、搞权钱交易以及由于严重官僚主义、失职渎职给国家经济建设造成重大损失的案件,特别是涉及县以上领导干部的大案要案"⑥。中共十三届四中全会后,从严治党得到进一步贯彻落实。邓小平在1992年初的"南方谈话"中还在提醒我们,"中国要出问题,还是出在共产党内部","说到底,关键是我们共产党内部要搞好,不出事"。⑦

1992年10月12日,中共十四大报告指出:"在新的历史时期,党所处的环境和肩负的任务有了很大变化,党的思想、政治、组织、作风建设都面临许多新情况和新问题。我们一定要结合新的实际,遵循党的基本路线,坚持党要管党和从严治党,加强和改进党的建设,努力提高党的执政水平和领导水平,使我们这个久经考验的马克思主义的党,在建设有中国特色社会主义的伟大事业中更好地发挥领导核心作用。"这是我们党第一次把"党要管党、从严治党"放在一起。

① 十二大以来重要文献选编:下[M].北京:人民出版社,1988:1421.
② 十三大以来重要文献选编:上[M].北京:人民出版社,1991:53.
③ 十三大以来重要文献选编:上[M].北京:人民出版社,1991:128.
④ 邓小平.邓小平文选:第三卷[M].北京:人民出版社,1993:300,313.
⑤ 邓小平.邓小平文选:第三卷[M].北京:人民出版社,1993:297.
⑥ 十三大以来重要文献选编:中[M].北京:人民出版社,1991:1301.
⑦ 邓小平.邓小平文选:第三卷[M].北京:人民出版社,1993:380,381.

1992年10月18日,中共十四大通过的《中国共产党党章》总纲中指出:"中国共产党要领导全国各族人民实现社会主义现代化的宏伟目标,必须紧密围绕党的基本路线加强党的建设,坚持从严治党,发扬党的优良传统和作风,提高党的战斗力,把党建设成为领导全国人民沿着有中国特色的社会主义道路不断前进的坚强核心。"这是我们党第一次把"从严治党"写入党章。"从严治党"就在党的根本大法中确立下来,上升为管党治党的根本原则和全党遵守的根本行为规范。此后,"从严治党"的概念为历次党代会所沿用,"从严治党"的话语体系逐渐完善。

1997年9月,中共十五大报告将"从严治党"与"保持党的先进性和纯洁性"联系在一起,明确提出"从严治党,是保持党的先进性和纯洁性,增强党的凝聚力和战斗力的保证",要求各级党委要"坚持党要管党的原则,把从严治党的方针贯彻到党的建设的各项工作中去,坚决改变党内存在的纪律松弛和软弱涣散的现象"。并明确提出了从严治党五个方面的具体要求:"要严格按党章办事,按党的制度和规定办事;就要对党员特别是领导干部严格要求,严格管理,严格监督;就要在党内生活中讲党性,讲原则,开展积极的思想斗争,弘扬正气,反对歪风;就要严格按照党章规定的标准发展党员,严肃处理不合格党员;就要严格执行党的纪律,坚持在纪律面前人人平等。"①这表明,中国共产党对"从严治党"论述更加系统化,使其内涵更加清晰化。1999年1月,江泽民在十五届中央纪委三次全会上首次指出:"各级党委要坚持'党要管党''从严治党'的方针,坚决维护党的纪律的严肃性,认真实行党风廉政建设责任制,坚决查处各种违反党的纪律的案件。"2000年1月14日,江泽民在十五届中央纪委四次全会上以"治国必先治党,治党务必从严"为题发表重要讲话,他"从世纪之交的历史高度,联系我们党70多年的历史,联系世界社会主义事业在20世纪辉煌、曲折的历程,联系当前党员、干部队伍中存在的一些突出问题,深刻阐述了新的形势下从严治党的必要性、紧迫性和重大意义。他指出,越是改革开放,越是发展社会主义市场经济,越要从严治党。如果治党不严,纪律松弛,组织涣散,发展下去是很危险的。对此,全党同志务必始终保持清醒的头脑。在新的国内外环境中,如何保证我们党始终保持工人阶级先锋队性质,始终代表最广大人民群众的利益,始终经得起各种风险和困难的考验,始终坚强有力地发挥好领导核心作用,这是面向新世纪加强党的建设必须进一步解决好的最重大的课题,也是决定社会主义在中国的跨世纪发展中进一步巩固和充分显示优越性的根本问题。解决好这个问题,需要从思想、政治、作风、纪律和组织、制度上全面推进党的建设这个新的伟大工程。而这种全面推进,又始终离不开坚持从严治党的方针"②。2001年,他又在"七一"重要讲话中进一步强调指出:"贯彻'三个代表'要求,必须坚持党要管党的原则和从严治党的方针,各级党组织必须对党员干部严格要求、严格教育、严格管理、严格监督,坚决克服党内存在的消极腐败现象。"

---

① 江泽民.江泽民文选:第二卷[M].北京:人民出版社,2006:46-47.
② 江泽民.江泽民在中央纪委第四次全体会议上发表重要讲话强调治国必先治党治党务必从严[J].中国监察,2000(2).

"从严治党,必须全面贯彻于党的思想、政治、组织、作风建设,切实体现到对各级党组织、广大党员和干部进行教育、管理、监督的各个环节中去。"①

2002年11月,中共十六大报告强调,"一定要坚持党要管党、从严治党的方针,进一步解决提高党的领导水平和执政水平、提高拒腐防变和抵御风险能力这两大历史性课题";"一定要把思想建设、组织建设和作风建设有机结合起来,把制度建设贯穿其中,既立足于做好经常性工作,又抓紧解决存在的突出问题"。中共十六大通过的《中国共产党党章》总纲提出:"坚持党要管党、从严治党,发扬党的优良传统和作风,不断提高党的领导水平和执政水平,提高防腐拒变和抵御风险的能力,不断增强党的阶级基础和扩大党的群众基础,不断提高党的创造力、凝聚力、战斗力,使我们党始终走在时代前列,成为领导全国人民沿着中国特色社会主义道路不断前进的坚强核心。"这是我们党第一次把"党要管党、从严治党"写入党章总纲。

中共十六大以后,以胡锦涛同志为主要代表的中国共产党人,在世情、国情和党情发生深刻变化的情况下,根据时代发展的要求和我们党自身建设的实际情况,准确把握党所处的新的历史方位,以党的执政能力建设为党的建设新的伟大工程之根本,着力解决"提高党的领导水平和执政水平、提高拒腐防变和抵御风险能力这两大历史性课题",持之以恒推进从严治党。胡锦涛指出,加强和改进新形势下党的建设,必须着眼于继续解放思想、坚持改革开放、推动科学发展、促进社会和谐,着眼于提高党的执政能力、保持和发展马克思主义政党的先进性,全面推进思想建设、组织建设、作风建设和制度建设;要建立健全以民主集中制为核心的制度体系,既要坚持我们党在长期实践中形成的一系列行之有效的制度,又要以改革创新精神推进党的制度建设创新,增强制度建设的系统性、协调性、科学性,通过制度建设保障党的团结统一、增强党的创造活力;要坚持从新的实际出发,以科学理论指导党的建设,以改革创新精神研究和解决党的建设面临的重大理论和实际问题,全面建设小康社会,加快推进社会主义现代化,全面认识和自觉运用马克思主义执政党建设规律,全面推进党的建设新的伟大工程,不断提高党的建设科学化水平。②2004年9月,中共十六届四中全会在认真总结我们党长期执政经验的基础上,作出《中共中央关于加强党的执政能力建设的决定》,在实践中,各级党组织和领导干部认真贯彻落实中央精神和《中共中央关于加强党的执政能力建设的决定》提出的各项要求,党的领导水平和执政能力有了新提高。2004年11月,中共中央决定,从2005年1月开始,用一年半左右的时间,分三批在全党开展以实践"三个代表"重要思想为主要内容的保持共产党员先进性教育活动。

2007年10月,中共十七大以党的执政能力建设和先进性建设为主线,对加强党的建设作出了总体部署:"必须把党的执政能力建设和先进性建设作为主线,坚持党要管党、从严治党,贯彻为民、务实、清廉的要求,以坚定理想信念为重点加强思想建

---

① 江泽民.江泽民文选:第三卷[M].北京:人民出版社,2006:290.
② 胡锦涛.在庆祝中国共产党成立90周年大会上的讲话[N].人民日报,2011-07-02.

设,以造就高素质党员、干部队伍为重点加强组织建设,以保持党同人民群众的血肉联系为重点加强作风建设,以健全民主集中制为重点加强制度建设,以完善惩治和预防腐败体系为重点加强反腐倡廉建设,使党始终成为立党为公、执政为民,求真务实、改革创新,艰苦奋斗、清正廉洁,富有活力、团结和谐的马克思主义执政党。"①这个总体部署,还提出"以完善惩治和预防腐败体系为重点加强反腐倡廉建设",明确把"反腐倡廉建设"同党的思想建设、组织建设、制度建设和作风建设并列起来,从而形成了"五位一体"的党建总体布局。根据中共十七大部署,中共中央决定,从2008年9月开始,用一年半左右时间,在全党分批开展深入学习科学发展观活动,重点解决党员干部党性党风党纪方面群众反映强烈的突出问题。

2009年9月,中共十七届四中全会强调要"坚持党要管党、从严治党,提高管党治党水平",特别是要"提出重点,突破难点,全面推进思想建设、组织建设、作风建设、制度建设和反腐倡廉建设,提高党的建设科学化水平"。

三、从"从严治党"到"全面从严治党"的演进

2012年11月,中共十八大根据全面建成小康社会、全面推进中国特色社会主义事业的客观需要,以及新形势下党面临的世情、国情、党情发生的深刻变化、前所未有的发展机遇和风险挑战,确定了从严治党、全面加强党的建设的新布局,强调"以改革创新精神全面推进党的建设新的伟大工程","全面提高党的建设科学化水平"。要求全党"增强紧迫感和责任感,牢牢把握加强党的执政能力建设、先进性和纯洁性建设这条主线,坚持解放思想、改革创新,坚持党要管党、从严治党,全面加强党的思想建设、组织建设、作风建设、反腐倡廉建设、制度建设,增强自我净化、自我完善、自我革新、自我提高能力,建设学习型、服务型、创新型的马克思主义执政党,确保党始终成为中国特色社会主义事业的坚强领导核心"②。并提出了从严治党、全面加强党的建设八项重要任务,即坚定理想信念,坚守共产党人精神追求;坚持以人为本、执政为民,始终保持党同人民群众的血肉联系;积极发展党内民主,增强党的创造活力;深化干部人事制度改革,建设高素质执政骨干队伍;坚持党管人才原则,把各方面优秀人才集聚到党和国家事业中来;创新基层党建工作,夯实党执政的组织基础;坚定不移反对腐败,永葆共产党人清正廉洁的政治本色;严明党的纪律,自觉维护党的集中统一。③中共十八大报告把严明纪律摆在更加突出的位置,专门把"严明党的纪律"单列作为全面加强党的建设八项重要任务之一,足见中共十八大对从严治党的高度重视。中共十八大还确定了"围绕保持党的先进性和纯洁性,在全党深入开展以为民务实清廉为主要内容的党的群众路线教育实践活动,着力解决人民群众反映强烈的突出问

---

① 中国共产党第十七次全国代表大会文件汇编[M].北京:人民出版社,2007:48.
② 中国共产党第十八次全国代表大会文件汇编[M].北京:人民出版社,2012:46.
③ 中国共产党第十八次全国代表大会文件汇编[M].北京:人民出版社,2012:46-51.

题,提高做好新形势下群众工作的能力"①。中共十八结束后不久,全国各地按照中央的统一部署,分期分批开展了党的群众路线教育实践活动。集中整治了形式主义、官僚主义、享乐主义和奢靡之风"四风"问题,得到广大党员、干部和人民群众的广泛认可和好评。通过这次活动,进一步增强了党员干部服务群众的自觉性,密切了党群关系,有效推进了党的作风建设。同时也为党在新时代进行具有许多新的历史特点的伟大斗争作了思想上、组织上、作风上的重要准备,对探索新时代从严治党的特点和规律发挥了重要作用。

新时代,我们党不仅担负着团结带领全国人民推进社会主义现代化、实现中华民族伟大复兴的历史重任,而且面临着执政考验、改革开放考验、市场经济考验、外部环境考验等四大考验,存在着精神懈怠危险、能力不足危险、脱离群众危险、消极腐败危险等四大危险,需要解决好提高党的领导水平和执政水平、提高拒腐防变和抵御风险能力两大重大课题。②中共十八大以来,以习近平同志为核心的党中央深刻而客观地分析了党内现状:"当前,我们正在进行具有许多新的历史特点的伟大斗争,党肩负着历史重任,经受着时代考验。与国内外形势发展变化相比,与党所承担的历史任务相比,与党经受的时代考验相比,党的领导水平和执政水平、党组织建设状况和党员干部素质、能力、作风,都还有不小差距。一些干部得过且过,一些基层组织软弱涣散,不能发挥模范带头作用和战斗堡垒作用。一些党员干部作风问题比较突出,有的严重脱离群众,对群众疾苦漠然置之,甚至欺压群众、侵害群众利益;形式主义、官僚主义问题较为普遍地存在,奢侈浪费现象严重。一些领域消极腐败现象易发多发,不仅大案要案时有发生、令人触目惊心,而且发生在群众身边的腐败现象较多存在。"③清醒地认识到:"党要管党,才能管好党;从严治党,才能治好党。"对我们这样一个拥有9900多万名党员、在一个14亿人口大国长期执政的党,管党治党一刻不能松懈。"如果管党不力、治党不严,人民群众反映强烈的党内突出问题得不到解决,那我们党迟早会失去执政资格,不可避免被历史淘汰。这决不是危言耸听。"④因此,习近平总书记在上任伊始的中外记者见面会上,在谈到对民族的责任、对人民的责任、对党的责任时就明确指出:"打铁还需自身硬。我们的责任,就是同全党同志一道,坚持党要管党、从严治党,切实解决自身存在的突出问题,切实改进工作作风,密切联系群众,使我们的党始终成为中国特色社会主义事业的坚强领导核心。"⑤

2013年2月,习近平指出,"要进一步加强党的建设,突出党要管党、从严治党",

---

① 中国共产党第十八次全国代表大会文件汇编[M].北京:人民出版社,2012:47.
② 中国共产党第十八次全国代表大会文件汇编[M].北京:人民出版社,2012:45-46.
③ 习近平谈从严治党:打铁还需自身硬[EB/OL].[2014-10-12].http://news.xinhuanet.com/politics/2014-10/12/c_1112789432.htm.
④ 中共中央党史和文献研究院.习近平关于全面从严治党论述摘编:2021年版[M].北京:中央文献出版社,2021:4-5.
⑤ 习近平.习近平谈治国理政[M].北京:外文出版社,2014:4.

"全面加强党的思想建设、组织建设、作风建设、反腐倡廉建设、制度建设"。①这表明全面从严治党包含党的建设的五个方面的内容。

2014年10月8日,习近平在党的群众路线教育实践活动总结大会上发表重要讲话,首次明确提出了"全面推进从严治党"这一全新政治概念。习近平在总结教育实践活动取得的新成效、积累的新经验时,强调了六个必须,即必须突出重点、聚焦问题,必须领导带头、以上率下,必须以知促行、以行促知,必须严字当头、从严从实,必须层层压紧、上下互动,必须相信群众、敞开大门。对新形势下坚持从严治党提出了八个方面的要求,即落实从严治党责任,坚持思想建党和制度治党紧密结合,严肃党内政治生活,坚持从严管理干部,持续深入改进作风,严明党的纪律,发挥人民监督作用,深入把握从严治党规律。②尽管此时我们党尚未概括提炼全面从严治党的命题,但是已经提出了全面从严治党的指导思想、具体要求和决策部署,全面从严治党初步形成。

2014年12月14日,习近平在江苏考察调研时的讲话进一步明确提出全面从严治党,并将其与全面建成小康社会、全面深化改革、全面推进依法治国并列,要求"协调推进全面建成小康社会、全面深化改革、全面推进依法治国、全面从严治党,推动改革开放和社会主义现代化建设迈上新台阶"。他还强调:"全面从严治党是推进党的建设新的伟大工程的必然要求。从严治党的重点,在于从严管理干部,要做到管理全面、标准严格、环节衔接、措施配套、责任分明。从严治党是全党的共同任务。"③

2015年2月2日,在省部级主要领导干部学习贯彻十八届四中全会精神全面推进依法治国专题研讨班开班式上,习近平发表重要讲话,论述了全面建成小康社会、全面深化改革、全面依法治国、全面从严治党的战略布局所蕴含的相互关系。这样,全面从严治党就上升到了国家战略布局的新高度。将全面从严治党纳入"四个全面"战略布局,是我们党应对复杂的"四大考验"、克服严峻的"四大危险"的现实选择。在"四个全面"的战略布局中,全面从严治党居于领导地位,其他"三个全面"是战略举措和战略目标,全面从严治党既是战略举措,又是其他"三个全面"各项工作顺利推进的重要前提和政治保障。中共十九大报告将"坚持党要管党、全面从严治党"纳入党的建设总要求并写入党章。

全面从严治党的内涵丰富而深刻,其核心是加强党的领导,基础在全面,关键在严,要害在治。"全面"是就广度而言,一是内容全,涵盖党的思想建设、组织建设、作风建设、反腐倡廉建设、制度建设内容的全覆盖,"五位一体"形成合力;二是责任全,从中央到地方都必须贯彻从严治党要求,落实管党治党的责任,确保全面从严治党从上到下,不留空白;三是要求全,每一位党员都要遵守规矩,做"政治上的明白人"。"从

---

① 中共十八届二中全会在京举行 习近平作重要讲话[N].人民日报,2013-03-01.
② 习近平.在党的群众路线教育实践活动总结大会上的讲话[N].人民日报,2014-10-09.
③ 霍小光,王骏勇,兰红光,等.主动把握和积极适应经济发展新常态推动改革开放和现代化建设迈上新台阶[N].人民日报,2014-12-15.

严",一是要用更严格的标准管党治党,实现从严治党常态化、制度化;二是坚决维护党章和党内法规的权威性;三是切实加强党风廉政建设的主体责任和监督责任,只有把"全面"和"从严"有机结合起来,才能使全面从严治党治出成效。

综上所述,从"党要管党、从严治党"到"全面从严治党"的演进经历了一个长期的历史过程,世情、国情和党情要求逐步深化"从严治党"的内涵,从"党要管党、从严治党"到"全面从严治党"的内涵演进,也是中共百年来自身建设实践的深刻总结。全面从严治党,系统回答了为什么必须全面从严治党,以及全面从严治党谁来抓、抓什么、怎么抓的问题,进一步深化了我们党对自身建设规律和中国特色社会主义建设规律的认识,为新时代推进党的建设新的伟大工程提供了根本遵循和方法论指引。

第二节 全面从严治党的发展

中共十八大以来,以习近平同志为核心的党中央着眼于新时代新形势新任务,把全面从严治党纳入"四个全面"战略布局,作为党中央抓党的建设的鲜明主题。以坚定决心、顽强意志、空前力度从党的思想建设、组织建设、作风建设、反腐倡廉建设和制度建设等方面坚定不移推进全面从严治党,把党风廉政建设和反腐败斗争作为全面从严治党的重要内容,正风肃纪,反腐惩恶,着力构建不敢腐、不能腐、不想腐的体制机制。在坚定不移推进全面从严治党中坚持与时俱进,秉持创新精神,提出一系列新理念新思想新战略,使全面从严治党的内涵和要求在新时代党的建设实践中不断创新丰富发展。

一、把党的思想政治建设摆在首位

思想是行动的先导,是一切实践活动的灵魂。思想政治建设是我们党的根本性建设,也是我们党永葆先进性、纯洁性的法宝。重视思想政治建设,是我们党的成功经验,也是我们党的优良传统和政治优势。在新的时代条件下,以习近平同志为核心的党中央高度重视党的思想政治建设,反复强调"必须把党的思想政治建设摆在首位,营造风清气正的政治生态"[①],并围绕加强党的思想政治建设提出了一系列新思想、新观点、新论断,进一步丰富和发展了全面从严治党的内涵。

(一)理想信念是共产党人精神上的"钙",坚定理想信念是共产党人安身立命的根本

习近平把党员、干部的世界观、人生观、价值观看成是"总开关"。对党员、干部来

---

① 中共中央文献研究室. 习近平关于全面从严治党论述摘编[M]. 北京:中央文献出版社,2016:44.

说,思想上的滑坡是最严重的病变,"总开关"没拧紧,不能正确处理公私关系,缺乏正确的是非观、义利观、权力观、事业观,各种出轨越界、跑冒滴漏就在所难免。习近平认为,理想信念动摇是最危险的动摇,理想信念滑坡是最危险的滑坡。党员、干部拧紧思想的"总开关",根本就在于坚定理想信念,"要把坚定理想信念作为党的思想建设的首要任务,教育引导全党牢记党的宗旨,挺起共产党人的精神脊梁,解决好世界观、人生观、价值观这个'总开关'问题"①。

理想信念高于天,坚定理想信念,是拒腐防变的思想根基。习近平指出:"坚定理想信念,坚守共产党人精神追求,始终是共产党人安身立命的根本。对马克思主义的信仰,对社会主义和共产主义的信念,是共产党人的政治灵魂,是共产党人经受住任何考验的精神支柱。"有了坚定的理想信念,就能在困难和逆境时不消沉不动摇,就能自觉抵御各种腐朽思想的侵蚀,永葆共产党人政治本色。习近平将理想信念形象比喻为共产党人精神上的"钙","理想信念坚定,骨头就硬,没有理想信念,或理想信念不坚定,精神上就会'缺钙',就会得'软骨病'"②。"无论社会怎么发展,无论经济怎么繁荣,如果放弃了对崇高理想信念的追求,我们的国家、我们的民族就不可能巍然屹立于世界。这个真理,各级领导干部要始终铭记。"现实生活中,有的党员、干部不信马列信鬼神,有的总觉得西方的月亮比中国的圆,对中国道路和制度缺乏自信,说到底都是信仰迷茫、精神迷失。因此,他强调,我们要把理想信念教育作为固本培元、凝神铸魂和补钙壮骨的战略性工程,进一步推进新时代思想政治建设,推动理想信念教育常态化、制度化、长效化,引导广大党员特别是领导干部"筑牢信仰之基、补足精神之钙、把稳思想之舵",把马克思主义信仰、社会主义和共产主义信念作为精神支柱,运用辩证唯物主义和历史唯物主义不断改造主观世界和客观世界,"解决好世界观、人生观、价值观这个'总开关'"问题,不断涵养政治定力,坚定理想信念,增强"四个自信",充分彰显理想信念的强大力量。

(二)是否具有共产主义远大理想是有客观标准的

理想信念作为人的精神范畴,在形式上是主观的东西,但其内容和衡量标准是客观的。每个共产党人都要旗帜鲜明地把共产主义理想这一人类最崇高、最进步、最科学的理想作为自己的远大理想,是否具有共产主义远大理想,是可以衡量的。习近平指出:"衡量一名共产党员、一名领导干部是否具有共产主义远大理想,是有客观标准的,那就要看他能否坚持全心全意为人民服务的根本宗旨,能否吃苦在前、享受在后,能否勤奋工作、廉洁奉公,能否为理想而奋不顾身去拼搏、去奋斗、去献出自己的

---

① 习近平.决胜全面建成小康社会 夺取新时代中国特色社会主义伟大胜利:在中国共产党第十九次全国代表大会上的报告[M].北京:人民出版社,2017:63.
② 中共中央宣传部.习近平总书记系列重要讲话读本:2016年版[M].北京:学习出版社,2016:106.

全部精力乃至生命。"①这"四个能否"为衡量共产党员是否具有坚定的理想信念,是否具有先进性提供了客观标准。

（三）理想信念坚定是好干部第一位的标准

习近平把理想信念坚定作为好干部第一位的标准。2013年6月28日,习近平《在全国组织工作会议上的讲话》中指出:"理想信念坚定,是好干部第一位的标准,是不是好干部首先看这一条。如果理想信念不坚定,不相信马克思主义,不相信中国特色社会主义,政治上不合格,经不起风浪,这样的干部能耐再大也不是我们党需要的好干部。"②2016年10月27日,中共十八届六中全会审议通过的《关于新形势下党内政治生活的若干准则》进一步明确提出,全党"必须高度重视思想政治建设,把坚定理想信念作为开展党内政治生活的首要任务"。

（四）坚定理想信念要抓好思想理论建设这个根本,抓好党性教育这个核心,抓好道德建设这个基础

崇高理想、坚定信念不会自发产生。习近平不仅强调了理想信念的重要性,而且还提出了坚定理想信念的基本路径。他指出,坚定理想信念要抓好思想理论建设这个根本,抓好党性教育这个核心,抓好道德建设这个基础。这就为新时代坚定共产党人理想信念指明了方向。

1. 抓好思想理论建设这个根本

习近平强调,"要练就'金刚不坏之身',必须用科学理论武装头脑,不断培植我们的精神家园"③。马克思主义是科学的理论,是正确的世界观方法论,是我们坚定理想信念的灵魂。抓好思想理论建设这个根本,一方面,始终强调要毫不动摇坚持马克思主义指导思想,党的各级组织必须坚持不懈抓好理论武装,广大党员、干部特别是高级干部必须自觉抓好学习、增强党性修养。"首先要认真学习马克思主义理论,这是我们做好一切工作的看家本领,也是领导干部必须普遍掌握的工作制胜的看家本领。""只有学懂了马克思列宁主义、毛泽东思想、邓小平理论、'三个代表'重要思想、科学发展观,特别是领会了贯穿其中的马克思主义立场、观点、方法,才能心明眼亮,才能深刻认识和准确把握共产党执政规律、社会主义建设规律、人类社会发展规律,才能始终坚定理想信念,才能在纷繁复杂的形势下坚持科学指导思想和正确前进方向,才能带领人民走对路,才能把中国特色社会主义不断推向前进。"④同时,我们必须自觉地把学习马克思主义基本理论同深入学习习近平总书记系列重要讲话精神、认真学习党章党规结合起来,融会贯通地学,学立场、学方法、学精神实质,原原本本地学,学

---

① 习近平在新进中央委员会的委员、候补委员学习贯彻党的十八大精神研讨班开幕式发表重要讲话强调毫不动摇坚持和发展中国特色社会主义在实践中不断有所发现有所创造有所前进[N].人民日报,2013-01-06.

② 十八大以来重要文献选编:上[M].北京:中央文献出版社,2014:338.

③④ 习近平.坚持用马克思主义及其中国化创新理论武装全党[J].奋斗,2021(22).

原文、读原著、悟原理,不断提高马克思主义思想觉悟和理论水平。系统掌握马克思主义理论,运用马克思主义立场、观点、方法研究解决现实问题,不断深化对共产党执政规律、社会主义建设规律、人类社会发展规律的认识。适应时代发展的要求,广泛学习中国特色社会主义建设各领域知识以及哲学、历史、法律各门学科知识,不断提高辩证思维能力,不断提高领导能力专业化水平。另一方面,始终强调要毫不动摇坚持和发展中国特色社会主义。习近平指出,"中国特色社会主义特就特在其道路、理论体系、制度上,特就特在其实现途径、行动指南、根本保障的内在联系上,特就特在这三者统一于中国特色社会主义伟大实践上"①。

2. 抓好党性教育这个核心

党性坚强,信仰才能坚定。共产党员坚定理想信念的一个重要途径,就是要经常不断地开展党性教育,坚持党性锻炼和修养。习近平指出,要以提高能力与增强党性高度融合、有机统一来突出党性教育这个关键,通过党性教育这门共产党人修身养性的必修课,帮助广大党员干部始终保持政治上的清醒坚定和共产党人的初心本色,培养高尚的道德情操,树立正确的人生观和价值观。学史爱党,要教育引导党员干部经常学习回顾党的历史,继承百年大党的历史经验,大力弘扬党的优良传统,始终牢记"两个务必"。要认真学习党章,把学习党章、遵守党章、维护党章、贯彻党章作为一项基础性经常性工作,使全体党员对党章"内化于心,外化于行",不断提高宗旨意识。切实做到为党分忧、为国尽责、为民奉献。

3. 抓好道德建设这个基础

道德建设是保持党员、干部先进性和纯洁性、坚定理想信念的基础性工作。习近平总书记强调,国无德不兴,人无德不立。崇高的道德境界,是领导干部履行党和人民赋予的光荣职责的必然要求,而不是道德苛求。领导干部要在政治方向、理想信念和道德情操上自觉带好头,增强标杆意识、表率意识。进一步加强党员干部思想道德建设,从党员干部做起广泛践行社会主义核心价值观,带头牢固树立社会主义荣辱观,以党员干部的高尚人格带动群众、引领社会风尚。

(五)坚持思想建党和制度治党同向发力

中共十八大以来,我们党一方面坚持把加强思想政治建设摆在首位,坚持不懈推动思想政治建设,通过先后开展党的群众路线教育实践活动、"三严三实"专题教育、"两学一做"学习教育、"不忘初心、牢记使命"主题教育、党史学习教育、学习贯彻习近平新时代中国特色社会主义思想主题教育、党纪学习教育,拧紧思想"总开关"。另一方面坚持把制度治党贯穿始终,依靠制度增强行为"硬约束"。习近平在党的群众路线教育实践活动总结大会上强调,坚持思想建党和制度治党紧密结合,要使加强制度治党的过程成为加强思想建党的过程,也要使加强思想建党的过程成为加强制度治

---

① 习近平.习近平谈治国理政:第一卷[M].北京:外文出版社2018:9.

党的过程。从严治党,仅仅依靠教育是不够的,还要依靠制度的根本性、全局性、稳定性和长期性,要同向、同时充分发挥教育和制度的作用,这也是我们党管党治党的宝贵经验和优良传统。教育是一种自律力量,解决观念认识问题;制度是一种他律力量,解决行为规范问题。教育和制度相辅相成、相得益彰。加强教育,能够提高思想认识,增强对制度的认同,有助于维护制度的权威性和强制性。健全制度,能够巩固教育效果,形成长期性和稳定性。二者只有同向发力,同时发力,思想建党和制度治党紧密结合、一体推进,从严治党方能取得成效。

此外,习近平还高度重视意识形态工作。他指出,意识形态工作是党的一项极端重要的工作。我们必须牢牢掌握意识形态工作的领导权、管理权、话语权,否则就要犯不可挽回的历史性错误。他要求,"宣传思想工作一定要把围绕中心、服务大局作为基本职责,胸怀大局、把握大势、着眼大事,找准工作切入点和着力点,做到因势而谋、应势而动、顺势而为","必须遵循坚持团结稳定鼓劲、正面宣传为主的方针,必须坚持巩固壮大主流思想舆论,弘扬主旋律,传播正能量,激发全社会团结奋进的强大力量"。[①]他向全党提出要坚持"两个巩固",即巩固马克思主义的指导地位、巩固全国人民共同奋斗的思想基础。他还强调,在意识形态领域要开展积极的思想斗争,不容许以"不争论""不炒热""让说话"为借口,放任错误思想的滋生蔓延。

二、切实贯彻落实新时代党的组织路线

(一)建设高素质专业化干部队伍

切实贯彻落实新时代党的组织路线,干部队伍建设是关键。中共十八大以来,习近平着眼于新时代党和国家事业发展全局,围绕"建设高素质专业化干部队伍",创造性地提出一系列选人用人的新理念新思想新要求,为新时代选人用人工作提供了科学的理论指导,丰富了从严治党的内涵。

1. 鲜明提出新时代好干部标准

2013年6月,习近平在全国组织工作会议上提出了"信念坚定、为民服务、勤政务实、敢于担当、清正廉洁"的20字新时代好干部标准。

2014年3月9日,在十二届全国人大二次会议安徽代表团参加审议时,习近平对各级领导干部提出"既严以修身、严以用权、严以律己,又谋事要实、创业要实、做人要实"的要求。此后,习近平进一步指出,"三严三实"要求是共产党人最基本的政治品格和做人准则,也是党员、干部的修身之本、为政之道、成事之要。2015年1月12日,习近平同中央党校第一期县委书记研修班学员进行座谈时提出了"心中有党、心中有民、心中有责、心中有戒"的"四有"要求。2015年6月30日,习近平会见全国优秀县委书记时提出做"政治的明白人,发展的开路人,群众的贴心人,班子的带头人""四种

[①] 习近平在全国宣传思想工作会议上强调 胸怀大局 把握大势 着眼大事 努力把宣传思想工作做得更好[N].人民日报,2013-08-21.

人"要求。2015年12月11日,习近平在全国党校工作会议上的讲话中提出以"铁一般信仰、铁一般信念、铁一般纪律、铁一般担当"四个"铁一般"培养造就一支过硬的干部队伍。这些要求进一步丰富了好干部标准。

习近平特别重视政治标准,强调把政治标准放在第一位,提拔重用那些牢固树立"四个意识"和坚定"四个自信"、坚决维护党中央权威、全面贯彻执行党的理论和路线方针政策、忠诚干净担当的干部。他指出:"理想信念坚定,是好干部第一位的标准,是不是好干部首先看这一条。"①

2. 党要管党,首先是管好干部;从严治党,关键是从严治吏

2013年6月,习近平在全国组织工作会议上强调:"党要管党,才能管好党;从严治党,才能治好党。""党要管党,首先是管好干部;从严治党,关键是从严治吏。"2014年12月,习近平在江苏视察时,提出从严管理干部"五个要"的新要求,即"管理要全面、标准要严格、环节要衔接、措施要配套、责任要分明"。作为组织部门,从严管理干部就是要坚持以日常监督管理为重点,从严教育、从严选拔、从严管理,按照好干部标准,着力打造"三严三实"为民务实清廉的干部队伍。

3. 建立科学有效选人用人机制

习近平指出,各级党委及组织部门要坚持党管干部原则,坚持正确用人导向,把好干部及时发现出来、合理使用起来。把好干部选用起来,需要科学有效的选人用人机制。要推进干部工作公开,坚决制止简单以票取人的做法,确保民主推荐、民主测评风清气正。"要坚持德才兼备、以德为先,坚持五湖四海、任人唯贤,坚持事业为上、公道正派,坚决防止和纠正选人用人上的不正之风。"②

习近平强调:"让好干部真正受尊重、受重用,让那些阿谀逢迎、弄虚作假、不干实事、会跑会要的干部真正没市场、受惩戒。要严明组织人事纪律,对违反组织人事纪律的坚决不放过,对跑官要官、买官卖官的决不姑息,发现一起,查处一起。"

习近平要求,必须健全考察机制和办法,多渠道、多层次、多侧面深入了解干部,多到基层干部群众中、多在乡语口碑中了解干部,既要在"大事"上看德,又要在"小节"中察德;要尽快健全有利于科学发展的目标体系、考核办法、奖惩机制,改进实绩考核,不能简单以国内生产总值增长率论英雄。

这些重要思想,为做好新时代干部考核工作提供了行动指南。

(二)全面从严治党必须向基层延伸

基础不牢,地动山摇。党的基层组织是确保党的路线方针政策和决策部署贯彻落实的基础,也是党的全部工作和战斗力的基础。习近平高度概括了加强的党的基层组织建设的重要性,他指出:"做好基层基础工作十分重要,只要每个基层党组织和每个共产党员都有强烈的宗旨意识和责任意识,都能发挥战斗堡垒作用、先锋模范作

---

① 习近平.在全国组织工作会议上的讲话[J].党建研究,2013(8).
② 习近平.在庆祝中国共产党成立95周年大会上的讲话[J].求是,2021(8).

用,我们党就会很有力量,我们国家就会很有力量,我们人民就会很有力量,党的执政基础就能坚如磐石。"①他强调,全面从严治党必须向基层延伸,扎实做好抓基层、打基础的工作,使每个基层党组织都成为坚强战斗堡垒。加强党的基层组织建设,关键是从严抓好落实。

一是突出政治功能。党的基层组织不是一般的社会组织,而是政治组织,具有鲜明的政治属性,习近平指出:"要以提升组织力为重点,突出政治功能,健全基层组织,优化组织设置,理顺隶属关系,创新活动方式,扩大基层党的组织覆盖和工作覆盖。"

二是加强各领域党建工作。习近平指出:"要加强企业、农村、机关、事业单位、社区等各领域党建工作,推动基层党组织全面进步、全面过硬。"

三是加强新兴业态和互联网党建工作。面对"互联网+"时代下的党建,习近平指出:"各级党委要高度重视信息化发展对党的建设的影响,做到网络发展到哪里党的工作就覆盖到哪里,充分运用信息技术改进党员教育管理、提高群众工作水平,加强网络舆论的正面引导。"

四是加强支部标准化、规范化建设。党支部是党的基础组织,是党的组织体系的基本单元。中共十八大以来,以习近平同志为核心的党中央高度重视党支部建设,再三强调,党支部标准化、规范化建设是发挥先锋堡垒作用的有力手段。

(三)加强新形势下党员发展和管理工作

党员是党的肌体的细胞和党的活动的主体,党员队伍建设是党的建设基础工程。为保持党的先进性和纯洁性,以习近平同志为核心的党中央面对新时代发展党员和党员管理工作面临的新形势、新任务,提出了新时代加强发展党员和党员管理工作的总体要求:坚持以马克思主义中国化最新成果为指导,牢牢把握加强党的执政能力建设、先进性和纯洁性建设这条主线,坚持解放思想、改革创新,坚持党要管党、从严治党,按照控制总量、优化结构、提高质量、发挥作用的总要求,加强新形势下发展党员和党员管理工作,不断提高党员发展和管理工作科学化水平,着力把各方面先进分子和优秀人才更多地吸收到我们党内,努力建设一支规模适度、结构合理、素质优良、纪律严明、作用突出的党员队伍,夯实党执政的组织基础,为全面建设社会主义现代化国家、全面推进中华民族伟大复兴提供坚强组织保证。

在发展党员方面,严格坚持标准,提高发展党员质量。始终把政治标准放在首位,严格按照党章规定的党员标准发展党员,坚持成熟一个发展一个,防止把不具备党员条件的人吸收到党内。重视从青年工人、农民、知识分子中发展党员,优化党员队伍结构,同时,加强在妇女和少数民族中发展党员工作,继续做好在军人和干部中发展党员工作。加强发展党员工作宏观指导,保持党员队伍适度规模。实行发展党员总量调控。按照慎重发展、均衡发展的要求,积极稳妥地对发展党员数量和结构进

---

① 习近平在河北省调研指导党的群众路线教育实践活动[EB/OL].[2013-07-12].http://www.xinhuanet.com/politics/2013-07/12/c_116518771.htm.

行调控,使全国党员数量年均增长控制在适当速度,党员队伍保持适度规模,党员质量不断得到提高,党员队伍结构不断得到优化。

在管理党员方面,从严管理党员。严格经常性的党内组织生活,严明党的政治纪律和组织纪律,健全党员党性定期分析、民主评议等制度,加强和改进党员队伍管理。创新党员管理手段。充分运用现代信息技术和传媒手段改进党员管理工作,推进全国党员信息库建设,提高党员管理工作信息化水平。及时处置不合格党员,改进对流动党员的管理。按照明确责任主体、分类管理服务、多方协同配合的要求,认真做好流动党员组织生活、教育培训、关爱帮扶、权益保障等工作。

三、作风建设永远在路上

党的作风关系党的形象,关系人心向背,关系党和国家的生死存亡。作风建设是党的建设的永恒主题。习近平高度概括了作风建设的重要性,他指出:"执政党如果不注重作风建设,听任不正之风侵蚀党的肌体,就有失去民心、丧失政权的危险。我们党作为一个在中国长期执政的马克思主义政党,对党的作风问题任何时候都不能掉以轻心。"[①]中共十八大以来,以习近平同志为核心的党中央立足新时代党的建设严峻形势,对加强党的作风建设提出了一系列新论断、新观点。

(一) 必须下大气力解决脱离群众的问题

作风建设的核心是保持党同人民群众的血肉联系。进入新时代,习近平告诫全党:"经济发展了,人民生活水平提高了,不等于党同人民的联系就更加密切、必然密切了,有时候反而是疏远了。"在新的时代条件下,我们党脱离群众的危险比过去大大增加,必须下大气力解决脱离群众的问题,防止出现公权力失去公信力时的"塔西佗陷阱"现象。习近平指出:"如果不坚决纠正不良风气,任其发展下去,就会像一座无形的墙把我们党和人民群众隔开,我们党就会失去根基、血脉和力量。"[②]他强调:"要下大决心改进作风,切实解决群众反映强烈的问题,始终保持同人民群众的血肉联系。"中共十八大召开不久中共中央就出台了改进工作作风、密切联系群众的"八项规定",为党加强作风建设提供了重要支撑。中央政治局带头执行"八项规定",以上率下,上下联动,一个节点一个节点紧抓不放,许多过去难以解决的"老大难"的作风顽疾在短时间内明显改观,党风政风为之一新,党心民心为之一振。为防止这"八项规定"成为"一阵风"和"走形式",习近平多次强调作风问题具有反复性和顽固性,始终要求以踏石留印、抓铁有痕的劲头抓下去,使"八项规定"内化为一种意志,成为一种习惯。之后,我们党相继开展了党的群众路线教育实践活动、"三严三实"专题教育、"两学一做"学习教育、"不忘初心、牢记使命"主题教育、党史学习教育、学习贯彻

---

① 中共中央纪律检查委员会,中共中央文献研究室.习近平关于党风廉政建设和反腐败斗争论述摘编[M].北京:中央文献出版社,2015:8.

② 中共中央文献研究室.习近平关于全面从严治党论述摘编[M].北京:中央文献出版社,2016:148.

习近平新时代中国特色社会主义思想主题教育、党纪学习教育及其常态化制度化,进一步密切了党与群众的血肉联系,进一步加强了新形势下党的作风建设。

(二) 坚决反对形式主义、官僚主义、享乐主义和奢靡之风

"四风"同我们党的性质宗旨和优良作风格格不入,是我们党的大敌、人民的大敌,是人民群众对党的作风建设最为不满的地方。习近平指出:"'四风'是违背我们党的性质和宗旨的,是当前群众深恶痛绝、反映最强烈的问题,也是损害党群干群关系的重要根源。党内存在的其他问题都与这'四风'有关,或者是从这'四风'衍生出来的。"①中共十八大以来,从制定和执行中央八项规定开始,党中央以"抓铁有痕,踏石留印"的决心和毅力,以"钉钉子"精神与"零容忍"态度,整治了群众集中反映的"四风"问题,作风建设得到了加强。但是,党中央也深刻认识到作风建设具有长期性、复杂性、艰巨性以及顽固性和反复性。习近平反复强调:"'四风'问题具有顽固性反复性,纠正'四风'不能止步"②,"作风建设永远在路上,永远没有休止符,必须抓常、抓细、抓长,持续努力、久久为功。"③

(三) 严肃党内政治生活

党要管党,首先要从党内政治生活管起;从严治党,首先要从党内政治生活严起。中共十八大以来,习近平在多个场合发表关于严肃党内政治生活的重要论述。这些重要论述是全面从严治党的重要组成部分,对于推进全面从严治党具有十分重要的理论意义和实践价值。

1. 关于严肃党内政治生活的重要性

2014年1月20日,在党的群众路线教育实践活动第一批总结会议上,习近平把党内生活形象地比喻为"炼钢的熔炉"。他指出,党内生活是锻炼党性、提高思想觉悟的熔炉,没有足够的温度是炼不出钢来的,党员干部只有在党内生活中"千锤百炼",才能坚强党性。

2016年6月28日,习近平在中央政治局第三十三次集体学习时强调:"严肃认真的党内政治生活、健康洁净的党内政治生态,是党的优良作风的生成土壤,是党的旺盛生机的动力源泉,是保持党的先进性纯洁性、提高党的创造力凝聚力战斗力的重要条件,是党团结带领全国各族人民完成历史使命的有力保障,是我们党区别于其他非马克思主义政党的鲜明标志。"④严肃党内政治生活、健康洁净的党内政治

---

① 十八大以来重要文献选编:上[M].北京:中央文献出版社,2014:314.
② 习近平谈反对形式主义官僚主义:各级领导干部要身体力行[EB/OL].[2018-05-30]. https://www.chinanews.com.cn/m/gn/2018/05-30/8526131.shtml.
③ 习近平.在党的群众路线教育实践活动总结大会上的讲话[N].人民日报,2014-10-09.
④ 习近平在中共中央政治局第三十三次集体学习时强调 严肃党内政治生活净化党内政治生态 为全面从严治党打下重要政治基础[EB/OL].[2016-06-29]. https://www.gov.cn/xinwen/2016-06/29/content_5086739.htm.

生态,是全面从严治党的重要基础和重大任务,也是全面从严治党的动力源泉。全党同志都要把严肃党内政治生活作为大问题,要有"铁一般担当",努力做好严肃党内政治生活这篇大文章。围绕坚持党的路线坚持和开展严肃党内政治生活,解决好突出问题。

2016年7月1日,习近平在庆祝中国共产党成立95周年大会上的讲话中指出:"严肃党内政治生活是全面从严治党的基础。党要管党,首先要从党内政治生活管起;从严治党,首先要从党内政治生活严起。我们要加强和规范党内政治生活,严肃党的政治纪律和政治规矩,增强党内政治生活的政治性、时代性、原则性、战斗性,全面净化党内政治生态。全党同志要增强政治意识、大局意识、核心意识、看齐意识,切实做到对党忠诚、为党分忧、为党担责、为党尽责。"①

2. 关于严肃党内政治生活的基本要求

首先,以党章为根本遵循。党章是管党治党的总章程,是党的根本大法。习近平指出,党章集中体现了党的性质宗旨、党的理论和路线方针政策。无规矩不成方圆,党章就是党的总规矩。各级党组织的全部活动中,都要坚持引导党员干部认真学习党章,全面系统掌握党章基本内容,牢固树立党章意识,严格遵守党章规定。

其次坚持问题导向。习近平指出,严肃党内政治生活,必须坚持问题导向,聚焦薄弱环节,构建理论、思想、制度体系,设计权力、责任、担当制度,推动解决党内政治生活庸俗化、党内监督制度不健全以及执行不力等问题。

再次坚持统筹协调。习近平在关于《关于新形势下党内政治生活的若干准则》和《中国共产党党内监督条例》的说明中强调,加强顶层设计,做好系统谋划,着力处理好新旧各种党内法规的关系,坚持必要性和可行性相统一,既一脉相承又与时俱进,既有原则性要求,又有解决问题的具体措施。

最后坚持继承创新。习近平强调,既要传承党内政治生活优良传统,又要立足新世纪、应对新挑战。要不断推进改革创新,以新经验指导新实践,"更好发挥党内政治生活功能作用,实现干部清正、政府清廉、政治清明,使我们党始终成为中国特色社会主义伟大事业的坚强领导核心"②。

3. 关于严肃党内政治生活的重点和关键

新形势下加强和规范党内政治生活,重点是各级领导机关和领导干部,关键是高级干部。习近平在中共中央政治局第三十三次集体学习时强调:"要以上率下,从中央政治局常委会、中央政治局、中央委员会做起,从各地区各部门党委(党组)做起,从高级干部做起,对党绝对忠诚,模范遵守党章,严格按党的制度和规矩办事,夙兴夜寐

---

① 习近平.在庆祝中国共产党成立95周年大会上的讲话[J].求是,2021(8).
②③ 习近平在中共中央政治局第三十三次集体学习时强调 严肃党内政治生活净化党内政治生态 为全面从严治党打下重要政治基础[EB/OL].[2016-06-29]. https://www.gov.cn/xinwen/2016-06/29/content_5086739.htm.

为党和人民工作,任何时候都不搞特权,都不破坏党的制度和规矩。"③加强党的建设必须抓好领导干部尤其是高级干部这个"关键少数"。从这部分人入手,就抓住了管党治党"牛鼻子";抓好能够在全党作出表率的这部分人,很多问题就会迎刃而解了,很多事情就好办了。因此,严肃党内政治生活、加强党内监督,必须首先从领导干部这个"关键少数"抓起。高级干部特别是中央领导层组成人员必须以身作则、率先垂范、以上率下,为全党全社会作出示范。

四、反腐倡廉建设

党风廉政建设和反腐败斗争,是党的建设的重大任务,也是全面从严治党的重要内容和重要抓手。中共十八大以来,以习近平同志为核心的党中央,深刻阐释了党风廉政建设和反腐败斗争的重大理论问题和实践问题,为新时代深入推进党风廉政建设和反腐败斗争提供了思想武器和行动指南。习近平围绕"为什么反腐、怎样反腐"这个主题,从战略目标、领导力量、依靠力量、基本任务、基本方式、战略策略等方面,提出了一系列新的理念、思路、举措,形成了具有新时代特征的反腐倡廉建设理论,丰富和发展了全面从严治党。

(一)为何反腐:反腐败斗争关系党和国家的生死存亡

习近平明确指出,中国共产党之所以必须反腐败,根本原因是腐败会导致"亡党亡国"。2012年11月17日,在十八届中共中央政治局第一次集体学习会上,刚当选为总书记的习近平就指出:"党风廉政建设,是广大干部群众始终关注的重大政治问题。'物必先腐,而后虫生。'近年来,一些国家因长期积累的矛盾导致民怨载道、社会动荡、政权垮台,其中贪污腐败就是一个很重要的原因。大量事实告诉我们,腐败问题越演越烈,最终必然会亡党亡国!"①2013年1月22日,习近平在十八届中央纪委二次全会上讲话中再次强调:"腐败是社会毒瘤。如果任凭腐败问题愈演愈烈,最终必然亡党亡国。"②习近平对反腐败斗争形势作出了科学判断。他指出:"我们党员干部队伍的主流始终是好的。同时,我们也要清醒地看到,当前一些领域消极腐败现象仍然易发多发,一些重大违纪违法案件影响恶劣,反腐败斗争形势依然严峻,人民群众还有许多不满意的地方。党风廉政建设和反腐败斗争是一项长期的、复杂的、艰巨的任务,不可能毕其功于一役。"③2013年11月9日,习近平在中共十八届三中全会第一次全体会议上的讲话中再次强调:"当前腐败现象多发,滋生腐败的土壤存在,党风廉

---

① 中共中央纪律检查委员会,中共中央文献研究室.习近平关于党风廉政建设和反腐败斗争论述摘编[M].北京:中央文献出版社,2015:3.

② 中共中央纪律检查委员会,中共中央文献研究室.习近平关于党风廉政建设和反腐败斗争论述摘编[M].北京:中央文献出版社,2015:5.

③ 中共中央纪律检查委员会,中共中央文献研究室.习近平关于党风廉政建设和反腐败斗争论述摘编[M].北京:中央文献出版社,2015:13.

政建设和反腐败斗争形势依然严峻复杂,必须加大惩治腐败力度,更加科学有效地防治腐败。"①习近平对党风廉政建设和反腐败斗争形势的判断既符合实际,实事求是,又发人深省。

(二)战略目标:构建不敢腐、不能腐、不想腐的体制机制

在反腐败战略目标上,2013年1月22日,习近平在十八届中央纪委二次全会上讲话指出:"要加强对权力运行的制约和监督,把权力关进制度的笼子里,形成不敢腐的惩戒机制、不能腐的防范机制、不易腐的保障机制。"②

不敢腐,就是以"惩治"破局,加大对腐败分子查处惩戒力度,坚持无禁区、全覆盖、零容忍,不管是谁,不管职位多高,都绝不容忍,绝不姑息。"我们惩治腐败的决心丝毫不能动摇,惩治这一手始终不能软。"③做到零容忍的态度不变,猛药去疴的决心不减,刮骨疗毒的勇气不泄,"凡是损害党的先进性和纯洁性的病症都要彻底医治,凡是滋生在党的健康肌体上的毒瘤都要坚决祛除"④,严厉惩处的尺度不松,发现一起查处一起,发现多少查处多少,不定指标、上不封顶,凡腐必反,除恶务尽。营造出"不敢腐"的政治氛围。

习近平指出:"没有健全的制度,权力没有关进制度的笼子里,腐败现象就控制不住。"⑤构建"不能腐"的机制,就是加强反腐倡廉规章制度建设,扎密扎牢制度笼子,权力关进制度的笼子里,健全权力运行制约和监督体系,让权力在阳光下运行,完善激励和问责机制。

"制定制度很重要,更重要的是抓落实"⑥,"制度一经形成,就要严格遵守,坚持制度面前人人平等、执行制度没有例外,坚决维护制度的严肃性和权威性,坚决纠正有令不行、有禁不止的各种行为,使制度真正成为党员、干部联系和服务群众的硬约束"⑦,逐步实现"不能腐"。

2013年4月19日,习近平在十八届中央政治局第五次集体学习时的讲话中指出:"我们要坚持从教育抓起,教育引导广大党员、干部坚定理想信念、坚守共产党人精神家园,不断夯实党员干部廉洁从政的思想道德基础,筑牢拒腐防变的思想道德防

---

① 中共中央纪律检查委员会,中共中央文献研究室.习近平关于党风廉政建设和反腐败斗争论述摘编[M].北京:中央文献出版社,2015:17.
② 中共中央纪律检查委员会,中共中央文献研究室.习近平关于党风廉政建设和反腐败斗争论述摘编[M].北京:中央文献出版社,2015:121.
③ 中共中央纪律检查委员会,中共中央文献研究室.习近平关于党风廉政建设和反腐败斗争论述摘编[M].北京:中央文献出版社,2015:101-102.
④ 人民日报社评论部."四个全面"学习读本[M].北京:人民出版社,2015:274页。
⑤ 中共中央纪律检查委员会,中共中央文献研究室.习近平关于党风廉政建设和反腐败斗争论述摘编[M].北京:中央文献出版社,2015:125.
⑥ 中共中央纪律检查委员会,中共中央文献研究室.习近平关于党风廉政建设和反腐败斗争论述摘编[M].北京:中央文献出版社,2015:129.
⑦ 习近平.习近平谈治国理政[M].北京:外文出版社,2014:379.

线。"①构建"不想腐"的思想保障机制,就是要教育引导广大党员干部筑牢思想道德防线,坚定理想信念,补足精神之"钙",拧紧思想"总开关",保持高尚的道德情操,真正做到"不想腐"。

中共十八大以来,"腐败蔓延势头得到有效遏制,反腐败斗争压倒性态势已经形成,不敢腐的目标初步实现,不能腐的制度日益完善,不想腐的堤坝正在构筑,党内政治生活呈现新的气象"②。全面从严治党取得了显著成效,开创了一条新时代中国特色社会主义反腐败的成功之路,为夺取反腐败斗争压倒性胜利打下了坚实基础。

(三) 领导力量:坚持党对反腐败工作的领导、落实党委的主体责任

习近平同志一贯强调,在我国,对反腐败斗争领导的重任,只能由中国共产党来承担。这是由党的宗旨和党的性质所决定的。抓好党风廉政建设和反腐败斗争,必须全党动手。但是,关键是要落实党委的主体责任。这是因为,党委能否落实好主体责任直接关系党风廉政建设和腐败工作成效。因此,习近平强调,各级党委对职责范围内的党风廉政建设负有全面领导责任,党委主要负责人是第一责任人。要严格执行责任制,分解责任要明确,检查考核要严格,责任追究要到位,让责任制落到实处。习近平还明确指出了党委的主体责任主要是"加强领导,选好用好干部,防止出现选人用人上的不正之风和腐败问题;坚决纠正损害群众利益的行为;强化对权力运行的制约和监督,从源头上防治腐败;领导和支持执纪执法机关查处违纪违法问题;党委主要负责同志要管好班子,带好队伍,管好自己,当好廉洁从政的表率"③。

(四) 依靠力量:坚持依靠人民群众和专门机关相结合,强调纪委要履行好监督责任

群众路线是我们党的生命线和根本工作路线,是我们党永葆青春活力和战斗力的重要传家宝。人民群众是腐败的受害者,也始终是反腐败的主力军。这就决定了,反腐败斗争必须紧紧依靠群众。

反腐败还要充分发挥好纪检、检察、司法、审计等机关和部门的职能作用,共同推进党风廉政建设和反腐败斗争。"各级纪委要履行好监督责任,既协助党委加强党风建设和组织协调反腐败工作,又督促检查相关部门落实惩治和预防腐败工作任务,经常进行检查监督,严肃查处腐败问题。"④

---

① 中共中央纪律检查委员会,中共中央文献研究室.习近平关于党风廉政建设和反腐败斗争论述摘编[M].北京:中央文献出版社,2015:141.
② 中国共产党第十八届中央纪律检查委员会第七次全体会议公报[EB/OL].[2017-01-08].http://www.ccdi.gov.cn/xwtt/201701/t20170108_92483.html.
③ 中共中央纪律检查委员会,中共中央文献研究室.习近平关于党风廉政建设和反腐败斗争论述摘编[M].北京:中央文献出版社,2015:61.
④ 中共中央纪律检查委员会,中共中央文献研究室.习近平关于党风廉政建设和反腐败斗争论述摘编[M].北京:中央文献出版社,2015:61-62.

（五）基本任务："老虎""苍蝇"一起打

习近平指出，从严治党，惩治这一手决不能放松。要求坚持"老虎""苍蝇"一起打，既坚决查处领导干部违纪违法案件，又切实解决发生在群众身边的不正之风和腐败问题。要坚持党纪国法面前没有例外，不管涉及到谁，都要一查到底，决不姑息。"老虎""苍蝇"一起打，表明了我们党坚决惩治腐败的坚强决心，也彰显了我们党反对腐败的力度和广度。坚持"老虎""苍蝇"一起打，就是要同时出手、坚决惩治，同步用力，绝不手软，绝不姑息，绝不心软，对腐败分子始终保持高压态势，全方位保护党和人民的利益，增强人民对我们党和国家的信心，有百利而无一害。

（六）基本方式：善于运用法治思维和法治方式反对腐败

习近平在十八届中央纪委二次全会上指出，要善于运用法治思维和法治方式反对腐败，加强反腐败国家立法，加强反腐倡廉党内法规制度建设，让法律制度刚性运行。中共十八大以来，我们党更加重视发挥依法治国在治国理政中的重要作用，专门作出全面推进依法治国的决定，把依法治国作为党领导人民治理国家的基本方略、把法治作为治国理政的基本方式。把从严治党与依法治国统一起来，善于运用法治思维和法治方式反对腐败，这是依法治国在反腐败斗争中的具体体现，也是对历史经验教训的深刻总结。

运用法治思维和法治方式反对腐败，就要坚持在纪律、法律面前人人平等，决不允许有不受党纪国法约束的特殊党员，任何人触犯了党纪国法都要依纪依法严肃查处，绝不手软，党内不允许有腐败分子藏身之地。要注重党内法规与国家法律的衔接和协调，提高党内法规的执行力。

（七）战略策略：建立健全惩治和预防腐败体系

习近平指出，建立健全惩治和预防腐败体系是国家战略和顶层设计。中共中央从战略和顶层设计的高度，印发建立健全惩治和预防腐败体系五年工作规划，这是开展党风廉政建设和反腐败工作的指导性文件，各级党委要充分认识颁布实施工作规划的重要性，担负起全面领导党风廉政建设和反腐败工作的主体责任，把贯彻落实工作规划列入议事日程，认真组织实施，与经济建设、政治建设、文化建设、社会建设、生态文明建设和党的建设一起部署、一起落实、一起检查。各级纪委要发挥党内监督作用，切实履行监督职责，协助党委落实好各项任务。建立联席会议制度，加强惩治和预防腐败体系建设牵头单位和协办单位之间是协调配合，形成整体工作合力，加快推进惩治和预防腐败体系建设。

五、全方位扎紧制度笼子

制度建设是党的根本建设，也是全面从严治党最可靠、最有效、最持久的手段。中共十八大明确强调"要把制度建设摆在突出位置"。中共十八大以来，以习近平同志为核心的党中央推进全面从严治党,既要解决思想问题,也要解决制度问题。坚持思想建党与制度治党相结合,高度重视党的制度建设,修订完善和制定出台了一系列党内法规制度,基本搭建了党内法规制度体系的"四梁八柱"。"全方位扎紧制度笼子,更多用制度治党、管权、治吏。"

（一）加强党内法规制度建设

加强党内法规制度建设,是全面从严治党、依规治党的必然要求。中共十八大,中共十八届三中、四中、五中、六中全会都对加强党内法规制度建设提出了明确要求。中共十八届三中全会首次提出"党的建设制度改革"的概念,要求紧紧围绕提高科学执政、民主执政、依法执政水平深化党的建设制度改革。中共十八届四中全会把形成完善的党内法规体系确立为全面推进依法治国总目标的重要内容,对加强党内法规制度建设作出重要部署。中共十八届五中全会提出,"必须坚持依法执政,全面提高党依据宪法法律治国理政、依据党内法规管党治党的能力和水平"[1],把依规治党提高到了前所未有的高度。中共十八届六中全会专题研究全面从严治党,审议通过了《关于新形势下党内政治生活的若干准则》和《中国共产党党内监督条例》,为推进全面从严治党提供了制度保障。

中共十八大以来,我们党坚持依规治党,党内法规制度建设的步伐不断加快,已经"形成比较完善的党内法规体系"[2]。根据中共中央办公厅法规局的数据,截至2023年6月底,全党现行有效党内法规共3802部。其中,中央党内法规227部,部委党内法规190部,地方党内法规3385部。随着一大批标志性、关键性、引领性的党内法规的出台,党内法规之间更加注重配套和协调,党内法规制度的系统性和有效性明显增强。基本上确立了以党章为统领的"1+4"基本框架的党内法规制度体系,即逐步形成了以党章为根本依据,以党的组织法规制度、党的领导法规制度、党的自身建设法规制度和党的监督保障法规制度四大板块为主要组成部分的党内法规制度体系。

在党的组织法规制度方面,中共十八大以来,党中央修订了地方党委工作条例,制定了党组工作条例、党的工作机关条例等。同时,进一步加大党的各级组织法规制定力度。

在党的领导法规制度方面,中共十八大以来,不断健全党的全面领导制度,统一战线工作条例等一批党内法规出台,各领域党的领导制度建设进一步加强,为发挥党总揽全局、协调各方的领导核心作用提供有力的制度保证。

在党的自身建设法规制度方面,通过修订《党政领导干部选拔任用工作条例》《干部教育培训工作条例》,制定实施个人有关事项报告等制度,严肃组织路线,健全党管

---

[1] 两会前瞻:建成法治政府 全面提升党的治国理政水平[EB/OL].[2016-02-29].http://politics.people.com.cn/n1/2016/0229/c1001-28158932.html.

[2] 党的二十大文件汇编[M].北京:党建读物出版社,2022:10.

干部、选贤任能制度。不断推进党的基层组织建设的制度改革、人才发展体制机制改革。

在党的监督保障法规制度方面,中共十八大以来,我们党先后制定修订了廉洁自律准则、党内监督条例、巡视工作条例、纪律处分条例、问责条例等,这些法规制度既强化了自上而下的组织监督,改进了自下而上的民主监督,又发挥了同级相互监督作用,把党内监督同其他监督方式贯通起来,增强了监督合力,为构建党统一指挥、全面覆盖、权威高效的监督体系,逐渐形成有权必有责、有责要担当、用权受监督、失责必追究的激励约束机制奠定了坚实的制度基础,全方位彰显制度威力的党内"铁规",有力促进了良好政治生态的形成。

(二) 扎实推进党的建设制度改革

中共十八大以来,以习近平同志为核心的党中央,按照中央全面深化改革总体部署,紧紧围绕全面从严治党,从深化党的组织制度、干部人事制度、基层组织建设制度、人才发展体制机制改革扎实推进党的建设制度改革。为推进全面从严治党注入强大动力。

在党的组织制度改革方面,落实《关于新形势下党内政治生活的若干准则》,修订实施《县以上党和国家机关党员领导干部民主生活会若干规定》《中国共产党发展党员工作细则》《中国共产党地方委员会工作条例》等,制定《中国共产党党组工作条例(试行)》。

在干部人事制度改革方面,以修订落实《党政领导干部选拔任用工作条例》为牵引,构建精准科学的选人用人机制,印发《关于加强干部选拔任用工作监督的意见》,大力营造风清气正的用人环境,使选人用人的总章程有了严格的配套措施。制定实施《关于加强和改进优秀年轻干部培养选拔工作的意见》,进一步拓宽来源、优化结构。改进政绩考核机制。制定实施《关于防止干部"带病提拔"的意见》,解决把关不严、考察不准、责任不清等问题。制定实施《推进领导干部能上能下若干规定(试行)》,推动优者上、庸者下、劣者汰。制定实施《关于县以下机关建立公务员职务与职级并行制度的意见》,有效解决基层干部职务晋升"天花板"问题。修订实施《干部教育培训工作条例》,强化党性教育和专业化能力培训。

在基层组织建设制度改革方面,出台国有企业、社会组织和中小学校、民办学校、中外合作办学等领域党的建设制度。持续开展市县乡党委书记抓基层党建工作述职评议考核。

在人才发展体制机制改革方面,制定实施《关于深化人才发展体制机制改革的意见》,分类推进人才评价机制改革,完善引才荐才机制;推进"千人计划""万人计划",完善实施办法,提升重大人才工程实施质量和效益。

第三节　全面从严治党向纵深发展

在全面建成小康社会的决胜阶段、中国特色社会主义建设进入新时代的关键时期,中共十九大胜利召开。中共十九大指出:"经过长期努力,中国特色社会主义进入了新时代,这是我国发展新的历史方位。"①这个重大政治论断,表明党和国家事业站在新的历史起点上,中华民族伟大复兴踏上新征程。习近平在中共十九大报告中指出:"坚定不移全面从严治党,不断提高党的执政能力和领导水平。中国特色社会主义进入新时代,我们党一定要有新气象新作为。""全面从严治党永远在路上。""坚持问题导向,保持战略定力,推动全面从严治党向纵深发展"。②并对新时代全面从严治党提出了总要求、作出了新的重大战略部署。

中共十九大以来,以习近平同志为核心的党中央以习近平新时代中国特色社会主义思想为指导,贯彻落实新时代党的建设总要求,一以贯之、坚定不移推进全面从严治党向纵深发展,坚持把党的政治建设摆在首位,深化运用监督执纪"四种形态",夺取反腐败斗争压倒性胜利,着力惩治群众身边的腐败问题,完善党和国家监督体系,全面从严治党取得新的重大成果,党在新时代新征程中焕发出更加强大的生机活力。

一、把党的政治建设摆在首位

习近平在中共十九大报告中提出了党的政治建设这个重大命题,确立了"全面推进党的政治建设、思想建设、组织建设、作风建设、纪律建设,把制度建设贯穿其中"③的党的建设新的总体布局。强调"旗帜鲜明讲政治是我们党作为马克思主义政党的根本要求。党的政治建设是党的根本性建设,决定党的建设方向和效果。保证全党服从中央,坚持党中央权威和集中统一领导,是党的政治建设的首要任务"④。要求把党的政治建设摆在首位,坚持以政治建设统领全面推进党的建设新的伟大工程,并从政治路线、政治纪律和政治规矩等方面对全党同志提出了具体要求。

2018年6月29日,中共中央政治局就加强党的政治建设举行第六次集体学习,习近平主持学习并发表重要讲话。他在讲话中强调指出,中共十九大提出党的政治

---

① 习近平.决胜全面建成小康社会 夺取新时代中国特色社会主义伟大胜利:在中国共产党第十九次全国代表大会上的报告[M].北京:人民出版社,2017:10.

② 习近平.决胜全面建成小康社会 夺取新时代中国特色社会主义伟大胜利:在中国共产党第十九次全国代表大会上的报告[M].北京:人民出版社,2017:61.

③④ 习近平.决胜全面建成小康社会 夺取新时代中国特色社会主义伟大胜利:在中国共产党第十九次全国代表大会上的报告[M].北京:人民出版社,2017:62.

建设这个重大命题,是有很深的考虑的。任何政党都有政治属性,都有自己的政治使命、政治目标、政治追求。马克思主义政党具有崇高政治理想、严明政治纪律。如果马克思主义政党政治上的先进性丧失了,党的先进性和纯洁性就无从谈起。这就是我们把党的政治建设作为党的根本性建设的道理所在。中共十八大以来,在全面从严治党实践中,我们深刻认识到,党内存在的很多问题都同政治问题相关联,都是因为党的政治建设没有抓紧、没有抓实。习近平在讲话中,深入系统阐释了新时代党的政治建设的重大理论和实践问题,为进一步从深度和广度上推进全面从严治党提供了科学指导和基本遵循。①

2019年1月31日,中共中央政治局审议通过了《中共中央关于加强党的政治建设的意见》(以下简称《意见》)。《意见》立足于党的建设总体布局,系统阐述了新形势下加强党的政治建设的重大意义、目的、总体要求、任务以及贯彻落实举措。《意见》是党的历史上首次专门对党的政治建设作出重要部署的文件,体现了政治性、系统性、统领性、针对性四个鲜明特点,对于更好地以党的政治建设为统领全面推进党的各项建设,确保我们党始终成为中国特色社会主义事业的坚强领导核心,具有重要而深远的意义。

中共十九届四中全会提出要"完善坚定维护党中央权威和集中统一领导的各项制度"②,凸显了加强党的政治建设的重要性,突出了党的政治建设的制度化。党的政治建设有了更加科学系统的要求和标准。

习近平关于"把党的政治建设摆在首位""以党的政治建设为统领"的思想,是全面从严治党的最新理论创新成果,也是我们党的建设历史经验的新总结和新概括,把马克思主义建党学说提高到了新境界。

二、深化运用监督执纪"四种形态"

中共十九大报告指出,坚持开展批评和自我批评,坚持惩前毖后、治病救人,运用监督执纪"四种形态",抓早抓小、防微杜渐。并把运用监督执纪"四种形态"写入党章,赋予"四种形态"新的时代内涵和工作要求。十九届中央纪委二次全会强调,要深化运用监督执纪"四种形态",坚持惩前毖后、治病救人方针,坚持严管和厚爱结合,在早发现上深化,提高发现违纪问题能力;在分类处置上深化,提高精准把握执纪标准和运用政策能力;在用好第一种形态上深化,下功夫加强日常管理和监督。新修订的《中国共产党纪律处分条例》也将实践中普遍运用的监督执纪"四种形态"充实进来。三次全会强调"贯通运用'四种形态',使监督更加聚焦、更加精准、更加有力"。

习近平在十九届中央纪委四次全会上指出,充分运用"四种形态"提供的政策策

---

① 习近平.增强推进党的政治建设的自觉性和坚定性[J].求是,2019(14).
② 中共中央关于坚持和完善中国特色社会主义制度 推进国家治理体系和治理能力现代化若干重大问题的决定[N].人民日报,2019-11-06.

略,通过有效处置化解存量、强化监督遏制增量,实现政治效果、纪法效果、社会效果有机统一。至此,"四种形态"成为全面从严治党的政策策略。

"经常开展批评和自我批评、约谈函询,让'红红脸、出出汗'成为常态;党纪轻处分、组织调整成为违纪处理的大多数;党纪重处分、重大职务调整的成为少数;严重违纪涉嫌违法立案审查的成为极少数。"①监督执纪四种形态作为全面从严治党的政策策略,既强调全面和从严,又强调分类施治;既注重抓早抓小,又强调违纪违法必究,体现了标本兼治,是对全面从严治党的深化,也是全面从严治党的重大实践和理论创新,为一以贯之全面从严治党明确了目标方向和途径方法。

中共十九大以来,中央纪委国家监委和各级纪检监察机关按照"惩前毖后、治病救人"的方针,坚持深化运用监督执纪"四种形态",取得良好的政治效果、纪法效果和社会效果。据统计,2018年1至11月,全国共有1.1万个单位党委(党组)、党总支、党支部,224个纪委(纪检组),5.3万余名党员领导干部被问责,失责必问、问责必严成为常态。2018年,全国纪检监察机关共运用监督执纪"四种形态"处理173.7万人次,同比增长32.0%。其中,充分运用第一种形态处理110.4万人次,占63.6%,增长40.5%;妥善运用第二种形态49.5万人次,占28.5%,增长20.3%;准确运用第三种形态重处分和重大职务调整8.2万人次,占4.7%,增长17.8%;果断运用第四种形态5.5万人次,占3.2%,增长13.7%,其中移送司法机关处理1.7万人。真正做到了惩前毖后、治病救人。②

三、争取反腐败斗争压倒性胜利

中共十八大以来,以习近平同志为核心的党中央深刻认识党风廉政建设和反腐败斗争的严峻形势,把全面从严治党纳入"四个全面"战略布局,坚持无禁区、全覆盖、零容忍,重拳"打虎""拍蝇""猎狐",掀起了力度、广度、深度空前的反腐败斗争,形成反腐败斗争压倒性态势。根据十八届中央纪委工作报告,中共十八大至十九大的5年间,我国共查处省军级以上党员干部及其他中管干部440人,处分厅局级干部8900余人,县处级干部6.3万人;2014年以来,共从90多个国家和地区追回外逃人员3453名、追赃95.1亿元。

全面从严治党永远在路上。只有以反腐败永远在路上的坚韧和执着,深化标本兼治,才能跳出历史周期率,确保党和国家长治久安。中共十九大对反腐败斗争作出新的战略部署,明确强调"巩固压倒性态势、夺取压倒性胜利"。中共十九大以来,以习近平同志为核心的党中央一以贯之、坚定不移推进全面从严治党并取得重大进展,党内政治生态展现新气象,反腐败斗争取得压倒性胜利。根据十九届中央纪律检查

---

① 中国共产党党内监督条例(2016年10月27日中国共产党第十八届中央委员会第六次全体会议通过)[J].理论学习,2016(12).

② 瞿芃,王卓.巩固发展反腐败斗争压倒性胜利[N].中国纪检监察报,2019-02-25.

委员会向中国共产党第二十次全国代表大会的工作报告,五年来,中央纪委国家监委立案审查调查中管干部261人。全国纪检监察机关共立案306.6万件,处分299.2万人;立案审查调查行贿人员4.8万人,移送检察机关1.3万人。在高压震慑和政策感召下,8.1万人向纪检监察机关主动投案,2020年以来21.6万人主动交代问题。^①其中,2018年,全国纪检监察机关共立案63.8万件,处分62.1万人,分别增长20.9%、17.8%,均创纪律检查机关恢复重建40年来的最高值。针对外逃腐败分子,中共中央反腐败协调小组自2015年起部署开展"天网"行动。截至2021年6月,我国总计从120个国家和地区追回外逃人员9165人,追回赃款217.39亿元。2018年8月,国家监委等五部门联合发布《关于敦促职务犯罪案件境外在逃人员投案自首的公告》,一天之内便有外逃职务犯罪嫌疑人吴青和外逃24年的贪污犯罪嫌疑人倪小沪等回国自首。在该公告规定的投案自首期限内,有165名外逃人员主动投案,腐败分子已然成为人人追打的"穷寇",腐败正日益走向日暮途穷。[②]

四、着力惩治群众身边的腐败问题

群众更加关注身边的不正之风和腐败问题。习近平指出:"当前,基层干部队伍的主流是好的,但在一些地方、部门、单位,基层干部不正之风和腐败问题还易发多发,量大面广。'微腐败'也可能成为'大祸害',它损害的是老百姓的切身利益,啃食的是群众的获得感,挥霍的是基层群众对党的信任。"[③]可见,整治群众身边腐败问题,事关党的执政基础。根本原因就在于,民心是最大的政治,中国共产党来自人民、植根人民、服务人民,一旦脱离群众,就会失去生命力。基础不牢,地动山摇。只有把侵害群众利益的各类问题解决好、遏制住,赢得民心,才能厚植党执政的政治基础。从某种意义上来说,"拍苍蝇"比"打老虎"更重要。因此,中共十八大以来,以习近平同志为核心的党中央把治理侵害群众利益的不正之风和腐败问题作为全面从严治党的重要任务。从"老虎苍蝇一起打"到"推动全面从严治党向基层延伸",剑指基层"苍蝇"的反腐鼓点越敲越密。

中共十九大报告进一步指出"加大整治群众身边腐败问题力度",凡是群众反映强烈的问题都要严肃认真对待,凡是损害群众利益的行为都要坚决纠正。十九届中央纪委二次全会要求,坚决整治群众身边腐败问题,就此作出专项部署,提出重点整治任务,即围绕打赢脱贫攻坚战,开展扶贫领域腐败和作风问题专项治理。把惩治基层腐败同扫黑除恶结合起来,坚决查处涉黑"保护伞"。紧盯群众反映的突出问题,加大集中整治和督查督办力度,把全面从严治党覆盖到"最后一公里"。这为深入治理群众身边腐败问题锁定了靶向、把准了关节和要害。习近平在十九届中央纪委三次

---

① 党的二十大文件汇编[M].北京:党建读物出版社,2022:73.
② 瞿芃,王卓.巩固发展反腐败斗争压倒性胜利[N].中国纪检监察报,2019-02-25.
③ 习近平.习近平谈治国理政:第二卷[M].北京:外文出版社,2017:166-167.

全会上强调,"向群众身边不正之风和腐败问题亮剑,维护群众切身利益"①。三次全会工作报告贯彻中共十九大精神和习近平总书记重要讲话精神,将"持续整治群众身边腐败和作风问题,让人民群众有更多更直接更实在的获得感、幸福感、安全感"②作为一项重要任务。习近平在十九届中央纪委四次全会上强调,要继续坚持"老虎""苍蝇"一起打,要集中解决好群众反映强烈、损害群众利益的突出问题。

中共十九大以来各级纪委监委牢固树立以人民为中心的发展思想,在党委领导下认真履职尽责,聚焦扶贫、民生领域和黑恶势力"保护伞"等,盯住不放、常抓不懈、持之以恒,推动整治群众身边腐败和作风问题取得扎实成效,让广大人民群众的获得感幸福感安全感更加充实、更有保障、更可持续。据统计,2018年,全国共查处发生在群众身边腐败和作风问题23.5万件,处理30.9万人。2019年1月至11月,全国查处扶贫领域腐败和作风问题7.08万个、处理9.9万人;查处民生领域腐败和作风问题8.64万个、处理11万人;查处形式主义、官僚主义问题6.28万起,处理党员干部9万余人;2022年,全国纪检监察机关共处分省部级干部53人,厅局级干部2450人,县处级干部2.1万人,乡科级干部7.4万人,一般干部8.3万人,农村、企业等其他人员41.3万人。③

2018年2月,中央纪委印发《关于在扫黑除恶专项斗争中强化监督执纪问责的意见》,严肃查处一批利用宗族或黑恶势力欺压群众、为涉黑涉恶活动充当"保护伞"的党员干部。2018年7月,中央扫黑除恶专项斗争督导工作全面启动。拔除"保护伞"的过程,就是提振人民信心的过程。各级纪委监委把扫黑除恶与反腐结合起来,与基层"拍蝇"结合起来,严惩黑恶势力"保护伞"。2018年共查处涉黑涉恶腐败问题1.4万起,给予党纪政务处分1万余人,移送司法机关1899人,用实际行动回应了群众对公平、正义、安全的期待。④

五、完善党和国家监督体系

党和国家监督体系是党在长期执政条件下强化自我监督、实现自我净化、自我完善、自我革新、自我提高的重要制度保障。"一切有权力的人都容易滥用权力,这是万古不易的一条经验。有权力的人们使用权力一直到遇有界限的地方才休止。"⑤为防止权力滥用,必须对权力进行制约和监督。中国共产党解决权力监督问题,只能靠自我革命、自我净化,而不能靠西方所谓三权分立的权力制衡。习近平指出,只有把自

---

① 习近平在十九届中央纪委三次全会上发表重要讲话[EB/OL].[2019-01-11].https://www.gov.cn/xinwen/2019-01/11/content_5357069.htm.

② 中国共产党第十九届中央纪律检查委员会第三次全体会议公报(2019年1月13日中国共产党第十九届中央纪律检查委员会第三次全体会议通过)[EB/OL].[2019-01-13].https://www.gov.cn/xinwen/2019-01/13/content_5357543.htm.

③④ 胡晓,张琰.坚决整治群众身边腐败和作风问题[N].中国纪检监察报,2019-03-02.

⑤ 孟德斯鸠.论法的精神:上[M].张雁深,译.北京:商务印书馆,1961:154.

我监督的有效制度确立起来,构建起具有中国特色的监督体系,才能巩固党的执政地位,跳出历史周期率。面对自我监督这个世界性难题、国家治理的"哥德巴赫猜想",中共十八大以来,以习近平同志为核心的党中央统筹推进"五位一体"总体布局、协调推进"四个全面"战略布局,以党内监督带动其他各方面监督;改革党的纪律检查体制,着力探索党在长期执政条件下强化自我监督的有效路径。

中共十九大作出健全党和国家监督体系的战略部署。提出深化国家监察体制改革,要求"将试点工作在全国推开,组建国家、省、市、县监察委员会,同党的纪律检查机关合署办公,实现对所有行使公权力的公职人员监察全覆盖"[1]。十九届中央纪委二次全会将全面推进国家监察体制改革纳入年度重点工作。中共十九届三中全会通过了《深化党和国家机构改革方案》,明确组建国家监察委员会,同中央纪委合署办公,履行纪检、监察两项职责。中共十九届四中全会确立了监督体系在坚持和完善中国特色社会主义制度、推进国家治理体系和治理能力现代化中的重要地位,并从提高党的执政能力和领导水平的高度,对坚持和完善党和国家监督体系,强化对权力运行的制约和监督作出战略部署。阐明了党和国家机关监督体系的科学内涵:"完善党内监督体系,落实各级党组织监督责任,保障党员监督权利。""推进纪律监督、监察监督、派驻监督、巡视监督统筹衔接,健全人大监督、民主监督、行政监督、司法监督、群众监督、舆论监督制度,发挥审计监督、统计监督职能作用。"明确提出:"党和国家监督体系是党在长期执政条件下实现自我净化、自我完善、自我革新、自我提高的重要制度保障。"[2]要求深化纪检监察体制改革,加强上级纪委监委对下级纪委监委的领导,推进纪检监察工作规范化、法治化。党和国家监督体系现代化的基本格局已经形成。

在十九届中央纪委四次全会上,习近平强调,完善党和国家监督体系,统筹推进纪检监察体制改革。十九届中央纪委四次全会对持续深化纪检监察体制改革、推动健全党和国家监督体系作出具体部署。

中共十九大以来,中央纪委国家监委与地方纪委监委在党中央坚强领导下,以习近平新时代中国特色社会主义思想为科学指引,上下联动、协作配合,一体推进党的纪律检查体制改革、国家监察体制改革和纪检监察机构改革,逐步构建起国家监察体系总体框架、改革体制机制制度的"四梁八柱"以及"党统一领导、全面覆盖、权威高效的监督体系",不断完善党的自我革命制度规范体系,不断开辟党的自我革命新境界,为推动全面从严治党向纵深发展提供了有力保证。

一是纪委监委合署办公,全面履行纪检监察两项职能。深化国家监察体制改革,是强化党和国家自我监督、坚持和加强党的领导的重大决策部署,是事关全局的重大

---

[1] 习近平.决胜全面建成小康社会 夺取新时代中国特色社会主义伟大胜利:在中国共产党第十九次全国代表大会上的报告[M].北京:人民出版社,2017:67-68.

[2] 中共中央关于坚持和完善中国特色社会主义制度 推进国家治理体系和治理能力现代化若干重大问题的决定[N].人民日报,2019-11-06.

政治体制改革。2018年2月25日,随着广西崇左市大新县监察委员会正式成立,全国省、市、县三级监察委员会全部完成组建,这标志着深化国家监察体制改革工作取得重要阶段性成果。

二是一体推进"三项改革",构建"四个全覆盖"权力监督格局。中央纪委国家监委一体推进党的纪律检查体制改革、国家监察体制改革和中央纪委国家监委机关内设机构改革。推动形成纪律监督、监察监督、派驻监督、巡视监督"四个全覆盖"的权力监督格局。

中央纪委国家监委深化国家监察体制改革,统一设立派驻纪检监察组,履行党的纪律检查和国家监察两项职责,实现对中央一级党和国家机关派驻监督全覆盖。实现全面派驻后的2016年,中央纪委派驻纪检组共谈话函询2600件次,立案780件,给予纪律处分人数为730人。印发《关于深化中央纪委国家监委派驻机构改革的意见》,进一步明确,派驻监督在党和国家监督体系中的重要作用,赋予派驻机构监察职能。强调,中央纪委国家监委要全面加强对派驻机构的领导、派驻机构制度建设和服务保障。为不断提高巡视工作规范化、专业化水平,制定中央巡视工作五年规划,详细规定巡视工作的队伍建设、制度建设、信息化建设以及作风纪律建设。加强巡视干部培训,健全巡视工作相关配套制度。健全巡视巡察基础数据库,加强对巡视权力监督制约,推进巡视监督与其他监督贯通协调,增强监督合力。中共十九大以来,中央纪委国家监委立案审查调查的中管干部已达70余人。2018年1至9月,全国纪检监察机关共接受信访举报259.9万件次,处置问题线索117.6万件,谈话函询24.2万件次,立案46.4万件,处分40.6万人(其中,党纪处分34.2万人)。2019年,全国纪检监察机关派驻机构共处置问题线索27.5万件,谈话函询8.3万人次,初步核实21万人次,立案6.6万件,处分5.9万人。①中共二十大以来截至2022年11月5日,共4名中央一级党和国家机关、国企和金融单位干部、25名省管干部接受中央纪委国家监委执纪审查或受到党纪政务处分。

三是加强党的纪律建设和日常监督。加强纪律建设是全面从严治党的治本之策。2018年10月1日,新修订的《中国共产党纪律处分条例》正式施行。纪检监察机关严格按照《条例》要求强化监督执纪问责,推动纪律建设标本兼治的利器作用更好发挥。牢牢把握监督基本职责,强化近距离、常态化、全天候的监督。

四是努力实现纪法贯通、法法衔接。以习近平同志为核心的党中央坚持改革决策和立法决策相统一,明确国家监察委员会就是反腐败工作机构、监察法就是反腐败国家立法,在宪法修正案中确立监察委员会作为国家机构的法律地位。同时制定监察法,使党的主张通过法定程序成为国家意志,对于创新和完善国家监察制度,实现立法与改革相衔接,以法治思维和法治方式开展反腐败工作,意义重大、影响深远。②

中央纪委国家监委坚持"先立后破、不立不破",主动适应调查职务违法和职务犯

---

①② 李玉长.深化纪检监察体制改革 建全党和国家监督体系[N].中国纪检监察报,2019-01-05.

罪新模式,把监委组建后迫切需要的制度、流程等先建立起来。出台《党组讨论和决定党员处分事项工作程序规定(试行)》《国家监察委员会与最高人民检察院办理职务犯罪案件工作衔接办法》《国家监察委员会管辖规定(试行)》《公职人员政务处分暂行规定》等30余项法规制度,制定信访举报、线索处置、审查调查、案件审理等方面制度规范,确保了执纪审查与依法调查、监察机关与审判机关、检察机关、执法部门工作衔接既规范有序又高效顺畅,真正把制度优势转化为治理效能。①

第四节　全面从严治党新的发展阶段

在全党全国各族人民迈上全面建设社会主义现代化国家新征程、向第二个百年奋斗目标进军的关键时刻,中共二十大胜利召开。中共二十大报告强调:"全面建设社会主义现代化国家、全面推进中华民族伟大复兴,关键在党。""全党必须牢记,全面从严治党永远在路上,党的自我革命永远在路上,决不能有松劲歇脚、疲劳厌战的情绪,必须持之以恒推进全面从严治党,深入推进新时代党的建设新的伟大工程,以党的自我革命引领社会革命。"②并首次提出"健全全面从严治党体系"的要求以及"大党独有难题"的重要命题,对新征程上全面从严治党作出了重大战略部署。这标志着全面从严治党进入了新的发展阶段。

一、坚持和加强党中央集中统一领导

中国共产党领导,是中国特色社会主义最本质特征,是中国特色社会主义制度的最大优势,是新时代党的建设的根本出发点和落脚点。坚持和加强党中央集中统一领导事关全局和根本,意义重大,新征程推进全面从严治党,必须毫不动摇坚持和加强党中央集中统一领导。

中共二十大把坚持和加强党中央集中统一领导作为坚定不移全面从严治党的首要任务。习近平在中共二十大报告中指出:"党的领导是全面的、系统的、整体的,必须全面、系统、整体加以落实。"③这就是说,坚持党的领导要做到"全面""系统""整体"有机统一。"全面"主要包括领导对象、领导内容、领导过程等方面的全面。在领导对象上,"党政军民学,东西南北中,党是领导一切的";在领导内容上,既包含经济、政治、文化、社会、生态又包含国防军队、国家安全、祖国统一、外交工作等方面;在领导过程上,贯穿于中国特色社会主义事业各项工作。所谓"系统",就是运用系统科学、系统思维、系统方法实施领导。所谓"整体",就是党的领导功能要完整发挥、领导作

---

① 吴储岐.让党和国家监督体系更健全:党的十九大以来全面从严治党成果巡礼之二[N].人民日报,2019-01-08.

②③ 党的二十大文件汇编[M].北京:党建读物出版社,2022:48.

用要体现到中国特色社会主义建设全过程。

制度具有根本性、全局性、稳定性和长期性。坚持和加强党中央集中统一领导，首先要"健全总揽全局、协调各方的党的领导制度体系"①。坚持和完善党的领导制度体系，要以党章为根本依据、以民主集中制为组织原则、以总揽全局、协调各方为核心、以推进党和人民事业发展为导向、以把党建设成为伟大事业坚强领导核心为目标，建立和完善"不忘初心、牢记使命的制度""坚定维护党中央权威和集中统一领导的各项制度""党的全面领导制度""为人民执政、靠人民执政各项制度""提高党的执政能力和领导水平制度""全面从严治党制度"共六个方面的制度。

坚持和加强党中央集中统一领导，要落实"两个维护"的制度机制，推动党中央集中统一领导制度化科学化规范化，完善党中央决策部署贯彻落实的制度机制，严格执行向党中央请示报告制度。完善重大决策部署落实机制、决策议事协调机构，坚持科学领导，创新领导方式，加强党的政治建设，提高党员干部"政治三力"，持续净化党内政治生态。

坚持和加强党中央集中统一领导的关键就在于：坚持领导原则，增强领导意识，提高领导觉悟，压实领导责任，强化战略思维，创新领导方式，增强"学习本领""政治领导本领""改革创新本领""科学发展本领""依法执政本领""群众工作本领""狠抓落实本领""驾驭风险本领"等领导本领。

二、坚持不懈用习近平新时代中国特色社会主义思想凝心铸魂

坚持用党的创新理论武装全党，是我们党创造历史辉煌的重要经验之一。中共二十大报告提出了党的思想建设的根本任务，那就是用党的创新理论武装全党。

伟大时代催生伟大思想。中共十八大以来，以习近平同志为主要代表的中国共产党人把马克思主义基本原理同中国具体实际相结合、同中华优秀传统文化相结合，创立了习近平新时代中国特色社会主义思想。"十个明确""十四个坚持""十三个方面成就""两个结合""六个必须坚持"构成这一思想完整科学的理论体系。"习近平新时代中国特色社会主义思想是当代中国马克思主义、二十一世纪马克思主义，是中华文化和中国精神的时代精华，实现了马克思主义中国化新的飞跃。"②新时代用党的创新理论武装全党，就是用这一思想武装全党。

我们要把理论武装任务落到实处，引导广大党员干部全面学习领会习近平新时代中国特色社会主义思想，系统掌握其科学体系，灵活运用其立场观点方法，增进"四个认同"，推动各项工作。坚持运用这一思想改造主观世界，将其转化为坚定理想信念、补足精神之钙的强大力量，增强对党的价值追求和政治认同，真正解决好世界观、人生观、价值观这个"总开关"问题，自觉做远大理想的坚定信仰者和忠实实践者。

---

① 党的二十大文件汇编[M].北京：党建读物出版社，2022：48.
② 中共中央关于党的百年奋斗重大成就和历史经验的决议[N].人民日报，2021-11-17.

要把党的创新理论转化为锤炼党性的强大力量。自觉践行习近平新时代中国特色社会主义思想,用以改造客观世界,解决矛盾问题,化解各类风险。教育引导广大党员干部增强纪律意识,持续纠治"四风",践行宗旨、坚持人民至上,为民造福,努力创造经得起人民检验的实绩。

习近平新时代中国特色社会主义思想直面新时代党的建设新的伟大工程,找到了自我革命这一跳出治乱兴衰历史周期率的第二个答案,为解决大党独有难题提供了根本遵循。要教育引导党员干部把习近平新时代中国特色社会主义思想转化为推动党的建设新的伟大工程的强大力量,努力把中共二十大关于党的建设作出的新论断新部署新要求付诸行动,坚持问题导向,解决突出问题,"全面推进党的自我净化、自我完善、自我革新、自我提高,使我们党坚守初心使命,始终成为中国特色社会主义事业的坚强领导核心"。①

三、完善党的自我革命制度规范体系

全面从严治党的根本之道就在于制度治党。中共十八大以来,以习近平同志为核心的党中央坚持制度治党,逐步构建起较为完善的党内法规体系。

中共二十大着眼解决大党独有难题提出"完善党的自我革命制度规范体系",二十届中央纪委二次全会进一步对"完善党的自我革命制度规范体系"作出具体部署,彰显了全面从严治党的创新发展。

(一)完善党内法规制度体系是根本任务

完善党内法规制度体系始终是党的建设伟大工程的一项根本任务,是党总揽全局、协调各方的需要,是推进国家治理体系和治理能力现代化的需要,也是坚持全面从严治党,深入推进新时代党的自我革命的有力保障。

党内法规制度建设永远在路上。新时代新征程,要以党章为根本遵循,以党建存在的突出问题为导向,补齐各领域党内法规制度短板,提升党内法规体系的完备性,推动党内法规的高度体系化。完善党的领导制度体系,使党的领导方面的法规全面覆盖经济政治文化等各领域。完善作风建设各项规章制度,以人民为中心,聚焦人民群众切实利益,进一步密切党同人民群众的血肉联系。聚焦党的组织体系,加强基层党组织制度建设,创新完善民主集中制,切实推动民主集中制各项要求落到实处。健全协同监督机制,推动各类监督协调高效。

坚持制定和实施并重,在注重立规的同时,把更加注重党规实施提上议事日程,严格落实党内法规执行责任制,抓好"关键少数",健全党内法规实施评估工作机制,以科学的评估计划、评估内容、评估方法和奖惩机制推进党内法规的执行和落实,提高党内法规的执行效能,把制度优势转化为治理效能。

---

① 党的二十大文件汇编[M].北京:党建读物出版社,2022:48.

（二）健全党和国家监督体系是基础条件

自我监督是世界性难题。党和国家监督体系作为监督制度的创新，是党的自我革命制度规范体系的重要内容。中共十八大以来，以习近平同志为核心的党中央把监督作为党的建设重要基础性工程，加强监督体系顶层设计，逐步形成党的自我革命监督网，为破解自我监督这一世界性难题进行了一系列理论创新与实践创新，创造性发展了马克思主义公权力监督理论，为党的自我革命提供了坚强保障。

中共十八届二中全会对全面深化体制改革进行顶层设计和总体规划，中共十八届三中全会对党的纪律检查体制改革作出部署，中共十九大提出"健全党和国家监督体系"，中共十九届四中全会系统部署"坚持和完善党和国家监督体系"，中共二十大强调："健全党统一领导、全面覆盖、权威高效的监督体系，完善权力监督制约机制，以党内监督为主导，促进各类监督贯通协调，让权力在阳光下运行。"[①]习近平在二十届中央纪委二次全会上进一步强调"党统一领导、全面覆盖、权威高效"的健全党和国家监督体系的要求。

党的统一领导是健全党和国家监督体系的根本保证。中国共产党是国家治理体系的核心，也是党和国家监督体系的核心，只有坚持党的统一领导，才能在正确道路上稳步推进党和国家监督体系。因此，党和国家监督体系中党内监督是第一位的，要压实各级党委（党组）主体责任，加强对"一把手"和领导班子监督，充分发挥党内监督的主导作用。以党的创新理论指引改革方向，掌握科学改革方法，持续深化纪检监察体制改革，解决体制性障碍，推进纪检监察双重领导体制制度化，保证监督权的相对独立性，增强监督权威性。完善派驻监督体系机制，推动完善系统集成、协同高效的工作机制，促进各类监督贯通协调、协同高效。

（三）完善全面从严治党责任制度是内在动力

习近平指出，如果责任不明、落实不力、失职失责不追究，全面从严治党就不能推进。责任担当是全面从严治党的着力点，而制度更带有根本性，要靠制度从根子上消除、根本上解决全面从严治党责任方面存在的问题。中共十八大以来全面从严治党的实践表明，全面从严治党责任落实不力是党内各种顽瘴痼疾的总病根。全面从严治党是全党的共同责任，全面从严治党关键是要担当尽责，必须落实管党治党责任，做到失责必问、问责必严。

中共十八届三中全会通过的《中共中央关于全面深化改革若干重大问题的决定》首次明确党风廉政建设"两个责任"，即党委负党风廉政建设主体责任，纪委负党风廉政建设监督责任，其中党委主体责任是关键。随着全面从严治党的深入推进，党中央又提出了全面从严治党的主体责任和监督责任。从党风廉政责任到全面从严治党责任，是我们党对自身建设认识的深化。

中共十八大以来，全面从严治党紧紧抓住主体责任这个"牛鼻子"不断健全和完

---

① 党的二十大文件汇编[M].北京：党建读物出版社，2022：50.

善全面从严治党责任制度。中共十九大提出"层层落实管党治党政治责任",十九大党章规定"强化管党治党主体责任和监督责任"。中共十九大后,全面从严治党责任制不断健全,责任链条不断完善,全面从严治党责任制度运行提质增效。中共十九届四中全会审议通过的《中共中央关于坚持和完善中国特色社会主义制度 推进国家治理体系和治理能力现代化若干重大问题的决定》明确提出,"完善和落实全面从严治党责任制度",更加注重治本。

2020年3月,中共中央办公厅印发了《党委(党组)落实全面从严治党主体责任规定》,规定了党委(党组)落实全面从严治党主体责任的遵循原则、责任内容、具体措施以及监督追责。中共二十大强调,"落实全面从严治党政治责任,用好问责利器"①,中共二十大党章突出全面从严治鲜明主题,明确要求"强化全面从严治党主体责任和监督责任",在二十届中央纪委二次全会上,习近平指出,要坚持"责任上全链条、制度上全贯通"②,为进一步健全全面从严治党责任制度指明了方向。健全全面从严治党责任制度,要完善考核评议制度,加大党建实效考核评议权重,进一步完善履行主体责任相关制度。持续深化纪检监察体制改革,做实做细监督责任,贯通"两个责任"推动"两个责任"协同发力。

四、建设堪当民族复兴重任的高素质干部队伍

中华民族伟大复兴,关键在党,关键在人。加强干部队伍建设是我们党的优良传统。中共十八大以来,以习近平同志为核心的党中央高度重视干部队伍建设,把干部队伍建设上升至党和国家的兴衰存亡的高度,置于全面从严治党的突出位置来抓,创造性地提出新时代党的组织路线、好干部标准,纠正选人用人偏向,抓好后继有人大计,干部工作不断取得新进展,干部队伍的理想信念、纪律作风、素质能力等在全面从严治党中锻造得更加坚定过硬。

习近平在中共二十大报告强调,全面建设社会主义现代化国家,必须有一支具备领导中国式现代化建设能力的干部队伍,并围绕正确处理德才辩证关系,科学把握新形势新任务等方面,对新时代建设堪当民族复兴重任的高素质干部队伍提出了基本要求。一是坚持党管干部原则,坚持德才兼备、任人唯贤,坚持新时代好干部标准。二是树立新时代选人用人导向,严把政治关,把政治标准放在加强干部队伍第一位。习近平强调,政治不过关,能力越强,危害越大,坚决把"墙头草""两面人"挡在门外。三是注重干部的素质能力,"加强实践锻炼、专业训练,注重在重大斗争中磨砺干部,增强干部推动高质量发展本领、服务群众本领、防范化解风险本领"③。四是加强干部斗争精神和斗争本领养成,要在辩证认识和深入把握两个大局中领悟斗争精神和斗

---

① 党的二十大文件汇编[M].北京:党建读物出版社,2022:50.
② 习近平在二十届中央纪委二次全会上发表重要讲话强调 一刻不停推进全面从严治党 保障党的二十大决策部署贯彻落实[N].人民日报,2023-01-10.
③ 党的二十大文件汇编[M].北京:党建读物出版社,2022:50.

争本领的基本要义,在坚定拥护"两个确立"中坚定理想信念,在坚决做到"两个维护"铸牢精神之魂,在严峻复杂的环境中磨砺斗争意志,在应对重大风险考验中增强斗争本领,始终保持敢于斗争的志气、骨气、底气,"着力增强防风险、攻难关、迎挑战、抗打压能力"①。习近平对党员干部斗争精神和斗争本领的要求,把敢于善于斗争作为干部培养选拔的重要标准,丰富发展了新时代好干部标准。五是完善干部考核评价体系,干部考核是激励干部担当作为的重要手段。要完善考核指标,确保指向准、风向正;优化考核方式,加强沉到一线近距离考察,做到考人和考事有机结合;用好考核结果,突出正向激励,强化反向约束,注重以考促管;推动干部树立和践行正确政绩观。六是抓好后继有人这个根本大计,培养选拔优秀年轻干部是百年大计,要健全常态化工作机制,完善日常发现机制、跟踪培养机制、适时使用机制、从严管理机制培养选拔可堪大用的优秀年轻干部。

五、增强党组织政治功能和组织功能

增强党组织政治功能和组织功能是马克思主义建党学说的重要原则。马克思指出,工人人数是工人阶级伟大使命的成功因素,但是只有当工人通过组织而联合起来并获得科学理论的指导时,人数才能发挥至关重要的作用。列宁也指出,组织是无产阶级争取政权斗争的唯一武器。无产阶级政党的强大生命力和战斗力正是来自其强大政治功能和组织功能。增强党组织政治功能和组织功能,是中国共产党百年奋斗的制胜法宝和完成新时代新征程使命任务的必然要求。增强党组织政治功能和组织功能,是贯彻新时代党的组织路线的有效路径,也是健全全面从严治党体系的重要内容。

我们党自成立之日起,就高度重视增强党组织政治功能和组织功能。中共二大通过的第一个党章提出"两个服从",中共六届六中全会首次系统提出"四个服从"。中共十八大以来,以习近平同志为核心的党中央坚持全面从严治党,以提升政治力和组织力为重点,不断增强党组织政治功能和组织功能。

习近平在中共二十大报告中对增强党组织政治功能和组织功能提出明确要求。他指出:"坚持大抓基层的鲜明导向,抓党建促乡村振兴,加强城市社区党建工作,推进以党建引领基层治理,持续整顿软弱涣散基层党组织,把基层党组织建设成为有效实现党的领导的坚强战斗堡垒。"②这为新征程上增强党组织政治功能和组织功能提供了根本遵循。

增强党组织政治功能和组织功能,要正确理解和处理好政治功能和组织功能的关系。政治功能是党组织的根本功能,组织功能服务于政治功能,是发挥政治功能的重要保证。两者是相互促进、相互影响的关系。

---

① 党的二十大文件汇编[M].北京:党建读物出版社,2022:50.
② 党的二十大文件汇编[M].北京:党建读物出版社,2022:51.

增强党组织政治功能和组织功能,要加强党的全面领导、坚持组织路线服务政治路线,要强化宗旨意识、突出分类分领域统筹推进。

要把党的政治建设摆在首位,把拥护"两个确立"、践行"两个维护"体现于贯彻执行党的路线方针政策的实际行动中,落实于履职尽责的实践中,不断提高"政治三力"。强化理论武装,学懂弄通做实党的创新理论,增进政治认同,坚定"四个自信",增进思想认同,坚定信仰信念,增进理论认同,把稳思想之舵,增进情感认同,凝聚价值共识。坚持大抓基层,以高质量党建引领乡村全面振兴。全面加强各领域基层党组织建设,提高党员教育管理质量。加强两新党组织建设,提升"两新"组织党建工作水平。自觉走好群众路线,架好"连心桥",组织凝聚好各领域广大群众,引领广大群众坚定不移听党话、跟党走,以提升社会号召力增强党组织政治功能和组织功能,加强团结凝聚。增强自身免疫力,保持党员队伍先进性和纯洁性,把基层党组织建设成为坚强战斗堡垒。

六、以严的基调强化正风肃纪

纪律严明是我们党的光荣传统和内在禀赋,"严"是我们党的独特优势,也是全面从严治党的必然要求和重要经验。如果不以严的基调强化正风肃纪,全面从严治党就会走样变形。

中共十八大以来,以习近平同志为核心的党中央以自我革命为引领纵深推进全面从严治党,把"严"的要求落实到党的建设新的伟大工程各领域,引领新时代党风政风社风焕然一新。

党风问题事关全局,作风建设驰而不息。中共二十大报告强调,党风问题关系执政党的生死存亡,要求坚持以严的基调强化正风肃纪。在二十届中央纪委二次全会上,习近平再次强调,"把严的基调、严的措施、严的氛围长期坚持下去"[①]。坚持以严的基调强化正风肃纪是深入推进新时代党的自我革命的重要战略举措。

毫不动摇坚持严的基调,锲而不舍落实中央八项规定精神,以顽固复杂的形式主义、官僚主义为重点,持续深化纠治"四风"。作风问题在不同的阶段、地区、行业,既有共性特征又有差异,要抓住共性问题、突出重点难点、常态长效深化整治。

加强党的纪律建设,深入分析违纪问题新形式新表现,违纪必究,切实维护纪律严肃性。让纪律"带电"。坚持严管厚爱,做到惩前毖后、治病救人。

随着对作风建设规律性认识深化,习近平对党性党风党纪之间的辩证关系作出深刻分析,指出三者是有机整体,"党性是根本,党风是表现,党纪是保障"[②]。在中共二十大报告中对"坚持党性党风党纪一起抓"作出部署。通过党性教育、党内政治生

---

① 习近平在二十届中央纪委二次全会上发表重要讲话强调 一刻不停推进全面从严治党 保障党的二十大决策部署贯彻落实[N].人民日报,2023-01-10.

② 习近平.全面从严治党探索出依靠党的自我革命跳出历史周期率的成功路径[J].求是,2023(3).

活、社会实践加强党性锻炼,纠治党风坚持"关口前移""抓早抓小"标本兼治,党纪在严的基调中执行到位。统筹联动中一体推进党性党风党纪,把党锻造成一块坚硬钢铁。

七、一体推进"三不腐"

腐败是党肌体上的最大毒瘤,反腐败作为全面从严治党的重要手段,贯穿于党的建设新的伟大工程全过程,是最彻底的自我革命。中共二十大报告提出,"坚持不敢腐、不能腐、不想腐一体推进,同时发力、同向发力、综合发力"[①]。

一体推进"三不腐",是中共十八大以来习近平运用系统思维提出的新时代全面从严治党的重要方略,也是新时代全面从严治党的内在动力和重要内容。在十八届中央纪委二次全会上,习近平提出"三不腐"体制机制,要求把权力关进制度笼子,推动反腐向纵深发展。在十九届中央纪委四次全会上,习近平把一体推进"三不腐"作为新时代反腐败斗争的基本方针。在二十届中央纪委二次全会上,习近平强调把"三不腐"有效贯通、同时发力,把震慑力、约束力、感召力有机结合、综合发力。在二十届中央纪委三次全会上,习近平把一体推进"三不腐"作为新征程反腐败斗争总要求的重要内容。他强调,进一步健全反腐败法规制度,加大对行贿行为惩治力度,着力营造山清水秀的政治生态,加强新时代廉洁文化建设,营造崇廉拒腐的良好风尚,加强纪检监察干部队伍建设,打造纪检监察铁军。

一体推进"三不腐"是一项系统工程,要把严的基调贯穿其全过程,把党的领导贯穿其全链条,要坚持严管厚爱结合、激励约束并重,要发扬斗争精神,有效应对腐败手段隐形变异,要加强新时代廉洁文化建设,筑牢思想道德防线,要始终把中央八项规定作为铁规矩,持续净化政治生态,坚决打赢反腐败斗争攻坚战持久战。

一体推进"三不腐",是我们党全面从严治党和反腐败工作的理论与实践创新。新时代以来,在一体推进"三不腐"科学指引下,我们开展的反腐败斗争取得压倒性胜利并全面巩固,形成了风清气正的党内政治生态。

八、保持解决大党独有难题的清醒和坚定

习近平在中共二十大报告中提出了"我们党作为世界上最大的马克思主义执政党,要始终赢得人民拥护、巩固长期执政地位,必须时刻保持解决大党独有难题的清醒和坚定"[②]的重大论断,进一步深化了我们党对全面从严治党的认识,是党建领域的重大理论创新,是马克思主义建党学说中国化时代化的最新成果。

那么,何谓大党独有难题?习近平指出:"我们党是世界上最大的政党,大就要有

[①] 党的二十大文件汇编[M].北京:党建读物出版社,2022:50.
[②] 党的二十大文件汇编[M].北京:党建读物出版社,2022:48.

大的样子,同时大也有大的难处。"①首先,就党员人数规模、组织体系规模而言,中国共产党是世界上最大的政党,截至2023年底,中国共产党党员总数为9918.5万名,党的基层组织517.6万个,治理这样规模的大党在思想统一、党员管理、步调一致、自我革命等方面会遇到那些较小政党不可能遇到的难题;其次,就党的性质宗旨而言,中国共产党是马克思主义政党,如何永葆大党先进性,确保党的宗旨性质不变也是一个"独有难题";再次,就执政能力和领导水平而言,我们党肩负长期执政使命,领寻14亿多人口推进现代化建设,这在世界独一无二。中国共产党这三个特定的内涵指向融为一体,注定形成"大党独有难题",解决"大党独有难题"是全面从严治党必须啃下的硬骨头。

马克思指出,问题和解决问题的手段同时产生。在二十届中央纪委二次全会上,习近平站在党和国家事业发展全局的战略高度,从"如何始终不忘初心、牢记使命,如何始终统一思想、统一意志、统一行动,如何始终具备强大的执政能力和领导水平,如何始终保持干事创业精神状态,如何始终能够及时发现和解决自身存在的问题,如何始终保持风清气正的政治生态"②六个方面高屋建瓴地概括了"大党独有难题"的表现形态,并创造性地提出了新时代解决大党独有难题的根本要求,为新时代新征程全面从严治党指明了方向。

一是如何始终不忘初心、牢记使命。初心使命是党不断前进的不竭动力。如何始终不忘初心、牢记使命深刻回答了党是什么、要干什么这个首要的根本问题,涉及党的先进性和纯洁性。一个政党永葆本色初心不改非常难能可贵,纵观世界政党发展史,因违背初心和使命而导致党亡政息的例子比比皆是。中共十八大以来,习近平反复强调不忘初心、牢记使命,全党范围内开展"不忘初心、牢记使命"主题教育,他在"不忘初心、牢记使命"主题教育总结大会上的重要讲话中强调,"我们党作为百年大党,要始终得到人民拥护和支持,书写中华民族千秋伟业,必须始终牢记初心和使命"③。中共二十大报告郑重提出"务必不忘初心、牢记使命"。只有不忘初心、牢记使命,才能让中国共产党永葆青春活力、经受住长期执政考验、成功应对各种风险挑战。

以习近平新时代中国特色社会主义思想滋养初心使命,以党的优良作风引领初心使命,以伟大斗争精神践行初心使命,以健全制度体系保障不忘初心、牢记使命。

二是如何始终统一思想、统一意志、统一行动。团结统一是马克思主义政党鲜明特征,也是马克思主义政党建设的重要原则。中国共产党历史上,正是党的团结统一确保了党拥有战胜一切艰难险阻、走向辉煌的伟大力量。新时代新征程,我们党带领人民完成使命任务的关键就在于,始终保证党的团结统一。中共十八大以来,以习近平同志为核心的党中央高度重视党的团结统一。习近平指出,保证党的团结统一是

---

① 习近平.习近平谈治国理政:第四卷[M].北京:外文出版社,2022:503.
② 习近平在二十届中央纪委二次全会上发表重要讲话强调 一刻不停推进全面从严治党 保障党的二十大决策部署贯彻落实[N].人民日报,2023-01-10.
③ 习近平.在党的群众路线教育实践活动总结大会上的讲话[N].人民日报,2014-10-09.

党的生命。他告诫全党,我们这么大的党如果不团结统一都各行其是,那是要散掉的。中共二十大把"团结奋斗"写进大会主题。

思想是行动的先导、组织的灵魂。一个政党如果没有统一的思想就会成为一盘散沙。我们必须坚持用习近平新时代中国特色社会主义思想统一思想、武装全党、教育人民。

统一意志,要加强党的政治建设,坚定拥护"两个确立"、坚决做到"两个维护",始终在思想上政治上行动上同以习近平同志为核心的党中央保持高度一致;要坚持马克思主义立场,要做到对党忠诚,站稳人民立场。统一行动,要求全国各族人民紧密团结在党中央周围,同心同德,埋头苦干,为实现中华民族伟大复兴而团结奋斗。统一思想、统一意志、统一行动有机统一,归根到底就是要统一到实现党的中心任务上来。

三是如何始终具备强大的执政能力和领导水平。执政能力和领导水平事关执政党长期执政,中国共产党历来高度重视执政能力和领导水平,并在革命、建设、改革中积累了提高执政能力和领导水平的丰富经验。新时代,世情、国情、党情发生的新变化对我们党的执政能力和领导水平提出了更高要求,中共二十大提出了"加强党的长期执政能力建设"的新要求。

始终具备强大的执政能力和领导水平,必须用党的创新理论凝心铸魂。我们党坚持以马克思主义为指导并不断推进马克思主义中国化时代化,作为马克思主义中国化时代化的最新成果,习近平新时代中国特色社会主义思想为我们党解决执政能力和领导水平这个大党独有难题提供了一把金钥匙,要以这一思想凝心铸魂,把握好这一思想的世界观方法论。

始终具备强大的执政能力和领导水平,必须不断加强组织建设。党的执政能力和领导水平通过干部的能力水平表现出来,干部队伍的能力水平关系党执政的能力水平。因此,要以造就具备现代化建设能力的高素质干部队伍为关键,加强对干部的教育管理监督。

始终具备强大的执政能力和领导水平,必须不断加强作风建设。人民是我们党的执政基础,作风出问题,就会脱离群众,失去执政基础。要加强党的作风建设,密切党群关系,以好的作风赢得民心,巩固党的执政基础。

始终具备强大的执政能力和领导水平,必须健全增强党的执政能力和领导水平制度。贯彻民主集中制,实行正确的集中,健全决策机制,改进党的领导方式和执政方式,完善担当作为的激励机制。

四是如何始终保持干事创业精神状态。始终保持干事创业精神状态,是中国共产党的优良传统。能否始终保持干事创业精神状态,事关党的事业兴衰成败。作为一个百年大党,我们党之所以历尽艰辛磨难而能够不断从胜利走向新的胜利,就是凭着始终保持干事创业精神状态。反之,如果党缺乏精气神,萎靡不振,意志消沉,党和国家的事业就不能顺利发展。

始终保持干事创业精神状态,要发扬斗争精神,把握历史主动。习近平在中共二十大上强调:"全党同志务必不忘初心、牢记使命,务必谦虚谨慎、艰苦奋斗,务必敢于斗争、善于斗争,坚定历史自信,增强历史主动,谱写新时代中国特色社会主义更加绚丽的华章。"①

始终保持干事创业精神状态,要敢于担当作为,这也是党员干部的政治品格和从政本分。党员干部必须对党绝对忠诚,锐意进取,履职尽责,担当作为。

始终保持干事创业精神状态,要始终保持奋发有为、昂扬向上的良好状态。新时代新征程,我们党的目标宏伟、使命光荣、任务艰巨、充满挑战。这就更加需要我们知重负重,保持昂扬斗志、攻坚克难、埋头苦干,创造新伟业。

始终保持干事创业精神状态,要持续改进作风,力戒形式主义,踏石留印、真抓实干、踔厉奋发,以钉钉子精神干事创业。要与时俱进,不断开拓创新、勇往直前。

始终保持干事创业精神状态,要不断以党的自我革命激励干部增强干事创业的精气神。全面从严治党不是把干部管死,而是通过制度建设来激励和支持党员干部在新时代新征程上干事创业。

五是如何始终能够及时发现和解决自身存在的问题。自身存在问题并不可怕,可怕的是不能及时发现并真正解决问题。正如习近平所指出的,对自身存在的问题反应迟钝,会导致人亡政息!一百多年来,我们党始终能够及时发现并解决自身存在的问题,永葆生机活力。中共十八大以来,以习近平同志为核心的党中央直面党建突出问题,以自我革命精神刹住歪风邪气、纠治顽瘴痼疾,有效解决了如何扭转管党治党宽松软的问题。

及时发现和彻底解决自身存在的问题必须开辟党的自我革命新境界。政治问题是首要的根本性的大问题,全面从严治党首先要从政治上解决问题,坚持以政治建设统领党的各项建设,不断提高党员干部"政治三力"。把制度建设贯穿党建各方面建设,不断完善制度体系,形成坚持真理、修正错误,发现问题、纠正偏差的机制。健全党内监督体系,让权力在阳光下运行。健全长效机制,以系统思维协调推进党的各方面建设同向发力,正党风强党性严党纪有机结合,推动及时发现和解决问题常态化长效化。

六是如何始终保持风清气正的政治生态。政治生态是全面从严治党的晴雨表。风清气正的政治生态,是党永葆先进纯洁、提高创造力凝聚力战斗力的前提条件和优良作风不可或缺的生成土壤,也是我们党区别于其他政党的鲜明标志之一。我们党始终高度重视政治生态建设,政治生态持续向好。中共十八大以来,以习近平同志为核心的党中央坚持自我革命,持之以恒净化党内政治生态。截至2022年10月,全国纪检监察机关共查处违反中央八项规定精神问题76.9万起,批评教育帮助和处理109.7万人,其中给予党纪政务处分69万人。②

---

① 党的二十大文件汇编[M].北京:党建读物出版社,2022:2.
② 王纪刚.如何始终保持风清气正的政治生态[N].人民日报,2023-03-02.

政治生态关乎党心、民心,中共二十大报告强调,"持续净化党内政治生态"。始终保持风清气正的政治生态是一项长期任务、基础性、艰巨性、复杂性、经常性工作,要靠全党上下不懈努力、久久为功。

坚持把党的政治建设放在首位,坚持用党的创新理论武装全党,把住理想信念"总开关"。加强对"一把手"和领导班子的监督,抓住选人用人这个直接影响政治生态的风向标,严把选人用人政治关。发扬斗争精神,抵制歪风邪气,不断与腐败和不正之风作坚决斗争。严密组织体系,夯实基层党组织过硬"底盘",靶向治疗形式主义和官僚主义。严明纪律规矩,筑牢底线意识。建立健全政治生态考核指标体系,以人民群众满意度和高质量发展成果作为检验政治生态的"试金石"。

习近平关于大党独有难题重要论述揭示了大党独有难题的深刻内涵,提供了大党独有难题的破解之道,创新性发展了马克思主义建党学说,为新时代全面从严治党指明了方向,对于深入推进新时代党的自我革命具有重大意义。

第三章　全面从严治党的重大意义

全面从严治党,是中共十八大以来以习近平同志为核心的党中央在新的历史条件下对管党治党的新思考、新方略,是从严治党的新探索,是"四个全面"战略布局的重要组成部分,也是全面建设社会主义现代化国家、全面深化改革、全面依法治国顺利推进的根本保证。全面从严治党开创了新时代党的建设新的伟大工程新局面,具有重大的理论意义与实践意义。

第一节　为马克思主义建党学说理论宝库增添了新的内容

马克思、恩格斯在长期的理论和实践探索中,逐步形成了马克思主义建党学说。马克思主义建党学说是马克思主义的重要组成部分,是无产阶级政党建设的指导原则和理论武器。中国共产党在马克思主义建党学说指导下领导国家、社会治理和提高自身生机与活力的实践活动中不断丰富和发展了马克思主义建党学说。

恩格斯说:"每一个时代的理论思维,包括我们这个时代的理论思维,都是一种历史的产物,它在不同的时代具有完全不同的形式,同时具有完全不同的内容。"[①]新时代的中国正经历着历史上最为广泛而深刻的社会变革,中国共产党正在进行着党的历史上最为宏大的实践创新。中共十八大以来,中国特色社会主义进入新时代。以习近平同志为核心的党中央把马克思主义建党学说与中国共产党建设实践相结合,着眼新时代进行具有许多新的历史特点的伟大斗争,根据世情国情党情的新变化、新情况、新特点,坚定不移推动全面从严治党向纵深发展,在全面从严治党伟大实践中,提出一系列新思想、新要求,创造性回答了新时代为什么推进全面从严治党、怎样推进全面从严治党的重大党建问题,进一步丰富和发展了马克思主义建党学说,为马克思主义建党学说理论宝库增添了新的内容。

一、政治建设中的"根本论"

讲政治是中国共产党的特点、优势和根本要求,也是我们党保持政治先进性的法宝。我们党一贯高度重视政治建设,并将其贯穿于党的建设工程的伟大实践中。

---

① 马克思,恩格斯.马克思恩格斯文集:第9卷[M].北京:人民出版社,2009:436.

中共十八大后,在全面从严治党下,党内存在的问题和矛盾在政治上充分暴露。以习近平同志为核心的党中央深刻认识到,政治问题是个根本性的大问题,政治建设不力是党内存在的各种问题的根本原因,全面从严治党不能只讲腐败问题而忽视政治问题。从而把讲政治提到新的历史高度,把党的政治建设摆在更加突出位置,驰而不息加强党的政治建设并取得重大历史性成就,开辟了全面从严治党的新境界。

中共十九大明确提出党的政治建设的重大命题,强调"党的政治建设是党的根本性建设,决定党的建设方向和效果"①,要求把党的政治建设摆在首位,以党的政治建设为统领,全面推进党的政治、思想、组织、作风和纪律建设。并对加强党的政治建设作了全面部署。为贯彻落实中共十九大精神,切实加强党的政治建设,2019年1月31日,中共中央印发了《关于加强党的政治建设的意见》,提出了加强党的政治建设的根本目的和总体要求,从"坚定政治信仰、坚持党的政治领导、提高政治能力、净化政治生态"四个方面对加强党的政治建设的任务作了系统部署要求,并从"落实领导责任、抓住'关键少数'、强化制度保障、加强监督问责"四个方面详细阐述了强化组织实施的具体措施。②中共二十大对加强党的政治建设作出了新论断新部署新要求。

加强政治建设是一项系统工程,坚持党中央集中统一领导事关全局,要以坚持党中央集中统一领导为首要任务,把坚持党的全面领导贯穿于全面从严治党全部工作;要把营造良好的政治生态作为基础性、经常性工作,以思想教育为根本,强化理论武装,筑牢信仰之基,坚定政治立场,突出政治标准选拔干部,严格执行党内政治生活准则;要把提高党员干部的"政治三力"作为关键,为政治"淬炼"、为思想"补钙"、为担当"储能";要把坚持抓"关键少数"和管"绝大多数"相统一作为基本方法,既抓重头,也管大头;既见"树木",也见"森林",长期坚持、不断深化;要紧扣民心这个最大政治,站稳人民立场,践行根本宗旨;要以监督检查为基础保障,严肃追责问责,纠正政治偏差。

政治建设中的"根本论"深刻回答了新时代为什么要加强党的政治建设、怎样加强党的政治建设的基本问题,是中共十八大以来全面从严治党理论创新和实践创新的重大成果,也是对全面从严治党经验的科学总结,创新发展了马克思主义建党学说,是新时代新征程以自我革命精神纵深推进全面从严治党的根本遵循。

二、思想建设中的"补钙论"

马克思主义政党始终将思想建党作为党的建设基本原则和根本要求。中国共产党将其贯穿于中国革命、建设和改革的整个过程。中共十八大以来,以习近平同志为核心的党中央高度重视思想建设,并抓住了党员干部理想信念问题这一思想建设的

---

① 习近平.决胜全面建成小康社会 夺取新时代中国特色社会主义伟大胜利:在中国共产党第十九次全国代表大会上的报告[M].北京:人民出版社,2017:62.

② 中共中央关于加强党的政治建设的意见[EB/OL].[2019-02-27]. https://www.gov.cn/zhengce/2019-02/27/content_5369070.htm.

核心问题,把坚定理想信念作为党的思想建设的首要任务,旗帜鲜明地指出,"革命理想高于天。""坚定理想信念,坚守共产党人精神追求,始终是共产党人安身立命的根本。对马克思主义的信仰,对社会主义和共产主义的信念,是共产党人的政治灵魂,是共产党人经受住任何考验的精神支柱。"①我们党之所以能够经受一次次挫折而又一次次奋起,归根到底是因为我们党有远大理想和崇高追求。"现实生活中,一些党员、干部出这样那样的问题,说到底是信仰迷茫、精神迷失。"②习近平生动形象地指出:"对共产党人来说,理想信念是精神之'钙',精神上缺了'钙',就会得'软骨病',就会导致政治上变质、经济上贪婪、道德上堕落、生活上腐化。"③

坚定理想信念,重点是要解决好世界观、人生观、价值观这个"总开关"问题。习近平反复强调,世界观、人生观、价值观的极端重要性,他要求"全党同志一定要坚守共产党人精神家园,把改造客观世界和改造主观世界结合起来,切实解决好世界观、人生观、价值观问题,练就共产党人的钢筋铁骨,铸牢坚守信仰的铜墙铁壁,矢志不渝为中国特色社会主义共同理想而奋斗"④。中共十九大报告再次强调要"解决好世界观、人生观、价值观这个'总开关'问题"。

思想建设"补钙论",形象生动而又敏锐地洞察了党内存在种种问题的根源,深刻地把握了党的思想建设的关键,为新时代抓好思想建党这个根本指明了方向,提供了基本遵循。

三、组织建设中的"关键少数论"

为政之要,唯在得人;治国理政,关键在人。党的组织建设关键是干部的选任、培养和管理,全面从严治党重在从严管权、从严治吏。习近平对新时代全面从严治党背景下的组织建设提出了一个新的论断,就是"抓住领导干部这个'关键少数'"⑤。历史和现实告诉我们:解决中国的问题,关键在党;解决党自身的问题,关键在党的各级领导干部。

对中央政治局,习近平指出,中央政治局担负着把握中国特色社会主义事业航船方向、统筹协调党和国家重大决策部署、组织应对国内外重大矛盾风险的重要职责,是"关键少数"中的"关键少数"。习近平强调,中央政治局的同志必须有很强的看齐意识,经常、主动向党中央看齐,向党的理论和路线方针政策看齐。做政治上的明白

---

① 十八大以来重要文献选编:上[M].北京:中央文献出版社,2014:80.
② 十八大以来重要文献选编:上[M].北京:中央文献出版社,2014:80-81.
③ 习近平.在党的群众路线教育实践活动第一批总结暨第二批部署会议上的讲话[J].党建研究,2014(2).
④ 习近平.在纪念陈云同志诞辰110周年座谈会上的讲话[N].人民日报,2015-06-12.
⑤ 习近平在省部级主要领导干部学习贯彻十八届四中全会精神 全面推进依法治国专题研讨班开班式上发表重要讲话强调领导干部要做尊法学法守法用法的模范 带动全党全国共同全面推进依法治国[EB/OL].[2015-02-03].http://military.people.com.cn/n/2015/0203/c172467-26495348.html.

人,政治能力要强,思想定力、战略定力、道德定力要特别过硬,经得起大风大浪考验。

省部级领导干部是"关键"中的关键,在中国政治生态中处于特殊地位,既是党的路线方针政策的落实者,又是地方重大事务的决策者。积极响应党中央决策部署,结合实际,把责任扛在肩上,把任务抓在手上,积极推动行业和地方改革发展,省部级干部责无旁贷。对于这个"关键少数",习近平提出明确要求:要深学笃用、要用好辩证法、要创新手段、要守住底线、层层负责、人人担当。

对县委书记,习近平指出,领导干部是"关键少数",县委书记则是"少数的关键"。"县委是我们党执政兴国的'一线指挥部',县委书记就是'一线总指挥',是我们党在县域治国理政的重要骨干力量。"①2015年1月12日,习近平在同县委书记研修班学员座谈时,给县委书记提出了"四有"要求:"心中有党""心中有民""心中有责""心中有戒"。习近平还进一步为成为"四有"县委书记指明了"路径",那就是要做"四种人":"政治的明白人""发展的开路人""群众的贴心人""班子的带头人"。

习近平要求,"关键少数"要发挥"关键作用"。"高级干部要清醒认识自己岗位的特殊重要性,增强自律意识、标杆意识、表率意识,模范遵守党章。"②各级领导干部特别是领导干部中的"关键少数"要积极作为、敢于担当,更好地带领群众干事创业,真正发挥"关键作用"。

可见,"关键少数"内涵丰富,特色鲜明,点出了管党治党的重点。党员领导干部这个"关键少数",直接关系到党组织能否健康发展。领导班子和领导干部这个关键少数是全面从严治党的重点,抓住他们也就抓住了全面从严治党的"牛鼻子"。

四、作风建设中的"打铁论"

党的作风建设是马克思主义政党建设的构成部分,也是中国共产党的优良传统。党的作风是党的形象,关系人心向背,关系党的生死存亡。以习近平同志为核心的党中央对此有极为清醒的认识和深刻的把握。习近平指出:"工作作风上的问题绝对不是小事,如果不坚决纠正不良风气,任其发展下去,就会像一座无形的墙把我们党和人民群众隔开,我们党就会失去根基、失去血脉、失去力量。"③"新形势下,我们党面临着许多严峻挑战,党内存在着许多亟待解决的问题。尤其是一些党员干部中发生的贪污腐败、脱离群众、形式主义、官僚主义等问题,必须下大力气解决。全党必须警醒起来。"④针对作风建设的严峻形势和艰巨任务,习近平提出了"打铁论",他指出:"打铁还需自身硬。我们的责任,就是同全党同志一道,坚持党要管党、从严治党,切实解

---

① 习近平在会见全国优秀县委书记时的讲话[EB/OL].[2015-09-01].http://xj.cnr.cn/2014xjfw/2014xjfwgj/20150901/t20150901_519733119.shtml.
② 习近平在党的十八届六中全会第二次全体会议上的讲话[EB/OL].[2017-07-01].http://cnews.chinadaily.com.cn/baiduMip/2017-01/01/cd_27836000.html.
③ 习近平.习近平谈治国理政:第一卷[M].北京:外文出版社2018:387.
④ 十八大以来重要文献选编:上[M].北京:中央文献出版社,2014:70.

决自身存在的突出问题,切实改进工作作风,密切联系群众,使我们的党始终成为中国特色社会主义事业的坚强领导核心。"①

领导干部特别是高级干部作风直接影响党风政风社风,关乎民心向背、群众基础。习近平毫不讳言地指出:"确实,脱离群众的种种问题,主要表现在领导机关、领导干部中。"②正因此,习近平总书记不断强调,"先禁己身而后人,打铁还需自身硬","正人必先正己,正己才能正人",党的群众路线教育实践活动"必须坚持领导带头,首先从中央政治局做起"③。习近平强调:"全党看着中央政治局,要求全党做到的,中央政治局首先要做到。"④而且,他还向全党郑重承诺,"中央政治局同志从我本人做起"⑤。

五、纪律建设中的"挺在前面论"

纪律是党的生命,纪律严明是我们党克敌制胜的法宝。中国共产党自成立之日起就特别注重纪律建设,始终把纪律建设摆在党的建设的重要位置。

中共十八大以来,以习近平同志为核心的党中央高度重视纪律建设,把纪律看作全面从严治党的"戒尺",明确提出"纪律建设"概念并把将其作为党建基础工程、全面从严治党的治本之策。习近平指出:"依规治党,首先是把纪律和规矩立起来、严起来,执行起来。党的性质、宗旨都决定了纪严于法、纪在法前。要把党的纪律和规矩挺在前面,用纪律和规矩管住大多数,使所有党员干部严格执行党规党纪、模范遵守法律法规。"⑥制定实施中央八项规定,制定修订《关于新形势下党内政治生活的若干准则》《中国共产党党内监督条例》《中国共产党廉洁自律准则》,先后三次修订《中国共产党纪律处分条例》,不断完善党的纪律体系。

中共十九大把纪律建设摆在更加突出位置,并将其与政治建设、思想建设、组织建设、作风建设、纪律建设一道纳入新时代党的建设总体布局。

中共二十大强调,正风肃纪一严到底,全面加强纪律建设。在二十届中央纪委二次全会上,习近平进一步强调,"要把纪律建设摆在更加突出位置",要把"严"的要求贯穿党规制定、党纪学习教育以及执纪监督始终,以铁纪"长牙"的威力推动遵规守纪内化于心、外化于行,成为一种高度自觉。

---

① 十八大以来重要文献选编:上[M].北京:中央文献出版社,2014:70.
② 十八大以来重要文献选编:上[M].北京:中央文献出版社,2014:317.
③ 中共中央文献研究室,中央党的群众路线教育实践活动领导小组办公室.习近平关于党的群众路线教育实践活动论述摘编[M].北京:党建读物出版社,2014:55.
④ 中共中央文献研究室,中央党的群众路线教育实践活动领导小组办公室.习近平关于党的群众路线教育实践活动论述摘编[M].北京:党建读物出版社,2014:56.
⑤ 中共中央文献研究室,中央党的群众路线教育实践活动领导小组办公室.习近平关于党的群众路线教育实践活动论述摘编[M].北京:党建读物出版社,2014:51.
⑥ 中共中央纪律检查委员会,中共中央文献研究室.习近平关于严明党的纪律和规矩论述摘编[M].北京:中央文献出版社,2016:60.

二十届中央纪委三次全会强调,突出严的基调深化纪律建设并专门部署。会上,习近平深刻阐述了党的自我革命的重要思想,科学回答了党的自我革命的三大问题,即为什么要自我革命、为什么能自我革命、怎样推进自我革命,并从根本保证、根本目的、根本遵循、战略目标、主攻方向、有效途径、重要着力点、重要抓手以及强大动力九个方面明确提出深入推进自我革命的具体实践要求。他指出:"在深入推进党的自我革命实践中需要把握好九个问题,即:以坚持党中央集中统一领导为根本保证,以引领伟大社会革命为根本目的,以新时代中国特色社会主义思想为根本遵循,以跳出历史周期率为战略目标,以解决大党独有难题为主攻方向,以健全全面从严治党体系为有效途径,以锻造坚强组织、建设过硬队伍为重要着力点,以正风肃纪反腐为重要抓手,以自我监督和人民监督相结合为强大动力。"①新征程上推进党的自我革命,只有坚持党中央集中统一领导,才能确保正确前进方向;要围绕新征程社会革命的新任务,推进党的自我革命;作为当代中国马克思主义,习近平新时代中国特色社会主义思想不仅包含治国理政方略,也包含我们党的政治理想、价值追求等方面要求,推进党的自我革命,必须用习近平新时代中国特色社会主义思想创新理论武装全党;能否跳出历史周期率,关系党的生死存亡,新征程上,要以跳出历史周期率为战略目标,以全面从严治党为抓手,坚定不移推进自我革命,永葆党的生机活力;紧紧围绕"六个如何始终",解决大党独有难题;要从内容、对象、责任、制度等方面健全全面从严治党体系,整体性提升党的执政能力;落实组织路线,完善组织体系,增强组织功能,推动组织全面进步;持之以恒正风肃纪反腐;以自我监督为主导,贯通协调各类监督,实现自律和他律互动。

综上所述,纪律建设中的"挺在前面论",丰富和发展了全面从严治党体系。习近平总书记关于党的自我革命的重要思想为新时代新征程深入推进全面从严治党提供了根本遵循。

六、反腐败斗争中的"无禁区、全覆盖、零容忍"论

腐败是社会毒瘤,与党的性质、宗旨水火不相容。中共十八大以来,以习近平同志为核心的党中央高度重视党风廉政建设和反腐败斗争,把腐败问题提高到事关党和国家生死存亡的高度。习近平一再提醒全党对腐败问题的重视,明确指出,"大量事实告诉我们,腐败问题越演越烈,最终必然会亡党亡国!"②近年来我们党内发生的严重违纪违法案件,性质非常恶劣,政治影响极坏,令人触目惊心。面对反腐败斗争所面临的严峻形势,习近平旗帜鲜明地向全党全社会提出了反腐败"无禁区、全覆盖、零容忍"的重要思想。

---

① 习近平在二十届中央纪委三次全会上发表重要讲话强调 深入推进党的自我革命 坚决打赢反腐败斗争攻坚战持久战 李强赵乐际王沪宁蔡奇丁薛祥出席会议 李希主持会议[J].共产党员,2024(2).

② 中共中央纪律检查委员会,中共中央文献研究室.习近平关于党风廉政建设和反腐败斗争论述摘编[M].北京:中央文献出版社,2015:3.

在十八届中央纪委二次全会上,习近平提出:"要坚持'老虎''苍蝇'一起打,既坚决查处领导干部违纪违法案件,又切实解决发生在群众身边的不正之风和腐败问题。要坚持党纪国法面前没有例外,不管涉及谁,都要一查到底,决不姑息。"①在十八届中央纪委三次全会上,习近平向全党明确宣告:"要以猛药去疴、重典治乱的决心,以刮骨疗毒、壮士断腕的勇气,坚决把党风廉政建设和反腐败斗争进行到底。""反腐败高压态势必须继续保持,坚持以零容忍态度惩治腐败。"②

所谓"无禁区",是指党内监督没有禁区,任何一种权力都要受到制约,每一个党员都要接受监督,没有特殊党员。所谓"全覆盖",是指全面发力系统遏制腐败蔓延,反腐在"老虎""苍蝇"、不同地域、各行业领域全面覆盖、不留空白。所谓"零容忍",就是指有腐必反,彻底医治损害党的先进性、纯洁性的病症,坚决祛除滋生在党肌体上的毒瘤,让腐败分子永无藏身之地。

反腐败"无禁区、全覆盖、零容忍"论,表明了执政党的旗帜、立场、态度。中共十八大以来,以习近平同志为核心的党中央以革故鼎新的政治勇气、以壮士断腕的决心,坚定不移地推进党风廉政建设和反腐败斗争,反腐败斗争从"形势依然严峻复杂"到"压倒性态势正在形成","再到"压倒性态势已经形成",党风廉政建设和反腐败工作取得了历史性成就,开创了全面从严治党的新局面,赢得了党心民心,也得到国际社会的普遍赞誉。

七、制度建设中的"笼子论"

制度具有根本性、全局性、稳定性和长期性,党的建设的关键是制度建设。改革开放以来,邓小平在总结"文化大革命"教训的基础上明确提出了制度建设的重大课题。他指出:"我们过去发生的各种错误,固然与某些领导人的思想、作风有关,但是组织制度、工作制度方面的问题更重要。"③必须"从制度上保证党和国家政治生活的民主化、经济管理的民主化、整个社会生活的民主化"④。中共十八大以来,我们党深入总结了改革开放以来党的制度建设的经验,把制度建设摆在更加突出的位置,将从严治党贯穿于制度建设之中。习近平明确提出了制度建设"笼子论"的新思想。他指出:"要加强对权力运行的制约和监督,把权力关进制度的笼子里,形成不敢腐的惩戒机制、不能腐的防范机制、不易腐的保障机制。"⑤

在习近平看来,"建章立制非常重要",其重要性在于,如果"没有健全的制度,权

---

① 十八大以来重要文献选编:上[M].北京:中央文献出版社,2014:135.
② 习近平在十八届中央纪委三次全会上发表重要讲话强调:强化反腐败体制机制创新和制度保障 深入推进党风廉政建设和反腐败斗争[N].人民日报,2014-01-15.
③ 邓小平.邓小平文选:第二卷[M].北京:人民出版社,1994:333.
④ 邓小平.邓小平文选:第二卷[M].北京:人民出版社,1994:336.
⑤ 十八大以来重要文献选编:上[M].北京:中央文献出版社,2014:136.

力没有关进制度的笼子里,腐败现象就控制不住"①。习近平认为,制度建设的关键在于务实管用。他明确指出:"制度不在多,而在于精,在于务实管用,突出针对性和指导性。"②制度要管用,首先要在严密性上下工夫,避免制度漏洞。

其次,制度的生命力取决于制度的执行,不狠抓制度执行,再好的制度也是一纸空文。习近平指出:"要坚持制度面前人人平等、执行制度没有例外,不留'暗门'、不开'天窗',坚决维护制度的严肃性和权威性,坚决纠正有令不行、有禁不止的行为,使制度成为硬约束而不是橡皮筋。"③

再次,高度重视制度治党,并不意味着我们要轻视思想建党这一优良传统。因此,习近平强调要坚持思想建党和制度治党紧密结合,"使加强制度治党的过程成为加强思想建党的过程,也要使加强思想建党的过程成为加强制度治党的过程"④。二者相互促进、相得益彰,不可或缺、不可偏废,不能厚此薄彼。这一新思想新要求,是对党的建设历史经验的深刻总结,精辟地回答了新的历史条件下管党治党的重大问题,丰富发展了马克思主义党建学说,具有重大的理论创新价值和实践指导意义。

第二节　为中国共产党在新时代巩固执政地位提供了根本保证

习近平强调:"治国必先治党,治党务必从严。如果管党不力、治党不严,人民群众反映强烈的党内突出问题得不到解决,那我们党迟早会失去执政资格,不可避免被历史淘汰。"⑤这段话充分表明了新时代全面从严治党的重要性和紧迫性。

一、全面从严治党是保持党的先进性的重要保证

中国共产党是先进的马克思主义政党,是工人阶级的先锋队,也是中国人民和中华民族的先锋队。中国共产党从诞生到现在,已经走过了百年的光辉历程。从1921年中国共产党成立时的50多名党员,到1949年新中国成立时的448.8万名党员,再到2023年底的9918.5万名党员,中国共产党之所以能够夺得政权、掌握政权,最关键的一条就是永葆党的先进性。一些国家共产党失去执政地位的根本原因就在于丧失党的先进性。

共产党的先进性是共产党的一种属性,也是马克思主义政党的生命所系、力量所在。党的先进性与党的执政地位密切相关,坚持党的先进性是党赢得执政地位的政治前提。中国共产党之所以能够取得执政地位,靠的就是党的先进性。

---

① 中共中央文献研究室,中央党的群众路线教育实践活动领导小组办公室.习近平关于党的群众路线教育实践活动论述摘编[M].北京:党建读物出版社,2014:270.
②③④ 习近平.在党的群众路线教育实践活动总结大会上的讲话[N].人民日报,2014-10-09.
⑤ 习近平.在庆祝中国共产党成立95周年大会上的讲话[J].求是,2021(8).

先进则兴,先进则强。先进性这一马克思主义政党的本质属性不是自然而然获得的,更不是一劳永逸、一成不变的,一个政党过去先进不等于现在先进,现在先进不等于永远先进。改革开放以来,受各种因素的影响,一些党员干部放松了自身思想改造,放弃共产党人精神追求,信仰迷茫,精神迷失,逐渐走向人民群众的对立面,甚至违法乱纪,严重影响了党的先进性、纯洁性。正如习近平在十八届中央政治局第十六次集体学习时的讲话中指出的那样,"毋庸讳言,由于党内外、国内外种种复杂因素的影响,党的健康肌体也感染了不少病菌,一些党员、干部在理想信念、思想政治素质、工作能力、作风状况上都处于亚健康状态,人民群众还有不少意见"[①]。

要着力解决党自身存在的突出问题,保持党的先进性和纯洁性,提高执政能力和领导水平,巩固执政地位,就必须全面从严治党,全面从严加强党的建设。崇高的理想信念是保持党的先进性和纯洁性的精神动力。全面从严治党能够补足共产党人精神上的"钙",切实解决好党员干部的世界观、人生观、价值观这个"总开关"问题,切实解决好党员、干部宗旨意识淡化、脱离群众等问题,切实解决好一些党员、干部宗旨意识淡化,脱离群众、精神懈怠、能力不足等问题,从而保证党始终是工人阶级的先锋队,始终是中国人民和中华民族的先锋队,始终充满生机与活力。忠诚干净担当的高素质干部队伍,是保持党的先进性和纯洁性的最重要的政治保证和组织保证。"党要管党,首先是管好干部;从严治党,关键是从严治吏。"只有全面从严治党,才能培养造就一大批忠实于党和人民的干部。作风建设是党的建设的永恒主题,也是保持党的先进性和纯洁性的根本途径。只有推动全面从严治党向纵深发展,严明政治纪律和政治规矩,坚持以零容忍态度惩治腐败,认真对待群众反映强烈的问题,坚决纠正损害群众利益的行为,才能令党风政风为之一新,党心民心为之一振。必须有坚强的制度作保证。全面从严治党,坚持思想建党和制度治党紧密结合,全方位扎紧制度笼子,更多用制度治党、管权、治吏,为保持党的先进性和纯洁性提供了制度保证。

中共十八大以来,"以习近平同志为核心的党中央身体力行、率先垂范,坚定推进全面从严治党,坚持思想建党和制度治党紧密结合,集中整饬党风,严厉惩治腐败,净化党内政治生态,党内政治生活展现新气象,赢得了党心民心"[②],坚定了人民群众更加相信党、依靠党、跟党走的信心,汇聚起实现中华民族伟大复兴中国梦的磅礴伟力。

二、全面从严治党是解决党内突出问题的必然要求

党的建设是我国革命取得胜利的三大法宝之一,也是我们党的优良传统,我们党

---

① 中共中央纪律检查委员会,中共中央文献研究室.习近平关于党风廉政建设和反腐败斗争论述摘编[M].北京:中央文献出版社,2015:22.

② 关于新形势下党内政治生活的若干准则[J].理论学习,2016(12).

自成立以来始终高度重视党的建设,并且随着伟大事业的推进而不断与时俱进、发展创新。同时,我们必须看到,新时代,我们党面临的世情、国情、党情发生深刻变化,对党的建设提出一系列新挑战新要求,党面临的"四大考验"是长期的、复杂的、严峻的,"四种危险"更加尖锐地摆在全党面前。"一个时期以来,党内政治生活中也出现了一些突出问题,主要是:在一些党员、干部包括高级干部中,理想信念不坚定、对党不忠诚、纪律松弛、脱离群众、独断专行、弄虚作假、慵懒无为,个人主义、分散主义、自由主义、好人主义、宗派主义、山头主义、拜金主义不同程度存在,形式主义、官僚主义、享乐主义和奢靡之风问题突出,任人唯亲、跑官要官、买官卖官、拉票贿选现象屡禁不止,滥用权力、贪污受贿、腐化堕落、违法乱纪等现象滋生蔓延。特别是高级干部中极少数人政治野心膨胀、权欲熏心,搞阳奉阴违、结党营私、团团伙伙、拉帮结派、谋取权位等政治阴谋活动。这些问题,严重侵蚀党的思想道德基础,严重破坏党的团结和集中统一,严重损害党内政治生态和党的形象,严重影响党和人民事业发展。"①解决这些问题,最根本的就是要以改革创新精神加强党的建设,把全面从严治党落到实处。"如果管党不力、治党不严……那我们党迟早会失去执政资格,不可避免被历史淘汰。"②

中共十八大以来,以习近平同志为核心的党中央以巨大的政治勇气和担当精神,亮剑党内存在的突出问题,坚持党要管党、全面从严治党,正风肃纪,标本兼治,夯实思想根基、压实政治责任、狠刹歪风陋习、铁腕肃贪反腐、坚持建章立制等一系列举措,有效刹住了"四风"的蔓延势头,清除了党内"阴谋家""野心家",净化了党风政风,匡正了社风民风。整治并解决了人民群众反映最强烈、对党的执政基础威胁最大的突出问题,党内政治生活出现新气象,党内政治生态明显好转,党的创造力、凝聚力、战斗力显著增强。全面从严治党引领党的建设新的伟大工程迈向新境界,为党和国家各项事业发展提供最坚强、最根本的政治保证。

三、全面从严治党是解决国内突出问题的必然选择

习近平在中共十九大报告中明确指出:"中国特色社会主义进入新时代,我国社会主要矛盾已经转化为人民日益增长的美好生活需要和不平衡不充分的发展之间的矛盾。"③我国社会主要矛盾的变化是关系全局的历史性变化,涉及生产力和生产关系、经济基础和上层建筑,涉及经济建设、政治建设、文化建设、社会建设、生态文明建设和党的建设各个方面,影响经济社会发展以及党和国家各项工作的方方面面。因此,当今中国虽稳居世界第二大经济体,生产力水平比以前提高了,人民生活水平比以前高了,国际地位也比以前提高了,但发展起来以后的问题不比不发展时少。比

---

① 关于新形势下党内政治生活的若干准则[J].理论学习,2016(12).
② 中共中央文献研究室.习近平关于全面从严治党论述摘编[M].北京:中央文献出版社,2016:5.
③ 习近平.决胜全面建成小康社会 夺取新时代中国特色社会主义伟大胜利:在中国共产党第十九次全国代表大会上的报告[M].北京:人民出版社,2017:11.

如:在经济领域:"发展质量和效益还不高,创新能力不够强,实体经济水平有待提高";"城乡区域发展和收入分配差距依然较大"。在政治领域:"全面依法治国任务依然繁重,国家治理体系和治理能力有待加强;一些改革部署和重大政策措施需要进一步落实;国家安全面临新情况。"在文化领域:"意识形态领域斗争依然复杂。"在社会领域:"脱贫攻坚任务艰巨";"群众在就业、教育、医疗、居住、养老等方面面临不少难题";"社会文明水平尚需提高";"社会矛盾和问题交织叠加"。在生态领域:"生态环境保护任重道远。"在党的建设领域:"党的建设方面还存在不少薄弱环节",等等。①在继续推动发展的基础上,着力解决好发展不平衡不充分问题关键在党,关键在党要管党。

首先,全面从严治党可以解决发展的速度和质量的不平衡问题。改革开放以来,在很长一段时期内,我国的经济发展速度都比较快。例如,1979—2012年,我国国内生产总值年均增长9.8%,远高于同期世界经济年均增速的2.8%。但是,如此高的增长速度,却存在一个明显的缺陷性特征,就是我国的发展质量和效益不高,从而导致了发展速度和质量的严重失衡。对此,习近平曾经明确指出:"改革开放以来,我国经济社会发展取得了举世瞩目的成就,经济总量跃居世界第二,众多主要经济指标名列世界前列。同时,必须清醒地看到,我国经济规模很大,但依然大而不强,我国经济增速很快、但依然快而不优。"②只有全面从严治党,才能充分发挥党总揽全局、协调各方的领导核心作用,才能把党政军民学、东西南北中各方面智慧和力量整合起来,协调高效地解决发展的速度和质量的不平衡问题。

其次,全面从严治党可以解决发展的要素关系的不平衡问题。社会有机体是由诸多要素或领域构成的,这些要素包括区域性要素、领域性要素和群体性要素等。我国发展的不平衡性还突出地表现在上述三大要素间关系的不协调上。区域性要素间关系的不平衡,表现为城乡之间、东中西部之间发展的不平衡;领域性要素间关系的不平衡,表现为社会发展的不同领域或不同方面发展的不平衡,例如,当前我国在经济和社会、经济和环保、物质文明和精神文明、经济建设和国防建设等关系上就存在着比较突出的"一条腿长,一条腿短"的不协调现象;群体性要素间关系的不平衡,主要表现为不同行业、不同人群等在收入分配方面所存在的较大差距,例如,有的人已经富起来了,有的人刚刚解决温饱问题,有的人甚至还处在贫困状态。这种要素间的不平衡,造成了我国发展中的一些"短板"现象。③

只要坚定不移全面从严治党,不断提高党的执政能力和领导水平,我们党就能带领人民成功应对重大挑战、抵御重大风险,克服重大阻力,解决重大矛盾,不断从胜利走向新的更大胜利。

---

① 习近平.决胜全面建成小康社会 夺取新时代中国特色社会主义伟大胜利:在中国共产党第十九次全国代表大会上的报告[M].北京:人民出版社,2017:9.
② 习近平.习近平谈治国理政:第一卷[M].北京:外文出版社,2018:120.
③ 邱耕田.准确认识发展不平衡不充分问题[N].大众日报,2018-01-03.

再次,全面从严治党可以解决发展成果的共享不充分问题。发展成果的共享不充分,即发展成果还没有惠及更多的人,一些人还处在贫困状态,发展还不具有最大程度的包容性。收入分配差距较大问题依然突出;教育资源,尤其是优质教育资源在各地区间的分配不均衡;看病难、看病贵甚至因病返贫情况依然存在;在人口净流入较多的大城市,房价高企,年轻人遭遇住房难题。总之,群众在就业、教育、医疗、居住、养老等方面面临不少难题。

办好中国的事情,关键在党。解决如何实现共享发展的重大问题,关键在党要管党、从严治党。中共十八大以来,着眼于锻造更加坚强的中国特色社会主义事业领导核心,以习近平同志为核心的党中央,开启全面从严治党新征程,引领党的建设新的伟大工程迈向新境界,为党和国家各项事业发展提供最坚强、最根本的政治保证,坚持以人民为中心,弘扬共享发展新理念,实现了共享发展的历史性新突破。中共十九大报告在多处突出地强调坚持以人民为中心。在回顾十八大以来的成就时强调,"深入贯彻以人民为中心的发展思想,一大批惠民举措落地实施,人民获得感显著增强。脱贫攻坚战取得决定性进展,六千多万贫困人口稳定脱贫,贫困发生率从百分之十点二下降到百分之四以下"[1]。中共十九大报告强调提高保障和民生水平,突出收入分配改革,形成共享发展新举措。

1. 完善公共服务体系

一是保证全体人民在共建共享发展中有更多获得感;二是优先发展教育事业,明确提出"办好人民满意的教育";三是坚持"房不炒",让全体人民住有所居。

2. 收入分配改革

中共十九大报告对加快收入分配改革提出了明确要求:第一,解决初次分配中的劳资矛盾,提出"完善政府、工会、企业共同参与的协商协调机制,构建和谐劳动关系"。第二,提出"坚持按劳分配原则,完善按要素分配的体制机制,促进收入分配更合理、更有序"。第三,"鼓励勤劳守法致富,扩大中等收入群体,增加低收入者收入,调节过高收入,取缔非法收入"。第四,"坚持在经济增长的同时实现居民收入同步增长、在劳动生产率提高的同时实现劳动报酬同步提高。拓宽居民劳动收入和财产性收入渠道"。第五,强调"履行好政府再分配调节职能,加快推进基本公共服务均等化,缩小收入分配差距"。[2]

3. 打赢脱贫攻坚战

全面建设社会主义现代化强国,重要的前提是坚定推进扶贫攻坚。中共十九大报告强调,让贫困人口和贫困地区同全国一道进入全面小康社会是我们党的庄严承

---

[1] 习近平.决胜全面建成小康社会 夺取新时代中国特色社会主义伟大胜利:在中国共产党第十九次全国代表大会上的报告[M].北京:人民出版社,2017:5.

[2] 习近平.决胜全面建成小康社会 夺取新时代中国特色社会主义伟大胜利:在中国共产党第十九次全国代表大会上的报告[M].北京:人民出版社,2017:46-47.

诺。"要动员全党全国全社会力量,坚持精准扶贫、精准脱贫,坚持中央统筹省负总责市县抓落实的工作机制,强化党政一把手负总责的责任制,坚持大扶贫格局,注重扶贫同扶志、扶智相结合,深入实施东西部扶贫协作,重点攻克深度贫困地区脱贫任务,确保到二〇二〇年我国现行标准下农村贫困人口实现脱贫,贫困县全部摘帽,解决区域性整体贫困,做到脱真贫、真脱贫。"①如今,脱贫攻坚已经取得全面胜利,党带领人民如期全面建成小康社会。

四、全面从严治党是厚植党执政根基的有效手段

我们党来自人民、植根人民、服务人民,一旦脱离群众,就会失去生命力。我们党的最大政治优势是密切联系群众,党执政后的最大危险是脱离群众。习近平曾指出:"党要管党,才能管好党;从严治党,才能治好党。""如果管党不力、治党不严,人民群众反映强烈的党内突出问题得不到解决,那我们党迟早会失去执政资格。"②一百多年来,中国共产党以其科学的行动指南、惊天动地的丰功伟绩、全心全意为人民服务的宗旨,赢得了人民的衷心拥护。但是,我们也必须清醒地看到,长期执政条件下,我们党内各种影响党的先进性、弱化党的纯洁性的因素无处不在,尤其是党的作风问题和腐败问题,对党的执政基础破坏力最大。因此,必须坚定不移推进全面从严治党,切实把党建设好、管理好,保持党的先进性和纯洁性,不断厚植党长期执政的现实基础。

一是,全面从严治党可以凝聚社会共识,巩固群众心理基础。社会共识是指社会成员对社会事物及其相互关系的大体一致或相近的看法。社会共识是一个社会整体存在的基础,也是该社会的人们进行判断与行为的价值载体。某个特定社会要作为一个整体存在下去,就需要该社会成员对其有共识。

凝聚社会共识对于巩固党的执政基础意义重大。清理网络不良信息、解决社会现实矛盾、全面深化改革、实现中华民族伟大复兴的中国梦都迫切需要凝聚社会共识。而新时代凝聚社会共识面临利益主体的多元化、新媒体的去中心化、西方国家的文化渗透等一系列的严峻挑战。只有全面从严治党才能不断提升党的思想引领力,提高全党的思想理论水平,提高对意识形态领域的引导能力和管理能力,保持马克思主义在意识形态领域的主导地位,只有全面从严治党才能"保持良好思想舆论环境,牢牢把握正确舆论导向,切实做好引导社会思潮、凝聚社会共识的工作,努力营造倍加顾全大局、倍加珍视团结、倍加维护稳定的良好氛围"。只有全面从严治党才能"坚持以社会主义核心价值体系引领社会思潮,尊重差异,包容多样,最大限度地形成社会思想共识"。③

二是,全面从严治党可以最大限度满足人民群众利益诉求。人民群众是历史的

---

① 习近平.决胜全面建成小康社会 夺取新时代中国特色社会主义伟大胜利:在中国共产党第十九次全国代表大会上的讲话[M].北京:人民出版社,2017:47-48.
② 十八大以来重要文献选编:上[M].北京:中央文献出版社,2014:349-350.
③ 王锁明.凝聚社会共识的重要性及路径思考[J].人民论坛,2014(11).

创造者,是社会发展的最终决定力量。党同人民群众是鱼水关系。党如果脱离了人民群众就像鱼离开了水,生命就终止了。人民群众的拥护是党的最大政治优势,脱离人民群众是党的最大危险。当前,我国已经踏上强国建设、民族复兴的新征程,进行伟大斗争、建设伟大工程、推进伟大事业、实现伟大梦想必须调动人民群众的积极性和创造性。最大限度凝聚人民群众的力量必须深入推进全面从严治党,向漠视侵害人民群众利益的"顽症痼疾"宣战,满足和保护人民群众的利益。"人民群众反对什么、痛恨什么,我们就要坚决防范和纠正什么。"[1]凡是群众反映强烈的问题都要严肃认真对待,凡是损害群众利益的行为都要坚决纠正,坚持严肃处理群众身边的作风问题和腐败问题,赢得人民群众支持,激发人民群众的积极性、主动性和创造性,使人民群众全身心地投入实现伟大梦想的事业中。

三是,全面从严治党可以增强党的凝聚力和民众的向心力。中国共产党作为领导中国特色社会主义建设的核心力量,它需要强大的凝聚力,需要把全党和全国各族人民聚合为一个整体,实现中华民族伟大复兴的中国梦。

党的凝聚力来自于党的先进性。但现实中,党员干部中的腐败现象不同程度地损害党的先进性,一些干部中的权钱交易、权色交易、以权谋私、权力私有化、权力家族化、权力帮派化等腐败现象,都会无形中瓦解党的团结和统一,会产生降低民众对党执政的信服力,如不有效地惩治腐败,党作为领导核心力量的凝聚性必然被逐渐消解,民众对党执政的情感认同也会被剥离出来,离心力会增加,这对党来说是最大的危险。

改革开放以来社会中存在"端起饭碗吃肉,放下饭碗骂娘"怪现象,出现的"物质生产越成功,学界和政界中与我国的政体离心离德的人反而越多"[2]的悖论,究其深层次的原因,重要的一条就是党政干部腐败引发的社会不公平,伤害了人民群众的感情,直接影响党的执政安全、动摇党的执政地位。全面从严治党通过三条路径,采取有效的方式着力解决了保持党的先进性问题,增强了全党的凝聚力,增强了人民群众对党的凝聚力。其一,党的群众路线教育实践活动、"三严三实"专题教育、"两学一做"学习教育、"不忘初心、牢记使命"主题教育、党史学习教育、学习贯彻习近平新时代中国特色社会主义思想主题教育、党纪学习教育,保持了党的团结统一,保证了党的健康发展。其二,通过严厉查处各种腐败分子,"零容忍、全覆盖、不封顶"的反腐方略,党心民心大振,增强了党的威信,弘扬了党内正气,带动了社会风气的好转。其三,坚持"以人民为中心"的价值导向,让人民群众分享更多的深化改革和全面从严治党的"红利"。人们深感全面从严治党带来的可喜变化,对党的向心力在不知不觉中增强。

所以说,全面从严治党带来的党的凝聚力的增强,导致民众对党的向心力的增强

---

[1] 习近平.决胜全面建成小康社会 夺取新时代中国特色社会主义伟大胜利:在中国共产党第十九次全国代表大会上的报告[M].北京:人民出版社,2017:61.

[2] 玛雅.道路自信:中国为什么能[M].北京:北京联合出版公司,中信出版社,2014:187.

并非虚言,而是客观事实。

四是,全面从严治党坚定了人民群众对党中央的坚强领导和核心领导的自信。全面从严治党,使中国共产党成为全面建设社会主义现代化国家的坚强领导核心,成为牢不可摧的战斗集体,对当代中国人民是一个巨大的鼓舞。

全面从严治党,使党的建设步入了全新的境界。人民群众清醒地看到这样一些基本事实:第一,党执政"不忘初心",意味着党不会脱离群众,坚持夯实执政的阶级基础,不会丢掉执政为民的初衷。党的阶级本质和先进性不会、也不能改变,这是人民群众的定心丸。第二,党风廉政建设和反腐败斗争永远在路上,令人们心安气顺,消除了疑虑和猜忌。第三,零容忍、全覆盖、无禁区,不封顶、不设限、无例外的鲜明立场,令人们精神振奋。第四,副国级的腐败分子,中央委员级别的高级干部,违反党纪国法一律严加惩处,真正实现了中国历代百姓期望的"王子犯法与庶民同罪"的社会理想。人们从中看到党致力于动"大手术"的政治胸怀和勇气,看到党光明磊落,大公无私的执政境界。第五,全面从严治党带来党风、政风和社会风气的变化,人们体会得到,观察得出。

全面从严治党带给人民群众更大的政治自信,他们确信党没有自身的利益,党把自身建设好,为的是更好地为民执政,带领人民奔向"人的自由而全面发展"的理想社会;为的是在更广泛的空间实现人民群众的根本利益;为的是带领中国最广大人民群众实现中华民族伟大复兴的中国梦。

第三节　为实现中华民族伟大复兴中国梦提供了理论武器

没有革命的理论,就不会有革命的运动。中共十九大报告指出,实现中华民族伟大复兴是近代以来中华民族最伟大的梦想。实现伟大梦想,必须进行伟大斗争,必须建设伟大工程,必须推进伟大事业。四个伟大紧密联系、相互贯通、相互作用,其中起决定性作用的是党的建设新的伟大工程。这一重要论述,深刻揭示了实现伟大梦想与建设伟大工程的本质联系,科学阐明了全面从严治党对于实现伟大梦想的根本性、前提性意义。

全面从严治党是党的建设的一贯要求和根本方针。中共十八大以来,以习近平同志为核心的党中央在团结带领全党、全国人民实现中华民族伟大复兴中国梦的征程中,"坚持管党治党不松懈、反腐肃贪不停顿",把全面从严治党纳入治国理政战略布局中,按照全面性、从严性、科学性的新要求,将伟大工程与伟大梦想相结合。坚持党的领导,坚持党要管党、全面从严治党,是党的建设新的伟大工程的必然要求,是中国共产党在新时代进行具有许多新的历史特点的伟大斗争、推进中国特色社会主义伟大事业、实现民族复兴伟大梦想的根本保证。新时代推进全面从严治党,为实现中华民族伟大复兴中国梦提供了强大理论武器。

一、实现中华民族伟大复兴关键在党

中国共产党是中国特色社会主义事业的领导核心。实现中华民族伟大复兴,关键在党。"我们国家和民族的发展必须有一个主轴,中华民族走向繁荣、富强和文明,必须有一个坚强的领导核心,这个领导核心无可替代,就是执政的中国共产党。"① 离开了中国共产党的领导,民族复兴必然是空想。所以,在实现中华民族伟大复兴的中国梦过程中,必须毫不动摇地坚持党的领导,充分发挥党领导总揽全局、协调各方的领导核心作用。这也是被历史实践反复证明了的科学真理。

回顾历史,我们党自诞生之日起,就把"为人民谋幸福、为民族谋复兴"这一初心和使命写在了自己的旗帜上,从此,中国共产党成为实现中华民族伟大复兴的坚强领导核心。一百多年来,我们党初心不改、矢志不渝,团结带领人民找到了中国特色社会主义这条中华民族伟大复兴的必由之路。鸦片战争以后,无数仁人志士进行了各式各样的尝试,但终未能改变旧中国的社会性质。只有中国共产党不仅坚定地选择站在人民一边,高举中国特色社会主义伟大旗帜,汇聚起走向伟大复兴的磅礴力量,使具有5000多年文明历史的古老中国面貌焕然一新,中华民族伟大复兴展现出前所未有的光明前景。现在,我们比历史上任何时候都更接近中华民族伟大复兴的目标,比历史上任何时候都更有信心、有能力实现这个目标。②

中国共产党的领导核心地位,是在推进中华民族伟大复兴的长期实践中形成的,是历史和人民的选择。究其根源就在于我们党代表中国先进生产力的发展要求,代表中国先进文化的前进方向,代表中国最广大人民的根本利益,因而能够成为总揽全局、协调各方的坚强领导核心。历史昭示我们,没有中国共产党的领导,民族复兴就毫无出路。

中国共产党的领导核心地位决定着国家未来和人民的希望。从革命、建设到全面深化改革,唯有中国共产党才能带领人民取得一个又一个胜利。中国共产党不断推动全面从严治党以锻造一个坚强的领导核心。

二、担当新时代历史使命必须全面从严治党

全面从严治党是实现伟大梦想的内在需要。中国特色社会主义进入新时代,民族复兴伟业站在了新的历史起点上。我们党要不负新时代的历史使命,带领全国人民实现民族复兴伟大梦想,就必须坚定不移全面从严治党,坚持以人民为中心,勇于直面问题,敢于刮骨疗毒,消除一切损害党的先进性和纯洁性的因素,清除一切侵蚀

---

① 人民日报评论员.从严治党锻造坚强领导核心:五论协调推进"四个全面"[EB/OL].[2015-02-28].https://www.gov.cn/xinwen/2015-02/28/content_2823364.htm.

② 习近平.习近平谈治国理政[M].北京:人民出版社,2014:35-36.

党的健康肌体的病毒,不断增强管党治党的系统性、预见性、创造性、时效性,确保我们党永葆旺盛生命力和强大战斗力。

全面从严治党是我们党进行伟大斗争的必由之路。中国特色社会主义进入新时代,中华民族伟大复兴正处于关键时期。新时代民族复兴不仅有新机遇,也不可避免地会遇到各种矛盾和阻力。就国际形势而言,当今世界正处在大发展大变革大调整时期,面临的不稳定性不确定性突出。经济方面,西方国家等强化贸易保护主义;领土和资源安全方面,一些国家借"南海问题""钓鱼岛问题"频频挑起争端,力图从中牟取经济利益,借此"遏制"中国;意识形态和文化领域,一些非社会主义、反社会主义的错误思潮暗流涌动,此起彼伏,竞相发声,责难与攻击中国特色社会主义,威胁我国意识形态安全。就国内形势而言,我国已进入全面建设社会主义现代化国家开局起步的关键时期。改革开放40余年,我国改革已经进入攻坚期和深水区。无论是经济体制还是政治体制,无论是文化体制,还是生态文明建设等,每一个领域都进入"深水区",每一个问题都是"硬骨头",进一步深化改革,必须敢于啃硬骨头,敢于涉险滩。经济发展进入新常态,稳中有进,形势很好,但发展压力依然较大,各种矛盾叠加,风险隐患积聚,历史长期形成的各种体制机制弊端和利益固化藩篱难以轻易破除;社会发展进程中产生的人与自然的矛盾、人的发展与社会发展的矛盾、利益分配的矛盾以及人自身的矛盾短期内难以化解;社会公平正义还达不到群众的要求,现实生活与远大理想和先进理论之间还有不少差距。[①]这表明,实现中华民族伟大复兴,绝不是轻轻松松、敲锣打鼓就能实现的,必须进行具有许多新的历史特点的伟大斗争。而要不断夺取伟大斗争新胜利,就必须深化全面从严治党。

全面从严治党是我们党经受风险考验的根本举措。当前,党面临的执政考验、改革开放考验、市场经济考验、外部环境考验将是长期的、复杂的,党面临的精神懈怠危险、能力不足危险、脱离群众危险、消极腐败危险将是尖锐的、严峻的。在实现中华民族伟大复兴进程中,要成功应对"四大考验",化解"四大危险",根本路径就在于坚持党要管党、全面从严治党。

全面从严治党是我们党自身始终过硬的必然要求。新时代,国际国内形势发生了很大变化,我们党面临的执政环境和执政条件发生了很大变化,要使我们党在团结带领人民实现民族复兴中国梦,就必须坚定不移推进全面从严治党,切实解决好党内存在的突出问题,把党管好、治好、建设好,使党永远立于不败之地。

三、毫不动摇把党建设得更加坚强有力

"党政军民学,东西南北中,党是领导一切的。"[②]中国共产党领导是中国特色社会

---

① 韩庆祥,王海滨."伟大斗争"的基本内涵及新形式、新特点[J].马克思主义研究,2014(11).
② 习近平.决胜全面建成小康社会 夺取新时代中国特色社会主义伟大胜利:在中国共产党第十九次全国代表大会上的报告[M].北京:人民出版社,2017:20.

主义最本质的特征,是中国特色社会主义制度的最大优势。打铁必须自身硬。我们党要长期执政、永葆活力,团结带领全国各族人民沿着中国特色社会主义道路实现中华民族伟大复兴,必须毫不动摇坚持和完善党的领导,毫不动摇把党建设得更加坚强有力。2012年习近平总书记上任伊始就指出:"坚持党要管党、从严治党,切实解决自身存在的突出问题,切实改进工作作风,密切联系群众,使我们党始终成为中国特色社会主义事业的坚强领导核心。"①

坚持用马克思主义特别是习近平新时代中国特色社会主义思想武装全党。使各级党组织和广大党员、干部特别是领导干部掌握马克思主义理论武器,提高马克思主义理论水平和运用能力,共同把党的创新理论转化为推进新时代中国特色社会主义伟大事业、实现中华民族伟大复兴的实践力量。

旗帜鲜明把党的政治建设摆在首位。旗帜鲜明讲政治是我们党作为马克思主义政党的根本要求。马克思主义政党具有崇高政治理想、高尚政治追求、纯洁政治品质、严明政治纪律。如果马克思主义政党政治上的先进性丧失了,党的先进性和纯洁性就无从谈起。全面从严治党,必须紧紧扭住党的政治建设这个统领。全面加强党的政治建设,为党在民族复兴进程中始终成为坚强领导核心提供可靠政治保证。

全面增强党的执政本领。习近平在中共十九大报告中指出:"领导十三亿多人的社会主义大国,我们党既要政治过硬,也要本领高强。"②一要增强学习本领。坚持用习近平新时代中国特色社会主义思想武装头脑、指导实践、推动工作,进行全面、系统、富有探索精神的学习。二要增强政治领导本领。不断提高把方向、谋大局、定政策、促改革的能力,提高保持政治定力、驾驭政治局面、防范政治风险的能力。三要增强改革创新本领。保持锐意进取的精神风貌,进一步解放思想、与时俱进,做到登高望远、居安思危,勇于变革、勇于创新,永不僵化、永不停滞。四要增强科学发展本领。坚定不移贯彻创新、协调、绿色、开放、共享的发展理念,统筹推进"五位一体"总体布局,协调推进"四个全面"战略布局。五要增强依法执政本领。坚持依法治国与制度治党、依规治党统筹推进、一体建设,坚持依法治国和依规治党有机统一。六要增强群众工作本领。创新群众工作体制机制和方式方法,加强和改进党对群团工作的领导。七要增强狠抓落实本领。坚持说实话、谋实事、出实招、求实效,把雷厉风行和久久为功有机结合起来。八要增强驾驭风险本领。保持危机意识,统筹发展和安全,提高风险防控能力,健全风险防控机制,加强风险防控创新,增强预测预警预判能力,牢牢把握工作主动权。着力打造高素质专业化干部队伍,为增强党的执政本领提供人才支撑。着力加强党的基层组织建设,坚持大抓基层的鲜明导向,补齐基层党组织领导基层治理的各种短板,把各领域基层党组织建设成为实现党的领导的坚强战斗堡垒,充分发挥各领域基层党组织的政治功能和组织功能,把广大党员、干部和各方

---

① 在十八届中央政治局常委同中外记者见面时的讲话[N].人民日报,2012-11-16.
② 习近平.决胜全面建成小康社会 夺取新时代中国特色社会主义伟大胜利:在中国共产党第十九次全国代表大会上的报告[M].北京:人民出版社,2017:68.

面人才有效组织起来,把广大人民群众广泛凝聚起来,形成为夺取新时代中国特色社会主义伟大胜利,为实现中华民族伟大复兴的中国梦而团结奋斗的强大力量。

第四节 为世界各国政党治理提供了中国智慧

中共十八大以来,以习近平同志为核心的党中央根据新时代世情、国情、党情的变化,把全面从严治党摆在突出位置,并作出了一系列重大部署。全面从严治党不仅进一步丰富和发展了马克思主义建党学说,为马克思主义建党学说理论宝库增添了新的内容,而且为世界各国政党治理提供了中国智慧,具有重要的世界意义。

一、全面从严治党为世界各国共产党重树了信心

中国共产党从诞生之日起,就高度重视自身建设,不断进行自我革命,经过百年奋斗,特别是中共十八大以来,以习近平同志为核心的党中央以全面从严治党开辟了党的自我革命的新境界,百年大党焕发蓬勃生机。而另一方面,近年来由于经济危机,西方资本主义国家政党政治日益遭遇困境,西方政党党员流失现象严重、凝聚力不断下降、日益走向衰落,西式民主神话彻底破灭。比如,2016年6月的英国脱欧公投和12月的意大利修宪公投,2016年11月的特朗普当选美国新一届总统,2017年差点又飞出一只"黑天鹅"的法国大选。

中国共产党管党治党的经验正得到世界各国共产党的认同,成为它们重新树立信心、努力探索具有本国国情自身建设道路的有益指南。

过去由于多种原因,国际上一些人对中国共产党存在片面甚至是负面的错误认识。但近年来,随着以习近平同志为核心的党中央关于全面从严治党、治国理政的新理念新思想新战略日益为国际社会所熟知,亚投行、"一带一路"倡议、人类命运共同体等举措和提法不断付诸实施,加之全面从严治党收到显著成效,国际社会对中国共产党、对中国的看法发生了积极变化。

如今,越来越多的研究机构和学者关注并潜心于研究中国共产党,对中国共产党和中国特色社会主义事业日益表示赞扬和肯定。同时,也期待中国在国际事务中发挥更大的作用。[①]

二、全面从严治党为社会主义国家执政党建设提供了中国方案

马克思主义执政党怎么建设,是一个世界性的问题。1917年俄国十月革命的胜利,诞生了人类历史上第一个无产阶级掌握政权的国家,实现了科学社会主义从理论

[①] 韩强.中国政党政治渐显世界意义[N].解放日报,2017-11-21.

到实践的飞跃。列宁作为世界历史上第一个社会主义国家的创立者,世界历史上第一个无产阶级执政党的领袖,对马克思主义执政党建设进行了开拓性的探索和实践。他在领导俄国无产阶级夺取政权和建设社会主义的实践中,创立了较为完整的建党学说。邓小平曾经说:"列宁有个完整的建党的学说。正是因为列宁建立了那么一个好的党,才能取得十月革命的胜利,建立了第一个社会主义国家。"① 但是苏联共产党在后来的岁月没有能够解决好自身建设问题,在思想建设、组织建设、作风建设等方面都存在严重问题,党的领导层逐步官僚化和特权化,严重脱离人民群众,党的生命力逐渐衰竭,思想理论出现重大错误,最终走向了改旗易帜的邪路。20世纪中后期,共产党执政的社会主义国家普遍面临思想理论、经济体制、政治体制等方面的困扰,由于不同的历史认知导致了截然相反的路径抉择。伴随着苏联解体和东欧剧变,多个国家的共产党相继丧失执政地位,世界社会主义运动遭遇巨大挫折。西方国家的一些共产党也受到了极大冲击,世界社会主义运动陷入了低谷。欧洲开发银行对29个独联体国家和转型国家的调查显示,"转型"15年后,只有30%的人认为现在的生活比以前好。② 与此相反,中国共产党通过不断自我革命,永葆青春与活力,不断开创中国特色社会主义事业新局面。中共十八大以来,中国共产党人成功应对国内外各种风险挑战,以自我革命精神推进全面从严治党,党自我净化、自我完善、自我革新、自我提高能力不断增强,形成了具有普遍意义的建设方案和经验,全面从严治党以及治国理政的辉煌成就获得世界普遍赞誉。这不仅极大地鼓舞了世界上现存社会主义国家执政党不断加强自身建设,而且也激励着西方共产党积极探索当代西方工人运动。老挝巴特寮通讯社社长顺通说,"中共全面从严治党,培养党员队伍过硬的政治素质,这样的经验为各国政党树立了良好榜样"③。例如,2016年1月,越共十二大政治报告提出了越共6大核心任务,把党建和反腐两项任务摆在最前面。越共十二大政治报告指出,要加强党建和整顿工作,预防和击退政治思想、道德和生活作风的蜕化,建设作风正、能力强的干部队伍。在反腐方面,越共提出要推进整个政治体系机构精简优化,提高各组织机构的效率,加大预防和反对腐败、浪费和官僚主义的力度。④ 从2014年开始,老挝人民革命党提出,要严格公务员入职或任职前财产公示制度以遏制腐败行为:各类财产价值2000万基普(约合1.5万元人民币)以上的都必须上报,包括土地、房产、车辆、机械以及各类贵重物品等。⑤ 可以这样说,21世纪,以中国共产党为代表的社会主义国家执政党通过不断加强自身建设捍卫了社会主义伟大事

---

① 邓小平.邓小平文选:第二卷[M].北京:人民出版社,1994:44.
② 马丽雅."中国道路之世界意义研究述评"[J].中共宁波市委党校学报,2016(4).
③ 为各国政党树立榜样:习近平总书记在十九届中央纪委二次全会上的重要讲话引发世界关注[N].成都日报,2018-01-14.
④ 越共十二大对越南经济社会发展有重要意义[EB/OL].[2016-01-28].http://www.xinhuanet.com/world/2016-01/28/c_1117929406.htm.
⑤ 韩旭阳.老挝中央纪委:官员必须公开财产以遏制腐败行为[EB/OL].[2014-05-22].http://www.chinanews.com/gj/2014/05-22/6197747.shtml.

业,击破了多党轮流执政模式一统天下的神话,世界社会主义运动筑底反弹,呈现出不断升扬的态势。①

三、全面从严治党为世界政党治理提供了中国经验

"政党是治理国家不可缺少的工具"②,但是政党只有先治理好自身才能治理好国家。如何提高执政党的领导水平和执政能力,确保执政党清廉高效,是世界政党面临的普遍难题。世界政党各异,成为执政党后各国的政党制度也不同,但只要成为执政党,就必须面对自身治理的问题。20世纪后期,一些长期执政的老党、大党最终没能逃脱"其兴也勃焉,其亡也忽焉"的历史周期率,原因虽然千差万别,但根本原因还是自身治理出现了问题。反腐倡廉是党自身治理的重要内容和基本保障。根本原因就在于,任何政党执政后,都存在丧失执政地位的危险,危险主要来自执政党自身腐败、脱离人民群众、失去民心。正如习近平同志所说:"近年来,一些国家因长期积累的矛盾导致民怨载道、社会动荡、政权垮台,其中贪污腐败就是一个很重要的原因。大量事实告诉我们,腐败问题越演越烈,最终必然会亡党亡国!我们要警醒啊!"③执政党保持执政地位的关键就在于,坚决反对腐败、保持党的肌体健康,维护经济社会稳定发展。面对党风廉政建设和反腐败斗争的严峻形势,以习近平同志为核心的党中央清醒认识到"我们党作为执政党,面临的最大威胁就是腐败"④,"当前腐败现象多发,滋生腐败的土壤存在,党风廉政建设和反腐败斗争形势依然严峻复杂"⑤。提出"反对腐败、建设廉洁政治,保持党的肌体健康,始终是我们党一贯坚持的鲜明政治立场"⑥。以加强党的作风建设为切入点,不断健全反腐倡廉法规制度体系,把权力关进制度的笼子,把加强纪律建设作为全面从严治党的治本之策,持续推进全面从严治党,令年逾百岁的中国共产党永葆青春活力,令世界对中国共产党刮目相看。新加坡《联合早报》在报道中提出中共反腐将从治标转向治本的观点。消息说,经过几年的努力,中共初步达到了"不敢腐的氛围总体形成"这一目标。党内政治生活准则和监督条例如能落实,中共反腐从治标走向治本将不会是句空话。美国《华尔街日报》认为,习近平希望用更严格的纪律规定使其标志性的反腐行动制度化。自2013年以来,有100多万名党员在反腐行动中受到惩处。⑦习近平要求加强对政治权力的约束,创造一个"制度笼子",确保党员干部"不敢腐、不能腐、不想腐"。路透社报道称,事实证明,中

---

① 单孝虹.习近平全面从严治党思想的理论创新及其世界意义[J].毛泽东思想研究,2018(3).
② 罗杰·希尔斯曼.美国是如何治理的[M].北京:商务印书馆,1986:327.
③ 十八大以来重要文献选编:上[M].北京:中央文献出版社,2014:81.
④ 习近平.在庆祝中国共产党成立95周年大会上的讲话[J].求是,2021(8).
⑤ 中共中央纪律检查委员会,中共中央文献研究室.习近平关于党风廉政建设和反腐败斗争论述摘编[M].北京:中央文献出版社,2015:13.
⑥ 十八大以来重要文献选编:上[M].北京:中央文献出版社,2014:81.
⑦ 严瑜.中国反腐成果令世界惊叹[N].人民日报(海外版),2017-06-12.

共的这场反贪战争大快人心,因为中国公众已无法容忍公务员滥用公款或为批准项目而收受贿赂的行径。对于反腐对中国的影响,新加坡国立大学李光耀公共政策学院访问教授毕斯和该校高级研究员托塔哈达在日本《外交学者》网站撰文说,习近平将反腐作为改善国家治理的一大支柱,反腐行动不断加码,做到"苍蝇老虎"一起打。腐败在中国已不再得到容忍。①

总之,中共十八大以来,我们党勇于自我革命,坚持多举措坚定不移推进全面从严治党,以作风建设为全面从严治党破题,以重拳反腐为全面从严治党破局,以党内监督作为全面从严治党重要抓手,以建章立制为全面从严治党固本培元,全面从严治党的伟大实践试出了人心向背,厚植了党的执政根基,锻造出具有更加旺盛生命力和顽强战斗力的党,为党和国家各项事业发展提供了坚强政治保证,为世界政党治理提供了中国智慧。哈萨克斯坦共产人民党中央委员会书记阿依肯·科努罗夫认为,中国共产党通过实实在在的行动,在人民群众中树立威信。他说:"中国共产党全面从严治党态度非常坚决,打击腐败毫不手软。这是中国共产党能够赢得人民群众支持的重要原因。"②全面从严治党充分体现了中国共产党人的政治智慧,给世界政党治理贡献了中国智慧和中国方案。③俄罗斯统一俄罗斯党总委员会副书记、国家杜马议员谢尔盖·热烈兹尼亚克说,作为执政党,统一俄罗斯党"密切关注并仔细研究"中国共产党全面从严治党的做法,"很多在中国实施的反腐败做法,正在俄罗斯得到落实"④。加拿大资深中国研究专家贝淡宁称赞中国共产党全面从严治党成绩对世界的贡献,他说:"中国共产党从中央到地方各级党组织直面问题和挑战,大力遏制腐败的勇气、行动和成就令人敬佩,充分体现了中共的政治魄力和政治智慧,向世界贡献了反腐败的宝贵经验,并引领了全球反腐败治理的新潮流。"⑤2014年,美国政治学者福山看到中国和美国发展现实,比较了中美两国政党政治,修改了自己的"历史终结论"观点,他指出,美国式民主已逐渐异化成"否决政治",导致政府效率低下。

四、全面从严治党为世界各国政党治国理政提供了有益借鉴

从建党之初只有50多人的小党,发展到现在具有9900多万党员,领导全国14亿人民的大党、执政党,并且在70多年的执政生涯中,取得西方发达国家需要几百年才

---

① 外媒眼中的中国政党治理:以制度反腐推进从严治党[EB/OL].[2016-12-25].http://www.chinanews.com/gn/2016/12-25/8104047.shtml.

② 重拳反腐固根基 自我净化气象新:外国政党负责人热议中国共产党坚定不移推进全面从严治党[EB/OL].[2017-09-12].http://www.xinhuanet.com/2017-09/12/c_1121651909.htm.

③ 单孝虹.习近平全面从严治党思想的理论创新及其世界意义[J].毛泽东思想研究,2018(3).

④ 重拳反腐固根基 自我净化气象新:外国政党负责人热议中国共产党坚定不移推进全面从严治党[EB/OL].[2017-09-12].http://www.xinhuanet.com/2017-09/12/c_1121651909.htm.

⑤ 中联部举行"中国共产党的故事:全面从严治党"专题宣介会[EB/OL].[2017-07-01].http://www.sx.xinhuanet.com/2017-07/01/c_1121245054.htm.

能取得的成就,归根到底,主要归功于全面从严治党。中国共产党的成功在世界政党史上都是个奇迹,也为世界各国政党治国理政提供了有益借鉴。

中国共产党是为中国人民谋幸福的党,也是为人类进步事业而奋斗的党。中国共产党是世界上最大的政党。中国共产党所做的一切,就是为中国人民谋幸福、为中华民族谋复兴、为人类谋和平与发展。

中国共产党为世界和平安宁作贡献。"中国共产党人深知和平的可贵,也具有维护和平的坚定决心。中国将高举和平、发展、合作、共赢的旗帜,始终不渝走和平发展道路,积极推进全球伙伴关系建设,主动参与国际热点难点问题的政治解决进程。"[①]中国将积极参与全球治理体系改革和建设,推动国际政治经济秩序朝着更加公正合理的方向发展。中国无论发展到什么程度,都永远不称霸,永远不搞扩张。

中国共产党为世界共同发展作贡献。中国共产党从人民中走来、依靠人民发展壮大,历来有着深厚的人民情怀,不仅对中国人民有着深厚情怀,而且对世界各国人民有着深厚情怀,不仅愿意为中国人民造福,也愿意为世界各国人民造福。长期以来,中国为广大发展中国家提供了大量无偿援助、优惠贷款,提供了大量技术支持、人员支持、智力支持,为广大发展中国家建成了大批经济社会发展项目和民生改善项目。今天,成千上万的中国科学家、工程师、企业家、技术人员、医务人员、教师、普通职工、志愿者等正奋斗在众多发展中国家广阔的土地上,同当地民众手拉手、肩并肩,帮助他们改变命运。

中国共产党为世界文明交流互鉴作贡献。他山之石,可以攻玉。中国共产党历来强调树立世界眼光,积极学习借鉴世界各国人民创造的文明成果,并结合中国实际加以运用。马克思主义就是中国共产党人从国外学来的科学真理。我们党不断推进马克思主义中国化时代化大众化,使之成为指导中国共产党领导中国人民不断前进的科学理论。中国共产党将以开放的眼光、开阔的胸怀对待世界各国人民的文明创造,愿意同世界各国人民和各国政党开展对话和交流合作,支持各国人民加强人文往来和民间友好。

面向未来,中国共产党愿同世界各国政党加强往来,分享治党治国经验,开展文明交流对话,增进彼此战略信任,同世界各国人民一道,推动构建人类命运共同体,携手建设更加美好的世界![②]

总之,随着全面从严治党的纵深推进,全面从严治党的世界意义将更加广泛地显现出来。

[①] 习近平.携手建设更加美好的世界:在中国共产党与世界政党高层对话会上的主旨讲话[EB/OL].[2017-12-02].http://politics.people.com.cn/n1/2017/1202/c1024-29681216.html.

[②] 习近平.携手建设更加美好的世界:在中国共产党与世界政党高层对话会上的主旨讲话[EB/OL].[2017-12-02].http://politics.people.com.cn/n1/2017/1202/c1024-29681216.html.

中　篇
全面从严治党的科学内涵与鲜明特点

　　中国共产党的历史是一部革命、建设和改革的奋斗史,也是一部管党治党的斗争史。中国共产党领导全国各族人民在革命、建设和改革的道路上,之所以从胜利走向新的胜利,奥秘就在于始终坚持"从严治党"。全面建设社会主义现代化国家、全面推进中华民族伟大复兴,关键在党,关键在党要管党、全面从严治党。新时代新征程上,要把坚持和发展中国特色社会主义这场伟大社会革命进行好,必须深刻把握党的二十大作出的战略部署,始终牢记全面从严治党永远在路上、党的自我革命永远在路上,以自我革命精神深入推进全面从严治党,不断把党建设得更加坚强有力。中共十八大以来,以习近平同志为核心的党中央立足新时代,着眼统揽伟大斗争、伟大工程、伟大事业、伟大梦想,高度重视全面从严治党工作,深刻总结长期以来党的建设经验尤其是中共十八大以来全面从严治党经验,对什么是全面从严治党、为什么要全面从严治党、怎样全面从严治党等问题发表了许多重要论述,创造性地提出了一系列新思想新观点新论断,进一步深化了对马克思主义执政党建设规律的认识,成为习近平新时代中国特色社会主义思想的重要组成部分。深入学习贯彻这些重要论述,既要全面、科学、系统地把握其科学内涵、主要内容,又要深刻认识其富有中国特色、时代特色的鲜明特点和理论品格。这对于坚定不移全面从严治党,深入推进新时代党的建设新的伟大工程,确保党成为始终走在时代前列、人民衷心拥护、勇于自我革命、经得起各种风浪考验、朝气蓬勃的马克思主义执政党,具有重大而深远的意义。

第四章　全面从严治党的科学内涵

中共十八大以来,习近平承接不忘初心的历史血脉,把握时代新要求和实践新发展,根据人民群众新期待,以坚定的决心和毅力着力抓好党的建设,在我们党从严治党的探索实践中第一次提出"全面从严治党"的思想并进行了系统阐述,将全面从严治党作为治国理政的三大战略举措之一上升到"四个全面"战略布局的高度。在中共十八届中央纪委六次全会上,习近平指出:"全面从严治党,核心是加强党的领导,基础在全面,关键在严,要害在治。"在庆祝中国共产党成立95周年的"七一"重要讲话中,习近平强调:"管党治党,必须严字当头,把严的要求贯彻全过程,做到真管真严、敢管敢严、长管长严。"习近平在代表中共第十八届中央委员会所作的十九大报告中将"坚持党对一切工作的领导"摆在新时代坚持和发展中国特色社会主义十四条基本方略的第一条,大会也将这一重大政治原则写入党章,成为习近平新时代中国特色社会主义思想的一项核心内容。习近平在代表中共第十九届中央委员会所作的二十大报告中深刻指出,"全面建设社会主义现代化国家、全面推进中华民族伟大复兴,关键在党"[①],必须弘扬伟大建党精神,坚定不移全面从严治党,以党的自我革命引领社会革命。这些重要论述深刻阐释了全面从严治党的新内涵,明确提出了管党治党的新要求,是推进全面从严治党的重要遵循,为管好党、治好党指明了方向。

"全面从严治党核心是加强党的领导,基础在全面,关键在严,要害在治。"在这里,"全、严、治",即全面、严格、治理,这使得治党的任务、目标和途径都进一步清楚明确。"全"就是从严治党要涵盖党的政治建设、思想建设、组织建设、作风建设、纪律建设、制度建设和深入推进反腐败斗争各方面,要立足系统性、全面性,要将从严治党贯穿到各个环节,做到有效衔接、协调推进、共同提升;"严"就是治党要严格严厉,要动真格、见真招、出实效,不仅要高标准而且要严要求,治党不能打折扣、搞变通,要通过严格的纪律和规矩约束、严厉的措施办法警示党员干部;"治"就是要落实、要执行,要加强党对自身的治理,通过自我净化、自我完善、自我革新、自我提高能力,及时发现并治理党自身存在的突出问题,进一步提升党的执政能力,巩固党的执政地位。

---

① 习近平.高举中国特色社会主义伟大旗帜 为全面建设社会主义现代化国家而团结奋斗:在中国共产党第二十次全国代表大会上的报告[N].人民日报,2022-10-26(1).

第一节　全面从严治党的核心是加强党的领导

中共十八大以来,习近平从中国特色社会主义最本质的特征、坚持和完善党的领导、保持党的先进性和纯洁性、办好中国的事情关键在党等多重视角,先后论述了确保党始终成为坚持和发展中国特色社会主义事业坚强领导核心就要全面从严治党。在中共十九大报告中,习近平再次集中强调了新时代我们党要确保在坚持和发展中国特色社会主义的历史进程中始终成为坚强领导核心,就要推进党的建设的新的伟大工程,而推进这一伟大工程又要求必须坚持全面从严治党。习近平指出:全面从严治党,核心是加强党的领导。而强调核心是加强党的领导,就是为了确保我们党始终成为中国特色社会主义事业的领导核心,必须坚持党的领导,改善党的领导,巩固党的领导。中共十九届六中全会通过的《中共中央关于党的百年奋斗重大成就和历史经验的决议》在中共十九大报告"八个明确"基础上提出了"十个明确",并将党的领导列在首位。在中共二十大报告中,习近平指出,"中国式现代化,是中国共产党领导的社会主义现代化",并将"坚持中国共产党领导""坚持中国特色社会主义"作为中国式现代化本质要求的两个重要方面,将"坚持和加强党的全面领导""坚持中国特色社会主义道路"作为前进道路上必须牢牢把握的两项重大原则,强调"党的领导是全面的、系统的、整体的,必须全面、系统、整体加以落实"。[①]

中国共产党的领导是中国特色社会主义最本质的特征和中国特色社会主义制度的最大优势,中国共产党是最高政治领导力量,全党必须深刻领悟"两个确立"的决定性意义,增强"四个意识"、坚定"四个自信"、做到"两个维护",这是党和国家的根本和命脉所在。新形势下,面对"四大危险"和"四大考验"等突出问题,以习近平同志为核心的党中央从战略布局的高度推进全面从严治党,无论是开展党的群众路线教育实践活动、"两学一做"学习教育,还是落实中央"八项规定";无论是开展"三严三实"专题教育、"不忘初心、牢记使命"等主题教育,还是严惩腐败、反对"四风",其核心都在于加强和改善党的领导,提高党的建设科学化水平,确保党始终发挥好总揽全局、协调各方的核心地位和关键作用。在当代中国,党的领导、党中央权威和集中统一领导与确立习近平同志在党中央的核心、全党的核心地位这三者是内在统一的。中国共产党的领导是中国特色社会主义根本特征,必须坚持党的领导。加强党的领导关键是坚持党中央集中统一领导。确立习近平总书记在党中央的核心、全党的核心地位是坚持和加强党的领导的根本保证。只有将这三者结合起来,才能真正把握全面从严治党的科学内涵。

[①] 习近平.高举中国特色社会主义伟大旗帜 为全面建设社会主义现代化国家而团结奋斗:在中国共产党第二十次全国代表大会上的报告[N].人民日报,2022-10-26(1).

一、中国共产党的领导是中国特色社会主义最本质特征

中共十八届六中全会专门研究全面从严治党重大问题。这是党中央着眼于"四个全面"战略布局作出的整体设计,是党中央治国理政方略的渐次展开、深度推进。习近平在中共十八届中央纪委六次全会上的重要讲话中指出:"全面从严治党,核心是加强党的领导,基础在全面,关键在严,要害在治。"① 全面从严治党,使管党治党真正从宽松软走向严紧硬。习近平这一重要论述,深刻阐释了全面从严治党的新内涵和新要求,明确了全面从严治党的着力点,为进一步管好党、治好党指明了方向。习近平之所以强调全面从严治党的核心是加强党的领导,是因为中国共产党的领导是中国特色社会主义最本质的特征,是中国特色社会主义制度的最大优势。

(一)坚持和完善党的领导是历史发展的必然选择

中国共产党的发展史是一部确立和完善党的领导的建设史。回顾党百年来的历史,在革命、建设、改革的伟大征程中,中国共产党坚定捍卫国家民族利益,克服重重阻碍,带领全国人民从贫穷走向富裕、从落后走向先进、从封闭走向开放、从无声无息走向举世瞩目,迎来了从站起来、富起来到强起来的伟大飞跃;带领中国从旧社会走向小康富足的新时代,取得了新民主主义革命、社会主义革命、社会主义建设、改革开放的伟大胜利。特别是中共十八大以来,以习近平同志为核心的党中央,把全面从严治党纳入"四个全面"战略布局,以自我革命的勇气,着力解决过去一个时期落实党的领导弱化、虚化、淡化、边缘化问题,以巨大的政治勇气和强烈的责任担当,提出一系列新理念新思想新战略,出台一系列重大方针政策,推出一系列重大举措,推进一系列重大工作,解决了许多长期想解决而没有解决的难题,办成了许多过去想办而没有办成的大事,推动党和国家事业发生历史性变革,充分发挥了党总揽全局、协调各方的领导核心作用。中国共产党一百多年的发展史,特别是中共十八大以来的管党治党经验充分证明,坚持和完善党的领导,关乎党的前途命运,关乎国家和民族的前途命运,必须以更大的决心、更大的勇气、更大的气力抓紧抓好。

新中国的建设史是一部中国共产党领导全国各族人民攻坚克难的奋斗史。新中国成立70多年来,正是因为始终在党的领导下,集中力量办大事,国家统一有效组织各项事业、开展各项工作,才能成功应对一系列重大风险挑战、克服无数艰难险阻,始终沿着正确方向稳步前进。我们之所以能创造世所罕见的经济快速发展奇迹和社会长期稳定奇迹,中华民族迎来从站起来、富起来到强起来的伟大飞跃,最根本的是因为党领导人民建立和完善了中国特色社会主义制度,不断加强和完善国家治理。新中国70多年的历史充分证明:党的领导地位不是自封的,是历史和人民的选择,也是由我国国体性质决定的。正是有了党的坚强领导,有了党的正确引领,中国人民才从根本上改变了自己的命运,中国发展取得了举世瞩目的伟大成就,中华民族迎来了伟

---

① 习近平.在十八届中央纪委第六次全体会议上的讲话[N].人民日报,2016-05-03.

大复兴的光明前景。毫不动摇坚持和完善党的领导,把党建设得更加坚强有力,是中国共产党能够领导全国各族人民建设中国特色社会主义、全面建设社会主义现代化国家、全面推进中华民族伟大复兴的重要保证。

世界社会主义的运动史为中国共产党坚持和加强党的领导提供了经验教训。纵观世界社会主义运动史,我们可以发现,社会主义之所以能够逐渐成长为世界范围内与资本主义相抗衡的力量,一条重要的经验就是依靠各国共产党强有力的领导和组织。20世纪中后期,世界社会主义之所以遭遇东欧剧变和苏联解体的重大挫折,一个最重要的教训就是这些国家的共产党放弃马克思主义的指导地位,背离了科学社会主义基本原则,忽视共产党自身的执政能力建设,放松共产党对国家各领域的领导权。当前,中国特色社会主义进入了新时代,科学社会主义在21世纪的中国焕发出强大生机活力,我们更需要运用党的领导这个法宝,使中国共产党真正成为科学社会主义的创新发展力量和中国特色社会主义伟大事业的坚强领导核心。[①]

(二) 坚持和完善党的领导是马克思主义政党建设的内在要求

马克思、恩格斯在创立世界上第一个无产阶级政党之初,就在《共产党宣言》中公开阐明了无产阶级的历史地位与历史使命。其后在为第一国际起草章程时,马克思深刻阐释了无产阶级政党领导无产阶级运动的必要性。这样的无产阶级政党就是共产党。共产党是无产阶级革命事业的领导力量,代表整个无产阶级的根本利益,没有自己的特殊利益。共产党是无产阶级中最有觉悟、最有战斗力的先进部队。"在实践方面,共产党是各国工人政党中最坚决的、始终起推动作用的部分;在理论方面,他们胜于无产阶级群众的地方在于他们了解无产阶级运动的条件、进程和一般结果。"[②]列宁进一步提出,党是"无产者的阶级联合的最高形式"[③]。十月革命胜利后,列宁将马克思主义理论付诸实践,认为无产阶级的领导的内涵只能是党的领导,强调整个共和国都必须遵守党的代表大会所通过的决定[④],没有党中央的指示,任何国家机关都不得决定任何一个重大的政治问题或组织问题[⑤]。这也就是说无产阶级政党执政之后,仍然需要领导军事、政治、经济、文化等方面工作。

中国共产党继承了马克思列宁主义关于坚持无产阶级政党领导的思想精髓,在社会主义建设与改革实践中对党的领导体制进行不懈探索。自中国共产党成立以来,就一直注重坚持和完善党的领导。早在抗日战争时期,我们党就提出了"党领导一切"这一概念。1942年9月1日,中共中央通过的《关于统一抗日根据地党的领导及调整各组织间关系的决定》(通称《九一决定》)就明确规定:党是无产阶级先锋队和无产阶级组织的最高形式,党领导军队、政府与民众团体等一切其他组织。根据地领

---

① 刘吕红.坚持和加强党的全面领导的必然逻辑与实践理路[N].光明日报,2018-03-01.
② 马克思,恩格斯.马克思恩格斯选集:第1卷[M].北京:人民出版社,1995:285.
③ 列宁.列宁选集:第4卷[M].北京:人民出版社,1995:160.
④ 列宁.列宁选集:第4卷[M].北京:人民出版社,1995:449.
⑤ 列宁.列宁选集:第4卷[M].北京:人民出版社,1995:157.

导的统一与一元化,应当表现在每个根据地有一个统一的领导一切的党的委员会。中央代表机关(中央局、分局)及各级党委(区党委、地委)为各地区的最高领导机关,统一对各地区党政军民工作的领导。①

新中国成立后的前三十年,毛泽东高度概括党对社会主义建设事业的领导工作,多次谈到,工、农、商、学、兵、政、党这七个方面,都要接受党的统一领导。②他强调"领导我们事业的核心力量是中国共产党"③,提出党是领导一切的,党的领导主要是政治领导的重要论断。改革开放后,邓小平总结新中国成立以来党的建设中正反两方面经验,认为坚持四项基本原则的核心,就是坚持党的领导;强调为了坚持党的领导,必须努力改善党的领导,提出了改革党和国家领导制度的设想。进入21世纪,随着国际局势、国内环境和党内状况的变化,我们党面临着长期执政、改革开放与发展社会主义市场经济的考验,江泽民强调当今中国的事情办得怎么样,关键取决于我们党,"越是改革开放、发展经济,越要加强党的领导、抓好党的建设"④。以胡锦涛同志为总书记的党中央,要求全党必须清醒地认识世情、国情和党情发生的深刻变化,不断提高党的领导水平和执政水平,确保党始终成为中国特色社会主义事业的坚强领导核心。中共十八大以来,以习近平同志为核心的党中央,高度重视加强和改善党的领导,提高党的领导水平和执政水平,强调党的领导是中国特色社会主义的最本质特征与最大优势,将党的领导推向党的全面领导的新高度。

（三）坚持和完善党的领导是应对挑战的客观需要

习近平在中共二十大报告中指出:"从现在起,中国共产党的中心任务就是团结带领全国各族人民全面建成社会主义现代化强国、实现第二个百年奋斗目标,以中国式现代化全面推进中华民族伟大复兴。"⑤当今世界正处于百年未有之大变局,我国正处于实现中华民族伟大复兴的关键时期,正在经历人类历史上最宏大而独特的实践创新,改革发展稳定任务之重、矛盾风险挑战之多、治国理政考验之大前所未有。目标越是远大,风险挑战越是严峻,使命任务越是艰巨,就越需要党的领导,越需要领导核心掌舵领航。

坚持和完善党的领导是应对复杂国际形势的现实需要。当今世界正经历百年未有之大变局,新一轮科技革命和产业变革深入发展,国际力量对比深刻调整,和平与发展仍然是时代主题,人类命运共同体理念深入人心,同时国际环境日趋复杂,新冠肺炎疫情影响广泛深远,经济全球化遭遇逆流,世界进入动荡变革期,单边主义、保护主义、霸权主义对世界和平与发展构成威胁,各种不稳定、不确定因素明显增加,世界

---

① 中国共产党组织史资料:第8卷[M].北京:中共党史出版社,2000:605.
② 毛泽东.毛泽东著作选读:下册[M].北京:人民出版社,1986:832.
③ 毛泽东.毛泽东文集:第6卷[M].北京:人民出版社,1999:350.
④ 十四大以来重要文献选编:上[M].北京:中央文献出版社,2011:327.
⑤ 习近平.高举中国特色社会主义伟大旗帜 为全面建设社会主义现代化国家而团结奋斗:在中国共产党第二十次全国代表大会上的报告[N].人民日报,2022-10-26(1).

之变、时代之变、历史之变的特征更加明显,风险挑战无处不在。应对国际时局新变化,必须练好"内功",始终坚持党总揽全局、协调各方的领导地位,提升全党对国际社会的洞察力、对国际危机的应变力以及对中国声音的传播力,维护好国家主权、安全和发展利益。

坚持和完善党的领导是化解国内各种问题、矛盾与风险的现实需要。现在,我们党团结带领全国各族人民开始了全面建设社会主义现代化国家、全面推进中华民族伟大复兴的新征程。我国发展总体态势是好的,目前已转向高质量发展阶段,制度优势显著,治理效能提升,经济长期向好,物质基础雄厚,人力资源丰富,市场空间广阔,发展韧性强劲,社会大局稳定,继续发展具有多方面优势和条件,同时我国发展不平衡不充分问题仍然突出,推进高质量发展还有许多卡点瓶颈,科技创新能力还不强,确保粮食能源、产业供应链可靠安全和防范金融风险还须解决许多重大问题,重点领域改革还有不少硬骨头要啃,城乡区域发展和收入分配差距仍然较大,群众在就业、教育、医疗、托育、养老、住房等方面面临不少难题,生态环境保护任务依然艰巨。面对新形势下新的战略机遇、新的战略任务、新的战略阶段、新的战略要求、新的战略环境,我们党必须加强自身各方面的能力建设,以优化执政状态,只有不遗余力地推进全面从严治党,才能应对社会风险,把握各种发展机遇,完成各项历史使命。

坚持和完善党的领导是持续推进全面从严治党的现实需要。办好中国的事情,关键在党,关键在党要管党、从严治党。我们党面临的"四大考验""四大危险"是长期的、复杂的、严峻的,党的领导制度体系尚未成熟定型,一些党组织在领导经济社会发展的具体工作中"乱作为"和"不作为",一些领导班子和领导干部适应新时代新要求抓改革、促发展、保稳定水平和专业化能力不足,一些党员干部在政治上不够坚定,不同程度地存在"七个有之"等突出问题,在工作上缺乏担当精神、斗争本领不强、实干精神不足。在形势环境变化快、改革发展稳定任务重、矛盾风险挑战多的大背景下,继续抓住并用好重要战略机遇期,实现高质量发展,推动"两个一百年"奋斗目标有机衔接,为全面建设社会主义现代化国家开好局、起好步,走好实现第二个百年奋斗目标新的赶考之路,离不开中国共产党这个指引方向的指南针、凝心聚力的主心骨、社会稳定的压舱石。因此,必须从党的自身建设着手,持续推进全面从严治党,统一全党思想,凝聚全党共识,集聚全党力量,才能形成强大的向心力,带领全国各族人民共同致力于中国特色社会主义的伟大事业。

二、深刻理解坚持和加强党的领导

在中共十九大之前,党的文件中使用的多是"加强和改善党的领导",中共十九大报告提出新时代党的建设总要求的首要一条就是"坚持和加强党的全面领导"。中共十九大以来,我们党在党的领导问题上又有了突破性的理论认识和重大制度安排。根据中共十九大报告、十三届全国人大一次会议通过《宪法》总纲部分修正案、中共十九届四中全会通过的《中共中央关于党的百年奋斗重大成就和历史经验的决议》《习近平谈治国理政:第三卷》、中共十九届五中全会和六中全会以及中共二十大报告的相关规定与表述,作为最高政治领导力量,党的领导必须是整体的、全面的,体现在经济建设、政治建设、文化建设、社会建设、生态文明建设各个领域,体现在党和国家工作的各个方面、各个环节,无论哪个领域、哪个方面、哪个环节弱化了,都会出现短板效应,削弱党的领导。①因此,所谓党的全面领导,就是党既要发挥我们过去提出并一贯倡导的领导核心作用,同时又要肩负起全面领导的责任。从过去不够全面、不够集中统一、不够有力的领导,走向全面的、高度集中统一的、坚强有力的领导。主要包括以下几个方面的内涵:

(一) 坚持党中央权威和集中统一的领导

这是党的领导的最高原则和核心要义。党政军民学,东西南北中,党是领导一切的。要建设好中国共产党这个世界上最大的马克思主义执政党、治理好中国这个拥有14亿多人口的发展中国家,坚决维护习近平总书记的核心地位、坚决维护党中央权威和集中统一领导至关重要。政治建设的首要任务是坚决维护习近平总书记党中央的核心、全党的核心地位,坚决维护党中央权威和集中统一领导。中共十八届六中全会正式确立习近平同志为党中央的核心、全党的核心地位,党的十九大报告将习近平总书记这一核心地位写入党章。中共十九届六中全会通过的《中共中央关于党的百年奋斗重大成就和历史经验的决议》明确指出:"党确立习近平同志党中央的核心、全党的核心地位,确立习近平新时代中国特色社会主义思想的指导地位,反映了全党全军全国各族人民共同心愿。"②中共二十大把坚持和加强党的全面领导摆在我们在前进道路上必须牢牢把握的五项重大原则之首位,突出强调"坚决维护党中央权威和集中统一领导"。要把坚持党的领导首先是坚持党中央集中统一领导作为首要原则,把坚决维护习近平总书记党中央的核心、全党的核心地位,坚决维护党中央权威和集中统一领导摆在讲政治的首要位置。要引导全党增强"四个意识",自觉在思想上政治上行动上同党中央保持高度一致。党中央作出的决策部署,所有党组织都要不折不扣贯彻落实,始终在政治立场、政治方向、政治原则、政治道路上同党中央保持高度一致。这是党的全面领导最集中的体现,也是坚持和加强党的全面领导最重要的要求。

(二) 坚持党对自身建设的领导

党的领导不仅是党对中国特色社会主义伟大事业的全面领导,而且包括对党的自身建设的领导,特别是党对全面从严治党的领导。如果管党不力、治党不严,党迟早会失去执政资格,不可避免地被历史淘汰。全面从严治党的核心就是坚持和加强

---

① 姚桓.深刻理解坚持和加强党的全面领导[N].人民日报,2017-12-15.
② 中共中央关于党的百年奋斗重大成就和历史经验的决议[N].人民日报,2021-11-17.

党的全面领导。中共十八大以来,习近平关于党的领导的重要论述对党的领导理论的重大贡献,就是把党的领导首先界定为党对自身建设的领导,并把党对自身建设的领导的重要性提到前所未有的认识高度,强调全面从严治党的核心是加强党的领导,基础在全面,关键在严,要害在治。中共十九大报告提出新时代党的建设总要求的首要一点就是"坚持和加强党的全面领导,坚持党要管党、全面从严治党"[1]。中共二十大报告强调,"全面建设社会主义现代化国家、全面推进中华民族伟大复兴,关键在党""必须持之以恒推进全面从严治党"[2]。这充分体现了党中央统筹党的全面领导和全面从严治党,保持二者同步性和同构性的总体思路。贯彻党中央要求,就要明确各级党的组织对管党治党的责任,强调各级党组织主要负责人的第一政绩是党的建设,第一责任也是党的建设。党的所有工作都要以党建为引领。每一名党员干部都必须做到政治过硬、本领高强,做到忠诚、干净、担当。

(三) 坚持党对一切工作的领导

党政军民学,东西南北中,党是领导一切的。这是我国政党制度和党的领导体制规律决定的。中共十九大报告将"坚持党对一切工作的领导"摆在新时代坚持和发展中国特色社会主义的十四条基本方略的第一条,并将"党领导一切"重新写入党章,中共二十大报告强调"把党的领导落实到党和国家事业各领域各方面各环节"。这更加说明坚持党的领导,是党和国家的根本所在、命脉所在。新时代坚持党对一切工作的领导,就是要把坚持和加强党的全面领导贯穿于坚持和发展中国特色社会主义全过程,贯穿于全面建设社会主义现代化国家、全面推进中华民族伟大复兴全过程,把党的领导具体地务实地贯彻到治国理政的全部活动之中,不断提高总揽全局、协调各方能力,全面提高国家治理能力和治理水平。从纵向看,党的全面领导必须体现顶层设计、决策制定、部署执行、监督考核、评估反馈、变革调试等诸多环节,确保党的领导全方位;从横向看,就是把党的领导贯彻和体现到党和国家事业各方面和各领域;从范围看,在国家政权管辖范围内,无论"东西南北中"各地域,都要坚持党的领导;从层级看,党的领导必须在中央、地方和基层得到贯彻落实,确保各级党组织在同级各种组织中发挥领导核心作用;从内容看,体现到坚持和加强党的政治、思想、组织领导等各个方面,体现到不断提升党的领导水平、完善党的领导方式上,体现到持之以恒推进全面从严治党上,体现到建立健全科学有效的党的领导体制机制上,从而落实党对一切工作的领导。

---

[1] 习近平.决胜全面建成小康社会 夺取新时代中国特色社会主义伟大胜利:在中国共产党第十九次全国代表大会上的报告[N].人民日报,2017-10-28.

[2] 习近平.高举中国特色社会主义伟大旗帜 为全面建设社会主义现代化国家而团结奋斗:在中国共产党第二十次全国代表大会上的报告[N].人民日报,2022-10-26(1).

三、坚持和加强党的全面领导

（一）夯实党的全面领导的政治基础

加强政治领导，最重要的是坚持党中央权威和集中统一领导，引导全党深刻领悟"两个确立"决定性意义，增强"四个意识"、坚定"四个自信"、做到"两个维护"，自觉在思想上政治上行动上同党中央保持高度一致。发挥党总揽全局、协调各方的领导核心作用，把坚持党的政治领导真正落实到各个领域、各个方面、各个环节。涵养政治生态，大力发展积极健康的党内政治文化，自觉将其作为加强党的长期执政能力建设、先进性和纯洁性建设的重要基础，作为推进全面从严治党向纵深发展、全面净化党内政治生态的治本之举，摆上突出位置，切实抓紧抓好，抓出成效，营造党的全面领导的良好氛围。严明党建责任，严格落实党委（党组）抓党建工作的主体责任和书记抓党建的第一责任人责任，其他班子成员也要履行好"一岗双责"，加强基层党建工作监督检查和考评问责。突出政治功能，大力加强支部建设，坚持把严格的政治标准贯穿于党员发展、教育和管理全过程。

（二）筑牢党的全面领导的思想根基

中国共产党是高度重视理论武装的党，党的先进性首先来源于理论指导的先进性。中共十九大将习近平新时代中国特色社会主义思想确立为我们党的行动指南，中共十九届六中全会通过的《中共中央关于党的百年奋斗重大成就和历史经验的决议》强调："习近平新时代中国特色社会主义思想是当代中国马克思主义、二十一世纪马克思主义，是中华文化和中国精神的时代精华，实现了马克思主义中国化新的飞跃。"[①]这一科学思想从理论和实践结合上系统回答了新时代坚持和发展什么样的中国特色社会主义、怎样坚持和发展中国特色社会主义这个重大时代课题，回答了新时代中国特色社会主义的总目标、总任务、总体布局、战略布局和发展方向、发展方式、发展动力、战略步骤、外部条件、政治保证等基本问题，是逻辑严密、系统完整、相互贯通的思想体系。这一科学思想既有深厚的理论渊源，又经过实践的充分检验，是全党全国人民为实现中华民族伟大复兴而奋斗的行动指南，也必然是坚持和加强党的全面领导的灵魂。[②]用习近平新时代中国特色社会主义思想武装全党，要坚持理论联系实际，通过学懂弄通做实习近平新时代中国特色社会主义思想，全面掌握和理解、坚持和加强党的全面领导的重大意义、科学内涵和实践要求，自觉把党的全面领导落实到工作的各方面全过程，把落实健全党的全面领导制度转化为党员干部的行为准则、自觉行动。

---

① 中共中央关于党的百年奋斗重大成就和历史经验的决议[N].人民日报,2021-11-17.
② 姚桓.深刻理解坚持和加强党的全面领导[N].人民日报,2017-12-15.

(三) 完善党的全面领导的组织体系

完善上下贯通、执行有力的组织体系,确保党中央决策部署有效落实。党中央是大脑和中枢,必须有定于一尊、一锤定音的权威。党的地方组织必须确保党中央决策部署贯彻落实,有令即行、有禁即止。党组在党的组织体系中具有特殊地位,要贯彻落实党中央和上级党组织决策部署,发挥好把方向、管大局、保落实的重要作用。党的基层组织是党的肌体的"神经末梢",要坚持以提升组织力为重点,突出政治功能,把党的基层组织建设成为宣传党的主张、贯彻党的决定、领导基层治理、团结动员群众、推动改革发展的坚强战斗堡垒。每个党员特别是领导干部要强化党的意识和组织观念,自觉做到思想上认同组织、政治上依靠组织、工作上服从组织、感情上信赖组织。思想上认同组织,就要有坚定的信仰,表现为对党的性质、宗旨、纲领的虔诚信奉,对党的理论和路线方针政策的坚决拥护,自觉做习近平新时代中国特色社会主义思想的忠诚信奉者、坚定实践者。政治上依靠组织,就要珍惜组织给予的政治生命,做政治上的明白人,决不搞阳奉阴违,决不拉帮结派搞非组织活动。工作上服从组织,就要在工作上自觉坚决听党指挥,时刻紧绷纪律规矩之弦,确保党中央政令畅通,确保党组织决策部署落到实处。感情上信赖组织,就要把组织当"知心人",思想问题自觉与组织沟通,重大事项该请示的请示、该报告的报告,始终与党同心同德、同向同行。①

(四) 健全党的全面领导的制度机制

"经国序民,正其制度。"坚持和加强党的全面领导,离不开强有力的制度保障。一要完善坚定维护党中央权威和集中统一领导的各项制度。如健全总揽全局、协调各方的党的领导制度体系,强化党中央决策议事协调机构职能作用;制定党中央集中统一领导重大工作的长效制度,建立健全应对突发公共事件的应急机制;完善党中央重大决策部署落实机制,严格执行向党中央请示报告制度;健全维护党中央集中统一领导的组织制度,做到党的组织和党的工作全覆盖。②二要健全党的全面领导制度。按照总揽全局、协调各方的原则,完善党领导人大、政府、政协及人民团体、企事业单位、基层群众自治组织、社会组织的制度,确保这些机构环环相扣、运转和谐、充满活力;健全各级党委(党组)工作制度,发挥党在各种组织中的领导作用。三要完善党领导各项事业的具体制度。通过全面完善领导党和国家各项事业具体制度,促进党的领导制度体系建设目标的全面实现。四要建立健全党的各级组织执行党的领导的体制。进一步优化党和国家职能体系,在党和国家所有机构履行职责全过程中都要体现党的领导,做到协调行动、增强合力。五要健全为人民执政与靠人民执政各项制度。完善党执政的科学化、民主化、法治化水平的体制机制,健全提高党的执政能力和领导水平制度。

---

① 冯秋婷.以组织体系建设为重点锻造我们党更强大的组织力[N].人民日报,2018-11-30.
② 欧阳淞.坚持和加强党的全面领导:建党原则论[J].中共党史研究,2020(5).

（五）强化党的全面领导的纪律保障

全党自上而下必须遵守"坚持和加强党的全面领导"这一根本纪律和规矩。全体党员干部必须牢记"五个必须"，严防"七个有之"，在思想上政治上行动上与以习近平同志为核心的党中央保持高度一致，保证全党政令畅通，全国一盘棋；特别是各级领导干部这一"关键少数"应发挥以上率下、率先垂范的辐射效应，带头遵守党的全面领导制度，带动提升全党的规矩意识，让纪律真正成为带电的"高压线"。各级党组织必须坚决维护党的全面领导制度的权威性，将落实党的全面领导制度情况，作为巡视巡察审计的重要内容、考察干部政治素质的重要方面、班子和干部年度考核以及任期考核的重要衡量标准，对破坏党的全面领导制度的行为，严肃追责问责。各级纪委必须突出强化政治监督功能，把落实党中央决策部署情况全面纳入政治监督范围，着重在落实如何走好中国式现代化道路、如何全面深化改革开放、如何贯彻新发展理念、构建新发展格局以及如何深入推进全面从严治党等关键领域的监督上下功夫、做文章、出实效，督促各地区各部门善于从制度上思考把握问题，勇于在制度轨道上推进经济社会各项事业发展，确保党中央各项决策部署和工作要求落地生根。此外，还必须加强对党的全面领导制度的宣传教育，让广大党员干部知悉、理解，自觉地把党的全面领导制度要求变成执行性行动。

第二节 全面从严治党的基础在"全面"

全面从严治党中的"全面"，是"治"的基础。"全面"主要指内容全面、对象全面、过程全面等。内容全面即涵盖党的建设总布局方方面面，要把从严治党的要求贯彻到政治建设、思想建设、组织建设、作风建设、纪律建设等方方面面，从各方面保证全面从严治党各项措施落实到位。对象全面即各级党组织、领导干部和全体党员都是全面从严治党的对象，全体党员在党规党纪面前一律平等，不存在不受监督、不担负责任的特殊党组织和特殊党员。要坚持"老虎"和"苍蝇"一起打，无禁区、零容忍，任何人违反党纪国法，都要依法惩治。要推动全面从严治党向基层延伸，将管党治党的要求拓展到每一个基层组织、每一名党员，实现从严治党全覆盖。过程全面即全面从严治党的每一项工作，都重在细节、重在过程，必须防止前紧后松、半途而废的现象。在从严治党的过程中，在每条战线、每个领域、每个环节、每个阶段，重点抓哪些、抓到什么程度、达到什么效果，都要具体明确，要体现管党治党高标准、严要求。我们应从全面从严治党表述、背景、主体、对象、任务、内容、方法、时间八个方面认真学习和准确把握其深刻内涵。

一、从全面从严治党的表述看,规律全体现

从严治党的表述经历了一个发展过程,从原来针对反腐败斗争的党的建设的局部要求,到党的十五大报告系统化的论述成为党的建设的全局性的普遍要求,到习近平2014年10月在党的群众路线教育实践活动总结大会上提出"全面推进从严治党"的八项要求,再到习近平在中共十九大报告中提出"推动全面从严治党向纵深发展"、中共二十大报告强调"全面从严治党是党永葆生机活力、走好新的赶考之路的必由之路""必须推进全面从严治党,深入推进新时代党的建设新的伟大工程,以党的自我革命引领社会革命",至此全面从严治党上升为党的建设全局性、战略性和长远性的指导方针。与党的十五大报告有关"从严治党"的表述相比,这些表述在五个方面体现出更加系统、更具全局性和战略性、更加具有可操作性特点:一是要坚持认识与落实并重,既重视对过去从严治党历史经验的反思,又重视对从严治党责任的落实;二是要坚持"软""硬"兼施,既要注重思想建党,又要强化制度治党;三是要坚持把握全局与突出重点相结合,既要关注全局长远的战略要求,又要善于解决主要矛盾,切实做到从严政治要求和从严管理干部;四是要坚持强化自律与监督惩戒并举,既要以党的纪律严格要求自己,又要切实发挥人民群众的监督作用;五是要坚持选择策略与把握规律的统一,既要做好顶层谋划、基础设计和精心部署,又要探索全面从严治党的客观规律。

全面从严治党,必须深刻把握全面从严治党规律。中共十八大以来,以习近平同志为核心的党中央总结党在历史上形成的管党治党有效经验,深刻分析党的建设中存在的现实问题及其根源,根据新时代党所面临的任务要求,以坚定决心、顽强意志、空前力度推进全面从严治党,在实践中形成了坚持守正传承与开拓创新相统一、坚持问题导向与价值导向相契合、坚持着力治标与注重治本相统筹、坚持全面推进与重点突破相融合、坚持人民监督与自我革命相呼应、坚持思想建党和制度治党相结合、坚持伟大事业与伟大工程相促进的全面从严治党的自身规律,丰富和发展了马克思主义执政党建设的规律。

二、从全面从严治党的背景看,现实全考量

习近平全面从严治党重要论述,是以世情、国情和党情为客观依据的。从世情看,当今世界面临百年未有之大变局,大国之间的战略博弈日益加剧,国际格局和国际秩序深度调整,新一轮科技和产业革命方兴未艾,中华民族正走近世界舞台的中央,我们必须牢牢把握住这个大变局给以中国式现代化全面推进中华民族伟大复兴带来的重大机遇。从国情看,中国特色社会主义进入新时代,中华民族正处在伟大复兴的关键时期。现在,我们党团结和带领全国各族人民开始了全面建设社会主义现代化国家、全面推进实现中华民族伟大复兴的新征程。我国发展总体态势是好的,继

续发展具有多方面优势和条件,同时在我国社会主要矛盾转化和外部环境变化的背景下,我国发展面临新的战略机遇、新的战略任务、新的战略阶段、新的战略要求、新的战略环境,必定会面临这样那样的风险挑战,甚至会遇到难以想象的惊涛骇浪。从党情看,我们党面临的"四大考验""四大危险"是长期的、复杂的、严峻的,党内存在的思想不纯、组织不纯、作风不纯等突出问题尚未得到根本解决。正如中共十九届五中全会强调:"全党要统筹中华民族伟大复兴战略全局和世界百年未有之大变局,深刻认识我国社会主要矛盾变化带来的新特征新要求,深刻认识错综复杂的国际环境带来的新矛盾新挑战。"①我们不仅要把握党的建设与管理的全部要求,更要始终从现阶段的世情、国情和党情客观实际出发,敢于突破利益的藩篱,"对症下药",拿出壮士断腕的勇气全面从严治党,才能消除病根。②

三、从全面从严治党的主体看,责任全落实

责任全落实,是指依据党内法规,各级党委(党组)都要全面压紧压实从严治党主体责任,各级纪委要担负起监督责任、敢于执纪问责,增强管党治党意识、落实管党治党责任。

全面从严治党的主体只能是中国共产党,不是也不能是别的群体、组织和个人,推进全面从严治党必须从组织责任到个人责任,从主体责任到监督责任,从集体责任到一岗双责,从管好个人到管好亲属、身边工作人员,责任全落实。全面从严治党不仅是党中央的要求,而且是党的各级组织都必须贯彻的要求;不仅是指各级政府、部门、单位党政"一把手",而且包含所有班子成员。即各级党委和纪委要担负起党风廉政建设的主体责任和监督责任,各级党委与各部门党委(党组)、各级党委书记与各部门党委(党组)书记、各级各部门党委(党组)成员都要履行好各自抓党建的责任。此外,党建工作实效也应成为对各级各部门党组织负责人尤其是党委(党组)书记,以及其他党员领导干部的重要考核内容。③

四、从全面从严治党的对象看,人员全覆盖

人员全覆盖,是指全面从严治党要管全党、治全党,从严抓好领导干部队伍、党员队伍、各级党组织建设,尤其是要抓住"关键少数"以上率下。

"全面从严治党"的对象务必做到"横向到边,纵向到底,空间无遗漏,时间无先后"。从中央"全面从严治党"的轨迹看,横向涉及党政军、人大、政协、群团组织、企业等各方面;纵向则无论职位高低、权力大小,若党纪国法所指,都必须接受党纪国法的

---

① 中共中央关于制定国民经济和社会发展第十四个五年规划和二〇三五年远景目标的建议[N].人民日报,2020-11-04.
② 陈果."党要管党、从严治党"的理论思考[J].玉林师范学院学报(哲学社会科学),2014(6).
③ 黄小军,朱勇.习近平全面从严治党思想的内在逻辑[J].学术探索,2015(3).

处分;空间没有地域限定,东西南北中都需"老虎""苍蝇"一起打;时间上不分在职不在职、在岗不在岗。①这就是说,既着眼于9918.5万名党员中的每一位,又着眼于517.6万个党组织的每一层②;既抓住领导干部这一"关键少数",又拓展向基层党员;既坚决清除存量,又着力遏制增量。在全面从严治党面前,没有什么"特殊党员",也没有什么不受监督、不担责任的组织。③在这里,习近平反复强调,任何人违反了党纪国法,都要依法惩治,决不能手软,不管级别有多高,谁触犯法律都要问责,都要处理;同时他又强调党要管党、从严治党,关键是从严治吏。在这里,从严治吏尤其要针对党的各级领导机关、领导干部,特别是各级领导班子的"一把手",要从中央做起、以上率下,加强对"一把手"权力的监督,对高度集中的权力进行分解。

五、从全面从严治党的任务看,部署全方位

习近平全面从严治党重要论述思路清晰、内涵丰富,对全面从严治党的各项具体任务,作了全面具体部署,提出了明确要求。④一是以政治建设为统领,坚决拥护"两个确立"、做到"两个维护",坚持和加强党中央集中统一领导。二是以思想建党为根本,用党的创新理论武装全党,把坚定理想信念摆在全面从严治党首位,坚守共产党人精神追求。三是以纪律和规矩为抓手,严肃党内政治生活,严明党的政治纪律,严格规范党内行为。四是以从严治吏为重点,从严选任管理干部,建设堪当民族复兴重任的高素质干部队伍。五是以改进作风为突破口,以严的基调强化正风肃纪,坚持党性党风党纪一起抓,从严推进作风建设,密切党群干群关系。六是以强化基层党组织为保证,从严加强基层党组织和党员队伍建设,夯实基层基础。七是以反腐肃贪为要务,深入推进党风廉政建设和反腐败斗争,深化标本兼治,形成不敢腐、不能腐、不想腐的"三不腐"体制机制,坚决打赢反腐败斗争攻坚战持久战。七是以制度治党为保障,完善党的自我革命制度规范体系,增强制度的贯彻和执行。⑤

六、从全面从严治党的内容看,领域全涵盖

中共十九大报告在提出新时代党的建设总要求时指出,"以党的政治建设为统领""全面推进党的政治建设、思想建设、组织建设、作风建设、纪律建设,把制度建设贯穿其中,深入推进反腐败斗争"⑥。这是中国共产党站在新时代的背景下部署的党

---

① 杨华.习近平全面从严治党战略思想的内涵与特征[J].特区实践与理论,2018(2).
② 中共中央组织部.中国共产党党内统计公报[N].人民日报,2024-07-01.
③ 辛鸣.全面从严治党新意蕴[N].光明日报,2016-02-23.
④ 习近平.高举中国特色社会主义伟大旗帜 为全面建设社会主义现代化国家而团结奋斗:在中国共产党第二十次全国代表大会上的报告[N].人民日报,2022-10-26(1).
⑤ 郭学德.认真落实全面从严治党各项任务[N].河南日报,2015-07-13.
⑥ 习近平.决胜全面建成小康社会 夺取新时代中国特色社会主义伟大胜利:在中国共产党第十九次全国代表大会上的报告[N].人民日报,2017-10-28.

建工作新布局,也是完善党建系统、推进全面从严治党的重大战略创新,这一党建工作的新布局简称"5+2"布局。"5+2"党建工作新布局中的"5"是指党的政治建设、思想建设、组织建设、作风建设、纪律建设,"2"是指制度建设和深入推进反腐败斗争。①这一全新的表述,意味着全面从严治党涵括党的政治建设、思想建设、组织建设、作风建设、纪律建设、制度建设和深入推进反腐败斗争,都要从严设计、从严推进、从严考核,做到整体推进、一体建设。以政治建设为统领,把党的政治建设摆在首位,就是强调坚持和完善党的领导,坚定维护党中央权威和集中统一领导。思想建设主要是着重解决精神上"缺钙"和"软骨病"问题,坚持不懈用习近平新时代中国特色社会主义思想凝心铸魂,解决好理想信念这一共产党人安身立命的根本问题。组织建设主要是遵循"三严三实"要求,增强党组织政治功能和组织功能,执行好《党政干部选拔任用条例》,建立完善科学规范的选拔任用制度机制,建设"信念坚定、为民服务、勤政务实、敢于担当、清正廉洁"②堪当民族复兴重任的高素质党政领导干部队伍。作风建设主要是着力持续深化纠治人民群众反映强烈与深恶痛绝的"四风"问题,重点纠治形式主义、官僚主义,坚决破除特权思想和特权行为,推进作风建设常态化长效化,坚持党的全心全意为人民服务的根本宗旨,发扬党的光荣传统和优良作风,保持党同人民群众的密切联系。深入推进反腐败斗争主要是坚持"标本兼治、综合治理、惩防并举、注重预防"的方针,坚持不敢腐、不能腐、不想腐一体推进,同时发力、同向发力、综合发力,"把不敢腐的震慑力、不能腐的约束力、不想腐的感召力结合起来"③,切实做到预防和惩治腐败现象科学有效,从而把党风廉政建设和反腐败斗争不断引向深入。制度建设主要是突出制度管党治党的全局性和根本性地位,坚持制度治党、依规治党,以党章为根本,以民主集中制为核心,完善党内法规制度体系,健全党统一领导、全面覆盖、权威高效的监督体系,发挥政治巡视利剑作用④,提高制度的权威性和严肃性,保证制度在实践中能够执行到位。

七、从全面从严治党的方法看,标本全兼顾

全面从严治党是一项庞大而复杂的任务,不能毫无章法地乱管、乱治。因此,全面从严治党战略的落实,既要有战略意识,也要有坚决有力、行之有效的措施手段。这必然要求在全面从严治党的方法上要全面,就是坚持一切从实际出发、实事求是的思想方法积极应对世情、国情和党情的新变化,实事求是地解决党面临的新形势新问题;依据唯物辩证法关于联系的普遍性原理,充分尊重客观规律,将全面、从严、科学

---

① 温敬元.丰富和发展新时代党的建设总体布局[N].学习时报,2018-11-12.
② 习近平.习近平谈治国理政[M].北京:外文出版社,2014:412.
③ 习近平在二十届中央纪委二次全会上发表重要讲话强调一刻不停推进全面从严治党 保障党的二十大决策部署贯彻落实[N].人民日报,2023-01-10(1).
④ 习近平.高举中国特色社会主义伟大旗帜 为全面建设社会主义现代化国家而团结奋斗:在中国共产党第二十次全国代表大会上的报告[N].人民日报,2022-10-26(1).

与治党结合起来,实现思想建党与制度治党、治标和治本、法治与德治、自律和他律、集中教育活动与思想教育的经常性工作、党内的政治生活与遵守政治规矩、发挥人民群众的监督作用与落实追究领导责任、扎紧笼子与开门反腐的辩证统一,体现了依法治党、制度治党、依规治党的相辅相成,为推动形成风清气正、崇廉尚实、干事创业、遵纪守法的良好政治生态提供坚强有力的保障①,使全面从严治党取得好的效果。具体说,方法要全面,首先,体现在学习上。习近平指出,共产主义理想、社会主义信念是共产党人的精神灵魂,只有通过加强学习教育,扭紧全体党员人生观、世界观、价值观的"总开关",才能从根本上实现全面从严治党。其次,要靠法治。中共十八届四中全会通过的《中共中央关于全面推进依法治国若干重大问题的决定》,将党内法规体系纳入中国特色社会主义法治体系,明确提出党要依据党内法规管党治党。毫无疑问,"法治"已成为全面从严治党的新常态。第三,靠纪律作风。坚持纪律面前一律平等,作风建设永远在路上。②

八、从全面从严治党的时间看,进程全盯紧

全面从严治党永远在路上、没有休止符,要将全面从严治党常态化、制度化,使全面从严治党成为各级党组织建设的政治自觉,成为广大党员干部的自觉和习惯。正如习近平所指出的,这么多年来,我们一直抓作风问题,不但没有解决、反而愈演愈烈,整治不良作风问题就像割韭菜割了一茬又长一茬。究其原因,症结就在于我们对于作风问题的顽固性和反复性认识不足,缺乏管长远和固根本的制度,缺乏常抓的韧劲与严抓的耐心。反"四风"的实践说明,抓和不抓、真抓和假抓、严抓和松抓都大不一样。所以,"作风建设永远在路上"③,反腐倡廉建设,关键就在"常""长"两个字,即要经常抓、长期抓。④从宏观上说,全面从严治党是长期的、经常的、持之以恒、一以贯之的。从微观上讲,全面从严治党要求扎实做好管党治党的每项工作,发扬钉钉子精神,抓铁留痕、踏石留印,不搞过场、不走形式,善始善终、善作善成,注重每个细节、每个流程,切切实实抓严、抓细、抓实党的建设,推进党的建设和新的伟大工程。⑤

第三节 全面从严治党的关键在"从严"

全面从严治党中的"从严",是贯穿"治"的基本要求和主线。只有坚持党要管党

---

① 刘朝晖.全面从严治党的方法论特质[J].社会主义研究,2015(4).
② 杨华.习近平全面从严治党战略思想的内涵与特征[J].特区实践与理论,2018(2).
③ 习近平.习近平谈治国理政[M].北京:外文出版社,2014:381.
④ 习近平.习近平谈治国理政[M].北京:外文出版社,2014:386.
⑤ 徐蔚,徐玉生.习近平关于全面从严治党的重要论述研究[J].思想教育研究,2018(12).

才能管好党;只有坚持从严治党才能治好党。从严治党的手段在"治",要求在"严"。全面从严治党的题中之义就是党的建设要在"严"字上下足功夫、用尽力气。习近平认为从严是我们做好一切工作的重要保障,他反复强调治党必须从严,必须坚持"严"字当头,把从严的要求落实到党的建设和党内生活各个方面,做到真管真严,敢管敢严,长管长严,时时严、事事严、处处严,以更大的决心和标准把全面从严治党不断推向深入。党的十八届六中全会指出,全面从严治党重在抓好"六个从严",即从严抓思想、从严抓管党、从严抓执纪、从严抓治吏、从严抓作风、从严抓反腐。这不仅体现了我们党的良好执政品性,还体现了其对于自身成员的管护与厚爱,更是彰显了党中央落实全面从严治党的坚定决心和态度。深入学习贯彻习近平总书记重要论述和党中央战略部署,必须深刻把握全面从严治党的关键在"从严"的实践要求。

一、从严抓思想

习近平非常重视党的思想建设,他紧紧把握理想信念这一思想教育中最核心的问题,一再强调革命理想高于天,认为坚定与坚守理想信念和精神追求,永远是共产党人安身立命的根本;坚定与坚守马克思主义信仰和社会主义、共产主义信念,永远是共产党人的政治灵魂和精神支柱。[①]

针对改革开放以来一些党员干部理想信念淡化的问题,习近平一针见血地指出,一些党员干部之所以走上歧路,根本原因是信仰迷茫和精神迷失;理想信念如同共产党人精神上的"钙",理想信念缺失,就会因精神上"缺钙"而患上"软骨病"。[②]习近平在庆祝中国共产党成立95周年大会上发表的重要讲话中指出,理想信念动摇与滑坡,是最危险的动摇和滑坡。一个政党的衰落,往往是从理想信念的丧失或缺失开始的。因此,抓好理想信念教育问题,是一个关系到共产党人世界观、人生观与价值观"总开关"的问题。只有拧紧这个"总开关",才能更好地解决其他问题。正因为如此,中共十八大以来,党中央部署在全党先后开展了党的群众路线教育实践活动、"三严三实"专题教育、"两学一做"学习教育和"不忘初心、牢记使命"主题教育、党史学习教育、学习贯彻习近平新时代中国特色社会主义思想主题教育6次党内集中学习教育,目前正在全党开展党纪学习教育,坚持思想建党和制度治党同向发力,抓住"关键少数"、引领"绝大多数",从集中性教育向经常性教育延伸,实现常态化制度化,推动习近平新时代中国特色社会主义思想入脑入心,坚持不懈用习近平新时代中国特色社会主义思想凝心铸魂。把理想信念教育作为党的思想建设的战略任务,教育引导全党牢记党的宗旨,用初心使命砥砺全党,解决好世界观、人生观、价值观这个"总开关"问题,自觉做共产主义远大理想和中国特色社会主义共同理想的坚定信仰者和忠实实践者。

[①] 十八大以来重要文献选编:上[M].北京:中央文献出版社,2014:80.
[②] 十八大以来重要文献选编:上[M].北京:中央文献出版社,2014:80-81.

怎样才能做到坚定理想信念？关键之一，是好学上进，增强自己的本领。习近平指出：学习应该富有探索精神，学习内容是全面和系统的。要向榜样学习；要把学习书本知识与学习实践知识相结合；要把向人民群众、专家学习与向国外有益的成功经验学习相结合。要学习马克思主义理论，掌握贯穿其中的立场、观点和方法，这是我们做好工作的看家本领；要学习党的路线方针政策和国家法律法规，这是我们必须具备的政治素养和做好工作的基本准备；要学习党史、国史、经济、政治、文化、社会、科技、军事、外交知识，不断提高知识化与专业化水平。"要坚持学而信、学而思、学而行。坚定的理想信念，必须建立在对马克思主义的深刻理解之上，建立在对历史规律的深刻把握之上。"①"要坚持学而信、学而思、学而行，把学习成果转化为不可撼动的理想信念，转化为正确的世界观、人生观、价值观，用理想之光照亮奋斗之路，用信仰之力开创美好未来。"②

二、从严抓管党

治国必先治党，治党务必从严。党的二十大通过的新党章明确规定，党的建设必须坚决实现六项基本要求，其中第六条就是"坚持从严管党治党"。中共十八大以来，以习近平同志为核心的党中央根据世情、国情、党情的新变化，从巩固党的执政地位和实现中华民族伟大复兴的高度，将全面从严治党纳入"四个全面"战略布局、列入新时代坚持和发展中国特色社会主义的十四个基本方略，以"打铁还需自身硬"的坚强决心和非凡勇气，把党要管党与从严治党的要求贯彻落实于党的建设全过程和各方面。"党要管党，才能管好党；从严治党，才能治好党。"③在政治建设上，强化党的全面领导，把"党政军民学，东西南北中，党是领导一切的"写进党章，将"中国共产党领导是中国特色社会主义最本质的特征"写入宪法，通过深化党和国家的机构改革，切实把党的全面领导落实到治国理政全过程和各方面。同时，把加强党的政治建设作为党的根本性建设，强调新时代党的政治建设的首要任务就是做到"两个维护"。在思想建设上，提出理想信念是共产党人精神之"钙"，没有理想信念或者理想信念不坚定，精神上就会"缺钙"、得"软骨病"。④在作风建设上，颁布了中央"八项规定"，开展了党的群众路线教育实践活动，对形式主义、官僚主义、享乐主义和奢靡之风等"四风"方面存在的突出问题进行集中整治。⑤在纪律建设

---

① 习近平在庆祝中国共产党成立95周年大会上的讲话[N].人民日报,2016-07-02.
② 习近平在纪念红军长征胜利80周年大会上的讲话[N].人民日报,2016-10-22.
③ 习近平.在全国组织工作会议上的讲话[M]//十八大以来重要文献选编:上.北京:中央文献出版社,2014:349-350.
④ 习近平.紧紧围绕坚持和发展中国特色社会主义 学习宣传贯彻党的十八大精神[M]//十八大以来重要文献选编:上.北京:中央文献出版社,2014:80-81.
⑤ 中共中央文献研究室,中央党的群众路线教育实践活动领导小组办公室.习近平关于党的群众路线教育实践活动论述摘编[M].北京:党建读物出版社,2014:3.

上,将纪律建设作为全面从严治党的治本之策,始终在紧绷纪律之弦上下功夫,持之以恒正风肃纪。在制度建设上,稳妥推进党的建设制度改革,先后出台一系列党内制度和法规,开创了党的制度建设新局面。在反腐败斗争方面,坚持标本兼治,做到既打"老虎"又打"苍蝇",通过建立健全"不敢腐、不能腐、不想腐"保障机制,从源头上防止和杜绝腐败的滋生蔓延。

三、从严抓执纪

习近平强调:"党要管党、从严治党,靠什么管、凭什么治?就是从严抓执纪,即要严明纪律。"[①]其一,要严明党的政治纪律。习近平担任党的总书记伊始,就非常重视发挥党章的根本大法作用[②],他说:"党规党纪严于国法。申请加入中国共产党,面对党旗宣过誓,就成了有组织的人,……就要在政治上讲忠诚、组织上讲服从、行动上讲纪律。"[③]党的各级组织和"每一个共产党员特别是领导干部都要牢固树立党章意识,更加自觉地学习党章、遵守党章、贯彻党章、维护党章,用党章党规党纪约束自己的一言一行"[④],按照党的组织原则和党内政治生活准则做人为官办事。同时,他还强调,严明政治纪律最核心的就是,坚持和服从党的领导,始终如一地在思想和行动上与党中央保持高度的一致。[⑤]其二,要严明党的组织纪律。他强调组织观念、组织程序、组织纪律要严起来。[⑥]要向组织报告、听组织意见,对组织忠诚老实,言行一致、表里如一;在党内,职位越高,组织纪律性应越强;党员应该平等相待,平等享有党员的权利与履行党员的义务;严格执行党的民主集中制、党内组织生活制度等。其三,要切实履行执纪职责。他强调:广大党员干部要无条件地遵守党的纪律,说到做到。[⑦]各级党组织要履行执行和维护党的纪律的责任,真抓真管,敢抓敢管,有纪必执,有违必查,真正使党纪成为带电的"高压线"。其四,要坚持党纪严于国法。党规党纪可以对一些国家法律尚未规定或者不可能规定的空白点作出严格规定,以此约束党员干部的行为,使我们党始终保持组织严密、纪律严明这一优良传统和政治优势。中共十八大以来,习近平多次强调要把思想建党与制度治党紧密结合。坚持制度治党,关键就是完善党规党纪,让党员干部按照党规党纪以更高标准严格要求自己,以党规党纪祛病疗伤、激浊扬清。他提出各级党的组织和广大党员干部要按照党规党纪以更高标准严格要求自己,模范遵守国家法律法规,坚决同违法乱纪划清界限。

---

①② 习近平总书记系列重要讲话读本[M].北京:学习出版社,人民出版社,2014:171.
③ 习近平.认真学习党章 严格遵守党章[N].中国青年报,2012-11-20.
④ 习近平在二十届中央纪委二次全会上发表重要讲话强调一刻不停推进全面从严治党 保障党的二十大决部署贯彻落实[N].人民日报,2023-01-10(1).
⑤ 十八大以来重要文献选编:上[M].北京:中央文献出版社,2014:132.
⑥ 十八大以来重要文献选编:上[M].北京:中央文献出版社,2014:765.
⑦ 十八大以来重要文献选编:上[M].北京:中央文献出版社,2014:764.

四、从严抓治吏

"党要管党,首先是管好干部;从严治党,关键是从严治吏。"①习近平所讲的从严治吏,就是在干部队伍建设全过程之中都要贯彻落实从严管理干部的原则,坚持从严教育、管理和监督。其一,从严把关。他提出要坚持"三严三实",大力选拔任用、培养造就党和人民需要的好干部,真正使"信念坚定、为民服务、勤政务实、敢于担当、清正廉洁"成为好干部的标准②;他倡导正确的用人导向,匡正选人用人风气,突出政治标准,提拔重用牢固树立"四个意识"和"四个自信"、坚决维护党中央权威、全面贯彻执行党的理论和路线方针政策、忠诚干净担当的干部;他强调要坚持党管干部原则,努力做到选贤任能、用当其时,知人善任、人尽其才;他主张要建构系统完备、科学规范、有效管用、简便易行的选人用人制度机制,发挥党组织在干部选拔任用工作中的领导和把关作用,坚决取缔简单的以票取人方法。③其二,从严监督。习近平指出:"组织上培养干部不容易,要管理好、监督好,让他们始终有如履薄冰、如临深渊的警觉。"④他要求各级领导机关和领导干部,时时处处严要求、作表率,特别强调对党政"一把手"的监督管理,坚持以严的标准、严的措施与严的纪律要求、管理与约束干部,使干部真正做到心有所畏、言有所戒和行有所止。同时要求领导干部在其位谋其政,既廉又勤,既干净又干事,对"为官不为"感到羞耻。他在中共十九大报告中指出,坚持严管和厚爱结合、激励和约束并重,完善干部考核评价机制,建立激励机制和容错纠错机制,旗帜鲜明为那些敢于担当、踏实做事、不谋私利的干部撑腰鼓劲。在中共十九大报告中,他再次强调指出:"坚持严管和厚爱相结合,加强对干部全方位管理和经常性监督,落实'三个区分开来',激励干部敢于担当、积极作为。"⑤各级党组织要关心爱护基层干部特别是条件艰苦地区干部,主动为他们排忧解难。其三,从严考核。习近平提出要从坚持立党为公、执政为民的高度考评干部的政绩,考核干部要看是否有精神状态、是否守土有责、是否廉洁自律、是否勤修政德官德。⑥要选优配强各级领导班子。

五、从严抓作风

党的作风就是党的形象,关系人心向背,关系党和国家生死存亡。习近平总书记

---

① 十八大以来重要文献选编:上[M].北京:中央文献出版社,2014:350.
② 十八大以来重要文献选编:上[M].北京:中央文献出版社,2014:337-338.
③ 张书林.习近平执政党建设思想:基础、架构和特点[J].理论探索,2015(2).
④ 习近平.习近平谈治国理政[M].北京:外文出版社,2014:418.
⑤ 习近平.高举中国特色社会主义伟大旗帜 为全面建设社会主义现代化国家而团结奋斗:在中国共产党第二十次全国代表大会上的报告[N].人民日报,2022-10-26(1).
⑥ 十八大以来重要文献选编:上[M].北京:中央文献出版社,2014:343-344.

在党的二十大报告中强调指出:"坚持以严的基调强化正风肃纪。"①党的十八大以来,以习近平同志为核心的党中央以作风建设为突破口推进全面从严治党,以刮骨疗毒的决心和壮士断腕的勇气对党内存在的形式主义、官僚主义、享乐主义、奢靡之风等"四风"问题和腐败问题,下大气力进行清理整治,使党的作风建设理论与实践不断创新发展和推陈出新。一是党中央带头加强作风建设。习近平强调"打铁还需自身硬",抓好党的作风,必须党的高级领导干部先做到,要求别人不做的自己坚决不做。二是培养坚定的理想信念。理想信念就是共产党人精神上的"钙",没有理想信念,理想信念不坚定,精神上就会"缺钙",就会得"软骨病"。②三是共产党员要"认真"。"认真"是我们党的优良传统,也是共产党人的优秀品格。从严抓作风,就要实事求是、求真务实,真抓实干,真抓才能攻坚克难,实干才能梦想成真。四是开展主题教育。为从严抓作风,党中央相继开展了党的群众路线教育实践活动、"三严三实"专题教育、"两学一做"学习教育、"不忘初心、牢记使命"主题教育、党史学习教育、学习贯彻习近平新时代中国特色社会主义思想主题教育等一系列集中性学习教育。通过一系列的主题教育,让全体党员时刻牢记初心和使命,时刻可以"正衣冠、治治病"。五是要坚持"老虎""苍蝇"一起打。"物必先腐也,而后虫生之",苏联解体的原因之一就是执政党出现严重的贪腐情况,导致人心向背,最终亡党亡国。不管是"老虎"还是"苍蝇",无论是大腐败还是"微腐败",都在坚决纠治之列。③六是建立严格的党规制度。中共十八大以来,党中央陆续发布了《中国共产党党内法规制定条例》《中国共产党党内法规和规范性文件备案规定》《党政机关厉行节约反对浪费条例》《关于改进工作作风、密切联系群众的八项规定》《关于改进地方党政领导班子和领导干部政绩考核工作的通知》等一系列文件,目的都是要加强党的作风,树立优良形象。

六、从严抓反腐

坚定不移地推进反腐败斗争是新时代推进全面从严治党的基本方略,新时代深入推进反腐败斗争要以零容忍惩治腐败为基本立场,以实现干部清正、政府清廉、政治清明为目标,灵活运用马克思主义唯物辩证法来巩固反腐败斗争压倒性态势,从而取得反腐败斗争压倒性胜利,并全面巩固。中共十八大以来,习近平高举反腐利剑,向一切腐败现象、腐败行为、腐败分子动真格、出重拳。这体现在:其一,充分认识腐败的严重危害。他运用"社会毒瘤""严峻复杂""生死存亡""不堪设想""霸王别姬"等

---

① 习近平.高举中国特色社会主义伟大旗帜 为全面建设社会主义现代化国家而团结奋斗:在中国共产党第二十次全国代表大会上的报告[N].人民日报,2022-10-26(1).
② 习近平.紧紧围绕坚持和发展中国特色社会主义学习宣传贯彻党的十八大精神[N].人民日报,2012-11-19(1).
③ 习近平.全面贯彻落实党的十九大精神以永远在路上的执着把从严治党引向深入[N].人民日报,2018-01-15(1).

语词,把反腐倡廉建设放到党和国家事业发展全局的战略高度来认识和部署。[①]他向全党宣告:要以猛药去疴、重典治乱与刮骨疗毒、壮士断腕的决心和勇气,把党风廉政建设和反腐败斗争进行到底。[②]其二,惩处腐败要严厉。他指出要坚持"常""长"反腐,要经常抓和长期抓,有案必查、有腐必惩,坚持不懈、长期作战,以实际成效取信于民;强调要以零容忍态度、以高压态势反腐败,形成强大震慑[③];要深化标本兼治,夯实治本基础,一体推进不敢腐、不能腐、不想腐。[④]其三,锁定反腐对象。他反复强调反腐败不定指标,没有限额,毫不留情,绝不手软。反腐败重点是领导机关、领导班子、领导干部,要着力查处党员干部尤其是领导干部违纪违法案件,同时要坚持"老虎"和"苍蝇"一起打,重点查处不收敛不收手的违纪违法问题,切实解决发生在老百姓身边的不正之风和腐败问题。[⑤]其四,查处重点问题。要严肃查处、严加惩治中共十八大以来不收敛不收手,严重阻碍党的理论和路线方针政策贯彻执行、严重损害党的执政根基的腐败问题;要深化整治金融、国企、能源、医药和基建工程等权力集中、资金密集、资源富集领域的腐败,清除风险隐患。[⑥]要完善境外国有资产监管制度。要坚决贯彻中央八项规定精神,保持定力、寸步不让,防止老问题复燃、新问题萌发、小问题坐大。要加强对各级"一把手"的监督检查,完善任职回避、定期轮岗、离任审计等制度,用好批评和自我批评武器。[⑦]其五,扣紧反腐制度链条。他强调既反腐败,更防腐败;既有霹雳手段,更有菩萨心肠。要深刻把握党风廉政建设规律,加强对权力的制约和监督,切实形成不敢腐、不能腐与不易腐的惩戒、防范和保障"三大机制",一体推进不敢腐、不能腐、不想腐。

第四节　全面从严治党的要害在"治党"

全面从严治党,要害在治。通过系统治理、持久发力,主要解决为什么要害在治、治什么、由谁来治、重点治谁、靠什么治、依靠谁推动治等一系列重大问题,使我们党不忘初心、继续前进,永葆党的先进性和纯洁性,着力提升党的执政能力和领导水平,

---

① 肖铜,赵慧礼.习近平总书记党建思想的显著特征[J].大庆社会科学,2015(1).
② 习近平在十八届中央纪委三次全会上发表重要讲话强调强化反腐败体制机制创新和制度保障 深入推进党风廉政建设和反腐败斗争[N].人民日报,2014-01-15.
③ 辛鸣."全面从严治党"思想的深刻内涵[J].政策,2015(5).
④ 习近平在十九届中央纪委三次全会上发表重要讲话强调取得全面从严治党更大战略性成果,巩固发展反腐败斗争压倒性胜利[N].人民日报,2019-01-12.
⑤ 习近平.认真学习党章 严格遵守党章[N].人民日报,2012-11-16.
⑥ 习近平在二十届中央纪律三次全会上发表重要讲话强调深入推进党的自我革命 坚决打赢反腐败斗争攻坚战持久战[N].人民日报,2024-01-09(1).
⑦ 习近平在十九届中央纪委四次全会上发表重要讲话强调一以贯之全面从严治党强化对权力运行的制约和监督为决胜全面建成小康社会决战脱贫攻坚提供坚强保障[N].人民日报,2020-01-14(1).

着力增强抵御风险和拒腐防变能力,不断推进党的建设新的伟大工程。

一、明确全面从严治党的目标,解决为什么要害在治的问题

"打铁还需自身硬。"中国共产党是中国特色社会主义伟大事业的核心力量,历史重任在肩,时代考验严峻,必须全面加强党的建设,坚持党要管党、从严治党。这既是党自身建设和发展的内在要求,更是全面推进中国特色社会主义伟大事业、全面建设社会主义现代化国家、全面推进中华民族伟大复兴的现实需要。中共十八大以来,以习近平同志为核心的党中央坚持和加强党的全面领导,坚持党要管党、全面从严治党,以加强党的长期执政能力建设、先进性和纯洁性建设为主线,以党的政治建设为统领,以坚定理想信念宗旨为根基,以调动全党积极性、主动性、创造性为着力点,全面推进党的政治建设、思想建设、组织建设、作风建设、纪律建设,把制度建设贯穿其中,深入推进反腐败斗争,不断提高党的建设质量,把党建设成为始终走在时代前列、人民衷心拥护、勇于自我革命、经得起各种风浪考验、朝气蓬勃的马克思主义执政党,确保党始终成为中国特色社会主义伟大事业的坚强领导核心。

二、明晰全面从严治党的任务,解决治什么的问题

要害在治,就是要直面考验和危险,及时发现、切实治理党自身存在的突出问题[①],如党的领导弱化、党的建设缺失、全面从严治党不力等共性问题,以及"处处是高压线,就是从来不带电"的宽松软现象。

当前,全面从严治党取得新的战略性成果,反腐败斗争压倒性胜利得到全面巩固,同时我们应看到,反腐败斗争形势依然严峻复杂,遏制增量、清除存量的任务依然艰巨,全面从严治党永远在路上。当今世界正经历百年未有之大变局,我国正处于实现中华民族伟大复兴关键时期,我们党正带领人民进行具有许多新的历史特点的伟大斗争,形势环境变化之快、改革发展稳定任务之重、矛盾风险挑战之多、对我们党治国理政考验之大前所未有,我们党的领导水平和执政能力、党组织建设状况和党员干部素质、能力与作风,与国内外形势发展变化、党所承担的历史任务的要求还不能完全适应,必须引起我们高度警觉。党面临的"四大考验""四种危险"是长期的、复杂的、严峻的,影响党的先进性、弱化党的纯洁性的因素也是复杂的,党内存在的思想不纯、组织不纯、作风不纯等突出问题尚未得到根本解决,实践中还在出现一些新情况新问题。腐败是我们党面临的最大威胁,必须增强危机意识,保持战略定力,一以贯之、坚定不移全面从严治党。

2021年,我们隆重庆祝中国共产党成立100周年,制定和实施"十四五"规划,开启全面建设社会主义现代化国家新征程。从全面建成小康社会到基本实现现代化,再到全面建成社会主义现代化强国,是新时代中国特色社会主义发展的战略安排,是

---

① 钟龙彪.治、严、全:全面从严治党的三大科学内涵解析[N].天津日报,2015-04-27.

中华民族实现伟大复兴的历史大势,是我们的光荣使命和神圣责任。习近平在中共二十大报告中鲜明提出"从现在起,中国共产党的中心任务就是团结带领全国各族人民全面建成社会主义现代化强国、实现第二个百年奋斗目标,以中国式现代化全面推进中华民族伟大复兴"①。要努力实现既定的任务目标,我们党必须始终得到人民拥护和支持,必须始终牢记初心和使命,坚决清除一切弱化党的先进性、损害党的纯洁性的因素,坚决割除一切滋生在党的肌体上的毒瘤,坚决防范一切违背初心和使命、动摇党的根基的危险。越是形势复杂、挑战严峻,越要充分发挥全面从严治党凝心聚力、固本强基的战略功能,使党经得起各种风浪考验。全面从严治党,必须持之以恒、善作善成,以"越是艰险越向前"的气概和"狭路相逢勇者胜"的斗志,把管党治党的螺丝拧得更紧,把全面从严治党的思路举措搞得更加科学、更加严密、更加有效,一以贯之全面推进党的政治建设、思想建设、组织建设、作风建设、纪律建设,将制度建设贯穿其中,深入推进反腐败斗争。只有以改革创新精神不断推进党的建设,坚持党要管党、从严治党,才能更好地经受住四大考验,更好地战胜四大危险。②

三、严实全面从严治党的责任,解决由谁来治的问题

习近平多次强调,全面从严治党,党委要认真履行主体责任。落实主体责任就要求在实践中坚持党的领导,各级党组织要形成从严治党意识,将党的领导体现在工作的各个方面。从党中央到省市县党委,从中央部委、国家机关部门党组(党委)到基层党支部,都要承担起全面从严治党的主体责任,把党的领导落到实处,发挥好全面从严治党的领导核心和战斗堡垒作用。

各级党委书记、各部门党委(党组)书记都要把抓好党建工作作为分内之事,让自己成为推进全面从严治党的书记;各级部门党委(党组)成员都要担负起自己分管领域内全面从严治党的责任。党委书记要成为管党治党的第一责任人,不仅要对党负责,还要对干部成长以及本地区政治生态负责。此外,还应注意向党委其他成员以及下级党委书记进行责任传导,保证管党治党责任落实到位。

各级纪委要担负起执纪问责的监督责任,要坚守监督执纪问责的定位,把党内监督同国家监察、群众监督结合起来,同法律监督、审计监督、司法监督、舆论监督等协调起来,形成监督合力。纪委履行监督责任并不意味着主体责任与纪委无关,纪委辅助党委落实主体责任是党章规定的既定之责。另外,需要明确纪委的监督不仅仅是对下级的监督,还包括对同级党委及其班子成员的监督。纪委履行监督责任必须按照"四种形态"要求贯彻落实到党员干部日常教育、管理和监督之中,贯彻到线索处置、纪律审查、执纪审理的各方面、全过程,使其真正成为工作的遵循和标准。③

---

① 习近平.高举中国特色社会主义伟大旗帜 为全面建设社会主义现代化国家而团结奋斗:在中国共产党第二十次全国代表大会上的报告[N].人民日报,2022-10-26(1).
② 习近平系列重要讲话读本[M].北京:学习出版社,人民出版社,2016:104-105.
③ 徐苪,徐玉生.习近平关于全面从严治党的重要论述研究[J].思想教育研究,2018(12).

从严治党,要害在治,关键在各级党组织要把全面从严治党的政治责任切实担负起来,党委抓、书记抓、各有关部门抓、一级抓一级、层层抓落实强化责任追究,加大问责力度,让失责必问成为常态。要站在巩固党的执政地位的全局高度认识全面从严治党的责任,牢固树立正确政绩观,把抓好党建作为最大的政绩,落实好全面从严治党责任,做到党建工作和中心工作一起谋划、部署和考核,坚决防止"一手硬、一手软"①。

四、抓住全面从严治党的重点,解决重点治谁的问题

全面从严治党的重点在于从严管理监督领导干部。习近平指出,党要管党、从严治党,首先是管好干部,关键是从严治吏。②之所以强调抓住领导干部这个"关键少数",是因为很多权力掌握在干部手中,而党的路线、方针、政策需要依靠干部带领才能具体执行,如果缺少一支高素质、作风优良的干部队伍,很难搞好党的建设。国家问题主要集中在共产党内部,而共产党内部问题则主要集中在领导干部身上。习近平强调,从严治党的重点,在于从严管理干部,要做到管理全面、标准严格、环节衔接、措施配套、责任分明。

所谓管理全面,就是从年轻干部到离退休老同志要实现全覆盖,重点是各级领导干部和身处关键岗位、掌握大量公共资源的干部。所谓标准严格,就是要以党章规定的干部条件为依据,不能把干部管理标准降低到不违纪违法就行的低水平上。所谓环节衔接,就是把日常管理和关键时刻管理统一起来,把上级管理、班子管理、自身管理结合起来,把行为管理和思想管理、工作圈管理和社交圈管理贯通起来,做到干部随管理成长、管理伴干部一生。所谓措施配套,就是综合运用教育、制度、监督等手段,最大限度防止干部犯错误。所谓责任分明,就是根据干部管理权限,把对干部管理的主体责任、监督责任分清楚,明确从严管理干部的责任和主体。

要把从严治吏作为从严治党的重点,在干部队伍建设全过程之中都要贯彻落实从严管理干部的要求,坚持从严教育、管理和监督,从而为推进中国特色社会主义、以中国式现代化全面推进中华民族伟大复兴奠定坚实的组织基础。为此,必须坚持突出重点与整体推进、严格标准与强化执行、常规管理与分类指导、过程管理与目标管理、明晰责任与强化落实、严格要求与关心爱护相结合,从严把好干部选拔任用关,着力培养选拔党和人民需要的好干部;要严格推行责任追究制,整治干部乱作为、慢作为和不作为现象,着力建设一支堪当民族复兴重任的高素质干部队伍;要从制度上从严管理干部尤其是领导干部特别是"一把手",将其作为从严治吏的重中之重,从制度设计和执行上严起来,着力解决失之于宽、失之于松、失之于软的问题,使干部心有所畏、言有所戒、行有所止。③要学习尊崇党章党规,使各级干部严格按照党的原则和规

---

① 习近平系列重要讲话读本[M].北京:学习出版社,人民出版社,2016:106.
② 十八大以来重要文献选编:上[M].北京:中央文献出版社,2014:350.
③ 习近平系列重要讲话读本[M].北京:学习出版社,人民出版社,2016:118.

矩办事,真正做到坚定理想信念,加强道德养成,规范权力行使,培育优良作风。

五、提供全面从严治党的保障,解决靠什么治的问题

全面从严治党不仅要靠教育和制度、靠纪律和规矩,而且最根本的要靠严格的党内政治生活。针对一段时间来在管党治党制度上存在着"不适应、不协调、职能分散、形不成合力"①等问题,习近平强调制度问题更带有根本性、稳定性和长期性。

我们党历来非常重视制度建设,始终强调要用制度规范各级党组织、党员的言行。中共十八大以来,以习近平同志为核心的党中央,把制度建设作为事关党长期执政和国家长治久安的重大战略任务,摆在更加突出的位置,贯穿于政治建设、思想建设、组织建设、作风建设、纪律建设和反腐败斗争的全过程,不断创新完善党内法规制度,为全面从严治党夯实了制度根基,以坚实可靠、管理严格、执行力强的制度,形成了管党治党的长效机制和稳定机制,取得了明显成效。同时,认真抓好制度的严格执行,在党内形成了自觉遵守制度者受奖赏、不严格遵守者受批评、违反者受查处的良好氛围,坚决维护制度的严肃性和权威性,确保全党意志和步调的统一。我们党推动形成了配套完备、有效管用的党内法规制度体系,提高党的制度建设质量,通过依规治党,让制度发力生威,为全面从严治党提供了保障。此外,还把思想建党和制度治党有机结合起来,扎紧制度的笼子,用制度治党、管权、治吏,使思想教育和落实制度规定,一柔一刚,二者刚柔相济,二者同向与同时发力,让制度治党与思想建党相辅相成、相互促进。在新征程上,我们要落实新时代党的建设总要求,健全全面从严治党体系,不断完善主体责任落实制度、反腐败领导体制与工作机制等制度;要强化制度的执行和落实,尤其是执行党规党纪绝不能含糊,防止"破窗效应"与党规党纪成为纸老虎、稻草人现象的发生,提高"党内法规执行力"②。总之,全面从严治党就是要使全党必须按照党内政治生活准则和党的各项规定办事。③

全面从严治党必须将党内政治生活作为重要抓手,注重从党内政治生活着手管党治党,这是中国共产党在长期建设过程中逐渐总结出来的经验。习近平在中共十八届六中全会第二次全体会议讲话中指出:"开展严肃认真的党内政治生活,是我们党作为马克思主义政党区别于其他政党的重要特征,是我们党的光荣传统。长期实践证明,严肃认真的党内政治生活是我们党坚持党的性质和宗旨、保持先进性和纯洁性的重要法宝,是解决党内矛盾和问题的'金钥匙',是广大党员、干部锤炼党性的'大熔炉',是纯洁党风的'净化器'。"④在2014年10月8日党的群众路线教育实践活动总结大会上,习近平指出:"党内政治生活是党组织教育管理党员和党员进行党性锻炼

---

① 中共中央纪律检查委员会,中共中央文献研究室.习近平关于党风廉政建设和反腐败斗争论述摘编[M].北京:中央文献出版社,2015:57.
② 习近平关于党风廉政建设和反腐败斗争论述摘编[M].北京:中央文献出版社,2015:49.
③ 钟龙彪.治、严、全:全面从严治党的三大科学内涵解析[N].天津日报,2015-04-27.
④ 习近平在党的十八届六中全会第二次全体会议上的讲话:节选[J].求是,2017(1).

的主要平台,从严治党必须从党内政治生活严起。"①2022年10月16日在代表中共第十九届中央委员会向第二十次全国代表大会所作的报告中,习近平再次强调要"增强党内政治生活的政治性、时代性、原则性、战斗性"②。习近平的讲话,全面系统阐述了严肃党内政治生活对党的建设的重要性,指出了严肃党内政治生活是全面从严治党的基础性工程。全面从严治党与严肃党内政治生活是贯通的、一致的,严肃党内政治生活是全面从严治党的重要组成部分,要实现全面从严治党目标,必须从严肃党内政治生活做起。全面从严治党的要求体现在每一项严肃的党内政治生活中,我们要把严肃党内政治生活的过程看成是实现全面从严治党的过程。只有抓好每一项、每一次党内政治生活,才能确保全面从严治党目标任务落到实处。每一名党员特别是党员领导干部都要始终抱着忠诚、敬畏、虔诚的心过好每一次党内政治生活,把全面从严治党的政治要求落到实处。

六、阐明全面从严治党的动力,解决依靠谁推动治的问题

坚持真理、修正错误是中国共产党的优良传统和一贯作风。中国共产党建党100多年的辉煌历史表明,我们党是一个善于依靠自身力量和发挥人民群众监督作用解决自身问题的马克思主义政党。习近平担任总书记之后,于2013年至2014年开展的党的群众路线教育实践活动,就是党依靠人民群众推动全面从严治党的一次成功实践。③习近平指出,人民群众之中蕴藏着无穷无尽的治国理政与管党治党的智慧,必须紧紧依靠人民群众全面从严治党,他们的拥护和支持是我们党执政最牢固的根基。④人民群众是我们党的力量源泉,全面从严治党,必须紧紧依靠人民群众,发挥人民群众的监督作用,让人民群众满意成为衡量我们是否做好全面从严治党工作的根本标准。人民群众的监督具有日常性、全方位性和及时性等特点和优势,可以弥补和克服党内监督、领导集体监督和上级监督的盲点与缺陷。当前,要以党内监督带动其他监督尤其是人民群众监督、完善监督体系,畅通让人民群众支持和帮助我们从严治党的建言献策渠道与批评监督渠道,主动、自觉地争取和接受人民群众监督。这是我们党永远保持生机与活力,团结带领全国各族人民战胜前进道路上的困难和风险,不忘初心、继续前进的力量源泉和根本动力。

---

①④ 习近平在党的群众路线教育实践活动总结大会上的讲话[N].人民日报,2014-10-09.
② 习近平.高举中国特色社会主义伟大旗帜 为全面建设社会主义现代化国家而团结奋斗:在中国共产党第二十次全国代表大会上的报告[N].人民日报,2022-10-26(1).
③ 虞云耀.把握全面从严治党的特点和规律[N].人民日报,2015-05-20.

第五章 全面从严治党的主要内容

治国必先治党,治党务必从严。中共十八大以来,面对世情、国情、党情的深刻变化,面对我们党领导全国各族人民实现"两个一百年"的宏伟目标,面对实现中华民族伟大复兴的中国梦,习近平以马克思主义政治家非凡的理论勇气,着眼中华民族伟大复兴战略全局和世界百年未有之大变局,站在新时代坚持和发展中国特色社会主义的战略高度,在领导全党全国人民进行伟大斗争、建设伟大工程、推进伟大事业、实现伟大梦想的历史征程中,紧紧围绕"建设一个什么样的党、怎样建设党"这一党的建设的根本问题,提出了一系列新理念、新思想、新战略,强调党要管党、全面从严治党。习近平关于全面从严治党的论述涵盖了党的政治建设、思想建设、组织建设、作风建设、纪律建设以及制度建设和反腐败斗争的方方面面,初步形成了以政治建设为统领,加强思想建设、夯实组织建设、狠抓作风建设、深化纪律建设,把制度建设贯穿其中,深入推进反腐败斗争的完整的思想体系框架,实现了马克思主义建党学说的新飞跃,成为习近平新时代中国特色社会主义思想不可分割的重要组成部分,为在新时代全面从严治党提供了根本遵循。

第一节 夯实立身之本,突出政治引领作用

政治建设是一个政党发展的本质要求,是党的政治回归和政治强化的基本过程,主要是通过党的指导思想、基本理论的教育和引领,增强党内政治认同,巩固党的团结统一,维护党中央权威和集中统一领导,增强"四个意识",严明党的政治纪律和政治规矩,"不断增强党的政治领导力、思想引领力、群众组织力、社会号召力,确保我们党永葆旺盛生命力和强大战斗力"[①]。马克思主义政党高度重视政治建设。从诞生之日起,它就把自己作为工人阶级和劳动人民利益的先进代表,就把解放全人类、实现人的自由和全面发展写在了自己的旗帜上。中国共产党作为马克思主义政党,在党的名称、指导思想、奋斗目标和根本政治立场等方面从不讳言自己的政治属性和政治使命,旗帜鲜明讲政治是其一以贯之的优良传统,贯穿于革命、建设、改革和党加强自身建设的全过程。

---

① 中国共产党第十九次全国代表大会文件汇编[M].北京:人民出版社,2017:13.

中共十八大以来，习近平从党和国家事业全局出发，对加强党的政治建设作出一系列重要论述，为全面推进党的建设新的伟大工程提供了根本遵循。在中共十九大报告中，习近平明确提出新时代党的建设的总要求，第一次把党的政治建设纳入党的建设总体布局。在中共中央政治局第六次集体学习时再次强调，党的政治建设是党的根本性建设，要把党的政治建设摆在首位，以党的政治建设为统领，推进新时代党的建设伟大工程。①在中共十九届中央纪委三次全会上，习近平强调要"以党的政治建设为统领全面推进党的建设"。在中共十九届中央纪委五次全会上他再次强调全面从严治党首先要从政治上看，不断提高政治判断力、政治领悟力、政治执行力。中共中央印发的《关于加强党的政治建设的意见》，对这一重大要求作出深入阐述、系统部署。这一系列重要论述深刻揭示了我们党的政治特质和内在属性，明确了政治建设在新时代党的建设总体布局中的战略地位，抓住了新时代全面从严治党的"牛鼻子"，是新时代以党的政治建设为统领推进全面从严治党的科学指引。在全面从严治党实践中，以习近平同志为核心的党中央把党的政治建设摆在突出位置，在坚定政治信仰、增强"四个意识"、维护党中央权威和集中统一领导、严明党的政治纪律和政治规矩、加强和规范新形势下党内政治生活、净化党内政治生态、正风肃纪、反腐惩恶等方面取得明显成效。实践使我们深刻认识到，党的政治建设决定党的建设方向和效果，不抓党的政治建设或背离党的政治建设指引的方向，党的其他建设就难以取得预期成效。

一、把准政治方向

政治方向是党生存发展第一位的问题，事关党的前途命运和事业兴衰成败。习近平认为，讲政治首先要把准政治方向。这一政治方向就是坚定共产党人的政治理想和政治信念，即共产主义远大理想和中国特色社会主义共同理想、"两个一百年"奋斗目标，就是党的基本理论、基本路线、基本方略，全心全意为人民服务的宗旨。他强调一些党员干部出现这样那样的问题，说到底是信仰迷茫、精神迷失。有了坚定的理想信念，站位就高了，心胸就开阔了，就能坚持正确的政治方向，做到"风雨不动安如山"。其次把准政治方向要坚定理想信念。他一再强调，理想信念是共产党人的精神之"钙"，"坚定理想信念，坚守共产党人的精神追求，始终是共产党人安身立命的根本"。②他强调理想信念不是凭空产生的，必须建立在高度的理性自觉之上。只有坚持不懈地加强马克思主义理论武装，才能有信仰上的坚定和政治上的清醒；只有思想理论水平的真正提高，才能有情感上的高度认同和行动上的坚定自觉。加强党的政治建设就是要发挥政治指南针作用，引导全党坚定理想信念、坚定"四个自信"，推动

---

① 习近平.把党的政治建设作为党的根本性建设 为党不断从胜利走向胜利提供重要保证[N].人民日报,2018-07-01.
② 中共中央文献研究室.十八大以来重要文献选编：上[M].北京：中央文献出版社,2014:80.

全党把坚持正确政治方向贯彻到实践中去,把各级党组织建设成为坚强战斗堡垒,确保党和国家各项事业始终沿着正确政治方向发展。

二、坚持政治领导

坚持党的政治领导是党的政治建设的首要任务,"是方向性、原则性问题,是党性,是大局,关系党、民族、国家前途命运"①。党的领导是中国特色社会主义最本质的特征,是中国特色社会主义制度的最大优势。旗帜鲜明加强党的政治建设,最根本的是要全面加强党的领导,最核心的是要树牢"四个意识",坚定"四个自信",做到"两个维护"。"两个维护"是中共十八大以来党的重大政治成果和宝贵经验,也是最重要的政治纪律和政治规矩。践行"两个维护"是党的政治建设的首要任务,也是党的政治建设的"根"和"魂"。加强党的政治建设,必须坚持和加强党的全面领导,最重要的是坚决维护党中央权威和集中统一领导;坚决维护党中央权威和集中统一领导,最关键的是坚决维护习近平总书记党中央的核心、全党的核心地位。在党的政治建设中,要教育引导党员干部从历史和现实、理论和实践、国内和国际的结合上,深刻领悟党确立习近平同志党中央核心、全党的核心地位,确立习近平新时代中国特色社会主义思想的指导地位这"两个确立"对新时代党和国家事业发展、对推进中华民族伟大复兴历史进程的决定性意义,切实把"两个确立"转化为做到"两个维护"的思想、政治和行动自觉,不断增强拥护核心、跟随核心、捍卫核心的思想自觉、政治自觉、行动自觉,始终同以习近平同志为核心的党中央保持高度一致,做到党中央提倡的坚决响应、党中央决定的坚决执行、党中央禁止的坚决不做,始终在政治立场、政治方向、政治原则、政治道路上同党中央保持高度一致。坚持把政治标准和政治要求贯穿到各项事业之中,增强政治执行力,坚决防止形式主义、官僚主义,不折不扣把党中央决策部署落到实处。②

三、涵养政治生态

中共十八大以来,以习近平同志为核心的党中央把全面从严治党纳入"四个全面"战略布局,以前所未有的决心和意志推进正风反腐,彻底改变了管党治党宽松软的状况,推动反腐败斗争取得压倒性胜利并全面巩固。不仅如此,习近平对党内政治文化、政治生活、政治生态问题都作出过重要论述,尤其是论述了三者之间是既相互区别,又相辅相成的关系,提出只有规范党内政治生活、加强党内政治文化建设,才能形成风清气正的党内优良政治生态。为此,一是要构建以"四性"为特质的党内政治生活体系。他强调要认真执行新形势下党内政治生活若干准则,切实解决政治生活随意化、形式化、平淡化、庸俗化问题,增强党内政治生活的政治性、时代性、原则性、

---

① 中共中央文献研究室.习近平关于全面从严治党论述摘编[M].北京:中央文献出版社,2015:84.
② 王战营.坚持把党的政治建设摆在首位[N].学习时报,2019-05-29.

战斗性,增强党员干部政治免疫力。二是要构建"三位一体"的政治文化体系。在中共十八届六中全会上,他正式提出"党内政治文化"范畴,并在其后进一步阐释其三个组成部分及内在逻辑,构成了以中华优秀传统文化为基础、革命文化为源头、社会主义先进文化为主体的"三位一体"政治文化体系,强调要加强党内政治文化建设,弘扬社会主义核心价值观,以良好政治文化涵养风清气正的政治生态。三是要构建以"三清"为目标的党内政治生态体系。即建设干部清正、政府清廉、政治清明的党内政治生态根本目标。①习近平强调,政治生态是检验我们管党治党是否有力的重要标尺。要"坚持激浊和扬清并举,严明政治纪律和政治规矩,严肃党内政治生活,破'潜规则',立'明规矩',坚决防止搞'小圈子''拜码头''搭天线',有力打击各种政治骗子,严格防止把商品交换原则带到党内。坚持不懈整治选人用人上的不正之风,推动形成清清爽爽的同志关系、规规矩矩的上下级关系,促进政治生态山清水秀"。②

四、严明政治纪律和政治规矩

党的政治纪律和政治规矩共同构成了党的制度约束体系,其核心要义集中体现为习近平在中共中央纪委十八届五次全会上提出的"五个必须"。中共十八大以来,习近平反复强调加强党的政治建设,一是要让全党同志守纪律讲规矩,做"政治上的明白人",时刻把政治纪律和政治规矩印在心上、抓在手上、体现在行动上。他说要"增强纪律意识、规矩意识,进一步养成在受监督和约束的环境中工作生活的习惯。"③二是明确以"七个有之"直指党内破坏政治纪律、政治规矩的突出问题,警示全党必须提高政治意识,严肃处理以各种形式破坏政治纪律和政治规矩的行为。他说"讲政治、遵守政治纪律和政治规矩永远排在首要位置。要抓住这个纲,把严肃其他纪律带起来"④。严明政治纪律和政治规矩,要"落实各级党委(党组)主体责任,提高各级党组织和党员干部政治判断力、政治领悟力、政治执行力。"⑤三是遵守党的政治纪律和政治规矩,必须维护党中央权威,在任何时候任何情况下都必须在思想上、政治上、行动上同党中央保持高度一致,从根本上来说,就是要着力落实"两个维护"要求,在政治方向、政治立场、政治言论、政治行为方面守好规矩,全党同志特别是领导干部要自觉坚持党的领导,始终在政治立场、政治方向、政治原则、政治道路上同党中央保持高

---

① 邹庆国.党的政治建设:历史逻辑、范式创新与体系架构[J].中共天津市委党校学报,2018(1).

② 习近平在二十届中央纪委三次全会上发表重要讲话强调深入推进党的自我革命 坚决打赢反腐败斗争攻坚战持久战[N].人民日报,2024-01-09(1).

③ 习近平在二十届中央纪委二次全会上发表重要讲话强调一刻不停推进全面从严治党 保障党的二十大决策部署贯彻落实[N].人民日报,2023-01-10(1).

④ 习近平.在十八届中央政治局常委会第191次会议关于审议中国共产党廉政准则、党纪处分条例修订稿时的讲话[N].人民日报,2015-10-08.

⑤ 习近平:高举中国特色社会主义伟大旗帜 为全面建设社会主义现代化国家而团结奋斗:在中国共产党第二十次全国代表大会上的报告[N].人民日报,2022-10-26(1).

度一致,确保党的团结统一,自觉维护中央权威。

五、提高政治能力

习近平强调,党的政治建设落实到干部队伍建设上,就要不断提高各级领导干部特别是高级干部把握方向、把握大势、把握全局的能力,辨别政治是非、保持政治定力、驾驭政治局面、防范政治风险的能力。他非常重视领导干部这个"关键少数"在党的政治建设中的作用,强调领导干部特别是高级领导干部要注重提高政治能力,使自己的政治能力与担任的领导职责相匹配。一是界定了领导干部政治能力的科学内涵。它主要包括政治鉴别能力、政治把握能力、政治调控能力和政治提升能力以及政治判断力、政治领悟力和政治执行力等。他强调要"增强领导干部政治警觉性和政治鉴别力"①。要善于从政治上分析问题、解决问题,做到眼睛亮、见事早、行动快。二是提出了领导干部政治能力实践性要求。这就是站稳政治立场,坚定理想信念,加强党性锻炼,"不断提高各级领导干部特别是高级干部把握方向、把握大势、把握全局的能力,辨别政治是非、保持政治定力、驾驭政治局面、防范政治风险的能力"②。即树立政治理想,把握政治方向,站稳政治立场,遵守政治纪律,辨别政治是非,保持政治定力,驾驭政治局面,防范政治风险,加强政治历练,积累政治经验等。

六、建设民心政治

政之兴废,在乎民心。习近平强调,加强党的政治建设,要紧扣民心这个最大的政治,把赢得民心民意、汇聚民智民力作为重要着力点。中共十八大以来,以习近平同志为核心的党中央一直致力于民心政治建设。一是围绕"相信谁、为了谁、依靠谁、我是谁"问题,坚持以人民为中心,确立了党内政治价值体系。习近平要求领导干部要牢记为中国人民谋幸福、为中华民族谋复兴的初心和使命,提出"人民对美好生活的向往,就是我们的奋斗目标"③,强调"民心是最大的政治,正义是最强的力量。正所谓'天下何以治?得民心而已!天下何以乱?失民心而已!'"④二是围绕"为谁发展、靠谁发展、发展成果由谁享有"问题,坚持以人民为中心的发展,彰显了执政为民的政治担当。他要求全党始终站稳人民立场,时刻牢记全心全意为人民服务的根本宗旨,努力使各项政策符合实际、体现民意、顺应民心。他指出:"坚持以人民为中心的发展思想,努力抓好保障和改善民生各项工作,不断增强人民的获得感、幸福感、安全

---

①④ 习近平.在第十八届中央纪律检查委员会第六次全体会议上的讲话[N].人民日报,2016-05-03.

② 习近平.把党的政治建设作为党的根本性建设 为党不断从胜利走向胜利提供重要保证[N].人民日报,2018-07-01.

③ 习近平.习近平谈治国理政[M].北京:外文出版社,2014:3.

感"①。他强调:"加强党的政治建设,要紧扣民心这个最大的政治,把赢得民心民意、汇集民智民力作为重要着力点。"②他在中共二十大报告中把"必须坚持人民至上"列为习近平新时代中国特色社会主义思想的世界观和方法论的重要内容之一,在中共二十届中央政治局常委同中外记者见面时,要求"想人民之所想,行人民之所嘱";在瞻仰延安革命纪念地时,强调"全党同志要站稳人民立场,践行党的宗旨,贯彻党的群众路线,保持党同人民群众的血肉联系,自觉把以人民为中心的发展思想贯穿到各项工作之中";在陕西延安和河南安阳考察时,指出"中国共产党是人民的党,是为人民服务的党,共产党当家就是要为老百姓办事,把老百姓的事情办好"③,从而赢得人民群众信任和拥护。

第二节 补足精神之钙,筑牢理想信念根基

思想是行动的先导。全面从严治党,首先要从全面从严加强思想建设开始。只有思想上的全面统一和坚定,才会有全面从严治党的行动上的全党步调一致和坚强有力。从思想上建党,是我们党的伟大创造,也是我们党始终保持团结统一、步调一致前进的基础。中共十八大以来,以习近平同志为核心的党中央加强党的思想建设始终围绕坚定理想信念这个共产党人安身立命的根本而展开,习近平紧紧抓住理想信念这个关键,着力从源头上解决党内存在的思想不纯、组织不纯、作风不纯等突出问题,为全面从严治党、推进党的建设新的伟大工程夯实根基。

一、坚定理想信念

中共十八大以来,习近平从主持起草中共十八大报告时专门要求写上"对马克思主义的信仰,对社会主义和共产主义的信念,是共产党人的政治灵魂,是共产党人经受住任何考验的精神支柱",到中共十九大明确把"以坚定理想信念宗旨为根基"纳入"新时代党的建设总要求",并提出"把坚定理想信念作为党的思想建设的首要任务"、中共二十大强调"坚持不懈用新时代中国特色社会主义思想凝心铸魂",再到对什么是共产党人的理想信念,共产党人为什么要坚定理想信念、怎么样坚定理想信念进行了深刻阐述,形成了系统的共产党员理想信念观,为党的思想建设赋予了鲜明的时代内涵。

---

① 习近平.新时代要有新气象更要有新作为,中国人民生活一定会一年更比一年好[N].人民日报,2017-10-26.

② 习近平.把党的政治建设作为党的根本性建设 为党不断从胜利走向胜利提供重要保证[N].人民日报,2018-07-01.

③ 周珊珊."想人民之所想,行人民之所嘱"[N].人民日报,2022-11-10(4).

坚定理想信念是共产党人的精神追求，更是共产党人安身立命的根本。习近平用通俗易懂的语言、贴切形象的比喻，生动而精辟地阐释了共产党人为什么要坚定理想信念。他说："理想信念是中国共产党人的'钙'，没有理想信念，理想信念不坚定，精神上就会'缺钙'，就会得'软骨病'。"① "理想信念是事业和人生的灯塔，决定我们的方向和立场，也决定我们的言论和行动。高级干部特别是中央委员会的同志们更要在时代洪流中成为坚守共产党人精神追求的中流砥柱。"② "革命理想高于天。没有远大理想，不是合格的共产党员；离开现实工作而空谈远大理想，也不是合格的共产党员。"③

习近平在不少场合阐述了什么是共产党人的理想信念，概括起来主要包括马克思主义信仰、共产主义最高理想、中国特色社会主义共同理想三个方面。在中共十八届一中全会上的讲话时指出："我们必须始终保持对马克思主义的坚定信仰、对共产主义和中国特色社会主义的坚定信念。"④他多次强调对马克思主义的坚定信仰，对社会主义和共产主义的坚定信念，是井冈山精神的灵魂，也是共产党人立身、处世、干事的精神支柱。"我们党始终坚持共产主义远大理想，共产党员特别是党员领导干部要做共产主义远大理想和中国特色社会主义共同理想的坚定信仰者和忠实践行者。"⑤ "对共产主义的信仰，对中国特色社会主义的信念，是共产党人的政治灵魂，是共产党人经受住任何考验的精神支柱。在新时代，坚定信仰信念，最重要的就是要坚定中国特色社会主义道路自信、理论自信、制度自信、文化自信。"⑥理想信念不会自发产生，要坚定共产党员的理想信念，必须多管齐下，党组织、党员领导干部以及全体党员都不能懈怠，必须同向发力、久久为功。为此，习近平对怎么样坚定理想信念作了论述，他要求党组织要加强党内教育，党员领导干部特别是高级干部要率先垂范，共产党员要练就"金刚不坏之身"。"要增强对马克思主义、共产主义的信仰，教育引导广大党员、干部从党百年奋斗中感悟信仰的力量，始终保持顽强意志，勇敢战胜各种重大困难和严峻挑战。要增强对中国特色社会主义的信念，教育引导广大党员、干部深刻认识到，中国特色社会主义是历史发展的必然结果，是发展中国的必由之路，是经过实践检验的科学真理，始终坚定道路自信、理论自信、制度自信、文化自信。要增强对实现中华民族伟大复兴的信心，教育引导广大党员、干部牢记初心使命、增强必胜信心，坚信我们党一定能够团结带领人民在中国特色社会主义道路上实现中华民族伟大复兴，努力创造属于我们这一代人、无愧新时代的历史功绩。"⑦强调"形成坚定理想信念，既不是一蹴而就的，也不是一劳永逸的，而是要在斗争实践中不断砥砺、经受考

---

① 中共中央文献研究室.十八大以来重要文献选编：上[M].北京：中央文献出版社，2014：80.
② 中国共产党第十九届中央委员会第一次全体会议公报[M].北京：人民出版社，2017：17.
③ 中共中央文献研究室.十八大以来重要文献选编：上[M].北京：中央文献出版社，2014：382.
④ 习近平.习近平谈治国理政：第一卷[M].北京：外文出版社 2014：37.
⑤ 中共中央文献研究室.十八大以来重要文献选编：上[M].北京：中央文献出版社，2014：115.
⑥⑦ 习近平.坚定理想信念 补足精神之钙[J].求是，2021（21）.

验"①。"坚定信念,就是坚持不忘初心、不移其志,以坚忍执着的理想信念,以对党和人民的赤胆忠心,把对党和人民的忠诚和热爱牢记在心目中、落实在行动上,为党和人民事业奉献自己的一切乃至宝贵生命,为党的理想信念顽强奋斗、不懈奋斗。"②

二、大兴学习之风

坚定的理想信念并非凭空产生,而是基于对马克思主义科学理论的不断学习获得的。树立正确的理想信念,一靠理论学习,二靠教育引导。无论是在地方任职还是进入中央工作的期间,习近平一直都非常重视党员干部的学习问题。在习近平的心中,全面从严治党没有止境,党员、干部加强学习也永远在路上。

中共十八大以来,习近平不断"劝学""促学",抓"关键少数",提出要"加快推进马克思主义学习型政党建设",在全党大兴学习之风。为什么学?他反复强调,"事业发展没有止境,学习就没有止境"。重视学习是中国共产党推动事业发展的一条成功经验。从革命战争年代到和平建设时期,再到改革开放新时期,每当遇到新领域新课题,党都要号召全党同志加强学习。"好学才能上进",中国共产党人依靠学习走到今天,也必然要依靠学习走向未来。我们的干部要上进,我们的党要上进,我们的国家要上进,我们的民族要上进,就必须大兴学习之风。只有加强学习,才能克服"本领恐慌",避免"迷、盲、乱",坚定文化自信。不仅如此,在不同时期、不同场合,习近平还多次引用古语名言,劝诫党员、干部加强学习。具体到学什么、怎么学,习近平也不厌其烦,反复强调。

把握学习方向。坚持正确方向,关键是认真学习马克思主义理论。习近平说:"要认真学习马克思主义理论,这是我们做好一切工作的看家本领,也是领导干部必须普遍掌握的工作制胜的看家本领。"③首先,要阅读经典著作。没读过马克思主义经典原著,不能称之为真正马克思主义者,更不能在实践中高谈阔论、纸上谈兵。习近平倡导要建设学习型政党,多次带领大家重温马列经典著作,要在全党上下营造良好的马克思主义经典著作的学习氛围。他认为"对共产党人来说,要全面提高马克思主义理论素养,掌握辩证唯物主义和历史唯物主义思想武器,学懂弄通中国特色社会主义理论体系,弄明白历史怎样走来、又怎样走下去"④。他要求党员领导干部特别是高级干部,把系统掌握马克思主义基本理论作为看家本领。通过学习马克思主义理论特别是新时代党的创新理论,掌握贯穿其中的立场、观点、方法,提高战略思维、历史思维、辩证思维、创新思维、法治思维、底线思维能力,正确判断形势,始终保持政治上的清醒和坚定。其次,要注重学习党章。党章是党的根本大法,是党的总规矩。学习理论,党章是必须贯穿的一条主线。习近平强调,学习党章是全体党员的基本功,这

---
①② 习近平.坚定理想信念 补足精神之钙[J].求是,2021(21).
③ 习近平.习近平谈治国理政:第二卷[M].北京:外文出版社,2018:404.
④ 习近平.办公厅工作要做到"五个坚持"[J].秘书工作,2014(6).

个功课要经常做。学习党章不仅要原原本本学、反反复复学,做到知其然,而且要联系实际学、深入思考学,做到知其所以然。①

树立正确三观。习近平要求全体党员一定要深入学习和掌握马克思列宁主义、毛泽东思想,深入学习和掌握中国特色社会主义理论体系,牢固树立辩证唯物主义和历史唯物主义世界观和方法论。"切实解决好世界观、人生观、价值观这个'总开关'问题""我们每一个人,包括我在内,都有一个不断解决好世界观、人生观、价值观的问题。活到老学到老,世界观改造永远没有完成时。""总开关"没拧紧,"这样那样的出轨越界、跑冒滴漏就在所难免"②。

做到知行合一。习近平强调党员干部在马克思主义理论学习时,要注重学以致用、知行合一。"'知'是基础、是前提,'行'是重点、是关键,必须以'知'促'行',以'行'促'知',做到知行合一,既解决认识提高问题,又解决行动自觉问题。"③领导干部要坚持干什么学什么、缺什么补什么,努力使自己真正成为行家里手、内行领导。要发扬理论联系实际的马克思主义学风,带着问题学,拜人民为师,做到干中学、学中干,学以致用、用以促学、学用相长,用马克思主义之"矢"去射中国革命之"的",用马克思主义的立场、观点和方法去分析问题和解决问题,最终解决实践中遇到的问题,千万不能夸夸其谈、陷于"客里空"。

抓住"关键少数"。各项工作要抓出成效,就必须抓住领导干部这个"关键少数"。抓党员、干部的学习教育,习近平同样从"关键少数"抓起。中共十八大以来,中共中央政治局几乎每月都要就目前最紧迫的工作和最需要把握的问题听取讲解、进行讨论,主题涵盖改革、法治、经济、国防、外交、从严治党、生态文明等方方面面。2012年11月至2022年6月,中央政治局先后进行了83次集体学习。习近平主持中央政治局集体学习,也绝不仅是停留在获取知识的层面,更与治国理政的重大决策部署紧密联系。同时,各级党委(党组)采用集中自学、理论学习中心组学习、专题读书班、集中研讨交流等形式进行学习,坚持思想建党和理论强党,新时代中国共产党人以党的创新理论为指导,再次展现出依靠学习走向未来的强大自觉。

三、开展主题教育

开展党内主题教育的过程,就是全面从严治党的过程。中国共产党自成立之日起,就高度重视通过党内集中教育对党员干部进行思想引导和工作引导。从延安时期的整风运动起,我们党在领导革命、建设、改革的实践中,总是坚持根据形势和任务

---

① 王子晖.十八大以来,习近平大力"劝学""促学"[EB/OL].[2017-06-22].http://www.xinhuanet.com/politics/2017-06/22/c_1121188907.htm.

② 习近平.切实解决好世界观、人生观、价值观这个"总开关"问题[EB/OL].[2014-09-11].http://qzlx.people.com.cn/n/2014/0911/c366722-25643797.html.

③ 习近平.在党的群众路线教育实践活动第一批总结暨第二批部署会议上的讲话[J].党建研究,2014(2).

变化、时代发展对党的建设的新要求,在全党开展集中教育,不断夯实党的执政基础、提升党的战斗力量。中共十八大以来,党内集中教育这个优良传统,又有了新的传承和发展。

2013年6月至2014年10月,以县处级以上领导机关、领导班子和领导干部为重点,中央政治局带头,一场以"为民、务实、清廉"为主题,按照"照镜子、正衣冠、洗洗澡、治治病"为总要求的群众路线教育实践活动,自上而下在全党深入开展。这是党史上第一次以党的群众路线教育为主题的学习实践活动。经过这次学习实践活动,党全心全意为人民服务的优良传统得到强化,收到显著成效。

2015年4月至2016年2月,以践行"严以修身、严以用权、严以律己;谋事要实、创业要实、做人要实"为主题的"三严三实"专题教育,在县处级以上领导干部中深入开展,对党员干部在思想、作风、党性上又一次集中"补钙""加油"。这次主题教育的最大特色是"严字当头",是从严治党的重要措施,目的就是要党员领导干部严格要求自身,以"三严"之心践"三实"之行,把握好为官做事的尺度。

2016年2月以来,在全体党员中开展"学党章党规、学系列讲话,做合格党员"学习教育并将其常态化制度化,进一步解决党员队伍在思想、组织、作风、纪律等方面存在的问题,推动全面从严治党向基层延伸。这次"两学一做"学习教育旨在通过学习教育,进一步坚定党员干部的理想信念、宗旨意识,改进精神不振、作风不正等问题。强调"以学促做""以知促行",引导广大党员增强"四个意识",争做合格的共产党员。

2017年10月,习近平在中共十九大报告中提出,"以县处级以上领导干部为重点,在全党开展'不忘初心、牢记使命'主题教育,用党的创新理论武装头脑,推动全党更加自觉地为实现新时代党的历史使命不懈奋斗"[①]。针对新时代党的建设任务和党内存在的突出问题,"不忘初心、牢记使命"主题教育把学习贯彻习近平新时代中国特色社会主义思想作为主线,围绕"守初心、担使命,找差距、抓落实"总要求,把学习教育、调查研究、检视问题、整改落实贯穿始终,旨在引导党员干部牢牢把握深入学习贯彻新时代中国特色社会主义思想,锤炼忠诚干净担当的政治品格,团结带领全国各族人民为实现伟大梦想共同奋斗。

2021年2月1日,中共中央决定在全党开展党史学习教育,坚持不懈把党史作为必修课、常修课,这是党中央立足百年党史新起点、着眼开创事业发展新局面作出的一项重大战略决策。各级党组织认真贯彻党中央部署,按照学史明理、学史增信、学史崇德、学史力行的要求,精心组织实施、有力有序推进,广大党员、干部受到了一次全面深刻的政治教育、思想淬炼、精神洗礼,全党历史自觉、历史自信大大增强,党的创造力、凝聚力、战斗力大大提升,达到了学党史、悟思想、办实事、开新局的目的。

从2023年4月开始,全党自上而下分两批开展学习贯彻习近平新时代中国特色社会主义思想主题教育。这次主题教育以县处级以上领导干部为重点。开展这次主

---

① 习近平.决胜全面建成小康社会 夺取新时代中国特色社会主义伟大胜利:在中国共产党第十九次全国代表大会上的报告[N].人民日报,2017-10-28.

题教育,总要求是"学思想、强党性、重实践、建新功";根本任务是坚持学思用贯通、知信行统一,把习近平新时代中国特色社会主义思想转化为坚定理想、锤炼党性和指导实践、推动工作的强大力量,使全党始终保持统一的思想、坚定的意志、协调的行动、强大的战斗力,努力在以学铸魂、以学增智、以学正风、以学促干方面取得实实在在的成效;具体要达到凝心铸魂筑牢根本、锤炼品格强化忠诚、实干担当促进发展、践行宗旨为民造福、廉洁奉公树立新风的目标。

2024年4月至7月,在全党开展党纪学习教育。这次教育主要是为深入学习贯彻修订后的《中国共产党纪律处分条例》,组织党员特别是党员领导干部进行认真学习,力求做到学纪、知纪、明纪、守纪,从党的群众路线教育实践活动、"三严三实"专题教育、"两学一做"学习教育到"不忘初心、牢记使命"主题教育、党史学习教育、学习贯彻习近平新时代中国特色社会主义思想主题教育,这些主题教育主题不同,各有侧重,但又环环相扣、前后相继、一脉相承、一以贯之,让党内教育从"关键少数"向广大党员拓展、从集中性教育向经常性教育延伸,是我们党坚持思想建党、理论强党,不断进行自我革命的"接力跑",是我们党不断提高党的建设质量,在各种风浪考验中朝气蓬勃、一往无前的重大举措。它充分反映了我们党对自身状况和面临形势任务的清醒认识,深刻体现了我们党推进全面从严治党的坚定决心和政治定力,不断推动着全面从严治党向纵深发展。

第三节 匡正吏治之失,建设堪当民族复兴重任的高素质干部队伍

加强组织建设是全面从严治党的重点。中共十八大以来,以习近平同志为核心的党中央针对党的组织建设中存在的突出问题,坚定不移全面从严治党,在加强党的全面领导、健全党的组织体系、完善选人用人标准和工作机制、健全党内政治生活和组织生活制度等方面采取了一系列重大举措,为全面从严治党提供了组织保证。

一、坚持党的全面领导和党中央集中统一领导

针对一段时间以来社会上出现的弱化党的领导现象,习近平多次强调,中国共产党领导是中国特色社会主义最本质的特征,是中国特色社会主义制度的最大优势,党是最高的政治领导力量,是中国政治稳定、经济发展、民族团结、社会稳定的根本力量,是中国社会稳定的最大压舱石,绝对不能有丝毫动摇。改革开放任务越繁重,越要加强和改善党的领导,越要确保党始终成为中国特色社会主义事业的坚强领导核心。中共十八大以来,党中央出台的一系列重要文件、规定以及召开的全国组织工作会议、全国宣传思想工作会议、中央统战工作会议等重要会议,都一再强调要严格执

行向党中央请示报告的制度,从制度上保证党中央权威和集中统一领导。加强党在各方面的工作,树立起党中央的权威,从根本上扭转了弱化党的领导的状况,使党对各方面工作的领导得到全面加强。中共十八大以来,党和国家事业之所以取得历史性成就、发生历史性变革,根本原因就在于有以习近平同志为核心的党中央的坚强领导。

在中共十九大报告中,习近平将"坚持党对一切工作的领导"作为新时代坚持和发展中国特色社会主义十四条基本方略之首,强调党政军民学,东西南北中,党是领导一切的。必须增强政治意识、大局意识、核心意识、看齐意识,自觉维护党中央权威和集中统一领导,自觉在思想上政治上行动上同党中央保持高度一致,完善坚持党的领导的体制机制。2019年10月,中共十九届四中全会通过《中共中央关于坚持和完善中国特色社会主义制度 推进国家治理体系和治理能力现代化若干重大问题的决定》,不仅明确党的领导制度是国家的根本领导制度、统领和贯穿其他12个方面的制度,而且集中阐述了坚持和完善党的领导制度体系,提高党科学执政、民主执政、依法执政水平这一重大问题。中共十九届五中全会审议通过的《中共中央关于制定国民经济和社会发展第十四个五年规划和二〇三五年远景目标的建议》,把坚持党的全面领导作为"十四五"时期经济社会发展必须遵循的首要原则。党的十九届六中全会审议通过的《中共中央关于党的百年奋斗重大成就和历史经验的决议》,总结党百年奋斗历史经验的第一条就是"坚持党的领导",凸显了坚持党的全面领导的极端重要性。在中共二十大报告中,习近平强调在前进道路上我们必须牢牢把握五项重大原则,其首要的重大原则就是"坚持和加强党的全面领导",并把党是最高政治领导力量,坚持和加强党的全面领导等内容写入党章。这为坚持和完善党的领导、把党的领导落实到国家治理各领域、各方面、各环节提供了制度保障。

二、科学概括新时代党的组织路线

我们党历来高度重视组织路线问题。从中共一大通过的党纲对党的组织进行规定,到中共六大首次明确提出"组织路线"概念,党的组织路线逐步形成和确立,为中国革命、建设和改革事业提供了坚强组织保证。中共十九大之后,中国共产党在总结历史经验特别是中共十八大以来全面从严治党成功经验的基础上,对新时代党的组织路线进行了概括。这些重大举措和科学概括,进一步明确了新时代党的组织路线的科学内涵和实践要求,是对马克思主义建党学说的开创性贡献。

2018年7月,习近平在全国组织工作会议上,深刻阐明了新时代党的组织路线的科学内涵、重大意义和实践要求,他指出:新时代党的组织路线是"全面贯彻新时代中国特色社会主义思想,以组织体系建设为重点,着力培养忠诚干净担当的高素质干部,着力集聚爱国奉献的各方面优秀人才,坚持德才兼备、以德为先、任人唯贤,为坚持和加强党的全面领导、坚持和发展中国特色社会主义提供坚强组织保证。新时代党的组织路线是理论的也是实践的,要在推进党的建设新的伟大工程、落实全面从严治党的实践中切实贯彻落实"①。新时代党的组织路线为加强党的组织建设提供了科学遵循,为增强党的创造力、凝聚力、战斗力提供了重要保证。

新时代党的组织路线虽然只有6句话、100多个字,但立意高远、博大精深,是一个内涵丰富、系统完备、结构清晰、逻辑严密的有机整体,特别是明确了党的建设和组织工作的指导思想、战略布局、工作重点、用人原则、价值取向。新时代党的组织路线明确的指导思想是习近平新时代中国特色社会主义思想。这是灵魂、是方向,是举什么旗、走什么路的根本性问题,任何时候任何情况下都不能有丝毫含糊和动摇。新时代党的组织路线明确的战略布局是以组织体系建设为重点的系统建设、整体建设。提出以组织体系建设为重点,充分体现了我们党对组织体系建设的一贯重视,突出强调了党的中央组织、地方组织、基层组织这一党的组织体系建设在党的建设和组织工作中的战略地位和支撑作用。新时代党的组织路线明确的工作重点是着力培养忠诚干净担当的高素质干部、着力集聚爱国奉献的各方面优秀人才。新时代党的组织路线明确的用人原则是坚持德才兼备、以德为先、任人唯贤。新时代党的组织路线明确的价值取向是为坚持和加强党的全面领导、坚持和发展中国特色社会主义提供坚强组织保证。②新时代党的组织路线为加强党的组织建设提供了科学遵循,为全面从严治党、增强党的创造力、凝聚力、战斗力提供了重要保证。

三、完善选人用人标准和工作机制

中共十八大以来,为匡正吏治之失,党中央把从严治吏、从严管理干部作为全面从严治党的重要抓手,贯彻落实到干部队伍建设的全过程。

进一步明确了好干部的标准。习近平始终高度关注干部队伍建设,在不同场合围绕培养选拔新时代党和人民需要的好干部,创造性地提出一系列选人用人的新理念新思想新要求,为新时代好干部队伍立标准。2013年6月,在全国组织工作会议上,习近平提出了"信念坚定、为民服务、勤政务实、敢于担当、清正廉洁"③"二十字"好干部标准。2017年10月,在中共十九大报告中阐述加强干部队伍建设时,首次在"高素质"后加上了"专业化"三个字。2020年6月29日,在中共十九届中央政治局第二十一次集体学习时的讲话中,他又强调指出:"新时代党的组织路线提出坚持德才兼备、以德为先、任人唯贤的方针,就是强调选干部、用人才既要重品德,也不能忽视才干。有才无德会坏事,有德无才会误事,有德有才方能干成事。党的十九届四中全

---

① 中共中央党史和文献研究院.十九大以来重要文献选编:上[M].北京:中央文献出版社,2019:559-560.

② 王可.全面贯彻落实新时代的组织路线[N].中国组织人事报,2018-08-27.

③ 习近平在全国组织工作会议上强调建设一支宏大高素质干部队伍 确保党始终成为坚强领导核心[EB/OL].[2013-06-29].http://politics.people.com.cn/n/2013/0629/c70731-22019401.html.

会强调,要把提高治理能力作为新时代干部队伍建设的重大任务。"① 在中共二十大报告中,他提出"建设堪当民族复兴重任的高素质干部队伍"。他还对怎样成长为好干部、怎样把好干部用起来等重大问题作了全面深刻阐述,为新形势下做好干部队伍建设工作指明了方向。

扎实推进干部制度改革。中共十八届三中全会通过的《中共中央关于全面深化改革若干重大问题的决定》提出,坚持党管干部原则,深化干部人事制度改革,构建有效管用、简便易行的选人用人机制,使各方面优秀干部充分涌现。按照好干部标准修订《党政领导干部选拔任用工作条例》,坚持把政治标准放在首位,坚持精准科学选人用人,坚持将从严要求贯穿始终,着力破解"唯票、唯分、唯GDP、唯年龄"问题,进一步推进干部选拔任用工作制度化、规范化、科学化。完善民主推荐、民主测评和竞争性选拔制度,改进政绩考核、干部考察,实行干部档案"凡提必审"、个人有关事项报告"凡提必核"、纪检监察机关的意见"凡提必听"、反映考察对象有关问题的信访举报"凡提必查",坚决防止"带病提拔"。建立干部选拔任用工作纪实和责任倒查制度,严厉查处选人用人不正之风和腐败现象。加强年轻干部和后备干部工作,制定实施加强和改进培养选拔优秀年轻干部的意见,强调干部特别是年轻干部要提高政治能力、调查研究能力、科学决策能力、改革攻坚能力、应急处突能力、群众工作能力、抓落实能力。制定《推进领导干部能上能下若干规定(试行)》,之后又印发《推进领导干部能上能下规定》推动干部能上能下迈出了实质性步伐。

强化干部教育管理监督。一是坚持党管干部原则。中共中央在《关于加强干部管理工作的决定》中对党管干部原则作出明确规定,中共十八大、十九大、二十大都明确提出坚持党管干部原则。习近平强调,要坚持党管干部原则,保证党对干部人事工作的领导权和对重要干部的管理权。党管干部主要是管思想、管方向、管制度、管作风、管纪律,强调全方位管理,构建从严管理体系。二是在加强理论武装和理想信念教育的同时,大力开展党性教育、思想道德教育、纪律教育,引导党员干部牢固树立党章意识、宗旨意识,讲诚信、懂规矩、守纪律,切实做到"三严三实"和忠诚、干净、担当。三是完善相关制度规定。先后制定实施了规范党政领导干部在企业兼职(任职)、个人有关事项报告抽查核实、配偶已移居国(境)外的国家工作人员任职岗位管理等制度规定,从严管理干部队伍的制度体系不断完善。四是实行领导干部个人有关事项报告及抽查核实制度,开展干部档案造假、"裸官"、违规用人等突出问题专项整治。五是制定和落实对领导干部进行提醒、函询和诫勉的实施细则,加强对干部经常性、全方位、立体化的有效约束。

坚持严管和厚爱结合、激励和约束并重。习近平多次强调,要坚持严管和厚爱结合、激励和约束并重,建立健全干部担当作为的激励和保护机制,充分调动广大干部干事创业的积极性。在中共二十大报告中,他再次强调"坚持严管和厚爱相结合,加强对干部全方位管理和经常性监督,落实'三个区分开来',激励干部敢于担当、积极

---

① 习近平.贯彻落实新时代党的组织路线 不断把党建设得更加坚强有力[J].求是,2020(15).

作为"①。近年来,各地区各部门各单位认真贯彻落实党中央《关于进一步激励广大干部新时代新担当新作为的意见》和中组部激励干部担当作为9条具体措施"通知",及时出台配套制度措施,从鲜明用人导向、提升干部专业能力、保障基层干部待遇、精准科学函询谈话问责、典型示范引领等方面打出了组合拳②,切实落实习近平提出的"既要把'严'的主基调长期坚持下去,又要善于做到'三个区分开来';既要合乎民心民意,又要激励干部担当作为"要求③。

四、抓好党的组织制度建设

民主集中制是我们党的根本组织制度和领导制度。坚持民主集中制原则,是马克思主义认识论和群众路线在党和国家生活中的运用,是党内政治生活正常开展的重要制度保障。中共二大纲领首次确认了民主集中制的建党原则,中共六大修改和通过的党章第一次明确规定党的组织原则是民主集中制。此后,历次党的代表大会通过的党章都明确规定党的组织原则是民主集中制。中共十八大以来,党中央先后制定和修订了新形势下党内政治生活若干准则、党组工作条例、地方党委工作条例、党的工作机关条例、支部工作条例以及农村、国企、机关基层党组织工作条例等一系列组织建设方面的党内法规。中共十九届四中全会把健全维护党的集中统一的组织制度作为坚持和完善党的领导制度体系的重要内容,纳入国家制度和国家治理体系之中。中共二十大强调要"贯彻民主集中制,创新和改进领导方式"。习近平强调要抓好党的组织制度建设,不断提高党的组织建设的制度化、规范化、科学化水平,要求"中央相关部门、各级党委(党组)要结合实际,把党的组织法规和党中央提出的要求具体化,建立健全包括组织设置、组织生活、组织运行、组织管理、组织监督等在内的完整组织制度体系,完善党委(党组)落实全面从严治党主体责任的制度并严格抓好执行,不断提高党的组织建设的制度化、规范化、科学化水平"④。

第四节 扫除作风之弊,密切党同人民群众的血肉联系

作风建设是新时代全面从严治党总布局的重要组成部分。重视加强和改进党的作风建设,既是我们党的优良传统,也是我们党的政治优势。在一百多年的革命、建设和改革历史进程中,中国共产党不仅形成了作风建设的优良传统,而且积累了作风

---

① 习近平.高举中国特色社会主义伟大旗帜 为全面建设社会主义现代化国家而团结奋斗:在中国共产党第二十次全国代表大会上的报告[N].人民日报,2022-10-26(1).
② 仲祖文.持续推进激励干部担当作为具体措施落实[N].人民日报,2020-09-24.
③ 胡卫兵.严管厚爱方能有胆有为[N].人民日报,2020-09-21.
④ 习近平.贯彻落实新时代党的组织路线 不断把党建设得更加坚强有力[J].求是,2020(15).

建设的宝贵经验。中共十八大以来,以习近平同志为核心的党中央将作风建设作为全面从严治党切入点和突破口,坚持作风建设永远在路上,探索构建作风建设常态化制度化体系,以作风建设取得的显著成效赢得党心民心,厚植党执政的政治基础,确保党长期执政和国家长治久安。

一、党的作风关系党的生死存亡

作风建设是"中国共产党解决党组织、党员领导干部和党员在思想作风、学风、工作作风、领导作风和生活作风方面的突出问题,树立与党的性质和宗旨相适应的良好风尚的工作,是党的建设的重要组成部分"[1]。作为党的建设新的伟大工程的重要环节,作风建设对党长期执政和国家长治久安具有十分重要的意义。

作风问题是政党建设面临的重大课题。党风问题不是小事,关系着政党的生死存亡。古今中外,一些执政者因作风败坏导致人亡政息的案例不胜枚举,世界上一些长期执政的大党老党丧失执政地位的根本原因就在于失去人民群众的支持。作风建设是我们党的优良传统和政治优势。从延安整风和中共七大中国共产党逐步形成并明确提出理论联系实际、密切联系群众、批评与自我批评的三大作风,到中共七届二中全会提出"两个务必",到中共十一届三中全会恢复和重新确立党的解放思想、实事求是等优良传统和作风,再到改革开放和发展社会主义市场经济过程中形成与时俱进、求真务实、"八个坚持、八个反对"等新的作风[2],这些都是我们党领导革命、建设、改革取得巨大成就的重要保证。当前,党的作风建设中存在的形式主义、官僚主义、享乐主义和奢靡之风等突出问题不仅损害了党的形象和威信,而且影响了党同人民群众的血肉联系。如果不采取切实措施,认真解决党的作风问题,势必影响党的执政地位,甚至会影响党的生死存亡。

正因为如此,中共十八大以来,以习近平同志为核心的党中央推进全面从严治党,就首先从作风入手,将党的作风建设提到了一个新的高度。习近平针对世情、国情、党情的深刻变化,在讲话中一再强调作风建设的重要性,要求全党高度重视作风建设,"党的作风就是党的形象,关系人心向背,关系党的生死存亡。执政党如果不注重作风建设,听任不正之风侵蚀党的肌体,就有失去民心、丧失政权的危险。我们党作为一个在中国长期执政的马克思主义政党,对作风问题任何时候都不能掉以轻心"[3]。

我们党的根基在人民群众,离开人民群众的支持和拥护,党将一事无成。而党要赢得人民群众的拥护和支持,在形象上得到认同是基本条件,作风就代表着形象。人民群众对一个党的认识,最直观的途径就是看党的作风,特别是他们周围党的组织和

---

[1] 中国共产党组织工作辞典:修订本[M].北京:党建读物出版社,2009:38.
[2] 赵绪生.关于新时代作风建设常态化制度化的思考:学习习近平关于作风建设的重要论述[J].理论视野,2019(7).
[3] 习近平.习近平总书记重要讲话文章选编[M].北京:中央文献出版社,2016:152.

党员干部的作风。我们党"如果作风问题解决不好,也有可能出现'霸王别姬'这样的时刻。我们一定要有危机意识"①。

因此,习近平警醒全党:"我们党作为一个在中国长期执政的马克思主义政党,对作风问题任何时候都不能掉以轻心。"②新时代中国共产党要完成团结带领全国各族人民全面建成社会主义现代化强国、实现第二个百年奋斗目标,以中国式现代化全面推进中华民族伟大复兴的伟大历史任务,也必将面临前所未有的风险和挑战,"党的作风建设始终是摆在我们面前的一项重大而紧迫的任务,抓作风建设一丝都不能放松、一刻都不能停顿"③。

二、作风建设的核心问题是保持党同人民群众的血肉联系

全面从严治党、加强作风建设的"核心问题是党要紧紧依靠人民,始终保持同人民群众的血肉联系,一刻也不脱离群众"④。"工作作风上的问题绝对不是小事,不良作风会像一座无形的墙把我们和人民群众隔开,我们就会失去根基、失去血脉、失去力量。"⑤中共十八大以来,党中央围绕加强和改进作风建设、密切联系群众,打出了一套组合拳,以一系列新要求新举措反歪风、正党风,改善了党的形象,密切了党群干群关系。

制定和严格遵守执行八项规定。2012年12月4日,中共中央政治局召开会议审议了中央政治局关于改进工作作风、密切联系群众的八项规定,对中央领导的调研、会议、简报、出访、警卫、报道、文稿发表、勤俭节约方面作出具体规定。这是对中央政治局成员提出的关于作风建设的基本行为规范,也是对全体党员提出的必须遵守的作风建设要求。这些看上去都是"小事",但正是从这些"小事"切入,以习近平同志为核心的党中央从自身做起,带头制定贯彻八项规定,迈出了作风建设的第一步,党中央以钉钉子精神推进作风建设,刹住了一些长期没有刹住的歪风,纠治了一些多年未除的顽瘴痼疾,形成了以上率下的良好氛围,党风政风焕然一新,社风民风持续向好,以好作风好形象带领人民群众不断开辟"中国之治"新境界。然而,我们也要清醒看到,"四风"问题树倒根存,一些地方对作风建设的成效和人民群众的赞誉产生了盲目乐观、骄傲自满、松劲歇脚、疲劳厌战的情绪。对此,中共二十大从关乎党的兴衰存亡、巩固党的执政地位、实现党的执政使命的政治高度,对锲而不舍落实中央八项规定精神作出新部署。第二十届中央政治局第一次会议审议《中共中央政治局贯彻落实中央八项规定实施细则》,习近平总书记带领中央政治局常委同志专

---

①④ 中共中央纪律检查委员会,中共中央文献研究室.习近平关于党风廉政建设和反腐败斗争论述摘编[M].北京:中央文献出版社,2015:7.

② 习近平在中共中央政治局第十六次集体学习时强调:坚持从严治党落实管党治党责任,把作风建设要求融入党的制度建设[EB/OL].[2014-06-30].http://www.xinhuanet.com/politics/2014-06/30/c_1111389288.htm.

③ 习近平.习近平谈治国理政[M].北京:外文出版社,2014:366.

⑤ 习近平.在第十八届中央纪律检查委员会第二次全体会议上的讲话[N].人民日报,2016-05-03.

程赴延安瞻仰革命纪念地,再次释放出作风建设只有进行时、没有完成时的强烈信号,展现出把全面从严治党向纵深推进的坚定意志和坚强决心。中央纪委办公厅印发《关于贯彻党的二十大部署要求 锲而不舍落实中央八项规定精神深化纠治"四风"工作的意见》,强调落实中央八项规定精神只能紧、不能松,决不能有松劲歇脚、疲劳厌战的情绪,更不能有降调变调的错误期待。在近期召开的中央政治局民主生活会上,习近平强调指出,中央政治局同志要对照新修订的中央八项规定实施细则,一条一条严格对标对表,不折不扣抓好贯彻落实,重点纠治形式主义、官僚主义顽疾,带头弘扬党的优良作风。党中央和习近平总书记以行动作号令,以身教作榜样,改进作风,从中央政治局做起,从总书记做起,充分彰显了党中央和习近平总书记对纠治"四风"、寸步不让的鲜明态度、坚定意志和坚强决心,以实际行动为全党立起标杆做好榜样。①

坚决反对"四风"密切党与群众的血肉联系。群众路线是中国共产党的生命线和根本工作路线,是中国共产党永葆青春活力和战斗力的重要传家宝。一段时间以来,形式主义、官僚主义、享乐主义和奢靡之风,危害党和群众的利益,损害党群关系,拉开党同人民群众的距离,弱化党同人民群众的联系。全面从严治党,就要以维护人民群众利益为出发点,发扬优秀革命传统,对特权思想和特权现象予以严肃惩治,恢复党的优良光荣传统,重拾群众路线,坚决反对"四风",保持与人民群众的鱼水之情。为此,习近平领导在全党开展了党的群众路线教育实践活动、"三严三实"专题教育,集中整治群众反映强烈的"四风"和不严不实问题。针对作风问题具有反复性顽固性,存在抓一抓就好转、松一松就反弹的怪圈,习近平强调,作风建设永远在路上,一定要咬住"常""长"二字,经常抓、深入抓、持久抓,要锲而不舍、驰而不息地抓下去。②把家风建设作为领导干部作风建设的重要内容。家风是社会风气的重要组成部分。习近平尤其强调,领导干部的家风,不仅关系自己的家庭,而且关系党风政风。要弘扬优良家风,以千千万万家庭的好家风支撑起全社会的好风气。他要求,把家风建设作为领导干部作风建设的重要内容。要把家风建设摆在重要位置,把对党忠诚纳入家庭家教家风建设中。他强调,领导干部要做到廉以修身、廉以持家,营造崇德向善、见贤思齐的社会氛围;要管好家属子女和身边工作人员,坚决反对特权现象,树立好的家风家规;要努力成为全社会的道德楷模,带头践行社会主义核心价值观,讲党性、重品行、作表率,带头注重家庭、家教、家风,做家风建设的表率。③

三、作风建设永远在路上

中共十八大以来,以习近平同志为核心的党中央采取一切切实有效的措施,着力

---

① 陈银健.推进作风建设常态化长效化[N].光明日报,2023-01-03(2).
② 中共中央文献研究室.习近平关于全面从严治党论述摘编[M].北京:中央文献出版社,2016:161.
③ 习近平谈家风建设[N].人民日报(海外版),2020-07-22.

解决人民群众反映最强烈、对党的执政基础威胁最大的突出问题,取得明显成效。当前,不敢腐的目标初步实现,不能腐的笼子越扎越牢,不想腐的堤坝正在构筑,反腐败斗争已经取得压倒性胜利并全面巩固,消除了党、国家、军队内部存在的严重隐患,确保党和人民赋予的权力始终用来为人民谋幸福。但是,我们也应清醒认识到,"我们党面临的执政环境是复杂的,影响党的先进性、弱化党的纯洁性的因素也是复杂的,党内存在的思想不纯、组织不纯、作风不纯等突出问题尚未得到根本解决"①。因此,必须以习近平新时代中国特色社会主义思想为指导,深入推进作风建设,务必取得新的成效。

解决作风问题的根本在于加强党性修养。习近平指出:"作风反映的是形象和素质,体现的是党性,起决定作用的也是党性。"②党性是作风的内在根基,作风是党性的外在表现,作风问题根本上是党性问题。习近平指出:"在作风问题上,起决定作用的是党性,衡量党性强弱的根本尺子是公私二字……作风问题,很多是因公私关系没有摆正产生的。"③少数党员、干部把个人利益同私心、私利、私欲相混淆,以个人利益当头,利用手中掌握的权力谋求私利、满足私欲,为了自己和小团体谋取私利而结成利益同盟关系,忘记了党员、干部要全心全意为人民服务的根本宗旨。良好的作风要靠加强党性修养来养成,解决作风问题的根本在于加强党性修养。

制度建设是关键。把制度建设贯穿于作风建设的各方面和全过程,是加强和改进作风建设的当务之急。没有制度、"牛栏关猫"或执行不力,作风建设都将难以推进,更不用说深化。实现作风建设的制度化,就是要把作风建设的要求上升为制度。习近平指出,要本着于法周延、于事简便的原则,体现改革精神和法治思维,把中央要求、群众期盼、实际需要、新鲜经验结合起来,努力形成系统完备的制度体系,以刚性的制度规定和严格的制度执行,确保改进作风规范化、常态化、长效化,切实防止"四风"问题反弹。④中共十八大以来,从中央制定八项规定,到修订《中国共产党巡视工作条例》;从修订出台《中国共产党廉洁自律准则》和《中国共产党纪律处分条例》,到出台《中国共产党问责条例》,出台或修订中央党内法规156部,占现行有效中央党内法规的70.5%,其中修订起"四梁八柱"作用的准则、条例45部,占现行准则、条例的90%⑤,一系列党内规范和制度固化了中央八项规定精神的落实,实现了对党内政治生活的全规范、全覆盖,不仅在数量上实现了跨越式发展,而且保证了立规质量也兼

---

① 习近平.决胜全面建成小康社会,夺取新时代中国特色社会主义伟大胜利:在中国共产党第十九次全国代表大会上的报告[N].人民日报,2017-10-28.

②③ 中共中央纪律检查委员会,中共中央文献研究室.习近平关于党风廉政建设和反腐败斗争论述摘编[M].北京:中央文献出版社,2015:79.

④ 习近平在中共中央政治局第十六次集体学习时强调:坚持从严治党落实管党治党责任,把作风建设要求融入党的制度建设[EB/OL].[2014-06-30].http://www.xinhuanet.com/politics/2014-06/30/c_1111389288.htm.

⑤ 中共中央办公厅法规局.充分发挥依规治党的政治保障作用:以习近平同志为核心的党中央加强党内法规制度建设纪实[N].人民日报,2022-06-26(1).

顾了体系建设,进一步夯实了作风建设的制度基石,为全面从严治党提供了有力的制度支撑。

健全改进作风常态化长效机制。作风建设并不是一蹴而就的,而是一场持久战、攻坚克难战,不能奢望"毕其功于一役","要有踏石留印、抓铁有痕的劲头",以"咬定青山不放松"的韧劲和不达目的不罢休的狠劲长抓作风建设,常抓不懈,久久为功,巩固作风建设成果,坚决防止反弹。为此,习近平提出明确要求,作风建设已经采取的措施、形成的机制要扎根落地,已经取得的成效要巩固发展,关键是要在抓常、抓细、抓长上下功夫。抓常,就是要把作风建设时刻摆上位置、有机融入日常工作,做到管事就管人,管人就管思想、管作风。推动各项工作,都要落实作风建设具体要求,形成抓作风促工作、抓工作强作风良性循环。抓细,就是要对干部群众特别是基层群众反映的作风问题一一回应、具体解决。要透过现象看本质,在解决个别具体问题的同时,着力解决面上的普遍性问题。抓长,就是要反复抓,不能三天打鱼两天晒网,集中抓的时候雷霆万钧,平时放任自流。要认真落实作风建设各项制度,做到有章必循、违规必究。要通过深化改革,从体制机制层面进一步破题,为作风建设形成长效化保障。①

第五节　绷紧纪律之弦,持之以恒正风肃纪

"党的纪律是党的各级组织和全体党员必须遵守的行为规则",纪律建设既有"维护党的团结统一、完成党的任务"②的本质属性,又有规范党员行为、优化党内关系、净化党内政治生态的现实功能。党的纪律,尤其是政治纪律、组织纪律,是确保全面贯彻执行党的理论和路线方针政策、加强和维护党中央权威和集中统一领导、锻造强大的党的重要保障;党规党纪,是党员干部坚定政治立场,坚守理想信念,践行廉洁自律,规范权力运行,加强监督问责,确保"四个意识""四个自信"转化为自觉行动的根本遵循。

加强党的纪律建设,是中共十八大以来全面从严治党的重要特点,也是中共十九大、二十大对推动全面从严治党作出的重要部署。中共十八大以来,以习近平同志为核心的党中央继承和发扬我们党重视加强纪律建设的光荣传统,紧密结合新时代党的建设面临的新情况新问题,始终把纪律挺在前面,坚持纪严于法、纪在法前、纪法分开,把纪律建设作为全面从严治党的治本之策,提出了许多关于纪律建设的新思想新观点新论断,深刻回答了新时代为什么要抓纪律建设、纪律建设抓什么、怎么抓纪律

---

① 习近平.作风建设要经常抓深入抓持久抓[J].共产党员,2014(11).
② 中国共产党章程(中国共产党第二十次全国代表大会部分修改,2022年10月22日通过)[N].人民日报,2022-10-27(2).

建设等重大问题,推动了管党治党不断从宽松软走向严紧硬。中共十九大、二十大报告更是把党的纪律细化为政治、组织、廉洁、群众、工作以及生活六大纪律,明确提出要以党的政治纪律建设为核心,强化其他五大纪律建设,推动党的纪律建设常态化发展,是夺取反腐败斗争压倒性胜利、推动全面从严治党不断向纵深发展的科学指引。

一、把纪律建设摆上突出位置,强调纪律建设是全面从严治党的治本之策

办好中国的事情,关键在党。重视党的纪律建设是我们党的光荣传统和独特优势。习近平指出:"我们党是靠革命理想和铁的纪律组织起来的马克思主义政党,纪律严明是党的光荣传统和独特优势。"①自从中国共产党成立以来,党中央就从未放弃过严明党的纪律,加强党的纪律建设。中共百年来建设和发展历程表明,加强党的建设,严明党纪是我们党夺取新民主主义革命胜利、进行社会主义建设、推进改革开放的重要保证。

中国特色社会主义进入新时代,面对世情国情党情发生新变化,针对管党治党存在失之于宽、失之于松、失之于软问题,习近平反复强调"加强党的纪律建设""纪律是管党治党的'戒尺',也是党员、干部约束自身行为的标准和遵循""要把纪律建设摆在更加突出位置"②,纪律严明是马克思主义政党区别于其他政党的重要标志。中共十九大报告在阐述新时代党的建设总要求时把纪律建设纳入党的建设总体布局,把纪律建设摆在更加突出的位置。中共十九大、二十大党章修正案提出新时代党的建设新任务,充实完善了纪律建设相关内容。新修订的《中国共产党纪律处分条例》正式施行。加强纪律建设是我们党完成新时代历史使命的重要保证。中共十九大报告指出,实现中华民族伟大复兴是近代以来中华民族最伟大的梦想,是新时代中国共产党的历史使命。中共二十大报告强调以中国式现代化全面推进中华民族伟大复兴。"党面临的形势越复杂、肩负的任务越艰巨,就越要加强纪律建设。"③当前,党要团结带领人民开启全面建设社会主义现代化国家新征程,完成新时代历史使命,实现中华民族伟大复兴,必须加强党的纪律建设,严明党的各项纪律。

二、坚持标本兼治原则,强化纪律的制定、教育和执行

纪律建设主要包括制定、教育和执行三个方面,也就是要把各项纪律立起来,加强纪律教育,强化纪律执行。中共十八大以来,习近平高度重视用法治思维和法治方

---

① 习近平.习近平谈治国理政[M].北京:外文出版社,2014:386.
② 习近平在二十届中央纪委二次全会上发表重要讲话强调一刻不停推进全面从严治党 保障党的二十大决策部署贯彻落实[N].人民日报,2023-01-10(1).
③ 中共中央纪律检查委员会,中共中央文献研究室.习近平关于严明党的纪律和规矩论述摘编[M].北京:中央文献出版,2016:4.

式管党治党,把党内治理与国家治理结合起来,突出强调要创新完善党内制度法规,解决有纪可依的问题;要抓好教育管理,做到知敬畏、存戒惧、守底线,解决纪律意识淡薄和定力不够的问题;要抓好执行监督,重点以强化政治纪律和组织纪律带动其他纪律严起来。

抓好立改废工作,建立以党章为核心的党内法规制度体系。习近平反复强调制度问题更带有根本性、全局性、稳定性、长期性,要立体式、全方位推进制度体系建设,用法治思维和法治方式管党治党、执政兴国。中共十八大以来,我们党从立规矩开始,首先制定了中央八项规定,随后陆续制定了一系列党内法规制度,先后发布《中国共产党党内法规制定条例》《中国共产党党内法规和规范性文件备案规定》《中共中央关于废止和宣布失效一批党内法规和规范性文件的决定》《中央党内法规制定工作五年规划纲要(2013—2017年)》《中央党内法规制定工作第二个五年规划(2018—2022年)》《深化党的建设制度改革实施方案》《中共中央关于加强党内法规制度建设的意见》等,明确了党内法规制定工作的指导思想、工作目标、基本要求、主要任务和落实要求,明确了今后党的建设制度改革的路线图、时间表、任务书,为党内法规制度体系建设提供了基本依据和规范。[①]

加强纪律教育管理,培养党员干部在受监督和约束环境中工作生活的习惯。针对有些党员干部纪律观念淡薄问题,习近平明确要求加强纪律教育,既让铁纪"长牙"、发威,又让干部重视、警醒、知止,使铁的纪律转化为党员、干部的日常习惯和自觉遵循。他指出:"要在全党开展法规制度宣传教育,引导广大党员、干部牢固树立法治意识、制度意识、纪律意识,懂法纪、明规矩,知敬畏、存戒惧,形成尊崇制度、遵守制度、捍卫制度的良好氛围。"[②] "党的各级组织要积极探索纪律教育经常化、制度化的途径,多做提提领子、扯扯袖子的工作,使党员、干部真正懂得,党的纪律是全党必须遵守的行为准则,严格遵守和坚决维护纪律是做合格党员、干部的基本条件。"[③] 同时,还把批评教育、谈话函询作为监督执纪"四种形态"中第一种形态,对违纪同志进行从严批评教育。他还特别要求,各级领导干部特别是高级干部要牢固树立纪律和规矩意识,在守纪律、讲规矩上作表率;各级党委要加强监督检查,对不守纪律的行为要严肃处理。

强化纪律监督执行,提高党内法规制度执行力。法规制度的生命力在于执行,提高制度执行力,让制度、党的纪律成为带电的"高压线"。习近平反复强调,要用严明的纪律维护制度,增强纪律约束力和制度执行力。[④]要加强对党的建设各项制度执行情况进行监督检查和责任追究,使党内法规制度成为硬约束,使纪律成为带电的高压

[①] 吴桂韩.习近平新时代纪律建设思想的深刻意蕴[J].山西社会主义学院学报,2018(1).

[②] 中共中央纪律检查委员会,中共中央文献研究室.习近平关于严明党的纪律和规矩论述摘编[M].北京:中央文献出版社,2016:89.

[③] 中共中央纪律检查委员会,中共中央文献研究室.习近平关于严明党的纪律和规矩论述摘编[M].北京:中央文献出版社,2016:84.

[④] 习近平在十九届中央纪委四次全会上发表重要讲话强调一以贯之全面从严治党强化对权力运行的制约和监督 为决胜全面建成小康社会决战脱贫攻坚提供坚强保障[N].人民日报,2020-01-14(1).

线,真正让铁规发力、让禁令生威。他指出:"执行党的纪律不能有任何含糊,不能让党规党纪成为'纸老虎'、'稻草人',造成'破窗效应'。"① "要增强制度执行力,制度执行到人到事,做到用制度管权管事管人。要坚持制度面前人人平等,执行制度没有例外,不留'暗门'、不开'天窗',坚决维护制度的严肃性和权威性,坚决纠正有令不行、有禁不止的行为,使制度成为硬约束而不是'橡皮筋'。"② 为此,他要求各级党委(党组)要敢抓敢管、严格执纪,把全面从严治党政治责任担负起来。

三、把纪律挺在前面,用严明的纪律管全党治全党

在总结实践经验的基础上,习近平在中共十九大报告中明确提出:"重点强化政治纪律和组织纪律,带动廉洁纪律、群众纪律、工作纪律、生活纪律严起来。"③ 在中共二十大报告中,他再次强调"全面加强党的纪律建设,督促领导干部特别是高级干部严于律己、严负其责、严管所辖,对违反党纪的问题,发现一起坚决查处一起"④。这为新时代纪律建设指明了方向。

政治纪律是最重要、最根本、最关键的纪律。在中共十九大报告中,习近平强调要把党的政治建设摆在首位,要求全党严格遵守政治纪律和政治规矩,进一步明确了政治纪律在党的纪律体系中的首要地位。严明党的纪律首要的就是严明政治纪律;遵守政治纪律是遵守党的全部纪律的重要基础,最核心的是"坚持党的领导和坚持党的基本理论、基本路线、基本纲领、基本经验、基本要求,同党中央保持高度一致,自觉维护党中央权威"⑤。他强调"要牢固树立'四个意识',把维护党中央权威和集中统一领导突出出来,严明政治纪律和政治规矩,始终保持党的先进性和纯洁性,不断巩固党执政的政治基础。"⑥因此,党的各级组织要"自觉担负起执行和维护政治纪律的责任,加强对党员遵守政治纪律的教育"⑦;党的各级纪律检查机关要"把维护党的政治纪律放在首位,加强对政治纪律执行情况的监督检查"⑧。严明党的组织纪律,首先是

---

① 中共中央纪律检查委员会,中共中央文献研究室.习近平关于严明党的纪律和规矩论述摘编[M].北京:中央文献出版社,2016:44.

② 中共中央纪律检查委员会,中共中央文献研究室.习近平关于严明党的纪律和规矩论述摘编[M].北京:中央文献出版社,2016:130-131.

③ 习近平.决胜全面建成小康社会 夺取新时代中国特色社会主义伟大胜利:在中国共产党第十九次全国代表大会上的报告[N].人民日报,2017-10-28.

④ 习近平.高举中国特色社会主义伟大旗帜 为全面建设社会主义现代化国家而团结奋斗:在中国共产党第二十次全国代表大会上的报告[N].人民日报,2022-10-26(1).

⑤ 中共中央纪律检查委员会,中共中央文献研究室.习近平关于严明党的纪律和规矩论述摘编[M].北京:中央文献出版社,2016:13.

⑥ 习近平总书记主持召开中央政治局会议分析研究当前经济形势和经济工作、审议《中国共产党纪律处分条例》新闻稿[EB/OL].[2018-07-31].https://news.hsw.cn/system/2018/0731/1010768.shtml?mobile=mzihrwqw.

⑦⑧ 十八大以来重要文献选编:上[M].北京:中央文献出版社,2014:134.

各级党组织和党员领导干部务必要坚持民主集中制,它是党的根本组织原则和组织制度,是严肃党内政治生活和发扬党内民主的重要保障。要认真执行民主集中制原则,坚持"四个服从",对组织忠诚老实。其次是党员干部要认真落实请示报告制度,它是执行党的民主集中的有效机制,也是组织纪律的重要方面,党的领导干部在做任何重大决定时,务必要牢记党的组织观念和组织程序,及时向党组织请示报告。最后要增强党员的党性修养,这是预防党员干部违纪违法的关键环节。组织纪律性是党性修养的重要内容。习近平明确提出:"党性说到底就是立场问题。"① "加强组织纪律性必须增强党性"②,党的各级领导干部务必要坚持人民立场,强化党的意识和组织意识,始终"牢记自己的第一身份是共产党员,第一职责是为党工作,做到忠诚于组织,任何时候都与党同心同德"③。

廉洁纪律是确保党员领导干部实现清正廉洁、党内风清气正的根本纪律。执行廉洁纪律,重点是要保持清正廉洁,坚决防止和纠正以权谋私、贪污贿赂、腐化堕落等问题。中共十八大以来,以习近平同志为核心的党中央高度重视党的廉洁政治建设,紧扣廉洁自律主题,按照"干部清正、政府清廉、政治清明"新要求,修订《中国共产党廉洁自律准则》,对党员和领导干部分别提出了四条规范,要求全体党员必须牢记党的廉洁纪律,使廉洁自律规范内化于心、外化于行,永葆党的先进性和纯洁性。

坚守党的群众纪律,强化党的作风建设群众纪律是党的最基础的纪律。"我们党来自人民、植根人民、服务人民,一旦脱离群众,就会失去生命力。"④中国共产党自诞生之初,就旗帜鲜明地坚持全心全意为人民服务的宗旨,全体党员不是官老爷、太上皇,而是人民的公仆,党员尤其是领导干部必须严格坚守党的群众纪律,不忘初心,继续做好人民的好公仆。对损害群众利益的违纪违法行为,要严肃查处,屡教不改者,应开除党籍。

严明党的工作纪律是全面从严治党的内在要求。加强党的工作纪律,严格落实责任制度,工作纪律是党的各项纪律中最具有直接性、现实性和基础性的环节。2023年新修订的《中国共产党纪律处分条例》对于违反工作纪律行为的处分作了明确的规定。习近平要求各级党组织及领导干部遵守党的工作纪律,一个很重要的方面是理清责任、落实责任,对责任认识不清、责任落实不力、不追究责任,再好的规章制度都只能是挂在墙上的纸老虎。因此,强化党的纪律建设,必须严格落实责任制。

强化党的生活纪律,维护党的形象和权威。生活纪律是全体党员及其领导干部在日常生活和社会交往中必须严格遵守的行为规范,涉及党员领导干部的个人品德、家庭美德、社会公德等多个方面。2023年修订《中国共产党纪律处分条例》中第十一章第一百五十条到第一百五十四条明确规定了对违反生活纪律行为的处分,是对近

---

①② 中共中央纪律检查委员会,中共中央文献研究室.习近平关于严明党的纪律和规矩论述摘编[M].北京:中央文献出版社,2016:38.

③ 习近平.习近平谈治国理政[M].北京:外文出版社,2014:395-396.

④ 十八大以来重要文献选编:上[M].北京:中央文献出版社,2014:81.

些年来查处的部分领导干部生活作风问题的具体约束。

第六节 扎紧制度之笼,用制度治党管权治吏

制度问题带有根本性、全局性、稳定性、长期性。全面从严治党,必须有坚强的制度作保证。高度重视制度建设,是中国共产党管党治党建设的一贯做法。一百多年来,中国共产党在实践中不断总结经验,逐步建立和完善了一系列制度。加强制度建设更是中共十八大以来党中央抓党的建设的鲜明主题。以习近平同志为核心的党中央把制度治党放在治国理政战略布局的重要位置,使其成为全面从严治党的着力点与根本遵循。中共十八大以来,党的制度建设精彩纷呈,实现了理论与实践的双重创新。

一、建立配套完备的党内法规制度体系

制度治党中的"制度"是指党内法规制度体系,即"以党章为根本,以民主集中制为核心,以准则、条例等中央党内法规为主干,由各领域各层级党内法制度组成的有机统一整体"[①]。其中党章是党的根本大法,凝结着我们党长期以来的宝贵经验和智慧。党章与党内各项具体制度是"中心"与"外围层"的关系,居于中心地位的党章确定了党内法规制度体系的根本定位,而属于外围层的党内各项具体制度是对党章的延伸、扩展和具体化,紧紧围绕党章的章程和规则而展开,是加强制度治党、依规治党的制度基础。

首创"党内立法"法。中共十八大以来,以习近平同志为核心的党中央首创"党内立法"法,这一"党内立法"法主要由《中国共产党党内法规制定条例》和《中国共产党党内法规和规范性文件备案规定》组成,明确规定了党内法规中制度的制定原则、制度依据、制定程序等,明确了党内法规制度建设的总体目标,确保了制度设计的科学性,避免了制度设计的重复性、短期性、矛盾性等问题,从源头上实现了治党的科学化、规范化、制度化,成为中国共产党管党治党的根本依据。

开展党内法规制度的"废改立释"工作。习近平指出:"把权力关进制度的笼子里,首先要建好笼子。笼子太松了,或者笼子很好但门没关住,进出自由,那是起不了什么作用的。"[②]当前党内制度实现了在主要领域党内制度的基本覆盖,但党内法规制度建设仍有很大优化空间。因此,要构建科学完备的制度框架,必须及时更新党内法规,过时的要废止,无效的要宣布失效,该修改的要修改。中共十八大以来,按照"废改立"的思路,对新中国成立以来的党内法规和规范性文件进行了系统清理。同时,

---

① 关于加强党内法规制度建设的意见[N].人民日报,2017-06-26.
② 习近平在十八届中央纪委三次全会上发表重要讲话[EB/OL].[2014-01-14].http://politics.people.com.cn/n/2014/0114/c1024_24118471.html.

修订增补出台了一系列新的党内法规,逐步形成了较为完备的党内制度体系,其目的就是要把笼子扎紧、扎密,把笼子上断裂的、不结实的条条框框换成新的、结实的、管用的,为全面从严治党提供明确的党规党纪依据。①2021年7月1日,习近平在庆祝中国共产党成立100周年大会上宣布,我们党已经"形成比较完善的党内法规体系"。截至2022年6月,中共现行有效党内法规共3718部。其中,党中央制定的中央党内法规211部,中央纪律检查委员会以及党中央工作机关制定的部委党内法规170部,省、自治区、直辖市党委制定的地方党内法规3327部。②

增强党内法规制度的整体功能。习近平强调:"制度要搞好配套衔接,做到彼此呼应,增强整体功能。"③这就要求完善党内法规制度体系建设,必须遵循一些基本原则:以党章为根本依据,体现党章的基本原则和精神;符合国家的法律法规,使其互相协调,互相促进;实现与其他方面的法规制度有效衔接;注重发挥各种制度的综合功能,"提升法规制度整体效应"④。同时还要注重法规的系统性、协同性、及时性、有效性与针对性。

二、强化法规制度的执行

严格执行是党的制度建设的关键。习近平曾经指出,"制定制度很重要,更重要的是抓落实,九分力气要花在这上面"⑤。党内法规体系若要发挥作用,体现其生命力和价值,最为关键的就是坚定不移地将其贯彻和执行下去。可见,从一定的意义上说,制度的落实和执行相比于制度的制定同等重要,甚至更加重要,要不断推进法规制度执行的规范化。

落实主体责任,做到制度面前人人平等。制度绝不是摆设,在法律与制度的制约下,任何人都没有"丹书铁券",也没有"铁帽子王"。所有党员在制度面前都应人人平等。无论官位多高、权力多大,只要触犯党纪国法,都应一查到底,绝不姑息。正因为如此,习近平在中共十八届中央纪委三次全会上强调指出:"要落实党委的主体责任和纪委的监督责任,强化责任追究,不能让制度成为纸老虎、稻草人。"⑥为此,要明确执行主体责任,确保执行主体无盲区、不重叠,保障和加强制度与法律的严肃性与权威性。要着重提高广大党员干部的执行能力,通过宣传普及、专题教育、实践考核等

---

① 孟源北.把制度治党贯穿全面从严治党全过程[N].学习时报,2018-03-19.

② 中共中央办公厅法规局.充分发挥依规治党的政治保障作用:以习近平同志为核心的党中央加强党内法规制度建设纪实[N].人民日报,2022-06-26(1).

③ 习近平.在党的群众路线教育实践活动总结大会上的讲话[M].北京:人民出版社,2014:18.

④ 中共中央纪律检查委员会,中共中央文献研究室.习近平关于严明党的纪律和规矩论述摘编[M].北京:中央文献出版社,2016:63.

⑤ 中共中央纪律检查委员会,中共中央文献研究室.习近平关于党风廉政建设和反腐败斗争论述摘编[M].北京:中国方正出版社,2015:129.

⑥ 习近平在十八届中央纪委三次全会上发表重要讲话[EB/OL].[2014-01-14].http://politics.people.com.cn/n/2014/0114/c1024_24118471.html.

方式,促使党员干部进一步强化制度意识、规矩意识,在工作和生活中养成自愿接受监督和约束的良好习惯,逐步实现从不敢腐、到不能腐、再到不想腐的质的思想跨越和行动自觉。要抓住领导干部这一关键少数,各级领导干部要自觉学习各项制度,切实遵守和维护制度,以上率下,以身示范,真正当好守规的"领头雁"、执规的"铁面人",用强有力的执行树立起制度的威严、威信与威力。

拧紧制度执行的"螺丝钉","防止出现破窗效应"。近些年来,党内制度体系建设确实取得了令人瞩目的成就,但正如习近平所强调的,"当前突出的问题在于很多制度没有得到严格的执行。……制度的生命力在于执行,有了制度没有严格的执行就会形成'破窗效应'"①。习近平反复强调,制度的生命力在于执行。如果制度执行不认真、不较真、不动真,处处虚以应付、事事马马虎虎,不仅会使制度沦为稻草人、纸老虎,还会动摇执政根基、丧失制度自信、凉了党心民心。制度的笼子建起来了,但"牛栏关猫"不行,笼子不上锁、钥匙本人拿也不行,关键在于把制度的笼子扎细、扎密、扎牢,真抓、严管,不留"暗门"、不开"天窗"。制度一旦形成,就要坚持一以贯之地抓制度落实,以钉钉子精神,一环接着一环抓、一锤接着一锤敲,持续拧紧制度执行的"螺丝钉"。

加强党内制度文化建设,提高主体执行制度的自觉性。党员违反党规党纪,一个不可忽视的重要原因就是制度仅仅停留在条文的制定和颁布上,并没有能够内化于心,外化于行,成为全体党员在思想和行动上的一种自觉,也就是说,党内有法规制度,但是没有形成制度文化。要优化党内政治生态,引导广大党员、干部牢固树立制度意识,形成尊崇制度、遵守制度、捍卫制度的良好氛围。要坚持制度面前人人平等,执行制度没有例外,不能搞"潜规则",坚决维护制度的严肃性和权威性,使制度成为硬约束而不是"橡皮筋"。坚持制度激励和制度监督有机统一。既要充分释放制度在促进人们善言善行中的导向与激励作用,营造自觉要求自己和不断完善自己的良好氛围;又要突出强化党内监督制度和巡视制度的科学设计和严格执行,用监督传递压力,用压力推动执行力,在巡视中发现违规违纪、破坏法规制度的必须一查到底,严肃处理,彻底打消破坏制度者的侥幸心理、观望态度,形成人人遵守制度、人人敬畏制度的良好行为和政通人和的社会景象。

三、坚持依法治国与制度治党、依规治党统筹推进、一体建设

2016年12月,习近平在全国党内法规工作会议重要指示中强调,我们党要履行好执政兴国的重大历史使命、赢得具有许多新的历史特点的伟大斗争胜利、实现党和国家的长治久安,必须坚持依法治国与制度治党、依规治党统筹推进、一体建设。统筹推进依法治国与依规治党,实质上是通过国法与党规二元一体的结合,实现作为政治资格的执政权、作为国家治理的领导权、作为规范判断的监督权三者的互相融合和并行不悖,实现党的意志与国家意志的高度统一。这与西方的三权分立和多党执政

---

① 习近平出席中央政法工作会议并发表重要讲话[N].人民日报,2014-01-09.

是有本质区别的。

依法治国与制度治党、依规治党,是优化治国理政的两个基本要素,二者相辅相成、相得益彰。制度治党、依规治党是依法治国的引领和保障,依法治国是制度治党、依规治党的基础和依托,二者统一于推进国家治理现代化整个过程之中。坚持全面依法治国,建设法治国家、法治政府、法治社会,能够更好地发挥法治固根本、稳预期、利长远的保障作用。深化制度管党治党、坚持依规管党治党,既是全面依法治国的必然要求,又是全面依法治国的重要前提和政治保障,对完善国家法律体系、推进法治中国建设具有重要的示范和促进作用。只有不断推进党的领导制度化、法治化,不断完善党的领导体制和工作机制,把党的领导贯彻到全面依法治国全过程和各方面,才能坚持走中国特色社会主义法治道路,贯彻中国特色社会主义法治理论,充分发挥党对依法治国的引领作用。中共十九大之后,党中央成立中央全面依法治国委员会,就是要健全党领导全面依法治国的制度和工作机制,强化党中央在科学立法、严格执法、公正司法、全民守法等方面的领导,更加有力地推动党中央决策部署贯彻落实。通过制度治党、依规治党,不断增强党内生活和党的建设制度的严密性和科学性,使党的权力运行受到有效的制约和监督,使各级党组织的工作、活动和广大党员的行为更加规范、有序,就必定会对建设社会主义法治国家起到有力的促进作用。①

统筹推进依法治国与制度治党、依规治党,全面准确认识党内法规制度体系的性质,使国家法律与党内法规相互协调、相互补充;坚持宪法修改与党章修改相协调,使宪法的原则规则与党章规定的党和国家指导思想、路线、方针、政策、目标任务等保持一致;实现国家法律和党内法规立改废释常态化,及时消除二者之间的矛盾冲突,提高党内立规和国家立法的科学化、民主化、法治化水平;扩大党政"共同立法",使党规国法互联互通;建立和完善依规治党与依法治国统筹协调体制机制,使党委法规工作部门和国家法治工作部门有效衔接、形成合力。②

四、把制度建设贯穿于党的建设全过程

习近平在中共十九大报告中明确指出,要"把制度建设贯穿于党的政治建设、思想建设、组织建设、作风建设、纪律建设其中,深入推进反腐败斗争,不断提高党的建设质量,把党建设成为始终走在时代前列、人民衷心拥护、勇于自我革命、经得起各种风浪考验、朝气蓬勃的马克思主义政党"③。他在中共二十大报告中再次强调"我们要落实新时代党的建设总要求,健全全面从严治党体系,全面推进党的自我净化、自我完善、自我革新、自我提高,使我们党坚守初心使命,始终成为中国特色社会主义事业

---

① 罗昭义.习近平对党的制度建设的原创性贡献与原因探析[J].湖南行政学院学报,2020(4).
② 坚持依法治国与制度治党、依规治党统筹推进一体建设:学习贯彻习近平总书记重要指示精神专题研讨会发言摘编[N].人民日报,2017-05-02.
③ 习近平.决胜全面建成小康社会 夺取新时代中国特色社会主义伟大胜利:在中国共产党第十九次全国代表大会上的报告[M].北京:人民出版社,2017:62.

的坚强领导核心"①。这些论述不仅强调了制度建设在党的建设中的重要地位,而且为制度建设指明了发展方向。

针对新时代坚定不移全面从严治党,不断提高党的执政能力和领导水平,中共十九大报告论述了八个方面的具体内容、中共二十大报告论述的"坚定不移全面从严治党,深入推进新时代党的建设新的伟大工程"七个方面内容,每个方面都有制度建设"贯穿其中"。在政治建设方面,十九大报告强调要把党的政治建设摆在首位,在制度上要求我们尊崇党章,严格执行新形势下党内政治生活的若干准则,从而保持我们党先进的政治属性、巩固崇高的政治理想、提升高尚的政治追求、保持纯洁的政治品质、强化忠诚的政治担当、执行严明的政治纪律;二十大报告强调坚持和加强党中央集中统一领导,在制度上要求健全总揽全局、协调各方的党的领导制度体系,完善党中央重大决策部署落实机制,确保全党在政治立场、政治方向、政治原则、政治道路上同党中央保持高度一致,确保党的团结统一等。在思想建设方面,十九大报告强调要用习近平新时代中国特色社会主义思想武装全党,制度上的必由途径是将"两学一做"常态化、制度化;二十大报告强调坚持不懈用习近平新时代中国特色社会主义思想凝心铸魂,坚持理论武装同常态化长效化开展党史学习教育相结合。在建设高素质专业化的干部队伍方面,十九大报告强调制度上的安排是要完善干部考核评价机制,建立激励机制和容错纠错机制;二十大报告强调要完善干部考核评价体系。在加强基层党组织建设方面,十九大报告强调坚持"三会一课"制度和推进党务公开;二十大报告从严密的组织体系角度强调增强党组织政治功能和组织功能。在作风建设方面,十九大报告强调要持之以恒正风肃纪,其最终的目标是希望党员干部习惯于在监督和约束中工作和生活;二十大报告强调要推进作风建设常态化长效化。在反腐败斗争方面,十九大报告强调要取得反腐败斗争的压倒性胜利,根本保证之一是建立起"于法周延、于事有效"的反腐败法规体系;二十大报告强调要坚持不敢腐、不能腐、不想腐一体推进,同时发力、同向发力、综合发力,加强新时代廉洁文化建设,不断取得更多制度性成果和更大治理效能。在健全党和国家监督体系方面,十九大报告强调其根本目的之一就是让权力在阳光下运行,把权力关进制度的笼子;二十大报告强调要健全党统一领导、全面覆盖、权威高效的监督体系,完善权力监督制约机制,以党内监督为主导,促进各类监督贯通协调,让权力在阳光下运行。在全面增强党的执政本领方面,十九大报告强调其中的重要内容之一,就是要增强党依法执政的本领,加快形成覆盖党的领导和党的建设各个方面的党内法规体系净化党内政治生态②,是当前推进全面从严治党过程中必须着力解决的问题之一,而党的制度建设则是从根本上解决这个问题的途径之一;二十大报告强调在完善党的自我革命制度规范体系中,要坚持制度治党、依规治党,以党章为根本,以民主集中制为核心,完善党内法规制度体

---

① 习近平.高举中国特色社会主义伟大旗帜 为全面建设社会主义现代化国家而团结奋斗:在中国共产党第二十次全国代表大会上的报告[N].人民日报,2022-10-26(1).
② 刘彦伯.新时代党的制度建设的主要特征[J].党政干部学刊,2019(1).

系,增强党内法规权威性和执行力,形成坚持真理、修正错误,发现问题、纠正偏差的机制。中共十八大以来,中国共产党把严肃党内政治生活作为全面从严治党的重要抓手,有效解决了党内存在的党内政治生活质量不高、党员和党组织先锋模范作用和战斗堡垒作用发挥不够的突出问题,党风政风焕然一新。从制度层面来说,党中央把严肃党内政治生活摆在了更加突出的位置进行布局建设,有关法规建设完善的步伐明显加快,形成靠制度管权、管事、管人的长效机制。同时,民主集中制作为党内政治生活的重要法宝,为加强和规范党内政治生活提供了重要制度保障。2016年10月,中共十八届六中全会审议并通过了《关于新形势下党内政治生活的若干准则》。《关于新形势下党内政治生活的若干准则》明确了新形势下加强和规范党内政治生活的方向、目标、原则、任务、举措,成为增强党内政治生活的政治性、原则性、时代性、纪律性的强大武器。

第七节 清除腐败之瘤,营造良好政治生态

反腐败没有休止符,反腐败永远在路上。反腐败斗争,是全面从严治党的基本任务,是一场具有新的历史特点的伟大斗争实践,要始终保持力度不减、节奏不变。中共十八大以来,中国共产党治国理政最伟大的成就之一,就是全面从严治党,深入开展反腐败斗争。习近平反腐败重要论述是这一伟大实践的理论结晶。习近平着眼于全面推进党的建设,围绕"为什么要开展反腐败斗争、怎样推进反腐败斗争"的问题发表了一系列重要论述,深刻阐释了反腐败斗争的重大理论问题和实践问题,为新形势下深入推进全面从严治党提供了强大的思想武器和科学的行动指南。

一、阐释反腐败斗争的重要性,作出反腐败斗争形势的重大判断

习近平指出:"党风廉政建设和反腐败斗争,是党的建设的重大任务"[①],"是全面从严治党的重要方面。"反腐败斗争关系党和国家生死存亡。习近平在2015年1月13日召开的中央纪委五次全会上提出,全党同志在思想上一定要搞清楚一个问题——就是为什么要坚定不移反对腐败?其实,他对这个问题早就作出了明确回答。2012年11月17日,在中共十八届中央政治局第一次集体学习会上,习近平提出:"腐败问题越演越烈,最终必然会亡党亡国!我们要警醒啊!"[②] 2013年1月22日,习近平

---

① 中共中央纪律检查委员会,中共中央文献研究室.习近平关于党风廉政建设和反腐败斗争论述摘编[M].北京:中央文献出版社,2015:4.

② 习近平在中共中央政治局第一次集体学习时强调紧紧围绕坚持和发展中国特色社会主义深入学习宣传贯彻党的十八大精神[N].人民日报,2012-11-18.

在中央纪委二次全会上强调:"腐败是社会毒瘤。如果任凭腐败问题愈演愈烈,最终必然亡党亡国。"他指出:"我们党把党风廉政建设和反腐败斗争提到关系党和国家生死存亡的高度来认识,是深刻总结了古今中外的历史教训的。"① 2022年6月17日,习近平在中共中央政治局第四十次集体学习时强调:"反腐败斗争关系民心这个最大的政治,是一场输不起也决不能输的重大政治斗争。"② 正是基于对人类政权更迭兴亡史的深刻认识,基于对现实腐败严重性、复杂性及其发展趋势的正确判断,习近平才一再强调要深入开展反腐败斗争。反腐败斗争是实现中华民族伟大复兴的必然要求,是当代中国共产党人一场输不起的斗争,必须决战决胜。

中共十八大以来,党中央作出"反腐败斗争形势依然严峻复杂""党风廉政建设和反腐败斗争永远在路上"的重大判断,充分表明我们党一以贯之冷静清醒。2013年4月,习近平在中央政治局常委会研究巡视工作五年规划时,作出反腐败斗争形势"依然严峻复杂"的判断。2015年1月,在中共十八届中央纪委五次全会上指出,党风廉政建设和反腐败斗争永远在路上,要求全党上下齐心协力,在人民群众鼎力支持下,打赢党风廉政建设和反腐败斗争这场攻坚战、持久战。中共十九大以来,习近平反复强调,反腐不能松口气、歇歇脚,不能有打好一仗就一劳永逸的想法,不能有初见成效就见好就收的想法,"只要存在腐败问题产生的土壤和条件,反腐败斗争就一刻不能停,必须永远吹冲锋号""全面从严治党永远在路上,党的自我革命永远在路上,决不能有松劲歇脚、疲劳厌战的情绪"③"以永远在路上的坚韧和执着,精准发力、持续发力,坚决打赢反腐败斗争攻坚战持久战"④。这些重要论断,持续释放我们党将反腐败斗争进行到底的鲜明信号。⑤

二、明确反腐败斗争的战略目标,坚持依靠人民群众和专门机关开展反腐败斗争

在反腐败战略目标上,习近平提出"不敢腐、不能腐、不想腐"。一体推进不敢腐、不能腐、不想腐,不仅是反腐败斗争的战略目标,也是新时代全面从严治党的重要方略,既是重大实践成果,也是重大理论成果,有着丰富而深刻的科学内涵,揭示了标本兼治的基本规律。"不敢腐、不能腐、不想腐"三者之间既各司其职、相互独立,又彼此

---

① 中共中央纪律检查委员会,中共中央文献研究室.习近平关于党风廉政建设和反腐败斗争论述摘编[M].北京:中央文献出版社,2015:5.
② 习近平在中共中央政治局第四十次集体学习时强调:提高一体推进"三不腐"能力和水平全面打赢反腐败斗争攻坚战持久战[N].人民日报,2022-06-19(1).
③ 习近平.高举中国特色社会主义伟大旗帜 为全面建设社会主义现代化国家而团结奋斗:在中国共产党第二十次全国代表大会上的报告[N].人民日报,2022-10-26(1).
④ 习近平在二十届中央纪委三次全会上发表重要讲话强调深入推进党的自我革命 坚决打赢反腐败斗争攻坚战持久战[N].人民日报,2024-01-09(1).
⑤ 张由涛.反腐败:一场输不起也决不能输的斗争[J].中国纪检监察,2019(18).

联系、环环相扣。一体谋划,贯通推进,把"三不腐"方针方略落到正风肃纪反腐各方面,净化党内政治生态,必须做到以惩治求突破,以"不敢腐、不能腐、不想腐"为目标,统筹推进惩防并举。惩治是预防的前提,要以"惩治"破局,"坚持无禁区、全覆盖、零容忍,严肃查处腐败分子"①,持续保持高压态势,力求营造出"不敢腐"的政治氛围。之后,加大治本力度,选对人、用好人,深化改革,加强制度建设,强化日常管理和监督,完善激励和问责机制,逐步实现"不能腐";最终靠坚定理想信念,增强宗旨意识,树立"四个自信",真正做到"不想腐"。

相信和依靠人民群众的力量,明确人民群众在反腐斗争中的作用和地位,坚持人民群众路线,发挥人民作用,是党的政治优势和优良传统。习近平指出:"人民是决定我们前途命运的根本力量""群众路线是我们党的生命线和根本工作路线,是我们党永葆青春活力和战斗力的重要传家宝。"②反腐败斗争必须紧紧依靠群众,始终坚持群众路线。人民群众是腐败的最大受害者,是反腐败斗争的主力军。中共十八大以来,人民群众在反腐败斗争中表现出了极大的热情,发挥了重要作用,通过来信来访、电话举报等形式,揭发并举报一些党员干部违纪违法问题,积极参与党的反腐败斗争,并出现了署名举报多,举报领导干部多,举报重点部门多,举报重大问题多的特点,为查办违纪违法案件提供了重要线索。在人民群众的支持和参与下,反腐败斗争不断取得阶段性成果。实践证明,人民群众参与和支持是我们党取得反腐败斗争胜利的根本保证。同时,反腐败斗争还要充分发挥纪检、监察、公安、检察、审计、外交等专门机关的作用。习近平提出,纪委作为党的监督机关,必须履行好监督职责。既协助党委加强党风建设和组织协调反腐败工作,又督促检查相关部门落实惩治和预防腐败工作任务,经常进行检查监督,严肃查处腐败问题。③此外,为适应反腐败斗争新的形势,必须深化国家监察体制改革。

三、完善党统一领导的反腐败机制,构建科学的反腐败战略策略体系

党的领导始终是反腐败斗争胜利的根本保证。中共十九大报告指出:"中国特色社会主义最本质的特征是中国共产党领导,中国特色社会主义制度的最大优势是中国共产党领导。"④党的领导始终是反腐败斗争胜利的根本保证。离开中国共产党的领导,反腐败斗争就会走上邪路、弯路、退路。习近平强调,我国反腐败斗争的领导重

---

① 习近平在十八届中央纪委五次全会上发表重要讲话强调深化改革巩固成果积极拓展 不断把反腐败斗争引向深入[N].人民日报,2015-01-14.
② 习近平.在纪念毛泽东同志诞辰120周年座谈会上的讲话[N].人民日报,2013-12-27.
③ 习近平在十八届中央纪委三次全会上发表重要讲话 强化反腐败体制机制创新和制度保障 深入推进党风廉政建设和反腐败斗争[N].人民日报,2014-01-01.
④ 习近平.决胜全面建成小康社会 夺取新时代中国特色社会主义伟大胜利:在中国共产党第十九次全国代表大会上的报告[N].人民日报,2017-10-28.

任只能由中国共产党来承担。这是由党的宗旨和党的性质所决定的,"党是我们各项事业的领导核心",在当代中国,只有坚持党对反腐败斗争的统一领导,才能确立正确的反腐败斗争指导思想、基本原则、领导体制和工作机制,作出符合中国国情的反腐败斗争战略决策和工作部署,有效地动员和组织全党、全社会的力量反对腐败,使反腐败工作始终沿着正确的政治方向向前发展。实践表明,执政党的态度、决心、勇气,是决定反腐败斗争胜负的关键。习近平强调,坚持党对反腐败斗争的领导,首要的是落实党委主体责任,这是反腐败斗争的"牛鼻子",抓住了这个关键环节,就抓住了反腐败斗争的整个链条,取得党风廉政建设与反腐败斗争成效就有了可靠保证。同时,还要深化国家监察体制改革,这是加强党对反腐败斗争的集中统一领导,构建起集中统一、权威高效的中国特色国家监察体制的重大战略举措。通过设立中华人民共和国国家监察委员会,同中央纪委合署办公,履行纪检、监察两项职责;通过制定监察法,实施制度创新和组织创新,把实践证明行之有效的做法和经验上升为法律制度,对加强党对反腐败斗争统一领导,构建权威高效的监察体系,推进国家治理体系和治理能力的现代化,具有重大而深远的意义。①

"建立健全惩治和预防腐败体系是国家战略和顶层设计。"反腐败斗争是一项宏大的社会系统工程。推进这一工程,不仅需要正确的指导思想、方针政策和组织机构,更需要构建科学的反腐败战略策略体系。这就是习近平所指出的:"建立健全惩治和预防腐败体系是国家战略和顶层设计。"②习近平通过修订党章,严明党纪,坚持不懈纠正"四风",构建健全权力运行制约和监督体系的制度笼子;通过理想信念教育补足精神之"钙",预防"软骨病;突出思想道德建设,加强党性和道德教育,坚守共产党人精神追求;强调廉洁自律,加强主观世界改造,牢固树立正确的世界观、人生观、价值观。习近平运用惩治和预防两条线,构筑"不敢腐、不能腐、不想腐"的天罗地网,避免"牛栏关不住猫"。

"坚持无禁区、全覆盖、零容忍"。习近平在中共十九大报告中提出反腐败斗争要"坚持无禁区、全覆盖、零容忍"。"不论其职务多高,只要触犯了党纪国法,都要受到严肃追究和严厉惩处,决不是一句空话"③,反腐要落到实处,要让人民看到实实在在的成效和变化。为此,他强调要"老虎""苍蝇"一起打,"驱蚊"持续抓。中共十八大以来,我们党加大反腐败斗争力度,坚持"打虎""拍蝇""猎狐",坚持无禁区、全覆盖、零容忍,自上而下,从国内到国际,反腐无禁区、全覆盖,任何人,无论职务高低,只要触犯了党纪国法,都一查到底,决不姑息,做到对地方、部门、企事业单位全覆盖,查处了一大批违纪违法案件,截至2022年4月底,全国纪检监察机关共立案审查调查438.8万件、470.9万人,查处违反中央八项规定精神问题72.3万起,给予党纪政务处分64.4万人。在这里,"零容忍"所传达的是一种对待腐败的态度,同时也是反腐败需要遵循

---

① 张由涛.反腐败:一场输不起也决不能输的斗争[J].中国纪检监察,2019(18).
②③ 中共中央纪律检查委员会,中共中央文献研究室.习近平关于党风廉政建设和反腐败斗争论述摘编[M].北京:中国方正出版社,2015:6.

的指导政策,无论是"老虎"还是"苍蝇",都要坚决依法惩治。

四、运用科学的方式方法,推进反腐败斗争

中共十八大以来反腐败斗争之所以能取得重大成效,与以习近平同志为核心的党中央在管党治党上重视科学方法密切相关。新时代要进一步把反腐败斗争的思路举措搞得更加科学、更加严密、更加有效,必须深入总结和科学运用中共十八大以来反腐败斗争的科学方法。

"善于用法治思维和法治方式反对腐败。"在十八届中央纪委第二次全体会议上,习近平作出了要"善于用法治思维和法治方式反对腐败"的重要指示。腐败与权力作为一对矛盾,双方共处于一个统一体中,权力一旦没有得到有效制约就会相应地产生腐败。权由法定、权依法使,法治是防止腐败的最直接有效的方法。习近平强调反腐败国家立法在反腐败斗争中的重要作用,着力推动完善反腐败法律法规体系。中共十八大以来,党中央坚持"老虎""苍蝇"一起打、"驱蚊"持续抓的高压反腐态势;秉承依法反腐、全面反腐、高压反腐、制度治腐、彻底反腐、科学反腐、思想防腐的强劲反腐理念和党纪国法面前无特权的基本反腐原则;坚持以事实为根据、以法律为准绳、尊重和保障人权等理性的法治原则和法治精神,运用法治思维和法治方式反对腐败,加强反腐败国家立法,加强反腐倡廉党内法规建设,让法律制度刚性运行。

"反腐永远在路上、深化标本兼治。"习近平强调:"标本兼治是我们党管党治党的一贯要求。深入推进全面从严治党,必须坚持标本兼治。"①实践证明,在腐败存量比较大的情况下,只有以治标为先,才能遏制腐败现象滋生蔓延的势头,为治本赢得时间。中共十八大以来,我们党在党风廉政建设和反腐败斗争方面坚持治标不松劲,不断以治标促进治本。为了治标,我们党坚持"老虎""苍蝇"一起打,猛药去疴、重典治乱,以雷霆万钧之势清存量、阻增量;为了治本,我们党坚持正心修身,促使党员、干部守住为政之本,同时大力加强相关法规制度建设,严法纪、明规矩,使纪在法前、纪法分开、纪比法严逐渐成为共识。②

"坚持重遏制、强高压、长震慑"和"加强反腐败国际合作"。习近平指出:"我们要牢记'蠹众而木折,隙大而墙坏'的道理,保持惩治腐败的高压态势,做到有案必查、有腐必惩。"③中共十八大以来党中央坚持高压惩腐之利剑,重典遏制之枷锁,制度治腐之震慑,采取断崖式降级和重翻旧账式的处理方式,一些"小官巨贪"典型案例被公开处理。中共二十大举行的记者招待会上,一组反腐"大数据"引人注目:党的十八大以来,全国纪检监察机关共立案464.8万余件,其中,立案审查调查中管干部553人,处

---

① 习近平在十八届中央纪委七次全会上发表重要讲话强调 全面贯彻落实党的十八届六中全会精神 增强全面从严治党系统性创造性实效性[N].人民日报,2017-01-07(1).
② 高波.以科学方法推进党风廉政建设和反腐败斗争[N].人民日报,2017-10-18.
③ 习近平.决胜全面建成小康社会 夺取新时代中国特色社会主义伟大胜利:在中国共产党第十九次全国代表大会上的报告[N].人民日报,2017-10-28.

分厅局级干部2.5万多人、县处级干部18.2万多人。①党的十九大以来,截至2022年4月底,全国共查处民生领域腐败和作风问题49.6万个,给予党纪政务处分45.6万人。这些数据,见证着新时代十年我们党坚持以雷霆之势反腐惩恶的坚实行动,持续保持高压反腐的态势。加强反腐败国际追逃追赃工作是遏制腐败现象蔓延势头的重要举措。中共十八大以来,党中央把反腐败追逃追赃提升到国家政治和外交层面,纳入反腐败工作总体部署,反腐败国际合作不断深化。2014年6月,中央反腐败协调小组设立国际追逃追赃工作办公室,中央纪委国际合作局作为办事机构,承担具体工作。同年11月8日,APEC部长级会议通过《北京反腐败宣言》,加强在亚太地区追逃追赃合作,协同打击腐败。2015年4月,"天网"行动启动,发布百名红通人员全球通缉令。2016年9月5日,二十国集团领导人杭州峰会一致通过《二十国集团反腐败追逃追赃高级原则》等重要反腐败成果。②自我国开展反腐败国际追逃追赃"天网行动"以来,截至2021年5月底,已从120个国家和地区追回外逃人员9165人,追回赃款217.39亿元。③另据中纪委网站消息,至2023年6月,"百名红通人员"已有62人归案。通过追逃追赃布下天罗地网,切断腐败分子后路,有效遏制住了外逃多发势头,为反腐败斗争取得压倒性胜利并全面巩固提供了有力支撑。

---

① 本报评论部.反腐败斗争一刻不能停,必须永远吹冲锋号:深入推进新时代党的建设新的伟大工程[N].人民日报,2023-02-20(5).

② 张由涛.反腐败:一场输不起也决不能输的斗争[J].中国纪检监察,2019(18).

③ 王昊魁.全面从严治党:政治引领政治保障作用充分发挥[N].光明日报,2022-08-18(5).

第六章　全面从严治党的鲜明特点

中国共产党的历史是一部革命、建设和改革的奋斗史,也是一部管党治党的斗争史。中共十八大以来,以习近平同志为核心的党中央,面对新形势下"建设一个什么样的党、怎样建设党"这一基本问题,以马克思主义理论为指导,立足党的建设实际,以前所未有的勇气和定力推进全面从严治党,推动新时代全面从严治党取得了重大的理论和实践成果,形成了全面从严治党的新思想新观点新论断,为推动新时代党的建设新的伟大工程提供了强大的理论武器和行动指南。学习贯彻习近平关于全面从严治党的重要论述,不仅要全面、科学、系统地把握其科学内涵、主要内容,而且还要深刻认识其鲜明特点。总体来看,习近平关于全面从严治党的重要论述呈现以下六个特点。

第一节　继　承　性

"党的建设必须坚持继承和创新相结合,结合时代条件发扬党的光荣传统和优良作风。"[①]习近平全面从严治党重要论述正是在坚持马克思主义从严治党原则,传承我党光荣传统和优良作风,并呼应世情、国情和党情的时代需求,在大力推进党建领域的改革创新中实现的理论升华,是马克思主义中国化时代化最新理论成果,成为习近平新时代中国特色社会主义思想的重要组成部分。

一、继承和发展了马克思主义建党学说

作为指导思想,马克思列宁主义是中国共产党一切理论创新和实践创新的根本指南。尽管当今党内党外的现实状况同马克思、恩格斯、列宁所处的时代相比已经发生了翻天覆地的变化,但马克思、恩格斯、列宁的无产阶级建党学说仍然显示着真理的光芒,是习近平提出、领导推进的全面从严治党这一伟大工程的根本理论遵循。

马克思、恩格斯虽然对从严治党没有专门的论述,但在《共产党宣言》和其他一系列的著作中对无产阶级政党的建党原则及党的性质、宗旨和制度等重大问题作出理论上的回答,认为要想取得革命的胜利并实现消灭阶级的愿望,无产阶级必须建立自

---

① 习近平.在听取陕西省委和省政府工作汇报时的讲话[N].人民日报,2015-02-17.

己的政党,只有这样才能实现自身的解放。无产阶级政党在建立政权之后,如何促进党的自身建设,马克思、恩格斯认为,加强自身建设,保证组织的先进性和纯洁性就成为党建设的重要任务。为此,不仅要严格党员的标准,保证组织质量,而且要严肃党的纪律,保证党的团结统一。19世纪40年代,马克思亲自参与起草的《共产主义者同盟章程》中就明确规定了盟员的条件,比如"生活方式和活动都必须符合同盟的目的""承认共产主义"等,加强盟员的组织性和纪律性。他在《共产党宣言》中指出:"无产阶级的运动是绝大多数人的,为绝大多数人谋利益的独立的运动",而为绝大多人谋利益的运动必须有高度的组织性和纪律性才能有效地凝聚力量取得胜利。马克思、恩格斯在阐述无产阶级政党的性质、纲领、策略、党内民主等理论的同时,对党的组织性、纪律性建设一直非常重视。恩格斯提出"无产阶级运动的规律显然是,到处都有一部分工人领袖必然要退化"①。马克思强调坚持党的纪律对坚持党的性质、加强党的建设的重要性,认为"我们现在必须绝对保持党的纪律,否则将一事无成"②。列宁在领导布尔什维克党的建设过程中,就如何通过从严治党,不断提高党的建设的科学化水平进行了理论和实践的探索,初步形成了一个相对完整的党建学说。首先,列宁强调党内要有严格的纪律。他指出"无产阶级实现无条件的集中和极严格的纪律,是战胜资产阶级的基本条件之一"③。在俄共(布)第九次代表大会的讲话中,他提出"党的纪律是铁的纪律"。不仅如此,还通过采取各种政策措施铲除党内派别活动,通过加强党内制度法规建设,反对党内特殊化和各种官僚主义的现象。其次,重视组织建设。清除党内腐败分子,提高党员质量。对于在苏维埃实施新经济政策后一部分党员干部受到资产阶级侵蚀并出现蜕化的情况,列宁指出"徒有其名的党员,就是白给,我们也不要"④,并制定了严格入党的标准,注重提高党员的质量而不追求党员数量,对"混进党里的人"进行清理。再次,实行严格的党内监督。列宁强调党的领导成员权利的形式必须接受广大党员群众的监督和约束,加强党内监督首要任务是严格和完善制度,主张建立专门的国家监督机构——工农检察院。最后,坚决反对腐败。针对苏维埃政权建立不久,国家机关中暴露出来的官僚主义和腐败现象,提出要坚决反对党内腐败,揭示了产生腐败问题的根源,提出了一系列克服和防止官僚主义和反对腐败的措施。列宁极大地丰富和发展了马克思恩格斯的建党学说,为其之后世界上其他无产阶级政党建设提供了理论基础和有益借鉴。

习近平指出,中国共产党人作为马克思主义的忠诚信奉者、坚定实践者,正在为坚持和发展马克思主义而执着努力。"马克思主义就是我们共产党人的'真经','真经'没念好,就想着'西天取经',就要贻误大事!"⑤他强调在坚持马克思主义指导地位

---

① 马克思,恩格斯.马克思恩格斯全集:第32卷[M].北京:人民出版社,1974:334.
② 马克思,恩格斯.马克思恩格斯全集:第29卷[M].北京:人民出版社,1972:413.
③ 列宁.列宁全集:第39卷[M].北京:人民出版社,1986:4.
④ 列宁.列宁全集:第37卷[M].北京:人民出版社,1986:215.
⑤ 习近平.在全国党校工作会议上的讲话[J].求是,2016(9).

这一根本问题上,我们必须坚定不移,任何时候任何情况下都不能有丝毫动摇。中共十八大以来,在全面从严治党实践中,习近平重申了很多基本观点,如强调旗帜鲜明讲政治是我们党作为马克思主义政党的根本要求,思想建设是党的基础性建设,先进性和纯洁性是马克思主义政党的本质属性,作风问题核心是党和人民群众的关系问题,等等。这些观点有着深厚的历史渊源和理论基础,是对中国化时代化马克思主义建党学说成果的继承。①

二、传承和弘扬了人类文明成果特别是中华民族的优秀文化传统

人类文明发展的历史实践表明,对于一个政党、一个团体来说,不加内化的、与历史传统文化基因相剥离的外来主义指导下的政党,只能沦为乌托邦主义的或者纯粹异域模式的实验品,给社会带来的只能是灾难而不是福祉。习近平非常重视对人类文明成果特别是我国优秀的传统文化的传承、创新和发展。他强调只有尊重历史,在历史的基础上继承和更新才能更好地创造未来。

从中华文明五千年的历史传承看,拥有五千年历史的中华优秀传统文化源远流长,其中有很多的对当今治国理政有着借鉴意义的思想理论。如作为中华传统政治文明核心基因的大一统政治形态,涵括了统一的家、族、国的共同体,一体化的内在信仰与外在制度,中央权威的突出等政治理念;在政治统治与社会治理上,倡导德治和仁政,注重发挥道德教化的作用,做到法安天下,德润人心;在"修己正人"上,强调修身齐家治国平天下;在选贤任能上,强调"为政之道,任人为先";在从严治吏上,突出"治国先治吏"等,这些都具有永不褪色的精神价值,为习近平全面从严治党重要论述提供了宝贵的思想因子和智慧源泉。从中共十九大报告中党的全面领导和党领导一切的政治原则的提出,到中共十九届四中全会正式提出"党的领导是我国的根本领导制度",中共十九届五中全会将坚持党的全面领导作为"十四五"规划的基本原则与重要内容予以强调与部署,中共十九届六中全会审议通过的《中共中央关于党的百年奋斗重大成就和历史经验的决议》总结党百年奋斗历史经验的第一条就是"坚持党的领导",再到中共二十大报告强调在前进道路上我们必须牢牢把握五项重大原则,其首要的重大原则就是"坚持和加强党的全面领导",并把党是最高政治领导力量,坚持和加强党的全面领导等内容写入党章,以习近平同志为核心的党中央实现了对大一统政治形态的传承和重塑;中国共产党在注重制度建党的同时,鲜明提出依规治党和以德治党的统一,是源于对古代德法并重的政治传统的传承和发展;在全面从严治党过程中,严格要求落到每一个党员干部的身上,严守规矩、严肃纲纪、严明纪律、坚守党性的自觉,这种对为政者自身的严格要求,源于我们党对中华传统文化中贤人治政的

---

① 张殿兴.习近平总书记关于全面从严治党重要论述的理论特质[EB/OL].[2019-10-28].http://theory.people.com.cn/nl/2019/1028/c40531-31423318.html.

有益借鉴。

从中国共产党百余年奋斗历史的传承来看,习近平从中华五千多年文明发展的大历史中,思考中华民族的前途命运,进而联系百余年党的奋斗历史,阐明全面从严治党是对继续实现中华民族伟大复兴的历史担当。五千多年的中华文明不仅孕育了中华民族团结向上的凝聚力,同时也不断地推动着世界文明的向前发展。在近代中国,尽管中华民族遭遇了西方列强侵略,历经磨难,但在这一痛苦的磨难进程中,中华儿女不屈不挠、奋勇抵抗,涌现出了可歌可泣的无数仁人志士的抗争壮举,这些抗争虽然都以失败而告终,但培育了近代中华民族的爱国精神。正是这种生生不息的爱国精神,中华民族最终没有沉没于西方列强的侵略之中。中国共产党成立以来团结带领人民经过28年浴血奋战和顽强奋斗,历尽千辛万苦、付出巨大代价,取得了新民主主义革命的伟大胜利,建立了新中国。新中国的成立,开辟了中国历史的新纪元,从此中国结束了一百多年来被侵略被奴役的屈辱历史,真正成为了独立自主的国家,确立社会主义基本制度,推进社会主义建设,实行改革开放开启中国发展的新征程,从严治党、持续推进党的建设新的伟大工程。新中国成立70多年尤其是改革开放40多年来的反腐斗争、从严治党实践,为十八大以来以习近平同志为核心的党中央全面从严治党提供了鲜活的经验。联系一百多年来党的历史,习近平指出,"接过历史的接力棒,继续为实现中华民族的伟大复兴而努力奋斗"①。这是习近平着眼于锻造更为坚强的社会主义事业的领导核心,阐述全面从严治党是在党执政70多年历史的持续探索中走出来的,这是中国共产党对全面从严治党的庄严宣示,也是对全国人民的郑重承诺,更是开启中国特色社会主义伟大事业新征程的前进号角。完成这一历史使命,必须打铁还需自身硬,全面从严治党。②

从对世界社会主义五百年历史的传承来看,习近平把世界社会主义五百年从空想到科学、从理论到实践、从一国实践到多国发展的历史过程划分为六个阶段,将党的十一届三中全会之后我们党作出进行改革开放的历史决策、开创中国特色社会主义,确定为继空想社会主义产生和发展、马克思恩格斯创立科学社会主义理论体系、列宁领导十月革命胜利并实践社会主义、苏联模式逐步形成、新中国成立后我们党对社会主义的探索和实践五个时段之后的第六个阶段,从而表明中国特色社会主义是世界社会主义的坚持和发展、继承和创新,世界社会主义运动的历史及其实践的经验教训是中国特色社会主义不可或缺的思想来源。这是习近平着眼于坚持和发展中国特色社会主义,阐述全面从严治党是对世界社会主义五百年历史的传承中走出来的。我们党要汲取世界上一些执政党丢权垮台的经验教训,特别是总结和学习1991年苏联共产党亡党亡国的经验教训。苏联共产党作为20世纪世界上最大的社会主义国家的执政党,在历经74年的风雨历程后,竟在一夜之间毁于一旦,其经验教训就是不重视党的思想建设,党内意识形态领域混杂,动摇了人民的共产主义信念;不重视党

---

① 习近平.习近平谈治国理政[M].北京:外文出版社,2014:4.
② 蔡清伟.论习近平总书记全面从严治党的历史思维[J].中共石家庄市委党校学报,2018(12).

的纪律作风建设,脱离群众工作路线,忽视人民群众的作用;不重视党的组织建设,特别是制度和反腐倡廉方面的建设,腐败现象严重,使人民对苏联共产党的执政失去信任。习近平怀着强烈的忧患意识总结苏联共产党亡党亡国的历史教训,强调:"我们的国家无论是在体制、制度上,还是所走的道路和今天面临的前所未有的境遇,都与苏联有着相似或者相近乃至相同的地方。弄好了,能走出一片艳阳天;弄不好,苏共的昨天就是我们的明天!"①

三、丰富和发展了中国化马克思主义建党学说

中国共产党始终注重从严治党。中国共产党成立伊始,就面临着如何加强自身建设的问题。怎样在工人阶级人数很少但战斗力很强、农民和其他小资产阶级占人口绝大多数的中国,建设一支工人阶级先锋队的党,是以毛泽东为代表的党的早期领导人必须解决的首要问题。因此,他强调要从思想上解决入党的问题。在注重党的思想建设的同时,毛泽东也非常重视严格党的纪律。他强调:"必须对党员进行有关党的纪律的教育,既使一般党员能遵守纪律,又使一般党员能监督党的领袖人物也一起遵守纪律。"②此外,毛泽东还强调要依靠民主集中制发动全党的积极性,依靠群众路线发展党的事业。在党的坚强领导下,中华民族取得了新民主主义革命和社会主义革命的伟大胜利,并对社会主义建设进行了初步探索。党在自身建设方面明确提出党的建设是一项"伟大的工程",确立了实事求是的思想路线,形成了理论联系实际、密切联系群众、批评与自我批评的优良传统,在党的思想、政治、组织、作风建设上都做了严格而具体的要求,形成了具有中国共产党特色的从严治党理论体系。

面对改革开放之后国内执政环境的变化和国际共产主义运动遭受挫折所带来的挑战,以邓小平同志为核心的党的第二代中央领导集体高度重视从严管党治党,"把我们党建设成为有战斗力的马克思主义政党,成为领导全国人民进行社会主义物质文明和精神文明建设的坚强核心"③。邓小平强调要"恢复和发扬党的优良的传统和作风"④,加强对党员的信念教育,要从严治吏,管好党的干部队伍,尤其注重制度建设。因为"制度问题,关系到党和国家是否改变颜色"⑤。以江泽民同志为核心的党的第三代中央领导集体根据国内外形势的变化,提出要进一步巩固党的执政地位,圆满完成党所肩负的历史使命,必须把党的建设放在首位,从严管党治党,并围绕"提高党的领导水平和执政能力,提高拒腐防变和抵御风险能力"这两大历史性课题,全面推

---

① 习近平.在十八届中央纪委第二次全会上的讲话[N].人民日报,2015-01-23.
② 毛泽东.毛泽东选集:第二卷[M].北京:人民出版社,1991:528.
③ 邓小平.邓小平文选:第三卷[M].北京:人民出版社,1993:39.
④ 邓小平.邓小平文选:第二卷[M].北京:人民出版社,1994:269.
⑤ 邓小平.邓小平文选:第二卷[M].北京:人民出版社,1994:333.

进党的建设新的伟大工程。以胡锦涛同志为总书记的党中央明确提出了加强党的执政能力建设,保持党的先进性和纯洁性思想,加强党的科学执政、民主执政、依法执政;强调要始终坚持"立党为公、执政为民",建立教育、制度、监督并重的立体化的惩治和预防腐败体系,"坚持党要管党、从严治党,正视并及时解决党内存在的突出问题,始终保持党的肌体健康"①。中共十八大以来,在全面从严治党实践中,习近平重申了很多基本观点,如强调加强和改善党的领导,巩固党的执政地位,旗帜鲜明讲政治是我们党作为马克思主义政党的根本要求,思想建设是党的基础性建设,先进性和纯洁性是马克思主义政党的本质属性,作风问题核心是党和人民群众的关系问题,反腐败是最彻底的自我革命等。这些观点有着深厚的历史渊源和理论基础,是对中国化马克思主义建党学说成果的继承和发展。

第二节　时　代　性

每个时代都有自己需要关注和应对的时代问题,中国共产党之所以从小到大、由弱到强,成功地从革命时期、建设时期、改革开放新时期一路走来,最根本的原因,就在于始终坚持党要管党、从严治党。习近平关于全面从严治党重要论述深刻阐明了新时代加强党的建设和党的领导的重大理论和实际问题,集中反映了我们党对管党治党建党规律的深刻认识,具有鲜明的时代特色。

一、在把握时代格局中谋划全面从严治党

当今世界正经历百年未有之大变局。"东升西降"是大变局发展的主要方向,中美战略博弈是牵动大变局的关键因素。当前,新兴市场国家和发展中国家振兴的大势没有改变,世界走向多极化的大势没有改变,经济全球化在曲折中前行的大势也没有改变。和平与发展仍然是时代主题,但国际环境日趋复杂,国际经济、政治、科技、文化、安全等格局都在发生深刻调整,世界进入动荡变革期,不稳定性、不确定性明显增强。当前,世界百年未有之大变局加速演进,地缘政治冲突此起彼伏,世界经济复苏增长乏力,保护主义、单边主义和霸凌行径抬头,冷战思维和强权政治阴魂不散,传统非传统安全威胁持续蔓延,"治理赤字""信任赤字""和平赤字""发展赤字"是摆在全人类面前的严峻挑战。同时,美国对我国进行全方位遏制和打压,从经贸、科技、地缘政治向军事安全、意识形态、人权等领域蔓延,在涉台、涉港、涉疆、涉藏和南海等问题上进行颠覆和破坏活动,实施违背市场规律、阻碍发展合作的不负责任政策破坏国际合作,企图挑起意识形态和社会制度对抗,使世界陷入危险境地。面对全球性威胁和挑战,人类站在新的十字路口。"世界怎么了、我们怎么办",世界各国执政党都希望中

---

① 胡锦涛.在庆祝中国共产党成立90周年大会上的讲话[N].人民日报,2011-07-02.

国共产党为解决世界问题提供一整套管用有效的理念方案,为世界向何处去贡献中国智慧、给出中国答案。时代大格局的变化,对中国共产党治国理政和自身建设提出了更高的时代新要求。

中共十八大以来,以习近平同志为核心的党中央站在历史正确的一边,摒弃冷战思维,反对强权政治,秉持人类命运共同体理念,坚持深化改革、扩大开放,以开放、合作、共赢精神同世界各国共谋发展,致力于建设一个开放包容的世界,推动实现持久和平共同繁荣的世界梦,为人类和平发展进步的崇高事业贡献智慧与力量。当前,在百年变局向纵深演进、世界经济脆弱性更加突出、地缘政治局势紧张、全球治理严重缺失、粮食和能源等多重危机叠加的背景下,国际社会必须顶住单边主义、保护主义、霸权主义逆流,促进和平与发展,任务极其艰巨。习近平在世界经济论坛"达沃斯议程"对话会上发表特别致辞,深刻洞察时代大势,深入阐述要"加强宏观经济政策协调,共同推动世界经济强劲、可持续、平衡、包容增长,摒弃意识形态偏见,共同走和平共处、互利共赢之路,克服发达国家和发展中国家发展鸿沟,共同推动各国发展繁荣,携手应对全球性挑战,共同缔造人类美好未来"[①]。习近平在二十国集团领导人第十七次峰会第一阶段会议上的讲话中再次强调,面对人类发展面临的重大挑战,"各国要树立人类命运共同体意识,倡导和平、发展、合作、共赢,让团结代替分裂、合作代替对抗、包容代替排他,共同破解'世界怎么了、我们怎么办'这一时代课题,共渡难关,共创未来"[②]。这些重要论述,为各国携手走出当前困境、开创更美好的未来明确了方向和出路,得到国际社会广泛认同。

与此同时,以习近平同志为核心的党中央,勇于面对世情变化带来的各种风险和考验,以前所未有的勇气和定力推进全面从严治党,强调以政治建设为统领,注重思想建设与制度建设,推动纪法衔接,加强组织体系建设,深化对新时代执政党建设规律的认识,突出党在各项事业中的领导核心地位,创造性地提出并实施全面从严治党的伟大工程,将坚持和完善党的领导和推动党的建设有机结合,强化治党管党责任,推动新时代全面从严治党取得了历史性、开创性成就,产生了全方位、深层次影响。在此特别值得提及的是,在极不平凡的2020年,面对错综复杂的国际形势、艰巨繁重的改革发展稳定任务,特别是突如其来的新冠疫情,党中央统筹中华民族伟大复兴战略全局和世界百年未有之大变局,坚持以党的自我革命引领伟大社会革命,坚定不移全面从严治党,坚定不移推进党风廉政建设和反腐败斗争,坚定不移把党建设得更加坚强有力[③],不仅为我国抗疫斗争伟大实践、脱贫攻坚伟大胜利以及"打伞破网""打虎

---

① 习近平.让多边主义的火炬照亮人类前行之路:在世界经济论坛"达沃斯议程"对话会上的特别致辞[N].人民日报,2021-01-26.
② 习近平.共迎时代挑战 共建美好未来:在二十国集团领导人第十七次峰会第一阶段会议上的讲话[N].人民日报,2022-11-16(2).
③ 光明日报评论员.以全面从严治党引领新征程:论深入学习贯彻习近平总书记十九届中央纪委五次全会重要讲话精神[N].光明日报,2021-01-24.

拍蝇"提供了坚强的组织保障,而且为世界各国执政党如何解决自身治理与如何提高政党软实力这一时代课题提供了有价值的参考和极具影响力的示范,为世界政党建设提供了中国经验、中国智慧和中国方案,充分显示了中国共产党的历史责任与时代担当。

二、在肩负时代重任中推进全面从严治党

当前国内发展环境经历着深刻变化。我国已全面建成小康社会、实现第一个百年奋斗目标,并乘势而上开启全面建设社会主义现代化国家新征程、向第二个百年奋斗目标进军。从现在起,中国共产党的中心任务就是团结带领全国各族人民全面建成社会主义现代化强国、实现第二个百年奋斗目标,以中国式现代化全面推进中华民族伟大复兴。目前,我国进入新发展阶段,是实现新的更大发展的关键时期。从内部看,我国已进入高质量发展阶段,社会主要矛盾已经转化为人民日益增长的美好生活需要和不平衡不充分的发展之间的矛盾,人民对美好生活的要求不断提高。一方面,我国制度优势显著,治理效能提升,经济长期向好,物质基础雄厚,人力资源丰厚,市场空间广阔,发展韧性强大,社会大局稳定,持续发展具有多方面优势和条件;另一方面,我国发展不平衡不充分问题仍然突出,创新能力不适应高质量发展要求,农业基础还不稳固,城乡区域发展和收入分配差距较大,生态环保任重道远,民生保障存在短板,社会治理还有弱项。当前,面对中华民族伟大复兴的战略全局和世界百年未有之大变局,形势环境变化之快、改革发展稳定任务之重、矛盾风险挑战之多、对我们党治国理政考验之大前所未有,加快形成以国内大循环为主体、国内国际双循环相互促进的新发展格局,统筹高质量发展高水平安全的要求更为紧迫。面对深刻变化的国内发展环境,要确保党中央重大决策部署贯彻落实到位,要引领和保障中国特色社会主义巍巍巨轮行稳致远,要书写中华民族千秋伟业,要实现中共二十大提出的以中国式现代化全面推进中华民族伟大复兴的奋斗目标,中国共产党人必须接过历史的接力棒,继续为实现中华民族的伟大复兴而努力奋斗。习近平在不同场合多次指出,全面从严治党的历史担当和历史使命就是实现中华民族伟大复兴的中国梦。这就要求中国共产党人结合时代要求,立足新发展阶段、贯彻新发展理念、构建新发展格局,通过全面从严治党把自己锻造为自我纯洁、自我提升的坚强领导核心,不仅要努力成为领导构建新发展格局的行家里手,而且要成为新时代中华民族伟大复兴的主心骨和领路人。只有这样,才能应对和战胜前进道路上的各种风险和挑战,担负起以中国式现代化全面推进中华民族伟大复兴的神圣使命。

三、在应对时代考验和挑战中落实全面从严治党

中国共产党是一个有着一百多年历史的马克思主义政党,在中国革命、建设、改革各个历史时期,尽管遭遇过各种严重危机与挑战,但我们党与时俱进,始终把保持

党的先进性与纯洁性作为党的建设的根本问题和重要目标,把遵守党纪党规,维护党的团结和统一作为化解各种危机和挑战的重要保障。毛泽东早就明确指出,我们要建设的是"一个有纪律的、思想上纯洁的、组织上纯洁的党,合乎统一的标准的党"①。习近平也说过:"保持党的先进性和纯洁性建设,是我们党在改革开放和社会主义现代化建设过程中应对和经受住考验、化解和战胜危险的重要法宝。"②由此可见,要应对和经受住考验、化解和战胜危险和挑战,都需要全党始终保持党的先进性和纯洁性,需要每个党员干部严格遵守党纪党规。

当前和今后一个时期,我国发展仍然处于重要战略机遇期,但机遇和挑战都有新的发展变化,党所面临的执政考验、改革开放考验、市场经济考验、外部环境考验比以往任何时候都更加严峻。党所面临的精神懈怠的危险、能力不足的危险、脱离群众的危险、消极腐败的危险也更加凸显。中共十八大以来,中国共产党以前所未有的勇气和定力推进全面从严治党,探索出一条长期执政条件下解决自身问题、跳出历史周期率的成功道路。但是,党的建设方面还存在着不少薄弱环节,党内存在的政治不纯、思想不纯、组织不纯、作风不纯等突出问题尚未得到根本解决,一些已经解决的问题还可能反弹,新问题不断出现。我们党取得了反腐败斗争压倒性胜利并全面巩固,但反腐败斗争还没有取得彻底胜利,反腐败斗争形势依然严峻复杂。腐败这个党执政的最大风险仍然存在,政治问题和经济问题交织,传统腐败和新型腐败交织,腐败问题和不正之风交织,严重威胁党和国家政治安全。2023年,全国纪检监察机关共接收信访举报345.2万件次,其中检举控告类信访举报105.7万件次。处置问题线索173.3万件,谈话函询36.3万件次,立案62.6万件,处分61万人(其中党纪处分49.8万人、政务处分16.2万人)。处分省部级干部49人,厅局级干部3144人,县处级干部2.4万人,乡科级干部8.2万人,一般干部8.5万人,农村、企业等其他人员41.7万人。③中央纪委国家监委国际合作局统计数据显示,2023年1月至11月,"天网2023"行动共追回外逃人员1278人,其中党和国家工作人员140人,"红通人员"48人,追回赃款29.12亿元。通过这些数据,我们看到了中共全面从严治党的坚强决心,同时也看到了反腐败斗争形势依然复杂严峻。正因为如此,习近平强调"全面从严治党永远在路上,要时刻保持解决大党独有难题的清醒和坚定"④。

当前世界正经历百年未有之大变局,中华民族伟大复兴进入关键时期,我们尤其需要以更高的要求、更高的标准全面从严治党,锻造更加坚强的领航力量。中共十八大以来,以习近平同志为核心的党中央以坚定的决心和空前的力度,针对党内外存在

---

① 毛泽东.毛泽东文集:第3卷[M].北京:人民出版社,1996:261.
② 习近平.扎实做好保持党的纯洁性各项工作[J].求是,2012(6).
③ 中央纪委国家监委网站.中央纪委国家监委通报2023年全国纪检监察机关监督检查审查调查情况[EB/OL].[2023-01-13].https://www.ccdi.gov.cn/toutiaon/202301/t20230113_241506.html.
④ 习近平在二十届中央纪委二次全会上发表重要讲话强调:一刻不停推进全面从严治党 保障党的二十大决策部署贯彻落实[N].人民日报,2023-01-10(1).

的思想不纯、政治不纯、作风不纯、纪律不纯等突出问题,推进全面从严治党,消除了党和国家内部存在的严重隐患,党组织的党性原则增强,管党治党实现了从宽松软到严紧硬的深刻转变。中共十九大以来,又以彻底的自我革命精神把全面从严治党推向纵深,坚持不懈推动中央八项规定精神落实、驰而不息纠治"四风",持续坚决清除一切影响党的先进性和纯洁性的消极因素,以好作风、好形象带领人民群众开辟"中国之治"新境界,凝聚以中国式现代化全面推进中华民族伟大复兴的磅礴力量。①

第三节　实　践　性

实践是理论的来源。习近平关于全面从严治党重要论述的可贵之处在于实践性,它是对客观现实的主观反映,而不是来自主观臆想和猜测。其实践特点主要体现在以下几个方面。

一、实现党肩负的历史使命的实践要求

坚持和发展中国特色社会主义,带领全国各族人民实现"两个一百年"奋斗目标、实现中华民族伟大复兴的中国梦,是中国共产党肩负的伟大历史使命。历史使命越光荣、奋斗目标越宏伟,越需要增强忧患意识,越需要全面从严治党。

全面从严治党是推进中国特色社会主义伟大事业的根本政治保证。中国特色社会主义,是中国共产党人带领中国人民百年奋斗、创造、积累取得的最根本成就。在日益复杂的国际国内环境下,如何更好地坚持和发展中国特色社会主义,推进中国特色社会主义伟大事业继续前进,是以习近平同志为核心的党中央治国理政的主题内容。对此,习近平鲜明地指出:"中国特色社会主义最本质的特征是中国共产党领导,中国特色社会主义最大的优势是中国共产党领导,坚持和完善党的领导,是党和国家的根本所在、命脉所在,是全国各族人民的利益所在、幸福所在。"②这深刻阐明了中国特色社会主义"质"的规定性,深刻揭示了中国共产党的执政规律和中国特色社会主义的发展规律。中国特色社会主义是社会主义,而不是别的什么主义,最根本的就在于坚持中国共产党的领导。坚持党的领导,首要的就是坚决维护习近平总书记党中央的核心、全党的核心地位,坚决维护党中央权威和集中统一领导。要把坚持党的领导首先是坚持党中央集中统一领导作为首要原则,把维护习近平总书记党中央的核心、全党的核心地位,维护党中央权威和集中统一领导摆在讲政治的首要位置。要引导全党深刻领悟"两个确立"对新时代党和国家事业发展、对推进中华民族伟大复兴历史进程的决定性意义,切实把"两个确立"转化为做到"两个维护"的思想、政治和行

---

① 白龙.全面从严治党,凝聚磅礴伟力[N].人民日报,2020-01-13.
② 习近平.在庆祝中国共产党成立95周年大会上的讲话[N].人民日报,2016-07-02.

动自觉,增强"四个意识",自觉在思想上政治上行动上同党中央保持高度一致。党中央作出的决策部署,所有党组织都要不折不扣贯彻落实,始终在政治立场、政治方向、政治原则、政治道路上同党中央保持高度一致。坚持和加强党的领导,就必须坚持全面从严治党。坚定不移全面从严治党、深入推进新时代党的建设新的伟大工程,是推进中国特色社会主义伟大事业的根本政治保证。

全面从严治党是进行具有许多新的历史特点的伟大斗争的必然要求。当前,我国已全面建成小康社会、实现第一个百年奋斗目标,开启了全面建设社会主义现代化国家新征程。中华民族正处于走向伟大复兴的关键时期。"发展中国特色社会主义是一项长期的艰巨的历史任务,必须准备进行具有许多新的历史特点的伟大斗争",习近平关于"伟大斗争"的重要论述是站在全局高度作出的重要论断。全面建成社会主义现代化强国、实现第二个百年奋斗目标,以中国式现代化全面推进中华民族伟大复兴,绝不是轻轻松松、敲锣打鼓就能实现的。正如习近平明确指出的:"中华民族伟大复兴绝不是轻轻松松就能实现的,我国越发展壮大,遇到的阻力和压力就会越大。"进行具有许多新的历史特点的伟大斗争,关键在党,关键在人,全面从严治党是我们党在新形势下进行具有许多新的历史特点的伟大斗争的根本保证。

全面从严治党是推进党的建设新的伟大工程的迫切需要。党和人民的事业发展到什么阶段,党的建设就要推进到什么阶段。当前,党面临的执政考验、改革开放考验、市场经济考验、外部环境考验具有长期性和复杂性,党面临的精神懈怠危险、能力不足危险、脱离群众危险、消极腐败危险具有尖锐性和严峻性,增强自我净化、自我完善、自我革新、自我提高能力更加重要和紧迫。如果管党不力、治党不严,人民群众反映强烈的突出矛盾和问题得不到及时解决,我们党执政的基础就会动摇和瓦解;同样,如果我们让已经初步解决的问题反弹回潮、故态复发,那就会失信于民,我们党就会面临更大的危险。习近平关于全面从严治党的重要论述,深刻体现了对党和国家的忧思,为党要管党、从严治党提供了重要理论指导和实践遵循。①

二、深化拓展全面从严治党的实践部署

中共十八大以来,以习近平同志为核心的党中央,本着务实态度,坚持问题导向,以抓铁有痕、踏石留印的精神坚持全面从严治党,以前所未有的勇气和定力推进党风廉政建设和反腐败斗争,从落实中央八项规定到驰而不息反"四风",从坚持"老虎""苍蝇"一起打到紧锣密鼓开展"天网"行动,各种新措施的不断落实,极大地改善了党内政治生态,党的自我净化、自我完善、自我革新、自我提高能力显著增强,党在革命性锻造中更加坚强有力,焕发出新的强大生机活力。

以党的政治建设为统领。严格遵守政治纪律和政治规矩,严格执行新形势下党

---

① 王伟光.全面从严治党的强大思想武器与行动指南,深入学习领会习近平总书记全面从严治党重要思想[J].人民论坛,2017(8)(上).

内政治生活若干准则,将政治标准和政治要求贯彻落实到管党治党全过程。习近平告诫全党:"坚决防止和反对个人主义、分散主义、自由主义、本位主义、好人主义;坚决防止和反对宗派主义、圈子文化、码头文化;坚决反对搞两面派、做两面人。"①巡视工作要强化政治巡视,干部工作要突出政治标准。加强政治建设的制度机制和顶层设计。增强"四个意识",提高各级领导干部特别是高级干部"把握方向、把握大势、把握全局的能力,辨别政治是非、保持政治定力、驾驭政治局面、防范政治风险的能力"②。"提高政治判断力、政治领悟力、政治执行力,确保党中央权威和集中统一领导,确保党发挥总揽全局、协调各方的领导核心作用。"③

以坚定理想信念宗旨为根基。始终高扬理想信念的旗帜,要求党的建设要"以坚定理想信念宗旨为根基",共产党人要坚定理想信念,以马克思主义为"真经",以党性教育为"心学",加强理论学习和党性修养,勤读原著、笃学原文、深悟原理,以理论上的清醒促进政治上的坚定。加强理想信念教育,引导全党牢记党的宗旨,解决好世界观、人生观、价值观这个总开关问题,自觉做共产主义远大理想和中国特色社会主义共同理想的坚定信仰者和忠实实践者。加强新形势下的意识形态工作,坚持马克思主义指导地位和正确舆论导向,弘扬社会主义核心价值观,激发全社会团结奋进的强大力量。增强党员干部的政治敏感度和思想理论上的辨别力,实现思想建党与理论强党相互促进。④

以正风肃纪和反腐败斗争为着力点。改进作风是全面从严治党的突破口,"四风"问题具有顽固性和反复性特点,作风建设永远在路上。改进会风、文风,优化党风,恢复共产党人注重家风建设的优良传统。实行上级监督与群众监督相结合,发挥巡视利剑的威力,实现监督执纪"四种形态",抓早抓小、防微杜渐。以零容忍的态度坚决进行反腐败斗争,"老虎""苍蝇"一起打、受贿行贿一起查、追逃防逃追赃齐头并进,一体推进"不敢腐、不能腐、不想腐"。严查中共十八大以后仍不收手、继续贪污腐败的人,从重严惩群众反应非常强烈的人,对重要岗位上将要提拔的干部实行严格政治体检,杜绝"带病"上岗,坚决遏制增量腐败,更加有效清除存量腐败,在不敢腐上持续加压,在不能腐上深化拓展,在不想腐上巩固提升。

以干部队伍和制度建设为根本保障。习近平强调:"选什么人就是风向标,就有什么样的干部作风,乃至就有什么样的党风。"⑤他先后提出包括具有铁一般信仰、铁一般信念、铁一般纪律、铁一般担当的"四铁"干部队伍标准,信念坚定、为民服务、勤政务实、敢于担当、清正廉洁的"二十字"好干部标准,心中有党、心中有民、心中有责、

---

① 习近平.决胜全面建成小康社会 夺取新时代中国特色社会主义伟大胜利:在中国共产党第十九次全国代表大会上的报告[N].人民日报,2017-10-28.
② 习近平.习近平谈治国理政:第三卷[M].北京:外文出版社,2020:97.
③ 习近平.高举中国特色社会主义伟大旗帜 为全面建设社会主义现代化国家而团结奋斗:在中国共产党第二十次全国代表大会上的报告[N].人民日报,2022-10-26(1).
④ 杨正武.论全面从严治党理论的鲜明特色与四维构建[J].厦门特区党校学报,2020(6).
⑤ 习近平.建设一支宏大高素质干部队伍 确保党始终成为坚强领导核心[N].人民日报,2013-05-30.

心中有戒的"四有"县委书记标准,有灵魂、有本事、有血性、有品德的"四有"新一代革命军人标准,年轻干部要提高政治能力、调查研究能力、科学决策能力、改革攻坚能力、应急处突能力、群众工作能力、抓落实能力等,特别是2019年以来,习近平总书记连续6次在中央党校(国家行政学院)中青年干部培训班开班式上发表重要讲话,对年轻干部提出殷切期望,为广大年轻干部健康成长指明努力方向,为加强新时代干部队伍建设指明了方向[①]、提供了行动指南。同时,他还强调要把党的各级干部培养任用好、监督管理好,这是管党治党的基础与根本。"要把从严管理干部贯彻落实到干部队伍建设全过程,落实到党员队伍的管理中去,坚持从严教育、从严管理、从严监督。"[②]要求向制度建设要长效,健全党内法规体系,把权力关进制度的笼子。

以严肃和规范党内政治生活为有力抓手。严肃和规范党内政治生活是管党治党系统工程的重要基础,是确保全党思想统一、步调一致的重要手段。中共十八大以来,以习近平同志为核心的党中央把严肃党内政治生活、净化党内政治生态摆在更加突出的位置,明确提出要加强和规范党内政治生活,严肃党的政治纪律和政治规矩,增强党内政治生活的政治性、时代性、原则性、战斗性,全面净化党内政治生态。习近平多次强调,党要管党,首先要从党内政治生活管起;从严治党,首先要从党内政治生活严起。他指出:"长期实践证明,严肃认真的党内政治生活是我们党坚持党的性质和宗旨、保持先进性和纯洁性的重要法宝,是解决党内矛盾和问题的'金钥匙',是广大党员、干部锤炼党性的'大熔炉',是纯洁党风的'净化器'。"[③]"要持之以恒净化政治生态"[④]。习近平关于党内政治生活的重要论述,深刻阐明了全党必须遵守的党内政治生活准则和党的各项规定要求,为净化党内政治生态,推进全面从严治党打下重要政治基础。

三、引领新时代党治国理政的实践创新

全面从严治党是新时代党治国理政的一个鲜明特征。中共十八大以来,以习近平同志为核心的党中央紧紧围绕全面从严治党,突出强调坚定理想信念、切实加强和规范党内政治生活、坚决维护党中央权威、严明党的纪律和规矩、着力打造高素质干部队伍、持之以恒抓作风建设、把反腐败斗争引向深入、切实加强党内监督、落实全面从严治党主体责任,作出了一系列重大部署,采取了一系列有效举措,形成了一系列新思想新观点新论断,带领全党开辟了管党治党建党的新境界。全面从严治党已然成为新时代党的建设的常态,我们要以永远在路上的坚韧和执着持续推进全面从严

---

① 马福运.更好肩负起新时代的职责和使命[N].人民日报,2022-03-30(9).

② 习近平.建设一支宏大高素质干部队伍 确保党始终成为坚强领导核心[N].人民日报,2013-06-30.

③ 习近平.《关于新形势下党内政治生活的若干准则》和《中国共产党党内监督条例》的说明[N].人民日报,2016-11-03.

④ 习近平在二十届中央纪委三次全会上发表重要讲话强调深入推进党的自我革命 坚决打赢反腐败斗争攻坚战持久战[N].人民日报,2024-01-09(1).

治党,充分发挥全面从严治党引领保障作用,把全面从严治党要求贯穿于党的建设全过程,切实增强党治国理政的系统性、创造性、实效性,为实施"十四五"规划、开启全面建设社会主义现代化国家新征程,以中国式现代化全面推进中华民族伟大复兴提供坚强的政治保证。

以全面从严治党引领提升国家治理效能。充分发挥政治优势,把握提升国家治理效能的正确方向。中共十八大以来,以习近平同志为核心的党中央强调,坚持走中国特色社会主义道路,进一步强化党的政治领导,走出不同于西方国家的成功发展道路,形成不同于西方国家的成功制度体系。着力加强制度建设,强化提升国家治理效能的路径保障。按照科学执政、民主执政、依法执政和干部清正、政府清廉、政治清明的要求,把党的制度建设同全面从严治党结合起来,健全完善党的领导和执政方式,实现党的独特优势发挥与国家治理效能提升互促共进。统筹协调推进,把全面从严治党贯穿于提升国家治理效能全过程。统揽"四个伟大",把坚持和加强党的全面领导体现到经济、政治、文化、社会、生态文明建设之中,不断提高党领导经济社会发展的能力和水平,促进政府治理、经济治理、文化治理、社会治理和生态治理,实现国家治理体系和治理能力的现代化。

以全面从严治党引领全面依法治国。坚持党的领导,是全面推进依法治国的题中应有之义。中共十八大以来,以习近平同志为核心的党中央强调,必须旗帜鲜明地坚持党的领导。强化"四个意识",加强党对推进依法治国的统一领导、统一部署、统筹协调,实现党领导立法、保证执法、支持司法、带头守法,确保党的主张贯彻落实到法治建设全过程和各方面。必须坚决维护宪法法律权威。坚持宪法法律至上,牢固树立敬畏法律、尊重法律、遵守法律的意识,注重执政行为的合法性、程序性和权利义务对等性、公平正义性。必须坚持依法治国和依规治党统筹推进。注重党内法规同国家法律的衔接和协调,加快形成覆盖党的领导和党的建设各方面的党内法规制度体系。必须注重改革和法治两轮驱动。认真梳理总结在依法执政实践中的新鲜经验,以法规制度的形式固化改革成果,同时以改革为动力规范和推进依法执政。

以全面从严治党引领社会新风正气。中共十八大以来,以习近平同志为核心的党中央强调,一方面,夯实管党治党政治责任。各级党委要切实担负主体责任,恪尽职守、履职尽责。纪委要认真履行监督责任,坚决查处违纪行为,严格监督执纪问责,真正让纪律成为带电的高压线,营造风清气正的政治生态,以良好的党风政风影响社风民风,打造清明廉洁的社会生态。一方面,健全改进作风常态化制度。持之以恒纠正"四风",并从理想信念、工作程序、体制机制等方面查找根源、建章立制,铲除不良作风滋生土壤。通过提高党员干部党性修养,弘扬优秀传统文化,树立良好家风,推动化风成俗,使党风政风的好转有效带动社风民风的转变。①

---

① 陕西省纪委监委政策法规研究室.深化全面从严治党的几点思考[N].中国纪检监察报,2018-05-31.

第四节 人 民 性

人民性是马克思主义政党建设的核心要义,是中国共产党先进性的集中体现,也是其区别于其他任何政党的根本标志。中共十八大以来,以习近平同志为核心的党中央在推进全面从严治党实践中始终坚守鲜明的人民立场、拥有真挚的人民情怀、汇聚磅礴的人民力量、坚持治党成效由人民评判,并将其贯彻落实于全面从严管党治党的各个层面,不断开辟全面从严治党新境界,集中体现了全面从严治党进程中的人民性特点。

一、坚守鲜明的人民立场

中国共产党作为马克思主义执政党,其初心和使命就是为中国人民谋幸福,为中华民族谋复兴。人民立场是我们党的根本政治立场。坚守人民立场就是指党员干部说话做事站定人民这一边,所思所行以人民为出发基点,无论是想什么、说什么、做什么都坚决代表和维护人民的根本利益。在全面从严治党中坚守人民立场,就必须将人民立场鲜明地融入新时代全面从严治党的伟大实践之中。中共十八大以来,这一立场始终融贯于以习近平同志为核心的党中央深入推进全面从严治党的战略部署之中。

全面从严治党以人民期待为价值追求。习近平指出:"我们的责任就是同全国人民一道,坚持党要管党、从严治党,切实解决自身存在的问题。"[①]"不得罪成百上千的腐败分子,就要得罪13亿人民。这是一笔再明白不过的政治账,人心向背的账"[②];"人民的期待……要求我们以改革创新精神全面推进党的建设新的伟大工程"[③];全面从严治党的根本归旨即在于"造福人民,始终保持党同人民群众的血肉联系,始终与人民心连心、同呼吸、共命运"[④];全面从严治党"坚持人民性,就是要把实现好、维护好、发展好最广大人民群众根本利益作为出发点和落脚点"[⑤]等。这一系列重要论述都体现了新时代全面从严治党的人民性色彩。

全面从严治党以人民利益为价值旨向。以习近平同志为核心的党中央在推进全面从严治党的战略部署过程中所制定、贯彻和执行的路线方针政策,都以切实维护和发展人民利益为旨向。面对"四大危险"和"四种考验",要想继续发挥好这一政治优

---

① 习近平.在党的群众路线教育实践活动总结大会上的讲话[N].人民日报,2014-10-09.
② 中共中央文献研究室.习近平在十八届中央纪委五次全会上发表重要讲话[N].人民日报,2015-01-14.
③ 中共中央文献研究室.习近平关于全面从严治党论述摘编[M].北京:中央文献出版社,2016:3.
④ 习近平.习近平谈治国理政:第一卷[M].北京:外文出版社,2018:16.
⑤ 习近平.习近平谈治国理政:第一卷[M].北京:外文出版社,2018:154.

势、防止最大危险的出现,关键就在于以"保持党同群众的血肉联系"为突破口,全面从严治党,须臾不可放松。为此,以中共十八届六中全会为标志,全面从严治党被正式纳入"四个全面"战略布局。基础在全面、关键在治、要害在严,成为全面从严治党的总基调;始终坚持问题导向,牢抓思想从严、管党从严、执纪从严、治吏从严、作风从严、反腐从严,成为全面从严治党的新常态。当前,党内正气正在上升,党风日益好转,社会风气逐渐上扬。

全面从严治党以人民需要为价值底色。习近平顺应民意所求、民心所向,不仅提出"老虎苍蝇一起打""反腐没有禁区,没有免罪的'丹书铁券',没有'铁帽子王'"的著名论断,而且以壮士断腕和刮骨疗毒的勇气"打虎拍蝇",严厉惩处贪腐分子,净化政治生态,减少腐败对于人民切身利益的侵害。在干部的政绩考核中,强调民心是最大的政治,摒弃过去"唯经济发展至上"的单一选用评价模式,不以GDP论英雄,把为民造福作为最重要的政绩,不断提高政绩考核的质量和水平,促使广大干部牢记初心使命,激励其为人民担当作为等。这一系列行动举措均有力彰显了新时代全面从严治党的人民性光辉。

二、拥有真挚的人民情怀

人民情怀,饱满深厚,隽永悠长,是为民、忧民、亲民、敬民、惠民情怀的集大成。这些情怀,归根到底是中国共产党根本宗旨和初心使命在情感上的体现。中共十九大报告指出:"中国共产党人的初心和使命,就是为中国人民谋幸福……永远把人民对美好生活的向往作为奋斗目标。"[①]中共二十大报告把"必须坚持人民至上"列为习近平新时代中国特色社会主义思想的世界观和方法论的重要内容之一。毋庸讳言,中国共产党历经革命、建设和改革发展的光辉历程,所做的一切工作,最终都是为了广大人民群众。新时代全面从严治党这一重大战略部署,始终秉承了中国共产党人执政为民的优良传统与真挚情怀。

全面从严治党的重要目标具有"亲民"之愿。中共十八大以来,以建设"服务型"政党作为全面从严治党的重要目标,面对新时代新使命,对党执政功能进行新定位,转变执政理念和方式,以服务人民作为根本目的,坚持立党为公、执政为民;强化党员干部的服务意识和担当精神,坚决抵制"四风";搭建为民服务平台,知民情解民忧谋民利,坚持凝民心促和谐,把为人民服务具体落实到改革的各项措施中,建设"人民满意的服务型政府""坚决打赢脱贫攻坚战""问政于民""继续简政放权",不断释放"为民红利",彰显新时代全面从严治党的价值追求。

全面从严治党的战略部署具有"为民"之心。全面从严治党主要包含政治建设、思想建设、作风建设、组织建设、纪律建设、制度建设以及反腐败斗争等方面内容。中

---

① 习近平.决胜全面建成小康社会 夺取新时代中国特色社会主义伟大胜利:在中国共产党第十九次全国代表大会上的报告[M].北京:人民出版社,2017:1.

共十八大以来,以习近平同志为核心的党中央高度重视全面从严治党这一战略部署,始终秉持"民心是最大的政治"的价值取向,高度重视思想建设,始终将人民放在心中最高位置;不断加强组织建设,凸显为民担当的意识;从严加强作风建设,始终保持党同人民群众的血肉联系;反腐败斗争上,要做到"人民群众反对什么、痛恨什么,我们就要坚决防范和纠正什么"①;突出制度建设,保证用权为民。这既体现了全面从严治党中党员干部积极践行全心全意为人民服务的根本宗旨,解决人民群众深恶痛绝的"四风"顽疾问题,提升党在人民群众中的影响力和号召力,以防范民心失落危险的发生;又为新形势下管党治党提供了基本遵循,以顺应民心反腐肃贪、从严治党,进而扎实党的执政根基。

全面从严治党的思想行动具有"爱民"之情。习近平在中共十八届一中全会结束后与中外记者见面时强调,人民对美好生活的向往,就是我们的奋斗目标。我们一定要始终与人民心心相印、与人民同甘共苦、与人民团结奋斗。在河北阜平、甘肃定西考察扶贫开发工作时指出,我们共产党人对人民群众的疾苦要有仁爱之心、关爱之心。对困难群众,我们要格外关注、格外关爱、格外关心,千方百计地为他们排忧解难。无论在地方还是到中央工作,他都以最大努力与广大人民群众保持密切联系,尽最大可能与普通群众保持亲密接触,坚持走平民路线、抒平民情怀、展平民风格,让广大老百姓感到非常亲切、非常亲近、非常自然。这些都充分体现出习近平始终把人民放在心中最高位置的为民情怀,彰显了鲜明的群众立场、群众观念、群众感情。②面对突如其来的新冠疫情,他时刻挂念着人民群众的生命安危,多次作出重要指示批示,要求党员干部"把人民群众生命安全和身体健康放在第一位","人民至上、生命至上,保护人民生命安全和身体健康可以不惜一切代价"。

三、汇聚磅礴的人民力量

马克思主义群众观主张人民群众是历史的主体,是历史的创造者。习近平在继承和弘扬马克思主义群众观的基础上,多次强调,党的根基在人民、血脉在人民、力量在人民。"一切成就都属于人民。我们要更加紧密地依靠人民,不断为我们事业发展提供奔腾向前的磅礴力量。"③"人民群众中蕴藏着治国理政、管党治党的智慧和力量,从严治党必须依靠人民。"④因此,立足新时代,面对复杂多变的执政环境,推动全面从严治党向纵深发展,就必须下沉基层、走向群众、深入群众,将全面从严治党的战略部署和人民群众的实践活动紧密连接起来,不断汲取人民群众中所蕴藏积淀的管党治党能量,从而不断把全面从严治党引向深入。

---

① 习近平.决胜全面建成小康社会 夺取新时代中国特色社会主义伟大胜利:在中国共产党第十九次全国代表大会上的报告[M].北京:人民出版社,2017:61.
② 易海云.习近平总书记全面从严治党思想的主要特点[J].紫光阁,2015(4).
③ 习近平.在全国政协新年茶话会上的讲话[N].人民日报,2016-12-31.
④ 习近平.在党的群众路线教育实践活动大会上的讲话[N].人民日报,2014-10-09.

赢取人民群众的真心支持。中国共产党是以人民为中心的政党,其根本宗旨就是全心全意为人民服务,中国共产党成就的伟业都是在人民群众的参与和支持下取得的。人民拥护和支持是党执政的最牢根基。人心向背关系党的生死存亡。我们党只有充分反映民声、表达民意、维护民利,始终与人民群众心连心、同呼吸、共命运,始终依靠人民群众推进全面从严治党,广大人民群众才会诚心诚意拥护和支持党中央推进全面从严治党的战略部署,这是我们从人民群众中汲取管党治党能量的前提。习近平明确指出,要让人民支持和帮助我们从严治党,让人民监督权力。反腐没有观众席,人人都是主人翁。要始终把党内监督与党外监督紧密结合,积极动员党员和群众参与到全面从严治党的伟大进程中。

汲取人民群众的智慧和力量。"人民群众中蕴藏着无限的创造力"①,人民群众中蕴含着管党、治党的智慧和力量。推进全面从严治党的无限智慧和丰富经验源自广大人民群众。人民群众具有巨大的创造力,每时每刻都在创造着新事物、新经验。这些新事物、新经验,正是我们党治国理政和管党治党所需要的。"在人民面前,我们永远是小学生。"②这就要求广大党员干部在全面从严治党的过程中,要深深地扎根于人民群众之中,"自觉拜人民为师,向能者求教,向智者问策"③,不断从人民群众及其参与的各项全面从严治党的实践中汲取营养和力量。

发挥人民群众的监督作用。之所以要发挥人民群众的监督作用,是因为:一方面,广大人民群众是我们顺利推进全面从严治党的绝对主体力量;另一方面,全面从严治党必然涉及权力的使用问题,权力来自人民,应该为人民谋取福利。但权力若不受约束、任性妄为就容易滋生腐败,直接侵害人民权益。"如果我们不受监督,不注意扩大党和国家的民主生活,就一定要脱离群众,犯大错误。"④因此,要充分发挥人民群众在权力使用过程中的监督、制约作用,确保党没有在人民头上称王称霸的权力,始终对党的政治、思想、组织、作风建设保持高度的责任感。⑤发挥人民群众的监督作用,首先要保障广大人民群众的知情权,坚持党务公开、政务公开,坚持权力在阳光下运行。其次,要将监督纳入法治轨道,形成完整、严密的监督体系,使人民群众通过法律程序反映问题和解决问题。

四、坚持成效由人民评判

全面从严治党的重要意义,就是通过全面从严治党,提升党的治国理政能力,践行执政为民理念,以人民忧乐为忧乐,以人民甘苦为甘苦,为人民解决现实利益问题,从而使党的工作满足人民的期待,顺应人民对美好生活的向往,增强人民群众的获得

---

① 十八大以来重要文献选编:上[M].北京:中央文献出版社,2014:779-780.
②③ 习近平.习近平谈治国理政:第一卷[M].北京:外文出版社,2018:27.
④ 邓小平.邓小平文选:第一卷[M].北京:人民出版,1994:270.
⑤ 李轶楠.简论人民监督是全面从严治党的关键环节[J].学校党建与思想教育,2016(11).

感。正因为如此,习近平指出:"人民是我们党的工作的最高裁决者和最终评判者。"①中国共产党的执政水平和执政成效都不是由自己说了算,必须而且只能由人民来评判。

这是中国共产党的性质与宗旨决定的。人民作为国家的主人,为人民服务以及接受人民的评判都是党应尽的义务。一直以来,中国共产党代表着最广大人民群众的根本利益,不仅如此,还担任着中华民族的先锋队,发挥着引领中国进行社会主义建设的作用,这是中国共产党的重要性质,并以这一性质为基础实现全心全意为人民服务的根本宗旨。为了符合中国共产党的性质以及宗旨,必须要求全面从严治党的成效由人民评判。

这是全面从严治党的目标决定的。全面从严治党的目标在于保持党的先进性,其终极目标是保证人民的根本利益不受损害。中国共产党代表着广大人民群众的最根本利益,这并不是一句空洞的口号,作为掌握着治理国家权力的执政党,需要切实地进行管党治党,不仅要把人民至上作为我们党执政施政的核心理念,而且应作为全面从严治党的思想根基,在全面从严治党的生动实践中,确保党始终同人民想在一起、干在一起,以"我将无我,不负人民"的境界把以人民为中心落到实处,把人民满意作为全面从严治党的评判标准。

这是人民群众的智慧与力量决定的。一方面,人民群众中蕴含着治国理政、管党治党的智慧和力量,是管党治党的重要借鉴,能够在管党治党中发挥关键作用;另一方面,全面从严治党与群众利益息息相关,必须久久为功、紧抓不放,坚持从解决群众最关心、最直接、最现实的利益问题入手,坚决整治侵害群众利益的腐败问题与漠视侵害群众利益问题,不断增强人民群众的获得感、幸福感、安全感。

正因为如此,我们应将人民满意作为全面从严治党的评判标准。习近平指出:"检验我们一切工作的成效,最终都要看人民是否真正得到了实惠,人民生活是否真正得到了改善,人民权益是否真正得到了保障。"②时代是出卷人,我们是答卷人,人民是阅卷人。中共十八大以来,以习近平同志为核心的党中央,坚持思想建党、组织强党、作风整党、纪律管党、制度治党、反腐净党同向发力,一系列正风肃纪、反腐惩贪的有力措施得到了人民群众的衷心拥护和充分肯定。新时代我们更要把人民满意作为衡量一切工作得失的根本标准,努力向历史、向人民交出新的更加优异的答卷。

第五节 创 新 性

中共十八大以来,习近平以马克思主义政治家、思想家、战略家的非凡理论勇气、

---

① 习近平.习近平谈治国理政:第一卷[M].北京:外文出版社,2018:28.
② 习近平.习近平谈治国理政:第一卷[M].北京:外文出版社,2014:26.

卓越政治智慧、强烈使命担当,以"我将无我,不负人民"的赤子情怀,应时代之变迁、立时代之潮头、发时代之先声,科学运用马克思主义立场观点方法,分析中国特色社会主义进入新时代党所面临的复杂的执政环境、严峻的风险挑战及存在的突出问题,在纵深推进全面从严治党的实践中,提出了许多具有开创意义的关于全面从严治党的新思想新观点新论断,深刻揭示了我们党对自身建设规律的深刻把握,鲜明反映了党和国家事业发展对执政党建设的时代要求,进一步丰富和发展了马克思主义建党学说。

一、全面从严治党要以党的政治建设为统领

习近平首次提出把党的政治建设摆在首位,强调党的政治建设是党的根本性建设,事关根本、事关全局、事关长远,决定党的建设方向和效果,是统揽推进伟大斗争、伟大工程、伟大事业、伟大梦想的关键枢纽。这就抓住了全面从严治党的根本性问题,不抓党的政治建设或背离党的政治建设指引的方向,党的其他建设就难以取得预期成效。党的政治建设坚定政治信仰,夯实全党思想根基;党的政治建设强化政治领导,坚决做到"两个维护";党的政治建设提高政治能力,把握方向、大势和全局;党的政治建设净化政治生态,党内正气充盈、政治清明。[①]新时代全面从严治党以政治建设为统领全面加强党的各方面建设,就是要把政治建设作为党的根本性建设,将政治上的要求贯穿于党的各项建设,切实提升党的建设科学化水平,着力增强党的政治领导力、思想引领力、群众组织力、社会号召力,推动全面从严治党向纵深发展,通过"加强党的政治建设,严明政治纪律和政治规矩,落实各级党委(党组)主体责任,提高各级党组织和党员干部政治判断力、政治领悟力、政治执行力"[②]。

二、纪律建设是全面从严治党的治本之策

习近平首次提出党的纪律建设,强调加强纪律建设是全面从严治党的治本之策,把纪律摆在更加突出的位置。习近平指出:"我们党是靠革命理想和铁的纪律组织起来的马克思主义政党,纪律严明是党的光荣传统和独特优势。党面临的形势越复杂、肩负的任务越艰巨,就越要加强纪律建设,越要维护党的团结统一,确保全党统一意志、统一行动、步调一致前进。"[③]中共十八大以来,党的规矩、制度的建立和执行,有力地推动了党的作风建设和纪律建设。党章是全党必须遵循的总章程,也是总规矩;党的纪律是刚性约束,是管党治党的"戒尺",政治纪律更是全党在政治方向、政治立场、政治言论、政治行动方面必须遵守的刚性约束;国家法律是党员、干部必须遵守的规

[①] 颜晓峰.以党的政治建设为统领推进全面从严治党[N].天津日报,2019-03-18.

[②] 习近平.高举中国特色社会主义伟大旗帜 为全面建设社会主义现代化国家而团结奋斗:在中国共产党第二十次全国代表大会上的报告[N].人民日报,2022-10-26(1).

[③] 习近平.科学有效防治腐败 坚定不移把反腐倡廉建设引向深入[N].人民日报,2013-01-23.

矩;党在长期实践中形成的优良传统和工作惯例也是重要的党内规矩。讲规矩是对党员、干部党性的重要考验,是对党员、干部对党忠诚度的重要检验。《关于新形势下党内政治生活的若干准则》更是明确提出:全党特别是高级干部必须严格遵守党的政治纪律和政治规矩。遵守政治纪律和政治规矩,就要增强政治意识、大局意识、核心意识、看齐意识,自觉维护党中央权威,自觉在思想上政治上行动上同党中央保持高度一致。

三、加强党的领导是全面从严治党的核心

习近平指出党的领导是中国特色社会主义最本质的特征,进一步明确了党在中国特色社会主义事业中的领导核心地位。党的领导是历史的选择、人民的选择。办好中国的事情,关键在党,关键在党要管党、从严治党。在全面建成小康社会、实现中华民族伟大复兴的征程中,落实好党中央提出的治国理政新理念新思想新战略,必须统一全党思想,凝聚全党共识,集聚全党力量,才能形成强大的向心力。正是基于历史和现实的分析,中共十九大报告指出,中国特色社会主义最本质的特征是中国共产党领导,中国特色社会主义制度的最大优势是中国共产党领导,党是最高政治领导力量。在此基础上,中共二十大报告再次强调坚持党中央集中统一领导是最高政治原则。因此,必须增强"四个意识",自觉在思想上政治上行动上同党中央保持高度一致,自觉维护党中央权威和集中统一领导,"加强党对反腐败斗争的集中统一领导"[①]。中国特色社会主义进入新时代,党要团结带领人民进行伟大斗争、推进伟大事业、实现伟大梦想,必须毫不动摇坚持和完善党的领导,毫不动摇把党建设得更加坚强有力。

四、严肃党内政治生活是全面从严治党的基础

习近平提出党要管党、从严治党首先要从党内政治生活管起;从严治党,首先要从党内政治生活严起,为新形势下党内政治生活注入新的内容。党内政治生活是党组织教育管理党员和党员进行党性锻炼的重要平台。开展严肃认真的党内政治生活是马克思主义政党的重要特征。中共十八大以来,习近平针对一段时期以来党内政治生活中的自由主义、好人主义等问题有所显露现象,对严肃党内政治生活作出了一系列重要论述,并指出要解决违反党内政治生活原则和制度的问题。2013年,在指导河北省委常委班子专题民主生活会时,习近平指出,党性是党员干部立身、立业、立言、立德的基石,必须在严格的党内生活锻炼中不断增强。在庆祝中国共产党成立95周年大会上,习近平指出,严肃党内政治生活是全面从严治党的基础。"要加强和规范党内政治生活,严肃党的政治纪律和政治规矩,增强党内政治生活的政治性、时

---

① 习近平在二十届中央纪委三次全会上发表重要讲话强调深入推进党的自我革命 坚决打赢反腐败斗争攻坚战持久战[N].人民日报,2024-01-09(1).

代性、原则性、战斗性,全面净化党内政治生态。"中共十八届六中全会审议通过的《关于新形势下党内政治生活的若干准则》,更加明确提出党要管党必须从党内政治生活管起,从严治党必须从党内政治生活严起。在中共二十大报告中,习近平再次强调:"增强党内政治生活政治性、时代性、原则性、战斗性,用好批评和自我批评武器,持续净化党内政治生态。"①实践证明,从严治党最根本的就是要使全党各级组织和全体党员、干部都按照党内政治生活准则和党的各项规定办事。

五、抓"关键少数"是全面从严治党的重点

领导带头、以上率下,是党的重要工作方法和优良传统。中共十八大以来,以习近平同志为核心的党中央从抓"关键少数"破题,突出"关键少数"这个重点,落实"八项规定"、践行"三严三实",以身作则、以上率下,严明纪律、严格要求,建章立制、着眼长远,不断推动全面从严治党向纵深发展。在每年年初中央党校省部级主要领导干部专题研讨班上,习近平都会为学员们讲授"第一课",明方向、定遵循、聚共识。2015年,习近平在省部级主要领导干部学习贯彻十八届四中全会精神全面推进依法治国专题研讨班上强调,各级领导干部在推进依法治国方面肩负着重要责任,全面依法治国必须抓住领导干部这个"关键少数"。2016年,在参加十二届全国人大三次会议上海代表团审议时强调:"从严治党,关键是抓住领导干部这个'关键少数',从严管好各级领导干部"。②在中共十八届六中全会上,习近平再次强调加强党的建设必须抓好领导干部特别是高级干部,而抓好中央委员会、中央政治局、中央政治局常委会的组成人员是关键。把这部分人抓好了,能够在全党作出表率,很多事情就好办了。《关于新形势下党内政治生活的若干准则》鲜明地提出了对"高级干部"的严格规范。领导干部特别是高级干部是党执政的中坚力量,是党员干部眼中的标杆,也是严格党内政治生活、加强党内监督的重点。"关键少数"要发挥关键作用,就要"自身硬",凡是要求党员、干部做到的自己必须首先做到,凡是要求党员、干部不做的自己必须首先不做。这就会起到管党治党的导向作用,就会对全党产生有力示范。事实证明,只有对领导干部严格教育、管理,才能避免精神懈怠的危险、能力不足的危险、脱离群众的危险、消极腐败的危险,永葆党的生机和活力。

六、政治生态是检验管党治党是否有力的重要标尺

政治生态简言之就是政党生存发展的环境和状态,是党风、政风、社会风气的综合反映,直接影响着党员干部的价值取向和从政行为。纯净健康的政治生态是中国

---

① 习近平.高举中国特色社会主义伟大旗帜 为全面建设社会主义现代化国家而团结奋斗:在中国共产党第二十次全国代表大会上的报告[N].人民日报,2022-10-26(1).

② 习近平.在参加十二届全国人大三次会议上海代表团审议时的讲话[M].北京:中央文献出版社,2016:138.

共产党永葆先进性的必然要求。2014年6月30日,习近平在参加中共中央政治局第十六次集体学习时指出,"加强党的建设,必须营造一个良好从政环境,也就是要有一个好的政治生态"①。2015年3月9日,他在参加十二届全国人大三次会议吉林代表团审议时强调,"政治生态污浊,从政环境就恶劣;政治生态清明,从政环境就优良。政治生态和自然生态一样,稍不注意,就很容易受到污染,一旦出现问题,再想恢复就要付出很大代价"②。营造风清气正的政治生态,是一项持久的工作。要解决党内存在的一些突出矛盾和问题,必须把党的政治建设摆在首位,深入整治选人用人不正之风,营造廉洁从政良好环境,持之以恒推进党风廉政建设和反腐败斗争,通过体制机制改革和制度创新,防范和清除各种非法利益关系、"潜规则"以及"为官不为"对党内政治生活的影响,促进政治生态不断改善。

七、自我革命精神是全面从严治党的推动力量

具备自我革命精神是一个政党始终保持先进性和纯洁性的必然要求。勇于自我革命是中国共产党在领导革命、建设、改革过程中形成的优良传统和最鲜明的品格,是我们党襟怀坦荡、没有私利的生动体现,是我们党坚持真理、修正错误的重要法宝。中国共产党的历史充分证明,勇于自我革命是其长盛不衰的根本原因之所在。中共十八大以来,以习近平同志为核心的党中央坚持全面从严治党,大力推进新时代党的建设新的伟大工程,一个重要特点就是发扬勇于自我革命的精神,着力解决党内存在的突出问题。正是因为勇于自我革命,有抛开面子、揭短亮丑的勇气,有动真碰硬、敢于交锋的精神,有深挖根源、触动灵魂的态度,有刀刃向内、壮士断腕的决心,对党内存在的病症进行根除病原体、切掉毒肌瘤的大手术,才使全面从严治党成效卓著。③中共十八大以来全面从严治党的实践深刻表明,推进党的建设新的伟大工程必须勇于自我革命。正如习近平所指出的,"全面从严治党永远在路上,党的自我革命永远在路上,决不能有松劲歇脚、疲劳厌战的情绪"④。要兴党强党,就必须按照习近平在二十届中央纪委三次全会上发表重要讲话时明确提出的"九个以"的实践要求,以勇于自我革命精神打造和锤炼自己。只有努力在革故鼎新、守正出新中实现自身跨越,才能不断给党和人民事业注入生机活力。中国特色社会主义进入新时代,中国共产党面临长期和复杂的"四大考验"、尖锐和严峻的"四种危险",党的建设面临艰巨任务。持之以恒地推进全面从严治党,就要敢于刀刃向内,敢于刮骨疗伤,敢于壮士断腕,把党建设成为始终走在时代前列、人民衷心拥护、勇于自我革命、经得起各种风浪

---

① 习近平在中共中央政治局第十六次集体学习时强调坚持从严治党落实管党治党责任 把作风建设要求融入党的制度建设[N].人民日报,2014-07-01.
② 习近平.政治生态污浊 从政环境就恶劣[N].新京报,2015-03-10.
③ 齐卫平.在勇于自我革命中推进全面从严治党[N].人民日报,2019-01-03.
④ 习近平.高举中国特色社会主义伟大旗帜 为全面建设社会主义现代化国家而团结奋斗:在中国共产党第二十次全国代表大会上的报告[N].人民日报,2022-10-26(1).

考验、朝气蓬勃的马克思主义执政党。

此外,习近平还提出将制度建设贯穿于党的其他建设之中,强调把权力关进制度的笼子里,拓宽了制度治党的新视野;提出把推进党的建设新的伟大工程与进行伟大斗争、推进伟大事业、实现伟大梦想结合起来,赋予党的建设新的时代特征,等等。所有这些极大地丰富和发展了马克思主义建党学说。

第六节 辩 证 性

全面从严治党是"四个全面"战略布局的压舱石。中共十八大以来,习近平在治国理政实践中,特别注重运用辩证唯物主义世界观和方法论,就全面从严治党发表了许多重要论述,提出了一系列新思想、新观点、新论断和新要求。习近平全面从严治党重要论述蕴含了丰富的辩证思维,充满了唯物辩证法的智慧,具有鲜明的辩证统一性,我们要深刻领会,自觉运用矛盾分析法认识问题解决问题。

一、坚持问题导向与使命引领的辩证统一

坚持问题导向,直面问题不回避,既是习近平治国理政的方法论,也是其关于全面从严治党重要论述的特征之一。中共十八大以来,习近平关于全面从严治党重要论述,直面党内存在的问题,体现了共产党人实事求是的态度和责任担当精神。习近平强调,新形势下,我们党面临着许多严峻挑战,党内存在着许多亟待解决的问题,尤其是一些党员干部中发生的贪污腐败、脱离群众、形式主义、官僚主义等问题,必须下大气力解决。针对思想领域存在的问题,习近平强调共产主义理想、社会主义信念就是共产党人精神上的"钙",必须牢牢把握三观的"总开关";针对群众反映强烈的"四风"问题,以习近平同志为核心的党中央以踏石留印、抓铁有痕的劲头狠抓作风建设,制定和落实中央八项规定,持续整治"四风",坚决反对特权;针对党内不守纪律和破坏规矩的现象,提出要把纪律挺在前面,推动依规治党和制度治党;针对党内政治生态被污染问题,提出要从党内政治生活管起严起,要贯彻新时期好干部标准,坚持正确选人用人导向,匡正选人用人风气,突出政治标准;针对干部管理存在"宽"和"软"等问题,提出党要管党,首先是管好干部,从严治党,重在从严管理干部;针对"稻草人"和"破窗效应"现象,提出要编织严密的党内法规体系,强化制度的执行力度,把权力关进制度的笼子;针对党内存在的严重腐败问题,提出腐败是社会毒瘤,如果任凭腐败问题愈演愈烈,最终必然会亡党亡国;针对基层党组织存在软弱涣散的问题,提出务必夯实党的组织基础,关键是从严抓好落实。这些都集中地反映了习近平关于全面从严治党重要论述鲜明的问题导向和问题意识。

同时,通过坚持目标引领把全面从严治党引向深入,是全面从严治党实践的一条

宝贵经验。"中国共产党一经成立,就把实现共产主义作为党的最高理想和最终目标,义无反顾肩负起实现中华民族伟大复兴的历史使命。"① "中国共产党人的初心和使命,就是为中国人民谋幸福,为中华民族谋复兴。这个初心和使命是激励中国共产党人不断前进的根本动力。"② 习近平清醒地告诫全党,要完成党肩负的历史使命,不知要过多少坎、爬多少坡、克服多少艰难险阻、经历多少风风雨雨。面对世情国情党情的深刻变化,党面临的考验和危险,落实管党治党的任务比以往任何时候都繁重紧迫的新形势新任务,必须具有直面矛盾、解决问题、敢于斗争的责任担当意识。只有勇于直面问题,消除一切损害党的先进性和纯洁性的因素,清除一切侵蚀党的健康肌体的病毒,才能确保党拥有旺盛的生命力和强大的战斗力。中共十八大以来,以习近平同志为核心的党中央以刀刃向内的勇气向党内顽瘴痼疾开刀,以雷霆万钧之势推进全面从严治党,以钉钉子精神把管党治党要求落实落细,清除了党内存在的严重隐患,化解了党面临的严重政治风险,正本清源、拨正船头,保证全党沿着正确的航向前进,对党、对国家、对民族都产生了不可估量的深远影响。③

二、坚持重点突破和全面推进的辩证统一

中共十八大之后,党中央重点推进反腐败斗争,反"四风"、一鼓作气抓党的群众路线教育实践活动、"三严三实"专题教育、"两学一做"学习教育、"不忘初心、牢记使命"主题教育、党史学习教育、学习贯彻习近平新时代中国特色社会主义思想主题教育、党纪学习教育,严肃和规范新形势下党内政治生活,加强党内监督等工作,以此来全面从严管党治党。同时,在全面从严治党的过程中,习近平强调要抓紧、抓牢、抓稳领导干部这个"关键少数"。身处关键岗位、关键领域、关键环节的领导干部,其言行举止对于普通党员干部具有示范导向作用,是全面从严治党重点关注的"关键少数"。"从严治党,关键是要抓住领导干部这个'关键少数'。"④ 抓住领导干部这个"牛鼻子",也就抓住了全面从严治党的主要矛盾,即抓住了"绝大多数"。抓住领导干部这一"关键少数",重点要在领导干部的选拔、管理和监督等多个关口下苦功夫,通过全过程对"关键少数"常抓、长抓、细抓,从而实现全面从严治党的根本目的。

在重点解决党内存在的矛盾和问题与抓"关键少数"的同时,习近平又提出全面推进全面从严治党。在全面从严治党的范围上,涵盖党的建设全领域。党的建设之所以被称为"伟大工程",它从来不是单指党的建设的某一方面,全面从严治党将党的政治建设、思想建设、组织建设、作风建设、纪律建设、制度建设和反腐败斗争这些党的建设各个方面充分纳入其中,最大化地消除了党的建设存在的死角。在全面从严

---

①② 习近平.决胜全面建成小康社会 夺取新时代中国特色社会主义伟大胜利:在中国共产党第十九次全国代表大会上的报告[N].人民日报,2017-10-28.

③ 张殿兴.习近平总书记关于全面从严治党重要论述的理论特质[EB/OL].[2019-10-28].http://theory.people.com.cn/n1/2019/1028/c40531-31423318.html.

④ 中共中央文献研究室.习近平关于全面从严治党论述摘编[M].北京:中央文献出版社,2016:138.

治党的主体上,实现主体全覆盖。即覆盖党的建设的各个层级、各个领域、各个方面与每位党员干部。从纵向看,全党各级上下全层级覆盖,上至中央层面,下至基层党组织,全面从严治党涉及从中央到地方的所有党组织,管党治党不再仅仅是党中央的责任,更是党的各级组织义不容辞的责任;从横向看,覆盖了党政机关、军队、企事业单位等各个领域。此外,全面从严治党的"全面",内在地蕴含着广大党员干部的全覆盖,每一位党员干部都是"剧中人"而不是"旁观者"。在全面从严治党的各项要求上,做到责任全落实。全面从严治党强调抓好各级党组织领导班子建设,通过明确责任清单,量化工作标准,更好推动各级党组织班子成员履职尽责,努力实现整个领导团队的风清气正。

三、坚持思想建党、理论强党与制度治党的辩证统一

中共十八大以来,以习近平同志为核心的党中央深刻阐明了思想建党、理论强党和制度治党之间的关系,并把思想建党、理论强党与制度治党有机结合起来,成功运用到党的建设实践中,统筹推进党的各项建设,丰富了新时代党的建设新的伟大工程的内涵。

新时代思想建党的本质,就是要求全党不忘初心,始终坚守共产党人的精神家园,即始终坚持马克思主义指导思想,坚定共产主义信念,坚持全心全意为人民服务宗旨。

新时代理论强党,最重要的是用习近平新时代中国特色社会主义思想武装全党,坚持不懈用新时代中国特色社会主义思想凝心铸魂,着力提高全党的马克思主义思想觉悟和理论水平,提高全党运用科学理论观察事物、分析问题、解决问题的能力,以"不畏浮云遮望眼"的理论自信、"乱云飞渡仍从容"的战略定力、"不到长城非好汉"的进取精神,走好新时代的长征路。[1]

制度治党,从严必依法度。习近平多次强调,"治国必先治党,治党务必从严,从严必依法度"。这个法度,就是党内法规。中共十八大以来,党中央先后制定并修订了多部党内法规,截至2022年6月,全党现行有效党内法规共3718部。其中,党中央制定的中央党内法规221部,中央纪委以及党中央有关部门制定的部委党内法规170部,省、自治区、直辖市党委制定的地方党内法规3327部[2],有力推动了党内法规体系建设,党内治理走向法治化、制度化。

思想建党、理论强党的最新成果升华、固化为制度和法规,制度治党和思想建党、理论强党有机结合,体现了党对新时代党建规律的科学认识,思想统一起来,理论武装起来,制度完善起来,我们的党就能强大起来。在推进全面从严治党的伟大实践

---

[1] 本刊评论员.思想建党 理论强党[J].求是,2019(12).
[2] 中共中央办公厅法规局.充分发挥依规治党的政治保障作用:以习近平同志为核心的党中央加强党内法规制度建设纪实[N].人民日报,2022-06-26(1).

中,自觉将思想建党、理论强党和制度治党同步谋划、同步部署、同步推进、同步落实。一方面,突出思想引领,确保制度治党的实践规范体现思想建党、理论强党的内在要求;另一方面,完善制度保障,及时把思想建党、理论强党的最新理论成果固化为制度,形成"全面"合力,凸显"从严"功能,增强"治党"实效,从而确保中国共产党始终成为中国特色社会主义事业坚强领导核心。

四、坚持治标与治本的辩证统一

"标本兼治是我们党管党治党的一贯要求。深入推进全面从严治党,必须坚持标本兼治。"①"必须深化标本兼治、系统治理,一体推进不敢腐、不能腐、不想腐。"②习近平在中共十八届中央纪委七次全会、二十届中央纪委二次全会上的重要讲话,深刻阐明了标本兼治的科学方法论,闪耀着唯物辩证法的思想光芒,为深入推进全面从严治党指明了行动方向。

反腐败治标与治本是密不可分的。二者相互联系、相互影响、相互促进。治标为治本赢得时间和条件,治本则是要用制度铲除腐败滋生蔓延的土壤。要推动标本兼治,在不敢腐、不能腐、不想腐上全面发力。中共十八大以来,以习近平同志为核心的党中央把全面从严治党纳入"四个全面"战略布局,以坚定的政治勇气和担当精神,集中整饬党风,严厉惩治腐败,净化党内政治生态,不断推动全面从严治党向纵深发展。

一方面,坚持"老虎""苍蝇"一起打,始终保持惩治腐败的高压态势,做到有案必查、有腐必反、有贪必肃,让意欲腐败者不敢越雷池半步,有效遏制了腐败蔓延势头。然而,我们也必须清醒地认识到,当前党风廉政建设和反腐败斗争形势依然严峻复杂,一些问题依然存在,一些问题解决得还不彻底,一些问题还可能再冒出来。比如,腐败存量虽有减少,增量还需遏制;"四风"问题逐年下降,但防止反弹回潮不可稍有松懈;漠视政治纪律、无视组织原则的情况时有发生。因此,深入推进全面从严治党,必须持之以恒,坚持治标不松劲,以治标为治本赢得时间和创造条件。

另一方面,坚持思想建党和制度治党紧密结合,强化党员干部理想信念教育,全方位扎紧制度笼子,让党员干部从思想源头上消除贪腐之念,让胆敢腐败者在严格监督中无机可乘。当前,做到坚持治本不松懈,必须继续坚持正心修身、涵养文化,守住为政之本。正如习近平所指出:"修身立德是为政之基,从不敢、不能到不想,要靠铸牢理想信念这个共产党人的魂。"③为此,必须坚持共产党人价值观,正确处理公和私、义和利、是和非、正和邪、苦和乐关系,做到心明眼亮,不断坚定和提高政治觉悟;必须

---

① 习近平在十八届中央纪委七次全会上发表重要讲话强调全面贯彻落实党的十八届六中全会精神 增强全面从严治党系统性创造性实效性[N].人民日报,2017-01-07(1).

② 习近平在二十届中央纪委二次全会上发表重要讲话强调一刻不停推进全面从严治党 保障党的二十大决策部署贯彻落实[N].人民日报,2023-01-10(1).

③ 习近平在十八届中央纪委七次全会上发表重要讲话强调全面贯彻落实党的十八届六中全会精神 增强全面从严治党系统性创造性实效性[N].人民日报,2017-01-07(1).

依靠文化自信坚定理想信念,不忘初心、坚守正道,做到修身慎行、怀德自重、清廉自守,不断提升人文素养和精神境界,永葆共产党人政治本色;必须严守党的政治纪律和政治规矩,坚决维护以习近平同志为核心的党中央权威,不断增强"四个意识",严肃党内政治生活,强化党内监督,让正常的批评和自我批评成为党内政治空气的清洁剂,让党员干部习惯在相互提醒和督促中进步。①

五、坚持党内监督与党外监督的有机统一

在全面从严治党的整个过程中,既要依靠党内监督,也要依赖党外监督,实现两者有机密切配合。习近平指出,全面从严治党"要坚持党内监督和群众监督相统一,以党内监督带动其他监督,积极畅通人民群众建言献策和批评监督渠道,充分发挥群众监督、舆论监督作用"②。

健全党内监督机制,是全面从严治党的有力保证。党内监督是政党对自身的监督,党的各级组织、专门机关和全体党员,按照党章和其他党内法规的规定对组织和个人进行监督。只有强化党内监督,才能从根本上解决管党治党中存在的宽松软等问题,确保党的各级领导干部用好手中的权力,确保各级党组织坚决贯彻执行党的路线方针政策。习近平指出:"党内监督是全党的任务,第一位的是党委监督。"③中共十八大以来,以习近平同志为核心的党中央为加强党内监督出台了《中国共产党党内监督条例》等党内法规,这些规范和指导党内监督的权威性文件,对加强党内监督起到了重要作用。与此同时,党中央全面开展了专项巡视监督工作和派驻监督工作,加强了日常督察和专项检查,党内监督取得了突出成果。此外,党中央还明确了党风廉政建设的主体责任和监督责任问题,全面从严治党的主体责任在党委,党委在全面从严治党中发挥领导核心作用,是"牛鼻子"和"龙头";全面从严治党的监督责任在纪委,纪委在全面从严治党中发挥组织协调和具体实施作用,推进全面从严治党是夯实党委主体责任与落实纪委监督责任的辩证统一。

除了要依靠党内监督之外,习近平认为:"各方面监督要严起来、实起来。"④"把党内监督同国家监督、群众监督结合起来,……形成监督合力。"⑤在这里,群众监督尤其重要。人民群众监督有其独特的优势,党员干部要自觉接受人民群众的监督,让权力在阳光下运行。群众的眼睛是雪亮的,党员干部身上的问题,群众看得最清楚、最有发言权。要发挥人民群众的监督作用,要从制度上保障人民群众的知情权,人民群众只有充分知情才能有效监督。要畅通人民群众监督渠道,探索信息化监督形式,如设置网上监督举报专区,便于人民群众行使监督权。在接受群众监督中,要充分保护

---

① 南方日报评论员.全面从严治党必须坚持标本兼治[N].南方日报,2017-01-10.
② 习近平.以永远在路上的执着把从严治党引向深入[N].人民日报,2018-01-12.
③ 中共中央文献研究室.习近平关于全面从严治党论述摘编[M].北京:中央文献出版社,2016:208.
④ 中共中央文献研究室.习近平关于全面从严治党论述摘编[M].北京:中央文献出版社,2016:206.
⑤ 中共中央文献研究室.习近平关于全面从严治党论述摘编[M].北京:中央文献出版社,2016:210.

好群众的个人隐私,解除群众监督的后顾之忧。

党内监督和群众监督是辩证统一的。依靠自身力量加强党内监督是我们党自觉扛起管党治党政治责任的体现,发挥人民群众的监督作用是全面从严治党的强大动力。习近平指出:"党的执政地位,决定了党内监督在党和国家各种监督形式中是最基本的、第一位的。只有以党内监督带动其他监督、完善监督体系,才能为全面从严治党提供有力制度保障。"①一方面,党内监督和群众监督所处的位置不同,承担的任务不同,发挥的作用不同,二者相互区别,不能互相替代;另一方面,党内监督和群众监督根本目的是一致的,即通过各方面的监督和督促来保证领导干部正确行使权力,加强和完善中国共产党的领导,因而二者又是相互联系的。二者相互依存、相互补充、相辅相成,共同发力、内外并举、协同作用,能够提升党的监督效能,从而不断增强党自我净化、自我完善、自我革新、自我提高的能力。②

六、坚持依法治国与依规治党的辩证统一

"治国必先治党,治党务必从严。"全面依法治国与全面从严治党同属于协调推进"四个全面"战略布局,是"四个全面"战略布局的有机组成部分,也是全面建成社会主义现代化强国、实现第二个百年奋斗目标,以中国式现代化全面推进中华民族伟大复兴的有力保障。中共十九大报告指出,要坚持"依法治国和依规治党有机统一",并将之作为新时代坚持和发展中国特色社会主义的基本方略的重要内容。因而深刻把握全面从严治党与全面依法治国的辩证关系,是协调推进"四个全面"战略布局、全面建成社会主义现代化强国、实现第二个百年奋斗目标,以中国式现代化全面推进中华民族伟大复兴的必然要求,也是理解中国式现代化历史进程和实现方式的一把钥匙。

依规治党是依法治国的根本要求。习近平曾深刻地指出:"坚持党的领导,是党和国家的根本所在、命脉所在,是全国各族人民的利益所系、幸福所系。"③坚持依法治国,必然要求加强党的领导、提升党的执政能力,使我们党发挥总揽全局、协调各方的领导核心作用,领导国家权力机关、行政机关、审判机关、检察机关依照宪法和法律协调一致地开展工作,不断推动各项治国理政活动的制度化规范化。通过依规治党,能够进一步提高党的建设和党的工作的制度化、规范化、程序化水平,确保我们党始终保持先进性和纯洁性;能够进一步明确中国特色社会主义法治体系建设的路径和方向,为依法治国提供价值引领;能够进一步确保各级党组织、各级党员领导干部和全体党员按照党规党纪以更高标准严格要求自己,模范遵守宪法法律,带头维护宪法法律权威,严格依法办事,在社会上形成自觉遵纪守法的示范效应,感召和带动全体人民依法办事,为依法治国提供良好示范和有利氛围。

---

① 中共中央文献研究室.习近平关于全面从严治党论述摘编[M].北京:中央文献出版社,2016:213.
② 秦书生,于明蕊.推进全面从严治党需着重把握的几组辩证关系[J].党的文献,2019(2).
③ 习近平总书记系列重要讲话读本[M].北京:人民出版社,2016:102.

依法治国是依规治党的重要保障。全面依法治国,就是依照体现人民意志和社会发展规律的宪法法律治理国家,而不是依照个人意志、主张治理国家;要求国家的政治、经济运作及社会各方面活动都依照宪法法律规定来进行,而不受任何个人意志的干预、阻碍或破坏。通过全面依法治国,在全社会强化法治精神和法治原则,推动全社会尊法学法守法用法,有利于增强党运用法治方式和制度思维管党治党的自觉性坚定性,为依规治党夯实思想基础。通过全面依法治国,将党的活动限定在宪法和法律范围内,实现科学立法、严格执法、公正司法、全民守法,为党内法规的制定、实施、监督、保障提供方法上的借鉴。通过依法治国,用宪法法律明确党对一切工作的领导,坚持依法治国、依法执政、依法行政共同推进,坚持法治国家、法治政府、法治社会一体建设,能够进一步加强和改善党的领导,为依规治党提供制度保障。①

依法治国是党领导人民治理国家的基本方式,依规治党是法治理念在党内政治生活中的体现,二者统一于走中国特色社会主义法治道路的伟大实践之中,共同支撑和保障党和国家的法治建设,确保在法治轨道上全面建设社会主义现代化国家。当前,尤其要注重将党内法规同国家法律相衔接,处理好依法治国和依规治党的关系,统筹推进依规治党和依法治国,使二者相互作用、相得益彰。

---

① 杜飞进.深刻把握全面从严治党与全面依法治国的辩证关系[N].人民日报,2016-11-03.

下 篇
全面从严治党的实践路径与具体对策

治国必先治党,党兴才能国强。全面从严治党是新时代以来党的建设的鲜明主题,是提高管党治党科学性与实效性的基本前提,是保持解决大党独有难题的清醒和坚定的内在诉求,是推进以党的自我革命引领社会革命的现实要求。全面从严治党的目的很明确,就是要围绕加强党的领导这个根本,从党的政治建设、思想建设、组织建设、作风建设、纪律建设、制度建设和反腐败斗争方面,解决管党治党失之于宽、失之于松、失之于软的问题,确保党始终成为中国特色社会主义事业坚强领导核心。而全面从严治党的实践路径,就是在有机互动过程中不断丰富其内涵,使其成为适应时代发展和提升管党治党实践成效的有力手段。

从党的二十大报告首次提出健全全面从严治党体系的重大举措,到2023年党的二十届中央纪委二次全会再次强调"健全(全面从严治党)这个体系,需要坚持制度治党、依规治党,更加突出党的各方面建设有机衔接、联动集成、协同协调,更加突出体制机制的健全完善和法规制度的科学有效,更加突出运用治理的理念、系统的观念、辩证的思维管党治党建设党",全面从严治党的路径清晰而具体,全面从严治党的战略思想也在实践中不断成熟。在深入分析、准确理解习近平全面从严治党重要论述的形成依据与重大意义、科学内涵与鲜明特点基础之上,把握其实践路径与具体对策,推进新时代全面从严治党向纵深发展,进一步使全面从严治党各项工作更好地体现时代性、把握规律性、富于创造性的必然要求与应有之义。

第七章　全面从严治党要以政治建设为统领

党的政治建设,指的是中国共产党作为马克思主义执政党为保持先进性和纯洁性而进行的自身政治方面的建设,以确保党的政治路线和政治纲领在全党上下得到贯彻落实,使得全党坚持正确的政治方向,在思想上和行动上保持高度一致。继党的十九大报告提出"把党的政治建设摆在首位"[①]后,党的二十大报告进一步明确"以党的政治建设统领党的建设各项工作"[②],这是以习近平同志为核心的党中央在创造性发展马克思主义建党学说和总结中国共产党自身政治建设经验基础上提出的重要举措,在新时代党的建设总要求中处于醒目位置,在习近平新时代中国特色社会主义思想中居于重要地位。以政治建设为统领,就是用党的政治建设来引领、带动其他各方面的建设,其他各方面的建设必须体现政治建设的要求。

习近平关于全面从严治党要以政治建设为统领的思想,使全党明确了政治建设的首要地位和统领作用,从而不但能够自觉地加强党的政治建设,而且能够主动地发挥政治建设对其他各方面建设的统领作用。这在中国共产党长期的执政能力建设中起着关键作用,对于坚持和加强党的全面领导,推进全面从严治党向纵深发展,具有十分重要的意义。当前,我们要继续进行许多具有新的历史特点的伟大斗争,就必须牢牢抓住党的政治建设这个根本,切实提升党的建设科学化水平,着力增强党的政治领导力,改进党的领导方式,不断完善党的领导体制,推动全面从严治党向纵深发展。

第一节　坚持党对一切工作的领导

2017年10月,中共十九大通过了《中国共产党章程》(修正案),提出了"中国共产党的领导是中国特色社会主义最本质的特征"这一命题。习近平在党的十九大报告

[①] 习近平.决胜全面建成小康社会 夺取新时代中国特色社会主义伟大胜利:在中国共产党第十九次全国代表大会上的报告[M].北京:人民出版社2017:26.

[②] 习近平.高举中国特色社会主义伟大旗帜 为全面建设社会主义现代化国而团结奋斗:在中国共产党第二十次全国代表大会上的报告[M].北京:人民出版社2022:13.

中指出:"坚持党对一切工作的领导。党政军民学,东西南北中,党是领导一切的。"①坚持党对一切工作的领导,是总结历史上正反两方面经验的重要结论,是应对国际国内形势发展的实际需要,是我们党对完成好执政兴国使命的自觉担当。党的二十大报告列举了过去五年的工作和新时代十年的伟大变革,十年来,以习近平同志为核心的党中央团结带领人民,采取一系列战略性举措,推进一系列变革性实践,实现一系列突破性进展,取得一系列标志性成果,这些成就的取得都离不开党的领导。党的二十大报告指出:"全面加强党的领导,确保党中央权威和集中统一领导,确保党发挥总揽全局、协调各方的领导核心作用,我们这个拥有九千六百多万名党员的马克思主义政党更加团结统一。"②能否坚持好党的领导,既涉及思想认识问题,也涉及工作能力和领导制度问题。

一、确保党始终总揽全局、协调各方的领导核心地位

确保党总揽全局、协调各方的领导核心地位,是我们党在长期革命、建设、改革实践中积累的宝贵经验。自中共十三大提出党要"总揽全局,真正发挥协调各方的作用",到中共十六大通过的党章修正案强调"党必须按照总揽全局、协调各方的原则,在同级各种组织中发挥领导核心作用","总揽全局、协调各方"这一表述,准确概括了党的领导的基本定位。中共十八大以来,习近平多次强调,要"提高党把方向、谋大局、定政策、促改革的能力和定力,确保党始终总揽全局、协调各方"③。2019年中共十九届四中全会明确提出,坚决维护党中央权威,健全总揽全局、协调各方的党的领导制度体系,把党的领导落实到国家治理各领域各方面各环节。2021年《中共中央关于党的百年奋斗重大成就和历史经验的决议》在党的第十九届中央委员会第六次全体会议上正式通过,在总结我们党百年奋斗的历史经验时,第一条就是"坚持党的领导",明确指出:"治理好我们这个世界上最大的政党和人口最多的国家,必须坚持党的全面领导特别是党中央集中统一领导,坚持民主集中制,确保党始终总揽全局、协调各方。"④党总揽全局、协调各方的领导核心作用的充分发挥,不仅关系党领导经济社会发展能力的提高,而且关系党的执政地位的巩固和增强。

(一) 进一步完善党总揽全局、协调各方的工作体制机制

我们党的领导是全方位的,覆盖国家和社会生活的各个方面。党作为中国特色社会主义事业的领导核心,其活动所涉及的范围,其路线、方针、政策所涉及的领域,涵盖了生产力和生产关系、经济基础和上层建筑的方方面面,是极其广泛的。总揽全

---

①③ 习近平.决胜全面建成小康社会 夺取新时代中国特色社会主义伟大胜利:在中国共产党第十九次全国代表大会上的报告[M].北京:人民出版社,2017:20.

② 习近平.高举中国特色社会主义伟大旗帜 为全面建设社会主义现代化国而团结奋斗:在中国共产党第二十次全国代表大会上的报告[M].北京:人民出版社,2022:7.

④ 中共中央关于党的百年奋斗重大成就和历史经验的决议[M].北京:人民出版社,2021:65.

局,就是从维护和发展人民的根本利益出发,从中国特色社会主义的全局和长远考虑问题,集中把握和解决好带有全局性、战略性、方向性的重大问题,有效地实施党在各个领域的政治、思想和组织领导。协调各方,就是从推动全局工作的要求出发,协调理顺党委、人大、政府、政协、人民团体以及其他方方面面之间的关系,支持人大、政府、政协、人民团体依照法律和章程开展工作,充分发挥它们的作用,形成相互协调、相互支持的工作格局。

党中央历来高度重视加强对涉及全局重大工作的集中统一领导,在革命、建设、改革的不同历史时期,为军事斗争、经济建设、改革开放等重大工作都曾专门设立过决策议事协调机构,发挥了重要作用,成为党加强集中统一领导、推动重大工作落实的一条成功经验。中共十八大以来,以习近平同志为核心的党中央明确提出,全面深化改革的总目标就是完善和发展中国特色社会主义制度,推进国家治理体系和治理能力现代化。为了适应统筹推进"五位一体"总体布局、协调推进"四个全面"战略布局的需要,在党中央已设立的决策议事协调机构的基础上,新成立了中央全面深化改革领导小组、中央国家安全委员会、中央网络安全和信息化领导小组、中央军民融合发展委员会等,进一步加强党的集中统一领导,推动这些重要领域工作取得重大进展,为党和国家事业取得历史性成就、发生历史性变革提供了有力保障。当前,应当努力从机构职能设置上解决党对一切工作领导的体制机制问题、解决党长期执政条件下党政军群的机构职能关系问题,为有效发挥中国共产党总揽全局、协调各方的核心作用提供完善有力的体制机制保障、坚实的组织基础和有效的工作体系,确保党对国家和社会实施领导的制度得到加强和完善。

(二)努力完善党的领导制度的执行机制

制度的生命力在于执行,好的政策、制度,没有强有力的执行,始终是纸上谈兵。党的全面领导体现在革命、建设、改革的诸多具体制度中,更以坚定不移地贯彻执行保持其生命力。在全面完善各项制度的基础上,必须真抓实干、不打折扣、不搞变通;要求做到的,坚决执行;令行禁止的,坚决不做,把制度落实落深。习近平强调:"要强化制度执行力,加强制度执行的监督,切实把我国制度优势转化为治理效能。"[①]确保党总揽全局、协调各方的领导核心地位,必须以健全执行机制为手段,确保各项制度落地生根。

习近平指出:"各级党委和政府以及各级领导干部要切实强化制度意识,带头维护制度权威,做制度执行的表率。"[②]为此,一是在做好制度理论宣传中练"内功"。各级党委和政府要自觉做好制度理论宣传工作,尤其是做好关于健全总揽全局、协调各方的党的领导制度体系的宣传,让广大干部群众深刻认识坚持党的领导制度体系的

---

① 习近平.继续沿着党和人民开辟的正确道路前进 不断推进国家治理体系和治理能力现代化[N].人民日报,2019-09-25.

② 习近平.坚持和完善中国特色社会主义制度推进国家治理体系和治理能力现代化[J].求是,2020(1).

重要性,带动全党全社会自觉尊崇制度、严格执行制度、坚决维护制度。必须深入学习习近平新时代中国特色社会主义思想,全面掌握和理解健全党的全面领导制度的深刻内涵,认识其重要意义,才能增强党员干部贯彻制度的意识,提高执行制度的自觉性,把落实健全党的全面领导制度转化为党员干部的行为准则、自觉行动。二是在深化制度理论研究中增"内力"。党的领导制度体系随着实践发展不断丰富完善,只有不断深化对制度理论的思考和研究,才能准确、高效地执行好制度。党员干部要坚定对党的信仰、对党的事业的忠诚,深入理解贯彻"党是领导一切的",将执行党的全面领导制度内化于心、外化于行。要从大局、全局上把握党的全面领导的内涵,加强政治历练,增进政治智慧,把党的政治建设与各项业务工作紧密结合、相互促进,坚持底线思维,强化忧患意识、风险意识,清正廉洁、担当负责,敢于斗争、善于斗争,使自己的政治能力与担任的岗位职责相匹配。三是在提高治理能力中强"内劲"。把提高治理能力作为新时代干部队伍建设的重要任务,通过加强思想淬炼、政治历练、实践锻炼、专业训练,推动广大党员、干部牢固树立制度意识,提高执行制度的能力和水平。

（三）强化对制度执行的监督机制

制度的生命力在于执行,制度的权威性要依靠监督。中共十九届四中全会有针对性地提出:"健全权威高效的制度执行机制,加强对制度执行的监督,坚决杜绝做选择、搞变通、打折扣的现象。"[①]这是我们党首次在中央全会文献中提出要健全权威高效的制度执行机制。强化对制度执行的监督,首先需要搞清楚哪些执行性的制度需要监督。制度不在多,而在于精,对不适应改革要求的法律法规,应及时修改或废止,不能让一些过时的法律条款成为改革的"绊马索"。同时,对那些执行效率较低,但又是必须利用的制度,需认真研究探讨,完善革新,提高其执行效能。制度甄别工作的关键,在于克服传统意义上的路径依赖思维,即认为只要制定出了一项执行性的制度,就不去考虑制度的实效性。应遵循制度演变逻辑,对已有的执行性制度进行审慎考察,筛选掉不合时宜的内容,补充完善新的制度要素。制定新的执行性制度,完善执行机制,以提高制度的执行能力,这是补充执行性制度短板最紧要的一环,是贯彻党和国家领导制度的得力之举。所以,加强对制度执行的监督,要有始终在路上的执着。

具体来说,纪检监察机关要强化职能职责,以严格监督保证制度不折不扣贯彻执行。监督保障执行,就是立足职责定位,聚焦坚持和完善支撑中国特色社会主义制度的根本制度、基本制度、重要制度,突出政治监督,强化日常监督,构建全覆盖的制度执行监督机制,强化制度执行力,保障国家治理各项决策部署、政策措施贯彻落实。坚持问题导向,增强监督的针对性,针对个人主义、分散主义、自由主义、本位主义等问题,针对阳奉阴违、弄虚作假等现象着力加强监督,做到精准监督、精准施策。强化监督问责、突出制度约束力是中共十八大以来治国理政的鲜明特征。要把健全党的

---

① 中国共产党第十九届中央委员会第四次全体会议文件汇编[M].北京:人民出版社,2019:56.

全面领导制度纳入巡视巡察的重要内容,作为党的建设、干部考察的重要考量,作为全面从严治党的重要标尺,建立健全制度执行的监督机制,对破坏总揽全局、协调各方对党的领导制度的行为,严肃追责问责,坚决维护制度权威。党员领导干部要带头执行,坚持原则、敢抓敢管、一级带一级、一级抓一级,作出榜样,抓出成效,在全社会营造执行健全党的全面领导制度的良好风气。

（四）抓好干部队伍这个骨干力量

"打铁还需自身硬"。确保党总揽全局、协调各方的领导核心地位,必须建设一支政治坚定、能力过硬、作风优良、奋发有为的高素质干部队伍。首先是要加强领导干部和广大党员的思想淬炼,用好思想建党这个传家宝。切实加强思想教育,补钙强骨、固根守魂、凝心聚力,守住护好建党、强党、兴党的生命线,形成推动经济社会发展的强大正能量。尤其要注重共产党人世界观、人生观、价值观的培养,切实解决好理想信念问题和思想作风问题。对马克思主义的信仰、对社会主义和共产主义的信念,是共产党人经受住任何考验的精神支柱,更是领导干部成长成才的坚实基础。其次是要加强政治历练,党员干部要始终心系人民,把人民放在心中最高位置,全心全意为人民服务,坚持党和人民的立场,为了人民的利益和幸福而不懈奋斗。我们党之所以能战胜各种艰难险阻,不断发展壮大,始终充满蓬勃生机与旺盛活力,最根本的就是坚持人民利益高于一切,始终植根人民、服务人民,要时刻敬畏手中的权力。

除此之外,最重要的是在政治方向、政治路线、政治原则、政治主张上必须同党中央保持高度一致,不断增强"四个意识"、坚定"四个自信"、做到"两个维护",提高政治的坚定性和敏锐性。要把学习贯彻习近平新时代中国特色社会主义思想作为理论武装的重中之重,不断加深对这一重要思想重大意义、科学体系、丰富内涵的理解,不断筑牢信仰之基、补足精神之钙、把稳思想之舵,切实增强贯彻落实的自觉性坚定性,提高运用党的创新理论武装头脑、指导实践、推动工作的能力。树好选人用人这个风向标,注重培养选拔政治强、懂专业、善治理、敢担当、作风正的领导干部,把有发展潜力的年轻干部放到政治建设主战场锻炼,提高谋划推动经济社会发展水平,营造山清水秀的政治生态。

二、坚定不移地全面推进党的自身建设

坚持党对一切工作的领导能否真正落到实处,首要的就是看能不能把我们党自身建设好、建设强。党的二十大报告指出:"我们要落实新时代党的建设总要求,健全全面从严治党体系,全面推进党的自我净化、自我完善、自我革新、自我提高,使我们党坚守初心使命,始终成为中国特色社会主义事业的坚强领导核心。"①新时代党的建设总体布局,即全面推进党的政治建设、思想建设、组织建设、作风建设、纪律建设,把

---

① 习近平.高举中国特色社会主义伟大旗帜 为全面建设社会主义现代化国而团结奋斗:在中国共产党第二十次全国代表大会上的报告[M].北京:人民出版社,2022:64.

制度建设贯穿其中,深入推进反腐败斗争。按照这样的总体布局来抓党的建设,就要着力提高党的建设质量,不断增强党的政治领导力、思想引领力、群众组织力、社会号召力。

(一) 加强政治建设,提升政治能力

旗帜鲜明讲政治是我们党作为马克思主义政党的根本要求,是我们党不断发展壮大,从胜利走向胜利的重要保证。政党作为一个政治组织,其政治属性是第一位的,政治建设是政党建设的必然要求。《中共中央关于加强党的政治建设的意见》指出:"加强党的政治建设,关键是要提高各级各类组织和党员干部的政治能力。"政治能力是把握方向大势全局的能力,是保持政治定力、驾驭政治局面、防范政治风险的能力,是宏大深远的系统工程和战略任务。对于一个党员干部而言,政治是否成熟、综合素养是否过硬、业务能力是否精湛,都同政治能力密切相关,必须把提高政治能力作为各级领导干部日常学习和工作的重要内容,让其浸润在日常生活之中。

我们党对领导干部的要求,首先就是政治上的要求,保证自己在政治上不迷失、不错判、不摇摆是领导干部最重要的政治素质。一直以来,提高党员领导干部的政治能力是习近平关心的重大命题之一,曾就这一命题发表重要讲话,阐述观点主张。习近平多次明确指出,政治能力就是把握方向、把握大势、把握全局的能力,就是保持政治定力、驾驭政治局面、防范政治风险的能力。这一重要论述是对政治能力丰富内涵的集中概括,为领导干部提高政治能力提供了根本遵循。如何深入理解这一重要论述,重要的就是提高政治站位、政治觉悟,增强政治定力、政治担当,做政治上的明白人。提高政治能力是一个需要终身努力的课题。领导干部必须通过不断的理论学习和政治锤炼,不断改造主观世界、陶冶政治品格,使自身政治能力与担任的领导职责相匹配,与党和国家事业发展的要求相适应。广大领导干部要通过学习,牢固树立马克思主义世界观、人生观、价值观,树立正确的权力观、地位观、利益观,进一步坚定理想信念、提升思想境界、防范政治风险、强化政治担当,特别是要深入学习习近平新时代中国特色社会主义思想这一当代马克思主义。要认真落实全面从严治党根本要求,增强党内政治生活的政治性、时代性、原则性、战斗性,自觉接受党内政治生活锻炼;应当自觉在复杂尖锐的斗争实践中,在大风大浪的考验中,在急事难事的磨炼中,把握方向、站稳立场、明辨大势、坚持原则,不断积累政治经验、不断丰富政治智慧、不断提高政治能力。

(二) 把思想建设作为党的基础性建设

理想信念是共产党人精神上的"钙",党的思想建设一旦出现问题,党的其他各方面建设都会出现问题。思想建设与党的各方面建设是协同推进、互为依托的,既要把思想建设作为基础性建设,又要把思想建设深度融入党的各方面建设之中,带动其他方面建设严起来、实起来。崇高的理想信念不是自发产生的,更不会自动保持和巩固,要坚持以党的政治建设为统领,始终保持思想建设的正确政治方向。要教育引导全党牢固树立辩证唯物主义和历史唯物主义观点,把理想信念建立在对科学理论的理性认同上,建立在对历史规律的正确认识上,建立在对基本国情的准确把握上,增强"四个意识",坚定捍卫"两个确立",坚决做到"两个维护",坚定不移走中国特色社会主义道路。要拧紧党员思想阀门"总开关",坚定共产主义远大理想,坚定中国特色社会主义信念,不忘初心、牢记使命,把学习贯彻习近平新时代中国特色社会主义思想作为我们党思想建设的重要任务加以推进。

抓好党性教育这个核心,党性是广大党员干部立身、立业、立言、立德的基石。教育引导全党同志学习党的历史,弘扬党的优良传统和作风,牢固树立正确的世界观、权力观、事业观,牢记自己的第一身份是共产党员,任何时候都同党同心同德,竭尽全力完成党交给的职责和任务。大力弘扬马克思主义学风,发展积极健康的党内政治文化,使党员、干部把人民立场作为根本立场,坚持以人民为中心的发展理念,不断解决好"我是谁、为了谁、依靠谁"的问题。只有把党的思想建设这个基础打牢了,党的其他各方面建设才会有坚实的基础,这也是提高党的建设质量的一项基础性措施。

(三)加强党的组织建设,提升党的组织优势

党的全面领导、党的全部工作、党的一切事业都要靠党的组织体系去实现。我们党近百年来的发展历程无数次证明,建设好、管理好党的事业离不开健全的组织。加强党的组织建设,关键在于培养好广大党员干部。能否提升党的组织优势,最终还是呈现在党组织的政治领导力、思想引领力、群众组织力和社会号召力上,这要依靠广大党员干部的制度执行力和治理能力发挥出来。要严格干部选拔任用、考核评价的标准,用党的科学的理论武装全党,牢牢掌握习近平新时代中国特色社会主义思想,使各项工作更好地体现时代性、把握规律性、富有创造性,方能为实现新时代党的历史使命提供坚强组织保证。

新时代加强党的组织建设,要落实到实现新作为上,牢牢把握新时代党的建设总要求,使各级党组织和党员干部在政治立场、政治方向、政治原则、政治道路上始终同党中央保持一致。党的十九大报告指出,党的基层组织是确保党的路线方针政策和决策部署贯彻落实的基础,要充分发挥基层党组织战斗堡垒作用。《中共中央关于党的百年奋斗重大成就和历史经验的决议》指出,以提升组织力为重点,增强党组织政治功能和组织功能,树立大抓基层的鲜明导向,推动党的组织和党的工作全覆盖。基层党组织直接面对和服务人民群众,事关党的形象,当前基层党组织建设进入了一个新的时期,各项工作要求正在不断完善和提升,因此要切实提升广大党员干部务实高效的作为和强烈的责任担当,不断夯实党的执政根基,做好服务群众的实际行动,扛起政治担当,干好主责主业,提高基层党组织核心竞争力。要从严从实加强党的组织建设,不断提升党组织战斗力、凝聚力,为新时代坚持和发展中国特色社会主义、实现"两个一百年"奋斗目标、开辟中国式现代化新道路提供坚强的组织保证。

（四）持之以恒加强党的作风建设

作风建设是党的建设的永恒主题，我们党领导革命、建设和改革取得胜利和成就的经验中都贯穿着加强党的作风实践，都把建设党的事业与建设良好的作风紧紧联系在一起。新时代加强党的作风建设是接续奋斗的历史延伸，习近平强调："加强和改进党的作风建设，核心问题是保持党同人民群众的血肉联系，马克思主义执政党的最大危险就是脱离群众。"① 作风问题是痼疾顽症，易反弹、易重现。作风建设就应该是一项日常工作，优良作风也是渗透到每个工作环节和步骤中应有的态度，它需要日复一日、年复一年的坚持，所以要树立一抓到底的决心和常抓不懈的恒心。改进作风的任务艰巨，是攻坚战，更是持久战，需要持之以恒。要有敢于啃硬骨头的决心，无论什么时候，只要违反党风党纪就要秉公处理，启动追责问责机制。把加强和改进作风建设的要求和责任落实到日常工作之中，坚持无禁区、无空白、无死角、无漏洞、全覆盖，要具体到每一个细节上。

加强作风建设，就必须坚持马克思主义群众观点，贯彻党的群众路线，把出发点和落脚点归结到实现好、维护好、发展好最广大人民群众的根本利益上来，不断增强群众观念和群众感情，不断厚植党执政的群众基础，着力构建党密切联系群众的长效机制，努力提高服务群众的水平，以优良作风团结群众和凝聚民心。其次，领导干部作为"关键少数"，在党的作风建设上具有风向标意义，担当着继承和发扬党的优良作风的责任。必须把领导干部作风过硬与党的作风建设紧密结合，做到领导干部政治上靠得住、工作上有本事、作风上过得硬、人民群众信得过。作风问题要抓准，抓要害、抓到点子上，要落地有声。抓作风，对准作风问题，找到问题的症结所在，抓住要害，以踏石留印、抓铁有痕的劲头抓下去。

（五）强化政治纪律和组织纪律推进党的纪律建设

继中共十八大首次在全国党代会报告中提出纪律建设这一命题之后，中共十九大报告第一次把纪律建设纳入党的建设新的伟大工程之中。十九大报告指出，以党的政治建设为统领，以坚定理想信念宗旨为根基，以调动全党积极性、主动性、创造性为着力点，全面推进党的政治建设、思想建设、组织建设、作风建设、纪律建设，把制度建设贯穿其中，深入推进反腐败斗争。由此，新时代党的建设总体布局，可以归纳为"5+2"，即党的政治建设、思想建设、组织建设、作风建设、纪律建设以及制度建设和反腐败斗争。自中共十八大以来，以习近平同志为核心的党中央，把加强党的纪律和纪律建设作为党的建设的重要内容突出强化，以强烈的使命担当和坚定的毅力决心，始终把纪律特别是政治纪律和政治规矩挺在前面，着力解决人民群众反映最强烈、对党的执政基础威胁最大的突出问题，全面从严治党取得卓著成效，党在革命性锻造中更加坚强，焕发出新的强大生机活力。进入新时代，加强党的纪律和纪律建设的任务会更加紧迫繁重。党的纪律分为六大类，政治纪律排在首位，只有严肃党的政治纪

---

① 习近平.习近平谈治国理政：第一卷[M].北京：外文出版社，2018：366.

律,才能保证党的理论和路线方针政策的贯彻执行、完成党的各项任务、维护党的团结统一。当前,严肃政治纪律,最重要的是加强和维护党中央权威和集中统一领导,进一步增强"四个意识",坚定"四个自信",找准政治站位,强化政治担当。二是要严明组织纪律,落实党的民主集中制原则,加强基层组织管理和党员干部管理,有效防止组织涣散、纪律松弛,更好地发挥党组织的领导核心作用、战斗堡垒作用、共产党员的先锋模范作用。特别是要坚持严管和厚爱结合、激励和约束并重,着力锻造一支忠诚干净担当的党员队伍。站在新的历史起点上,加强党的纪律和纪律建设,重点是强化政治纪律和组织纪律,努力使全党同志在任何时候任何情况下都必须遵守党的纪律,从而推动全面从严治党向纵深发展。

三、不断完善党的领导制度体系

坚持党对一切工作的领导,完善中国特色社会主义制度,确保国家始终沿着社会主义方向前进,必须健全总揽全局、协调各方的党的领导制度体系,把坚持和加强党的领导的要求全面体现到各方面制度安排中。中共十九届四中全会着眼于健全总揽全局、协调各方的党的领导制度体系,突出党的领导制度在国家治理体系当中的统摄性地位,提出了六个方面的要求,即:建立不忘初心、牢记使命的制度,完善坚定维护党中央权威和集中统一领导的各项制度,健全党的全面领导制度,健全为人民执政、靠人民执政各项制度,健全提高党的执政能力和领导水平制度,完善全面从严治党制度。党的领导的体制机制,集中体现在党的领导制度体系中。正因为如此,中共十九届四中全会为贯彻"坚持党对一切工作的领导"的基本方略,专门就"坚持和完善党的领导制度体系"问题作出重要部署。

(一)建立不忘初心、牢记使命的制度

为中国人民谋幸福,为中华民族谋复兴,是中国共产党人的初心和使命。自中共十九大决定在全党开展"不忘初心、牢记使命"主题教育以来,广大党员干部理论学习有收获、思想政治受洗礼、为民服务解难题,主题教育取得了全方位的成效。但这并不意味着进行一次主题教育就可以解决所有问题,学习教育必须坚持,学习教育的长期制度必须建立。建立不忘初心、牢记使命的制度这一重大创举,对进一步坚持思想建党、理论强党、制度治党具有重大而深远的意义。

关于建立不忘初心、牢记使命的制度要求,要坚持以理论滋养初心、以理论引领使命,把习近平新时代中国特色社会主义思想作为主线贯穿其中,同时为学习贯彻习近平新时代中国特色社会主义思想提供坚实保证。完善贯彻落实习近平总书记重要讲话、重要指示批示工作机制,推动学习贯彻习近平新时代中国特色社会主义思想往深里走、往实里走、往心里走,引导广大党员、干部做习近平新时代中国特色社会主义思想的坚定信仰者和忠实实践者。用党的初心和使命感召人、引领人,加强理想信念教育和对党忠诚教育,传承红色基因,健全党章学习教育制度,把党章规定落实到党

的全部活动中。把党的初心和使命作为新时代共产党人的行为准则,以自我革命精神检视整改违背初心使命的各种问题。把党的初心和使命落实到党的一切工作之中,脚踏实地把党的行动纲领、战略目标、工作蓝图变成美好现实。健全履职尽责、攻坚克难的机制,完善鼓励激励、容错纠错、能上能下机制,教育引导党员、干部干事创业、担当作为,创造经得起实践、人民、历史检验的实绩。健全解决群众最急最忧最盼问题的工作机制,完善党员、干部联系群众制度,坚持不懈为群众办实事做好事解难事,让人民群众获得感、幸福感、安全感更加充实、更有保障、更可持续。把不忘初心、牢记使命作为加强党的建设的永恒课题和全体党员干部的终身课题,形成长效机制。

(二)完善坚定维护党中央权威和集中统一领导的各项制度

坚定维护党中央权威和集中统一领导,需要全党同志高度的思想自觉和政治自觉,也需要有健全完善的制度机制作保障。我们党在不同历史时期,多次强调要以制度保证全党在重大问题上的统一行动,形成了一系列维护党中央权威和集中统一领导的制度和规矩。在新的历史起点上坚持和完善中国特色社会主义制度、推进国家治理体系和治理能力现代化,顺利推进新时代中国特色社会主义伟大事业,对完善坚持党的领导的制度机制提出了新的要求。"两个维护"是中共十八大以来我们党的重大政治成果和宝贵经验,是全党在革命性锻造中形成的共同意志,是最重要的政治纪律和政治规矩,要把"两个维护"体现在各项制度规定中,贯彻到党和国家工作的全过程各方面,落实到各级党组织和广大党员的行动上。深化党和国家机构改革中,着力从制度安排上发挥党的领导这个最大的体制优势,进一步完善党中央对重大工作的领导体制,使其适应统筹推进"五位一体"总体布局、协调推进"四个全面"战略布局的要求,形成统一高效的领导体制,确保党中央对重大工作的领导。

(三)健全党的全面领导制度

新时代推进中国特色社会主义事业的发展,关键在于坚持和加强党的全面领导,确保党的全面领导贯彻落实到国家治理的各领域各方面各环节。健全党的全面领导制度,必须贯彻党的制度是全面的、系统的、整体的这一本质要求。中共十九届六中全会通过的《中共中央关于党的百年奋斗重大成就和历史经验的决议》明确提出:"党健全党的领导制度体系,完善党领导人大、政府、政协、监察机关、审判机关、检察机关、武装力量、人民团体、企事业单位、基层群众性自治组织、社会组织等制度,确保党在各种组织中发挥领导作用。"①这是继中共十九届四中全会通过的《中共中央关于坚持和完善中国特色社会主义制度推进国家治理体系和治理能力现代化若干重大问题的决定》提出"健全总揽全局、协调各方的党的领导制度体系,把党的领导落实到国家治理各领域各方面各环节"②之后,在党的领导制度体系建设上的进一步深化和升华。党的全面领导制度也是系统的、整体的、全过程的,必须完善党和国家机构职能体系,

---

① 中共中央关于党的百年奋斗重大成就和历史经验的决议[M].北京:人民出版社,2021:28.
② 中国共产党第十九届中央委员会第四次全体会议文件汇编[M].北京:人民出版社,2019:8.

把党的领导贯彻到党和国家所有机构履行职责全过程,推动各方面协调行动、增强合力。应当看到,目前党领导各项事业的具体制度在不少领域还没有形成制度成果,需要全党全国各条战线、各个领域进一步加大工作力度,加大党内相关法规的制定和完善力度,切实把党的全面领导制度覆盖到所有机构和组织。进一步巩固和拓展深化党和国家机构改革成果,在构建系统完备、科学规范、运行高效的党和国家机构职能体系上持续发力,推动党和国家所有机构把坚持和加强党的领导作为首要职责。

（四）健全为人民执政、靠人民执政各项制度

为人民执政、靠人民执政是中国共产党领导制度体系中的重要内容。党章规定:"坚持全心全意为人民服务。党除了工人阶级和最广大人民群众的利益,没有自己特殊的利益。党在任何时候都把群众利益放在第一位,同群众同甘共苦,保持最密切的联系,坚持权为民所用、情为民所系、利为民所谋,不允许任何党员脱离群众,凌驾于群众之上。"党章的这一规定深刻揭示了为人民执政、靠人民执政的必要性和极端重要性。联系群众制度是为人民执政、靠人民执政制度的重要内容之一。只有首先保持党同人民群众的密切联系,然后才能贯彻党的群众路线,实现一切为了群众,一切依靠群众,从群众中来,到群众中去,把党的正确主张变为群众的自觉行动。在联系群众的各项制度当中,最基础的是党员、干部联系群众的制度。为了群众、相信群众、依靠群众、引领群众、深入群众、深入基层是党的群众路线的基本要求,也是党员干部的基本功。除此之外,群团组织是党和政府联系人民群众的桥梁和纽带,健全联系广泛、服务群众的群团工作体系,也是完善为人民执政、靠人民执政各项制度的重要组成部分。

（五）健全提高党的执政能力和领导水平制度

健全提高党的执政能力和领导水平制度是坚持和加强党的全面领导、改进和完善党的领导方式和执政方式、巩固党的执政地位、确保党长期执政的重要内容和重要保证。坚持党对一切工作的领导,保证国家统一、法制统一、政令统一、市场统一,顺利推进新时代中国特色社会主义各项事业,必须坚持和完善党的领导制度体系,确保党的领导全覆盖,使党的领导更加适应实践、时代、人民的要求,更加坚强有力。要全面贯彻党的组织制度、领导制度、决策制度,严格落实党的代表大会制度、党内选举制度、维护党员民主权利制度、党内生活和党内监督制度,就必须全面贯彻民主集中制,坚持集体领导制度,真正把制度优势变成我们党的政治优势、组织优势、工作优势。其次,健全决策机制是提高党的执政能力和领导水平制度的一项重要任务。迫切需要加强重大决策的调查研究、科学论证、风险评估,强化决策执行、评估、监督,以科学、刚性的决策制度约束规范决策行为,不断提高决策质量,努力控制决策风险,及时纠正不当决策,增强各级党组织的公信力和决策执行力。

（六）完善全面从严治党制度

全面从严治党永远在路上,党内法规制度建设也永远在路上,全面从严治党推进

到哪一步,党内法规制度建设就要跟进到哪一步。要解决好党内存在的突出矛盾和问题、有效化解党面临的重大挑战和危险,很重要的一条就是要完善规范、健全制度,扎紧制度的笼子,使已经发生的突出矛盾和问题得到更加有效的解决,有效防范新的矛盾和问题滋生蔓延、已经解决的矛盾和问题反弹复发。习近平强调,"不明确责任,不落实责任,不追究责任,从严治党是做不到的"①。完善和落实全面从严治党责任制度,是管党治党严起来、紧起来、实起来的有力制度保证。全面从严治党,各级党组织、党的各个机构部门、每个党员和干部都有责任,各级党委和纪检监察机关责任更为重大。健全全面从严治党责任制度,就是要把全面从严治党的主体责任具体落实到各级党委、中央部委和国家机关部门党组(党委)、基层党组织,明确各级纪检监察机关监督责任,推动各责任主体把管党治党责任记在心上、扛在肩上、落实到行动上。制度的生命力在于执行,各级党委要把严格执行全面从严治党制度作为党建工作的经常性任务,摆在突出位置,加强组织领导,加大制度学习、宣传、教育力度,督促各级党组织严格执行制度,推动党员、干部严格遵守制度,让严格执行制度、自觉尊崇制度蔚然成风。各级领导干部要强化制度思维,带头维护制度权威,以身作则,以上率下,做制度执行的表率。

第二节　严守政治纪律和政治规矩

我们党在长期的斗争中,依靠严格的纪律不断推动党和国家的事业取得胜利。习近平指出:"严明党的纪律,首要的就是严明政治纪律。党的纪律是多方面的,但政治纪律是最重要、最根本、最关键的纪律,遵守党的政治纪律是遵守党的全部纪律的重要基础。"②政治纪律是各级党组织和全体党员在政治方向、政治立场、政治言论、政治行为方面必须遵守的规矩,是维护党的团结统一的根本保证。从内容上看,政治纪律和政治规矩主要包括:一是党章、国家法律等明文规定的党内外规章制度,二是党在长期实践中形成的经验总结,如一些优良传统和工作惯例等。党的十九大把纪律建设摆在更加突出的位置,纳入党的建设总体布局,表明了党中央用严明的政治纪律管党治党的坚定决心。新的历史时期,严守党的政治纪律和政治规矩是加强党的政治建设的重要保障,必须使政治纪律立起来、严起来、执行到位。

一、严格执行党的政治纪律

党的十八大以来对《中国共产党纪律处分条例》的历次修订表明,我们党坚持不

---

① 习近平在党的群众路线教育实践活动总结大会上的讲话[N].人民日报,2014-10-08.
② 中共中央纪律检查委员会,中共中央文献研究室.习近平关于严明党的纪律和规矩论述摘编[M].北京:中央文献出版社,2016:17.

懈地把全面从治党的鲜活实践经验转化为纪律规定,这既是政治纪律建设的重要导向,也是政治纪律和政治规矩不断完善的鲜明体现。从实践中转化和发展而来的政治纪律和政治规矩必然是具体的,不是抽象的,是通过刚性约束保障全党坚决贯彻党中央决策部署,因而也只有最终落实到执行环节,才能真正增强政治纪律和政治规矩的权威性、震慑力和强制力。

（一）执行"五个必须"的纪律标准

党的各级组织和广大党员干部必须自觉担负起执行和维护政治纪律的责任,严格遵守和维护党章,服从党的组织原则,自觉接受党纪监督。习近平针对遵守政治规矩,提出了"五个必须":一是必须维护党中央权威,决不允许背离党中央要求另搞一套,必须在思想上政治上行动上同党中央保持高度一致;二是必须维护党的团结,决不允许在党内培植私人势力,要坚持五湖四海,团结一致忠实于党的同志,团结大多数,不得以人划线,不得搞任何形式的派别活动;三是必须遵循组织程序,决不允许擅作主张、我行我素,重大问题该请示的请示、该汇报的汇报,不允许超越权限办事,不能先斩后奏;四是必须服从组织决定,决不允许搞非组织活动,不得跟组织讨价还价,不得违背组织决定,遇到问题要找组织、依靠组织,不得欺骗组织、对抗组织;五是必须管好亲属和身边工作人员,决不允许他们擅权干政、谋取私利,不得纵容他们影响政策制定和人事安排、干预日常工作运行,不得默许他们利用特殊身份谋取非法利益。"五个必须"是遵守党的政治纪律的执行标准,对大是大非问题要坚定立场,对背离党性的言行要态度鲜明,发现触犯政治纪律的苗头要及时纠正,对违反政治纪律的行为要坚决制止。

由于我们的党是执政的党,许多党员在政府各部门任职,党要求所有在政府部门任职的共产党员要模范地遵守行政纪律,这也是党的纪律的要求。每一个共产党员模范地遵守社会主义的道德规范,这也是党的纪律的要求。严明党的政治纪律,要将党规党纪学习作为理论学习中心组学习、党支部学习和干部教育培训重要内容。对党员、干部及时开展纪律和廉政教育,深化运用监督执纪"四种形态",注重抓早抓小、防微杜渐。定期开展对执纪审查工作情况的检查考核,重点强化政治纪律和组织纪律,带动廉洁纪律、群众纪律、工作纪律、生活纪律严起来,使铁的纪律成为广大党员、干部日常习惯和自觉遵循。

（二）以抓好"关键少数"为重点

风成于上,俗化于下。领导干部作为"关键少数"本身就肩负着带头落实党内各项工作的职责,领导干部是否严格执行政治纪律,遵守政治规矩,对下级党组织和党员等都具有鲜明的示范作用,所以强化"关键少数"的政治纪律执行也是非常重要的。2023年12月,党中央印发了修订后的《中国共产党纪律处分条例》,把坚决维护以习近平同志为核心的党中央权威和集中统一领导作为出发点和落脚点,在政治纪律方面标准更高、要求更严、监督更紧,条例中对各级党组织、全体党员特别是党员领导干部的思想意识、工作作风、领导能力和水平都提出了更高的要求。

要抓好"关键少数",就要正风肃纪,规范其政治行为,严格要求领导干部树立自律意识、标杆意识和表率意识,在谋事、管人、用权上严格遵照党内法规。一是要求领导干部严守底线,有纪必依,遵守政治纪律是无条件的,一旦突破原则和底线,就会造成堕落与腐化。《中国共产党党员领导干部廉洁从政若干准则》中所规定的"八项禁止、五十二个不准"就严格规范了党员领导干部的廉洁从政行为,对待此类的党内规章制度,必须体现在对领导干部的行为约束上。二是要坚持原则,执纪必严,坚持在纪律面前人人平等、遵守纪律没有特权、执行纪律没有例外,加大对领导干部的监督检查力度,在党内形成弘扬正气的大气候。三是要敢抓敢管,违纪必究,严肃查处领导干部的违法违纪行为,才能使纪律产生更大威慑力,对待干部就要从严要求、从严教育、从严管理、从严监督。同时,也必须坚持抓"关键少数"和管"绝大多数"相结合,通过抓"关键少数"带动"绝大多数",在政治纪律执行上对领导干部提出更高更严的标准,对广大党员提出普遍性要求。以严的标准、严的措施、严的纪律,大力提升监管力度、惩戒力度,让领导干部心有所畏、言有所戒、行有所止,让党的纪律和规矩真正成为"带电的高压线"。

(三)推动落实"两个责任"制

习近平强调:"党的各级纪律检查机关要把维护党的政治纪律放在首位,加强对政治纪律执行情况的监督检查。"[①]中共十八届中央纪委三次全会提出:"党委负主体责任,纪委负监督责任",也是直接明确了党委和纪委共同担责、相互配合的"两个责任"制。压实"两个责任",推动责任落地生根,是确保政治纪律执行落实、推动政治纪律建设的重要抓手。"两个责任"明确和厘清了党委与纪委在维护和执行政治纪律过程中各自的定位和应当承担的责任,有利于共同推进政治纪律的严格执行。各级党委(党组)首先就要负起管党治党的重要责任,加强党的领导,配合纪委执法机关查处违法违纪问题。推动党委(党组)主体责任、书记第一责任人责任和纪委监委监督责任贯通联动、一体落实,并在实践中不断健全和完善各负其责、统一协调的责任格局和制度机制,为确保政治纪律执行真正严起来、紧起来、实起来提供坚强有效的保证。另一方面,纪委也要协助党委(党组)推动主体责任和监督责任贯通协同、一贯到底,聚焦主责主业、强化执纪问责,促进责任层层传导、落实到位。纪委要认真履行监督第一职责,强化日常监督,推动监督贯穿政治纪律执行全过程,促进我们党的政治纪律和政治规矩更加成熟定型、更好转化为治理效能。

二、发扬党的优良传统和工作惯例

2015年1月13日,习近平在中共十八届中纪委五次全会上全面系统概括了党的规矩的基本内涵,第一次明确地把"党在长期实践中形成的优良传统和工作惯例"作

[①] 十八大以来重要文献选编:上[M].北京:中央文献出版社,2014:134.

为党的规矩重要组成部分,其具体内容主要包括:党章是全党必须遵循的总章程,也是总规矩;党的纪律是刚性约束;国家法律是党员干部必须遵守的规矩;党在长期实践中形成的优良传统和工作惯例。习近平指出:"党内很多规矩是我们党在长期实践中形成的优良传统和工作惯例,经过实践检验,约定俗成、行之有效,反映了我们党对一些问题的深刻思考和科学总结,需要全党长期坚持并自觉遵循。"[1]这些优良传统和工作惯例,经过实践检验,约定俗成、行之有效,反映了我们党对一些问题的深刻思考和科学总结,必须长期坚持并自觉遵循。深入推进全面从严治党,必须在严明纪律的同时,通过有效途径规范党内各种规矩。

(一) 党章是全党必须遵循的总章程

党章集中体现了我们党的性质、宗旨、理论、路线、方针和政策,规定了党的重要制度和体制机制,是全党必须共同遵守的根本行为规范,集中代表了全党的根本利益和意志,它统领党的建设各项工作,是制定党内其他法规制度的依据和基础。中共十八大以来,全体党员接受了普遍的党章教育,通过认真学习党章、严格遵守党章,牢固树立起了党章意识,使党章成为加强党性修养的根本标准,成为指导党的工作、党内生活、党的建设的根本依据。党章作为党的最高行为规范,对党员的义务以及党员领导干部应该具备的基本条件作出了明确规范,对党员需要掌握的基本知识也作了系统阐述,是广大党员进行自我教育、增强党章意识的最好教材。要严格按照党章规定的党员领导干部必须具备的六项基本条件,提高自身素质和能力,经常检查和弥补自身不足。特别是要在坚定理想信念、坚持实事求是、推动科学发展、密切联系群众、加强道德修养、严守党的纪律等方面为广大党员作出表率。各级党组织也必须主动把党章规定落实到实际行动上、落实到各项事业上,加强遵守党章、执行党章情况的检查督促,对党章意识不强、不遵守党章规定的行为坚决纠正,以党章为基准判断各级党组织和党员领导干部的表现,真正做到全党维护党章的权威性和严肃性。

(二) 党的优良传统和工作惯例

把"党的优良传统和工作惯例"明确地纳入党的规矩的范畴,是习近平总书记重要的理论创新。中共十八大以来,中央领导人对违反"党在长期实践中形成的优良传统和工作惯例"的现象,有过许多阐述:诸如理想信念丧失、宗旨意识和党员意识丧失等;诸如对党不忠诚、不老实,搞阳奉阴违的两面派行为和阴谋诡计等;诸如自行其是、该汇报的不汇报,超越权限办事;跑风漏气,泄露党和国家机密等;又诸如结党营私、拉帮结派、搞人身依附关系,把党组织等同于领导干部个人,把对党尽忠变成对领导干部个人尽忠等,不一而足,但在性质上都是属于违背了"一种传统、一种范式、一种要求",即违背了未明文列入纪律但领导干部应该自我约束的行为。

党的优良传统和工作惯例不仅包括长期革命实践过程中形成的理论联系实际、

---

[1] 中共中央纪律检查委员会,中共中央文献研究室.习近平关于严明党的纪律和规矩论述摘编[M].北京:中央文献出版社,2016:7-8.

批评与自我批评、密切联系群众等内容,还包括党在特定历史时期形成的革命精神和革命文化,包括井冈山精神、长征精神、延安精神、红船精神等,对于当前加强和改进党的政治建设起到了精神引领和理论支撑作用。规矩是刚性和软性的合集,既包括党章、党纪、国法这样的硬性约束,也包括党的优良传统、行为惯例等软性的未成文的内容。总的来说包括以下几类:一是每个共产党人应有的政治意识、组织意识、原则意识、团结意识、程序意识等政治思想觉悟;二是党的奋斗过程中形成的优良作风;三是我们党在特定历史时期形成的革命精神和优良作风;四是共产党员身上所体现的先锋模范作用;五是工作中形成的工作传统和惯例。这些优良传统和工作惯例是党在长期的奋斗过程中,自觉培植起来的与党的性质、宗旨、不同时期的历史使命和共产党员先锋模范作用相适应的一系列思想认识和行动自觉。党的优良传统和工作惯例是共产党员在改造客观世界的同时改造主观世界,不断强化的无产阶级先锋队意识的体现,归根到底就是党员的世界观、人生观和价值观的体现。守纪律是底线,讲规矩靠自觉。新时代推动全面从严治党、加强纪律建设,必须在严明各项纪律的同时,高度重视和强调全体党员要学习和遵守党章、国家法律和党在长期实践中形成的优良传统和工作惯例,通过严明纪律和规范规矩,在党内形成相对完善的纪律体系。

(三) 与时俱进发展党内优良传统和工作惯例

党的优良传统和工作惯例也是在时代中不断生成和发展的,是对党的各项活动的总结和概括,因此,优良传统与工作惯例也是一个历史范畴,要使其与党内法规相适应和匹配,就必须发挥出良好的时代价值。在全面从严治党的新的历史起点上,既要在传统的基础上吸收和融合时代精神,发掘优良传统和工作惯例的巨大作用,也要想办法推陈出新。把党的优良传统和工作惯例纳入规矩范畴,是新时期全面从严治党的重要内容与有效途径,广大党员在改造客观世界的同时改造自己的主观世界,都必须自觉培植和践行党的优良传统和工作惯例,不断提高思想觉悟。比如,历史形成的理论联系实际、密切联系群众、批评与自我批评的优良作风;党委会开会要有事先议题通知,班子成员要互相交流情况,等等。这些优良传统和工作惯例,与成文纪律的形态不同,需要党员干部们主动将党的规矩意识内化于心、固化于制、外化于行。坚持遵循党的优良传统和工作惯例,也需要在新的历史条件下进行创造性的转化,使之更加符合现代社会的要求。

面向党员干部广泛而深入地开展党性党风党纪教育,开展常态化长效化的党史学习教育,帮助党员干部学习和了解党的优良传统和工作惯例等党的规矩。建立长效机制,注重党内成文纪律的建设,用党内其他制度和机制保障优良传统和工作惯例的传承,不断优化守纪律、讲规矩的政治环境。

三、强化党员的政治纪律意识

思想认识水平决定了政治行动的方向和能力,只有高度重视和加强党员的纪律意识,才能提升其自觉遵守政治纪律的自觉性和积极性。习近平指出:"要加强纪律教育,使铁的纪律转化为党员、干部的日常习惯和自觉遵循。"①增强纪律意识是保证党员遵守政治纪律和政治规矩的关键一环,新时代党员干部必须对党章、党纪、国家法律、党的优良传统和工作惯例予以认同与遵从。对此,党的各级组织要自觉担负起执行和维护政治纪律的责任,加强对党员遵守政治纪律的教育,唤醒全体党员的党规党纪意识,在全党范围内形成尊崇纪律和规矩的良好氛围。

(一)加强政治纪律和政治规矩的教育培训

加强党的纪律教育是强化党员干部纪律意识的基础工作,要通过加大培训正确引导全党同志和各级领导干部,从而提升他们纪律学习和纪律执行的内生动力。加强对政治纪律和政治规矩的学习,就是要使党员干部知晓应该干什么、不该干什么,能做什么、不能做什么,违反了有什么危害、会受什么惩罚,从而做到自觉尊崇纪律、敬畏纪律、维护纪律、严守纪律。要达到这个目的,关键是要以习近平新时代中国特色社会主义思想为指导,深入学习习近平关于党风廉政建设和反腐败斗争重要论述,深刻领会纪律建设在加强党的领导和党的建设中的重要作用,深刻领会党中央加强纪律建设的决策部署。包括按照党中央的要求,认真学习党章,这是全党必须遵守的总规矩;加强对习近平总书记关于严明党的政治纪律和政治规矩的一系列重要论述的学习;加强《关于新形势下党内政治生活的若干准则》《中国共产党党内监督条例》等党内法规的学习。通过全面系统的学习和深入认真的思考,进一步明确党的政治纪律和政治规矩的基本内涵、根本要求和实践路径,进一步提高守纪律讲规矩的思想自觉和行动自觉。要加强领导,确保政治纪律和政治规矩的教育取得实实在在成效,各级党组织需要把责任意识树立起来,周密部署、科学实施,强化制度保障和督导检查,确保纪律教育的质量和成效。同时加强党的纪律的学习和宣传教育的力度,使得党员及其领导干部能够强化纪律意识,严格要求自己的言语和行为,以身作则,发挥引领示范作用。运用好正反两个方面的典型,加强道德示范和案例警示,使得学习能够入心入脑,把纪律的硬性要求转化为内在的自觉自愿,时时处处用党规党纪对照自己的言行举止,作自觉遵规守纪的典范。

(二)坚持纪律教育的高标准严要求

开展政治纪律教育,一定要坚持高标准高质量严要求。要以良好的学风、文风、教风抓教育,坚决摒弃形式主义,坚决反对学用脱节。一是在政治纪律和政治规矩教育的形式上,要针对不同层次、不同类型、不同岗位党员实际搞好分类指导,精准精细对纪律学习提出不同要求,尤其要突出党员领导干部这个重点,发挥好示范带动作用;对于"小散远直"单位和行业系统,以及离退休干部、文职人员的学习教育,更要加以重视,防止出现教育盲区。二是在教育载体上,加强创新,用好新媒体新平台,在移

---

① 全面贯彻落实党的十九大精神 以永远在路上的执着把从严治党引向深入[N].人民日报,2018-01-12.

动互联网技术迅猛发展的时代背景下,以丰富的途径和载体强调党的政治纪律和政治规矩是十分有效的,既能通过密集性的宣传节奏增大传播效果,又能通过正确舆论实现对党员干部的引导,切实增强说服力渗透力感染力。三是要把加强纪律教育与严格纪律执行密切结合起来,有机融入监督执纪问责全过程,以从严执纪的惩戒震慑强化教育效果。深挖中华优秀传统文化,弘扬我们党的优良作风,认真学习党章、《中国共产党廉洁自律准则》和《中国共产党纪律处分条例》等党内法规,学习党内有关的纪律规定,让广大党员干部明晰为人做事的基准和底线,守住公与私的"警戒线"、是与非的"高压线"、情与纪的"分界线",做到心有所畏、言有所戒、行有所止,使铁的纪律真正成为日常习惯和自觉遵循。

（三）重点突出警示教育

警示教育的目的是在强调应当遵守的纪律和规矩之外,强调违纪违法的严重后果,通过针对性的警示教育,及时发现其苗头性倾向性问题,及时予以警示提醒,把问题解决在萌芽之中,引导党员干部变"要我守纪"为"我要守纪",切实养成在受监督和约束的环境中不断提升纪律意识。各级党委（党组）要担当起警示教育主体责任,通过定期组织党员干部观看警示教育片、学习同级同类典型案例等形式,使党员干部切身感受到震慑。近年来,各地也都因地制宜建立了针对性的警示教育基地。警示教育基地通过实物案例、宣传图板、场景演示、声光电系统等传统形式和科技手段,改变了传统教育模式的单一性、片面性,使警示教育入脑入心。也可以充分开发展示典型案例的载体,搭建新时代党员干部遵纪守规互联网教育平台,充分利用中共中央纪律检查委员会网站和国家"反腐倡廉网",及时更新党纪法规等相关政策法规、党风廉政建设和反腐工作动态。突出警示教育,有利于广大党员在学习教育过程中发现自己的不足之处,通过认真检查反思,找到问题的根源,进而明确下一步努力的方向。不断强化党性修养,做到严格自律,弘扬党内政治生活的优良传统,在决胜全面建成小康社会、建设社会主义现代化国家中担当时代重任。

（四）抓好党员干部的自我教育

切实增强党员的纪律意识,不能仅仅依靠纪律教育,还必须要求新时代党员干部加强自我教育,主动适应新形势、吸纳新经验、学习新成果。自我教育也是我们党对广大党员的一贯要求,从延安时期的"整风"运动到当前学习贯彻习近平新时代中国特色社会主义思想主题教育,都突出了新时代党员干部自我教育的重要性。中共十八大以来,党中央陆续出台或修订了50多部党内法规,切实将各项纪律和规矩立了起来。党员干部们只有及时跟上法规法纪和各项规章制度的学习,才能不断增强遵规守法的自觉性和责任感。党章、党纪、法律法规的学习,要及时学、认真学、原原本本的学,才能把政治纪律、政治规矩学懂、学透,做到内化于心,外化于行。越是形势复杂、任务艰巨,广大党员就越要强化自我约束、自我控制,自觉遵守党内政治生活准则、廉洁自律准则和中央八项规定精神;越是位高、权重,领导干部就越要严格要求自己,时刻绷紧纪律和规矩这根弦,做到守纪律、讲规则,自觉践行"两个维护",在政治立场、政治方向、政治原则、政治道路上,同以习近平同志为核心的党中央保持高度一致。在加强新时代党员领导干部的纪律教育过程中,必须不断培育广大党员的自我革命精神,引导广大党员干部明确问题的症结所在,不断破解发展的难题。

（五）构建纪律教育长效机制

强化纪律意识的目的,还是在于让党的纪律教育真正走进人的内心、真正把道德标尺和纪律戒尺立起来,切实支配党员干部的言行,而不是停留在文字概念、空洞口号及表面的形式上。任何教育都应讲求针对性、追求有效性,这就需要党的纪律教育长效机制作为有力保障。纪律教育涵盖面广且内容丰富,在开展过程中,要避免教育流于表面,通过多形式多方面、点滴渗入每位党员的生活和工作是教育的目标。纪律教育可以通过面对面授课、谈话等方式,也可以通过视频会议、网络互动的方式。构建学习平台,信息资料上传,建立案例库,文字和视频相结合,广大党员干部可以随时随地查阅、学习。建立全国或者省市的沟通渠道,不同地方、不同部门的党员相互沟通交流,促进成长。以考促学,除了检验党员干部对党章党规党纪的学习成果如何,也是督促党员干部将党章党规党纪学习作为长期性坚持的习惯。通过经常化、制度化的学习、教育、提醒,引导党员干部将纪律内化于心,在出现苗头性、倾向性问题时能够有自我认知、自我纠错能力,从而形成绝大多数人自觉遵纪守规的良好氛围。各级基层党组织、纪委可以采取网上测试、知识竞答、个别谈话、集中交流的形式全面考核党员对党章党规党纪知识的掌握情况,也可以将测试结果运用到各基层党组织的党风廉政建设责任制考核中。

第三节　建设风清气正的良好政治生态

习近平强调:"营造良好政治生态是一项长期任务,必须作为党的政治建设的基础性、经常性工作。"[①]全面从严治党,作为我们党在新的历史条件下治国理政"四个全面"战略布局的提出,深刻反映了党的建设和社会发展的政治逻辑,客观上要求要营造一个良好的从政环境,也就是要有一个好的政治生态。良好的政治生态,关系人心向背,关系事业兴衰,是保持党先进性和纯洁性的坚实基础,是保障党创造力、凝聚力和战斗力的有利条件。全面从严治党依然任重道远,我们必须始终保持战略定力和政治定力,把严的主基调长期坚持下去,坚定不移推动全面从严治党向纵深发展。

---

① 习近平.把党的政治建设作为党的根本性建设　为党不断从胜利走向胜利提供重要保证[N].人民日报,2018-07-01.

一、全面加强和规范党内政治生活

"党要管党,首先要从党内政治生活管起;从严治党,首先要从党内政治生活严起。"①党内政治生活指的是马克思主义政党各个党组织以组织名义开展的各种集体活动,包括学习教育、监督执纪、批评和自我批评、选举推举、评议评选、纪念庆祝等活动。中共十八大以来,以习近平同志为核心的党中央把严肃和规范党内政治生活作为抓好全面从严治党的重要突破口,围绕这一问题进行了一系列理论思考和实践部署,赋予党内政治生活在新的历史条件下的新内涵、新要求,推动了全面从严治党向纵深发展。党内政治生活在党的建设中具有基础性、根本性的地位,严肃党内政治生活是加强和改进党的建设的一个重要抓手。不断提升党内政治生活的质量和水平,有利于帮助党员干部进一步坚定理想信念、坚决维护党中央权威、保持清正廉洁的政治本色、践行以人民为中心的价值理念。

(一)贯彻执行民主集中制的组织原则

习近平指出:"严肃党内生活,最根本的是认真执行党的民主集中制。"②民主集中制是党的根本组织原则和领导制度,是党内政治生活的根本遵循,发挥好民主集中制的制度优势,才能充分调动各级党组织和广大党员的积极性,集中全党智慧,保证党的决策正确和有效实施。加强和规范党内政治生活要把民主集中制作为严格准则,确保党内政治生活开展得协调有序和健康平衡。一方面,开展政治生活要遵循重大问题集体讨论、少数服从多数的原则,确保决策科学民主,并且在决策执行中要做到任务、职责和权力的明确界定,做到责任到位;另一方面要坚持党中央集中统一领导,全党服从中央是党的重要原则,党开展组织活动必须坚持组织性和纪律性,要求全党严格服从中央统一号令,始终确保中央要求落地生根。

进一步健全和认真落实民主集中制的各项具体制度,促使各级领导干部特别是主要领导干部带头执行民主集中制,提高领导班子谋全局、抓大事、议大事的能力和水平。要按照集体领导、民主集中、个别酝酿、会议决定的原则决定重大事项,提高科学决策、民主决策的能力和水平。对违反民主集中制原则,搞个人专断的领导干部,视后果严重程度,按规定给予相应的纪律处分。要发扬党内民主,营造民主讨论的良好氛围,鼓励讲真话、讲实话、讲心里话,允许不同意见碰撞和争论。要拓宽社情民意反映渠道,建立重大事项社会公示制度和社会听证制度,完善专家咨询制度,实行决策的论证制和责任制,防止决策的随意性,努力避免决策失误。

(二)进一步提高党内政治生活制度化水平

我们党历来重视党内政治生活的制度建设。1938年中共六届六中全会就制定

---

① 习近平.在庆祝中国共产党成立95周年大会上的讲话[M].北京:人民出版社,2016:23.
② 十八大以来重要文献选编:上[M].北京:中央文献出版社,2014:352.

了《关于中央委员会工作规则与纪律的决定》,1948年中共中央发出了《关于健全党委制》,1980年中共十一届五中全会通过了《关于党内政治生活的若干准则》。这些制度规范为推动党内政治生活健康发展提供了有力的保证和支撑。经过长期的创新探索,目前党内政治生活制度化水平已经达到一个新的历史高度。严格的组织生活制度是过好党内政治生活的重要基础和实践载体,也是解决党内政治生活突出问题的迫切需要和客观要求,必须强化刚性执行,定下硬性标准,不折不扣贯彻落实到位。为了不断开拓党内政治生活的新境界,依然需要把党内政治生活制度化建设放到突出地位。

一是推动制度建构,在总结党内政治生活发展的历史经验和成功做法基础之上,结合新形势下伟大工程的新任务进行制度创设,立足全面从严治党、制度治党的形势和任务,清理和废除失效制度,修订和完善陈旧制度,颁布和制订新制度,在历史和共性相结合中整体谋划、协调推进,为提升党内政治生活质量提供有力支撑。在注重末端落实上下功夫,熟悉掌握组织生活制度的内容和要求,认真学习党章党规党纪,在对象上突出领导干部,在时间上坚持科学统筹,在内容上注重融合结合。二是严格制度执行,要强化制度执行,重视健全制度执行体系,明晰执行主体,界定职责权限,层层传递压力,切实破解"制度失灵"和"制度空转"难题,领导干部特别是高级干部要带头执行制度,模范地遵守制度,用实际行动维护制度权威。积极创新落实组织生活制度的方法和路径,紧贴党员干部思想实际,积极丰富开展形式,改进方法手段,切实增强针对性、实效性。健全奖惩机制,对落实组织生活制度好的单位和个人,在表彰奖励时予以优先考虑,对落实不好的单位和个人提出严肃批评,特别是对落实不力的要进行追责问责,切实形成自觉落实组织生活制度的鲜明导向。三是塑造制度认同。制度力量来源于党员干部对制度的高度认同,保证制度高效运作,需要采取切实有效措施增强全党对制度的认同,在党内营造崇尚制度、遵守制度的氛围。

(三)增强党内政治生活的时代性

习近平指出,增强党内政治生活的时代性,就是党内政治生活要紧跟时代步伐、聆听时代声音、回答时代课题,及时发现和解决党内出现的新问题,使党内政治生活始终充满活力。把增强时代性作为严肃党内政治生活的重要任务,是马克思主义与时俱进的理论品质在党内政治生活中的具体体现,是我们党始终保持先进性的根本要求,也是解决好新形势下党面临的突出问题的现实需要,具有重要理论和实践意义。中共十八大以来,以习近平同志为核心的党中央团结带领全国各族人民成功开辟了中国特色社会主义新局面。习近平发表了系列重要讲话,深刻回答了党在新的历史时期面对的各种时代命题,充分彰显了21世纪中国马克思主义的理论品格、实践品格与时代品格,是中国共产党的理论新飞跃、行动新指南、斗争新武器。问题是时代的声音,我们必须抓好问题导向这个增强党内政治生活时代性的风向标。增强党内政治生活的时代性,必须增强党解决现实问题的能力,实现党的自身建设和党的事业发展同向发力。党内政治生活既要传承党的优良传统和作风,又要根据变化中的形势任务与时俱进、探索创新。

（四）继承和创新党组织活动形式

党的组织活动形式是党根据活动内容的特点和需求设计出来的,是开展党内政治生活所采取的手段和方式,应当着力凸显党内政治生活的实效性。纵观党的组织活动,主要有理论学习、思想汇报、民主生活、社会调查等形式,这些形式契合了过往政治生活开展的需求,达到了教育和管理党员的目的。在新时期,互联网信息技术飞速发展,人们利用网络平台获取信息、表达诉求也逐渐成为日常,这就更需要融合现代新媒体技术打造活动新平台,以促进组织活动形式"因时而新"。认真开好组织生活会、民主生活会、集中学习讨论和决策等重要会议是党内学习教育的优良传统,是马克思主义政党保持先进性和纯洁性的重要方式,是增强全党凝聚力和战斗力的重要法宝,全党必须严格遵守党的"三会一课"制度,既要始终坚持传统的基本的方式方法作为党组织活动开展的主要形式,同时也要正确认识和把握传统载体和"互联网+"时代新媒体之间的联系和作用。总的来说,就是要通过形式多样、喜闻乐见的方式方法,加强对党员干部党内政治生活法规教育,切实解决教育面临的吸引力和感染力问题,不断提升教育的时代性、针对性、实效性。

二、以党内政治文化建设涵养政治生态

党内政治生活都是在一定的文化价值引导下进行的,全面加强和规范党内政治生活也需要有党内政治文化的滋养和引导。党内政治文化建设的目的是培养全体党员具有正确的认知、政治信念、政治态度、政治价值观,通过健康优良的政治文化消解和抵御错误文化,净化政治生态。习近平指出:"党内政治生活、政治生态、政治文化是相辅相成的,政治文化是政治生活的灵魂,对政治生态具有潜移默化的影响。"[1]先进的政治文化对广大党员在党内政治生活中的言行有着更为持久、深远的影响,因此,加强党内政治文化建设是规范党内政治生活的治本之举。

（一）继承坚守党内政治文化的根与魂

党内政治文化建设离不开优秀传统文化,离不开党在革命、建设、改革各个历史时期所孕育的先进文化。传承也是文化的生命力所在,党内政治文化建设就是一个在继承与坚守中不断创新发展的过程。在过去一百多年的历史中,我们党创造了极其丰富的党内政治文化,形成了一系列积极成果和优良传统。传统文化修齐治平的政治担当与共产主义远大理想一直是我们党宝贵的精神财富,它们共同造就了具有强大使命感的伟大政党。从建党以来,我党始终以中华民族的解放和复兴为己任,在革命、建设、改革各个时期不断自我成长和自我提升。广大领导干部的道德品行修养

---

[1] 习近平在党的十八届六中全会第二次全体会议上的讲话:节选[J].求是,2017(1).

和理想信念坚守对引领社会风气、弘扬社会主义核心价值观作出至关重要的表率,为提升社会整体思想道德水平起到至关重要的作用。我们党的优良传统是党内政治文化的重要内容,中华传统优秀文化是党内政治文化的坚实基础,对于这些宝贵财富,必须继续坚持传承和创新,推进党内政治文化的不断发展。同时,还要坚持和继承我们党过去在党内政治文化建设方面积累的经验及行之有效的做法。要坚定文化自信,坚守优秀文化传统,坚持中国特色社会主义政党文化特质,批判继承传统文化,深入挖掘红色文化,系统研究改革创新文化,为党内政治文化建设提供思想资源和丰厚素材。

(二) 不断增强党内政治文化的创新性

坚守传统不是墨守成规,强调继承并不是忽视创新,同时也要解放思想、与时俱进,面向世界、顺时应势,自觉适应新时代党的建设新要求,坚持创新发展。党内政治文化必须随着经济基础的变化、社会实践的变化而不断与时俱进。所以既要坚守党内政治文化的根,也要深入研究时代的变迁、党员队伍的变化对党内政治文化提出的新要求、对党内政治文化的新充实。包括创新党内政治文化建设的内容,为党内政治文化注入新的时代内涵,以党的先进性引导党内政治文化建设,把党内政治文化建设同发展先进生产力、发展先进文化、实现最广大人民群众的根本利益有机结合起来。创新党内政治文化建设的方式方法、载体渠道,最大限度激发动力、增强活力、释放潜力,要深入研究当代文化受众的新特点、网络信息时代党内政治文化传播的新途径,充分利用现代科技手段不断提高党内政治文化传播的覆盖面和影响力。创新党内政治文化建设的体制机制,努力形成党内政治文化建设的制度体系和长效机制等。党的规章制度、纪律、规矩是党内政治文化的制度化形态,本身也就是党内政治文化的重要组成部分,加强党的制度建设、纪律建设,树立党员干部的规矩意识,是进一步加强党内政治文化、全面从严治党的必然要求。

(三) 提升党内政治文化的感召力

"文以教化"是文化建设的根本目的和理念,建设政治文化的落脚点在于发挥文化的教化功能。当前部分党员干部依然存有错误的价值观念,圈子文化、官僚主义、特权意识、迷信思想等仍然有很大的市场。习近平指出:"要注重加强党内政治文化建设,倡导和弘扬忠诚老实、光明坦荡、公道正派、实事求是、艰苦奋斗、清正廉洁等价值观,旗帜鲜明抵制和反对关系学、厚黑学、官场术、'潜规则'等庸俗腐朽的政治文化。"[①]党内政治文化建设既要用先进的文化武装人,又要用严厉的手段驱逐歪风邪气,使党内政治文化真正成为凝聚共产党人核心价值观、体现共产党人先进性、团结全体党员共同奋斗的精神标杆。

注重发挥政治文化的感召力,着力构建以优秀传统文化为基础、革命文化为源头、社会主义先进文化为主体的教育路径,持续牢固理想信念。把历史融入学习教育

---

① 习近平在党的十八届六中全会第二次全体会议上的讲话:节选[J].求是,2017(1).

过程,让党员干部感知传统文化,为坚定理想信念"植根"。注重把丰厚的历史底蕴融入党内政治文化,以"党员固定学习日"为载体,组织相关专家学者讲授党史、新中国史。组织党员走出去,接受传统文化教育,促使广大党员干部厚植文化素养。把课堂搬进基地,让党员干部感知先辈精神,为坚定理想信念"铸魂"。注重把红色基因注入党内政治文化,结合工作实际,引导党员干部进一步强化政治认同、保持政治本色、坚守精神家园。大力宣传先进模范,唱响主旋律、弘扬正能量,培育和发展积极健康、正气充盈的党内政治文化。坚决抵御无政府主义、新自由主义、历史虚无主义、民族分裂主义等各种错误思潮和腐朽思想对党内政治文化的不良影响。要以严管严惩为手段彰显政治文化的鲜明导向、纯正党内政治文化。

三、坚持正确的选人用人导向

选人用人导向是党内政治生活的风向标,是政治生态的重要组成部分,良好的政治生态要从选人用人抓起。坚持正确选人用人导向,是培养造就大批好干部的重要基础,是严肃党内政治生活的组织保证,是巩固党的执政地位的必然要求。中共十八大以来,以习近平同志为核心的党中央以雷霆万钧之势狠抓选人用人方面的突出问题,集中整治官场陋习,端正选人用人导向,优化选人用人环境,规范党内政治生活,党内政治生态明显好转,人民群众交口称赞,党心民心得到极大振奋。当前,选人用人风气总体上日益好转,但在实践过程中仍存在一些偏差,必须坚持正确导向、落实好干部标准,以选人用人环境的净化促进政治生态整体的风清气正。

(一) 加强选人用人程序化建设

一项科学合理的机制,正确的指导思想是其灵魂,程序化和可操作性是其生命力。我们党一向高度重视选贤任能,始终把选人用人作为关系党和人民事业的关键性问题和根本性问题来抓。选贤任能,关键是要建立科学有效的选人用人机制,尤其要加强程序化建设,将干部选任工作操作流程细化和直观化,把选任过程中容易受个人意志及素质左右的问题控制在最低限度,防止"表面走程序,背后走过场"的程序空转。一是把政治标准摆在首位。政治属性是政治生态的第一属性,讲政治是对党员干部的第一要求。严把政治关,将那些政治素质好、政治敏锐性和政治鉴别力强,严守政治纪律和政治规矩,善于从政治上观察处理问题的干部选拔出来,确保干部队伍政治上过得硬、靠得住。二是明确干部选拔的提名条件,公开需要调整的空缺岗位、职位情况、任职资格条件和有关要求,使党组织和社会各界对岗位、具体要求产生初步认知,有充分的时间酝酿和推荐人选。三是让人民群众参与干部推荐中去,是人民当家作主的重要体现。提高推荐效果,固然要扩大民主。但是,扩大民主并不是说参与推荐的人越多越好,而是应强化党组织的领导和把关作用,按照知情度、关联性和代表性的原则,既保证参与推荐者有一定的覆盖面,体现民主,又避免不知情不相干的人参加民主推荐。

（二）健全科学民主的选人用人决策机制

权力导致腐败,绝对权力绝对地导致腐败。毛泽东曾经明确指出:"党委制是保证集体领导、防止个人包办的党的重要制度。"①形成科学民主的选人用人决策机制,必须改革和完善党的委员会制度,正确划分党委主要负责人与其他党委委员的权力界限,使党委主要负责人的隐性权力显性化、显性权力规范化,使其个人权力置于党委班子集体权力之中。分清全委会和常委会的权限,保证干部任免问题必须由全委会充分讨论和作出决定。全委会根据无记名表决结果任用干部,党委主要负责人有不同意见可以保留,但无权否决。同时,指定专人进行会议记录,对每位成员的陈述意见,特别是对最终决策内容进行详细如实记录,作为决策责任的依据。会后应将决策过程、结果按规定的方式予以公开,接受上级和下级党组织以及普通党员监督。

（三）大力推动干部工作信息公开

阳光是最好的防腐剂,公开是腐败的克星。对在权力机构服务的公职人员,马克思曾经提出"经常在公众监督之下进行工作"的要求。列宁也明确指出:"没有公开性而谈民主制是很可笑的,并且这种公开性还要不仅限于对本组织的成员。"②面临社会信息多元化的新挑战,组织(人事)部门应当不断扩大群众对干部工作的知晓度、参与度,提高干部人事制度的透明度。按照"公开为原则、不公开为例外"的原则,凡非涉及党和国家秘密的干部选拔任用信息,包括任职条件、初始提名情况、群众民主推荐、民主测评结果情况、考察结果情况、讨论决定情况、任前公示情况等,都要进行公开。对于一般干部的选任,适宜在本单位公开。对于主要干部和重要岗位的干部,则应向社会各界公开,让广大干部群众了解干部选任工作的进展情况,自觉接受干部群众监督。通过文件、党报党刊、电视媒体、专门网站、专线电话等形式,定期发布和更新干部工作的政策法规性文件、干部工作计划和动态信息等。

（四）严格执行干部选拔任用责任追究制度

习近平反复强调,有权必有责、有责要担当、失责必追究。有问责才能尽好责,有追究才会有压力。在干部选拔任用问题上,必须坚持"谁推荐、谁负责,谁考察、谁负责,谁决策、谁负责",建立干部选拔任用全程纪实制度,客观真实地反映干部选任的全过程,为加强全程监督、开展倒查、追究问责提供依据。各级组织（人事）部门按照干部管理权限,对干部选拔任用工作中的初始提名、资格审查、民主推荐、研究确定拟考察人选、组织考察、民主测评、讨论决定、公示情况等各个环节,考察和任职公示期间信访举报调查的结论、《党政领导干部选拔任用工作有关事项报告办法（试行）》规定要报告或征求上级组织（人事）部门意见的情况等重要情况进行如实记录,并由有关责任人签字确认,当每履行完一个程序,即在相应的栏目按要求作好记录;对重要

---

① 毛泽东.毛泽东选集:第四卷[M].北京:人民出版社,1991:1234.
② 列宁.列宁全集:第6卷[M].北京:人民出版社,1986:131.

情况的记实,分阶段、分环节逐条记录清楚,做到步步有人把关、环环留有痕迹、实时有人监控、全程都有归档。一旦出现选人用人失察失误情况,就可以根据不同情形进行倒查追责。

四、从严从实推动党风廉政建设

政治生态是一个地方政治生活现状以及政治发展环境的集中反映,是党风、政风、社会风气的综合体现,核心是领导干部的党性问题、觉悟问题、作风问题。坚定不移惩治腐败、科学有效预防腐败,是建设风清气正政治生态的重要内容,是保持党的战斗力和生命力的基础,是实现干部清正、政府清廉、政治清明的重要保证。建设风清气正的政治生态是新的历史条件下落实党要管党、从严治党、端正党风政风的一项重要举措,是客观形势所需,更是全党的政治责任。全党必须坚决同腐败现象作斗争,确保党的清正廉洁。以反腐永远在路上的毅力,坚决把反腐败斗争进行到底,巩固发展反腐败斗争压倒性胜利,使我们党永不变质、永不变色。

(一)坚决有效预防和惩治腐败

坚决有效预防和惩治腐败是建设风清气正政治生态的有力保障。如果腐败现象滋生蔓延,腐败分子为所欲为,良好政治生态就无从谈起。庸俗的"圈子"文化、潜规则大行其道,恶性的政治生态必将在党内滋生消极腐败,导致党的战斗力、生命力在自我摧毁和腐蚀浸淫中被蚕食瓦解,最终使党丧失执政之基。良好的政治生态,可以内聚人心,促进科学发展。当前要深刻认识"四大考验"的长期性和复杂性,深刻认识"四种危险"的尖锐性和严峻性,深刻认识增强"四自能力"重要性和紧迫性,要以猛药去疴、重典治乱的决心,以刮骨疗毒、壮士断腕的勇气,坚决把党风廉政建设和反腐败斗争进行到底,以反腐倡廉成效取信于民。筑牢拒腐防变的思想防线和制度防线,形成有腐必反、有贪必肃、依纪依法严惩腐败的强大震慑力,着力构建不敢腐、不能腐、不想腐的体制机制,促使全体党员干部恪守清正廉洁的价值理念。务必严肃开展腐败问题的专项治理与预防,譬如必须严格加强对国家重大开发项目投资的资金管理,严惩违法占用、贪污款项的行为,对不按规定要求肆意挥霍、滥用和变相使用国家项目开发投资资金的现象,务必认真严肃处理;务必严惩脱贫攻坚战中存在的挪用、套取、贪污、受贿、涉黑等腐败问题。加大问责力度,严肃责任追究,预防人情扶贫和关系扶贫等现象。

(二)营造良好的政治生态要从领导干部抓起

习近平曾指出:"营造良好从政环境,要从各级领导干部首先是高级干部做起。"薄熙来、徐才厚、令计划、周永康等一大批高官相继落马再次证明,无论处于多高的党政职位,一旦违反党纪国法,必然要受到制裁。俗话说,上梁不正下梁歪,反腐败斗争务必抓住"关键少数",预防各级领导干部这一"上梁"的不正所造成的普通党员这一

"下梁"的"走样"。强化对权力运行的监督、制约和问责,坚决惩治违纪违法行为的"带病"领导干部,严肃查处暗箱操作、受贿行贿、政治造反等消极腐败行为,铲除独断专行、任人唯亲、拉帮结派等党内腐败的土壤。党员干部廉洁自律教育是从源头上预防和惩治腐败的重要举措,通过规范党员干部行为来推进党风廉政建设。因为再严密的制度也不可能穷尽所有问题,总有制度约束不到的灰色地带。因此,要实现对腐败现象的标本兼治,加强理想信念教育。营造良好的政治生态,要自重、自省、自警、自励,管好自己,管好家属,管好身边人,自觉树立正确的世界观和权力观,不断增强自我净化、自我完善能力,增强对党章和党纪国法的敬畏之心,在清风正气的政治生态中实现人生的价值观。做一个组织和干部群众信赖的人,做一个同事和朋友敬重的人,做一个家人和亲属引以为荣的人,做一个回顾一生能够问心无愧的人。

（三）落实主体责任,强化监督问责

必须坚持严格到底,绝不姑息,严格落实管党治党主体责任,严格贯彻落实党的组织路线和方针政策,坚持把政治标准作为第一标准。坚持有责必问、失责必追,推进监督执纪问责常态化,构建明确责任、落实责任、追究责任的主体责任保障机制。认真贯彻落实《中国共产党廉洁自律准则》《中国共产党纪律处分条例》《中国共产党问责条例》,结合具体实际制定党建工作和发展工作的责任清单,进一步明确各级主体的具体责任,使领导干部和党员同志都能够明确自身工作的职责,打造高素质的党员干部队伍,确保党员干部队伍在政治上拥护问责制度,在思想上接受问责制度,在行为上执行问责制度。要落实党委的领导责任。党委的主体责任是否能落实到位直接影响党风廉政建设的成败,如果党委在思想上不能把反腐倡廉建设上升到关系党执政合法性的高度来认识,不能树立惩腐治贪不力就是严重失职的意识;在行动上不敢承担领导责任,不能为纪检监察机关开展工作撑腰壮胆、全力保障,甚至带头搞腐败,其结果必然是带坏党的队伍和社会风气。另一方面,落实纪委的监督责任。各级纪检监察部门作为党内监督的专门机关,拥有党赋予的监督权,因此,作为党内的专门监督机构,必须切实履行监督之职。不仅要协助党委加强廉政建设、反腐败等各项事务的组织协调,还要督促和检查各相关部门具体落实预防和惩治腐败等工作事务。把检查常态化,对腐败严肃查处,绝不姑息。

第八章　全面从严治党要以思想建设为基础

思想是客观存在反映在人的意识中经过思维活动而产生的结果,是人类一切行为的基础。因此,马克思把思想建党作为无产阶级政党建设的首要原则。全面从严治党,思想建设是基础和关键,它贯穿在党的建设的各个方面,是整个党的建设的中心环节。党的思想建设,就是从思想上建党、治党。思想建党原则必然要求在思想上从严治党。习近平在党的二十大报告中强调指出,坚持不懈用新时代中国特色社会主义思想凝心铸魂,全面加强党的思想建设,加强理想信念教育,引导全党牢记党的宗旨,自觉做共产主义远大理想和中国特色社会主义共同理想的坚定信仰者和忠实实践者。

打铁还需自身硬。中共十八大以来,以习近平同志为核心的党中央,持续深入推进全面从严治党,以党的思想建设为基础,在坚持中深化、在深化中发展,实现党内政治生态的根本好转,不断增强党的创造力、凝聚力、战斗力,将党建成领导社会主义现代化和改革开放事业的坚强领导核心,为决胜全面建成小康社会、全面建设社会主义现代化国家提供坚强保证。①

从严治党,解决党员思想上入党的问题是我们党的光荣传统和建党特色。在新时期,应当根据当今国情世情党情的具体实际,需要不断探索和创新。它既是老问题,又是时代新课题。各级党组织要切实把解决党员思想上入党问题,当作当前思想建设的紧迫任务来抓,彻底改变当前党员队伍存在的突出问题。

第一节　筑牢社会主义共产主义理想信念根基

习近平强调指出,思想建设是党的基础性建设,坚定理想信念是党的思想建设的首要任务。崇高信仰、坚定信念不会自发产生,必须把理想信念建立在对科学理论的理性认同上,建立在对历史规律的正确认识上,建立在对基本国情的准确把握上。②要坚持思想建党,首先就必须深入学习马克思主义基本理论特别是深入学习习近平新时代中国特色社会主义思想,不断夯实社会主义共产主义理想信念。

---

① 习近平.习近平谈治国理政:第三卷[M].北京:外文出版社,2020:504.
② 习近平新时代中国特色社会主义思想学习问答[M].北京:学习出版社,人民出版社,2021:202.

一、真懂真信社会主义共产主义理想信念,是共产党员的基本要求

中国共产党的理想信念,就是马克思主义真理信仰,共产主义远大理想,中国特色社会主义共同理想。① 必须坚定共产主义的理想信念,才能始终保持共产党员的先进性、纯洁性,不断增强我们党的凝聚力、战斗力。

坚定共产主义的理想信念是由党的宗旨决定的,也是由党的性质决定的。中国共产党自诞生之日起,就向全世界宣称,她是无产阶级政党,是最大公无私的党,是全心全意为劳苦大众服务的党,除了人民群众的利益,她没有任何自身私利,是秉承《共产党宣言》的思想,按照马克思、恩格斯的建党学说来建设的世界最先进的党。

截至2023年底,中国共产党已经拥有9918.5万名党员。当之无愧是当今世界第一大党。每年还有成千上万的新成员加入其中。这些新党员,有一个思想上入党的问题;老党员中,也有一个思想上不断改造的问题。特别要看到,随着改革开放和社会主义市场经济的发展,社会经济成分、组织形式、就业方式、利益关系和分配方式日趋多样化,人们思想活动的独立性、选择性、多变性、趋利性和差异性也必然反映到党内来。理想信念的淡漠,价值观念的多元,已经十分明显。在是与非、荣与辱、优与劣、利与弊、得与失等方面的评价尺度上也是言人人殊,莫衷一是。这已经深深地影响一些党员对共产主义理想的信仰,对社会主义的信念。与此同时,群众对一些不合格党员的言行已经多有微词甚至怨声连连。

党的执政能力与党的性质、党的宗旨密切相连。同时,党的执政能力又是具体的、实在的,它与9000多万名党员的素质、形象紧密相连。每一位党员就是构成执政能力的"细胞",只有一个个这样的"细胞"健康,执政能力才能提高,我们党才能无往而不胜。因此,坚定共产主义理想信念是每个党员首要的基本标准。

二、坚定理想信念,是防止共产党员思想滑坡的思想防线

中华民族正面临着百年未有之大变局。我们党面临的执政环境是复杂的,影响党的先进性、弱化党的纯洁性的因素也是复杂的,党内存在的思想不纯等突出问题尚未得到根本解决。要充分认识党面临的执政考验、改革开放考验、市场经济考验、外部环境考验的长期性和复杂性,深刻认识党面临的精神懈怠危险、能力不足危险、脱离群众危险、消极腐败危险的尖锐性和严峻性,坚持问题导向,保持战略定力,推动全面从严治党向纵深发展。

20世纪90年代末,中共中央就制定出台了《中共中央关于加强和改进思想政治工作的若干意见》,它明确要求"要把理想信念教育作为核心内容","引导广大党员、干部和群众树立正确的世界观、人生观、价值观"。这是党员先进性教育活动重要任

---

① 习近平.习近平谈治国理政:第三卷[M].北京:外文出版社,2020:505.

务。坚定党员干部的理想信念,有许多艰苦的工作要做,但当前尤其要防止和克服党员思想上的滑坡和庸俗化。

近年来,随着改革开放的不断深入、经济体制的转轨,人们的思想观念、价值取向都发生了明显的转变,其主流是积极向上的、充满正能量的。但与此同时,一些腐朽、消极、落后的思想文化也乘虚而入,一些同志对消极落后,甚至是错误的东西,不但缺乏警觉性,不去抵制、批判,反而津津乐道,四处传播。还有一些同志,对社会上的消极腐败现象见怪不怪,甚至还感到羡慕。对消极落后腐朽的东西津津乐道,对消极腐败现象的麻木,恰恰反映了一些同志思想上的庸俗。

这些现象虽然是极少数,但其影响很坏,危害极大。邓小平早就告诫我们,思想上的庸俗化是一个危险的起点,如果不及时进行克服和纠正,就会影响人们的理想信念和精神追求。由语言的传播、思想上的羡慕发展为精神上的滑坡,事业上的荒废,行为上的越轨,结果必然是"小洞不补、大洞吃苦",对单位、对他人、对自己都是极其有害的。思想庸俗化是改革发展过程中一种正常现象,既不能视其为洪水猛兽,又不能麻木不仁、放任不管。谨防思想上的庸俗化既要靠组织上的教育管理,又要靠党员干部加强自身的学习和修养。当前,应着重从三个方面来加以努力:

(1)不断加强理论的学习,增强思想敏锐性和政治鉴别力。人的头脑,正确的思想文化不去占领,消极错误和腐朽的东西就会侵入。因此,加强科学理论的学习是防止思想庸俗化的根本之举,也是坚定理想信念达到政治上过硬的根本之举。

(2)树立崇高的理想追求,注重人际交往的层次,摒弃低级趣味。一个人的人生追求越高,精神就越充实,情操就越高尚;反之,一个人追求的是低级趣味,那么精神境界就越低,思想必然庸俗。习近平曾引用《论语·里仁》里的名言,"见贤思齐,与之同化矣"。意思就是看到贤人就应该要向他学习,希望自己能够跟贤人一样。"近朱者赤,近墨者黑"说的也是同样的道理。

(3)必须坚持解决思想问题同解决实际问题相结合。没有正确的思想和高尚的精神,就不可能推进我们的事业。如果不注意解决群众的实际问题,思想教育就会脱离群众,难以收到实效。加强思想政治工作,必须既讲道理,又办实事,倾听群众呼声,了解群众情绪,关心群众疾苦。要认真贯彻落实党的各项政策,多做得人心、暖人心、稳人心的工作,把好事办实、实事办好,真正把党和政府的温暖送到群众心坎上。

三、坚定理想信念,必须用习近平新时代中国特色社会主义思想武装全党

思想建设是党的基础性建设。革命理想高于天。共产主义远大理想和中国特色社会主义共同理想,是中国共产党人的精神支柱和政治灵魂,也是保持党的团结统一的思想基础。要把坚定理想信念作为党的思想建设的首要任务,教育引导全党牢记党的宗旨,挺起共产党人的精神脊梁,解决好世界观、人生观、价值观这个"总开关"问题,

自觉做共产主义远大理想和中国特色社会主义共同理想的坚定信仰者和忠实实践者。

随着世界政治多极化在曲折中发展，经济全球化步伐加快，信息网络化迅猛发展，西方的价值观、生活方式、精神文化将伴随着经济产品渗透到我们的思想意识、社会生活的各个方面，潜移默化人民大众。从而诱发自由主义、拜金主义、享乐主义、利己主义，使党内消极腐败现象不断滋生，社会上一些丑恶现象死灰复燃。

理想信念建设任重而道远。理想信念是人们向往、追求和奋斗的根本目标，是人们的政治立场和世界观在奋斗目标上的集中反映。从它的功能来看，是管思想发展方向、凝聚力和精神状态的，是人们前进的航标、灯塔。一个民族、一个国家如果没有理想信念，就会一盘散沙；一个人如果没有正确的理想信念，就会迷失前进的方向。我们所要树立的社会主义和共产主义理想，包含着理论、运动、制度和精神在内极为丰富而深刻的内容。我们的理想绝不是虚无缥缈、可望而不可即的东西，而是早已存在于历史和现实之中。用党的创新理论武装头脑，推动全党更加自觉地为实现新时代党的历史使命不懈奋斗。

习近平新时代中国特色社会主义思想，是对马克思列宁主义、毛泽东思想、邓小平理论、"三个代表"重要思想、科学发展观的继承和发展，是马克思主义中国化最新成果，是党和人民实践经验和集体智慧的结晶，是全党全国人民为实现中华民族伟大复兴而奋斗的行动指南。它集中体现了当代中国共产党人的理想境界，发展了马克思主义，是我们建党的伟大纲领，也是我们坚定理想信念的强大武器。

中共十八大以来，以习近平同志为核心的党中央，坚定不移地落实"四个全面"的战略部署，在全面建成小康社会、全面深化改革和全面实施依法治国的同时，毫不放松地推进全面从严治党，他反复强调，全面从严治党必须以思想建设为基础。2014年，习近平在党的群众路线教育实践活动总结大会上指出，对党员、干部来说，思想上的滑坡是最严重的病变，"总开关"没拧紧，不能正确处理公私关系，缺乏正确的是非观、义利观、权力观、事业观，各种出轨越界、跑冒滴漏就在所难免了。思想上松一寸，行动上就会散一尺。思想认识问题一时解决了，不等于永远解决。就像房间需要经常打扫一样，思想上的灰尘也要经常打扫，镜子要经常照，衣冠要随时正，有灰尘就要洗洗澡，出毛病就要治治病。①全面从严治党，从严管理"关键少数"，要坚持思想建党和制度治党紧密结合，既从思想教育上严起来，又从制度上严起来。

四、坚定理想信念，是共产党员坚持与时俱进保持先进性的时代要求

习近平对党内理想信念教育所取得的成效予以充分肯定，他说，党的十八大以来，我们持续开展的理想信念教育是有效管用的，要继续坚持。②实践证明，经过长期

---

① 在党的群众路线教育实践活动总结大会上的讲话[M].北京：人民出版社，2014：17.
② 习近平.习近平谈治国理政：第三卷[M].北京：外文出版社，2020：506.

的、坚持不懈地开展党内理想信念教育,党员的先进性才能满足时代的发展要求。

(一)理论学习要有收获

坚持以马克思主义中国化的科学理论武装头脑,在思想上保持先进性。理论上的成熟是政治上成熟的基础,思想上的先进是其他各方面先进的根基,保持思想先进的关键在于用与时俱进的科学理论武装头脑。每一名共产党员都要牢牢掌握马克思主义的立场、观点和方法,以当代中国的马克思主义——中国特色社会主义理论体系特别是以习近平新时代中国特色社会主义思想武装头脑,努力提高理论素养,提升思想境界,掌握先进文化,提高自身素质。

(二)思想政治要受洗礼

坚定理想信念,在政治上保持先进性。政治上的先进性,是指政治上的清醒、成熟、坚定,即明确政治方向,站稳政治立场,遵守政治纪律,提高政治鉴别力,增强政治敏锐性,在大是大非面前保持清醒头脑,在关键时刻不迷失方向。共产党员一要坚定中国特色社会主义和共产主义理想信念,坚持党在社会主义初级阶段的基本路线和基本纲领,脚踏实地地为实现党在现阶段的目标和任务而奋斗,为党的事业和党的工作着想,负起应有的责任。二要坚持以马克思列宁主义、毛泽东思想、中国特色社会主义理论体系特别是习近平新时代中国特色社会主义思想为指导,不断增强"四个意识"、坚定"四个自信"、做到"两个维护",在思想、组织和行动上同党中央保持高度一致。

(三)干事创业要敢担当

理想信念不可能凭空产生,也不可能轻而易举坚守。①忠实履行全心全意为人民服务的根本宗旨,服务社会发展,在工作上保持先进性。履行岗位职责,做好本职工作,是共产党员保持先进性的基本要求。对共产党员来说不单是工作作风和工作方法问题,更重要的是工作职责、工作内容,是检验工作成效的基本准则。

(四)为民服务要解难题

人民对美好生活的向往,就是我们的奋斗目标。带领人民创造幸福美好的生活,是我们党矢志不渝的追求。广大党员干部要坚守人民立场,树立以人民为中心的发展理念,增进同人民群众的感情,自觉同人民想在一起、干在一起,着力解决群众的操心事、烦心事,以为民谋利、为民尽责的实际成效取信于民。②

(五)清正廉洁要作表率

在廉洁自律方面,党员的先进性体现在为民务实清廉的政治本色,正确处理公私、义利、是非、情法、亲清、俭奢、苦乐、得失的关系,自觉同特权思想和特权现象作斗争,坚决预防和反对腐败,清清白白为官,干干净净、老老实实做人。

---

① 习近平.习近平谈治国理政:第三卷[M].北京:外文出版社,2020:505.
② 习近平.习近平谈治国理政:第三卷[M].北京:外文出版社,2020:525.

第二节　巩固马克思主义的指导地位

马克思主义创立170多年来,不仅深刻改变了世界,也深刻改变了中国。[①]马克思主义是指导我们改造客观世界和主观世界的锐利思想武器。[②]习近平在庆祝中国共产党成立95周年大会上的讲话中指出:"马克思主义是我们立党立国的根本指导思想。背离或放弃马克思主义,我们党就会失去灵魂、迷失方向。在坚持马克思主义指导地位这一根本问题上,我们必须坚定不移,任何时候任何情况下都不能有丝毫动摇。"虽然马克思主义是我们立党立国的根本指导思想,已载入《党章》,写入《宪法》,但近年来,在"去马""非马""贬马"等思潮影响下,"马克思主义过时论""马克思主义无用论""指导思想多元论"甚嚣尘上,马克思主义指导思想地位受到无端的怀疑和否定。面对动摇党本国本的挑战,必须进行积极的说理性回应和坚决捍卫。

一、必须坚持马克思主义指导地位

中国共产党之所以选择马克思主义作为根本指导思想,并用来指导革命、建设与改革开放,绝非对马克思主义的盲目崇拜,而是因为马克思主义是科学真理,是来自中国革命、建设与改革经验的深刻总结和发展。正如习近平在党的二十大报告中所说,马克思主义是我们立党立国、兴党兴国的根本指导思想。实践告诉我们,中国共产党为什么能,中国特色社会主义为什么好,归根到底是马克思主义行,是中国化时代化的马克思主义行。拥有马克思主义科学理论指导是我们党坚定信仰信念、把握历史主动的根本所在。

一个政党选择什么样的思想理论或主义作为指导思想,取决于政党的先进性和阶级性与它选择的指导思想的先进性、科学性和阶级性是否一致。中国共产党成立至今百余年来,在指导思想上之所以毫不动摇地坚持马克思主义,根本原因在于马克思主义的先进性、科学性和阶级性与中国共产党的先进性和阶级性的高度一致。

对于马克思主义的先进性、科学性、真理性,习近平给予了高度评价和全面阐述。他在哲学社会科学工作座谈会上的讲话中指出:"马克思主义尽管诞生在一个半多世纪之前,但历史和现实都证明它是科学的理论,迄今依然有着强大生命力,它深刻揭示了自然界、人类社会、人类思维发展的普遍规律,为人类社会发展进步指明了方向。"

在"七一"重要讲话中,习近平再次强调:"95年来,中国共产党之所以能够完成近代以来各种政治力量不可能完成的艰巨任务,就在于始终把马克思主义这一科学

---

① 习近平新时代中国特色社会主义思想学习问答[M].北京:学习出版社,人民出版社,2021:293.
② 习近平.习近平谈治国理政:第三卷[M].北京:外文出版社,2020:532.

理论作为自己的行动指南,并坚持在实践中不断丰富和发展马克思主义。使我们党得以摆脱以往一切政治力量追求自身特殊利益的局限,以唯物辩证的科学精神、无私无畏的博大胸怀领导和推动中国革命、建设、改革,不断坚持真理、修正错误。"

回顾中国共产党的奋斗历程,新民主主义革命成功和胜利的关键,在于把马克思主义基本原理同中国具体实践相结合,新民主主义革命的经验教训表明,坚持以马克思主义为指导,革命就顺利胜利,把马克思主义教条化,甚至偏离马克思主义指导地位,革命就会失败。

新中国成立以后,中国共产党把马克思主义基本原理同中国实践相结合,成功领导了社会主义革命和社会主义建设。社会主义革命和建设的经验教训表明,社会主义革命和建设只有正确坚持以马克思主义为指导,才能进展顺利、取得成功和胜利;一旦在理解和运用马克思主义指导思想上出现偏差,社会主义革命和建设就会发生失误和错误。

中共十一届三中全会召开40多年来,是中国共产党运用马克思主义实事求是思想路线,探索中国特色社会主义现代化建设最重要的时期。我们党团结带领中国人民进行改革开放新的伟大革命,极大激发了广大人民群众的创造性,极大解放和发展了社会生产力,极大增强了社会发展活力,人民生活显著改善,综合国力显著增强,国际地位显著提高。

中国共产党百余年的不平凡历程,从正反两方面雄辩证明,中国共产党离不开马克思主义这个指导思想,中国革命与建设、改革与开放的成功和胜利都是在马克思主义指导下取得的。离开了马克思主义的指导,中国共产党就会失去先进性,离开了马克思主义的指导,中国特色社会主义就会迷失方向。所以,习近平强调:"坚持不忘初心、继续前进,就要坚持马克思主义的指导地位,坚持把马克思主义基本原理同当代中国实际和时代特点紧密结合起来,同中华优秀传统文化结合起来,推进理论创新、实践创新,不断把马克思主义中国化推向前进。"

二、必须旗帜鲜明地回击各种反马克思主义思潮

反马克思主义错误思潮形式五花八门,手段多种多样。有的公然指责马克思主义为异端邪说;有的说马克思主义是19世纪工业革命的产物,早已过时;有的说马克思主义是革命学说、批判理论,搞社会主义建设用不上;有的说当今时代思想多元,指导思想不能只有一家;有的说市场经济讲竞争,指导思想也要竞争,等等。这些说法,无不具有很大的欺骗性和迷惑性,容易蒙骗群众,误导舆论。坚持党的指导思想,必须旗帜鲜明地驳斥各种反马克思主义的错误言论。

(一)旗帜鲜明反对"马克思主义过时论"

"马克思主义过时论"的荒谬性在于用单一时间标准评判马克思主义的时效性。"过时论"把时间作为衡量理论时效性和科学性的标准。按照这一逻辑,过时的就不

只是马克思主义了,先于马克思主义的资产阶级思想理论同样过时了。资产阶级学者一方面说马克思主义过时了,另一方面,又把法国大革命时期和美国独立宣言等资产阶级的思想价值观说成"普世价值"。这种双重标准无法使人信服。

衡量一种思想理论和主义是否"过时",最根本的是看其是否顺应时代发展要求与时俱进,是否具有当代价值。马克思主义虽然诞生于一百多年以前,但它所揭示的是人类社会发展规律的基本理论和认识世界改造世界的世界观与方法论,是认识世界、改造世界、建设世界的思想武器和行动指南。马克思主义作为科学真理,没有过时,过时的反倒是资产阶级学者轮番登台的那些短命学派、理论和主义。

(二)旗帜鲜明回击"马克思主义无用论"

马克思主义作为科学真理,揭示了人类社会发展规律,提出了建设社会主义、实现共产主义的科学预测和设想。但是,马克思主义创始人是思想家不是占卜先生,马克思主义是科学不是神话。他们没有也不可能对未来怎样建设社会主义、实现共产主义提供现成的答案。后人不能苛求他们把一切问题都预想到,并给出现成答案。因此,说马克思主义无用,显然是极其错误的。

习近平指出:"马克思主义并没有结束真理,而是开辟了通向真理的道路。""今天,时代变化和我国发展的广度和深度远远超出了马克思主义经典作家当时的想象。同时,我国社会主义只有几十年实践、还处在初级阶段,事业越发展新情况新问题就越多,也就越需要我们在实践上大胆探索、在理论上不断突破。"马克思主义创始人虽然没有提供社会主义建设的现成方案,却提供了认识问题、解决问题的科学方法。因此,马克思主义仍然是指导中国特色社会主义建设的行动指南。

马克思主义揭示了人类社会发展规律,指明了社会主义必然胜利、共产主义一定实现的社会发展趋势,对我们未来建设社会主义、实现共产主义提供了科学理论的自信。其中所包含的基本理论、基本方法,以及批判资本主义发展中各种问题的思路,均是具有普遍真理性的建设理论,不仅不会过时和失效,而且是社会主义国家进行现代化建设的指导思想和行动指南。中国特色社会主义建设的成功实践就是在马克思主义指导下进行的。这也证明,马克思主义既是革命理论,又是建设理论,是革命理论和建设理论的有机结合和统一。

(三)旗帜鲜明驳斥"指导思想多元论"

"指导思想多元论"认为,市场经济都讲竞争,思想是多元的,指导思想也应该是多元的。这些质疑貌似有道理,实质反映出对人类思想发展史的无知。历史和现实告诉我们,古今中外,任何一个国家的指导思想都是一元的、排他的,都由统治阶级思想独占,从来没有哪个国家的统治阶级放弃过指导思想这一阵地。

资本主义社会看似思想自由、价值多元。但这只是表象,资产阶级视本阶级思想为"普世价值",其他阶级的思想为异端邪说,处处排斥代表无产阶级思想的马克思主义。由于资本主义的国际化和全球化,垄断资产阶级所追求的是对全人类的思想统治。在它们的视野里,唯有资产阶级思想是先进的文明的,是"普世价值",应成为治理世界的指导思想。其他阶级、国家、民族的思想和价值观都是落后的、野蛮的、不文明的,统统不符合西方"普世价值"的要求,都应该用西方的"普世价值"来收编和改造。因此,多年来他们或通过武力入侵、军事打击占领别国,进行思想殖民和文化统治;或通过"颜色革命",扶植傀儡,输出思想,摧垮别国的思想价值观;或通过和平演变对社会主义国家进行思想与文化渗透,搞乱理论是非、颠覆价值观,达到不战而胜的目的。

比如对美国来说,在指导思想上,它自己要求一国独大、全球独霸,却又要指责中国指导思想一元化不符合自由民主的要求。这显然是一种"只许州官放火,不许百姓点灯"的霸道心态。美国在中国资助和栽培亲美"公知"、网络"大V",采取里应外合、煽风点火、混淆是非等卑劣手段,企图达到动摇马克思主义指导思想的目的。对此,我们一定要保持高度警惕。

三、必须建立巩固马克思主义指导地位的保障体系

坚持以马克思主义为指导,巩固马克思主义指导地位,不能满足于将其写入《宪法》《党章》,也不能停留在一般性号召和宣传上,而应采取切实可行的措施,建立巩固马克思主义指导地位的保障体系。

(一) 健全完善马克思主义教育保障体系

坚持马克思主义的根本在人,在于有坚持马克思主义的专门人才,有信仰马克思主义的广大干部和人民群众。如果一个国家的干部和人民不信仰马克思主义,坚持马克思主义就失去了社会基础,成了空中楼阁;如果没有马克思主义理论队伍,坚持马克思主义就如同过河没有船或桥,只能束之高阁。

马克思主义作为一种先进思想文化,不会自动进入人们头脑。因为科学信仰不可能自发确立,必须靠后天的学习与培养。巩固马克思主义的指导地位,最重要的是要对全体党员和人民进行马克思主义教育,培养对马克思主义的信仰。

首先,要完善马克思主义理论人才的国民教育培养体系。这些年来,我国高校马克思主义理论专业有的被砍掉、有的被"改造"或转向,招生人数剧减,报考带"马"字专业的人少之又少。2015年中央实行"马工程"后,才在马克思主义理论硕士博士研究生培养上有所改观。尤其需要注意的是,在前一段时间西方理论盛行的学术生态环境中,这些年培养的马克思主义研究生和教师,相当一部分理论功底不扎实,马克思主义信仰不坚定;有的"姓马""不信马";个别的虽然"学马"却"贬马",甚至"反马";毕业后真正从事马克思主义理论宣传、教育、研究的人不多。

为了培养数量多、质量高的马克思主义理论人才,国家和省属重点高校应开设马克思主义理论本科专业,招收本科学生。有条件的本科院校、省级党校和社科院要按照国民教育系列要求招收马克思主义理论硕士和博士研究生。要尽快恢复那些被砍

掉了的马克思主义理论专业,如科学社会主义、政治经济学、思想政治教育等。要通过健全马克思主义国民教育人才培养体系,为党和国家培养和输送马克思主义理论高级专门人才。

其次,要改善党校马克思主义理论干部教育培训体系。党校是在党员领导干部中开展马克思主义理论教育的主渠道和主阵地。党校姓党,首先要"姓马""信马"。只有"姓马""信马",才算姓党、才能姓党。各级党校要按照习近平在全国党校工作会议上的重要讲话精神,对现有的课程设置和教学内容进行认真清理,真正回到对党员领导干部进行马克思主义理论教育的正确轨道上来。党校的马克思主义理论教育,要把马克思主义经典著作、基本原理、国外马克思主义、世界社会主义运动以及中国特色社会主义基本理论作为必修课,并结合党中央对各种错误思潮的批评,重点对党员领导干部进行马克思主义教育。

最后,还要改善高校思想政治理论教育。这些年来,各级党政部门和高校是重视思想政治理论教育的,但在效果上还不尽如人意。高校思想政治教育的教学方法应当不断改进,但最主要的还是教学内容,要从理论和现实的结合上透彻地阐明马克思主义理论难点,科学解释和逐步解决中外一切社会重大问题,提升教学对象的综合分析和解决问题的素质。改善思想政治理论教育的关键在领导。教育主管部门要从坚持党的指导思想的战略高度,对高校党委书记和校长在思想政治理论教育履责上实行"硬约束"、强问责,从而使高校思想政治理论教育产生显著成效。

(二)健全完善马克思主义宣传传播保障体系

坚持马克思主义,要有广泛的群众思想基础,使人民群众走近马克思主义,认同和信仰马克思主义。各级党政部门要从巩固党的指导思想地位的战略高度,高度重视人民群众的马克思主义信仰教育,用马克思主义占领人民群众思想阵地。否则,群众思想被宗教思想和西方价值观占领了,即使是物质生活改善做得再好,人民群众与党和政府的心理距离、思想距离也会越来越远。各级党委政府一定要把人民群众政治思想教育提上议事日程,摆在重要地位,在健全完善思想政治教育组织保障、制度保障、物质保障、队伍保障等保障体系上真抓实干,抓出成效。把流失的马克思主义社会思想基础找回来,巩固起来,为巩固马克思主义的指导地位提供坚实的社会思想基础。

(三)健全完善马克思主义理论宣传体系

党报、党刊、官网要成为坚持党的指导思想、宣传马克思主义理论的主渠道、主阵地。要办好马克思主义理论名栏、名刊,打造红色理论阵地。意识形态部门和所有传播媒体,要自觉承担起传播国家意识形态的责任,通过理论宣传、文艺作品、网络信息等在全社会营造学习马克思主义风尚、信仰马克思主义氛围、坚持马克思主义的舆论导向。让人民群众在看书读报上网、看电影电视、看戏听歌等各种文化生活中潜移默化地受到马克思主义的影响和熏陶,使人民群众亲近马克思主义、信仰马克思主义。

（四）健全完善马克思主义科学研究保障体系

巩固马克思主义指导地位，不仅要继承和坚持马克思主义，而且要发展和创新马克思主义。要在不断研究新情况、解决新问题、适应新形势中，开辟21世纪马克思主义研究的新境界，使马克思主义更加适合世情和国情的需要。中国共产党应责无旁贷地站在世界研究马克思主义的最高峰、发展马克思主义的最前沿，引领21世纪马克思主义的发展。尤其要重视马克思主义中国化理论成果的科学研究和传播，在全世界传播好中国化马克思主义、讲好中国化马克思主义理论、方案和故事。

健全完善马克思主义科学研究保障体系要两手抓。一手抓专门研究马克思主义的机构和队伍，建设更多的专门研究基地，组织对马克思主义思想理论进行研究攻关；另一手抓用马克思主义指导对自然科学特别是社会科学的教学和科学研究。我国有一支庞大的哲学社会科学队伍，他们分散在各行各业各个单位，也是马克思主义研究的重要力量。要更加重视和发挥他们的作用，为他们从事马克思主义研究提供更多平台、予以更大支持、创造更好的研究环境和工作条件。

（五）健全完善马克思主义制度保障体系

为了确保马克思主义的指导地位，要进一步完善坚持马克思主义的制度体系，为坚持马克思主义提供强有力的制度保障。

首先，要从《党章》《宪法》最高制度层面保障马克思主义的指导地位。一方面，要通过《党章》《宪法》明确规定，党员和公民要拥护马克思主义，学习马克思主义，自觉同反对马克思主义的言行作斗争。另一方面，要通过《党章》《宪法》明确，反马克思主义是违宪行为，为党纪国法所不允许。从《党章》《宪法》最高制度层面树立马克思主义在党员和公民中的权威。

其次，要把《党章》《宪法》规定的坚持以马克思主义为指导制度化具体化。一是要按照《党章》要求，健全完善党员和党组织学习马克思主义的制度体系、党员反马克思主义的惩处纪律体系等。二是要按照《宪法》要求，健全完善在全体公民中开展学习、宣传马克思主义的制度体系。引导人民群众学习和宣传马克思主义，认同和拥护马克思主义，帮助人民群众正确认识公民享有《宪法》规定的信仰自由，但公民不能反马克思主义，明确反马克思主义是违宪行为。

第三节　加强党对意识形态工作的领导

2013年8月19日，习近平在全国宣传思想工作会议上强调，能否做好意识形态工作,事关党的前途命运,事关国家长治久安,事关民族凝聚力和向心力,我们必须充分认识意识形态工作的极端重要性,把意识形态工作的领导权、管理权、话语权牢牢掌握在手中,任何时候都不能旁落,否则就要犯不可挽回的历史性错误。要深刻领会习近平关于意识形态工作的重要思想,做好新形势下的意识形态工作。习近平在党的十九大报告中提出,要"牢牢掌握意识形态工作领导权。意识形态决定文化前进方向和发展道路。必须推进马克思主义中国化时代化大众化,建设具有强大凝聚力和引领力的社会主义意识形态,使全体人民在理想信念、价值理念、道德观念上紧紧团结在一起"。习近平着眼于新时代坚持和发展中国特色社会主义,立足党和国家事业发展全局,明确提出牢牢掌握意识形态工作领导权这一重大任务,并作出一系列战略部署。这充分体现了我们党领导意识形态工作长期积累的宝贵经验,深刻反映了我们党对意识形态工作规律的认识和把握达到一个新的境界。

在中共二十大报告中,习近平强调,我们要建设具有强大凝聚力和引领力的社会主义意识形态,牢牢掌握党对意识形态工作领导权,全面落实意识形态工作责任制,巩固壮大奋进新时代的主流思想舆论。在新时代,我们要深刻领会习近平关于意识形态工作的重要论述和部署要求,把意识形态工作领导权牢牢掌握在手中,不断巩固马克思主义在意识形态领域的指导地位,巩固全党全国人民团结奋斗的共同思想基础。

一、坚定不移地加强党对意识形态工作的领导

(一)必须提高全党、全社会对意识形态工作的重要性及加强对意识形态工作领导的必要性、迫切性的认识

当今时代,和平与发展仍然是世界的主题,发展问题依然是世界各国的核心关切。这一核心关切注定一些发展中国家将更多地关注如何进一步提升国家综合国力、如何开发新能源资源、如何培养新科技人才,而少有关注传统带有鲜明阶级性的意识形态问题。共同的发展主题和对现代化的追求,导致两种主义之间的界限日渐模糊,两种主义之间的意识形态对立日益淡化。在全党全社会形成共识,形成统一意志,使大家充分认识到,发展是硬道理,引领意识形态、领导意识形态工作,并有效形成中国精神和中国力量,更是硬道理。

(二)建立、健全并创新党领导意识形态工作的体制和机制

随着社会的发展和经济全球化的深化,社会意识及其意识形态的内容、载体、传播方式、影响机制及人们接受方式的不断变化,意识形态领域出现了许多新特点,如何适应这些新变化、新特点、新要求,不断检验、考验着我们已有意识形态工作的领导体制、管理体制及机制的科学性、有效性。本着领域和空间全覆盖、过程全覆盖、对象全覆盖,不留死角没有空子的原则,我们要尽快形成主体责任明确、信息传导通畅、应对及时有效的领导体制及与意识形态载体、传播形式、接受方式同步发展的管理运行

机制。

（三）建设一支信念坚定、业务精湛、弘扬主流意识形态工作的队伍

再好的装备,如果没有一流的战士,也打不了胜仗。建设一支有担当敢亮剑的队伍就显得尤为重要,特别是教育战线从事思想政治理论教育的教师队伍及新闻宣传战线的媒体人员。全党全社会应当高度重视主流意识形态工作队伍建设,不断提升这支队伍的尊严感、自豪感和自信心,不断增强其在意识形态领域的战斗力,使它们"敢打仗并能打胜仗",从而形成主流意识形态强大的影响力和引导力,并最终形成有利于推动中国特色社会主义伟大事业和实现中华民族伟大复兴中国梦的强大的中国力量和中国精神。

（四）加强党对意识形态工作的全面领导,要切实解决对意识形态工作"不想抓""不敢抓""不会抓"的问题

2018年8月21日,习近平在全国宣传思想工作会议上强调,要始终坚持党对意识形态工作的领导权,建设具有强大凝聚力和引领力的社会主义意识形态。加强党对意识形态工作的全面领导,要提高思想认识,解决"不想抓"的问题。要压实政治责任,解决"不敢抓"的问题。要增强本领能力,解决"不会抓"的问题。

二、大力推进马克思主义中国化时代化大众化

东欧剧变,苏联解体,社会主义阵营瓦解,国际共产主义运动陷入低潮。有人抛出"历史终结论",宣称资本主义的最终胜利。因此,就有人对社会主义前途悲观绝望,还有人将社会主义实践的挫折和失误归罪于马克思主义,认为东欧剧变是社会主义的失败,是马克思主义的过时。这一事件虽然已经过去了三十年,但后续影响仍在发酵,对社会主义意识形态的影响仍在持续。

马克思主义是我们立党立国的根本指导思想,是社会主义意识形态的旗帜和灵魂。建设具有强大凝聚力和引领力的社会主义意识形态,使全体人民在理想信念、价值理念、道德观念上紧紧团结在一起,必须毫不动摇坚持马克思主义,与时俱进发展马克思主义。长期以来,我们党坚持把马克思主义基本原理同中国具体实际紧密结合起来,形成了一系列马克思主义中国化重大成果,为党和人民事业发展提供了行动指南,也有力巩固和发展了社会主义意识形态。中共十八大以来,以习近平同志为核心的党中央紧紧围绕新时代坚持和发展什么样的中国特色社会主义、怎样坚持和发展中国特色社会主义这个重大时代课题,以全新的视野深化对共产党执政规律、社会主义建设规律、人类社会发展规律的认识,进行艰辛理论探索,取得重大理论创新成果,创立了习近平新时代中国特色社会主义思想,开辟了马克思主义新境界,开辟了中国特色社会主义新境界,开辟了治国理政、管党治党新境界。

要使党和人民事业不停顿,首先在理论上不能停顿。在新的征程上,我们要进行

伟大斗争、建设伟大工程、推进伟大事业、实现伟大梦想,必须继续保持和发扬马克思主义政党与时俱进的理论品格,不断总结经验、认识规律,不断作出新概括、创造新成果。要以更加宽阔的眼界审视马克思主义在当代发展的现实基础和实践需要,以我们正在做的事情为中心,坚持问题导向,聆听时代声音,深入推动马克思主义同当代中国发展的具体实际相结合,不断赋予当代中国马克思主义更加鲜明的时代特色、实践特色、理论特色、民族特色,使21世纪中国的马克思主义展现出更强大、更有说服力的真理力量。

三、坚持用党的创新理论武装头脑、指导实践、推动工作

改革开放以来,国际国内形势复杂多变,各种社会思潮竞相登场,影响比较大的有新自由主义、民主社会主义、"普世价值"论、西方宪政主义、公民社会理论、历史虚无主义、极端"新左派"等思潮。这些社会思潮以极具迷惑性的学术创新面貌出现,精心设置学术陷阱,以隐蔽、巧妙的方式表达政治诉求,让人们陷入某种理论误区,对马克思主义产生怀疑、动摇甚至背弃。

加强理论武装是党的思想理论建设的首要任务,也是掌握意识形态工作领导权的关键所在。我们党历来高度重视理论武装,坚持理论创新每前进一步、理论武装就跟进一步,不断巩固全党全国人民团结奋斗的共同思想基础,推动形成步调一致向前进的强大力量。习近平新时代中国特色社会主义思想,是马克思主义中国化最新成果,是我们党必须长期坚持的指导思想。加强理论武装,最重要的任务、第一位的要求,就是推动习近平新时代中国特色社会主义思想深入人心。要坚持不懈用习近平新时代中国特色社会主义思想武装全党、教育人民、指导工作。

深刻领会习近平新时代中国特色社会主义思想的时代背景、科学体系、精神实质、丰富内涵、实践要求、历史地位,深刻领会这一思想贯穿的马克思主义立场观点和方法,深刻领会蕴含其中的坚定信仰信念、鲜明人民立场、强烈历史担当、求真务实作风、勇于创新精神和科学思想方法。要抓住领导干部这个"关键少数",发挥好党委(党组)理论学习中心组的作用,发挥好各级党校、行政学院、干部学院的作用,推动各级领导干部读原著、学原文、悟原理,做到学而信、学而用、学而行,以带动广大干部群众的学习贯彻。理论研究越深入,对科学理论的认识越深刻,掌握理论、运用理论才会越自觉。要深化马克思主义理论研究和建设,继续打造好马克思主义理论研究和建设工程,加大对马克思主义理论特别是习近平新时代中国特色社会主义思想研究的力度,不断推出有深度、有说服力的研究成果,帮助人们知其然更知其所以然,更加自觉地用党的创新理论武装头脑、指导实践、推动工作。

四、在构建中国特色哲学社会科学中把握好政治方向和研究导向

哲学社会科学发展水平,是一个民族思维能力、精神品格、文明素质的重要反映,是一个国家价值观念和思想文化影响力的重要体现。巩固壮大我国社会主义意识形态,离不开中国特色哲学社会科学的繁荣发展。中共十八大以来,以习近平同志为核心的党中央把哲学社会科学工作摆在重要位置,习近平主持召开哲学社会科学工作座谈会并发表重要讲话,党中央还专门印发《关于加快构建中国特色哲学社会科学的意见》,推动我国哲学社会科学进入了新的发展阶段。要紧紧围绕新时代坚持和发展中国特色社会主义,牢牢把握正确政治方向和研究导向,坚持立足中国、借鉴国外,挖掘历史、把握当代,关怀人类、面向未来,繁荣中国学术,发展中国理论,加快构建中国特色哲学社会科学。以马克思主义为指导是当代中国哲学社会科学区别于其他哲学社会科学的根本标志,要旗帜鲜明坚持马克思主义指导地位,解决好真懂真信真用的问题,确保我国哲学社会科学始终沿着正确方向繁荣发展。要坚持以研究我国改革发展稳定重大理论和实践问题为主攻方向,用中国理论解读中国实践,用中国实践构建中国理论,为党和国家事业发展提供有力的理论支持。创新是学术的生命力所在,要深入实施哲学社会科学创新工程,推进学科体系、学术体系、教材体系、话语体系建设,打造具有原创性、时代性、标识性的概念和理论,使我国哲学社会科学充分体现中国特色、中国风格、中国气派。要加强中国特色新型智库建设,深化拓展国家高端智库建设试点,着力打造一批国家亟须、特色鲜明、制度创新、引领发展的高端智库,更好服务党和政府决策,更好传播中国思想,促进国家治理体系和治理能力现代化,促进国家文化软实力提高。

五、高度重视现代化的传播手段建设与创新

传播力决定影响力。任何思想理论只有广泛传播才能产生更大影响、发挥更大作用,意识形态建设在一定意义上就是传播能力建设。随着网络新技术、新运用、新平台的迅猛发展,信息传播和获取越来越快捷,谁的传播手段先进、传播能力强大,谁的思想理念和价值观念就能广为流传,谁就能在掌握话语权上占据主动。

当前,新媒体对我国意识形态的控制力形成了一定挑战。与传统媒体不同,新媒体从最初的网站发展到现阶段的微博、微信、移动客户端,以其多元自由的传播主体、核裂变式的信息传播速度、多样融合的传播方式、"去中心化"的扁平型的传播关系,实现了信息传播的大变革。一方面,新媒体的出现为主流意识形态的传播提供了新的技术载体和传播渠道;另一方面,新媒体带来的信息传播生态的变化以及网络意识形态自身具有的非对称性和强渗透性特征,对主流意识形态的控制力、引导力形成了挑战。

近年来,我们积极应对传播形态、传播格局深刻变革带来的挑战,统筹推进国内国际传播能力建设,不断创新传播手段、开辟传播平台、拓展传播渠道,基本形成了多层次、立体化的现代传播体系。尤其是我们大力推动传统媒体和新兴媒体融合发展,把发挥传统媒体内容优势和新兴媒体传播优势紧密结合起来,努力实现优势互补,我国媒体传播能力得到了大幅提升,为巩固壮大主流思想舆论赢得了战略主动。要认真总结近年来创造的新鲜经验,坚持以推进传统媒体和新兴媒体深度融合为重点,深入推动传播手段建设和创新,努力实现我国整体传播力量的跨越式发展。媒体融合发展,关键是融为一体、合而为一。要坚持正确舆论导向,进一步创新工作理念和思路,深化媒体内部体制机制改革,拓宽传播平台载体,强化人才支撑和政策保障,推动传统媒体和新兴媒体尽快从相"加"迈向相"融",打造一批形态多样、手段先进、竞争力强的新型主流媒体和新型媒体集团,提高新闻舆论传播力、引导力、影响力、公信力。

六、切实加强网络建设与治理

互联网是意识形态工作的主阵地、最前沿。现在,意识形态领域许多新情况新问题往往因网而生、因网而增,许多错误思潮也都以网络为温床生成发酵。做好意识形态工作,必须把互联网建设管理运用作为重中之重,切实过好互联网这一关。要加强互联网内容建设,做大做强网上正面宣传,改进创新网上正面引导,广泛开展网络公益活动,最大限度地激发网络空间正能量,使积极健康的内容多起来、向上向善的氛围浓起来。要走好网上群众路线,善于通过网络了解民情民意,主动回应网民关切,解疑释惑、凝聚共识,更好地构筑网上网下同心圆。应当认识到,网络空间是亿万民众共同的精神家园。网络空间天朗气清、生态良好,符合人民利益;网络空间乌烟瘴气、生态恶化,不符合人民利益。要本着对社会负责、对人民负责的态度,坚持正能量是总要求、管得住是硬道理,依法依规加强网络空间治理。要建立网络综合治理体系,调动各方面力量,发挥各方面积极性,形成网络治理的强大合力,特别要把强化互联网企业主体责任和管理部门监管责任结合起来,分清责任边界,确保责任落地,走出一条齐抓共管、良性互动的新路。要坚持把党管媒体原则贯彻到新媒体领域,所有从事新闻信息服务、具有媒体属性和舆论动员的传播平台都要纳入管理范围,所有新闻信息服务和相关业务从业人员都要实行准入管理,统一导向、统一标准、统一尺度,推动形成清朗的网络空间。

七、严格落实意识形态工作责任制

党政军民学,东西南北中,党是领导一切的。习近平要求,各级党委对意识形态工作负总责,切实负起政治责任和领导责任。习近平先后主持召开全国宣传思想工作会议、文艺工作座谈会、全国党校工作会议、党的新闻舆论工作座谈会、网络安全和信息化工作座谈会、哲学社会科学工作座谈会和全国高校思想政治工作会议等,充分体现了党对意识形态工作的高度重视,我们必须牢牢掌握意识形态工作的领导权和话语权。

建立意识形态工作责任制,是加强党对意识形态工作领导的重大举措。必须坚持党管宣传、党管意识形态、党管媒体,切实抓好意识形态工作责任制落实,决不能让意识形态工作领导权旁落。意识形态工作本质上是政治工作,要旗帜鲜明讲政治,增强政治意识、大局意识、核心意识、看齐意识,坚持党中央权威和集中统一领导,自觉在思想上政治上行动上同以习近平同志为核心的党中央保持高度一致,不断提高政治觉悟和政治能力,不断增强政治敏锐性和政治鉴别力,善于从政治上观察和处理问题。要增强责任担当,旗帜鲜明地支持正确思想言论,旗帜鲜明地反对和抵制各种错误观点,敢抓敢管,敢于亮剑,当"战士"、不当"绅士"。阵地是意识形态工作的基本依托,要加强阵地建设和管理,认真落实主管主办和属地管理原则,做到守土有责、守土负责、守土尽责,使各类阵地始终成为传播先进思想文化的坚强阵地,决不给错误思想观点提供传播渠道。

意识形态工作抓得好不好,已经纳入巡视。在中央巡视组巡视报告等文件中,"意识形态工作责任制落实不够到位""落实意识形态工作责任制""要正确处理运用市场化手段发展全媒体产业与坚守党的意识形态主阵地的关系"等判断和要求,不时出现。对导致意识形态工作出现不良后果的,要严肃追究相关责任人责任。

意识形态问题往往比较复杂,政治性、政策性很强,无论是分析研判还是应对处理,都需要很高的政治素养和专业能力。要注意区分政治原则问题、思想认识问题、学术观点问题,坚持具体问题具体分析、是什么问题就解决什么问题,既不能把小事说大、把一般的学术观点和思想认识问题政治化,也不能把大事说小、把政治原则问题当作一般学术观点和思想认识问题来对待。无论处理什么问题,都要坚持从实际出发、从大局出发,都要着眼于化解消极因素、调动积极因素,都要有利于坚持和加强党的领导、有利于促进改革发展稳定。

以习近平同志为核心的党中央,牢牢掌握意识形态工作领导权和主导权,旗帜鲜明地巩固马克思主义在意识形态领域的指导地位,意识形态领域方向性、根本性、全局性问题进一步得到明确,全党全社会思想上的团结统一更加坚固。

第九章　全面从严治党要以组织建设为重点

习近平在中央政治局第二十一次集体学习时指出,组织是"形",思想是"魂",加强党的组织建设既要"造形"又要"铸魂",这是组织建设的核心和关键所在。世情、国情、党情的深刻变化反映了利益矛盾相互交织、叠加的复杂性以及解决问题的艰巨性。如何坚持和发展中国特色社会主义,加强意识形态安全建设,是中国共产党加强组织建设必须直面的时代课题。中共十八大以来,以习近平同志为核心的党中央对党的组织建设工作进行了全面部署。党的十九大报告中,再次强调全面从严治党体系必须落实新时代党的建设总要求,"以加强党的长期执政能力建设、先进性和纯洁性建设为主线"[①]。作为党的建设最坚实的力量支撑,加强党的组织建设既是长远之计又是固本之举,直接关系到新时代全面从严治党能否顺利推进。

第一节　坚持党中央权威和集中统一领导

中共二十大报告从创立习近平新时代中国特色社会主义思想、全面加强党的领导、对新时代党和国家事业发展作出科学完整的战略部署等十六个方面,全方位展现了新时代十年伟大变革。其中第二个方面,阐述了全面加强党的领导取得的历史性成就,明确"中国共产党是最高政治领导力量,坚持党中央集中统一领导是最高政治原则"。中共十八大以来,面对严峻复杂的国内外形势,我们党之所以能战胜一系列风险挑战,推动党和国家事业发展取得历史性成就、发生历史性变革,根本在于坚决维护习近平总书记党中央的核心、全党的核心地位,坚决维护党中央权威和集中统一领导。新时代坚持党中央权威和集中统一领导要求全党必须切实增强"四个意识"、做到"两个维护",严格遵循"四个服从",深入推进全面从严治党。

一、推动全党自觉在思想上、政治上、行动上同党中央保持高度一致

一个国家、一个政党,领导核心至关重要。我们党是一个拥有9900多万名党员、

---

① 习近平.决胜全面建成小康社会　夺取新时代中国特色社会主义伟大胜利:在中国共产党第十九次全国代表大会上的报告[M].北京:人民出版社,2017:62.

在十四亿多人口大国长期执政的马克思主义政党,全党必须自觉紧密团结在党中央周围,在思想上、政治上、行动上同党中央保持高度一致。决不允许党员干部不讲政治、自行其是。否则,党组织就会成为一盘散沙,党的创造力凝聚力战斗力就无从谈起。

(一) 切实增强"四个意识",保持思想的高度统一

"四个意识"是维护党中央权威、维护党的领导核心的重要思想基础,党的十九大报告明确指出:"必须增强政治意识、大局意识、核心意识、看齐意识,自觉维护党中央权威和集中统一领导,自觉在思想上政治上行动上同党中央保持高度一致。"[1] "四个意识"是一个相互联系的有机整体,体现了中国共产党管党治党的政治方向和政治原则,是中国共产党强烈的政治担当意识和政治权威意识的集中体现。牢固树立"四个意识",是确保全党统一意志、统一行动,确保我们党始终成为中国特色社会主义事业坚强领导力量的必然要求,是推进全面从严治党的关键。

必须牢固树立政治意识,自觉在政治立场、政治方向、政治原则、政治道路上同以习近平同志为核心的党中央保持高度一致。中共十八大以来,习近平总书记充分发扬党的理论创新传统,以非凡的理论勇气、高超的政治智慧、坚忍不拔的历史担当,把握时代大趋势,回答实践新要求,顺应人民新期待,围绕改革发展稳定、内政外交国防、治党治国治军提出了一系列新理念新思想新战略,创立了我们党新的指导思想,即习近平新时代中国特色社会主义思想,这是马克思主义中国化的最新成果,是中国特色社会主义理论体系的重要组成部分,是经过实践检验的科学理论体系,是指导我们全部工作的强大思想武器。当前我们要把学习贯彻习近平新时代中国特色社会主义思想作为首要政治任务,全面领会其精神实质和丰富内涵,切实用以武装头脑、指导实践、推动工作、规范行为。在新时代的征程上,坚持党要管党、全面从严治党,最重要的就是严格遵守党的政治纪律和政治规矩,始终坚持以党的方向为方向、以党的旗帜为旗帜、以党的意志为意志,以高度的政治自觉和行动自觉,牢固树立政治信仰、坚定站稳政治立场、正确把握政治方向、坚持贯彻政治原则、严格遵守政治纪律,坚决响应党中央号召、执行党中央决定、落实党中央部署。

必须牢固树立大局意识,大局意识是一名合格党员干部应当具备的基本条件。善于从整体、从大局上考虑问题、解决问题,注重在工作中着眼大局、把握大局、服从大局,是我们党夺取一个又一个胜利的根本保证,也是我们党在长期革命、建设和改革实践中形成的优良传统。在新时代的征程上,党员干部特别是领导干部都要识大势、观大局、谋全局,要正确把握党和国家事业大局,增强在党和国家事业大局下想问题、做决策、办事情的能力和水平。作为一名党员干部特别是领导干部,不管是对重大改革举措,还是对重大战略部署,都要从党和国家大局出发,从有利于党和国家事

---

[1] 习近平.决胜全面建成小康社会 夺取新时代中国特色社会主义伟大胜利:在中国共产党第十九次全国代表大会上的报告[M].北京:人民出版社,2017:20.

业发展,从更多惠及广大人民的角度,深刻把握改革举措和战略部署的重大现实意义和深远历史意义,坚持在党和国家大局下想问题、做决策、干事情。要正确处理好全局与局部、长远与当前的关系,正确把握好社会利益格局的深度调整,自觉做到个人利益服从集体利益、国家利益,局部利益服从全局利益、整体利益,短期利益服从中期利益、长远利益,小局服从大局、全局,在任何时候任何情况下都决不说干扰党和国家大局的话,决不干损害党和国家大局的事,决不为了局部而影响全局,甚至抵制大局。

必须牢固树立核心意识,领导核心问题,是关系党和国家事业长远发展、确保党的集中统一领导的一个重大政治问题。树立核心意识,最根本的就是坚决维护以习近平同志为核心的党中央权威和集中统一领导,这是坚持和加强党的全面领导的根本保证,是党和国家的根本利益所在。党员干部特别是领导干部必须进一步强化党的意识,时刻牢记自己第一身份是党员、第一职责是为党工作,始终坚持以党的旗帜为旗帜、以党的意志为意志、以党的使命为使命,不断夯实对党忠诚的坚定信念。从政治大局和战略全局的高度来全面认识和把握核心意识,自觉在工作和言行上彰显核心思想、理念和思路,做到不走偏、不动摇。党员干部特别是领导干部必须坚决做到"四个服从",坚决防止"七个有之",切实做到"五个必须",自觉把维护党中央权威和集中统一领导及习近平总书记的核心地位、领袖权威落实到行动中去,落实到推进改革发展稳定各项工作中去。

必须牢固树立看齐意识,习近平指出:"党面临的形势越复杂、肩负的任务越艰巨,就越要加强纪律建设,越要维护党的团结统一,确保全党统一意志、统一行动、步调一致前进。"[1]每名党员干部特别是领导干部都必须牢固树立和自觉践行看齐意识,努力把看齐落实在工作和行动上,向习近平新时代中国特色社会主义思想和党的路线方针政策看齐、向党中央决策部署看齐,做到经常看齐、主动看齐、真正看齐。一方面要紧紧围绕党中央决策部署来想问题、作决策、干事情,始终与党中央保持思想上的统一、政治上的团结、行动上的一致。另一方面要强化贯彻力、执行力,坚持以党中央决策部署为标杆,真正把党中央的决定作为工作方向,把党中央的决策作为工作重心,把党中央的部署作为工作任务,把党中央的满意作为工作标准,始终保持良好的精神状态、扎实的工作作风、强烈的责任担当,确保党中央政令畅通、落地生根。

(二)完善落实民主集中制

民主集中制是党的根本组织制度和领导制度,是马克思主义认识论和群众路线在党的生活和组织建设中的运用,为正确制定和执行党的政治路线提供了强有力的制度保障。在全面从严治党的实践中,不断完善和落实民主集中制,对于坚持党的集中统一领导,使全党坚定执行党的政治路线,严格遵守政治纪律和政治规矩,在政治立场、政治方向、政治原则、政治道路上同党中央保持高度一致,不断提高党的长期执

---

[1] 习近平在十八届中央纪委二次全会上重要讲话精神学习问答[M].北京:党建读物出版社,2013:171.

政能力和领导水平,推进党的建设新的伟大工程具有十分重大的理论与实践意义。

具体而言,完善和落实民主集中制贯穿在全面从严治党的实践全过程,即在党的政治建设、思想建设、组织建设、作风建设和纪律建设中,积极完善和落实民主集中制的各项具体制度,将制度建设贯穿其中,既充分发挥党内民主,又善于正确集中。坚决执行党的民主集中制的"六项"基本原则,落实民主集中制规定的党内政治生活要求,正确处理党内关系,强化党内监督,抓住全面从严治党的"关键少数",保持党同人民群众的血肉联系,严格执行集体领导和个人分工相结合制度,防止个人专断和各自为政,真正把民主集中制落实到全面从严治党的各个环节和全过程。同时,还需健全和落实民主集中制的各项具体制度,主要包括:党的代表大会制度、党的委员会制度、党内选举制度、党的集体领导制度、党内监督制度、党的组织生活制度、党员权利保障制度、党的协商制度。加强对民主集中制的各项具体制度落实情况的监督和巡视,保障民主集中制各项具体制度贯彻落实。

(三) 用习近平新时代中国特色社会主义思想武装全党

要凝聚全党、团结人民,保证我们党始终成为坚强有力的马克思主义执政党,始终成为中国特色社会主义的坚强领导力量,党中央、全党必须有一个领导核心。党的十九届六中全会强调,党确立习近平同志党中央的核心、全党的核心地位,确立习近平新时代中国特色社会主义思想的指导地位,对新时代党和国家事业发展、对推进中华民族伟大复兴历史进程具有决定性意义。"两个确立"是历史和时代的选择,是党和国家的历史幸运、时代幸运,是深刻总结党的百年奋斗、党的十八大以来的伟大实践得出的重大历史结论,是体现全党共同意志、反映人民共同心声的重大政治判断。党的十八大以来,党和国家事业取得历史性成就、发生历史性变革,根本在于有以习近平同志为核心的党中央领航掌舵,有习近平新时代中国特色社会主义思想指引航向。只有紧密地团结在以习近平同志为核心的党中央周围,坚定地维护以习近平同志为核心的党中央权威,自觉在思想上、政治上、行动上同以习近平同志为核心的党中央保持高度一致,才能有力维护党的团结和集中统一。

习近平新时代中国特色社会主义思想,是党的十八大以来以习近平同志为核心的党中央坚持以马克思列宁主义、毛泽东思想、邓小平理论、"三个代表"重要思想、科学发展观为指导,以全新的视野深化对共产党执政规律、社会主义建设规律、人类社会发展规律的认识,进行艰辛理论探索取得的马克思主义中国化最新成果。其思想内涵十分丰富,涵盖了经济、政治、法治、科技、文化、教育、民生、民族、宗教、社会、生态文明、国家安全、国防和军队、"一国两制"和祖国统一、统一战线、外交、党的建设等各方面。其中,最重要、最核心的就是党的十九大报告概括的"八个明确"。以全面从严治党实践促进民主集中制完善和落实,要求用习近平新时代中国特色社会主义思想武装全党,这也是加强党的思想建设基础工程的必然要求。习近平新时代中国特色社会主义思想武装全党,旨在坚定全党的理想信念,引导全党牢记党的宗旨,托起共产党人的精神脊梁,解决好世界观、人生观、价值观这个"总开关"问题,自觉做共产主义远大理想和中国特色社会主义共同理想的坚定信仰者和忠实实践者。同时开展"不忘初心、牢记使命"主题教育,用党的创新理论武装全党,补足精神之"钙",坚定中国特色社会主义的道路、理论、制度和文化自信,从而更加坚定地为实现新时代党的历史使命不懈奋斗。

二、强化政治监督确保党中央重大决策部署贯彻落实

政治监督,是全面从严治党的必然要求。中共十九大作出以党的政治建设为统领,全面推进党的各方面建设的重大战略部署,政治监督的重要性更加凸显。习近平在十九届中央纪委五次全会上强调,要以强有力的政治监督,确保党中央重大决策部署贯彻落实到位,他也曾多次围绕政治监督相关内容作出重要论述、提出明确要求。要确保党中央重大决策部署贯彻落实,必须高度重视党内政治监督作用的发挥,切实把握党内政治监督的时代要求,完善监督内容,丰富监督方法,提升监督效能。以强有力的政治监督,督促全党自觉做到"两个维护",保障党中央政令畅通、全党在新征程中步调一致前进。

(一)强化党内政治监督的主体责任

中共十八大以来,以习近平同志为核心的党中央不断明晰纪委职能,明确把各级纪委的职责概括为:监督、执纪、问责。明确纪委的职能定位是各级纪检机关履行党内政治监督职责的前提和基础,以监督为主业、主责,强化党内政治监督主体责任是首要。纪检监察机关在开展监督执纪问责工作中必须把党内政治监督摆在首位,坚定做到"两个维护"既是政治方向又是工作方法。纪委在履行职责时要在两方面发力,既要瞄准"两个维护"的政治方向,严格监督监察各级党组织和广大党员干部践行"两个维护"的情况,又要保证"两个维护"的实效。纪委要始终坚守协助党委推进全面从严治党的职责定位,发挥好参谋助手、组织协调、督促检查、分类指导四大作用,在反腐败斗争中更好地做好党内政治监督工作。纪检工作要在全面掌握整体状况基础上,紧盯党的领导弱化、党的建设缺失、全面从严治党不力等问题,精准施策、靶向治疗。同时帮助各级党组织完善政治生态图谱,强化动态监督,力求改善各部门单位党组织的政治生态。将监督触角延伸至与群众切身利益相关的领域,聚焦群众痛点难点,强化扫黑除恶专项斗争监督执纪问责,开展民生领域专项整治,继续深化扶贫领域腐败和作风问题专项治理。

(二)深化党内巡视制度改革

党内巡视制度是中国共产党为加强党内政治监督和推进管党治党工作而实行的一种自上而下的党内巡视督查监督形式。自中共十七大在党章中首次明确规定党的中央和省、自治区、直辖市委员会实行巡视制度以来,巡视制度正成为党内政治监督

的重要抓手。中共十八大以来,习近平从全面从严治党的战略高度出发,对巡视工作的地位、主体、职责、对象进行系统阐述,为做好巡视工作提供了根本遵循。巡视工作要坚定政治方向,以"四个意识"为政治标尺,以党章党规党纪为根本遵循,以维护党中央权威和集中统一领导为根本政治任务,重点查处政治偏差、纪律涣散、领导弱化等问题,明晰纪委党内政治监督的覆盖内容和范围。要重视做好巡视"后半篇文章",在整改落实上下功夫,要创新方式方法进一步抓好巡视工作和巡视整改工作,根据实际情况,确定巡视时长和方法,确定整改责任落实的监督方法,不断推进巡视工作实践创新。要推动过往巡视工作中凝练的许多富有创新性制度成果的提升,及时完善党内重要法规文件,使制度治党贯穿纪委党内政治监督的全过程。同时,进一步加强制度建设,不断规范和完善巡视体制机制,建立完善各种工作规则,明确工作程序和职责范围,使巡视工作做到有章可循、有规可依。

（三）努力形成党内政治监督合力

在长期实践中,我国的廉政体系形成了以政府为主要依托,综合立法、行政、司法、监察部门、民主党派和各类组织、公民、社会及新闻媒体等为构成主体的具有中国特色的反腐体系。党内监督新情况、新问题的出现,要求理顺纪委与其他廉政机构的关系,营造协同监督的环境,形成政治监督合力。一方面,完善和发展国家监察体系,增强监委与纪委协同监督的合力。监察委员会、人民检察院、审计机关和国家监察委员会等都是廉政建设和反腐败机构,属于国家机构,他们的监督范围涉及了所有行使公权力的公职人员。两种监督在职权、监督范围、措施等方面都有不同。本着加强党对反腐败工作的统一领导,相互补短板、共同促提高的原则,突出人员的科学配置,以此推动人员深度融合。另一方面,必须厘清纪委监督与人大监督的关系,实现人大监督与纪检监督的有机协调,提高监督的权威性与实效性。借助互联网的信息共享功能,在纪委监委与同级人大及其常委会之间建立信息共享平台,对共享平台中的线索及问题进行记录和整合,根据监督任务要求,对整合的信息进行筛查分析,对潜在的违纪违法案件作进一步跟进。最后,还要促进纪委监督与政协监督的良性互动,习近平指出:"人民政协要深入进行调研视察、协商议政,积极开展民主监督,讲真话、进诤言、出实招、谋良策。"[①]各级纪检机关要了解政协民主监督的地位、内容以及开展形式,对政协的意见、建议和批评及时作出反馈和采纳。政协也要熟悉纪检监督工作,切实将民主监督积极融入党内监督工作中,更好发挥民主监督的实际效果。

三、完善坚定维护党中央权威和集中统一领导的各项制度

维护党中央权威和集中统一领导不能演化为比较抽象化的原则设定,而是要通过扎紧制度之笼来贯彻落实。进入新时代,习近平从制度建设的高度出发,指出了完善坚定党中央权威和集中统一领导的具体路径,成了我们开启新时代中国之治华彩

---

① 全国政协举行新年茶话会,习近平发表重要讲话[N].中国纪检监察报,2015-01-01.

篇章的实践指南针。党的领导制度体系是一个系统、整体的领导体系,其中完善坚定维护党中央权威和集中统一领导的各项制度处于中轴位置,是把党的领导落实到国家治理各领域、各方面、各环节的根本保障。中共十九届四中全会对完善坚定维护党中央权威和集中统一领导的各项制度提出了一系列新要求,主要包括完善落实"两个维护"的制度、健全党中央对重大工作的领导体制、完善推动党中央重大决策落实机制、严格执行向党中央请示报告制度、健全维护党的集中统一的组织制度等。完善坚定维护党中央权威和集中统一领导的各项制度,才能更好地坚持和加强党的集中统一领导,更好地发挥党的领导这一最大优势。

（一）完善落实"两个维护"的制度

抓好党的组织建设,必须突出抓好党的组织制度建设,以制度保障"两个维护"落实落地。"两个维护"作为中国共产党的宝贵创新政治成果,不仅是新时代对民主集中制的创造性发展应用,还是坚持党这一中国最高的政治领导力量的领导的根本保障。这就需要在制度设计上把"两个维护"作为党的领导体制和工作机制创新的根本指导原则,体现于各项制度规定中,体现到对党的理论和路线方针政策真心实意的拥护与不折不扣的执行上。健全完善落实"两个维护"的制度,首先要对照党的组织法规和党中央的党建要求,紧扣各组织部门的职能和职责,从组织设置、组织生活、组织运行、组织管理、组织监督等方面进行细化配套,重点健全和完善对习近平重要指示精神和党中央决策部署跟进落实,着力构建有利于加强党的全面领导的制度体系。其次要强化担当抓执行,把制度执行作为落实"两个维护"的重要任务和直接检验,大力实施党员干部制度执行力和治理能力提升工程,突出抓好民主集中制、党内政治生活若干准则等重要组织制度的贯彻落实,确保"两个维护"要求贯穿党的各项工作,转化为各级党组织和广大党员干部的实际行动。同时,还要严明纪律督落实,建立健全落实"两个维护"的经常性督查指导机制,构建起上下贯通、横向联动的督导工作格局,坚持集中督导与日常督导相贯通、面上督导与点上督导相结合,对发现的问题及时加以解决,对重视不够、敷衍应付、落实不力的严肃问责追责,切实强化纪律的刚性约束,确保各项组织制度发挥实际作用和强大效能。

（二）健全党中央对重大工作的领导体制

"党中央对重大工作的领导体制越是健全,党中央权威和集中统一领导就越能得到有效维护。"①坚定维护党中央权威和集中统一领导,健全党中央对重大工作的领导体制是一个事关全局的环节。党中央历来高度重视加强对涉及全局重大工作的集中统一领导,在革命、建设、改革的不同历史时期,为军事斗争、经济建设、改革开放等重大工作都曾专门设立过决策议事协调机构,发挥了重要作用,成为党加强集中统一领导、推动重大工作落实的成功经验。中共十八大以来,习近平对加强和改进党对全面建成小康社会、全面深化改革、全面依法治国、全面从严治党的领导,健全完善党对经

---

① 党的十九届四中全会《决定》学习辅导百问[M].北京:党建读物出版社,2019:25.

济、"三农"、政法、金融、教育、科技、民族宗教、新闻舆论、群团、军民融合等工作的领导体制机制有一系列精辟的论述。学习领会好这些重要思想,对我们正确理解党中央的改革意图,提高贯彻落实的自觉性、坚定性至关重要。

要遵循总揽全局、协调各方的基本原则,从优化党中央决策议事协调机构职能作用入手,做好重大工作的顶层设计。其他方面的议事协调机构,和中央的决策议事协调机构设置的调整要更好地衔接起来,以此形成统一高效的领导体制,保证党中央令行禁止和工作高效。当前,一些原在政府体系下的部门被划分到党的组织体系中,产生了一些问题。为此,就要进一步深化党和国家机构改革,做好归并党中央决策议事协调机构、统一各委员会名称、健全不同部门协调配合机制的工作,保证各政府机关在党的统一集中领导下,发挥经济建设、社会管理等工作职能,不断提高办事能力和效率。要努力从机构职能设置上解决党对一切工作领导的体制机制问题,解决党长期执政条件下党政军群的机构职能关系问题,为有效发挥中国共产党领导这一中国特色社会主义制度的最大优势提供完善有力的体制机制保障、坚实的组织基础和有效的工作体系。要对照党中央对重大工作领导体制机制改革的部署及工作要求,对本地区本部门原设置的议事协调机构及职能进行必要调整,理顺主从关系,提高各级党委把握全局和重大工作的能力,确保党的领导得到落实,保证党中央令行禁止。

(三) 完善推动党中央重大决策落实机制

完善推动党中央重大决策落实机制,是提高党中央重大决策制度执行力的重要保障。坚持党中央权威和集中统一领导,必须狠抓制度执行,完善重大决策落实的机制保障。一方面,在坚持党中央集中统一领导下,由党中央决策议事协调机构各专项小组切实履行好统筹规划、督促落实、协调沟通等职责。各地区各部门要坚决贯彻落实党的基本理论、路线,对党中央所作出的重大决策要积极上升到法律制度的层面,并转化为领导体制方法的创新。要发挥好中央和地方的两个积极性,中央和地方机构要做到基本对应。"我们强调中央和地方在机构设置上要做到基本对应,总的考虑是确保党中央集中统一领导和国家制度统一、政令统一,这是理顺中央和地方职责关系、更好发挥两个积极性的基础性制度保障。"[①]只有正确处理中央政策畅通和立足实际创造性开展工作的关系、处理好政策落实的"最后一公里"问题,才能使党的重大决策得到真正的贯彻落实。同时,要注重改革的系统性、整体性、协调性,区分不同情况,及时发现并解决推进中遇到的问题。

另一方面,要从党的政治建设的高度,提高党员领导干部特别是各级党委领导班子成员贯彻落实党中央重大决策部署的政治站位,并转化为其遵守党的政治纪律的自觉行动。坚持党中央集中统一领导不能靠空喊口号和徒有形式的政治表态,贯彻党中央重大决策部署,是强化党中央集中统一领导的具体体现,是党的政治纪律的重要内容。建立健全党的政治责任机制,是确保全党统一意志、统一行动、步调一致向

---

① 习近平.论坚持党对一切工作的领导[M].北京:中央文献出版社,2019:303.

前进的根本举措,也是完善推动党中央重大决策落实机制的政治保障。健全完善重大决策落实情况通报制度,落实重要事项公示制度和重点工作通报制度,确保党中央重大决策能够真正落实到地方工作中。

(四) 严格执行向党中央请示报告制度

请示报告制度是执行民主集中制的工作机制,也是维护党中央权威和集中统一领导的重要制度。严格执行向党中央请示报告制度,保证全党全国服从党中央、政令畅通,是党的政治纪律、组织纪律和工作纪律。中共十九届四中全会把严格执行向党中央请示报告制度作为健全党中央对重大工作的领导体制的第三项制度安排和重要任务,这就要求要把严格执行向党中央请示报告制度同强化党中央决策议事协调机构职能作用、完善推动党中央重大决策落实机制两项任务的制度逻辑结合起来,准确地理解把握和贯彻执行。立治有体,施治有序。请示报告工作要严格按照党章党规规定的程序和方式进行。

党组织和党员领导干部围绕强化党中央决策议事协调机构职能作用、完善推动党中央重大决策落实机制方面的重大事项,必须按照规定向党中央请示报告。主要包括以下几种制度:定期报告制度,即每年向党中央报告一次;及时报告制度,即研究涉及全局的重大事项或作出重大决定要及时向党中央报告工作;专题报告,即执行党中央重大决定的情况要专题报告;遇有突发性重大问题和工作中重大问题要及时向党中央请示报告,情况紧急必须临机处置的,要尽职尽力做好工作,并迅速报告。要以权责明晰、授权有限、规范有序为原则,按照党内法规的要求做好请示报告工作,把请示报告和履职尽责统一起来。报告工作的内容要真实,决不能只报告成绩不报告问题,并要通过提高提炼问题和分析问题的能力,给出建设性的建议,坚决避免形式主义。不仅要主动将重大问题报请党中央研究,而且要及时报告落实党中央决策部署的重大进展,在工作中不断提高请示报告的工作质量,为党中央制定维护人民切身利益的政策提供有效的支持。

第二节 夯实严密的组织运行体系

习近平深刻指出,党的全面领导、党的全部工作要靠党的坚强组织体系去实现。加强党的组织建设,根本目的是坚持和加强党的全面领导,为推进中国特色社会主义事业提供坚强保证。党的力量来自组织,党的全面领导直接表现为组织形态上的领导,离开了党的组织,党的一切领导就无所依托、无所指使。中国共产党建立了包括党的中央组织、地方组织、基层组织在内的严密组织体系,其中地方党委3200多个,党组、工委14.7万个,基层党组织500多万个,这是世界上任何其他政党都不具有的强大优势。只有党的中央组织、地方组织、基层组织都坚强有力、充分发挥作用,党的组织体系的优势和威力才能充分体现出来。要统筹推进各层级各领域党组织建设，把党的各级组织都健全、都建强，形成上下贯通、执行有力的严密体系，使党的各级组织都肩负起"两个维护"的重大政治责任。

一、着力加强新时代党的组织体系建设

加强新时代党的组织体系建设，不仅有利于贯彻新时代党的建设的总要求，推进新时代党的建设伟大工程，而且有利于提高党的组织力，永葆党的先进性和纯洁性。党的组织体系建设是贯彻新时代党的组织路线的重点内容，也是新时代党的组织建设的重要环节和重要步骤。建设一个科学、严密、高效的组织体系，将会不断优化组织内部结构，强化组织程序运转，促进组织管理提高，保证组织目标落实，从而有效地发挥党的政治领导、思想引领、群众组织、社会号召的政治功能。在这个过程中广大党员干部等组织成员不断地得到教育、锻炼和培养，党的肌体的每一个细胞会更加充满活力，从而确保党始终保持自身的先进性、纯洁性。

（一）增强组织体系设置的科学性

中共十九大报告指出，要统筹考虑各类机构设置，科学配置党政部门及内设机构权力、明确职责。组织机构是党的组织体系的物质载体，组织体系的功效发挥依赖具体的组织机构和党员干部。因此，推进组织体系设置首先要完善组织设置，增强组织体系设置的科学性，统筹机构设置是深化机构和行政体制改革的首要举措。改革开放以来，我国行政体制改革实践主要发生在行政系统，侧重对行政机构进行改革，而忽视了其他类型机构改革对行政体制改革的制约和影响。统筹各类机构设置，突破了原有的仅仅局限于行政机构改革的传统路径，将行政改革放到我国国家治理体系和治理能力现代化的总体格局中思考和谋划，有利于提高行政体制改革的有效性和整体性。一方面，要统筹现有组织机构设置，实现机构设置与职能配置的统一，进一步深化党的组织机构改革，贯彻落实关于深化党和国家机构改革的决定，有效整合组织资源，努力塑造科学合理的组织结构。另一方面，要贯彻落实关于深化党和国家机构改革的决定，有效整合组织资源。要扩大党组织的覆盖面，特别要注重非公企业和社会组织的党组织建设。探索更加灵活的组织机构设置方式，将行之有效的组织设置方式及时地制度化并加以推广，有效地扩大党的组织体系的覆盖面，从而完善党的组织体系设置的总体布局。

（二）提升组织体系运行的高效性

优化组织体系设置为组织体系运行奠定了良好的基础，但组织体系的运行需要具备高效性，这是新时代党的组织体系建设的客观要求，促进组织体系高效运行仍需要多方发力。一是要优化组织程序设计，精减组织流程，强化不同层级组织间的领导关系，确保政令统一和沟通顺畅。要有统有分、有主有次，既统筹设置党和国家机构，

又注重发挥职能部门作用,既强调中央部门集中精力抓大事、谋全局,又充分调动地方积极性,因地制宜做好工作。二是要加强组织内部协调,既要在制度和程序上强化权责统一,又要防止推诿扯皮、多头领导,解决和处理好组织内部冲突和矛盾,实现多部门多机构的协调统一,坚持一类事项原则上由一个部门统筹、一件事情原则上由一个部门负责,加强相关机构配合联动,避免政出多门、责任不明、推诿扯皮问题。三是在确保中央组织统一领导的前提下,充分发挥地方和基层组织的积极性,不断夯实党的执政基础;四是要及时解决组织体系运行中的突出问题,既要加强调查研究工作,又要及时果断地处理,防止破窗效应的发生,不断优化组织运行的动态反馈机制,确保组织体系高效运转的实现。保障履职到位、流程通畅,强化事中事后监管,提高服务群众能力,使党和国家机构设置更加科学、职能更加优化、权责更加协同、监督监管更加有力、运行更加高效。

（三）促进组织体系管理的合理性

稳定的组织体系总是按照客观的形式进行运转的,若要实现组织体系运转的严密、高效,就必须做到组织体系管理的合理化。加强组织体系的制度性建设,完善以党章为核心的党内法规体系,严格执行党内监督、党务公开、党员权利保障等条例,规范组织体系运行。按照新时代党的建设总要求,建立一套健全合理、符合实际的工作制度以促进党建工作实现科学管理。如工作制度体系应涵盖各管理层级的决策会议议事规则、党建工作考核、党员教育管理、党风廉政建设、意识形态工作责任制等方面。科学的制度建立后,必须加强督促指导,按制度办事,按制度管人,将制度落实到实处,提高党建工作的规范性。同时,工作制度也应根据内外部条件的变化不断更新,以不断适应党建工作创新的新局面。加强党内思想建设,贯彻落实党的指导思想对组织体系建设的根本要求,在组织体系建设中深化党的全面领导,推进党的政治建设,做到"两个维护",保证组织体系内部的思想统一。要发挥党内政治文化的凝聚作用,抵制不良政治文化或党内潜规则对党的组织体系建设的负面作用,挖掘中华优秀传统文化、革命文化、社会主义先进文化的优秀底蕴。

二、统筹推进组织体系建设的任务落实

习近平在2020年全国组织工作会议上强调,必须更加注重党的组织体系建设,不断增强党的政治领导力、思想引领力、群众组织力、社会号召力,把党员组织起来、把人才凝聚起来、把群众动员起来,为实现中共二十大提出的宏伟目标团结奋斗。加强党的组织体系建设,一要纵向到底,二要横向到边,有效实现党的组织和党的工作全覆盖,注重精确制导、精准发力,在补短板、强弱项上持续用力,重点提高组织体系建设的质量,使组织体系更好地适应坚持和加强党的领导、推动党和国家事业发展的需要。

（一）推进组织建设贯通各个层级

党的各级组织虽然功能地位和作用机理各有侧重,但都承载着贯彻落实党中央决策部署的重要使命。习近平强调中央和国家机关是"最初一公里"、地方党委是"中间段"、基层党组织是"最后一公里",要有效推动党中央决策部署落实,就必须保证党组织的上下贯通,确保从组织上坚定维护党中央权威和集中统一领导。

中央和国家机关是党组织体系建设的模范机关,其建设标准应当是讲政治、守纪律、负责任、有效率,认真贯彻执行党组工作条例和党的工作机关条例,推动中央和国家机关建设走在前、作表率。习近平强调:"中央和国家机关离党中央最近,服务党中央最直接,对机关党建乃至其他领域党建具有重要风向标作用。深化全面从严治党、进行自我革命,必须从中央和国家机关严起、从机关党建抓起。"[①]中央和国家机关必须牢固树立政治机关的意识,成为践行"两个维护"的第一方阵。中央和国家机关广大党员、干部特别是党员领导干部、"一把手"做工作要首先自觉同党的基本理论、基本路线、基本方略对标对表,同党中央决策部署对标对表,提高政治站位,把准政治方向,坚定政治立场,明确政治态度,严守政治纪律,经常校正偏差,做到党中央提倡的坚决响应、党中央决定的坚决照办、党中央禁止的坚决杜绝。地方党委要建设成为坚决听从党中央指挥、管理严格、监督有力、班子团结、风气纯正的坚强组织,认真贯彻执行地方党委工作条例,推动地方党委充分发挥把方向、管大局、作决策、抓落实的重要作用。基层党组织应当建设成为实现党的领导的坚强战斗堡垒,坚持大抓基层的鲜明导向,突出增强政治功能和组织力,充分激活党的肌体的"神经末梢",让组织体系的经脉气血畅通起来。只有持之以恒抓基层、打基础,发挥基层党组织战斗堡垒作用和党员先锋模范作用,机关党建工作才能落地生根。

（二）优化组织设置,扩大组织建设覆盖面

扩大党的组织覆盖面和工作覆盖面是推进党的组织体系建设的重要途径,加强党对一切工作的领导,最终还是要靠各领域、各方面的党组织去实现,必须推动党的组织有效嵌入各类社会组织,使党的工作有效覆盖各类群体,为落实党的全面领导奠定坚实基础。

这就要求各级党组织从以下五个方面优化党的组织设置工作:其一,进一步规范党组织换届,确保按时换届,严格换届程序、规范操作,提高换届工作的科学性,从而增强组织活力。其二,加大基层党组织组建力度,认真落实农村基层党组织工作条例,坚持党的农村基层组织领导地位不动摇,在城市基层,要发挥街道社区党组织领导作用,提高领导和推动城市治理现代化水平。其三,创新党组织设置方式,把网格作为条块协同发力的前沿阵地和基本单元,积极探索把支部建在网格上,按照行业系统、产业链甚至兴趣爱好设立党支部,对党员实施精细化教育管理。在非公企业和社会组织,要全面增强党对各类各级组织的领导,扩大党在新兴领域的号召力和凝聚

---

① 习近平.在中央和国家机关党的建设工作会议上的讲话[J].求是,2019(21).

力。其四,注重组织覆盖与影响力覆盖相结合,发挥党组织服务发展、凝聚群众的作用,实现党的组织建设与各类社会组织发展协同推进,确保党的组织和党的工作及时有效覆盖到社会的各个领域。其五,不断调整优化党组织设置形式,加大基层党组织组建力度,优化调整基层党组织设置,理顺党组织隶属关系,着力完善组织功能。通过构建组织严密、分工明确、"横向到边、纵向到底"的网络化的组织体系,夯实党牢固的组织基础,从而形成覆盖广泛、科学严密、运行有效、富有活力的基层组织体系,使党组织活动更好地融入中心工作、融入党员需求、融入群众关切。

（三）完善组织体系,保证党的领导上下通畅

要使党的各种决策部署都能够顺利地落实到基层,切实解决局部存在的"中梗阻"问题,都要依靠党的组织体系上下畅通。基层党组织要不断加强党的政治建设,强化检查监督,发挥巡视巡察的作用,定期开展领导干部和领导班子政治建设"回头看",由组织部门组织年度考核、干部考察,开展政治对标党性体检。政治巡视的成功经验应当大力推广,旨在检查党委班子落实政治纪律、政治规矩的情况,如存在严重问题要严肃追究相关责任人责任。还要充分发挥专项巡视的作用,加强政治督查,着力提升党建执行力,深入查找工作推动缓慢的深层原因,发挥巡视巡察利剑作用,切实保证上级党委决策部署贯彻到位、落实到位。另一方面,基层党组织要理顺组织关系、协调工作机制、落实主体责任。理顺行政隶属关系和党组织隶属关系,分类构建统一归口、责任明晰、有机衔接的各领域党建工作体制。推动党委各个职能部门之间的交流与合作,形成抓党建的合力,探索同级组织横向聚焦中心机制。强化各级党组抓党建的主体责任,充分发挥党组把方向、管大局、保落实的领导作用,加强其对单位党建和业务工作的领导,确保党中央和上级党组织决策部署的贯彻落实。

三、健全完善党的组织制度体系

习近平在中央政治局第二十一次集体学习时强调:"建立健全包括组织设置、组织生活、组织运行、组织管理、组织监督等在内的完整组织制度体系。"我们党之所以能成为一个牢不可破的信仰共同体和坚不可摧的战斗集体,严密的组织制度是重要支撑。我们党历来高度重视党的组织制度建设,中共十八大以来,在以习近平同志为核心的党中央坚强领导下,党内法规制度建设进入快车道,党的组织制度建设取得重大进展,积累了重要经验。党中央先后制定和修订了党内政治生活若干准则、党组工作条例、地方党委工作条例、党的工作机关条例、支部工作条例以及农村、国企、机关、高校基层党组织工作条例等一系列组织建设方面的党内法规,搭建起组织法规的"四梁八柱",一个全面规范党的各级组织的组织制度体系正在形成。党的组织制度建设在党和国家事业中发挥着重要作用,既保障了党的全面领导,又增强了党的创造力、凝聚力、战斗力。中共十九届六中全会指出,只有党的各级组织都健全、都过硬,形成上下贯通、执行有力的严密组织体系,党的领导才能"如身使臂,如臂使指"。新时代,

我们要把党建设得更加坚强有力,必须贯彻落实新时代党的组织路线,不断提高党的组织制度建设水平。

(一)坚定组织制度建设的正确方向

组织制度是党的基础主干制度,具有很强的政治性、政策性,把握正确方向是第一位要求。组织是"形",思想是"魂"。抓好党的组织制度建设,必须深入学习领会习近平新时代中国特色社会主义思想,准确把握习近平关于党的组织制度建设的重要论述,具体落实到组织制度制定实施的实践之中,推动思想建党和制度治党同向发力。

民主集中制作为党的根本组织制度,必须贯穿党的组织建设的各方面和全过程。2017年出台的《中共中央政治局关于加强和维护党中央集中统一领导的若干规定》,进一步加强和维护了党中央集中统一领导。面向未来,抓好党的组织制度建设,必须坚持、完善、落实民主集中制。进一步强化维护党中央集中统一领导的制度,把做到"两个维护"落实落细,维护党中央一锤定音、定于一尊的权威。健全和认真落实民主集中制的各项具体制度,促使全党同志按照民主集中制办事,促使各级领导干部特别是主要领导干部带头执行民主集中制。其次,基本组织制度是党的组织制度体系的中坚和骨架。党组织设置、党内组织生活、党组织运行、党组织管理、党代会代表任期制等都属于基本组织制度。面向未来,要以"永远在路上"的精气神对党的基本组织制度建设常抓不懈。既要补齐现有缺项和空白,做到党的组织覆盖到哪里、制度建设就跟进到哪里,又要对一些制订时间较久的法规制度及时予以修订。中共十九届四中全会把健全维护党的集中统一的组织制度作为坚持和完善党的领导制度体系的重要内容,纳入国家制度和国家治理体系之中,明确了党的组织制度的重要作用和根本定位。必须使组织制度在组织体系建设的各个层级扎根,畅通中央和国家机关"最初一公里",打通地方党委"中间段",连通基层党组织"最后一公里",形成上下贯通、执行有力的严密体系,推动全党上下共同维护党中央定于一尊、一锤定音的权威。

(二)着力健全组织设置制度

优化党的组织设置方式,能够有效地把党员、干部和各方面人才组织起来,更好地适应组织发展、服务群众、基层治理的需要。按照有利于加强党的领导、加强党的建设的基本要求,根据形势和任务的变化相应调整党的组织机构,探索创新党的基层组织设置形式,让组织的力量延伸到社会各个领域,有效实现党的组织和党的工作全覆盖。要充分考虑各层级组织架构、职能职责的差异性和各领域党组织功能定位、组织设置、队伍状况的具体实际,做到具体问题具体分析,防止简单化、一刀切,防止脱离实际、层层加码。既要注重围绕长期困扰组织建设的重点难点问题,找症结、出实招、求新解;又注重针对组织制度本身存在的问题和漏洞,补短板、强弱项、扫盲点,确保制度立得住且得到有效落实。

（三）严格党的组织生活制度

党的组织生活是党内政治生活的重要内容和载体，是党组织对党员进行教育管理监督的重要形式，这就科学揭示了党的组织生活在强化党员组织观念过程中的地位作用。没有严格的党的组织生活，党员的教育管理监督，党的路线方针政策和上级党组织决议的贯彻落实，党的工作任务的传达推进，党员先锋模范作用和党组织战斗堡垒作用的发挥，都将失去依托和载体。严格党内政治生活，最基础的就是组织引导每一名党员过好组织生活，有效载体就是严格党的组织生活制度。要从坚持"三会一课"、民主生活会、组织生活会、民主评议党员等具体组织生活制度做起，以严格的党的组织生活，促进党内政治生活的全面加强和规范。严格党的组织生活制度，既要维护制度的权威性和刚性，又要增强制度的科学性和严密性。要坚持务实管用、高质高效的原则，围绕强化组织生活的规范性、计划性、系统性、实效性，进一步严格标准、完善规定、优化程序，努力形成健全的组织生活制度体系，使党组织和广大党员有规可依、便于执行。要强化党组织依规治党特别是用组织生活制度管理组织生活的意识，以认真的态度和钉钉子的精神抓好组织生活制度执行，不断提高党的组织生活质量和水平。不断创新组织生活的内容和形式，推动党的组织生活作为制度化的规定，真正严起来、实起来、规范起来。

（四）提高组织制度建设的质量水平

首先，制度的生命力在于执行，提高制度建设的质量是关键。突出组织制度建设在党的建设中的重要位置，坚持目标导向、问题导向、结果导向相统一，更加注重制度的系统集成和协同高效，推动党的组织制度更加成熟、更加定型。坚持目标导向，根本的就是坚持和加强党的全面领导，为推进中国特色社会主义事业提供坚强保证；坚持问题导向，就是要聚焦解决新时代党的组织建设面临的新情况、新问题；坚持结果导向，最重要的就是把党组织建设得更加坚强有力，推动党的制度优势转化为发展和治理效能。其次，要提高制度落实的质量，完善党组织落实全面从严治党主体责任的制度，把落实党的组织制度情况作为党建工作述职的重要方面、考核评价干部的重要内容、衡量党的建设的重要标尺，鲜明正确用人导向，严肃查处违反和破坏制度的行为，坚决杜绝做选择、搞变通、打折扣的现象，真正让铁规发力、让禁令生威，为增强党的创造力、凝聚力、战斗力提供重要制度保障。

四、不断增强组织体系的整体功能

党的力量来自组织，只有不断增强党的组织优势、组织功能、组织力量，才能使我们党的力量倍增，为进行伟大斗争、建设伟大工程、推进伟大事业、实现伟大梦想提供坚强保证。习近平在2019年全国组织工作会议上指出，要以提升组织力为重点，突出政治功能，健全基层组织，优化组织设置，理顺隶属关系，创新活动方式，扩大基层党的组织覆盖和工作覆盖。党组织要适应国家治理现代化的要求,从系统、整体的视角对基层党建工作进行通盘考虑、统筹谋划,进一步突破限制,实现组织力的大提升。要把党的全面领导贯彻到基层,党组织就需要提升自身的组织力,以系统思维完善制度,推动组织体系整体功能的发挥。

(一)强化党组织的政治属性

政治属性是党组织的根本属性,政治功能是其基本功能,可以说党组织的组织力强不强,关键还是要看政治功能的发挥。要把每个基层党组织都建设成为坚强战斗堡垒,就必须充分发挥基层党组织的政治核心作用,强化政治属性,提升组织力。要以党章为根本遵循,把党的政治建设摆在首位,坚持政治功能与服务功能相统一、思想建党和制度治党同向发力、分类实施和整体推进相结合,统筹推进党的各项建设。不断增强党组织的整体功能,把党组织建设成为团结带领党员群众完成党的中心任务和历史使命的坚强战斗堡垒。

中共十八大以来,以习近平同志为核心的党中央正本清源,对待许多问题都从讲政治的高度去观察、去把握,重申党的第一属性是政治属性、第一功能是政治功能,形成鲜明的政治导向。贯彻落实新时代党的组织路线,各级各类党组织都要不断强化党的政治属性和政治功能。基层党组织必须确保党中央决策部署贯彻落实,有令即行、有禁即止,认真贯彻落实党中央和上级党组织的决策部署。在工作中必须坚持明确的问题导向,地方党委要全面负责本地区党的建设,坚决纠正党的领导弱化、党的建设缺失、全面从严治党不力的问题。基层党组织要下大力气解决软弱涣散问题,党支部要发挥好战斗堡垒作用,确保党中央和上级党组织决策部署在本部门本单位贯彻落实。党的各级纪委要进一步强化党内监督专责机关的职能定位,党的工作机关要发挥好党委参谋助手作用,党员要强化党的意识和组织观念。充分发挥党组织的政治功能,以政治功能带动服务功能,提升党组织的整体功能。

(二)突出党组织的政治引领功能

党组织的政治引领能力是其政治功能的集中体现,通过政治引领焕发出组织的强大战斗力、凝聚力和号召力。中共十八大以来,基层党组织着力发展服务功能,服务群众的能力得到了显著提高,服务功能整体发挥较好,今后,应当在强化政治功能上下功夫,提高基层党组织作为政治组织的本能属性。基层党组织是我们党全部工作和战斗力的基础。建设基层服务型党组织,是功能上的一个要求,但总的是战斗堡垒,不能变成纯服务的组织,它的政治功能要充分发挥。因此,要教育引导基层党组织找准功能定位,坚持政治属性与服务群众两条腿走路。

在基层治理中,基层党组织要发挥凝聚各类组织的核心作用,经常性组织学习马克思主义基本立场、方法、观点,通过学习网络课程、创新学习方法、丰富学习内容、统筹学习形式,引导党员坚定"四个自信",让党员干部不断汲取开展工作的"源头活水",能够让广大党员干部站在新的起点上,以全新的姿态开启新征程、实现新作为。

农村、社区基层党组织要充分发挥领导核心作用,在任何情况下,领导地位都不能动摇、战斗堡垒作用都不能削弱;国有企业党组织要发挥把方向、管大局、保落实,推动企业做强做优做大;非公企业党组织要充分发挥政治核心和政治引领作用,社会组织党组织要充分发挥政治核心作用,确保党的政治领导、思想领导和组织领导落实到位。在抓经济指标增长、做好服务群众的同时,要将政治引领放在首位,切实强化政治功能,突出政治影响,注重政治引领,擦亮政治底色,从根本上增强基层党组织的凝聚力和号召力,才能锻造出坚不可摧的战斗堡垒。

(三)压实政治责任,完善责任制度

推进全面从严治党,提升党组织的整体功能,根本在于各级党组织和领导干部切实扛起管党治党的政治责任,只有党组织和党员领导干部担当负责,全面从严治党才能够实现。习近平强调:"不明确责任,不落实责任,不追究责任,从严治党是做不到的。"[①]党组织的主体责任从横向上来看,包括了党委领导班子的集体责任、党委主要负责人的第一责任和领导班子成员的领导责任;从纵向上来看,就是下级党委向上级党委负责,一级抓一级。贯彻中共二十大提出的新时代党的建设总要求,一以贯之推进党的建设新的伟大工程,必须把党的全面领导落实到每个基层组织,把党的建设各项任务落实到每个支部,把全面从严治党要求转化为每名党员的自觉行动。压实责任,必须用好问责这个利器,各级党组织必须紧盯主体责任落实不力问题,强化责任追究,通过常态化的问责,唤醒各级党组织和党员领导干部的责任意识、激发担当精神。各级纪检监察机关立足监督的第一职责,在对主体责任落实情况的监督检查上全面发力,发现问题、查找漏洞,促进主体责任全面落实。除此之外,还要通过健全完善各项制度机制,将管党治党责任的压力层层传导。紧紧围绕主体责任的全面落实,建立健全组织领导、责任分解、压力传导、谈话提醒、督导检查、考核评价等机制,为全面落实主体责任提供有力保障,促进主体责任制由虚到实、由宽到严、由软到硬的根本转变。

(四)创新方式推动组织体系建设

互联网的发展为基层党组织建设奠定了良好的基础。当前,全国大部分地区都在实施"互联网+"战略,党组织通过微信公众号、微博、手机客户端等各种平台,为党员和群众提供更便捷、更高效的服务。这些平台事实上已经成为基层党组织为民服务的重要载体。党员和群众通过公众号、论坛、网上评论和留言等途径反映问题、表达意见,并对满意度进行评价。同时,党建和政府部门工作者及时对这些信息所形成的数据进行统计、分析,将其反馈结果与有关组织和部门的决策和工作相结合,接着再不断地对决策和工作中不合理的地方进行调整,形成了一种良性互动机制。这种利用互联网技术和互联网思维创新工作的思路在现实生活中已经取得了许多成效。组织体系的建设要运用信息化技术进行手段创新,探索党建组织工作与信息化技术

---

① 习近平在党的群众路线教育实践活动总结会上的讲话[N].人民日报,2014-10-09.

的契合点,灵活运用大数据、物联网、云计算等新技术推进"智慧党建",加大信息化统筹力度,打破地域和部门间的信息壁垒,推动组织体系内部的信息联通、功能集成、工作开放。

第三节　强化全体党员的组织观念和组织纪律

一个组织,其内部成员组织观念越强,整个组织的纪律性肯定越强。党员的组织观念、党员意识不是自然形成的,而是在特定教育和实践环境中培养起来的。中共十八大以来,以习近平同志为核心的党中央大力推进全面从严治党,强调党的纪律建设,制定修订了《中国共产党廉洁自律准则》《中国共产党纪律处分条例》等一系列重要党内法规,并且强调党的基层组织基本活动,各领域基层党组织的基本活动得到进一步加强,从而强化了广大党员的组织观念和党员意识,为加强党的组织纪律建设打下了牢固的基础。习近平强调:"每个党员特别是领导干部都要强化党的意识和组织观念,自觉做到思想上认同组织、政治上依靠组织、工作上服从组织、感情上信赖组织。"①这一重大要求,深刻阐明了个人与组织的内在关系,鲜明划出了党员干部做人做事的行为底线。广大党员干部要做到不忘初心、牢记使命,必须把个人初衷融入党的初心,把个人价值融入党的使命,把个人成长融入党的事业,确保与组织步调一致,在实践中砥砺初心、勇担使命。

一、切实增强党员干部的组织观念

我们党是用革命理想和铁的纪律组织起来的马克思主义政党。强化组织观念、严守组织纪律,既是回望走过的路得出的宝贵经验启示,也是必须践行的重大要求。1921年我们党成立时,中国社会有300多个政治团体,我们党之所以能够脱颖而出、发展壮大,一个重要原因就在于始终高度重视组织体系建设。前进的道路上依然充满风险挑战,建成社会主义现代化强国还有大量工作要做。面对复杂的形势、繁重的任务,唯有强化组织意识、严明组织纪律,才能保证全党意志统一、步调一致,勠力同心谱写中国特色社会主义事业发展新篇章。强化党员的组织观念,就是要自觉做到思想上认同组织、政治上依靠组织、工作上服从组织、感情上信赖组织,真正做到让党放心、让组织信任、让人民满意。

（一）组织认同是增强组织观念的前提

组织认同是党员依据党员身份进行自我定义的一种感知过程,这种感知可以使党员与党组织在心理上产生共鸣、达到统一,从而使党员个体对组织产生归属感。有

---

① 切实贯彻落实新时代党的组织路线 全党努力把党建设得更加坚强有力[N].人民日报,2018-07-05.

了归属感,党员内心就会产生一种自觉,这种自觉成为党组织不断创新与发展的关键,为组织的发展、壮大和前进注入活力。现实中有一些党的组织中党员认同面临着新情况和新问题,呈现出党员身份认同弱化、党员政治认同弱化以及党员情感归属弱化等复杂情况,因此,必须不断去适应党组织发展的新形势,不断激发组织活力,以增强党员的组织认同感。

首先,要深切认同党的崇高理想。习近平深刻指出:"中国共产党之所以叫共产党,就是因为从成立之日起就把共产主义确立为远大理想。"[1]当前,中国和世界都面临许多新情况、新问题、新挑战,特别是经过2020年新冠疫情的蔓延,中国经济和世界经济都遭受了巨大冲击,给世界格局带来新的复杂变化。我们党带领人民为统筹推进疫情防控和经济社会发展作出卓有成效的努力。中国人民的幸福与世界人民的幸福紧密相连,中国的发展与世界的发展利益攸关。对马克思主义的信仰、对共产主义的信念,始终是共产党人的精神之钙、初心之源。其次,要深切认同党的科学理论。从毛泽东思想、邓小平理论到"三个代表"重要思想、科学发展观,我们党始终注重在实践中总结、在探索中创新,逐渐形成一套系统完整、逻辑严密、与时俱进的理论体系,为党的事业不断向前发展提供了科学指引。对新时代的党员干部来说,认同党的理论,最根本、最关键的是认同习近平新时代中国特色社会主义思想。除此之外,还必须强化党员身份意识。在推进组织教育和自我教育相结合的过程中巩固党员群体的思想身份意识,通过喜闻乐见的形式加强全体党员的理想信念教育,要在有序开展党内集体教育的同时,激活全体党员开展自我教育的积极性与主动性。每名党员都必须牢记党员身份、不断强化身份认同,与人民群众的实践交往中,敢于亮明自己的党员身份,明确自己作为共产党员应当做什么、不应当做什么,积极践行党员的行为准则和具体要求,进而产生作为一名共产党员的荣誉感和自豪感。

(二) 政治上依靠组织是增强组织观念的基础

共产党员是一种政治身份、政治面貌、政治标识,每一名党员特别是领导干部都必须牢记自己担当的政治角色,自觉践行党的政治要求。政治上依靠组织,是习近平在全国组织工作会议上提出的明确要求,也是强化组织观念的重要内容。政治方向是党生存发展第一位的问题,也是事关每个党员干部政治生命的首要问题,每一名党员干部都要牢记自己的政治角色,在组织引领下坚定政治方向。新时代,我们要坚守的政治方向就是中国特色社会主义、"两个一百年"奋斗目标,就是党的基本理论、基本路线、基本方略。每名党员干部都要切实增强政治敏锐性和政治鉴别力,在政治方向上不东张西望,在政治立场上不左顾右盼,在政治担当上不上推下卸。对指导思想、制度模式、发展方向等根本性问题,必须旗帜鲜明。其次,只有依靠党组织,才能在实践中一次次锤炼党性,才能使每个党员干部不断提纯对党绝对忠诚的政治品格,不断提升与担负职责匹配的政治能力,让理想信念深深植入头脑之中,激发和汇聚强

---

[1] 习近平.在庆祝中国共产党成立95周年大会上的讲话[M].北京:人民出版社,2016:10.

大正能量。有组织的悉心培育,党员干部才能人尽其才,开拓进取创佳绩;有组织的排忧解难,党员干部才能心无旁骛,聚精会神干工作;有组织的提醒监督,党员干部才能严于律己,干净干事不出事。强化党员的组织观念还需要思想上的自觉、行动上的自律,更需要依靠组织纪律约束和严格管理。组织严密、纪律严明是我们党的优良传统和政治优势,在组织约束下严守政治规矩,用"五个必须"正心修身、用"七个有之"自我诫勉,把严明的政治纪律转化为增强"四个意识"、坚定"四个自信"、做到"两个维护"的实际行动,始终在思想上政治上行动上同以习近平同志为核心的党中央保持高度一致。

（三）工作上服从组织是增强组织观念的关键

工作上服从组织,是对每个共产党员的共同要求,也是对党员干部组织观念强弱的实际检验。工作上是否服从组织,不仅是每个党员干部的能力问题,更是态度问题。从本质上讲,服从组织就是要一切听从党安排,这是强化组织观念最根本的实践要求。服从组织实质上是遵从多数人的意见、维护组织的团结统一。如果党员干部不服从组织决定,组织内部必定分裂,组织的凝聚力和战斗力必定遭受削弱。纪律是维护党组织凝聚力、号召力的有力武器,规矩是增强党员干部组织观念的有效手段。守纪律、讲规矩必须遵循组织程序、服从组织决定。

党员干部首先是要正确对待个人和组织的关系,组织的培养是一个人成长进步的重要依托。领导干部要树立组织意识,自觉地从内心深处去认同组织的决定,主动地把自己的思想统一到党组织的决定上来。坚决执行党的政策和决定,这是党员个人服从组织的最集中体现。领导干部在执行党的政策和决定时,一是要坚持一分部署,九分落实,二是要有敢于担当的革命精神。当前,我国正值各种社会矛盾多发期和凸显期,改革进入深水区和攻坚期,只有具有使命意识和担当精神,方能涉险扬帆。习近平强调,干部就要有担当,有多大担当才能干多大事业,尽多大责任才会有多大成就。这些重要论述,每个党员领导干部必须牢记并认真落实到各项工作中。在对待组织决定的问题上,需要把视野放远一些,不能只想着个人进步、解决个人问题,更要看到社会经济发展大局和实际工作的需要。坚决服从组织安排,在任何岗位都要用心履职尽责,决不能组织没提拔就有意见、岗位不满意就发牢骚、待遇不合意就生怨言。坚决落实组织制度,严格执行民主集中制、重大问题请示报告等规定,始终按照组织原则和组织规则为官用权、立身处世。

二、提升党员的党性修养

强化组织纪律不仅需要严格管理,更需要增强党员的党性修养。习近平强调:"组织纪律性是党性修养的重要内容。加强组织纪律性必须增强党性。党性说到底就是立场问题。共产党人无论是想问题、搞研究,还是作决策、办事情,都必须站在党和人民立场上,而不能把个人利益放在第一位。这就是共产党人的党性原则。"①加强党性修养。加强党性修养是增强组织纪律性的基础工程,既能有力提升组织纪律性的层次,又能促使党员创造性地执行党的组织纪律。随着形势和任务的变化,为确保党员的组织纪律性不断提升,加强党性修养必须坚持与时俱进,方法途径需要传承创新。

（一）提升党员干部的理论修养

理论修养是党性修养的核心内容,也是坚定地执行党的纪律,特别是政治纪律的根本保障。提高理论素质,学习主要理论著作和党中央的重要文献,是建立党员理论认同的基础工作,广大党员必须认真学习,掌握我们党的理论的精神实质。我们党在不同历史时期都对加强理论武装工作作出规划部署,指定干部须学习研读的马克思主义经典著作,有力促进了广大干部理论修养水平的不断提升,以高度的理论认同强化了政治认同、升华了情感认同,为增强党的创造力、凝聚力、战斗力注入了理论引领的力量。

作为一名党员干部,理论修养的水平,在很大程度上决定着自身理性思维的层次、政治能力的高低以及发展潜力和后劲。只有不断从马克思主义经典著作中汲取科学智慧和真理力量,在常学常新中加强理论修养,才能登高望远开眼界,真正使思想、能力、行动跟上时代和事业发展的需要。加强理论修养离不开优良学风。要坚持以科学态度对待科学理论、以科学精神探求科学真理,增强以学求进的动力、真学真信的定力、学思践悟的功力,克服浅阅读、走形式、功利化等倾向。坚持在干中学、学中干,学用相长、知行合一,以理论思维的提高避免思想上和工作上的盲目性、随意性。在研读、比较的基础上,进行深入思考;在反复思考的基础上,树立道路自信、理论自信、制度自信。只有理论上保持头脑清醒,才能更加自觉地遵守党的政治纪律,在思想上、政治上、行动上同党中央保持一致,坚定不移地走中国特色社会主义道路,坚定不移地执行党中央的各项方针政策。

（二）提升党员干部的道德修养

道德修养是党性修养的重要内容,自觉遵守党的纪律需要高尚的道德支撑,道德修养也能够提升党员的组织纪律性。中共十八大以来,习近平总书记站在推进中国特色社会主义伟大事业,实现中华民族伟大复兴中国梦的战略高度,站在坚持党要管党、从严治党,密切党同人民群众血肉联系,巩固党的执政基础和执政地位的政治高度,深刻阐明了党员干部特别是领导干部加强道德修养的重要性和紧迫性,要求全党同志特别是领导干部一定要讲道德、有修养、知廉耻,追求积极向上的生活情趣,养成共产党人的高风亮节。党员干部的道德素质首先直接反映在政治素质上,在党员干部身上最能体现政治信仰与道德修养的统一,二者往往直接相互影响、相互决定。党员干部的道德修养不仅能够影响党内的政治生态,还直接影响党和政府在人民群众

---

① 十八大以来重要文献选编:上[M].北京:中央文献出版社,2014:766.

中的形象和威望,关系整个社会的价值取向。要抓紧抓好党员干部道德修养政治信仰的培育和发展,将道德修养教育和政治信仰培育与推进学习教育常态化、制度化有机结合,教育引导广大党员学思践悟、知行合一,确保党员干部忠诚干净担当、发挥表率作用,确保广大党员党性坚强,防止党员领导干部因政治信仰不坚定而导致道德观念模糊、因道德修养缺失而导致腐化堕落。

（三）提升党员干部的能力素养

党员干部能力素质的高低,不仅仅关系着个人成绩,更关系着党和国家事业的发展需要。因此,提升党员干部的能力素质尤为重要,要想培养造就一支本领硬、能力强、素质高的党员干部队伍,就必须强化党员干部的教育培训,只有把党员干部教育培训抓好抓出效果,才能教育培养出为人民谋幸福、为民族谋复兴的党员干部队伍。"学习是前进的基础",一个政党要想始终走在时代发展的前列,必须不断吸收新知识,才能对新变化新动态应对自如。党员干部要在工作中学,更要在为群众服务中学,只有不断学习新的理念,新的方法,才能更好地发挥自身价值,党员干部只有不断以新知识充实自己,才能在思想上、观念上不落伍,只有不断培训自己的技能,才会充分完善地运用知识,工作才会出实效,才会不断创新。紧抓学习教育的同时,要强化考核评价基准,聚焦政治素质、工作实绩和群众公认度,用形式多样、富有成效的举措,深化对党员干部在重点工作、急难险重任务中的政治表现、工作作风、实绩实效的核查了解,对政治上有问题的,严肃问责追责。要把加强基层组织建设作为重要着力点,坚持"软硬件"并举,既抓支部班子和党员干部队伍建设,又抓基层党组织活动场所改造提升,在抓党建中提升能力素养。

三、严格执行党的组织纪律

党的组织纪律,是党的重要纪律之一,是处理党组织与党组织之间、党组织与党员之间关系的规范,是维护党在组织上团结统一的基本原则和制度。习近平强调,要加强纪律建设,把守纪律讲规矩摆在更加重要的位置。把纪律和规矩挺在前面,立起来、严起来,执行到位,是落实全面从严治党战略的必然要求。制定了好的纪律,关键在贯彻执行好。真正发挥纪律的权威性和实效性,要用组织纪律管好党组织和党员干部,重视组织纪律的贯彻执行,重点加强对组织纪律执行情况的监督检查,对问题突出的要启动问责机制,严肃追究责任。

（一）制定科学严密的组织纪律规范

制定科学严密的纪律是组织纪律能够有效执行的前提条件,制定党组织纪律一定要充分考虑纪律运行的程序设计,使制定出的纪律更加科学完备,更具严密性、系统性和可行性。所谓纪律更具严密性,就是指制定纪律时将规定更加具体化、细化,从而最大限度地减少纪律规条的盲区和漏洞;更具系统性是指制定纪律时要做好顶层设计、整体规划,全盘布局、统筹协调,将实体规定与程序规定、禁止性规定与鼓励性规定、执行规定与遵守规定、纪律规定与纪律行为有机结合起来;更具可行性是指制定纪律应当遵循实事求是的原则,将党组织的纪律与实践有机结合,有针对性地制定纪律,细化纪律运行流程,明确纪律行为及其活动范围,对党员和党组织的各种组织行为都能做到定性量纪。

(二) 不断强化党员自律意识

要保证纪律的执行,首先就要强化人们在纪律面前的自律意识,自律也是我们党对党员的一贯要求。党的十九大报告明确指出的个人主义、本位主义、利己主义等现象在党内的存在给党的事业发展造成了很多不该有的损失。尤其是一些利己主义、本位主义、个人主义、自由主义发展严重的党员干部,有些甚至走到违法犯罪的地步。这些现实中的案例都说明党员的自律意识对保证党的组织纪律执行的重要性。组织纪律很重要的一个功能就是规范党内关系,只有每一个党员都能根据党章和党内各项法规制度的要求,时刻摆正自己的位置,党的组织在整体上才能形成和谐有序的状态,才能具有战斗力。强化党员的自律意识要靠党内系统的教育,这方面一直是党内教育的重要内容之一。特别是党员领导干部的自律尤其重要,因为执政党的党员领导干部手中掌握权力,权力的特性决定了掌权者如果缺乏应有的自律精神,就很容易出现滥用权力的现象。对掌握权力的领导干部来说,确立正确的权力观,保持对权力的正确认识和理解,保持在掌权用权中的高度清醒是非常重要的。不能把公权力当作私权力来使用,不能随意超出权力的边界。

(三) 加大对纪律执行的监督力度

党的各级纪律检查委员会作为党内纪律监督的专门机关,对推动党内各项监督制度的落实负有重要职责。通过加强和改进纪检监察工作机制,前移监督关口,加强事前和事中监督,及时发现党员、干部违纪苗头,采取诫勉谈话、严肃批评、责令改正,做到防微杜渐。扩大基层民主,严肃党纪、政纪、法纪责任,加大处罚力度,增强对违纪行为的威慑力。拓宽群众向党组织反映问题的渠道,加强人民群众对普通党员、领导干部的纪律监督,认真了解群众最切身、最关心、最直接的利益问题,重点关注人民群众反映强烈的共性问题,如土地征迁、道路建设、房屋拆迁、教育、医疗和养老等问题,针对群众意见反映突出、社会关注度高的问题集中开展专项整治。不断健全完善纪律执行的问责制度,严肃处理违纪不究的行为,防止"灯下黑"情况的发生。推动纪检监督理论创新,对优化纪检检查机制进行探索。

第四节 发挥好领导干部这一"关键少数"的作用

党的组织是由众多党员干部组成的,党的工作归根结底也要靠党员干部通过各级党组织团结带领人民群众,为实现共同目标奋斗来完成,所以说,党的组织建设的关键是要把党员干部队伍建设好。习近平指出,加强党的建设必须抓好领导干部特别是高级干部,把这部分人抓好了,能够在全党作出表率,很多事情就好办了。我们党治国理政的一条重要经验,那就是"千难万难,领导带头就不难"。新时代,面对百年未有之大变局、面对繁重复杂的各项任务,正是需要"关键少数"的模范行动,汇集战胜困难、夺取胜利的洪荒之力。为此,党提出要抓好执政骨干队伍和人才队伍建设的历史任务,提出把着力培养忠诚干净担当的高素质干部作为新时代组织工作的主要任务,其重点就是要做好干部培育、选拔、管理、使用工作,提出坚持德才兼备、以德为先、任人唯贤的方针,就是强调选干部、用人才既要重品德,也要重才干。领导带头就是最有力量的感召力、就是最有力量的执行力,我们更要将这一经验用好用足,发挥好"关键少数"在讲政治、有信念、敢担当、守清廉方面的"关键作用"。

一、选优配强领导干部

党组织要建设好,领导干部的选拔任用很关键,只有结合党建工作的实际,采取行之有效的选配方式,把领导干部选优配强,党组织建设才能强起来。要按照新时代党建工作需要对领导干部队伍建设提出新要求,树立正确用人导向,扩大选人视野,拓宽选任渠道,不断创新党组织内领导干部选拔任用机制。

(一) 坚持正确的用人导向

2022年10月修订后的党章中规定:党的干部是党的事业的骨干,是人民的公仆,要做到忠诚干净担当。"忠诚干净担当"是对干部标准的高度概括,既为加强新时代干部队伍建设指明了正确方向,又为干部立德做人、干事创业提供了重要遵循。始终保持政治上的清醒和坚定,是一个合格的领导干部的最重要条件,能够坚持正确的政治方向、政治立场,在重大原则和问题上分得清是非,在重要关头经得起考验。2019年3月,中共中央印发修订了《党政领导干部选拔任用工作条例》,旨在深入贯彻新时代党的组织路线和干部工作方针政策,落实党要管党、全面从严治党特别是从严管理干部的要求,建立科学规范的党政领导干部选拔任用制度,形成有利于优秀人才脱颖而出的选人用人机制,推进干部队伍革命化、年轻化、知识化、专业化,建设一支忠诚干净担当的高素质专业化党政领导干部队伍。新时代党的领导干部既要在思想上树立崇高的理想和坚定的信念,具有一定的马克思主义理论水平和政治素养,又要在行动上深入学习贯彻习近平新时代中国特色社会主义思想,坚决与以习近平同志为核心的党中央保持高度一致。在面对各种挑战和考验时,能够具有见微知著的政治鉴别力,不断提高工作的预见性和科学性。

(二)提高各级领导干部的政治本领和专业能力

当前,随着"五位一体"总体布局和"四个全面"战略布局的推进,领导干部开展工作的挑战和难度明显增加,要履行好职责就必须具备解决各种复杂矛盾、推动事业发展的本领。这就要求,领导干部必须具有一定的科学文化素养和专业知识水平、组织协调能力和解决实际问题的能力等,但最根本的还是履行全面从严治党的能力。习近平就强调干部"讲政治是第一位的",并要求讲政治不仅要"讲到"更要"做到"。政治上的坚定源于理论上的清醒,干部教育培训要以坚定理想信念宗旨为根本,突出政治训练、政治历练,把提高政治觉悟、政治能力贯穿全过程,将习近平新时代中国特色社会主义思想学懂、弄通、做实。本领上的过硬来自于业务上的精通,领导干部要以"专业化"和"知识化"的基本要求,加强学习提高业务水平,做到精通某个行业的专业知识,成为本行业的专家能手。同时,要能够自觉践行党的根本宗旨和群众路线,善于运用各种方式和手段服务群众,耐心细致地做群众工作,帮助群众解决实际困难和问题,以扎实的工作赢得群众的信任和拥护。

(三)加强干部梯队建设

领导干部队伍建设是一项打基础、利长远的系统工程,必须把制度化、规范化、动态化建设,作为基础性工作努力搞好。一是完善年轻干部选优机制,健全优秀年轻干部常态化选拔工作机制,注重优苗选育,确保始终有数量充足的优秀年轻干部。拓宽优秀年轻干部选拔视野和渠道,完善优秀年轻干部脱颖而出的机制。坚持早发现、早培养、早使用原则,有计划地从各级各部门选拔优秀年轻干部到基层组织领导岗位上历练,对素质好、能力强、表现优秀的,及时纳入后备人才库,实施优秀年轻干部储备工程,盘活存量。加强跟踪培养,既要用其所长,也要补齐短板,拓宽优秀年轻干部发现、培养的途径和方式。二是打破"成熟才用"的实用主义观,大胆启用优秀年轻干部,适时而用,用在其时,破除"论资排辈、平衡照顾、求全责备"等陈旧观念和求稳心理,建立针对优秀年轻干部的容错机制。三是突出实践历练。把基层一线作为培养锻炼年轻干部的主阵地,加强优秀年轻干部基层实践历练,放在改革攻坚、困难吃力的岗位磨炼,让优秀干部脱颖而出。四是加强和改进后备干部工作。实行后备干部动态管理,建立健全培养锻炼、适时使用、定期调整、有进有出的机制,加大党政正职人选培养储备力度,加强后备干部个性化培养。

二、发挥好领导干部的示范带动作用

中共十八大以来,习近平在多次重要讲话中强调各级领导班子、领导干部"关键少数"的重要作用。领导带头、以上率下,是我们党治国理政的一条重要经验,是实践证明行之有效的工作方法。充分发挥领导干部带头示范作用,要做到习近平提出的要求:"各级领导干部都要把自己以一个普通党员的身份摆进活动中去,使每个环节、每个方面都示范到位"①,让领导干部真正做到具体牵头、事事带头,党的组织建设方能凝聚党心民心,为全面从严治党激发更多正能量。

(一) 带头加强政治建设,维护党的团结统一

中国共产党是一个历来高度重视提高党员政治觉悟、加强政治建设的马克思主义政党。各级领导干部要带头加强政治建设,全面推进党的建设新的伟大工程。要把讲政治贯穿于自己的日常工作、生活和党性锻炼全过程,牢固树立政治理想,正确把握政治方向,坚定站稳政治立场,严格遵守政治纪律,不断提高政治觉悟和政治能力,做共产主义远大理想和中国特色社会主义共同理想的坚定信仰者和忠实实践者。党面临的形势越复杂、肩负的任务越艰巨,就越要坚持党中央权威和集中统一领导,越要维护党的团结统一,确保全党统一意志、统一行动、步调一致前进。各级领导干部必须牢固树立"四个意识",在思想政治上讲政治立场、政治方向、政治原则、政治道路,在行动实践上讲维护习近平总书记核心地位、维护党中央权威和集中统一领导、执行党的政治路线、严格遵守党的政治纪律和政治规矩。在这个重大的、根本性的问题上,绝不能有丝毫的含糊和动摇,必须牢记"五个必须",坚决防止"七个有之"。各级领导干部尤其要增强核心意识,强化拥戴核心、忠诚核心、维护核心、看齐核心的坚定性自觉性。

(二) 带头加强理论学习,在推动思想武装上作表率

坚持以科学理论引领、用科学理论武装,是我们党永葆先进性、纯洁性的根本保证。习近平反复强调,全党要加强学习,善于学习,大兴学习之风,并且指出领导干部学习不学习不仅仅是自己的事情,本领大小也不仅仅是自己的事情,而是关乎党和国家事业发展的大事情。这就要求领导干部特别是高级干部要把系统掌握马克思主义基本理论作为看家本领,坚持学以致用、用以促学,原原本本学,熟读精思、学深悟透,熟练掌握马克思主义立场、观点、方法,不断提高马克思主义理论素养。各级领导干部要把学习作为政治责任,带头坚持不懈地学习,坚定理想信念,着力克服"本领恐慌",不断提高思想理论水平和政治领导、改革创新、科学发展、依法执政、群众工作、狠抓落实、驾驭风险等方面的本领。

在思想建党、理论强党中,领导干部具有十分重要的、无可替代的作用。各级领导干部必须更加自觉、更加刻苦地学习,学得更多一些、更深一些,要求更严一些、更高一些,悟得更透一些、做得更实一些。要提高政治站位、树立历史眼光、强化理论思维,以高度的政治自觉,原原本本学、及时跟进学,带着问题学、联系实际学,带着深厚的感情学、带着执着的信念学,深刻领会习近平新时代中国特色社会主义思想的重大

---

① 习近平.弘扬焦裕禄精神 继续推动教育实践活动取得实效[N].人民日报,2014-03-19.

意义、精神实质、丰富内涵、实践要求,切实用这一思想筑牢信仰之基、补足精神之钙、把稳思想之舵。同时,各级领导干部要按照党中央决策部署,切实加强组织领导,采取有力有效措施,推动习近平新时代中国特色社会主义思想不断深入人心、落地生根。

(三) 带头加强道德修养,弘扬社会主义核心价值观

习近平多次指出,全党同志特别是领导干部一定要讲修养、讲道德、讲廉耻,追求积极向上的生活情趣,养成共产党人的高风亮节,做到富贵不能淫、贫贱不能移、威武不能屈。他强调,领导干部要把践行"三严三实"贯穿于全部工作生活中,养成一种习惯、化为一种境界;要加强道德修养,带头弘扬社会主义核心价值观,明辨是非善恶,追求健康情趣,不断向廉洁自律的高标准看齐,做到心有所戒、行有所止、守住底线、不碰高压线。各级领导干部应当把加强道德修养作为十分重要的人生必修课,提升道德境界,追求高尚情操,自觉讲德、明德、立德、修德、守德,做社会主义核心价值观的模范践行者。

坚持从小事小节上加强修养,从小事小节上约束、规范自己,从一点一滴中完善自己,严以修身,正心明道,防微杜渐,把好洁身自好这个第一关,时刻保持人民公仆本色。要管好自己的生活圈、交往圈、娱乐圈,增强拒腐防变的免疫力。通过自己持之以恒加强道德建设的实际行动,不断增强自我净化、自我完善、自我革新、自我提高能力,积极弘扬社会主义核心价值观,深入继承和弘扬中华优秀传统文化、革命文化和社会主义先进文化,坚决抵制和反对庸俗腐朽的政治文化,推动形成风清气正的政治生态,引导全社会积极培育和践行社会主义核心价值观。

(四) 加强作风建设,践行全心全意为人民服务的宗旨

强调领导干部的作风,直接关系党内风气和政治生态,关系民心向背,关系党的生死存亡。中国共产党是一个历来高度重视作风建设的马克思主义政党。不断加强作风建设,坚持和发扬党的优良作风,是我们党区别于其他政党的显著标志,也是我们党永葆生机活力的重要原因。各级领导干部要不忘为中国人民谋幸福这一初心,牢记全心全意为人民服务这一根本宗旨,把落实习近平总书记重要指示和中央八项规定精神化作自觉行动,持之以恒克服形式主义、官僚主义,久久为功祛除享乐主义和奢靡之风,做作风建设的积极践行者。加强作风建设,必须紧紧围绕保持党同人民群众的血肉联系,增强群众观念和群众感情,不断厚植党执政的群众基础。各级领导干部要牢记自己的第一职责是为党工作,第一目标是为民谋利,时刻把人民放在心中最高位置。要始终把人民立场作为根本立场,牢牢坚持以人民为中心的工作导向,始终与人民心心相印、与人民同甘共苦、与人民团结奋斗。要树立正确的政绩观,把实现好、维护好、发展好最广大人民根本利益作为一切工作的出发点和落脚点,广泛开展调查研究,坚持求真务实,做老实人、说老实话、干老实事,察实情、出实招、办实事、求实效。要在全心全意为人民服务中提高政治站位、提高工作能力,在真心实意向人

民学习中拓展工作视野、丰富工作经验、提高理论联系实际的水平,在倾听人民呼声、虚心接受人民监督中自觉进行自我反省、自我批评、自我教育,在服务人民中不断完善自己。作风问题具有顽固性和反复性,形成优良作风不可能一劳永逸,克服不良作风也不可能一蹴而就,作风建设永远在路上。

三、健全和落实从严管理监督干部制度

习近平强调,好干部是选出来的,更是管出来的。不断健全和落实从严管理监督干部制度,就是要让每一个干部都习惯在监督和约束下工作和生活,及时发现和纠正干部身上出现的苗头性、倾向性问题,防止小毛病演变成大问题。健全和落实从严管理监督干部制度,就是着力在构建从严监督管理干部工作制度机制上下功夫,坚持从严教育、从严管理、从严监督,以管促育、以管促长,让从严管理监督成为守护干部健康成长、建设高素质干部队伍的制度保障。

(一)强化整体理念,筑牢严管体系

要用整体理念统筹好从严管理各个环节,使思想认知、工作机制、资源整合等各个关键要素有效衔接、相互支撑,努力形成一套全方位、宽领域、多层次、纵深化的干部监督工作体系。一是要增强监督意识。对于领导干部,要通过日常培训、晋职谈话、专题民主生活会等措施,帮助他们树立起正确的事业观、权力观,着力消除"怕权威受损,不让监督"心态,增强接受监督自觉性。二是要强化全程监督。领导干部的成长任职是一个复杂的动态过程,从严管理监督应贯穿于任前、任期和离任的始终。任前要抓好干部考核考察,紧扣"德才兼备,以德为先"标准,努力做到"用一名干部就树一面旗帜"。任期要抓好届中考察、年度考核、日常督查,了解掌握领导干部能力素质的发挥情况及其领导观在工作中的反映,看是否把个人的能力素质和手中权力真正用到促进单位发展、为职工群众办实事谋利益中去。离任要落实好经济责任审计制度,建立责任追溯追究制度,对转任、离任领导干部在原任期内发生的违法违纪问题,进行责任追溯、追究。三是要整合监督资源。打破干部监督工作相对封闭的格局,注重发挥组织部门在从严管理中的牵头抓总作用,由组织监督向审计监督、舆论监督、群众监督不断拓展,组织引导各个干部管理职能部门,以整体视角看待从严管理工作,通过有效机制和平台,运用先进完善的信息网络,整合各部门管理资源,及时掌握日常监督信息,形成立体式、全方位的监督网络体系。

(二)构建预警机制,探索关口前移

构建预警机制,做到关口前移,未雨绸缪,变被动的事后查处为积极的事前防范,是从严管理监督干部的关键,是建设高素质干部队伍的迫切需要。一是强化干部信息汇总整合。要畅通信息渠道,整合监督资源,健全完善干部监督工作协调机制,落实好涵盖组织、纪检、审计、信访、巡视等多部门的干部监督工作联席会议制度,多途

径、有侧重地搜集信息,增强干部管理的感知能力。各部门要明确专人负责,及时将本部门发现或掌握的各种具体问题收集、整理、建档,详细列出问题责任人、问题性质、事实描述、造成问题的原因分析等内容,定期进行统计、报送。同时,探索开发干部预警信息库,把了解掌握的相关信息及时录入信息库,实现问题信息的分类汇总和综合查询分析。二是要强化分析印证。要通过对预警信息调查核实,联合相关部门共同分析,定期交换情况,增进共识,与日常掌握情况相印证、与外部信息相印证,审验其真实性或者进一步掌握新事实,准确把握干部状态,为干部管理提供依据;在分析印证的基础上,剖析问题的性质和发生的根源,全面评估干部队伍存在的风险,对干部状态作出综合评价和基本判断,制定相应的预警措施。三是强化处理反馈。坚持从严要求,对在领导干部个人有关事项报告、信访举报、专项检查、经济责任审计、考察考核等方面反映出来的问题,主动约谈当事人进行提醒教育,对干部违纪违规的"小毛病""小问题",综合运用约谈、函询、诫勉谈话、组织处理等方式,及时提醒、纠正,防范在先,关口前移,变被动为主动,实现抓早、抓小、抓预防的效果。

(三) 突出制度保障,推动从严落地

新常态下的从严管理监督干部工作是一项复杂的系统化的工程,具有很强的政策性、规范性和严肃性,需要有明确的、操作性强的制度为依据。一是建立有机联系的制度网络。深入梳理研究从严管理监督各项制度之间的内在关系,将各相关部门出台的零散的、局部性的制度规范结合为统一整体,破解各项制度之间不协调、不配套的问题,使之相互联系、相互衔接、相互补充,切实通过完整的制度网络,理顺从严管理工作体制。二是建立班子内部制约机制。以民主集中制为核心,规范集体决策的程序和规则,推进"三重一大"决策制度落实,建立完善与领导班子议事规则相配套的信息收集、咨询论证、民主议事、纠错改正和责任追究机制,严格民主生活会制度,完善班子内部监督机制,从根本上加强对领导干部行使权力的制约和监督,以领导班子整体功能的强化促进从严管理干部的落实。三是建立健全从严问责机制。推行无缝隙追责,在干部动议、推荐、考察、决定、任职等各个环节,都实行全程问题追责,明确责任追究的原则、内容、主体和方法等,确保有据可依;健全干部问责刚性机制,把那些工作中造成重大事故、出现重大决策失误、滥用职权、徇私舞弊的干部,以及作风不实、能力不足、碌碌无为的干部,及时从现岗位调整下来;强化责任倒查追究,加大监督检查力度,推动制度不折不扣地落实,充分发挥各项制度的管理效能。

第十章　全面从严治党要以作风建设为抓手

作风建设是新时代全面从严治党总布局的重要组成部分。重视加强和改进党的作风建设,既是我们党的优良传统,也是我们党的政治优势。在百年的革命、建设和改革进程中,我们党不仅形成了作风建设的优良传统,而且积累了作风建设的宝贵经验。中共十八大以来,以习近平同志为核心的党中央以作风建设为切入点和突破口,坚持作风建设永远在路上,探索构建作风建设常态化制度化体系,以作风建设取得的显著成效赢得党心民心,厚植党执政的政治基础,确保党长期执政和国家长治久安。

第一节　弘扬党的优良传统和优良作风

党的优良传统和优良作风,包括两个基本方面:一是以"三大作风"为主线的优良传统和优良作风;二是以党在革命时期创造的红色精神(红船精神、井冈山精神、长征精神、延安精神)为主线的宝贵精神财富。在中国特色社会主义新时代,需要大力弘扬党的优良传统和优良作风。

一、以传统为"根"着力新时代枝繁叶茂

党在百年的奋斗历程中,所形成的优良传统和优良作风,是我们党的作风建设之"根"。在中国特色社会主义新时代,我们必须不忘初心,以党的优良传统和优良作风为"根",着力造就新时代党风的枝繁叶茂。

(一) 在新时代弘扬党的"三大作风"

在中国特色社会主义新时代,让"三大作风"绽放出新时代光芒,是我们弘扬党的优良传统和优良作风,加强新时代作风建设的根本任务。

三大优良作风是指理论与实际相结合的作风、与人民群众紧密地联系在一起的作风以及批评与自我批评的作风。它是毛泽东在中共第七次全国代表大会上做的《论联合政府》的政治报告中总结概括出来的,是中国共产党在长期的革命斗争中,特别是延安整风运动中形成的全党统一的优良作风,是我们党同其他政党相区别的显著标志。

第一,结合新的时代特征和要求,弘扬党的理论联系实际的作风。理论联系实际是我们党历来坚持的优良作风,是党具有旺盛创造力的关键所在,是党的事业不断发展壮大的决定性因素。弘扬理论联系实际的优良作风,是提高全党的马克思主义理论水平和解决实际问题的能力、加强党的作风建设的基础工作,是用发展着的马克思主义指导新的实践、永葆党的先进性纯洁性的客观需要,是建设学习型服务型创新型马克思主义执政党的基本要求。

马克思列宁主义是指导各国共产党人从事伟大事业的普遍真理,中国共产党人在把它同中国革命的具体实践相结合之后,就成了我们党推进民族复兴大业的基本武器。党在民主革命时期的伟大事业中,同一切违反这个真理的教条主义、形式主义和经验主义作了坚决的斗争。党在奋斗中不断地克服了这些错误思想,形成了理论联系实际的作风。中国共产党在领导中国革命、建设、改革的长期实践中,坚持把马克思主义基本原理同中国具体实际相结合,不断推进马克思主义中国化,先后形成了毛泽东思想、邓小平理论、"三个代表"重要思想、科学发展观、习近平新时代中国特色社会主义思想等重大理论创新成果,指引中国人民夺取一个又一个伟大胜利。在中国特色社会主义新时代,我们需要继续坚持党的理论联系实际的作风。一方面,反对各种违反理论联系实际的行为和作风,依据时代要求和新实践,不断丰富和发展习近平新时代中国特色社会主义思想;另一方面,需要我们在实践中创造性地运用习近平新时代中国特色社会主义思想,创造中国特色社会主义和世界社会主义发展的新辉煌。

第二,结合新的时代特征和要求,弘扬党密切联系群众的作风。密切联系群众,是我们党的优良作风,是我们党区别于其他政党的显著标志之一。密切联系群众,是我们党的性质和宗旨决定的,是我们党的最大政治优势。我们党根据马克思主义的群众观点,在长期的革命、建设和改革的实践中创造了"一切为了群众、一切依靠群众,从群众中来、到群众中去"的群众路线,形成了密切联系群众的优良作风。只有发扬密切联系群众的优良作风,始终保持党同人民群众血肉联系,我们党才能永远立于不败之地。

"全心全意地为人民服务,一刻也不脱离群众;一切从人民的利益出发,而不是从个人或小集团的利益出发;向人民负责和向党的领导机关负责的一致性"①,是我们党从事一切工作的根本出发点。"共产党人必须随时准备坚持真理,因为任何真理都是符合于人民利益的;共产党人必须随时准备修正错误,因为任何错误都是不符合于人民利益的。"②总结过去的成功经验,其原因就在于我们党注意每一个工作环节上的每一个同志,教育他们"热爱人民群众,细心地倾听群众的呼声;每到一地,就和那里的群众打成一片,不是高踞于群众之上,而是深入于群众之中;根据人民群众的觉悟程度,去启发和提高群众的觉悟,在群众出于内心自愿的原则之下,帮助群众逐步地组

---

① 毛泽东.毛泽东选集:第三卷[M].北京:人民出版社,1991:1094-1095.
② 毛泽东.毛泽东选集:第三卷[M].北京:人民出版社,1991:1095.

织起来,逐步地展开为当时当地内外环境所许可的一切必要的斗争"①。在中国特色社会主义新时代,我们必须弘扬密切联系群众的作风,认真贯彻党的群众路线,坚决反对违反了群众的自愿原则,害了急性病的命令主义。教育"我们的同志不要以为自己了解了的东西,广大群众也和自己一样都了解了。群众是否已经了解并且是否愿意行动起来,要到群众中去考察才会知道。如果我们这样做,就可以避免命令主义"②。在一切工作中,也要坚决反对落后于群众觉悟程度,违反了领导群众前进一步的原则,害了慢性病的尾巴主义错误,教育"我们的同志不要以为自己还不了解的东西,群众也一概不了解。许多时候,广大群众跑到我们的前头去了,迫切地需要前进一步了,我们的同志不能做广大群众的领导者,却反映了一部分落后分子的意见,并且将这种落后分子的意见误认为广大群众的意见,做了落后分子的尾巴"③。在中国特色社会主义新时代,我们"共产党人的一切言论行动,必须以合乎最广大人民群众的最大利益,为最广大人民群众所拥护为最高标准"④。"只要我们依靠人民,坚决地相信人民群众的创造力是无穷无尽的,因而信任人民,和人民打成一片,那就任何困难也能克服。"⑤

第三,结合新的时代特征和要求,弘扬党的批评和自我批评的作风。以批评和自我批评的作风为武器,保持党内政治生活的健康发展,是中国共产党党风建设发展规律的一个基本特征。理论联系实际致力于推进马克思主义中国化、造就伟大事业;密切联系群众致力于组织亿万人民群众推动历史前进,并使党始终获得人民群众的信任与拥护;批评和自我批评,是党内政治生活健康发展的武器。毛泽东依据中国共产党自身建设的实际,论述了共产党员的思想如同房子和人一样,应该经常打扫,"房子是应该经常打扫的,不打扫就会积满了灰尘;脸是应该经常洗的,不洗也就会灰尘满面。我们同志的思想,我们党的工作,也会沾染灰尘的,也应该打扫和洗涤。对于我们,经常地检讨工作,在检讨中推广民主作风,不惧怕批评和自我批评,实行'知无不言,言无不尽','言者无罪,闻者足戒','有则改之,无则加勉'这些中国人民的有益的格言,正是抵抗各种政治灰尘和政治微生物侵蚀我们同志的思想和我们党的肌体的唯一有效的方法。以'惩前毖后,治病救人'为宗旨的延安整风运动,之所以发生了很大的效力,就是因为我们在这个运动中展开了正确的而不是歪曲的、认真的而不是敷衍的批评和自我批评"⑥。

在中国特色社会主义新时代,弘扬党的三大作风,用理论联系实际推进事业,推进理论发展,用密切联系群众激发人民群众的历史创造力,不断密切党群关系、巩固党的群众基础;用批评和自我批评严肃党内政治生活,发展积极健康的党内政治文化,不断净化党内政治生态,使"三大作风"绽放新的时代光彩,就是我们加强党的作风建设的基本任务。

---

①② 毛泽东.毛泽东选集:第三卷[M].北京:人民出版社,1991:1095.
③④⑤⑥ 毛泽东.毛泽东选集:第三卷[M].北京:人民出版社,1991:1096.

（二）新时代要弘扬"两个务必"精神

"两个务必"是毛泽东在中共七届二中全会上提出的,要求全党在胜利面前要保持清醒头脑,在夺取全国政权后要经受住执政的考验,"务必使同志们继续地保持谦虚、谨慎、不骄、不躁的作风,务必使同志们继续地保持艰苦奋斗的作风"[①]。中国特色社会主义新时代,让"两个务必"出彩,是我们弘扬党的优良传统和优良作风的又一基本任务。

中国共产党1949年春天进京前,对于如何执政,毛泽东提出了严肃的时代课题。一是成为执政党后,他提出,我们会遇到各种敌对势力和腐朽落后力量"糖衣炮弹"的腐蚀和袭击。解决糖弹腐蚀,"我们决不当李自成",是我们党在长期执政中必须给予认真解决的时代课题。二是他在七届二中全会报告中提出"两个务必",即务必使同志们继续地保持谦虚、谨慎、不骄、不躁的作风,务必使同志们继续地保持艰苦奋斗的作风。三是离开西柏坡向北京挺进之时,他提出"我们是进京赶考去了,考不好我们还会退回来"的"进京赶考"说。在长期执政的实践中,我们党一直在认真解决这三个问题。

为解决"糖衣炮弹"腐蚀和迎接"进京赶考"的每一场考试,我们党必须坚定不移地推进全面从严治党、党风廉政建设和反腐败斗争。社会主义建设时期,在国家一穷二白的基础上,我们党艰苦奋斗30年,在中国建立起社会主义制度和社会主义发展的物质基础;继续谦虚、谨慎、不骄、不躁,艰苦奋斗30年,开拓了改革开放新事业,成功地探索了中国特色社会主义道路。进入中国特色社会主义新时代,需要我们党继续坚持"两个务必",耕耘伟大的新时代。

二、以经典为"魂"着力新时代伟大创造

我们党在革命时期锻造的红船精神、井冈山精神、长征精神和延安精神,是我们党的宝贵精神财富。在中国特色社会主义新时代,我们一定要大力弘扬红船精神、井冈山精神、长征精神和延安精神,以更加优良的作风,耕耘伟大的新时代,创造伟大的新时代。

（一）弘扬红船精神,以优良的作风领航新时代

在中国特色社会主义新时代,大力弘扬红船精神,就是要以优良的作风领航新时代。

中国共产党的成立,是中国历史上开天辟地的大事件。2005年6月,习近平在《光明日报》上发表文章——《弘扬"红船精神"走在时代前列》,首次公开提出了"红船精神",并定义了"红船精神"基本内涵:"开天辟地、敢为人先的首创精神,坚定理想、百折不挠的奋斗精神,立党为公、忠诚为民的奉献精神,是中国革命精神之源。"文

---

① 毛泽东.毛泽东著作选读:下[M].北京:人民出版社,1986:667.

章还指出,"必须永远铭记我们党的'母亲船',重温红船的历史沧桑,在继承和弘扬'红船精神'中永葆党的先进性,进一步激发为中国特色社会主义事业奋斗的信念和力量"①。

在中国特色社会主义新时代,弘扬红船精神,核心是领航精神。1921年中国共产党在浙江嘉兴南湖红船上诞生,从此,中国革命就有了坚强的领导者,中国革命的航船从这里扬帆起航,展现了"开天辟地、敢为人先"的首创精神和领航精神,领航了百年的中国革命、建设和改革开放事业,闯过一个个激流险滩,从一个胜利走向又一个胜利。今天,面对新时代波涛汹涌的大海,需要更加坚强的领航者,领航中国人民继续劈波斩浪,驶向胜利的彼岸。

领航新时代,需要更加优良的作风。新时代任务艰巨,实现中华民族伟大复兴的中国梦,建设富强民主文明和谐美丽的社会主义现代化强国,解决人民日益增长的美好生活需要和不平衡不充分的发展之间的矛盾,没有优良的作风,没有扎实的作风,根本完不成时代使命。中国特色社会主义新时代,是中国的生产力发展日益赶上和逐渐超越资本主义生产力水平的新时代。所以,没有坚定的理想信念,没有百折不挠的意志,没有正确的战略与战术,实现"超越"是很难的。

(二) 弘扬井冈山精神,推动新时代经济高质量发展

在中国特色社会主义新时代,大力弘扬井冈山精神,就是要以解放思想、勇于创新的作风开辟超越资本主义国家生产力水平的新路径。

作为中国共产党在革命斗争的艰苦岁月中形成的伟大精神和马克思主义中国化的理论结晶,井冈山精神集中反映了中国共产党的优良传统和作风,有着极为丰富深邃的精神内涵。井冈山精神的基本内涵是坚定信念、艰苦奋斗,实事求是、敢闯新路,依靠群众、勇于胜利。

井冈山精神的核心是敢闯新路。党在每个历史时期,都需要开拓推进事业发展的具体道路和具体路径。理论联系实际、勇于开拓创新的精神和作风,是中国共产党的优良传统作风。井冈山时期,开辟了农村包围城市的井冈山道路。江西苏区时期,开拓了"土地革命、武装斗争、根据地建设"三位一体的推进路径。延安时期,总结了"统一战线、武装斗争、党的建设"的推进模式。社会主义革命和社会主义建设时期,开拓了"一化三改"(实现工业化和对农业、手工业和资本主义工商业的社会主义改造)的社会主义革命路径;改革开放后,开拓了"一个中心、两个基本点"(坚持以经济建设为中心、坚持四项基本原则、坚持改革开放)的中国特色社会主义事业推进路径。中国特色社会主义进入新时代,需要我们共产党人开拓实现中华民族伟大复兴、建设社会主义现代化强国的新路径。

开拓实现中华民族伟大复兴、建设社会主义现代化强国的新路径,关键是以解放思想、勇于创新的作风开辟超越资本主义生产力水平的新路径。我国虽然是世界第

---

① 习近平.弘扬"红船精神"走在时代前列[N].光明日报,2005-06-21.

二大经济体,但仍然是发展中国家,要实现社会主义现代化,还有很长的路要走。我国的经济发展,已由高速增长阶段转向高质量发展阶段,需要坚持质量第一、效益优先,以供给侧结构性改革为主线,推动经济发展质量变革、效率变革、动力变革,提高全要素生产率,加快建设创新型国家。

第一,培养造就创新的团队,用不断创新的纲领、战略策略、路线方针、创新的实践,实现中华民族伟大复兴事业。建设庞大的创新队伍,高素质专业化干部队伍建设是核心。一是党的干部是党和国家事业的中坚力量,是推进中国特色社会主义事业的领导者、决策者、组织实施者、实践者和管理监督者。今天的领导干部,如果仅停留在过去的领导水平和执政能力上,很难制定出赶超的战略策略。因此,必须注重各行各业干部的专业能力培养,增强干部队伍适应新时代中国特色社会主义发展要求的能力,不断提高干部领导现代化事业的专业化水平。二是人才强国战略得靠干部去实施。党管人才,聚天下英才而用之,实行更加积极、更加开放、更加有效的人才政策,把党内外、国内外各方面优秀人才集聚到党和人民的伟大奋斗中来。鼓励引导人才向边远贫困地区、边疆民族地区、革命老区和基层一线流动,努力形成人人渴望成才、人人努力成才、人人皆可成才、人人尽展其才的良好局面,让各类人才的创造活力竞相迸发、聪明才智充分涌流。

第二,培养造就和使用一大批具有国际水平的战略科技人才、科技领军人才、青年科技人才、高水平创新团队,充分发挥他们的聪明才智,推动国家实现跨越式发展。一要瞄准世界科技前沿,强化基础科学研究,实现前瞻性基础研究、引领性原创成果重大突破。二要加强应用基础科技研究,拓展实施国家重大科技项目,突出关键共性技术、前沿引领技术、现代工程技术、颠覆性技术创新,为建设科技强国、质量强国、航天强国、网络强国、交通强国、数字中国提供有力支撑。三要加强国家创新体系建设,强化战略科技力量。四要不断深化科技体制改革,建立以企业为主体、市场为导向、产学研深度融合的技术创新体系,促进科技成果转化,同时加大对中小企业创新的支持力度。

(三)弘扬长征精神,走好新时代长征路

实现"两个一百年"奋斗目标、实现中华民族伟大复兴的中国梦,是中国特色社会主义新时代的一次新的长征。面对新的长征,必须大力弘扬长征精神,加强党的作风建设,走好新时代的长征路。

从1934年10月至1936年10月,红军第一、第二、第四方面军和第二十五军进行了伟大的长征。长征这一人类历史上的伟大壮举,留给我们最可宝贵的精神财富,就是中国共产党人和红军将士用生命和热血铸就的伟大长征精神。伟大长征精神,就是把全国人民和中华民族的根本利益看得高于一切,坚定革命的理想和信念,坚信正义事业必然胜利的精神;就是为了救国救民,不怕任何艰难险阻,不惜付出一切牺牲的精神;就是坚持独立自主、实事求是,一切从实际出发的精神;就是顾全大局、严守纪律、紧密团结的精神;就是紧紧依靠人民群众,同人民群众生死相依、患难与共、艰苦奋斗的精神。伟大长征精神,是中国共产党人及其领导的人民军队革命风范的生动反映,是中华民族自强不息的民族品格的集中展示,是以爱国主义为核心的民族精神的最高体现。伟大长征精神,作为中国共产党人红色基因和精神族谱的重要组成部分,已经深深融入中华民族的血脉和灵魂,成为社会主义核心价值观的丰富滋养,成为鼓舞和激励中国人民不断攻坚克难、从胜利走向胜利的强大精神动力。

弘扬伟大长征精神,走好今天的长征路,必须坚定共产主义远大理想和中国特色社会主义共同理想,为崇高理想信念而矢志奋斗。理想信念的坚定,来自思想理论的坚定。认识真理,掌握真理,信仰真理,捍卫真理,是坚定理想信念的精神前提。中国共产党人的理想信念,建立在马克思主义科学真理的基础之上,建立在马克思主义揭示的人类社会发展规律的基础之上,建立在为最广大人民谋利益的崇高价值的基础之上。我们坚定,是因为我们追求的是真理,遵循的是规律,代表的是最广大人民根本利益。坚定理想信念,就要深入学习马克思列宁主义、毛泽东思想、邓小平理论、"三个代表"重要思想、科学发展观,深入学习习近平新时代中国特色社会主义思想,让真理武装我们的头脑,指引我们的理想,坚定我们的信仰。要坚持和发扬理论联系实际的学风,学而信、学而思、学而行,把学习成果转化为不可撼动的理想信念,转化为正确的世界观、人生观、价值观,用理想之光照亮奋斗之路,用信仰之力开创美好未来。

弘扬伟大长征精神,走好今天的长征路,必须坚定中国特色社会主义道路自信、理论自信、制度自信、文化自信,为夺取中国特色社会主义伟大事业新胜利而矢志奋斗。中国特色社会主义,承载着几代中国共产党人的理想和探索,寄托着无数仁人志士的夙愿和期盼,凝聚着亿万人民的奋斗和牺牲,是近代以来中国社会发展的必然选择。我们强调坚定道路自信、理论自信、制度自信、文化自信,不是说就故步自封、不思进取了,我们必须不断有所发现、有所发明、有所创造、有所前进,使中国特色社会主义永远充满蓬勃生机活力。同时,我们要永远记住,我们所进行的一切完善和改进,都是在既定方向上的继续前进,而不是改变方向,更不是要丢掉我们党、国家、人民安身立命的根本。

弘扬伟大长征精神,走好今天的长征路,必须把人民放在心中最高位置,坚持一切为了人民、一切依靠人民,为人民过上更加美好的生活而矢志奋斗。人民群众有着无尽的智慧和力量,只有始终相信人民,紧紧依靠人民,充分调动广大人民的积极性、主动性、创造性,才能凝聚起众志成城的磅礴之力。同人民风雨同舟、血脉相连、生死与共,是中国共产党和红军取得长征胜利的根本保证,也是我们战胜一切困难和风险的根本保证。中国共产党之所以能够发展壮大,中国特色社会主义之所以能够不断前进,正是因为依靠了人民。我们要始终把人民立场作为根本政治立场,把人民利益摆在至高无上的地位,不断把为人民造福事业推向前进。我们要团结带领全体人民,以自己的辛勤劳动和不懈努力,不断保障和改善民生,让改革发展成果更多更公平惠及全体人民,朝着实现全体人民共同富裕的目标稳步迈进。忘记了人民,脱离了人民,我们就会成为无源之水、无本之木,就会一事无成。我们要坚持党的群众路线,始终保持党同人民群众的血肉联系,始终接受人民群众批评和监督,心中常思百姓疾苦,脑中常谋富民之策,使我们党永远赢得人民群众信任和拥护,使我们的事业始终拥有不竭的力量源泉。

(四)弘扬延安精神,推进党的建设新的伟大工程

在中国特色社会主义新时代,深入推进党的建设新的伟大工程,是弘扬延安精神的核心要义。

从1935年到1948年,中共中央和毛泽东在延安领导、指挥了抗日战争和解放战争,实现了马克思列宁主义同中国实际相结合的第一次历史性飞跃,诞生了毛泽东思想,奠定了中华人民共和国的基石。延安孕育的延安精神,是中国革命和建设的伟大的精神动力。延安精神的主要内容是:坚定正确的政治方向、解放思想实事求是的思想路线、全心全意为人民服务的根本宗旨、自力更生艰苦奋斗的创业精神。延安精神培育了一代代中国共产党人,是我们党的宝贵精神财富。要坚持不懈用延安精神教育广大党员、干部,用以滋养初心、淬炼灵魂,从中汲取信仰的力量、查找党性的差距、校准前进的方向。

弘扬延安精神,核心问题是在中国特色社会主义新时代,推进党的建设新的伟大工程。解放思想、实事求是的思想路线,全心全意为人民服务的根本宗旨,勇于推进理论创新的学风等,都是在党的建设第一个伟大工程中产生的。解决中国的问题,关键在党,核心在党的领导,基础在不断加强党的建设。在中国特色社会主义新时代,深入推进党的建设新的伟大工程,对于实现伟大梦想、推进伟大事业、开展伟大斗争,具有决定性作用。在中国特色社会主义新时代,深入推进党的建设新的伟大工程,我们必须有新作风、新气象、新作为,这就是弘扬延安精神推进新时代党的建设的题中之义。

第二节 坚持以人民为中心的执政方略

"坚持以人民为中心",是在新时代条件下对"为人民服务"这一理念的高度彰显。全心全意为人民谋幸福,是新时代加强党的作风建设的根本追求。"以人民为中心",不是抽象概念,不能停留在口头上、止步于思考中,而是要体现在经济社会发展各个环节各领域。

一、以人民为中心统筹推进"五位一体"总体布局

"五位一体"总体布局是以习近平同志为核心的党中央坚持以马克思列宁主义为指导,立足于中国国情和当前我国的发展需要,提出的具有全局性的战略布局,对于促进中国特色社会主义建设起着重要的理论指导作用。中国共产党的奋斗目标是实现人民对美好生活的向往,增进民生幸福是我们党发展的根本目的之一,这就要求我们以"五位一体"总体布局为理论指导,指引人民创造美好生活,增进人民福祉。

(一)推进经济建设,以实现"兴民"

坚持以人民为中心,就要在经济建设上实现"兴民"。要实现国家繁荣富强、人民幸福,归根结底还是要靠经济发展。在新时代,不断提升人民的获得感、幸福感、安全感,共享改革发展成果,做好以下三方面工作:

(1)坚持中国特色社会主义经济制度。必须立足于社会主义初级阶段这个最大的实际,毫不动摇巩固和发展公有制经济,坚持公有制经济的主体地位;毫不动摇鼓励、支持、引导非公有制经济发展。在全面深化改革中,大力解放和发展生产力,特别是要坚持走科学发展之路,转变发展方式、提高经济增长质量和效益,在生产发展和效益提高的基础上逐步提高人民群众生活水平。

(2)发挥好政府的宏观调控作用。既要坚持市场在资源配置中的决定性作用,也要更好地发挥政府在市场经济中的宏观调控作用,将"看得见的手"和"看不见的手"结合起来,为经济的发展创造更大的活力。

(3)坚持走共同富裕的道路。坚持按劳分配为主体、多种分配方式并存,提高劳动报酬在初次分配中的比重,完善工资制度,健全工资合理增长机制,着力提高低收入群体收入,扩大中等收入群体规模。完善再分配机制,加大税收、社保、转移支付等调节力度和精准性,合理调节过高收入,取缔非法收入。发挥第三次分配作用,发展慈善事业,改善收入和财富分配格局。

(二)推进政治建设,以实现"重民"

坚持以人民为中心,在政治建设上实现"重民"。我国是人民民主专政的社会主义国家,本质是人民当家作主,人民是国家的主人,国家的一切权力属于人民。

(1)发展社会主义民主政治,以人民当家作主为出发点和归宿。国家尊重宪法、法律赋予公民的各项民主权利,保证人民的选举权、被选举权、监督权等的落实。不断完善社会主义民主制度,通过深入了解民情、反映民意、集中民智、确保民利,提升人民的获得感、幸福感、安全感。

(2)坚持将民主与法治相结合,实现二者相互促进。人民当家作主最根本的体现,就是每一项权利和基本自由都得到切实尊重和有效保障。中国特色社会主义法治,就是要保障公民的各项合法权利不受侵犯,保证公民的合法权利落到实处。坚持

将民主与法治相结合,一方面国家尊重和维护公民的各种合法权益,另一方面也要维护法律的权威,使依法治国基本方略得到落实。

(三)推进文化建设,以实现"安民"

坚持以人民为中心,在文化建设上实现"安民"。以人民为中心的社会是人民的物质生活和精神生活水平都不断提高的社会。随着人民物质生活水平的逐步提高,人民群众的精神文化需求也在不断提升。

(1)加强社会主义意识形态建设。坚持马克思主义在意识形态领域的指导地位不动摇,坚定走中国特色社会主义文化发展道路,增强文化自信,培育和践行社会主义核心价值观,全面贯彻"文化兴国运兴,文化强民族强"的执政理念。

(2)培育和践行社会主义核心价值观。习近平总书记强调,培育和践行社会主义核心价值观要"在落细、落小、落实上下功夫",坚持教育引导、舆论宣传和文化熏陶,引导人民积极践行社会主义核心价值观,推动社会主义核心价值观成为人们的思想自觉和行为习惯。

(3)坚定文化自信。继承和弘扬中华优秀传统文化,充分挖掘中华传统文化的时代价值;要了解和把握红色革命文化,弘扬红船精神、井冈山精神、长征精神、西柏坡精神等;学习和弘扬社会主义先进文化,坚持以民族精神和时代精神为引领,在新时代的实践创造中进行文化创造。

(4)着力提高文化生产力。推动文化生产力快速发展,推动文化事业全面繁荣,进一步突破体制机制的障碍,增强文化整体实力和竞争力,不断提高文化产业规模化、集约化、专业化水平。要深化文化体制改革,完善文化管理体制,加快构建把社会效益放在首位、社会效益和经济效益相统一的体制机制。健全现代文化产业体系和市场体系,创新生产经营机制,完善文化经济政策,培育新型文化业态。

(四)推进社会建设,以实现"惠民"

坚持以人民为中心,要在社会建设上实现"惠民"。社会建设与人民的切身利益紧密相关,与人民的获得感幸福感安全感关系最密切,必须摆在最突出位置,在实践中积极实施社会建设方略,以推进中国特色的社会建设。

(1)加快推进以民生为重点的社会建设。要努力使经济发展成果更多地体现到改善人民生活水平和质量上,着力解决民生事业发展不平衡不充分的问题,尽快补全覆盖不全的民生项目,缩小地区间的民生差距,以保证人民在共建共享中感受到更多的公平正义。

(2)实现社会治理现代化。加强社会治理制度建设,完善党委领导、政府负责、社会协同、公众参与、法治保障的社会治理体制,提高社会治理社会化、法治化、智能化、专业化水平。加强社区治理体系建设,推动社会治理重心向基层下移,发挥社会组织作用,实现政府治理和社会调节、居民自治良性互动。

（五）推进生态文明建设，以实现"利民"

坚持以人民为中心，要在生态文明建设上实现"利民"。加强生态文明建设，建设美丽中国，是全国各族人民对美好生活的新期盼。中共十八大以来，以习近平同志为核心的党中央高度重视生态文明建设，将生态文明建设纳入中国特色社会主义"五位一体"总体布局，生态文明建设取得了重大成果。

（1）坚持节约资源和保护环境的基本国策，实行最严格的生态环境保护制度，形成绿色发展方式和生活方式，坚定走生产发展、生活富裕、生态良好的文明发展道路，建设美丽中国，为人民创造良好的生产生活环境。

（2）保护生态环境，将不损害生态环境作为经济发展的底线，通过深化生态环境体制改革，设立国有自然资源资产管理和自然生态监管机构，完善生态环境管理制度，通过完善相关的制度来实现生态环境保护。

（3）建设美丽中国，践行"两山"理论。要处理好经济发展与生态环境保护的关系，绿水青山就是金山银山，宁要绿水青山不要金山银山，自觉推动绿色发展、循环发展和低碳发展，实现以人民为中心的绿色、可持续发展。

二、以人民为中心协调推进"四个全面"战略布局

以习近平同志为核心的党中央将马克思主义基本原理同中国具体实际和时代特征相结合，从坚持和发展中国特色社会主义的全局出发提出了"全面建成小康社会、全面深化改革、全面依法治国、全面从严治党"的战略布局。"四个全面"战略布局的提出丰富了中国特色社会主义理论体系，深化了对共产党执政规律、社会主义建设规律、人类社会发展规律的认识，带领着人民向着实现"两个一百年"的奋斗目标，实现中华民族伟大复兴中国梦迈出重要的步伐。"四个全面"战略布局贯穿以人民为中心的逻辑主线，是人民群众根本利益的体现。具体如下：全面建成小康社会的目的在于通过打好精准脱贫攻坚战，实现整体脱贫，着力解决全体人民的现实生活问题，保障和改善民生，全面提高人民的生活质量；全面深化改革即针对一切不符合时代发展的思想观念与旧有弊病进行全面深入的改革，最终使改革成果惠及全体人民；全面依法治国要求推进依法治国、依法执政、依法行政，从法律层面调解人民的矛盾，保证社会的安全稳定运行，维护人民当家作主地位；全面从严治党体现了中国共产党立党为公、执政为民的执政理念，力图通过反腐败斗争，纯洁党的思想、严明党的纪律、完善党的制度、夯实党的执政根基，从而担负起对国家、民族、人民的使命与责任。①"四个全面"战略布局终极目的就是使发展成果惠及全体人民，让人民拥有实实在在的获得感幸福感安全感。

---

① 段光鹏,王向明.以人民为中心：习近平新时代中国特色社会主义思想的价值取向[J].思想教育研究,2020(2).

三、以人民为中心坚定不移贯彻"五大发展理念"

习近平指出:"实现'十三五'时期发展目标,破解发展难题,厚植发展优势,必须牢固树立创新、协调、绿色、开放、共享的发展理念。"①新发展理念将人民作为发展的出发点和落脚点,蕴含着以人民为中心的发展思想。具体来说,创新发展理念着眼于破解社会发展动力不足的问题,通过激发人民的创造热情,创新经济发展方式以提升发展的质量和效益,从而实现人民更加富裕;协调发展理念着眼于解决社会不平衡、不协调、不可持续的难题,通过推动区域、城乡、领域、行业的协调发展,从而使各方面要素形成合力推动社会和谐发展;绿色发展理念是破解社会永续发展的关键,是要实现人与自然和谐相处,满足人民对天蓝、地绿、水清的生态环境的要求,提高人民的生活质量;开放发展理念着眼于解决发展的内外统筹、联动问题,通过开放发展以赢得国际竞争优势,并促进多样文明的相互交流,实现国家更加富强、各国人民和谐相处;共享发展理念着眼于解决社会公平正义问题,通过保障和改善民生,提高人民生活质量,实现人民共享发展权利、发展机会、发展成果。②因此,以人民为中心贯穿于新发展理念之中,为其提供了实践指南。

四、以人民为中心统筹协调"四个伟大"战略设计

习近平指出:"在新的时代条件下,我们要进行伟大斗争、建设伟大工程、推进伟大事业、实现伟大梦想。"③

以人民为中心是进行伟大斗争的领航灯塔;以人民为中心是建设伟大工程的价值取向;以人民为中心是推进伟大事业的动力源泉;以人民为中心是实现伟大梦想的力量保证。"伟大斗争,伟大工程,伟大事业,伟大梦想,紧密联系、相互贯通、相互作用,其中起决定性作用的是党的建设新的伟大工程。"④中国共产党必须围绕满足人民日益增长的美好生活需要来统筹协调"四个伟大"之间的关系,把实现中华民族伟大复兴作为责任和使命,始终坚持人民立场、为民情怀,不断从人民群众中汲取智慧和力量,确保自身始终是中国人民的主心骨和中国特色社会主义事业的坚强领导核心。

五、以人民为中心构建人类命运共同体

人类命运共同体以"共商、共建、共享、共赢"为构建原则,规定了新时代以和平发展方式谋求人类社会美好未来的现实途径,致力于实现世界各国人民的和谐相处、友

---

① 十八大以来重要文献选编:中[M].北京:中央文献出版社,2016:792.
② 段光鹏,王向明.以人民为中心:习近平新时代中国特色社会主义思想的价值取向[J].思想教育研究,2020(2).
③ 习近平.习近平谈治国理政:第二卷[M].北京:外文出版社,2017:62.
④ 十九大以来重要文献选编:上[M].北京:中央文献出版社,2019:12.

好合作、互利共赢。习近平指出:"我们要站在世界历史的高度审视当今世界发展趋势和面临的重大问题,坚持和平发展道路,坚持独立自主的和平外交政策,坚持互利共赢的开放战略,不断拓展同世界各国的合作,积极参与全球治理,在更多领域、更高层面上实现合作共赢、共同发展,不依附别人、更不掠夺别人,同各国人民一道努力构建人类命运共同体,把世界建设得更加美好。"①这就要求我们遵循人类历史发展规律,从为全人类谋福祉的高度,积极推动构建人类命运共同体,促使人类走向美好未来。

第三节 作风建设永远在路上

在中国特色社会主义新时代,我们要更加深刻地认识党面临的执政考验、改革开放考验、市场经济考验、外部环境考验的长期性和复杂性,深刻地认识党面临的精神懈怠危险、能力不足危险、脱离群众危险、消极腐败危险的尖锐性和严峻性,坚持问题导向,保持战略定力,必须以密切党群关系为出发点和落脚点,必须坚持正风肃纪和反腐倡廉永不止步,进而以优良的党风推进新时代中国特色社会主义伟大事业。

一、持之以恒正风肃纪

在中国特色社会主义新时代,持之以恒正风肃纪,是加强党风建设、密切党群关系的保证。

(一)抓住作风问题的核心是党群关系问题

作风问题的核心是党要始终紧紧依靠人民,始终保持同人民群众的血肉联系,坚持党的群众路线。中共十八大以来,围绕改进工作作风、密切联系群众,党中央对新时代的作风建设提出如下要求:

一是严格遵守执行中央八项规定。2012年12月,中共中央政治局召开会议,审议通过了中央政治局关于改进工作作风、密切联系群众的八项规定。习近平指出:"中央八项规定是一个切入口和动员令。中央八项规定既不是最高标准,更不是最终目的,只是我们改进作风的第一步,是我们作为共产党人应该做到的基本要求。"②党中央从落实中央八项规定精神破题,坚持以上率下,率先垂范,从中央做起,既抓思想引导又抓行为规范,执纪问责,严肃查处和曝光典型案件,形成高压态势。各地认真贯彻落实中央八项规定精神,也结合实际制定了具体细化措施。这一切,赢得了人民群众的衷心拥护。从中共十八大以来正风肃纪的实践来看,无论是全国查处的违反

---

① 十九大以来重要文献选编:上[M].北京:中央文献出版社,2019:432.
② 中共中央纪律检查委员会,中共中央文献研究室.习近平关于党风廉政建设和反腐败斗争论述摘编[M].北京:中央文献出版社,2015:71.

中央八项规定问题,还是集中整治的"四风"问题,以及党内政治生活中存在的不良政治生态问题,都证明了党的作风建设的长期性、艰巨性、复杂性。

二是坚持党的群众路线和集中整治"四风"。从2013年6月至2014年10月,全党自上而下深入开展了以"为民、务实、清廉"为主题,以"照镜子、正衣冠、洗洗澡、治治病"为总要求的党的群众路线教育实践活动。这次教育实践活动主要聚焦到作风建设上,集中解决形式主义、官僚主义、享乐主义和奢靡之风这"四风"问题。习近平指出:"因为这'四风'是违背我们党的性质和宗旨的,是当前群众深恶痛绝、反映最强烈的问题,也是损害党群干群关系的重要根源。党内存在的其他问题都与这'四风'有关,或者说是这'四风'衍生出来的。'四风'问题解决好了,党内其他一些问题解决起来就有了更好条件。"①

三是坚决贯彻执行"三严三实"及其要求。习近平要求各级干部要做到"三严三实",他指出:"我们抓作风建设,归根到底,就是希望各级干部都能树立和发扬好的作风,既严以修身、严以用权、严以律己,又谋事要实、创业要实、做人要实。"②领导干部要自觉按照"三严三实"要求,使"三严三实"成为各级领导干部修身做人、用权律己的基本遵循和干事创业的行为准则。2015年4月10日,中共中央办公厅印发《关于在县处级以上领导干部中开展"三严三实"专题教育方案》,对2015年在县处级以上领导干部中开展"三严三实"专题教育作出安排。"三严三实"专题教育的重点是县处级以上领导干部,但同时,也是对全体党员、全体干部的要求。"三严三实"专题教育是推进党的思想政治建设和作风建设的重要举措,是严肃党内政治生活、严明党的政治纪律和政治规矩的重要举措。

四是开展"两学一做"学习教育。2016年2月,中共中央办公厅印发了《关于在全体党员中开展"学党章党规、学系列讲话,做合格党员"学习教育方案》,并发出通知,要求各地区各部门认真贯彻执行。开展"两学一做"学习教育,是落实党章关于加强党员教育管理要求、面向全体党员深化党内教育的重要实践,是推动党内教育从"关键少数"向广大党员拓展、从集中性教育向经常性教育延伸的重要举措,是加强党的思想政治建设的重要部署。"两学一做",是要求共产党员增强政治意识、大局意识、核心意识和看齐意识,自觉在思想上政治上行动上同党中央保持高度一致;就是要时时处处践行全心全意为人民服务的宗旨,时时处处严格遵守党的纪律和党的规矩,以《廉洁自律准则》为标尺,以《中国共产党纪律处分条例》为戒尺,按照习近平总书记的要求,在《党章》总规矩的规范下,成为一名合格的共产党员。

五是开展"不忘初心、牢记使命"主题教育。"不忘初心、牢记使命"主题教育是在全党范围内开展的主题教育,是推动全党更加自觉地为实现新时代党的历史使命不懈奋斗的重要内容。2017年10月18日,习近平总书记在中共十九大报告中指出,在

---

① 中共中央纪律检查委员会,中共中央文献研究室.习近平关于党风廉政建设和反腐败斗争论述摘编[M].北京:中央文献出版社,2015:72.

② 中共中央文献研究室.习近平关于全面从严治党论述摘编[M].北京:中央文献出版社,2016:158.

全党开展"不忘初心、牢记使命"主题教育,用党的创新理论武装头脑,推动全党更加自觉地为实现新时代党的历史使命不懈奋斗。2019年5月13日,中共中央政治局召开会议,决定从2019年6月开始,在全党自上而下分两批开展"不忘初心、牢记使命"主题教育。9月,《关于开展第二批"不忘初心、牢记使命"主题教育的指导意见》印发。11月,《关于第二批主题教育单位基层党组织召开专题组织生活会和开展民主评议党员的通知》印发。2020年9月,中共中央办公厅印发了《关于巩固深化"不忘初心、牢记使命"主题教育成果的意见》。开展"不忘初心、牢记使命"主题教育,铭记"为中国人民谋幸福,为中华民族谋复兴"的"初心"和"使命",是学习贯彻中共十九大精神的重要举措,是激励我们共产党人不断前进的根本动力。

(二)解决作风问题的根本在于加强党性修养

作风问题根本上是党性问题。习近平指出:"作风反映的是形象和素质,体现的是党性,起决定作用的也是党性。"①良好的作风要靠加强党性修养来养成,解决作风问题的根本在于加强党性修养。习近平指出:"在作风问题上,起决定作用的是党性,衡量党性强弱的根本尺子是公私二字。作风问题,很多是因公私关系没有摆正产生的。"②少数党员干部利用手中掌握的权力谋求私利、满足私欲,为了自己和小团体的私利而结成利益同盟,忘记了党员、干部要全心全意为人民服务的根本宗旨。

加强党性修养,一靠教育,二靠制度。党性教育是党的作风建设一项长期的基础性工作。我们党历来高度重视把党性教育作为加强和改进作风建设的重要手段,在革命、建设和改革的历程中,坚持不懈地对党员干部开展党性教育,增强党员干部弘扬优良作风的自觉性,努力在全党全社会营造风清气正的良好政治生态。中共十八大以来,相继开展了一系列教育活动。党的群众路线教育实践活动、"三严三实"专题教育、"两学一做"学习教育、"不忘初心、牢记使命"主题教育。制度建设是关键,把制度建设贯穿于作风建设的各个方面及其全过程。中共十八大以来,中央高度重视制度建设,提出要把权力关进制度的笼子里。习近平指出:"作风建设和全面深化改革息息相关。许多问题,看起来是风气问题,往深处剖析又往往是体制机制问题。从中央到地方,对很多作风问题都有一些制度性规范,但有些形同虚设,形同摆设,牛栏关猫,很多作风问题不仅没有遏制住,反而愈演愈烈。"③

(三)实现作风建设制度化、规范化、常态化

习近平指出:"作风建设是攻坚战,也是持久战。这么多年,作风问题我们一直在抓,但很多问题不仅没有解决、反而愈演愈烈,一些不良作风像割韭菜一样,割了一茬

---

① 中共中央文献研究室.习近平关于全面从严治党论述摘编[M].北京:中央文献出版社,2016:154.
② 中共中央纪律检查委员会,中共中央文献研究室.习近平关于党风廉政建设和反腐败斗争论述摘编[M].北京:中央文献出版社,2015:79.
③ 中共中央纪律检查委员会,中共中央文献研究室.习近平关于党风廉政建设和反腐败斗争论述摘编[M].北京:中央文献出版社,2015:86.

长一茬。症结就在于对作风问题的顽固性和反复性估计不足,缺乏常抓的韧劲、严抓的耐心,缺乏管长远、固根本的制度。"①党的作风建设出现的这一难题,一方面源自党对作风问题的反复性和顽固性认识不足,另一方面源自作风建设存在形式主义,没抓实、抓细,存在虎头蛇尾、有始无终的问题。对此,作风建设一要抓常、抓长,"作风问题具有反复性和顽固性,必须经常抓、长期抓"②。二要抓细,"在改进作风上讲认真,做到善始善终、善作善成。不能表面上热热闹闹,实际上用形式主义反对形式主义,影响活动健康发展。要采取有效措施,举一反三,防止和避免活动走形变味、做成夹生饭"③。

习近平高度重视制度建设在作风建设中的作用。强调,"要以法治思维和法治方法抓作风建设,实现作风建设制度化、规范化、常态化"④。为此,他提出要构建党员干部为民、务实、清廉的长效机制并以此推动作风建设制度化、规范化、常态化。在建立健全为民的长效机制上,着重阐述了建立健全直接联系和服务群众的常态化制度的重要性,指出要以开展党的群众路线教育实践活动、"三严三实"专题教育、"两学一做"学习教育为契机,以贯彻落实中央八项规定精神为切入点,着力解决群众反映强烈的突出作风问题。在建立健全务实的长效机制上,要通过加强理想信念建设解决好广大党员干部世界观、价值观和人生观的"总开关"问题,改革会议公文制度,从中央做起带头减少会议、文件,着力改进会风文风。在建立健全清廉的长效机制上,要加强党对党风廉政建设和反腐败工作统一领导,改革党的纪检检查体制,明确党委主体责任、纪委监督责任,认真贯彻民主集中制,严肃党内生活,严明政治纪律,健全反腐败领导体制和工作机制,改进中央和省区市巡视制度。

(四)要抓好领导干部这个关键

习近平指出,中央政治局处在党和国家政治生活最高层,抓改进作风,必须从中央政治局抓起。为此,他明确要求:"中央政治局的同志必须有天下为公的宽阔胸襟,摒弃任何私心杂念,把为全中国人民谋利益作为自己唯一的追求,为党的事业和人民利益鞠躬尽瘁。要带头树立正确的权力观、地位观、利益观,坚持自重、自省、自警、自励,严格遵守党纪国法,严格按制度和程序办事,严格管理自己的亲属和身边工作人员,不搞以权谋私,不搞特殊化,为全党同志树立爱党爱民、勤政敬业、廉洁奉公的榜样。"⑤他要求各级领导干部,"要以身作则、率先垂范,说到的就要做到,承诺的就要兑现。要坚持勤俭办一切事业,坚决反对讲排场比阔气,坚决抵制享乐主义和奢靡之风。要大力弘扬中华民族勤俭节约的优秀传统,大力宣传节约光荣、浪费可耻的思想

---

① 十八大以来重要文献选编:中[M].北京:中央文献出版社,2016:99.
② 深入扎实开展党的群众路线教育实践活动为实现党的十八大目标任务提供坚强保证[N].人民日报,2013-06-19.
③ 作风建设要经常抓深入抓持久抓 不断巩固扩大教育实践活动成果[N].人民日报,2014-05-10.
④⑤ 对照检查中央八项规定落实情况讨论研究深化改进作风举措[N].人民日报,2013-06-26.

观念,努力使厉行节约、反对浪费在全社会蔚然成风"[①]。

(五) 要抓好制度建设这个根本

建章立制是建立作风建设长效机制的重要载体。有的党员干部之所以存在作风方面问题,主要原因就是没有有效的制度或者没有严格的执行制度。新形势下加强作风建设的重点,就是要强化制度约束,抓好制度建设,扎紧制度篱笆,把权力牢牢地关进笼子里。对此,要坚持改革创新精神,准确把握时代和实践发展新要求,对现有制度规范进行认真梳理,凡是经实践检验行之有效的,要予以重申,继续坚持;凡是不适应新形势新任务新要求的,该修改补充的要抓紧修改补充,该废止的要坚决废止,该新建的要尽快新建,确保制度的针对性、可操作性和指导性。制度一经形成,就要严格遵守,使制度真正成为硬约束。一方面,要提高制度的严肃性、权威性。要督促各级党员干部严格执行制度,做到令行禁止、不搞例外,有法必依、有令必行。另一方面,要加强对党员干部的宗旨教育、责任教育和警示教育。要通过考核评价、监督管理、责任追究等约束措施,使制度真正内化为党员干部的自觉行动。

(六) 作风建设永远在路上

通过系列教育实践活动,广大党员干部精神上补了"钙","四风"问题得到有效整治,在全党全社会弘扬了正气。"使党在群众中的威信和形象进一步树立,党心民心进一步凝聚,形成了推动改革发展的强大正能量。"[②]但是,当前,党风廉政建设和反腐败斗争形势依然严峻复杂,"四风"病源还在、病根未除。通过系列集中整治,解决的是"不敢"层面的问题,"不能""不想"层面的问题还没有解决,防止反弹任务依然艰巨复杂。

以习近平同志为核心的党中央充分认识到作风建设的长期性、复杂性和艰巨性。2014年10月8日,习近平在党的群众路线教育实践活动总结大会上明确指出,对待作风建设我们党的态度是:"作风建设永远在路上,永远没有休止符,必须抓常、抓细、抓长,持续努力、久久为功。"[③]我们要充分认识到我们党在作风建设上一抓到底的坚强决心;要时刻清楚作风建设永远在路上;要坚决贯彻落实中央八项规定及其精神,持之以恒纠正"四风";要切实加大执纪监督、公开曝光力度,依靠人民群众参与和监督;要努力建立健全作风建设的长效机制等。

二、扛起作风建设的政治责任

贯彻执行党的群众路线是一项长期任务,解决作风问题是一项经常性工作,必须在落实责任、强化担当上下功夫、求实效。

---

① 张烁.更加科学有效地防治腐败 坚定不移把反腐倡廉建设引向深入[N].人民日报,2013-01-23.
② 十八大以来重要文献选编:中[M].北京:中央文献出版社,2016:88.
③ 十八大以来重要文献选编:中[M].北京:中央文献出版社,2016:99.

(一) 各级党委(党组)必须承担起抓好作风建设的政治责任

作风建设抓了这么多年,为什么背离"三个务必",搞"四风"那一套还有不小的市场?为什么还有些人对不正之风乐此不疲?习近平总书记深刻指出,客观原因主要是"党要管党、从严治党方针在有些地方没有落到实处,在一些方面管党治党失之于宽、失之于松"。全面从严治党、加强作风建设,必须从根本上解决主体责任缺失、监督责任缺位、管党治党宽松软的问题,回答好习近平总书记提出的"是不是各级党委、各部门党委(党组)都做到了聚精会神抓党建?是不是各级党委书记、各部门党委(党组)书记都成为了从严治党的书记?是不是各级各部门党委(党组)成员都履行了分管领域从严治党责任?"党的十八大以来,各级党组织把作风建设时刻摆上位置、有机融入日常工作,经常分析班子和干部队伍作风状况,经常分析本地区本部门干群关系状况,及时掌握苗头性、倾向性问题,及时采取有针对性的措施,把改进作风的要求落实到每一个环节,使作风建设随着党的建设各项工作推进而同步深化,形成抓作风促工作、抓工作强作风的良性循环。

(二) 各级纪检监察机关必须切实压紧压实作风建设的监督责任

各级纪检监察机关坚守党章赋予的职责定位,强化监督执纪问责,坚持标准不降低、狠抓落实不放松、正风肃纪不手软,"紧箍咒"越念越紧、"组合拳"越来越密,对违反中央八项规定精神问题一律点名道姓、通报曝光,对落实中央八项规定精神不力、作风建设流于形式的,严肃追究领导责任,持续形成压力,坚决防止反弹;紧紧依靠群众、畅通监督渠道,让"四风"无处藏身,使新风正气得到弘扬。实践充分证明,督促各级党组织牢固树立抓好党建是最大政绩的意识,切实把全面从严治党责任扛在肩上、抓在手上、层层落到实处,是新时代管党治党、改进作风的固本之举,必须始终保持战略定力,坚持真管真严、敢管敢严、长管长严,把主体责任、监督责任层层压实压细,把严的主基调贯彻到管党治党全过程、落实到作风建设各方面,为实现党的历史使命提供坚强保障。

(三) 全党要以"咬定青山不放松"的政治定力把作风建设推向深入

2019年7月,习近平总书记在中央和国家机关党的建设工作会议上指出:"党中央抓八项规定这么长时间,仍有人当耳旁风,特别是形式主义、官僚主义在一些地方和部门依然积习难改,已成为阻碍党中央重大决策部署贯彻落实的严重问题。"必须清醒认识到,通过党的十八大以来持之以恒的努力,党的作风建设取得历史性成就,但是转作风、改作风的思想基础还不牢固,一些深层次问题尚未根本解决。现在,实现了第一个百年奋斗目标,开启了全面建设社会主义现代化国家、实现第二个百年奋斗目标的新征程。面对复杂形势和艰巨任务,我们要全面把握中华民族伟大复兴战略全局和世界百年未有之大变局,有力应对重大挑战、抵御重大风险、克服重大阻力、化解重大矛盾,进行具有许多新的历史特点的伟大斗争,实现中华民族伟大复兴,必须进一步改进党的作风。要教育引导广大党员干部从巩固党的执政地位、实现党的历史使命的高度深刻认识作风建设的重大意义，继续发扬革命传统和优良作风，不断增强贯彻落实中央八项规定精神的自觉性和坚定性，团结带领人民把党的二十大绘就的宏伟蓝图一步一步变为美好现实。要深入贯彻习近平新时代中国特色社会主义思想和党的二十大关于作风建设部署要求，坚持纠"四风"转作风不止步，稳扎稳打、久久为功，坚决反对特权思想、特权现象，坚决整治形式主义、官僚主义隐形变异问题，坚决纠正不作为、慢作为、乱作为问题，持续巩固拓展落实中央八项规定精神成果。要及时回应人民群众关切，坚持人民群众反对什么、痛恨什么，就坚决防范和纠正什么，精准查处涉黑涉恶腐败和"保护伞"案件，深入开展民生领域损害群众利益问题集中整治，根据不同领域和地域特点深化拓展，充分发挥基层党组织监督作用，引导群众有序参与，推动基层干部廉洁公平为群众办实事办好事，用作风建设新成效凝聚全面建设社会主义现代化国家强大正能量。

三、标本兼治抓作风建设

习近平总书记强调，解决作风问题，要标本兼治，既治标又治本。治标，就是要着力针对面上"四风"问题的各种表现，该纠正的纠正，该禁止的禁止。治本，就是要查找产生问题的深层次原因，从理想信念、工作程序、体制机制等方面下功夫抑制不正之风。这为我们指明了推动作风建设制度化、规范化、常态化的实践路径。

（一）继续以踏石留印、抓铁有痕的劲头抓好作风建设

党的十八大以来，以享乐主义和奢靡之风为代表的作风顽疾得到有效治理，但对形式主义和官僚主义，群众依然反映强烈，成为损害党群干群关系的重要根源。党的十九大以来，习近平总书记高度重视形式主义、官僚主义突出问题。在十九届中央纪委三次全会上，习近平总书记强调，要把力戒形式主义、官僚主义作为重要任务，把刹住"四风"作为巩固党心民心的重要途径，对享乐主义、奢靡之风等歪风陋习要露头就打，对"四风"隐形变异新动向时刻防范，为进一步深化作风建设指明了方向。要强化理论武装，持续巩固深化"不忘初心、牢记使命"主题教育成果，持之以恒学懂弄通做实习近平新时代中国特色社会主义思想，自觉树立全心全意为人民服务的权力观、事业观、利益观，加大干部教育培训力度，提高政治水平、政策能力和业务素质，使干部适应新时代新任务新要求。要把反对形式主义、官僚主义作为重大政治任务，充分认识党中央反对形式主义的顽强意志品质和坚定决心，立行立改，保持正风肃纪力度不减、节奏不变、尺度不松、氛围不淡。要督促党员干部求真务实、埋头苦干，不浮躁、不浮夸，追求实实在在的工作业绩，形成艰苦奋斗、崇尚实干的工作作风。要大力整治"文山会海"，大幅度精减会议、文件、简报，防止以会议推进工作、以文件落实整改、以批示代替检查。要严肃整治一些领导干部高高在上、脱离群众、庸懒无为，一些基层干部不愿担事、不在状态、吃拿卡要等现象。

(二）坚决反对特权思想和特权现象

特权是危害极大的腐蚀剂，是最大的不公，割裂党同人民群众的血肉联系，直接侵蚀党和国家的制度根基，与党的优良传统和作风格格不入。加强作风建设，必须旗帜鲜明反对特权思想、特权现象。特权现象的产生，根本在于一些领导干部理想信念宗旨出了问题，根本在于领导干部如何看待权力、如何使用权力上出了问题，同时也与"官本位""官尊民卑"等腐朽思想影响、体制机制不够严密等有关。要开展党性党风教育，教育引导广大党员干部尤其是高级领导干部清醒认识特权思想和特权现象的危害，引导党员干部坚定理想信念宗旨，自觉加强党性锻炼，加强警示教育，牢记手中的权力是党和人民赋予的，正确对待和处理公与私、义与利、廉与腐、俭与奢、苦与乐、亲与清的关系，带头保持谦虚、谨慎、不骄、不躁的作风，一身正气、两袖清风，自觉同特权思想和特权现象作斗争，做到秉公用权、依法用权、廉洁用权、为民用权。要加强对权力运行的制约和监督，让权力在阳光下运行，严格按照规则和制度行使权力，把权力关进制度的笼子里，用制度保障党员干部任何时候都不能搞特权。

（三）贯彻落实好破立并举、标本兼治的原则要求

作风建设是攻坚战、持久战，如果对其顽固性和反复性估计不足，不良作风就会像韭菜一样割了一茬又一茬，必须树立常抓的恒心和严抓的耐心。要教育引导党员干部尊崇党章，坚定理想信念、践行根本宗旨、加强道德修养；深刻剖析产生"四风"的思想根源，从思想教育入手，解决好世界观、人生观、价值观这个"总开关"问题。要对新时代改进作风密切联系群众作出基本规定，要求全党必须始终牢记为中国人民谋幸福、为中华民族谋复兴的初心和使命，永远把人民对美好生活的向往作为奋斗目标；必须增强群众观念和群众感情，坚持走群众路线，大兴调查研究之风，坚决反对形式主义、官僚主义；必须坚持以上率下，巩固拓展落实中央八项规定精神成果，继续整治"四风"问题，坚决反对特权思想和特权现象。要着眼解决作风建设中遇到的新情况新问题，及时制定出台相关制度规定，该细化的细化、该补充的补充、该调整的调整。要着力增强制度执行力，做到用制度管权管事管人，不留"暗门"、不开"天窗"，真正让铁规发力、让禁令生威。

第十一章　全面从严治党要以纪律建设为治本之策

严明纪律是全面从严治党的重要保证。我们党能够从小到大、由弱变强、从一个胜利走向另一个胜利,很重要的一条经验就是严明纪律。中共十八大以来,习近平针对党的纪律建设发表了一系列重要论述,深刻阐明了加强党的纪律建设是全面从严治党的治本之策。习近平指出,要把纪律建设摆在更加突出位置,党规制定、党纪学习教育、执纪监督全过程都要贯彻严的要求。①加强党的纪律建设,要健全完善制度,健全党内规则体系,扎紧党纪党规的笼子;要深入开展纪律教育,加强学习宣传教育,使党员、干部增强纪律意识,养成纪律自觉;要狠抓执纪监督,提高纪律执行力,维护纪律严肃性。

第一节　完善党纪党规,实现党纪党规的与时俱进

有纪可依是严明纪律的前提,党的纪律规定要根据形势和党的建设需要不断完善,确保系统配套、务实管用,防止脱离实际、内容模糊不清、滞后于实践。中共十八大以来,中国共产党不断加强党内法规制度建设,制定了党内"立法法"——《中国共产党党内法规制定条例》,进行了党的历史上第一次党内法规和规范性文件集中清理,连续两次发布中央党内法规制定工作五年规划纲要,根据实践需要,新修订和出台了一大批党内法规,实现党纪党规的与时俱进。

一、把规矩和纪律立起来

有纪可依是前提,有纪必依是保证。一个时期以来,一些潜规则侵入党内,并逐渐流行起来,这些潜规则看起来无影无踪,却又无处不在,危害极大,成为腐蚀党员和干部,败坏党的风气的沉疴毒瘤。潜规则盛行的首要原因是党内法规制度的笼子扎得不够严,一些制度流于形式,甚至在某些方面存在制度空白。破除潜规则,根本之策是创新党内法规制度,把各项规矩和纪律立起来,强化明规则,以正压邪,让潜规则在党内以及社会上失去土壤、失去通道、失去市场。

以党章为根本依据,以民主集中制为基本原则制定党内法规制度。党章是立党、

---

① 习近平在二十届中央纪委二次全会上发表重要讲话强调 一刻不停推进全面从严治党 保障党的二十大决策部署贯彻落实[N].人民日报,2023-01-10.

管党、治党的总章程,它集中体现党的性质、宗旨、奋斗目标,体现了党的理论和路线方针政策、党的重要主张等,在党内具有最大的约束力,是最根本的党内法规,是全党必须共同遵守的根本行为规范。民主集中制是党的根本组织原则,也是党的根本组织制度和领导制度,是我们党最大的制度优势,贯穿于党的组织和活动的各个方面,体现在党的路线方针政策的制定和实施的全过程。因此,制定党内法规制度,要以党章为根本依据,以民主集中制为核心,在体现党章原则性和权威性精神的基础上,在全党范围内广泛征求广大党员、干部的意见,使党内法规更具针对性、指向性、实效性以及认同性。

以改革创新精神补齐党内法规制度短板。新时代以来,随着世情、国情、党情发生新的变化,一些党内法规出现不适应、不配套、不衔接、不一致等问题,在执行过程中,也因为某些领域法规制度缺位,出现无章可循、无规可依,导致责任不明确、奖惩不清晰的问题。这些问题不利于党内法规制度的贯彻执行,也有碍党内法规制度建设的顺利推进。因此,习近平指出,我们"把中央要求、群众期盼、实际需要、新鲜经验结合起来,本着于法周延、于事有效的原则制定新的法规制度、完善已有的法规制度、废止不适应的法规制度"[①]。中共十八大以来,中国共产党先后制定和修订了180多部中央党内法规,出台了一批标志性、关键性、基础性法规制度,总体上实现了有规可依。[②]2013年和2014年,中共中央先后颁布了《关于废止和宣布失效一批党内法规和规范性文件的决定》《关于再废止和宣布失效一批党内法规和规范性文件的决定》,对新中国成立至2012年6月制定的中央党内法规和规范性文件进行集中清理。

把制度规范体系凸显出来。围绕加强党内法规制度建设,中共中央先后制定《中央党内法规制定工作五年规划纲要(2013—2017年)》和《中央党内法规制定工作第二个五年规划(2018—2022年)》,对党内法规制度建设进行顶层设计。同时,为提高党内法规制定质量,党中央近年来制定或修订了《中国共产党党内法规制定条例》《中国共产党党内法规和规范性文件备案审查规定》《中国共产党党内法规执行责任制规定(试行)》《中共中央关于加强党内法规制度建设的意见》《中共中央办公厅关于开展党内法规和规范性文件清理工作的意见》《中国共产党党内法规解释工作规定》等法规文件,对党内法规工作进行了全链条的制度规范,有力推进新时代党内法规制度建设。

构建系统集成的党内法规体系。一些制度性规范,有的过于原则、缺乏具体的量化标准,形同摆设;有的相互脱节、彼此缺乏衔接和协调配合,形不成系统化的制度链条,产生不了综合效应;有的过于笼统、弹性空间大,牛栏关猫。党内法规一定要系统完备、衔接配套。首先,党内法规体系必须具有全面性。坚持对党的建设各项领域全

---

① 中共中央纪律检查委员会,中共中央文献研究室.习近平关于严明党的纪律和规矩论述摘编[M].北京:中央文献出版社,2016:62.

② 加强新时代党内法规制度建设的重要举措:中央办公厅负责人就《中国共产党党内法规制定条例》等3部党内法规答记者问[EB/OL].[2019-09-15].http://www.gov.cn/zhengce/2019-09-15/content_5430032.htm.

方位覆盖、全过程规划,从宏观层面上编紧织密"法网",全面从严规范各级党组织工作、活动和党员行为,确保管党治党没有死角、没有盲区。在党内法规的位阶性、重要性、具体形式和调整流程上,中央党规、部委党规、地方党规,根本性党规、支架性党规、配套性党规,实体性规范、程序性规范、保障性规范、惩戒性规范,主体规范、行为规范、监督规范、责任及救济规范都必须系统完备,不可或缺。其次,党内法规制度内部之间必须协调统一。虽然党内法规因其所规范和调整的内容各不相同、所起的作用各有大小而存在一定的差异性,但其相互间的逻辑自洽、协调统一应当成为党内法规制度体系顶层设计应有的目标,避免出现相互冲突、相互违逆的现象。在这样一个目标下,各种差异性的党内法规应当结成一种逻辑自洽的体系化存在,不但不会因为差异而产生冲突,反而因为功能互补做到前后衔接、左右联动、上下配套、系统集成,形成"一加一大于二"的制度合力。①

二、坚持高标准与守底线相结合

全面从严治党,必然要求依规治党与以德治党紧密结合。道德使人向善,是纪律的必要前提和基础;纪律用来惩恶,是道德的坚强后盾和保障。坚持高标准与守底线相结合,这一原则清晰地体现在《中国共产党廉洁自律准则》和《中国共产党纪律处分条例》这两部党内法规的修订中。

2015年10月18日,中共中央印发新修订的《中国共产党廉洁自律准则》和《中国共产党纪律处分条例》。两项法规的颁布实施是在党长期执政和依法治国条件下,落实全面从严治党战略部署,实现依规依纪治党,切实加强党内监督的重大举措。两项法规一正一反、相互配套,《中国共产党廉洁自律准则》坚持正面倡导,重在立德,是党员和党员领导干部能够看得见、够得着的高标准;《中国共产党纪律处分条例》围绕党纪戒尺要求,开列"负面清单",重在立规,划出了党组织和党员不可触碰的"底线"。两项法规的修订,全面梳理了党章对党员干部的纪律要求和廉洁自律要求,把党章中的有关要点凸显出来,是对党章有关规定的具体化,用严明的纪律维护党章权威。

原《中国共产党廉洁自律准则》是在1997年《中国共产党党员领导干部廉洁从政若干准则(试行)》的基础上修订而成的,2010年1月颁布实施,但是存在以下主要问题:一是适用对象过窄,仅对党员领导干部提出规范,未能涵盖全体党员;二是缺少正面倡导,其中"8个禁止""52个不准"均为"负面清单",许多条款与修订前《中国共产党纪律处分条例》和国家法律重复;三是"廉洁"主题不够突出,有一些内容与廉洁主题无直接关联。

全面从严治党必然要求依规治党与以德治党相结合,这个"德"主要就是党的理想信念宗旨、优良传统作风。中华民族传统文化历来强调德法相依、德治礼序。中共十八大以来,党中央突出强调建设廉洁政治,要求做到干部清正、政府清廉、政治清

---

① 温聪.习近平关于党内法规制度建设的重要论述研究[J].重庆邮电大学学报(社会科学版),2019(3).

明,并对党员干部廉洁自律提出了一系列正面要求。同时,从党的性质来讲,中国共产党是中国工人阶级的先锋队,是中国人民和中华民族的先锋队,中国共产党作为一个先进政治组织,要树立清正廉洁的形象,形成不敢腐、不能腐、不想腐的有效机制,必须加强正面引领,对其成员从正面明确廉洁自律行为规范。任何社会,公民不能都踩到法律的底线上,党员更不能全站在纪律的边缘。修订后的《中国共产党廉洁自律准则》以党章作为根本遵循,紧紧围绕着廉洁自律,集中体现党的性质、宗旨,为党员和党员领导干部树立了一个看得见、够得着的高标准。

修订后的《中国共产党廉洁自律准则》坚持依规治党与以德治党相结合,针对现阶段党员领导干部和党员在廉洁自律方面存在的主要问题,提出原则要求和规范,展现共产党人高尚道德追求,体现古今中外道德规范从高不从低的共性要求。一是紧扣"廉洁自律",去除与其无直接关系的条文。二是坚持正面倡导,将"8个禁止""52个不准"有关"负面清单"内容移入同步修订的《中国共产党纪律处分条例》。三是面向全体党员,将适用对象从党员领导干部扩大到全体党员,充分体现全面从严治党要求。四是突出"关键少数",抓住党员领导干部这个重点,提出比普通党员更高要求。五是删繁就简,努力做到简洁、好懂、易记。修订后的《中国共产党廉洁自律准则》,是党执政以来第一部坚持正面倡导、面向全体党员的廉洁自律规范,是向全体党员发出的道德宣示和对全国人民的庄严承诺。

原《中国共产党纪律处分条例》是在1997年《中国共产党纪律处分条例(试行)》的基础上修订而成的,2003年12月颁布实施。原《中国共产党纪律处分条例》存在以下主要问题或需要修改完善的地方:一是对违反党章、损害党章权威的违纪行为缺乏必要和严肃的责任追究;二是纪法不分,近半数条款与刑法等国家法律规定重复,将适用于全体公民的法律规范作为党组织和党员的纪律标准,降低了对党组织和党员的要求;三是有必要将中共十八大以来从严治党的实践成果制度化,将严明政治纪律和政治规矩、组织纪律,落实八项规定精神、反对"四风"等内容纳入《中国共产党纪律处分条例》。

修订后的《中国共产党纪律处分条例》将原条例规定的10类违纪行为整合修订为6类,分别为"对违反政治纪律行为的处分""对违反组织纪律行为的处分""对违反廉洁纪律行为的处分""对违反群众纪律行为的处分""对违反工作纪律行为的处分""对违反生活纪律行为的处分"等6章,并与时俱进明确和增加了管党治党实践中发现的新问题新情况。例如,"对违反政治纪律行为的处分"一章增加了拉帮结派、对抗组织审查、组织或者参加迷信活动、搞无原则一团和气以及违反党的优良传统和工作惯例等党的规矩的违纪条款;"对违反组织纪律行为的处分"一章增加了不按照有关规定或者工作要求向组织请示报告重大问题,不如实报告个人有关事项,篡改、伪造个人档案资料,隐瞒入党前严重错误,党员领导干部违反有关规定组织、参加自发成立的老乡会、校友会、战友会,违规取得国(境)外居留权或者外国国籍,违规办理因私出国(境)证件等违纪条款;"对违反廉洁纪律行为的处分"一章增加了权权交易,对亲属和身边工作人员失管,赠送明显超出正常礼尚往来的礼品、礼金、消费卡,违规取得、持有和实际使用运动健身卡、高尔夫球卡等各种消费卡,违规出入私人会所,离职或退(离)休后违规从事营利活动,违规自定薪酬或者滥发津贴、补贴、奖金等,违反规定超标准、超范围接待或者借机大吃大喝,搞权色交易和钱色交易等违纪条款等,都非常具有时代性。

修订后的《中国共产党纪律处分条例》坚持纪法分开、纪在法前、纪严于法,作为"负面清单",强调他律,重在立规,划出了党组织和党员不可触碰的底线。特别是对禁止行为的事实范围进行了调整,内容细化,可操作,旨在告诉党员和党员领导干部要做什么、该做什么,而不再是不准做什么。这两项法规的修订颁布与施行,纪法衔接,相互配套,实现了依规治党与以德治党相结合,体现了习近平"坚持高标准与守底线相结合"的要求,推进了全面从严治党制度创新。

此后,中共中央于2018年8月和2023年12月两次修订《中国共产党纪律处分条例》,总结从严管党治党理论和实践经验,与时俱进完善纪律规范,将习近平相关重要论述转化为纪律要求,进一步严明政治纪律和政治规矩,带动各项纪律全面从严,坚持问题导向,使管党治党的思路举措更加科学严密有效。

三、把纪律和规矩挺在前面

把纪律和规矩挺在前面,就是要坚持纪严于法、纪在法前,实现纪法分开。长期以来,在党内法规制定和执行时存在纪法不分的问题。把公民不能违反的法律底线作为党组织和党员的纪律底线,降低了对党员要求,最后造成的结果就是"违纪只是小节、违法才去处理""要么是好同志、要么是阶下囚"的不良后果。纪委成了党内的"公检法",纪律审查成了"司法调查",监督执纪问责无法落到实处。因此,把纪律和规矩挺在法律前面,首要任务是解决纪法混同的问题。

把纪律建设摆在更加突出位置,坚持纪严于法、纪在法前,用纪律管住全体党员,是全面从严治党的重要体现,是管党治党的理念创新。一是体现了党的先锋队性质。我们党早在1921年成立时,就在党纲中规定,党员"必须与企图反对本党纲领的党派和集团断绝一切联系"[1]"保守秘密"[2]。这就是说,党员作为有着特殊政治职责的公民,必须接受严格的纪律约束,为本阶级、本民族肩负起神圣的政治使命。二是体现了党的执政地位。中国共产党作为一个在幅员辽阔、人口众多的发展中大国执政的大党,如果不严明党的纪律,党的凝聚力和战斗力就会大大削弱,党的领导能力和执政能力就会大大削弱。这不是危言耸听。中国共产党在执政条件下必须强化党的纪律,这是凝聚党心、汇聚党力,完成执政使命的重要保证。三是体现了管党治党的必然要求。当前,一些党组织和党员领导干部在管党治党上存在不容忽视的问题,丢掉了责任担当,对违反党章的行为不制止、不纠正,碰着事就绕、遇到问题就躲,对违法的党员干部不作党纪处理就移送司法机关,党的领导弱化、组织涣散、纪律松弛等。

---

[1] 建党以来重要文献选编:1921—1949 第1册[M].北京:中央文献出版社,2011:1-2.
[2] 建党以来重要文献选编:1921—1949 第1册[M].北京:中央文献出版社,2011:2.

解决这些问题的根本就是把纪律挺在前面,用纪律管住全体党员,特别是管住"关键少数"。四是体现了纪委"三转"的又一次深化。中共十八大以来,中央纪委和各级纪检机关,深入推进转职能、转方式、转作风,聚焦党风廉政建设和反腐败斗争,开展监督执纪问责。坚持纪严于法、纪在法前,实现纪法分开,抓住了做好纪检工作的"纲",是回归本职的再聚焦、再定位,是对纪检监察主责主业实现路径的新认识、新发展。

把纪律和规矩挺在前面,坚持纪严于法、纪在法前,实现纪法分开,这一原则贯穿于《中国共产党纪律处分条例》的修订。凡国家法律法规已经规定的内容,《中国共产党纪律处分条例》就不再重复规定,修订共删除了79条与刑法、治安管理处罚法等法律法规重复的条款,将原来以破坏市场经济秩序等为主的10类违纪违法行为,整合为政治纪律、组织纪律、廉洁纪律、群众纪律、工作纪律、生活纪律6类,使条例的内容真正回归党纪,与法分开。修订后的条例共3编、11章、133条,为党员开列了一份"负面清单",不仅告诫党员哪类行为不能做,同时还提出清晰的处分依据,突出了执纪特色,体现了党纪严于国法,成为管党治党的一把戒尺。

"六项纪律"是党员不可逾越的底线,触犯了这条底线就要受到纪律追究。中共十八大以来,一些省部级干部因违纪遭遇"断崖式"降级,都是根本不把纪律当回事的反面典型。他们有的把档案造假当成是"小错误",认识不到这就是欺瞒组织;有的公款大吃大喝,认识不到这就是违反中央八项规定精神;有的泄露巡视工作秘密,认识不到这就是违反政治纪律和政治规矩;有的被组织审查后转匿赃款赃物、订立攻守同盟,认识不到这就是对抗组织等。这些"破纪"行为,严重逾越纪律底线,影响了一个地区和部门的政治生态,危害性不言而喻。对他们的严肃处理,释放出的是纪在法前、纪严于法、动辄则咎的强烈信号,纪律的高压线什么时候都不能触碰,碰了就要受到纪律制裁。只有这样,才能使党员干部敬畏纪律、遵守纪律,自觉守住纪律底线。

坚持纪在法前,比"法在纪前"难度大得多、要求高得多。从"法言法语"到"纪言纪语",不仅是语境的变化,更是内涵的深化。能不能把纪律挺在前面,反映的是党性强不强、有没有责任担当。只要有坚定的党性立场,办法就比困难多。各级党组织要克服思维惯性和能力不足的危险,敢于执纪、善于执纪,不断提高思想政治水准和把握政策能力,用"六项纪律"去衡量党员的行为,使广大党员敬畏纪律、遵守纪律,践行高标准,决不越雷池一步。

删除国家法律法规已经规定的内容,并不是说这些行为就不再是违纪,不再给予党纪处分。党章规定,党员有模范遵守国家法律法规的义务,违反国家法律法规的行为都是违纪行为。删除与国法相重复的内容后,如何追究党员违法甚至犯罪行为的党纪责任,《中国共产党纪律处分条例》区别五种不同情况,用专门条款分别作出了规定,实现了党纪处分与国法处理的有效衔接,党纪处分制度更加科学,不会出现因纪法分开而放纵党员违法犯罪行为的情况。

第二节 深入开展纪律教育,增强党员干部纪律和规矩意识

中国共产党不搞"不教而诛"。党的纪律制度出台后,纪律教育和纪律执行是关键,而纪律教育又必须在纪律执行之前,且贯穿在纪律执行始终。加强纪律教育要坚持纪律教育与理想信念教育相结合、示范引领与警示教育相结合,深入开展党章党规教育,突出政治纪律和政治规矩教育,使党员干部知敬畏、存戒惧、守底线,强化纪律意识和规矩意识。

一、深入开展党章党规教育

党章是党的总章程,集中体现了党的性质和宗旨、党的理论和路线方针政策、党的重要主张,规定了党的重要制度和体制机制,是全党必须共同遵守的根本行为规范。没有规矩,不成方圆。党章就是党的根本大法,是全党必须遵循的总规矩。中国共产党历来高度重视制定和完善党章。中共一大制定了党纲,中共二大制定了党的第一部党章。现行党章是中共十二大修改制定的。根据形势和任务的发展变化,中共十三大至二十大都对党章作了适当修改。实践证明,这些修改有利于更好发挥党章的规范和指导作用。在百年奋斗历程中,中国共产党总是认真总结革命建设改革的成功经验,及时把党的实践创新、理论创新、制度创新的重要成果体现到党章中,从而使党章在推进党的事业、加强党的建设中发挥了重要的指导作用。每一个共产党员特别是领导干部都要牢固树立党章意识,自觉用党章规范自己的一言一行,在任何情况下都要做到政治信仰不变、政治立场不移、政治方向不偏。

中共十八大结束伊始,习近平就告诫全党要"认真学习党章,严格遵守党章","认真学习党章、严格遵守党章,是学习贯彻党的十八大精神的重要内容。要把学习党章同学习党的十八大精神紧密结合起来,同学习中国特色社会主义理论体系紧密结合起来"[①],并以十八大党章修正案颁布为契机,在全党兴起学习党章、遵守党章的热潮。

要全面掌握党章的基本内容。党章对党的性质、宗旨、指导思想、奋斗纲领和重大方针政策作出了明确规定,对党员权利和义务作出了明确规定,对党的制度和各级党组织的行为规范作出了明确规定,对党的各级领导干部的基本条件作出了明确规定,对党的纪律作出了明确规定。对这些重要内容,党员干部都要全面了解和掌握。

要严格遵守党章各项规定。全党要牢固树立党章意识,真正把党章作为加强党性修养的根本标准,作为指导党的工作、党内活动、党的建设的根本依据,把党章各项规定落实到行动上、落实到各项事业中。建立健全党内制度体系,要以党章为根本依据;判断各级党组织和党员、干部的表现,要以党章为基本标准;解决党内矛盾,要以

---

① 习近平.认真学习党章,严格遵守党章[J].求是,2012(23).

党章为根本规则。要加强对遵守党章、执行党章情况的督促检查,对党章意识不强、不按党章规定办事的要及时提醒,对严重违反党章规定的行为要坚决纠正,全党共同来维护党章的权威性和严肃性。

党员领导干部要做学习党章、遵守党章的模范。要严格按照党章规定的党员领导干部必须具备的六项基本条件,提高自身素质和能力,经常检查和弥补自身不足。特别是要在坚定理想信念、坚持实事求是、推动科学发展、密切联系群众、加强道德修养、严守党的纪律等方面为广大党员作出表率。要严格执行党章关于民主集中制的各项规定,并落实到制定决策、选人用人等领导工作各个环节。要带头执行党的政治纪律,自觉维护中央权威,厉行工作规程,做到令行禁止,保证中央政令畅通。要严格执行党章关于党内政治生活的各项规定,敢于坚持原则,勇于开展批评和自我批评,带头弘扬正气、抵制歪风邪气。

2016年2月,中共中央办公厅印发《关于在全体党员中开展"学党章党规、学系列讲话,做合格党员"学习教育方案》,并发出通知,要求各地区各部门认真贯彻执行。"两学一做"学习教育由此展开。"两学一做"学习教育是推动党内教育从"关键少数"向广大党员拓展,从集中性教育向经常性教育延伸的重大举措。"两学一做"学习教育,基础在学,关键在做。突出问题导向,带着问题学,针对问题改,把合格的标尺立起来,把做人做事的底线划出来,把党员的先锋形象树起来,用行动体现信仰信念的力量。习近平对"两学一做"作出重要指示,强调开展"两学一做"学习教育,要把全面从严治党落实到每个支部、每名党员。

2017年3月,中共中央办公厅印发《关于推进"两学一做"学习教育常态化制度化的意见》,并发出通知,要求各地区各部门认真贯彻落实,从讲政治的高度,充分认识推进"两学一做"学习教育常态化制度化的重大意义,始终把思想教育作为第一位的任务,坚持用党章党规规范党组织和党员行为,用习近平系列重要讲话精神武装头脑、指导实践、推动工作,教育引导广大党员学思践悟、知行合一,不断增强政治意识、大局意识、核心意识、看齐意识,做到政治合格、执行纪律合格、品德合格、发挥作用合格,确保党的组织充分履行职能、发挥核心作用,确保党员领导干部忠诚干净担当、发挥表率作用,确保广大党员党性坚强、发挥先锋模范作用。坚持全覆盖、常态化、重创新、求实效,坚持学做结合,依托党委(党组)理论学习中心组学习、党支部"三会一课"等基本制度,融入日常、抓在经常,防止形式主义,防止"两张皮"。紧密联系本地区本部门本单位实际,联系党员思想工作实际,突出分类指导,组织党员、干部经常自省修身、打扫思想灰尘,有什么问题解决什么问题,什么问题突出重点解决什么问题。坚持读原著、学原文、悟原理,联系实际学、带着问题学、不断跟进学,领会掌握基本精神、基本内容、基本要求,做到学而信、学而思、学而行。学习党章党规,要深刻认识党章是管党治党的总规矩总遵循,践行党内政治生活准则、党内监督条例和廉洁自律准则等党内法规要求。中共十九大和二十大党章修正案都将"推进'两学一做'学习教育常态化制度化"写入党的基层组织的基本任务。

二、突出政治纪律和政治规矩教育

党的纪律是多方面的。2015年10月,中共中央出台修订《中国共产党纪律处分条例》。《中国共产党纪律处分条例》坚持依规治党与以德治党相结合,围绕党纪戒尺要求,精准科学地将党的纪律分为政治纪律、组织纪律、廉洁纪律、群众纪律、工作纪律和生活纪律等六大纪律,并明确违反六大纪律相关的违纪行为,为党员纪律教育提供了清晰的指向。在党的诸多纪律中,政治纪律是最重要、最根本、最关键的纪律,遵守党的政治纪律是遵守党的全部纪律的重要基础。政治纪律是各级党组织和全体党员在政治方向、政治立场、政治言论、政治行为方面必须遵守的规矩,是维护党的团结统一的根本保证。习近平指出,"党的各级组织要加强对党员、干部遵守政治纪律的教育"[①]。

党的规矩是党的各级组织和全体党员必须遵守的行为规范和规则。党的规矩总的包括以下几个方面:其一,党章是全党必须遵循的总章程,也是总规矩;其二,党的纪律是刚性约束,政治纪律更是全党的政治方向、政治立场、政治言论、政治行动方面必须遵守的刚性约束;其三,国家法律是党员、干部必须遵守的规矩,法律是党领导人民制定的,全党必须模范执行;其四,党在长期实践中形成的优良传统和工作惯例。纪律是成文的规矩,一些未明文列入纪律的规矩是不成文的纪律;纪律是刚性的规矩,一些未明文列入纪律的规矩是自我约束的纪律。党内规矩有的有明文规定,有的没有,但作为党的干部特别是高级干部应该有规矩意识。领导干部违纪往往是从破坏规矩开始的。讲规矩是对党员、干部党性的重要考验,是对党员、干部对党忠诚度的重要检验。

守纪律首要的是遵守政治纪律,守规矩首要的是遵守政治规矩。然而,一个时期以来,在党员干部心中以及在干部监督工作中,并没有形成严守政治纪律和政治规矩的意识。在干部监督上,相当一部分党组织习惯于把防线只设置在反对腐败上,认为只要干部没有腐败问题,其他问题就都可以忽略不计,没有必要加以追究。有的干部也认为,自己没有腐败问题就行了,其他问题都不在话下,没有什么可怕的。在这种观念支配下,出现一些诸如"七个有之"等无视和破坏党的政治纪律和政治规矩的严重问题。但一些地方和部门的党组织并没有注意这些问题,发现了问题也没有上升到党纪国法的高度来认识和处理。从根本上来说,出现这些问题的原因始于一些党组织和党员政治意识薄弱,没有认识到政治纪律和政治规矩的重要地位和作用。政治纪律和政治规矩是管方向、管根本、管长远的问题。中国共产党是马克思主义政党,讲政治是突出的特点和优势,政治纪律和政治规矩这根弦一丝一毫、一时一刻也不能放松。腐败问题和政治问题往往是相生相伴的,一些腐败问题的出现都能从政治上找到根子,而且干部在政治上出问题,对党的危害不亚于腐败问题,有时比腐败问题还严重。对此,党员干部和各级组织要有充分的认识。

---

① 中共中央纪律检查委员会,中共中央文献研究室.习近平关于严明党的纪律和规矩论述摘编[M].北京:中央文献出版社,2016:18.

遵守党的政治纪律和政治规矩,最核心的就是坚持党的领导,坚持党的基本理论、基本路线、基本纲领、基本经验、基本要求,同党中央保持高度一致,自觉维护中央权威。同党中央保持一致不是一个空洞口号,而是一个重大政治原则。在指导思想和路线方针政策以及关系全局的重大原则问题上,全党必须在思想上政治上行动上同党中央保持高度一致。各级党组织和领导干部要牢固树立大局观念和全局意识,正确处理保证中央政令畅通和立足实际创造性开展工作的关系,任何具有地方特点的工作部署都必须以贯彻中央精神为前提。要防止和克服地方和部门保护主义、本位主义,决不允许"上有政策、下有对策",决不允许有令不行、有禁不止,决不允许在贯彻执行党中央决策部署上打折扣、做选择、搞变通,决不允许散布违背党的理论和路线方针政策的意见,决不允许公开发表违背中央决定的言论,决不允许泄露党和国家秘密,决不允许参与各种非法组织和非法活动,决不允许制造、传播政治谣言及丑化党和国家形象的言论。既要做到对"国之大者"心中有数,又要将自觉维护党中央权威具体体现到自己的全部工作中去。

中共十八大以来,在党内历次集中教育活动中,政治纪律和政治规矩都是非常重要的教育内容。党的群众路线教育实践活动以严肃党内政治生活为重要抓手,发扬批评和自我批评优良传统,开展严肃认真的党内政治生活,使全党深刻认识到"有什么样的党内政治生活,就有什么样的党员、干部作风"[①]。党的群众路线教育实践活动教育党员干部要按照党内政治生活准则和党的各项规定办事,破除自由主义、分散主义、好人主义、个人主义;要坚持和发扬实事求是、理论联系实际、密切联系群众、开展批评和自我批评、坚持民主集中制等优良传统,下大气力解决好影响严肃认真开展党内政治生活的各种问题,提高党内政治生活的政治性、时代性、原则性、战斗性;要自觉维护党中央权威,并将其具体体现到自己的全部工作中去;要按照民主集中制原则来设定和处理党内组织和组织、组织和个人、同志和同志、集体领导和个人分工负责等重要关系。紧接着开展的"三严三实"专题教育,是推进党的思想政治建设和作风建设的重要举措,是严肃党内政治生活、严明党的政治纪律和政治规矩的重要举措。在"三严三实"专题教育中,党员干部围绕加强党性修养、坚定理想信念、严守党的政治纪律和政治规矩、实实在在谋事创业做人开展研讨,聚焦不严不实问题,认真查、仔细找,立行立改。推进"两学一做"学习教育常态化制度化的重要目标之一是不断增强党组织和党员政治意识、大局意识、核心意识、看齐意识,确保全党更加紧密地团结在以习近平同志为核心的党中央周围。开展"两学一做"学习教育,是不断加强党的思想政治建设的有效途径,为新形势下落实全面从严治党要求积累了成功经验。"不忘初心、牢记使命"主题教育既抓思想引导又抓行为规范,对广大党员、干部深入进行清正廉洁教育,进一步提升党员干部的纪律意识和规矩意识。开展党史学习教育的重点之一是教育引导全党从党史中汲取正反两方面历史经验,坚定不移向党中央看齐,不断提高政治判断

[①] 中共中央纪律检查委员会,中共中央文献研究室.习近平关于党风廉政建设和反腐败斗争论述摘编[M].北京:中央文献出版社,2015:46.

力、政治领悟力、政治执行力,继续强化政治意识、政治规矩、政治纪律,进一步增强党的团结和集中统一。学习贯彻习近平新时代中国特色社会主义思想主题教育的主要目标要求是,通过学习党的创新理论,教育引导广大党员、干部增强纪律意识、规矩意识,锤炼政治品格。以学习贯彻新修订的《中国共产党纪律处分条例》为契机,中共中央决定于2024年4月至7月在全党开展党纪学习教育,持续深入加强纪律教育。

三、坚持纪律教育与理想信念教育相结合

中国共产党是靠革命理想和铁的纪律组织起来的马克思主义政党。邓小平指出:"我们这么大一个国家,怎样才能团结起来、组织起来呢? 一靠理想,二靠纪律。组织起来就有力量。没有理想,没有纪律,就会像旧中国那样一盘散沙,那我们的革命怎么能够成功? 我们的建设怎么能够成功?"①纪律规矩是"底线",理想信念是"高线",既要守住"底线",又要坚持"高线",并且只有追求"高线"才能真正守住"底线"。坚定理想信念是严明纪律的前提和保证。纪律教育要达到预期效果,必须与理想信念教育相结合。习近平指出:"理想信念就是共产党人精神上的'钙',没有理想信念,理想信念不坚定,精神上就会'缺钙',就会得'软骨病'。"②王岐山强调:"全面从严治党,光靠纪律是守不住的,必须立根固本,树立高尚精神追求,筑牢思想道德防线,努力解决好'不想'的问题。"③

纪律教育背后是更深层次的党性宗旨和理想信念。纪律教育要入脑入心,最重要的是抓住"理想信念"这个根本,提高政治站位,筑牢信念之基。具有坚定崇高的理想信念,遵守纪律就会成为自觉的习惯和主动的行动。一名党员干部只有具备正确的政治信仰,坚定的理想信念,才可能真正忠诚于党,这也是严明党的纪律,维护党的权威最重要的出发点和基本条件。

革命理想高于天。共产主义远大理想和中国特色社会主义共同理想,是中国共产党人的精神支柱和政治灵魂,也是保持党的团结统一的思想基础。党员干部必须把对马克思主义的信仰、对社会主义和共产主义的信念作为毕生追求,在改造客观世界的同时不断改造主观世界,解决好世界观、人生观、价值观这个"总开关"问题,不断增强政治定力,自觉做共产主义远大理想和中国特色社会主义共同理想的坚定信仰者和忠实实践者。

纪律教育与理想信念教育相结合,可以使纪律教育和理想信念教育相互促进。纪律教育与理想信念教育相结合,首先要认真学习党章,学习《中国共产党廉洁自律准则》《中国共产党纪律处分条例》等党内法规,学习习近平新时代中国特色社会主义思想,使之内化于心、外化于行,引导党员干部坚定共产主义远大理想和中国特色社

---

① 邓小平.邓小平文选:第三卷[M].北京:人民出版社,1993:111.
② 习近平.习近平谈治国理政[M].北京:外文出版社,2014:414.
③ 王岐山.坚持高标准 守住底线 推进全面从严治党制度创新[N].人民日报,2015-10-23.

会主义共同理想,树立正确的权力观、地位观、利益观,做到真学、真懂、真信、真用。

"不忘初心、牢记使命"主题教育根据新时代党的建设任务、针对党内存在的突出问题,提出"守初心、担使命,找差距、抓落实"的总要求。初心和使命体现中国共产党的理想信念,找差距、抓落实聚焦党在为理想信念奋斗过程中纪律和作风等方面出现的问题和不足。"守初心、担使命,找差距、抓落实"是一个相互联系的整体,既抓思想引导又抓行为规范,将纪律教育与理想信念教育有机结合起来,取得良好的教育效果。

通过"不忘初心、牢记使命"主题教育,各级党组织和广大党员、干部深入学习实践习近平新时代中国特色社会主义思想,提高了知信行合一能力。对照党中央决策部署,对照党章党规,对照人民群众新期待,对照先进典型、身边榜样,找差距、摆问题,各级党组织和广大党员、干部思想政治受到洗礼和锤炼,增强了守初心、担使命的思想自觉和行动自觉。各级党组织和广大党员、干部深入进行清正廉洁教育,涵养了风清气正的政治生态,促进党员、干部知敬畏、守底线,纪律意识和规矩意识,进一步提升,公正用权、依法用权、廉洁用权的自觉性明显增强,党群干群关系更加密切,党内政治生态持续好转。

四、实现正面教育与警示教育相统一

正反面教育相结合是党内教育的重要规律和经验。正面教育示范引领,反面教育示警明纪,正反面教育相结合,共同发挥作用,纪律教育才能达到预期效果。

正面教育是党内教育的主要手段。正面教育以马克思主义创新理论、党的优良作风和优良传统、党章和党内法规制度、党内正面典型等为主要教育内容,重在正面引导、思想引领、精神洗礼。自2016年以来,中组部和中央广播电视总台连续7年联合制作了《榜样》专题教育片。《榜样》通过先进代表访谈、典型事迹再现、嘉宾现场互动、分享入党初心等多种形式,着力讲好新时代新故事,用平凡故事讲述深刻道理,用先进典型模范事迹诠释党的崇高理想,既展现了共产党人不忘初心、牢记使命的执着坚守,又彰显了共产党人信仰坚定、心系群众、勇于担当、创新奉献的精神风貌,具有较强的思想性、艺术性和吸引力、感染力,是开展党员教育培训的生动教材,在党内产生了良好的教育效果。

警示教育以反面案例为生动教材,使党员干部知敬畏、存戒惧,具有强烈的示警作用。警示教育是纪律教育不可或缺的手段之一,它体现了纪律教育贯穿于纪律执行全过程的要求。纪律教育绝不是单独的、表面的"读、写、背、记",必须贯穿于正风肃纪反腐全方位和监督执纪问责全过程。谈话函询、组织审查、违纪通报、忏悔警示,都是十分有效的纪律教育,而且教育一个,往往警醒一片。《永远在路上》《打铁还需自身硬》《巡视利剑》《正风反腐就在身边》《零容忍》《永远吹冲锋号》《持续发力纵深推进》等电视专题片中呈现的痛悔不已的昔日高官,发人深省的违纪违法干部忏悔录等,是警示教育的生动教材。在这些触目惊心的"活材料"面前,广大党员干部深感警醒,深受教育,通过"把自己摆进去"的党性剖析,一次又一次接受纪律教育的灵魂洗礼,从而实现纪律教育入脑入心的效果。

正面教育与警示教育相结合的教育方式在中共十八大以来的党内历次集中教育中都有体现。党的群众路线教育实践活动坚持"照镜子、正衣冠、洗洗澡、治治病"的总要求。"照镜子",主要是以党章为镜,对照党的纪律、群众期盼、先进典型,对照改进作风要求,在宗旨意识、工作作风、廉洁自律上摆问题、找差距、明方向。"正衣冠",主要是在"照镜子"的基础上,按照为民务实清廉的要求,勇于正视缺点和不足,严明党的纪律特别是政治纪律,敢于触及思想、正视矛盾和问题,从自己做起,从现在改起,端正行为,自觉把党性修养正一正、把党员义务理一理、把党纪国法紧一紧,保持共产党人良好形象。"洗洗澡",主要是以整风的精神开展批评和自我批评,深入分析发生问题的原因,清洗思想和行为上的灰尘,既要解决实际问题,更要解决思想问题,保持共产党人政治本色。"治治病",主要是坚持"惩前毖后、治病救人"方针,区别情况、对症下药,对作风方面存在问题的党员、干部进行教育提醒,对问题严重的进行查处,对不正之风和突出问题进行专项治理。"照镜子、正衣冠、洗洗澡、治治病"既有正面教育,又有反面教育,既一手抓纪律教育,又一手抓纪律执行。"三严三实"专题教育既旗帜鲜明地提出要弘扬"严"和"实"的优良作风,又敢于动真碰硬,向"不严""不实"的作风叫板。在党的群众路线教育实践活动和"三严三实"专题教育中,习近平还强调,要"学习焦裕禄精神","焦裕禄、杨善洲、谷文昌等同志是县委书记的好榜样,县委书记要以他们为榜样"。①"不忘初心、牢记使命"主题教育,既发挥先进典型示范激励作用,加强马克思主义创新理论学习,开展党史国史教育和红色教育,又深入开展反面典型警示教育,结合落实"基层减负年"的各项要求,通报曝光了一批形式主义、官僚主义的典型案例,以案示警、以案明纪,促进党员、干部知敬畏、守底线,纪律意识和规矩意识进一步提升。

学习贯彻习近平新时代中国特色社会主义思想主题教育,一方面以党的创新理论凝心铸魂,教育引导广大党员、干部经受思想淬炼、精神洗礼,一方面持续纠治"四风",把纠治形式主义、官僚主义摆在更加突出的位置。党纪学习教育也强调要原原本本学,推动《中国共产党纪律处分条例》入脑入心,要加强警示教育,深刻剖析违纪典型案例,注重用身边事教育身边人。

第三节 强化纪律执行,发挥纪律建设标本兼治的利器作用

制度一经形成,就要严格遵守。制度面前人人平等、执行制度没有例外,必须坚决维护制度的严肃性和权威性,坚决纠正有令不行、有禁不止的各种行为。执行党的纪律不能有任何含糊,不能让党纪党规成为"纸老虎""稻草人",造成"破窗效应"。必

---

① 习近平.做焦裕禄式的县委书记[M].北京:中央文献出版社,2015:67.

须严明党的纪律,提高制度执行力,让制度、纪律成为带电的"高压线",使查处违纪违法问题制度化、经常化,使党员、干部心有所畏、言有所戒、行有所止。

一、落实管党治党责任

强化纪律执行,各级党组织要落实管党治党责任,敢抓敢管,使纪律真正成为带电的高压线。落实党风廉政建设责任制,党委负主体责任,纪委负监督责任。"两个责任"是党章赋予的根本职责,是管党治党的现实需要,也是加强纪律建设的重要保证。2013年,中共十八届三中全会强调,"落实党风廉政建设责任制,党委负主体责任,纪委负监督责任"[①],在中国共产党历史上首次明确提出党风廉政建设"两个责任"。2016年,在中共十八届六中全会上,习近平强调,"全面从严治党,必须从根本上解决主体责任缺失、监督责任缺位、管党治党宽松软的问题"[②]。中共十八大以来,党中央紧紧抓住落实管党治党主体责任这个"牛鼻子",紧锣密鼓推进各项制度建设,不断扎牢全面从严治党制度笼子。制定并修订《关于新形势下党内政治生活的若干准则》和《中国共产党党内监督条例》,明确落实党委主体责任和纪委监督责任,强化责任追究;制定并修订地方党委、党组、党的工作机关、党支部工作条例,明确各层级各领域党组织履行全面从严治党主体责任。这些党内法规,从制度上保障和推动全面从严治党主体责任的落实。

管党治党,首先是党委要管,党委负主体责任。党委的主体责任是什么?习近平明确指出:"主要是加强领导,选好用好干部,防止出现选人用人上的不正之风和腐败问题;坚决纠正损害群众利益的行为;强化对权力运行的制约和监督,从源头上防治腐败;领导和支持执纪执法机关查处违纪违法问题;党委主要负责同志要管好班子,带好队伍,管好自己,当好廉洁从政的表率。"[③]这些重要论述为各级党委履行管党治党主体责任提供了根本遵循。各级党委必须树立正确政绩观,坚持从巩固党的执政地位的大局看问题,把抓好党建作为最大的政绩。各级党委要把从严治党责任承担好、落实好。坚持党建工作和中心工作一起谋划、一起部署、一起考核,把每条战线、每个领域、每个环节的党建工作抓具体、抓深入。党风廉政建设责任能不能担当起来,关键在主体责任这个"牛鼻子"抓没抓住。各级党委不能当"甩手掌柜",要切实把党风廉政建设当作分内之事、应尽之责,真正把担子担起来,种好自己的"责任田"。

管党治党,党委(党组)书记是第一责任人。要做管党治党的书记,牢固树立不管党治党就是严重失职的观念,把管党治党当作分内之事、必须担当的职责,种好自己

---

① 中共中央关于全面深化改革若干重大问题的决定[M].北京:人民出版社,2013:42.
② 习近平.关于《关于新形势下党内政治生活的若干准则》和《中国共产党党内监督条例》的说明[N].人民日报,2016-11-03.
③ 中共中央纪律检查委员会,中共中央文献研究室.习近平关于党风廉政建设和反腐败斗争论述摘编[M].北京:中央文献出版社,2015:61.

的"责任田",对党负责,对本地区本单位的政治生态负责,对干部健康成长负责。要把责任传导给所有班子成员,压给下面的书记,确保责任落到实处。党委书记作为党风廉政建设第一责任人,既要挂帅又要出征,对重要工作亲自部署、重大问题亲自过问、重要环节亲自协调、重要案件亲自督办。

管党治党,要发挥纪委党内监督专门机关作用。各级纪委要履行好监督责任,协助党委加强党风建设和组织协调反腐败工作。纪委是党内监督的专门机关,是管党治党的重要力量。各级纪检监察机关要加大检查监督力度,强化监督执纪问责,执好纪、问好责、把好关。全面履行党章赋予的职责,带头遵从党章,把维护党章和其他党内法规作为首要任务,加强对遵守党章、执行党纪情况的监督检查,严肃查处违反党章、党规、党纪的行为,坚决维护党章权威,做党章的坚定执行者和忠实捍卫者。要建设一支忠诚、干净、担当的纪检监察队伍。各级纪检监察机关要按照忠诚可靠、服务人民、刚正不阿、秉公执纪的要求,加强干部队伍建设,提高履行职责能力和水平,更好地发挥监督检查作用。教育引导广大纪检监察干部敢于担当、敢于监督、敢于负责,牢固树立忠诚于党、忠诚于纪检监察事业的政治信念,努力成为一支忠诚、干净、担当的纪检监察队伍。纪检监察机关要防止"灯下黑",严肃处理以案谋私、串通包庇、跑风漏气等突出问题,清理好门户,做到打铁还需自身硬。

有权就有责,权责要对等。无论是党委还是纪委或其他相关职能部门,都要对承担的党风廉政建设责任进行"签字背书",做到守土有责。中央纪委完善并严格执行责任追究办法,对每一个具体问题都要分清党委负什么责任、有关部门负什么责任、纪委负什么责任,健全责任分解、检查监督、倒查追究的完整链条,有错必究,有责必问。对那些领导不力、不抓不管而导致不正之风长期滋长蔓延,或者屡屡出现重大腐败问题而不制止、不查处、不报告的,无论是党委还是纪委,不管是谁,只要有责任,都要追究责任。坚持有责必问、问责必严,把监督检查、目标考核、责任追究有机结合起来,形成法规制度执行的强大推动力。

二、深化纪律检查体制改革

按照党章规定,党的中央纪律检查委员会在党的中央委员会领导下进行工作,党的地方各级纪律检查委员会和基层纪律检查委员会在同级党的委员会和上级纪律检查委员会双重领导下进行工作。这种双重领导体制自中共十二大确立以来发挥了积极作用,是基本符合党情国情的。同时,实践中也出现了一些不适应、不协调的问题,特别是查办腐败案件时受到的牵制比较多。有的地方担心查办案件会损害形象、影响发展,以致有时存在压案不办、瞒案不报的情况。对地方纪委来说,同级监督也有忌讳,这些年发生的"一把手"腐败问题,很少有同级纪委主动报告的。在全面深化改革过程中,纪律检查体制改革也要进一步深化。

中共十八大以来,特别是十八届三中全会以来,中共中央深化纪律检查体制改革的力度加大,步伐加快,推出了一系列改革举措,推动纪律检查体制不断健全完善。

一是完善双重领导体制。党的纪律检查体制主要包括纪检机关的领导体制、职能职责、监督范围、权限程序、自我监督等方面的机制制度,其中起决定性作用的是领导体制。中共十二大党章对纪委产生方式和领导体制作出重大调整,规定中央纪委由中国共产党全国代表大会选举产生,实行委员会制;在领导体制上取消"以同级党委为主"的规定,加强上级纪委对下级纪委的领导。但是在实际工作中,各级纪委依然处于以同级党委领导为主的状况。增强权力制约和监督效果,必须保证各级纪委监督权的相对独立性和权威性。中共十八届三中全会明确要求,推动党的纪律检查工作双重领导体制具体化、程序化、制度化,强化上级纪委对下级纪委的领导,并作出具体部署。中共中央于2014年6月30日颁布《党的纪律检查体制改革实施方案》,推进双重领导体制具体化、程序化、制度化,着重强调上级纪委对下级纪委的监督和领导。2016年10月,中共十八届六中全会修订《中国共产党党内监督条例》,强调要落实纪律检查工作双重领导体制,强化上级纪委对下级纪委的领导,纪委发现同级党委主要领导干部的问题,可以直接向上级纪委报告;下级纪委至少每半年向上级纪委报告1次工作,每年向上级纪委进行述职。

二是明确"两个为主"原则。推进党的纪律检查体制改革与创新,一个重要的手段就是坚持"两个为主"原则,为推动"两个为主"原则落实,中共中央印发了《中央国家机关部门机关纪委书记、副书记提名考察办法(试行)》和《关于加强和规范问题线索管理处置工作的通知》,以党内法规和制度的形式将"两个为主"原则确立下来。其一,查办腐败案件以上级纪委领导为主,线索处置和案件查办必须同时向同级党委和上级纪委报告。通过上级纪委的约束和领导,地方党委就会强化对腐败案件的查处力度,有利于真正形成强有力的纪检监督合力。其二,各级纪委书记、副书记的提名和考察以上级纪委会同组织部门为主,既坚持了党管干部的原则,又保障了纪委监督权的实施,二者结合相得益彰。在选拔纪检监察干部过程中,着重选拔那些作风过硬、真抓实干、敢于亮剑的好干部,坚持任人唯贤但不避亲的原则,既可以从纪委内部选拔,又可以从其他部门选拔,并且对纪检干部的考核和具体职责进行了详细的规定。"两个为主"原则落实落地,可以有效解决下级党委不愿意查、不让查,下级纪委不敢查、不会查、不规范查的问题。

三是完善纪委内部机构。中共十八大以来,中央纪委"因职设岗,因责配编",提高组织机构设置和编制配置科学化水平,不断调整内部机构,加快整合职能部门和监督资源,保持内设机构总数、人员编制总数和领导职位数"三不增加"。中央纪委撤销党风廉政建设室、纠正部门和行业不正之风室,新设立党风政风监督室;撤销执法监察室、绩效管理监察室,新设立执法和效能监督室,增设第九纪检监察室、第十纪检监察室;为了防止"灯下黑"问题,新建纪检监察干部监督室,加强对纪检监察系统干部的监督检查;在干部室基础上组建了组织部,在宣传教育室基础上组建了宣传部;与此同时,将预防腐败室和外事局整合成了国际合作局,承担国际反腐败日常工作和组织《联合国反腐败公约》实施工作。中央纪委通过内部机构调整和整合,科室设置更加科学合理,人员配置向办案职能进一步倾斜,执纪监督相关人员编制占到中央纪委总编制数的70%,使得纪委内部力量集中到监督执纪工作任务上来,中央纪委监督执纪职能和定位更为聚焦和明确。此外,为了加快推进党的纪律检查委员会自上而下内部机构调整,各省、市、县纪委以换届为契机,积极优化纪委班子结构。①

四是纪委与监委合署办公。中共十八大以来,国家监察体制改革稳步推进。2018年3月,第十三届全国人民代表大会决定成立国家监察委员会。各级监察委员会是行使国家监察职能的专责机关,依照《中华人民共和国监察法》对所有行使公权力的公职人员进行监察,调查职务违法和职务犯罪,开展廉政建设和反腐败工作,维护宪法和法律的尊严。纪委与监委合署办公,一套机构,两块牌子,原来纪委职能达不到的地方,或者无法实施的地方,现在可以通过监察委员会以国家机关的名义依法实施。这样既扩大了监察的覆盖面,为监察委员会办案提供了法律依据,又确保了纪委实施党内监督各项措施的合法性,真正把执纪与执法贯通起来,保证了党内监督和国家监察无缝衔接、同向发力、形成合力,实现了由监督"狭义政府"到监督"广义政府"的转变,有利于强化对权力运行的制约和监督,把权力全面关进制度的笼子。

三、用好监督执纪"四种形态"

习近平多次强调,纪律执行要"抓早抓小,有病就马上治,发现问题就及时处理,不能养痈遗患"②"抓纪律,就要敢于板起脸来批评。不要等犯了大错误才去批评,平常有问题就要及时批评""党的各级组织要积极探索纪律教育经常化、制度化的途径,多做提提领子、扯扯袖子的工作"④。习近平的这些重要论述,立足于全面从严治党的伟大实践,深刻把握管党治党的历史规律,着眼于新时代党的建设深层次问题和反腐败斗争的突出矛盾,具有极强的思想性、理论性、指导性和针对性,是监督执纪"四种形态"形成的思想基础和理论前提。

纪检机关通过积极探索,为"四种形态"上升为党内重要制度积累了丰富的实践经验。2015年9月,王岐山首次提出"四种形态"概念,并作出了完整的表述。他指出,把握运用监督执纪"四种形态",以严明的纪律推进全面从严治党。党内关系要正常化,批评与自我批评要经常开展,让咬耳扯袖、红脸出汗成为常态;党纪轻处分和组织处理要成为大多数;对严重违纪的重处分、作出重大职务调整应当是少数;而严重

---

① 李堃.十八大以来党的纪律检查体制改革新举措[J].淮海工学院学报(人文社会科学版),2018(11).
② 中共中央纪律检查委员会,中共中央文献研究室.习近平关于严明党的纪律和规矩论述摘编[M].北京:中央文献出版社,2016:76.
③ 中共中央纪律检查委员会,中共中央文献研究室.习近平关于严明党的纪律和规矩论述摘编[M].北京:中央文献出版社,2016:77.
④ 中共中央纪律检查委员会,中共中央文献研究室.习近平关于严明党的纪律和规矩论述摘编[M].北京:中央文献出版社,2016:84.

违纪涉嫌违法立案审查的只能是极少数。①2016年10月,"四种形态"被写入《中国共产党党内监督条例》,成为党内法规的具体规定,标志着其作为一种管党治党方式实现了制度化和常态化。《中国共产党党内监督条例》将监督执纪"四种形态"规范表述为:"经常开展批评和自我批评、约谈函询,让'红红脸、出出汗'成为常态;党纪轻处分、组织调整成为违纪处理的大多数;党纪重处分、重大职务调整的成为少数;严重违纪涉嫌违法立案审查的成为极少数。"②2017年1月,《中国共产党纪律检查机关监督执纪工作规则(试行)》进一步明确"四种形态"是党的监督执纪工作的重要遵循。2017年10月通过的中共十九大党章第七章第四十条对"四种形态"作了专条规定。2019年1月,中共中央办公厅印发《中国共产党纪律检查机关监督执纪工作规则》,重申"四种形态"作为监督执纪工作坚持的基本原则,并将其写入总则部分,将其具体精神贯穿于文件全部内容。监督执纪"四种形态"是中共十八大以来管党治党的理论成果和经验总结,也是监督执纪的手段创新。2023年1月,中共二十届中央纪委二次全会再次强调精准运用"四种形态"。

监督执纪"四种形态"科学合理、贴近实际、内涵丰富。"第一种形态",对党员干部存在的问题早发现、早提醒、早纠正、早查处,对出现违纪苗头或轻微违纪的,通过批评教育和谈话函询,使党内政治生活正常化。重点在于督促各级党组织主动扛起主体责任,严肃党内政治生活,加强对党员干部的日常教育和监督管理,以见人见事见思想来警示提醒,体现了党组织对党员干部的严管和厚爱。"第二种形态",坚持实事求是,对违纪党员依据纪律处分条例等党规党纪,根据违纪行为的性质、情节及其造成的后果,作出党纪轻处分和组织调整。重在紧盯重点领域和重点人群,及时发现和处理苗头性问题,对普遍性问题开展专项整治,把监督执纪运用到信访受理、线索处置、纪律审查、执纪审理等各个环节。"第三种形态",依据纪律处分条例,对构成严重违纪的党员干部,给予重处分、作出重大职务调整。重在紧盯纪律要求,对我行我素、顶风违纪、虽不构成违法、但违纪行为性质严重、造成恶劣影响的党员干部,从严从重处理。"第四种形态",对严重违纪涉嫌违法的进行立案审查。对严重违反"六大纪律"涉嫌违法的,加大执纪审查力度,达到惩处极少数、警示大多数的强大震慑作用。重在有腐必反、有贪必肃,实现党的纪律和国家法律无缝衔接。③

用好监督执纪"四种形态"。首先,要解决好纪检队伍思想认识问题。当前,有的纪检干部存在思维惯性,满脑子仍是线索和案件,忽视抓早抓小、治病救人,把党员干部违反纪律问题当作"小节"、小毛病,没有引起足够重视;有的纪检干部存在工作惯性,只重视大案要案,一味追求涉案数额,而忽视政治纪律和政治规矩、组织纪律等问

---

① 新华社.王岐山在福建调研时强调全面从严治党严明党的纪律把握运用监督执纪"四种形态"[N].中国纪检监察报,2015-09-27.

② 中国共产党党内监督条例[M].北京:人民出版社,2016:5.

③ 魏晓文,吕新海.监督执纪"四种形态"的内涵、价值与践行路径[J].当代世界社会主义问题,2019(1).

题的审查。要认真学习贯彻习近平关于全面从严治党系列重要讲话精神,进一步提高认识、转变观念,在思想上紧紧扭住纪律不放。其次,要用好批评与自我批评这个武器。监督执纪"四种形态"犹如四道防线,而第一道防线最重要,要靠严肃的党内政治生活、认真的批评和自我批评以及"咬耳扯袖",将违纪行为解决在萌芽状态。党内政治生活要严肃认真,批评和自我批评要动真格、实打实,真正发挥作用。党员领导干部要心底无私、襟怀坦荡,以批评促改进,以批评促团结。最后,要强化责任担当。各级党委、纪委必须进一步聚焦主业主责、创新监督执纪方式、提升监督执纪能力,要明确责任、完善机制、定期考核,切实把"两个责任"落实到位,将"四种形态"落细落实。

2023年,全国纪检监察机关运用"四种形态"批评教育和处理171.8万人次。其中,运用第一种形态批评教育和处理109.6万人次,占总人次的63.8%;运用第二种形态处理49.2万人次,占28.6%;运用第三种形态处理6.4万人次,占3.7%;运用第四种形态处理6.6万人次,占3.9%。[①]做到了让"红红脸、出出汗"成为常态;党纪轻处分、组织调整成为违纪处理的大多数;党纪重处分、重大职务调整成为少数;严重违纪涉嫌违法立案审查的成为极少数。

四、发挥巡视监督利剑作用

巡视是党内监督的战略性制度安排。中共十八大以来,中共中央改进和强化巡视制度,巡视力度效果大幅提升,利剑出鞘,发挥出强大的震慑力,成为党内监督的一张亮丽"名片",赢得了党心民心。

中央巡视工作在坚持中深化、在深化中坚持,经历了三次理论和实践深化,从一开始聚焦党风廉政建设和反腐败斗争这个中心,围绕"四个着力",发现问题、形成震慑,到紧扣"六项纪律",突出纪严于法、纪在法前,再到深化政治巡视,突出坚持党的领导,聚焦全面从严治党,站位越来越高,定位越来越准,工作越来越深入,成效越来越明显。巡视工作组织制度和方式方法不断创新:实现一届任期巡视全覆盖,进行巡视"回头看";实行巡视组组长、巡视对象、巡视组与巡视对象关系"三个不固定",一次一授权;常规巡视与专项巡视相结合,探索"机动式"巡视;不打无准备、无把握之仗,带着问题去,下沉一级了解情况等。巡视工作不断完善、成熟,利剑作用充分彰显。

实践证明,巡视制度有效、管用,是党内监督和群众监督相结合的有效方式,破解了党内监督的难题,实现了自我净化、自我完善、自我革命、自我提高。"山西系统性、塌方式腐败,湖南衡阳破坏选举案,四川南充和辽宁拉票贿选案等重大问题线索都是巡视发现的;十八届中央纪委执纪审查的案件中,超过60%的线索来自巡视。"[②]中共十八大以来至十九大召开前,各省区市巡视组共发现领导干部问题线索5.8万多件,

---

① 赵成.2023年全国纪检监察机关处分61万人[N].人民日报,2024-01-26.
② 王岐山.巡视是党内监督战略性制度安排 彰显中国特色社会主义民主监督优势[N].人民日报,2017-07-17.

巡视推动查处厅局级干部1225名,县处级干部8684名。①

更好发挥巡视监督作用。首先,要强化巡视政治监督定位。一是从政治纪律查起。突出政治责任,把习近平重要指示批示精神贯彻落实情况、党的路线方针政策和党中央重大决策部署贯彻执行情况作为监督的首要任务,深挖对党中央决策部署虚以应付、不敬畏不在乎、喊口号装样子,对事关人民群众生命财产安全的重大民生问题敷衍塞责、冷硬横推等突出问题。党中央重大决策部署到哪里,监督就跟进到哪里。二是具有斗争精神。敢于碰硬、敢于监督,把"红脸出汗""猛击一掌"的思想引导和战斗精神贯彻始终,及时甄别发现政治上离心离德、思想上蜕化变质、组织上拉帮结派、行动上阳奉阴违等问题。三是重点监督"关键少数"。开展监督必须落实到具体的人和事上,突出党的领导机关和领导干部特别是主要领导干部这个"关键少数"。四是坚持"一案双查"。政治问题与经济问题相互交织,是当前腐败的重要表现形式。开展政治监督,既要发现党员干部违反政治纪律、破坏政治生态的问题,又要查处隐藏在背后的腐败问题。

其次,要健全巡视巡察联动机制。在巡视监督的实践中,党内巡察工作逐步开展,成为党内巡视的延伸,将全面从严治党扩展到基层,巡察工作也日益显示出管党治党的成效。巡视巡察上下联动,压力层层传导。探索建立巡视巡察监督横向全覆盖、纵向全链接的立体网络,能更好地推动党内监督向纵深发展,发挥巡视巡察监督实效。一是加强巡视巡察监督联动的整体部署。将巡视巡察工作整体谋划,将巡视与巡察制度衔接,从机构设置、人员编制、队伍建设、工作方法、任务目标等方面确定巡视巡察联动的方式和重点。二是实现巡视与市县巡察工作的同频共振。巡视组对市直部门开展巡视的同时,市县对同一系统或同一领域的相关部门开展巡察,实现上下联动、信息共享、同步整改。三是加强巡视巡察一体化的人才队伍建设。建立健全后备干部、年轻干部到巡视巡察机构挂职锻炼的机制,把巡视巡察岗位作为培养锻炼干部的重要平台。将巡视巡察干部培训纳入干部培训总体计划,定期组织巡视巡察干部参加中央和省委巡视业务培训,加大巡视巡察干部交流轮岗力度。

最后,要强化巡视成果运用。"发现问题、形成震慑,推动改革、促进发展"是巡视工作的基本方针。巡视工作的生命线是发现问题,巡视工作的落脚点是解决问题,推动改革、促进发展。巡视工作不仅要把问题查出来、摆出来,还要进行全面整改,推动问题解决,这如同一篇文章的"前半篇"和"后半篇"。做好巡视的"后半篇"文章,就要强化巡视成果的运用,最直接的表现就是狠抓整改落实。巡视发现的问题根本责任在被巡视党组织,要原原本本反馈,直接找党委(党组)书记说事,坚决把整改责任压下去,对敷衍整改、拒不整改、整改不到位的严肃追责。被巡视党组织书记签收巡视反馈意见,落实整改责任,限期做好整改,报送整改情况,及时在党内公布,向社会公开,主动接受群众监督和舆论监督。

---

① 新华社记者.锻造巡视监督利剑 探索自我净化路径推动全面从严治党向纵深发展[N].人民日报,2017-09-29.

第十二章　全面从严治党要以制度建设为保障

　　2014年2月,习近平在省部级主要领导干部学习贯彻中共十八届三中全会精神全面深化改革专题研讨班上的讲话中指出:"改革开放以来,我们党开始以全新的角度思考国家治理体系问题,强调领导制度、组织制度问题更带有根本性、全局性、稳定性、长期性。"①2021年11月,中共十九届六中全会在总结党的建设百年历史经验中深刻指出了"坚持思想建党和制度治党同向发力"②对全面从严治党、提高党的治理现代化水平的重要意义,强调了要严格党内法规制度执行,进一步提高党的建设科学化、制度化、规范化水平;2022年10月,习近平在中共二十大报告中提出要"完善党的自我革命制度规范体系"③,再一次强调"坚持制度治党、依规治党"对全面从严治党和新时代全面推进党的建设新的伟大工程的重大意义。2024年1月,中国共产党第二十届中央纪律检查委员会第三次全体会议明确强调,要"深入贯彻制度治党、依规治党要求","推动完善党的自我革命制度规范体系。"④可见,中共十八大以来,正是基于对制度建设重要性的深刻认识,以习近平同志为核心的党中央高度重视党和国家制度建设,坚持以制度建设为根本推进全面从严治党,把推动形成更加成熟、更加定型的中国特色社会主义制度体系和党内法规制度体系作为全面深化改革、加强党和国家制度建设的基本目标和历史任务,通过一系列的战略举措和具体措施改革完善党内法规制度体系,为提高管党治党的制度化和法治化水平提供有力保障。

第一节　完善党内法规制度体系

　　形成系统完备的党内法规制度体系是中国共产党依法依规加强自身建设,提高管党治党现代化、科学化水平的先决条件和制度保障。就像习近平所指出的:"有纪可依是严明纪律的前提,党的纪律规定要根据形势和党的建设需要不断完善,确保系

---

① 习近平.习近平谈治国理政:第一卷[M].北京:外文出版社,2018:104.
② 中共中央关于党的百年奋斗重大成就和历史经验的决议[N].人民日报,2021-11-17.
③ 高举中国特色社会主义伟大旗帜　为全面建设社会主义现代化国家而团结奋斗:在中国共产党第二十次全国代表大会上的报告[N].人民日报,2022-10-26.
④ 中国共产党第二十届中央纪律检查委员会第三次全体会议公报[N].人民日报,2024-01-11.

统配套、务实管用。"①中共十八大以来,党内法规制度建设不断提档加速,以习近平同志为核心的党中央重视整体规划、系统谋划,以全面深化改革为动力,不断完善党内法规制度体系,党内法规制度体系化发展取得了新的成就,党内法规整体功能和实际约束力得到进一步发挥,这为全面从严治党提供了制度前提。

一、坚持以党章为统领,推进党内法规制度体系化发展

中共十八大以后,以习近平同志为核心的党中央高度重视党章作为党内"根本法"的地位并要求以党章为统领推进新时代党内法规制度体系建设。正如中共中央党校叶笃初教授早就曾指出的:"党章是我们党的根本法,是党的活动和党的建设的总决议、总章程,是加强和维护党的团结统一的法规基础,是党执政兴国、率领全国各族人民实现中华民族复兴的党法保证。"②习近平不仅对于党章在党的建设中的根本性地位具有深刻的认识,而且在新时代他更加凸显了党章的地位,要求党的建设要以党章为根本遵循,用党章来统领党内法规制度建设。比如2012年中共十八大刚闭幕,当选中共中央总书记的习近平在《人民日报》上撰文指出:"党章就是党的根本大法,是全党必须遵循的总规矩"③,因此党员干部要特别重视"学习党章、遵守党章、贯彻党章、维护党章"④;再比如,他还要求各级纪委"把维护党章和其他党内法规作为首要任务"⑤,要求他们做党章的坚定执行者和忠实捍卫者;亦如中国共产党第二十届中央纪律检查委员会第三次全体会议所指出,各级纪检干部要做好纪检监察工作,需要"忠诚履行党章和宪法赋予的职责,推动健全全面从严治党体系,纵深推进正风肃纪反腐,纵深推进新征程纪检监察工作高质量发展,为全面推进中国式现代化提供坚强保障"⑥。在习近平关于"党章是全党必须共同遵守的重要规范"等重要讲话精神的指引下,中共十八大以来全党在党的教育学习等实践活动中更加重视学习党章,在思想行动上更加自觉遵守党章规定,同时也以党章为统领加强了党内基本法规和各项制度的建设,促进了党内法规制度的体系化发展。

坚持以党章为统领完善党内法规制度体系同样要以党内法规制度的体系化建设为目标。中共十八大以来,在坚持以党章为根本遵循的总体要求下,形成了党的组织法规制度、党的领导法规制度、党的自身建设法规制度以及党的监督保障法规制度为主要内容的党内法规制度体系逐步形成、不断完善的良好态势,统筹推进、整体布局、重点加强、体系化发展的思路和理念在党内法规制度体系建设中得到深入贯彻,特别是党内法规制度配套衔接在党内法规的立、改、废、释协同并举中不断彰显出制度效应

① 习近平在党的群众路线教育实践活动总结大会上强调 历史使命越光荣奋斗目标越宏伟越要增强忧患意识越要从严治党[N].人民日报,2014-10-09.
② 韩强.强化党章纪律约束 促进党内制度建设:访中共中央党校叶笃初教授[J].理论学习,2004(1).
③④ 习近平.认真学习党章 严格遵守党章[N].人民日报,2012-11-20.
⑤ 习近平.在第十八届中央纪律检查委员会第六次全体会议上的讲话[N].人民日报,2016-05-03.
⑥ 中国共产党第二十届中央纪律检查委员会第三次全体会议公报[N].人民日报,2024-01-11.

和改革效应。比如针对党的作风、党内监督等问题,2012年12月中央政治局召开会议审议并通过了《十八届中央政治局关于改进工作作风、密切联系群众的八项规定》,以简洁明了的形式通过党内法规制度来规范党员干部的行为,提高反腐败的"预警"效果。据有的学者研究统计,"从党的十八大到党的十九大,中共中央不断制定和修订了近百部党内法律法规"[①]。除了党章之外,2015年修订出台了《中国共产党廉洁自律准则》,2016年十八届六中全会审议通过了《关于新形势下党内政治生活的若干准则》和《中国共产党党内监督条例》,另外中共中央或有关会议还制定了《党政机关厉行节约反对浪费条例》(2013)、《党政领导干部选拔任用工作条例》(2014)、《中国共产党纪律处分条例》(2015)、《中共中央政治局贯彻落实中央八项规定的实施细则》(2017)等;2019年中共中央在总结十八大以来党内法规制度建设实践经验的基础上并根据党内法规制度建设长期发展的需要颁布实施了《中国共产党党内法规制定条例》,为加强党内法规建设的规范化、制度化、体系化建设和推进依法依规治党提供了重要依据。

二、坚持问题意识,明确党内法规制度建设的目标方向

问题是时代的声音,也是实践的动力。对于党内法规制度建设而言,坚持问题导向,才能纲目并举,才能够提高党内法规制度建设的针对性,提升党内法规制度建设的质量。习近平指出:"问题是事物矛盾的表现形式,我们强调增强问题意识、坚持问题导向,就是承认矛盾的普遍性、客观性,就是要善于把认识和化解矛盾作为打开工作局面的突破口。"[②]在党的建设上特别是党内法规制度建设上,习近平强调要聚焦党内政治生活和党内监督存在的薄弱环节,"推动解决党内政治生活庸俗化、随意化、平淡化和党内监督制度不健全、覆盖不到位、责任不明晰、执行不力等问题"[③]。从中共十八大以来党内法规制度建设的实践效果来看,党内法规制度之所以能够具有权威性并发挥制度性规范功能,重要的是在于党内法规的制定坚持了问题导向,建立和健全党内法规制度是适应解决党的建设各领域的问题而展开的。中共十八大以来,以习近平同志为核心的党中央全面分析新形势下党的领导、党的建设和党的事业面临的新情况和新问题,聚焦当前党的自身建设方面尤其是长期以来得不到解决的突出问题,特别是针对官僚主义、形式主义等作风问题和一些地区和一些领域出现的党员干部的贪污腐败问题,对党内法规制度进行清理,创新完善党内法规制度体系,重新修订或制定出台了《关于新形势下党内政治生活的若干准则》《中国共产党巡视工作条例》《党政机关国内公务接待管理规定》等重要党内法规,体现了新时代党在加强党

---

① 陈松友,王艳卓.习近平关于党内法规制度建设的重要论述探析[J].西北工业大学学报(社会科学版),2019(4).

② 习近平在中共中央政治局第二十次集体学习时强调 坚持运用辩证唯物主义世界观方法论提高解决我国改革发展基本问题本领[N].光明日报,2015-01-25.

③ 习近平.关于《关于新形势下党内政治生活的若干准则》和《中国共产党党内监督条例》的说明[N].人民日报,2016-11-03.

内法规制度建设上具有的问题意识,表明党内法规制度建设正遵循"发现问题—解决问题—防范问题"的实践逻辑不断推进。

党内法规制度建设是中国特色社会主义法治建设的重要内容,完善党内法规既要从解决党内法规和党的自身建设出现的问题进行着力,又要从服务党和国家事业发展大局的功能准确定位。中共十八届四中全会通过的《中共中央关于全面推进依法治国若干重大问题的决定》指出:"党内法规不仅是管党治党的重要依据,也是建设社会主义法治国家的有力保障。"[①]在建立和完善党内法规的过程中,要深刻认识到推进党内法规制度建设特别是制度落实是实现将党的全面领导贯彻到党和国家各项事业以及各个环节的重要方式。完善党内法规制度,应当把服务党和国家事业发展需要作为其逻辑起点和功能定位,以党和国家事业发展需要为目标任务,围绕健全党的领导制度,统筹谋划党内法规制度体系,使党内法规制度真正成为推动党和国家事业发展的坚实力量,充分发挥党内法规制度固根本、稳预期、利长远的保障作用。当前党内法规制度建设要契合推进党和国家治理体系和治理能力现代化的总体战略目标,并在依法治国的总体框架下系统推进。从时间来看,经过中共十八大以后五年的工作努力,2017年中共十九大报告明确提出:"加快形成覆盖党的领导和党的建设各方面的党内法规制度体系"[②],而中共十九大新修订的党章"第四十六条"中还把"维护党的章程和其他党内法规"列为党的各级纪律检查委员会的主要任务之一,党内法规在推进新时代党的建设新的伟大工程实践中的重要地位得以充分体现,目标更加清晰明确。为了完成党内法规制度体系建设的目标,中共中央还实施了"两个五年规划纲要",即《中央党内法规制定工作五年规划纲要(2013—2017年)》和《中央党内法规制定工作第二个五年规划(2018—2022年)》;中共二十大报告中明确把"完善党的自我革命制度规范体系"作为新时代党的建设的重要战略部署和重要目标。[③]可以说,新时代党内法规制度建设正在以实现党内法规制度体系化为基本目标,在"立"与"破"并举中不断发展。

三、坚持科学立法立规,保证党内法规立得住、行得通、管得住

良法是善治的前提。无论是建立社会主义法治体系还是建立党内法规制度体系,都要坚持立法先行。科学立法才能够保证法的权威,不断提高党内法规的质量才能够夯实从严治党的法治基础。在党内法规制度建设上坚持科学性的要求,要坚持并发挥党的领导的制度优势,坚持以民主集中制的原则维护党中央权威、维护全党全国团结统一,坚持人民主体地位,坚持法律面前人人平等,在这些前提下保证党内法规制度在制定程序上体现科学立法、民主立法的要求。党内法规尽管从对象来讲是

---

① 十八大以来重要文献选编:中[M].北京:中央文献出版社,2016:178.
② 中国共产党第十九次全国代表大会文件汇编[M].北京:人民出版社,2017:55.
③ 高举中国特色社会主义伟大旗帜 为全面建设社会主义现代化国家而团结奋斗:在中国共产党第二十次全国代表大会上的报告[N].人民日报,2022-10-26.

针对党员干部而建立的法规制度,但是在程序上与国家法律法规一样也要体现科学性和民主性。党内立法立规要汲取改革开放以来我国立法工作乃至世界各国法治建设包括立法工作的先进经验,建立和完善决策咨询和专家评估制度,保证党内立法立规的科学性和民主性。中央层面和地方性党内法规的制定、修改和完善要充分发扬党内民主,保障党员主体地位,发挥全党智慧,广泛听取党员干部和人民群众的意见和建议;要总结以往党内法规制度实践经验,汲取党内事务听证咨询、民主评议等制度建设实践积累的经验和国家或地方行政立法咨询制度等方面实践积累的经验,实行党内立法咨询评估制度,在立法理论和技术上广泛征集意见、咨询专家学者,对立法程序和党内法规实施进行科学评估,提高党内立法的科学性和民主性。

进一步来讲,要把好党内立法的质量关,确保每项法规制度都"立得住、行得通、管得了"①。习近平强调:"制度不在多,而在于精,在于务实管用,突出针对性和指导性。"②坚持科学立法和民主立法,就是为了保证党内法规的质量,提高党内法规制度的权威性,为党内法规制度有效执行奠定基础。完善党内法规制度体系,首先要保证党内法规制度"立得住",即保证党内法规的内在理路要具有政治性、思想性、实践性、规律性、认同性、合法性和正当性,确保党内法规的方向正确、内容科学、程序规范,保证党内法规经得起人民群众和党的事业发展的实践检验,能够被广大党员干部认可接受,成为规范党内事务和党员干部思想行为的制度保障。其次要保证党内法规制度"行得通",即在完善党内法规制度过程中要从党内法规制度整体性、全局性、回应性、协调性、完备性和一致性等方面改革创新,明确党内法规制度的规范边界,根据党的建设和党的领导实践发展需要构建配套完善、务实管用的党内法规制度体系,发挥党内法规制度标本兼治的作用。最后要保证党内法规制度"管得了",即完善党内法规制度要着力提高党内法规的针对性、完整性和实效性,要建立科学有效的党内法规制度运行和制约机制,要重视党内法规制度执行监督机制建设,运用现代法治思维和法治治理方式来推进党内法规的实施,提高党内法规的可操作性,解决一些地方和部门在实际执行党内法规中存在的宽松软问题和不严格、不规范的弊端。

总之,中共十八大以来,以习近平同志为核心的党中央高度重视党内法规制度建设,在推进社会主义法治体系建设的过程中强调完善党内法规制度体系的重要性,坚持以党章为统领,以加快形成内容科学、程序严密、配套完备、运行有效的党内法规制度体系为目标通过各项措施系统推进党内法规制度建设,党内法规制度体系逐步形成,成为中国共产党加强自身建设和实现自我革命的有力保障和重要动力。

---

① 中共中央办公厅法规局.以改革创新精神加快补齐党建方面的法规制度短板[J].求是,2017(3).
② 习近平.在党的群众路线教育实践活动总结大会上的讲话[N].人民日报,2014-10-09.

第二节　强化制度约束

　　加强党的建设,全面从严治党,既要总结思想建党的先进经验,继续做好党员干部的思想政治工作,又要凸显制度治党的威力,把制度建设贯穿党的建设整个过程、各个方面和各个环节,增强党内法规制度的约束力,把党政领导干部的权力"关在笼子里",让党员干部在制度的约束范围内规范自己的行为、正确行使手中权力。

一、强化制度意识,奠定强化制度约束的思想基础

　　制度意识,是在长期的制度建设实践中人们总结经验形成的对制度建设、制度执行和制度作用等方面的观点和认识。制度意识能够指导和促进人们遵守制度,不断完善制度,为提高制度约束奠定思想基础。从制度治党的角度来看,之所以出现制度执行力不够,制度约束不足等问题,主要是因为一些党员干部的制度意识不强,没有形成对制度治党的正确认识,认不清制度约束在从严治党中的重要性。新中国成立以后,党和国家的根本制度、基本制度和重要制度逐步形成,但是由于受到传统政治文化中官本位思想和宗法意识等的影响,同时也受到苏联模式的影响,广大党员干部对制度约束的认识还存在很多误区。特别是"文革"时期,党和国家的制度无法贯彻执行,遭到严重破坏,致使党和国家面临生死存亡的危机。邓小平在总结新中国成立后正反两个方面的经验中指出:"我们过去发生的各种错误,固然与某些领导人的思想、作风有关,但是组织制度、工作制度方面的问题更重要","领导制度、组织制度问题更带有根本性、全局性、稳定性和长期性。这种制度问题,关系到党和国家是否改变颜色,必须引起全党的高度重视"①。在邓小平理论的指导下,改革开放以后我国民主法制建设不断加强,但是一部分党员干部仍然存在重人治轻法治、重路线轻制度等思想误区。有些党员干部"制度只是摆设"的错误思想倾向,一些领导干部轻视制度和法治,把遵守制度放在口头,把执行制度说在会上,把重视制度贴在墙上,习惯于以权压法,导致在实际工作中制度得不到真正执行,制度的约束力和权威性削弱。

　　改革开放以来,特别是中共十八大以来,党的制度建设全面推进,全面从严治党取得显著成效,积累了宝贵经验,其中重要的就是通过加强党的制度建设,通过制度治党,提高了管党治党的效果。但是也要看到,从党的建设的要求和国家治理现代化的目标来看,部分党员干部的制度意识还很薄弱,对制度约束力和制度权威性的认识还比较模糊,仍然出现一部分干部顶风作案的情况。从纪委监察部门网站公布的查处的一些腐败案件来看,出现问题的党政干部正是因为没有能够严格遵守制度,故意绕开甚至破坏制度,放松了对自己或者是身边亲友的约束,出现了贪污受贿、腐化堕

---

① 邓小平.邓小平文选:第二卷[M].北京:人民出版社,1994:333.

落、消极不作为等问题。从全面从严治党来讲,树立正确的制度意识是制度治党的思想基础,也是各级党政干部规范自己行为的重要前提。正因如此,中共十八大以来,习近平始终把增强党员干部的制度意识作为增强制度约束力,推进全面从严治党的重要方面,把制度建设作为规范党和国家活动的根本。习近平强调:"真正实现社会和谐稳定,国家长治久安,还是要靠制度,靠我们在国家治理上的高超能力,靠高素质的干部队伍。"[①]中共十九届四中全会通过了《关于坚持和完善中国特色社会主义制度 推进国家治理体系和治理能力现代化若干重大问题的决定》,明确要求"各级党委和政府以及各级领导干部要切实强化制度意识,带头维护制度权威,做制度执行的表率,带动全党全社会自觉尊崇制度、严格执行制度、坚决维护制度"[②]。

强化党员干部的制度意识包括强化对制度的尊崇意识、执行意识和创新意识等方面内容。具体来讲,强化制度尊崇意识,要求提高党员干部对制度的敬畏感,认可制度的价值并自觉用制度来规范指导自己的行为。各级领导干部在想问题、办事情的过程中首先要明确党和国家各项制度的有关规定,要时刻对照制度来检查自己的行为,检查政策落实和制度执行情况,把党纪国法作为判断自身"为"与"不为"、"此为"与"彼为"的根本准绳,随时提醒自己要在制度的标尺下做一名合格的党员领导干部。强化制度执行意识,要求重视制度的实际执行,要在具体的工作中严格执行制度,要主动批评和纠正故意避开制度、随意降低工作标准的行为,主动与违反和破坏制度的行为作斗争,维护制度的权威,增强制度执行的效果。强化制度创新意识,要求广大党员干部能够深刻意识到改革创新最为根本的就是制度创新。在守正创新中进一步全面深化改革,在新的起点上推进理论创新、实践创新、制度创新、文化创新和其他各方面创新,这是我国经济社会高质量发展的重要动力。强化制度创新就是要求广大党员干部敢于在具体的制度实践中发现问题,总结经验,抓住制度改革创新发展的机遇,在破立结合中促进党和国家制度发展,形成系统完备、成熟有效的党内法规制度体系。在新时代各级党委要在全面从严治党的整体要求下,积极营造尊崇、敬畏、执行制度的良好氛围,在党员干部的教育培训、选人用人和完善党的监督制度体系等具体工作中来凸显制度的重要性,加强党内法规制度知识体系培育,普及宪法和法律知识,构建形成党员领导干部知识培育教育的常态化、制度化机制,在制度教育和制度实践中不断强化广大党员干部对制度的尊崇意识、执行意识和创新意识,为强化制度约束奠定思想基础。

二、做好顶层设计,增强党内法规制度科学性

做好制度顶层设计,以科学合理稳定有效的制度管党治党,是全面从严治党的根

[①] 中共中央文献研究室.习近平关于社会主义政治建设论述摘编[M].北京:中央文献出版社,2017:5.

[②] 中共中央关于坚持和完善中国特色社会主义制度 推进国家治理体系和治理能力现代化若干重大问题的决定[N].人民日报,2019-11-06.

本要求。制度的生命活力在于制度改革创新与发展,而推进制度改革创新发展在根本上就是为了制度能够体现科学性和合法性。从习近平关于新时代党内法规制度建设的重要论述可以看出,要增强制度约束力,首先要做好制度设计,让党内法规制度建设尊重历史与现实相统一的要求,体现民主性,符合规律性,不断夯实党内法规制度的合法性基础,在根本上提高党内法规制度的科学性和生命力。

党内法规制度建设要体现历史性与现实性的统一。制度建设是理论与实践相结合的发展过程,党的法规和制度都会经历相应的生成、发展和成熟定型的过程,同时也会随着实践的发展而不断完善。习近平指出:"我们党在长期实践中形成的党内政治生活的光荣传统,不论过去、现在还是将来,都是党的宝贵财富。光荣传统不能丢,丢了就丢了魂;红色基因不能变,变了就变了质。同时,我们要立足新的实际,不断从内容、形式、载体、方法、手段等方面进行改进和创新,善于以新的经验指导新的实践……"①这里虽然是针对党内政治生活来讲的,但是对于党内法规制度建设亦是如此。党内法规制度建设同样需要"抓住继承和创新两个关键环节"②,要重视制度建设的历史继承性和实践创新性,要保证制度的相对稳定,让制度建设能够满足实践发展和时代发展要求。从中国共产党建党百年来的历史可以看出,党内法规制度既是由少到多不断体系化的过程,又是由粗到精不断完善的过程,各项制度建设要在党的执政和自身建设实践中总结经验,不断根据新的实践发展需要改革创新,这是党内法规制度建设的基本经验也是必须遵循的重要原则。同时要看到,党内法规制度建设体现历史和现实的统一,还要保持制度的相对稳定性。坚持从现实出发,就需要根据存在问题进行制度改革,坚持从历史出发,就要看到制度的一个重要特点是具有根本性、全局性、稳定性和长期性,各项制度本身是相互承继的关系。习近平指出,"治理国家,制度是起根本性、全局性、长远性作用的。"③制度改革创新要尊重事实,但是不能一日三变,制度改革要做好调查研究、充分论证并且经过局部实践来提高制度改革的科学性,否则党内法规制度要是经常变动和修改,不仅不能保持制度与时俱进,而且会导致制度缺乏稳定性和权威性,从而丧失制度的约束力。因此,党内法规制度建设要注意衔接配套,统筹协调,相互呼应,重视发挥党内法规制度的整体性功能,为全面从严治党提供完整的制度保障体系。

党内法规制度建设要体现民主与法治相统一的要求。党内民主是党的生命。党内民主是全体党员在党内当家作主的政治权利和政治制度。党员是党的基本主体,是推进全面从严治党的基本力量。严格党内政治生活、加强党内民主监督,关键就是要发挥广大党员的积极性和主动性,要通过落实党内民主制度保障党的制度、党的决策和党的事业充分体现党员意志,保障广大党员人人平等、共同参与和管理党内事务。党内民主是广大党员平等参与党内事务并拥有知情权、参与权、选举权、监督权的制度保障。改革开放以来,邓小平在总结正反两方面经验的基础上提出:"必须使

---

①② 十八大以来重要文献选编:下[M].北京:中央文献出版社,2018:460.
③ 习近平关于全面深化改革论述摘编[M].北京:中央文献出版社,2014:28.

民主制度化、法律化,使这种制度和法律不因领导人的改变而改变,不因领导人的看法和注意力的改变而改变。"①这就深刻揭示法制在保障民主中的重要作用。党内民主同样需要党内法规制度建设来保障,而党内法规制度从建设角度来讲又必须发扬民主,坚持民主集中制,充分体现广大党员的意志和利益。2015年2月,习近平在省部级主要领导干部学习贯彻中共十八届四中全会精神全面推进依法治国专题研讨班上的讲话中指出:"在我国,法是党的主张和人民意愿的统一体现,党领导人民制定宪法法律,党领导人民实施宪法法律,党自身必须在宪法法律范围内活动,这就是党的领导力量的体现。"②党内制度法规尽管是主要用来管理规范党员干部的,但是从执政党的角度来讲,我们国家的权力是人民赋予的,党的宗旨是为人民服务,因此党的制度和国家制度建设必须充分体现民意,要重视从人民满意不满意、需要不需要的角度去建构党内制度规范。习近平在中共十九大报告中指出:"全党必须牢记,为什么人的问题,是检验一个政党、一个政权性质的试金石。带领人民创造美好生活,是我们党始终不渝的奋斗目标。"③坚持人民立场,践行为人民服务的宗旨,以最广大人民的根本利益和整个中华民族的利益为出发点和落脚点,不断完善党内法规制度体系,通过完善的制度建设和制度执行来保证立党为公、执政为民,就可以维护党的制度建设的合法性基础,进而为增强党内法规制度的约束力提供强大动力。从党内来讲,党内法规制度建设必须充分体现全体党员的意志,要从全党利益和党的建设事业发展全局着眼,坚决维护党中央权威和集中统一领导。要坚持民主和法治相统一、党的领导和依法治国相统一,实现党内法规制度与国家法规制度衔接和协调。

党内法规制度建设要尊重党的建设、党的执政和经济社会发展规律。规律是事物发展进程中本质的、必然的、稳定的联系,具有普遍性、必然性、客观性。中国共产党作为执政党,无论是思想建党还是制度治党,要想深入推进、持之以恒,都要重视总结党的建设经验、把握党的执政和经济社会发展的基本规律。中国共产党作为马克思主义先进政党,是中国特色社会主义的坚强领导力量,其执政地位的确立是历史选择和人民选择的结果。中国共产党加强党内法规制度建设既要探索总结一般政党的建设规律,又要坚持马克思主义政党建设的本质要求,结合中国实际来探索自身建设和执政规律,在双重规律的准确把握中,全面加强党的自身建设,并且要以尊重经济社会发展的客观规律为党的制度建设的根本依据,提升党内法规制定的科学性与针对性。中共十八大以来,以习近平同志为核心的党中央在领导推进党的建设新的伟大工程中,深刻总结新时代管党治党的成功经验,提出了"六个统一",即"坚持思想建党和制度治党相统一""坚持使命引领和问题导向相统一""坚持抓'关键少数'和管'绝大多数'相统一""坚持行使权力和担当责任相统一""坚持严格管理和关心信任相

---

① 邓小平.邓小平文选:第二卷[M].北京:人民出版社,1994:146.
② 习近平.习近平谈治国理政:第二卷[M].北京:外文出版社,2017:128.
③ 中国共产党第十九次全国代表大会文件汇编[M].北京:人民出版社,2017:36.

统一""坚持党内监督和群众监督相统一"①。就像有的学者所言,"'六个统一'系统而深刻地总结了中共十八大以来全面从严治党的重要经验,深化了对管党治党规律的认识"②。党内法规制度建设要体现对这些重要规律性认识的尊重,体现对这些辩证关系的把握,要围绕党的执政能力建设和党的先进性、纯洁性建设两个基本方面做好制度顶层设计,通过不断完善党内法规制度体系来为增强全面从严治党的系统性、创造性、实效性提供法律制度保障,强化党的制度约束力和权威性。

三、坚持改革创新,保持党内法规制度的生命力

创新是制度发展的第一动力。实践创新和理论创新永无止境,制度创新也要随着理论创新和实践创新不断推进。前文中指出党内法规制度建设要坚持历史与现实相统一。人民群众的现实生活多样化需要和丰富的社会实践总是成为党的制度改革创新的重要动力。习近平坚持马克思主义人民观,多次指出,"人民是历史的创造者,群众是真正的英雄";强调"人民群众是我们力量源泉"③。习近平坚持人民群众是历史的创造者蕴含了深刻的管党治党的智慧和力量。党领导人民群众进行社会主义现代化建设的伟大实践是一个不断创新发展的实践,而实践的多样性、复杂性和长期性都要求作为执政党的中国共产党具有强烈的问题意识,能够因时因事改革创新党的制度、丰富完善党内法规。中共十八大以来,党内法规制度建设提档加速,成就显著,各位阶、各领域、各层面、各环节的党内法规制度建设有序展开,形成了以党章为根本、若干配套党内法规为支撑的党内法规制度体系。但是要看到,党内法规制度执行力还有待加强、运行机制还需要进一步理顺协调,党内法规制度体系的整体性功能还需要不断释放,这些都需要以改革创新精神来补齐党内法规制度建设的短板,通过改革完善各项体制机制,通过完善已有的制度、废止不适用的制度等改革创新举措来解决一些党内法规出现的不适应、不配套、不衔接、不一致等问题。习近平指出,"根据形势的需要和党的建设的需要不断完善,确保系统配套、务实管用,防止脱离实际、内容不清,滞后于实践"④,与时俱进地推进党内法规制度建设。

改革开放只有进行时,没有完成时。习近平强调改革开放中的矛盾只能用改革开放的办法来解决。2013年中共十八届三中全会上,习近平在《关于〈中共中央关于全面深化改革若干重大问题的决定〉的说明》中指出,要完成党的各项战略目标和工作部署,必须抓紧推进全面改革。从制度建设来讲,全面进行制度改革,目的就是要

---

① 习近平.全面贯彻落实党的十九大精神 以永远在路上的执着把从严治党引向深入[N].光明日报,2018-01-12.

② 王昊魁,龚亮.对新时代党的建设规律的深邃思考和深刻把握:访国防大学教授颜晓峰[N].光明日报,2018-01-17.

③ 习近平.习近平谈治国理政:第一卷[M].北京:外文出版社,2018:5.

④ 中共中央纪律检查委员会,中共中央文献研究室.习近平关于严明党的纪律和规矩论述摘编[M].北京:中央文献出版社,2016:55.

让制度能够实现与时俱进,通过改革创新来"破除一切妨碍科学发展的思想观念和体制机制弊端,构建系统完备、科学规范、运行有效的制度体系,使各方面的制度更加成熟、更加定型"①。2014年习近平又在"省部级领导干部学习贯彻中共十八届三中全会精神全面深化改革专题研讨班"的讲话中专门对"为什么要提出全面深化改革的目标"这个问题进行了解答,并提出了"古往今来,大多数社会动荡、政权更迭,原因最终都可以归结为没有形成有效的国家治理体系和治理能力";然而从历史来看,"一个政权要稳定下来,一个社会要稳定下来,必须加强制度建设,而形成比较完备的一套制度往往需要较长甚至很长的历史时期。……巩固和发展社会主义制度……需要我们几代人、十几代人,甚至几十代人坚持不懈地努力奋斗"②。

从理论与实践的辩证关系角度我们知道,社会主义制度作为新生的制度形态,具有自身特有的制度优势,但是要保持这一制度始终具有生命力,始终能够具有自身的特质和优势就离不开制度自身的不断完善。因为就像恩格斯曾指出的:"所谓社会主义不是一种一成不变的东西,而应当和任何其他社会制度一样,把它看作是经常变化和改革的社会。"③习近平始终把改革开放作为中国特色社会主义事业不断发展进步的强大动力,同时又在全面深化改革中把坚持和完善中国特色社会主义制度、推进国家治理体系和治理能力现代化作为党和国家制度建设的总体目标。在逻辑上,习近平提出全面深化改革,其中就包括党和国家各项制度建设和制度改革,而且党和国家制度建设又需要通过制度的改革创新来推进实现。2014年,习近平在庆祝全国人民代表大会成立60周年大会上发表重要讲话指出:"制度自信不是自视清高、自我满足,更不是裹足不前、故步自封,而是要把坚定制度自信和不断改革创新统一起来,在坚持根本政治制度、基本政治制度的基础上,不断推进制度体系完善和发展。"④习近平对制度自信需要在改革创新中来实现的论述对我们在新时代更好地坚持和发展中国特色社会主义制度、充分发挥社会主义制度的优越性指明了实践路向,同时也为新时代党内法规制度体系化建设指明了方向。总之,党内法规制度建设既需要保持一定时间和范围内的稳定性,但是又不能固守藩篱、僵化停滞;只有在改革中不断完善、在创新中不断发展,重视制度改革的系统性、整体性和协同性,才能够最终形成成熟、定型的党内法规制度体系,为强化党的制度约束力奠定基础。

四、提高法治能力,坚持把依法依规治党贯穿于党的建设始终

中共十九大着眼于坚定不移全面从严治党、不断提高党的执政能力和领导水平,在提出的新时代党的建设总要求中明确提出:"全面推进党的政治建设、思想建设、组

---

① 习近平.论全面深化改革[M].北京:中央文献出版社,2018:23-25.
② 习近平.论全面深化改革[M].北京:中央文献出版社,2018:92.
③ 马克思,恩格斯.马克思恩格斯文集:第10卷[M].北京:人民出版社,2009:588.
④ 习近平.在庆祝全国人民代表大会成立60周年大会上的讲话[N].人民日报,2014-09-06.

织建设、作风建设、纪律建设,把制度建设贯穿其中……"①习近平强调"把制度建设贯穿其中",凸显了制度建设在全面从严治党、加强党的建设的中的重要地位,揭示了制度建设与党的其他方面的建设的内在关系,也指明了全面从严治党、增强党的制度约束力和权威性要把依规治党的要求体现到党的建设的各个方面、各个环节。

首先要增强党员干部的法治思维和法治能力。法治思维是最为重要的现代化思维,法治能力是国家治理能力的核心能力。中共十八届四中全会通过的《中共中央关于全面推进依法治国若干重大问题的决定》指出:"法律的权威源自人民的内心拥护和真诚信仰。人民权益要靠法律保障,法律权威要靠人民维护。必须弘扬社会主义法治精神,建设社会主义法治文化,增强全社会厉行法治的积极性和主动性,形成守法光荣、违法可耻的社会氛围,使全体人民都成为社会主义法治的忠实崇尚者、自觉遵守者、坚定捍卫者。"②中国共产党是推进全面依法治国的领导力量和关键主体,依法执政、依法决策、依法加强自身建设对整个国家法治化建设具有决定性的影响。从中国法治化建设的实际来看,改革开放以来特别是中共十八大以来随着全面依法治国的不断推进,广大党员干部的法治意识不断提升,但是等级观点、宗法思想、官僚主义等传统政治文化思想的影响依然存在,部分党政干部还存在有法不依、执法不严甚至徇私枉法等问题,一些地区和部门中还存在权大于法、以言代法、以权压法等情况,这些问题不仅削弱了社会主义法治建设的效力,而且影响了社会公平正义,都是依法治国和加强党的自身建设中需要高度重视并加以解决的问题。

中共十八大以来,以习近平同志为核心的党中央高度重视党员领导干部法治能力建设,在强调坚持和完善党对依法治国的领导的同时明确要求"党员干部要做尊法学法守法用法的模范","党政主要负责人要履行法治建设第一责任人职责,统筹推进科学立法、严格执法、公正司法、全面守法"③。从具体路径来讲,一方面要加强对党员干部的法治教育,要把中国特色社会主义法律体系、法治知识和党内法规作为党员干部教育培训的重要内容,要利用各种教育载体,通过多种教育方式和方法加强党员干部法治教育,提高党员干部法治思维和法治能力,促进各级党政干部树立依法执政、依法决策的自觉意识;另一方面,要通过实际的法治践行来提高党政干部的法治能力,要"把法治建设成效作为衡量各级领导班子和领导干部工作实绩重要内容,纳入政绩考核指标体系"④,进一步研究制定科学的考核办法、规范有效的奖惩监督机制来促进广大党员干部把法治知识和法治思维转化为依法执政和依法决策的实际能力,真正成为依法治国的领导者、践行者、示范者。

其次要始终坚持依法依规管党治党。邓小平曾指出:"没有党规党法,国法就很难保障。"⑤通过党内法规制度管党治党是"治国先治党,治党务必从严"的重要体现。

---

① 中国共产党第十九次全国代表大会文件汇编[M].北京:人民出版社,2017:49-50.
②④ 中共中央关于全面推进依法治国若干重大问题的决定[N].人民日报,2014-10-29.
③ 习近平.习近平谈治国理政:第二卷[M].北京:外文出版社,2017:126-129.
⑤ 邓小平.邓小平文选:第二卷[M].北京:人民出版社,1994:147.

从实践来讲,党内法规制度的形成仅仅是推进依法依规治党的基础和保障,而在党的建设实践中切实把党内法规制度的要求贯彻到位,体现到党的建设和党的执政各个具体环节和工作中,把党员干部对党的制度的认识转化为遵规守纪的自觉意识和行动,这才是制度治党的最终要求。要看到,我们加强党内法规制度建设,强调党员干部要做践行国家宪法和法律法规的模范,其重要原因就是要让党员干部遵规守纪成为自觉行动。党内法规制度不是花架子、不是空口号,而是要能够成为管党治党的真正利器,对党员干部的行为具有严格的约束力,保证党的先进性和纯洁性。在新时代,我们党的执政面临更加错综复杂的国内国际环境,新的党情、国情更加要求党能够提高自我革命的能力,提高执政的水平。习近平在新时代强调管党治党要全面从严,要依规治党,把制度治党的重要性凸显出来,正是基于在我国改革开放和社会主义现代化建设的重要时期适应党长期执政的现实需要,是从坚持和发展中国特色社会主义事业的长远大局考虑的。

中共十八大以后,以习近平同志为核心的党中央在中国特色社会主义进入新时代的背景下提出了"四个全面"的战略布局,其中全面从严治党是根本政治保障,而全面依法治国则是法治保障。习近平在谈论全面从严治党问题时多次强调制度建设是关系党和国家的命运与前途的重大问题,多次强调要把制度建设贯穿于党的政治建设、思想建设、组织建设、作风建设、纪律建设的全过程和各个环节。在全面依法治国的实践中,作为执政党的中国共产党必然要能够率先垂范,成为遵守国家法律法规的示范力量;而从党的自身建设来讲,又要求各级党员干部能够遵守以党章为核心的系列党内法规制度。就像习近平所强调的,"每个党组织、每个领导干部必须服从和遵守宪法法律,不能把党的领导作为个人以言代法、以权压法、徇私枉法的挡箭牌"[①]。在党的建设和党内事务上,各级党组织、每个领导干部要在党中央的领导下,依照党章和党内监督条例等系列党内法规规定的职责、权限、程序来参与和管理党的事务,真正做到依法依规管党治党,增强党内法规制度的权威性和约束力,提高党的制度建设的实际效果,保障全面从严治党与依法治国的统筹推进。

第三节 增强制度执行力

制度一旦制定出来就要遵守制度规定,通过制度来规范党员干部的言行。只有在实践中严格贯彻执行制度,才能够真正发挥制度的作用、彰显制度威力。习近平在阐述全面从严治党过程中始终高度重视提高制度执行力问题,多次强调"制度的生命力在于执行",多次指出要"切实做到纪律面前人人平等,遵守纪律没有特权,执行纪律没有例外"[②]。就像习近平在谈到加强反腐倡廉法规制度建设问题时所指出的那

---

① 习近平.习近平谈治国理政:第二卷[M].北京:外文出版社,2017:128.
② 习近平.扎实做好保持党的纯洁性各项工作[J].求是,2012(6).

样:"法规制度的生命力在于执行。贯彻执行法规制度关键在真抓,靠的是严管。加强反腐倡廉法规制度建设,必须一手抓制定完善,一手抓贯彻执行。"[1]同时,习近平还强调:"现在,我们有法规制度不够健全、不够完善的问题,但更值得注意的是已有的法规制度并没有得到严格执行。"[2]在党的二十大报告中,习近平明确强调要"增强党内法规权威性和执行力","健全党统一领导、全面覆盖、权威高效的监督体系,完善权力监督制约机制,以党内监督为主导,促进各类监督贯通协调,让权力在阳光下运行"[3]。总之,中共十八大以来,基于对党内法规制度执行力问题的高度重视,以习近平同志为核心的党中央通过增强制度权威、严格遵守选人用人标准、加强对党内法规制度执行的监督等方式来增强党的制度执行力,把党的制度权威通过制度严格执行转化为治理效能,提升了制度治党和全面从严治党的效果。

一、坚持民主平等,增强党内法规制度执行的权威性

要保障党内法规制度执行有力,保障制度的权威性和公信力,必须坚持制度面前人人平等,执行制度没有特权、没有例外的原则,保证党内法规制度对党员干部的约束和规范是平等的,反对和消除特权现象对党内法规制度执行造成的障碍。2013年1月,习近平在中共十八届中央纪委二次全会上讲话时明确指出,"要坚持在党纪国法面前没有例外,不管涉及到谁,都要一查到底,绝不姑息";"反腐倡廉,必须反对特权思想、特权现象"[4]。习近平甚至强调,反对特权,坚持党内民主平等,既是党风廉政建设的重要内容,也是涉及党和国家能否永葆生命力的重大问题,因此要采取得力措施,切实反对特权,防止一些领导干部滥用手中的权力。从制度本身的特性来讲,党内法规制度具有规范党员干部行为的约束力和普遍性,党内民主平等重要的体现就是要保证党内法规制度对领导干部和普通党员的约束力是一样的,否则一旦制度执行因人而异、制度执行受到特权现象的干扰,甚至党内监督和党内民主因一部分人尤其是"一把手"搞特权和以权压法、以言代法等问题而遭到破坏,都会导致党的制度失去权威,党的制度也就难以真正得到执行。因此,要增强党内法规制度的执行力,首先需要反对特权现象,消除特权现象对制度执行的牵掣。

从长期以来党内法规制度实践来看,由于思想觉悟不够高、对自身的职位和职权认识存在偏差,一些领导干部特别是部分党政"一把手",总是把权力看作自身的"特权",在工作实践中不是根据制度规范来行事,而是根据自己的观念甚至喜好来进行

---

[1] 中共中央纪律检查委员会,中共中央文献研究室.习近平关于严明党的纪律和规矩论述摘编[M].北京:中央文献出版社,2016:89.

[2] 中共中央纪律检查委员会,中共中央文献研究室.习近平关于严明党的纪律和规矩论述摘编[M].北京:中央文献出版社,2016:88-89.

[3] 高举中国特色社会主义伟大旗帜 为全面建设社会主义现代化国家而团结奋斗:在中国共产党第二十次全国代表大会上的报告[N].人民日报,2022-10-26.

[4] 习近平.习近平谈治国理政:第一卷[M].北京:外文出版社,2018:388.

有关人财物各方面决策、决定,由此也产生了很多因为滥用职权而出现的腐败案件。比如一些分管人事权的领导干部利用职权选任亲友或搞裙带关系、排挤他人等,一些领导干部把手中权力变作为自己谋利益的工具,大搞权钱、权色交易等,这样特权现象就成了党的制度建设和全面从严治党的需要解决的突出问题,甚至很多制度得不到贯彻落实,制度的权威遭到损害,根本上就在于部分党员领导干部存在特权意识,把领导权力变成了个人特权。从近年来反腐败查处的一些案件来看,有的地方干部特别是"一把手"认为自己高人一等,没有人能够比自己的权力大,所以就利用权力地位胡作非为,或者不遵守规范制度,或者钻制度的空子,有的只执行对自己有利的制度,而忽视规范约束的制度,有的把个人地位置于集体领导之上,拉帮结派,这些都成为全面从严治党要着重解决的问题。

在新时代全面从严治党的背景下,增强制度执行力,首先就是要解决特权现象严重影响制度公平性、制约制度执行力的问题。一方面要不断加强党员干部的思想政治教育,对广大党员干部要进行系统的、常态化的党章和党的各项制度规范、党的重大会议精神的教育,不断提高党员干部的党性修养和法律意识、法治精神,进一步肃清党员干部队伍中的特权思想和官本位思想,通过建设社会主义先进政治文化来提高党员干部的民主平等意识,促进党员干部自觉了解制度、遵守制度、维护制度并参与制度执行的监督;另一方面则需要进一步加强对权力的监督和制约,提高党内法规制度的权威性和执行力。就像习近平总书记所指出的,"要继续全面加强惩治和预防腐败体系建设,加强反腐倡廉教育和廉政文化建设,健全权力运行制约和监督体系,加强反腐败国家立法,加强反腐倡廉党内法规制度建设,深化腐败问题多发领域和环节的改革,确保国家机关按照法定权限和程序行使权力"①。

同时,要坚持民主平等,保证党内法规制度的执行没有例外,还需要进一步完善党的领导制度和监督制度体系,全面贯彻落实党的民主集中制,有效维护党中央权威和集中统一领导。2012年6月,习近平在全国创先争优表彰大会上的讲话中强调,"民主集中制是我们党的根本组织制度和领导制度,它正确规范了党内政治生活、处理党内关系的基本准则,是反映、体现全党同志和全国人民利益与愿望,保证党的路线方针政策正确制定和执行的科学的合理的有效率的制度。因此,这是我们党最大的制度优势"②;2018年12月25日至26日,习近平在主持召开中共中央政治局民主生活会时又再次强调"民主集中制是我们党的根本组织制度和领导制度",强调它是保证党的路线方针政策正确制定和执行的科学的合理的有效率的制度。③在全面从严治党过程中,特别是从反腐败、反特权和增强制度执行力的角度来讲,民主集中制可以坚持集思广益、反对个人特权,通过制度优势来从源头上防止滥用权力,从根本上维护党的团结统

---

① 习近平.习近平谈治国理政:第一卷[M].北京:外文出版社,2018:388.
② 习近平.始终坚持和充分发挥党的独特优势[J].求是,2018(15).
③ 树牢"四个意识"坚定"四个自信"坚决做到"两个维护"勇于担当作为 以求真务实作风把中共中央决策部署落到实处[N].光明日报,2018-12-27.

一。在新时代,要更好地发挥制度优势来反对特权,提高制度执行力,从领导制度上就要更好地坚持民主基础上的集中和集中指导下的民主这一制度的特殊优势,消除各级党委领导集体可能出现的意见纷争、相互对立的问题,防止个人独断或者搞特权而产生腐败等问题;要把民主集中制贯彻落实到党的建设和各项制度改革和建设的全过程,让党的领导制度、监督制度、选举制度、干部人事制度等都能够落实民主集中制的原则,形成党的制度的科学体系,全面保障和提升党的制度执行力。

二、严格选人用人,培养尊崇制度执行的领导干部

制度最终靠人来执行。要增强制度执行力、提高全面从严治党的效果,不建设一支高素质专业化的干部队伍是绝难实现的。习近平指出,坚持和发展中国特色社会主义,进行伟大斗争,完成伟大事业,关键在党,关键在人,"关键在党,就要确保党在发展中国特色社会主义历史进程中始终成为坚强领导核心。关键在人,就要建设一支宏大的高素质干部队伍。"①从历史经验来看,党的自身建设对于坚持和发展中国特色社会主义至关重要,而能够培养和造就一支高素质专业化的干部队伍又是加强党的建设的基础性保障。全面从严治党尽管强调的是制度治党,要求以严格的法治和规范来管党治党,以更加有效的思想政治教育来培养党员干部,但是在根本上还是以关爱党员、塑造优秀干部为目标。管党治党是为了党的肌体健康,是为了党和国家事业拥有强大的政治保证和组织保障。从人才队伍建设来讲,培养大批优秀干部,尤其是培养高素质的能够带头尊崇党内法规制度、严格执行党的制度的领导干部,可以为增强党内法规制度执行力提供人才保障。

首先要坚持标准,严格执行党的干部选拔任用制度。干部选任标准体现的是党的用人导向问题,以严格的标准选拔培养干部是全面从严治党的基本要求。习近平指出:"我们党历来高度重视选贤任能,始终把选任用人作为关系党和人民事业的关键性、根本性的问题来抓。"②在民主革命时期毛泽东曾经深刻指出:"政治路线确定之后,干部就是决定的因素。"③党的建设离不开培养造就一支高素质专业化的干部队伍来支撑,党的领导和各项具体工作更需要一支高素质专业化的干部队伍去贯彻执行。习近平汲取古今中外国家和民族历史兴衰成败的经验和《资治通鉴》等经典名著中先贤哲人的智慧深刻强调:"治国之要,首在用人。""为政之要,莫先于用人。"④2013年6月,习近平在全国组织工作会议上,提出在干部选任工作中必须坚持德才兼备的原则,同时他又提出新时代好干部的"五条标准",即"信念坚定、为民服务、勤政务实、敢于担当、清正廉洁。"⑤这些标准内涵丰富,基本概括了新时代党员干部德才兼备的要求,成为新时代我们做好干部选任工作的重要遵循,同时也为干部培养提供了目标方

---

① ② ④ 习近平.习近平谈治国理政:第一卷[M].北京:外文出版社,2018:411.
③ 毛泽东.毛泽东选集:第二卷[M].北京:人民出版社,1991:625.
⑤ 习近平.习近平谈治国理政:第一卷[M].北京:外文出版社,2018:412.

向。在新时代,严格根据好干部的标准进行选贤任能,贯彻落实德才兼备的原则,从理想信念、宗旨意识和担当作为、清正廉洁等多个维度来选任干部,严格依照《中国共产党党章》和《党政领导干部选拔任用工作条例》等党内法规政策文件来选任干部,把干部选任的要求贯彻到干部选拔的全部过程,保证干部的提名、推荐、选举、考察和任用与监督等各个环节充分体现公平、公正、民主、法治的原则,保证干部选任工作在制度规范下进行,对于那些拉票、贿选、搞关系、分亲疏、讲圈子等违规违纪和违法行为要坚决查处,在干部选任上体现全面从严治党的要求,发挥制度治党的优势,通过落实党的干部选任制度特别是严格执行干部选任标准,培养严格执行党内法规制度的人才队伍。

其次要严格教育管理,培养遵守制度、执行制度的优秀干部。习近平指出:"好干部除了要加强学习,还要加强实践";"好干部还要靠组织培养。"①同时,习近平还强调:"好干部是选出来的,更是管出来的。严管就是厚爱,是对干部真正负责。"②这表明,优秀合格的干部离不开自身的学习和努力,同时也需要通过严格的管理制度来教育和培养。中共十八大之后,中共中央先后部署开展了党的群众路线教育实践活动、"三严三实"专题教育、"两学一做"学习教育、"不忘初心、牢记使命"主题教育等多次主题、专题教育学习实践活动,这些教育学习活动不仅坚持了党的思想政治教育的一贯传统,对提高党员干部的党性锻炼、思想认识,进一步增强党员干部的马克思主义信仰和对中国特色社会主义的"四个自信"具有十分重要的意义,而且也以更加规范严格的学习要求落实了党的教育管理制度,提高了党的干部教育管理的制度执行力。正如习近平在党的群众路线教育实践活动总结大会上的讲话中所指出的那样:"这次活动坚持破立并举,注重建章立制。中央相继出台党政机关厉行节约反对浪费、国内公务接待管理、公务用车改革等一系列制度",通过这些制度的建立和强化执行,使得"以转作风改作风为重点的制度体系更加完善,制度执行力和约束力得到增强"③。在新时代,各级党组织要把加强干部教育学习工作抓实抓细,提高党章和党内法规制度教育的比重,增强党员干部尊重制度、遵守制度、监督制度执行的思想自觉,特别是要抓好各级党政部门"一把手"的教育培训,提高主要领导干部遵规守纪和执行制度的自觉性,在思想建党和制度治党的结合中培养和造就一支高素质、专业化、本领强、能担当的干部队伍,成为尊崇制度、执行制度的中坚力量。

三、增强责任意识,形成党内法规制度执行的监督合力

马克思和恩格斯曾经说过:一切公职人员必须在公众监督之下进行工作,这样才能防止人们去追求升官发财,去追求自己的特殊利益。④十月革命胜利后,布尔什维

---

① 习近平.习近平谈治国理政:第一卷[M].北京:外文出版社,2018:417-418.
② 习近平.努力造就一支忠诚干净担当的高素质干部队伍[J].求是,2019(2).
③ 习近平.在党的群众路线教育实践活动总结大会上的讲话[N].光明日报,2014-10-09(2).
④ 马克思,恩格斯.马克思恩格斯选集:第2卷[M].北京:人民出版社,1972:414.

克党由革命党转变为执政党,列宁对俄共(布)作为执政党的建设提出了一系列论述,他特别强调要用"铁一般的纪律"加强对党员干部的管理,并在1920年9月召开俄共(布)第九次全国代表大会指出:"有必要成立一个同中央委员会平行的监察委员会,由受党的培养最多、最有经验、最大公无私并最能严格执行党的监督的同志组成。"[①]在列宁的领导和推动下,俄共(布)自1920年9月至1922年3月通过党的三次会议逐步建立起监察委员会,使得俄共(布)作为无产阶级执政党有了专门的监督监察机构。新中国成立以后,毛泽东、刘少奇、陈云等都多次强调党内监督和民主监督问题。刘少奇强调加强监督可以有效克服党内命令主义、官僚主义、主观主义等方面的错误,一些干部不能接受监督批判,这会造成"可悲的结果"[②]。刘少奇还把"能够接受人民的批评监督"作为判断"一个好党员、一个好领导的重要标志"[③]。改革开放以后,中国特色社会主义事业的全面发展对党的建设提出了新的要求。邓小平深刻总结党的建设的经验教训,把党内监督和制度建设问题提到了重要位置。他分析了"权力过分集中"的危害和弊病,指出要通过党和国家制度改革和制度建设来加强党内监督和对权力的制约进而来解决权力过分集中而可能产生的"官僚主义""个人专断"等问题。[④]1992年南方谈话时,邓小平指出:"在整个改革开放过程中都要反对腐败。对干部和共产党员来说,廉政建设要作为大事来抓。还是要靠法制,搞法制靠得住些。"[⑤]他更是深刻告诫我们:"中国要出问题还是出在共产党内部。……要注意培养人,要按照'革命化、年轻化、知识化、专业化'标准,选拔德才兼备的人才进班子。"[⑥]这些论述,不仅体现了我们党对干部监督工作的重视,而且也表明随着党的建设经验的不断积累,邓小平等老一辈无产阶级革命导师和党的领导人,已经深刻认识到制度建设和党内监督对于党的建设和党的事业发展的重大意义。

中国特色社会主义进入新时代,习近平在坚持马克思主义经典作家和党的历代领导人关于党内监督思想的基础上,从全面从严治党的战略布局出发,对新时代党的监督问题提出了一系列新思想、新论断和新举措,为更好地以制度建设为根本加强党的监督提供了思想遵循。习近平指出:"权力不论大小,只要不受制约和监督,都可能被滥用。"[⑦]加强对制度执行的监督,既是健全党和国家监督体系的重要组成部分,也是强化党内法规制度执行必不可少的环节。制度千万条,不落实就是白条;工作部署千万招,不落实就是虚招。制度执行是制度生命力之所在,但是制度执行并不能仅仅依靠党员干部的自觉意识,必须加强对制度执行的监督和问责。中共十八大以来,以

---

① 列宁.列宁全集:第39卷[M].北京:人民出版社,1986:287-288.
② 刘少奇.刘少奇选集:下卷[M].北京:人民出版社,1985:126.
③ 刘少奇.刘少奇选集:下卷[M].北京:人民出版社,1985:275.
④ 邓小平.邓小平文选:第二卷[M].北京:人民出版社,1994:270.
⑤ 邓小平.邓小平文选:第三卷[M].北京:人民出版社,1993:379.
⑥ 邓小平.邓小平文选:第三卷[M].北京:人民出版社,1993:380.
⑦ 中共中央纪律检查委员会,中共中央文献研究室.习近平关于党风廉政建设和反腐败斗争论述摘编[M].北京:中央文献出版社,2015:128.

习近平同志为核心的党中央进一步完善《中国共产党党内监督条例》和《中国共产党问责条例》等重要党内法规监督制度，为加强和规范对党内法规制度执行的监督问责提供了基本遵循。

首先要进一步强化监督党内法规制度执行的责任意识。监督问责是提高制度执行力的关键环节，也是全面从严治党的重要保障。总结党的制度建设的经验可知，一些地区、一些部门对党内法规制度执行不到位，在落实政策和制度上存在宽松软的问题，其中一个重要原因就是对党内法规制度执行不力和对官僚主义、形式主义等问题的执纪监督问责不力造成的。监督和问责不到位，就会出现所谓的"上有政策、下有对策"现象，导致制度的权威丧失，在党员群众中党的制度乃至党的领导的公信力就会受到影响。因此，要提高党的制度执行力必须高度重视对党内法规制度执行的监督和问责问题，提高广大党员干部对党内监督重要性的认识，增强广大党员干部监督党内法规制度执行的自觉性。习近平指出："全面从严治党，既需要全方位用劲，又需要重点发力。加强和规范党内政治生活、加强党内监督就是重点发力的抓手。"①习近平还强调指出："全党要深刻认识到，党内监督是永葆党的肌体健康的生命之源。要不断增强向体内病灶开刀的自觉性，使积极开展监督、主动接受监督成为全党的自觉行动。"②习近平强调，各级党员领导干部，能不能正确地、自觉地接受党员群众的监督，正是衡量领导干部党性修养水平的一个重要尺度。习近平强调要落实各项制度，要分工明确，责任落实。他强调指出："如果不讲责任，不追究责任，再好的制度也会成为纸老虎、稻草人。"③加强对制度落实和执行的监督，加强责任追究，正是提高制度权威的重要保障。广大党员干部尤其是高级领导干部要带头树立监督党内制度执行的责任意识，要根据党内监督和问责的有关法规制度结合自身的岗位职责履行监督职能。各级党组织要通过党员教育管理、发挥集体领导和监督作用来强化党员干部监督制度执行的责任意识。

2020年1月，习近平在"不忘初心、牢记使命"主题教育总结大会上的讲话中强调："制度是用来遵守和执行的。全党必须强化制度意识，自觉尊崇制度，严格执行制度，坚决维护制度，健全权威高效的制度执行机制，加强对制度执行的监督，推动不忘初心、牢记使命的制度落实落地，坚决杜绝做选择、搞变通、打折扣的现象，防止硬约束变成'橡皮筋'、'长效'变成'无效'。"④中共十八大以来，以习近平同志为核心的党中央把维护制度权威、强化制度执行、加强对制度执行的监督相结合，发挥了制度治党的优势和效果。正如习近平所强调："党内监督是全党的任务"，"从严治党，'管'和'治'都包含监督"⑤。要提高制度执行力，必须牢牢抓住责任追究这个关键，以有效问

---

① 十八大以来重要文献选编：下[M].北京：中央文献出版社，2018：454-455.
② 习近平.习近平谈治国理政：第二卷[M].北京：外文出版社，2017：185-186.
③ 中共中央文献研究室.习近平关于全面深化改革论述摘编[M].北京：中央文献出版社，2014：81.
④ 习近平.在"不忘初心、牢记使命"主题教育总结大会上的讲话[J].求是，2020(13).
⑤ 中共中央文献研究室.习近平总书记重要讲话文章选编[M].北京：党建读物出版社，2016：375.

责强化制度执行。各级党委、各类监督主体特别是纪检监察机关在监督制度执行的过程中要敢于动真碰硬,坚决纠正有令不行、有禁不止、随意变通、恶意规避等行为,以确保制度落到实处、执行到位。各级党委要根据党内监督的有关法规制度结合各地区和各部门工作实际建立健全监督制度执行的体制机制,严格落实党的问责制度,把监督制度执行逐层逐项地进行责任分解,形成责任清单,逐一落实,建立责任追踪机制,坚持有问题必查、有责必究;要严格根据实际和制度规范进行考核奖惩,把落实党和国家政策和制度作为各级党政干部考核评价的重要指标,通过科学合理的制度考核激励党员干部在实际工作中严格遵守执行党内法规制度,增强监督党的制度执行的主体责任意识,提高广大党员干部监督制度执行的积极性和主动性,为增强制度执行力奠定思想主体条件。

其次要进一步建立健全党内法规制度执行的监督制度体系。党内监督是一个系统工程,牵涉到不同的监督主体和党内各项制度规范。《中国共产党问责条例》《中国共产党巡视工作条例》《中国共产党纪律处分条例》《中国共产党党内监督条例》等党内法规是广大党员干部履行监督职责和执行监督问责的依据,为党内监督提供了保障性法规。但是要看到,从党的建设来讲党内法规制度本身是一个体系,各项党内法规规定的内容不同,但每一项党内法规制度都是总结党的建设经验和党的建设实际需要而制定的,都具有相应的重要作用。比如以《中国共产党地方委员会工作条例》为例,这是根据党章制定的党的一项重要的组织法规,该条例的制定为党的地方委员会工作顺利开展提供了根本遵循,在该条例的"总则"中明确了党的地方委员会在本地区发挥总揽全局、协调各方的领导核心作用,对本地区党的建设全面负责等,并规定要遵循"坚持在宪法和法律范围内活动,依据党章和其他党内法规履职尽责"等原则;再比如《党政机关办公用房管理办法》是中共中央办公厅、国务院印发的为了规范党政机关办公用房的管理规定,该规定也明确在第七章对"监督问责"作出了规定,要求党政机关办公用房使用单位和有关管理部门根据职责分工,加强办公用房监督,严格履行相关管理程序,严肃查处违规用房问题,同时为了做好监督还要求建立健全党政机关办公用房"巡查考核制度""信息管理公开制度""责任追究制度"等。可见,各项党内法规都是针对党的建设某一方面或者某一领域的问题而建立的。这些党内法规制度构成了相互协同、相互补充、相互配套的制度体系,为各类监督主体合力监督党的制度执行奠定了制度基础。

最后要形成强化党内法规制度执行的监督合力。中共十八大以来,以习近平同志为核心的党中央坚持全面从严治党,坚持用制度管权、管事、管人,以"加快形成覆盖党的领导和党的建设各方面的党内法规制度体系"[①] 和"抓紧形成不想腐、不能腐、不敢腐的有效机制"[②] 为目标要求推进党内法规制度建设,通过多次重要会议完善并制定实施了新的《中国共产党党内监督条例》《中国共产党巡视工作条例》等多部重要

---

① 中国共产党第十九次全国代表大会文件汇编[M].北京:人民出版社,2017:55.
② 习近平.在庆祝全国人民代表大会成立六十周年大会上的讲话[N].人民日报,2014-09-06.

的党内法规,以党内监督条例为主线的党内监督制度体系逐渐成形。亦如习近平所指出:"党的执政地位,决定了党内监督在党和国家各种监督形式中是最基本的、第一位的。只有以党内监督带动其他监督、完善监督体系,才能为全面从严治党提供有力制度保障。"①在新时代要坚持民主基础上的集中和集中指导下的民主相结合的原则来规范党内政治生活,通过加强对党政干部尤其主要领导干部的监督来防止一些领导干部独断专行、搞"一言堂"等问题;同时要重视保证党内法规同国家法律的衔接和协调,实现党内监督与党外监督有效协调、合力发挥。在推进党内法规制度建设中要把健全党和国家监督制度特别党内监督制度体系作为重要内容,构建全覆盖的制度执行监督机制,把党委(党组)全面监督、纪委监委专责监督、党的工作部门职能监督、党的基层组织日常监督、党员民主监督等结合起来,以党内监督为重点,推动人大监督、民主监督、行政监督、司法监督等有机贯通、相互协调,形成监督制度执行的强大合力,为不折不扣贯彻执行制度提供保障。

总之,正像有的学者所指出的那样:"习近平关于党内监督的新理念新思想新观点,回答了新形势新任务新要求下,特别是中国共产党长期执政条件下为何要进行党内监督、如何进行党内监督的问题,构成了比较系统的关于共产党执政条件下党内监督的思想体系,深化了中国共产党关于党内监督规律的认识,推进了马克思主义党内监督思想的中国化、时代化、实践化。"②习近平关于党内监督系列重要讲话和重要论断是习近平关于全面从严治党重要论述的重要内容,在逻辑上回到了如何保障全面从严治党的重要路径问题,成为加强党内监督、全面从严治党的重要遵循。中共十八大以来,在全面深化改革的整体推进下,在推进国家治理体系和治理能力现代化的综合进程中,以习近平同志为核心的党中央加快构建内容科学、程序严密、配套完备、运行有效的党内法规制度执行监督体系,促进党内监督与国家其他监督贯通融合、相互协调、共同发力,以积极有效的监督增强了党内法规制度的执行力,为全面从严治党提供了强有力的制度保障。

---

① 十八大以来重要文献选编:下[M].北京:中央文献出版社,2018:455.
② 张凤华,王晓埂.习近平党内监督思想探析[J].中南民族大学学报(人文社会科学版),2018(1).

第十三章　全面从严治党要以深入推进反腐败斗争为关键

以中共十八大为历史节点,伴随着中国特色社会主义进入新时代,以习近平同志为核心的党中央把反腐败斗争摆到前所未有的新高度,并且将反腐败斗争作为"必须抓好的重大政治任务",纳入"四个全面"战略布局。党中央紧紧围绕"两个一百年"奋斗目标和中华民族伟大复兴的时代主题,着眼于从严治党、执政为民,深入推进党风廉政建设和反腐败斗争,提出了一系列新理念、新观点、新论断。党的科学发展理念、改革创新理念、从严治党理念、依法执政理念都在反腐败斗争过程中得到具体实践,深入推进反腐败斗争是全面从严治党的关键,是习近平新时代中国特色社会主义思想的重要组成部分。

自建党以来的反腐败斗争,都是强调以法治思维和法治方式惩治腐败,突出法纪,党纪与国法相辅相成、相互促进、相互保障,从而推动反腐败斗争从量的积累迈向质的转变,取得压倒性胜利,保证了党和国家事业取得历史性成就、发生历史性变革。新时代党面临的执政考验、外部环境考验是长期的、复杂的、严峻的,只有以反腐败斗争永远在路上的坚韧和执着,才能跳出"历史周期率",确保党和国家长治久安。

第一节　加强党对反腐败斗争的集中统一领导

党的反腐败斗争百年来,之所以能够实现从建党初期到实现执政后70余年的伟大变迁,走出一条带有中国特色的反腐倡廉之路,从根本上说就在于始终坚持以人民为中心的根本立场、坚持马克思主义中国化的科学理论指导、坚持中国共产党的领导。新时期继续深入推进反腐败斗争,必须加强党对反腐败斗争的全面领导,充分发挥党的领导核心作用,以党的政治建设统领反腐败斗争,进一步强化反腐败斗争的主体责任和功能,同时加强党的自身建设,以确保党的领导更加坚强有力。

一、充分发挥党的领导核心作用

反腐败斗争的目的是以常抓不懈的坚韧和执着,保证干部清正、政府清廉、政治清明。中国共产党在中国特色社会主义历史进程中始终是坚强的领导核心,担负起团结带领人民实现中华民族伟大复兴的重任。"党和人民事业发展到什么阶段,党的建设就要推进到什么阶段,这是加强党的建设必须把握的基本规律。"①发挥党的领导核心作用与新时期反腐败斗争新格局是紧密联系在一起的,反腐败斗争的领导权必须牢牢掌握在我们党的手中,强化党中央集中统一领导,把分散的反腐败工作力量整合起来,建立起党统一领导下的国家反腐败机构。

（一）以党的政治建设统领反腐败斗争

2019年1月31日,中共中央印发《关于加强党的政治建设的意见》,对加强党的政治建设作出了战略部署和安排,凸显了"以政治上的加强推动全面从严治党向纵深发展,引领带动党的建设质量全面提高"②的极端重要性。习近平曾强调,如果党员干部在政治上出问题,那对党的危害不亚于腐败问题,有的甚至比腐败问题更严重。政治问题与腐败问题往往都具有关联性、渗透性,从中共十八大以来查处的党内贪污腐败案件中可以看出,党内存在的大多数问题都与政治问题密切相关,政治问题是引发党内政治生态危机、危及党和国家政治安全的原则问题。可以说,腐败问题也是重大政治隐患和政治问题,全面从严治党不能只讲腐败问题,不看政治问题。

深入推进党的反腐败斗争、全面净化党内政治生态,必须提高反腐败斗争的政治站位,将其上升到党的政治建设层面中来。加强党的政治建设是解决党内腐败问题的治本之策,是推进反腐败斗争向纵深发展的内在需要,是坚持和加强党的全面领导的必然要求。坚持以党的政治建设为统领,把政治建设作为推进党风廉政建设、提升领导干部拒腐防变能力的前提和关键,把旗帜鲜明讲政治作为党的建设的生命线,推进反腐败斗争不断深入。将党的政治立场、政治方向、政治原则、政治道路、政治纪律、政治规矩、政治能力、政治文化等各个方面贯穿于新时期反腐败斗争全过程。坚持党对反腐败工作的集中统一领导,坚决贯彻落实以习近平同志为核心的党中央关于全面从严治党的重大决策部署,重大事项、重大问题及时主动请示报告,确保权威高效、方向不偏。切实将党的反腐败斗争的显著成效转化为风清气正、团结统一、充满生机活力的政治生态,营造良好政治生态是加强党的政治建设的基础性、经常性工作,也是开展党风廉政建设和反腐败工作的重要目的,必须摆在突出位置。必须以永远在路上的坚定和执着加强党的政治建设,以政治建设的全面推进来推动反腐败斗争工作向纵深发展。

（二）压紧压实反腐败斗争的政治责任

二十届中央纪委三次全会强调,要持续发力、纵深推进反腐败斗争,一体推进不敢腐、不能腐、不想腐,强化高压态势,继续紧盯重点问题、重点领域、重点对象、新型腐败和隐性腐败。这是要求各级党组织主动担当作为,以永远在路上的坚韧和执着认真履职尽责,扎实推进全面从严治党,巩固发展反腐败斗争压倒性胜利。把反腐败

---

① 习近平.在庆祝中国共产党成立95周年大会上的讲话[M].北京:人民出版社,2016:22.
② 中共中央关于加强党的政治建设的意见[M].北京:人民出版社,2019:4.

斗争作为应尽之责、分内之事,纳入经济社会发展和党的建设总体布局,坚持反腐败斗争与经济建设、政治建设、文化建设、社会建设、生态文明建设同部署、同落实、同检查、同考核,坚决贯彻落实上级党组织关于反腐败斗争的部署要求,协调推进反腐败斗争与改革发展稳定各项工作。压实责任,必须同时用好问责这个利器,督促各级纪检监察机关立足自身职责,使各级党组织和领导干部担起反腐败斗争的政治责任。

首先,要紧盯主体责任落实不力问题,强化责任追究,通过常态化的问责,唤醒各级党组织和党员领导干部的责任意识、激发担当精神。加大问责力度,推动各级党组织落实全面从严治党、反腐败斗争的政治责任,严厉查处管党治党失职失责问题,对责任缺失的党组织问责到底、对反腐不力的领导干部问责到底。把问责作为管党治党的重要抓手,对党的领导弱化、党的建设缺失、全面从严治党不力等问题严格责任追究。其次,在强化问责的同时,也要加大对相关案例的通报曝光力度,必须释放出"有权必有责、有责要担当、失责必追究"的强烈信号,用鲜活的案例为党员领导干部敲响警钟:必须把责任放在心中,把使命扛在肩上。通过监督,将各级党组织和党员领导干部的成绩和不足都晒出来,进一步督促党员领导干部种好"责任田"。全面从严治党是一场攻坚战、也是持久战,巩固发展反腐败斗争压倒性胜利,进一步推进全面从严治党,就要抓住主体责任这个"牛鼻子"。最后,责任明确具体,压力才能传导到位。通过健全完善各项制度机制,将反腐败工作责任的压力层层传导。在新时期推进全面从严治党,必须在责任落实上花大力气,下狠功夫,要深刻把握中共十八大以来全面从严治党的重要经验,坚持行使权力和担当责任相统一。实施党内监督,将监督主体责任,分层分类细化为党委(党组)全面监督责任、书记第一责任、班子成员分管责任、纪检机关专责监督责任、党的工作部门职能监督责任、党的基层组织日常监督责任、村(社区)党支部纪检委员"一线"监督责任、党员民主监督责任,实行清单化管理。

(三)强化政治监督的支撑和保障作用

中国特色社会主义伟大事业都建立在党的坚强领导基础上,推进各领域改革、发展都是为了加强党的全面领导、巩固党的执政基础、提高党的执政能力。积极探索党在长期执政条件下自我净化有效路径、强化对权力运行的有效监督和制约,有利于构建党统一指挥、全面覆盖、权威高效的监督体系。加强政治监督,是为推动中央重大决策部署落实、维护党中央权威和集中统一领导提供纪律保障。坚持党对反腐败斗争的集中统一领导是具体的而不是抽象的,必须具体落实到强化监督、执纪审查、调查处置、巡视巡察、追责问责等各项工作中,最终要通过纪检监察机关履职尽责的工作效果来检验是否有效落实。在全面履行纪检监察职责的同时,要坚持把监督挺到前面,下更大气力抓好监督这项基础性工作,注意从政治上观察、思考和分析新情况、新问题,充分发挥政治监督的引领、支撑和保障作用,以监督工作的有效开展带动全面扎实履职。加强对党内政治生活状况、党的路线方针政策执行情况和民主集中制执行情况的监督检查,严肃查处违背党的政治路线、破坏党内政治生态、搞"七个有之"等问题,坚决清除党内重大政治隐患。

新时代强化政治监督的根本任务就是深刻认识"两个确立"的决定性意义,自觉担负"两个维护"重大政治责任,坚决维护习近平总书记党中央的核心、全党的核心地位,坚决维护党中央权威和集中统一领导,是全党在革命性锻造中形成的共同意志,是党的最高政治原则和根本政治规矩。二十届中央纪委三次全会再次强调,突出"两个维护"深化政治监督。把严明党的政治纪律和政治规矩摆在突出位置,聚焦政治忠诚、政治安全、政治责任、政治立场、党内政治生活,坚决纠正政治偏差,及时消除政治隐患。当前,要集中力量加强对深化党和国家机构改革、强化作风建设、全面从严治党等中央重大决策部署执行情况的监督检查,坚持问题导向,聚焦"关键少数",用好问责这个利器,督促和协助党委(党组)认真履行主体责任、改进工作作风、务实推进工作,确保中央要求和各项重大决策部署落地落实。要深刻认识党委主体责任中内含监督、纪委监督责任中包含对主体责任落实情况监督的关系,坚决扛起协助党委推进全面从严治党政治责任,严格监督、有效监督,推动党委(党组)主体责任、书记第一责任人责任和纪委监委监督责任贯通联动、一体落实,督促领导班子成员认真落实"一岗双责",把负责守责尽责体现在每个党组织、每个岗位上。

二、健全完善反腐败斗争工作的领导体制

我们党在反腐败斗争和党风廉政建设中,逐步形成了一套有效的领导体制和工作机制,这就是:党委统一领导,党政齐抓共管,纪委组织协调,部门各负其责,依靠群众的支持和参与的具有中国特色的反腐败领导体制和工作机制。这一领导体制和工作机制是把我们党领导反腐败斗争的实践上升到理论高度,进行了科学的概括和总结,反映了我们党从理论到实践都对反腐败斗争有着深刻的认识。反腐败斗争工作领导体制和工作机制,在核心的领导力量、根植的社会制度、代表的利益群体、形成的内在动因、领导权的掌握方式上,都无不体现了其本质的先进性,这些都是必须予以坚持、完善和发展的。坚持反腐败斗争工作领导体制和工作机制,首要的就是用中共二十大精神和习近平新时代中国特色社会主义思想来统领工作,不断加深对这一领导体制的理解,确立新的发展观,提高执行反腐败斗争工作体制的自觉性。

(一)明确反腐败斗争工作主体责任工作格局

"主体是实践系统中最具有自主性和能动性的因素,它本身即为一个子系统,担负着提出实践目的、掌握实践工具、改造实践客体,从而驾驭和控制实践系统完成实践活动的多功能的任务。"[①]反腐败斗争这项工作既是党委(党组)工作的重点,又是行政工作的重要职责和任务,纪委负责维护党的章程和其他党内法规、检查党的路线方针政策和决议执行情况,也就是说在反腐败斗争这个问题上,不论是党委还是行政、

---

① 岳奎,李思学.习近平关于党委主体责任思想及其对全面从严治党的重大意义[J].马克思主义研究,2017(4).

纪委都有不可推卸的责任和义务。在此前提下,各主体、各要素之间责任明晰、强化考核,才能推动反腐败斗争工作正常运作。反腐败斗争工作的主体责任,不仅仅是针对某一个部门或者某一个人,而是一个分工明确、良性互动的责任体系,即党委负主体责任,纪委负监督责任。强化党的反腐败斗争工作的主体责任制,是在把握党的反腐败斗争严峻形势的基础上,对权力运行的自觉调试,关乎反腐工作的成效。党委主体责任重在落实,只有牢固树立守土有责、勇于担当的意识,自觉把反腐败斗争放在重要位置,从实际出发,坚持问题导向,在真抓常抓、抓紧抓实上下工夫,使各项工作不断深化、细化、具体化,才能切实肩负起重大政治责任,当好党风廉政建设的领导者、执行者、推动者。

明确反腐败斗争工作主体责任,要改变自上而下垂直的管理和监督,推动平行互动的治理模式,推动政治主体地位提升,有效避免主体公权私用、公权滥用,实现反腐败斗争工作效能横向和纵向的贯通与持续。横向上,要强化党委领导班子的集体责任、党委书记的第一责任和党委班子其他成员的领导责任,落实纪委包括纪委组织和纪委书记的监督责任。党委应当全力保障纪委依法办案,为纪委加强监督提供组织保障和创造良好条件。纵向上,强化上级党委对下级党委的领导,党委对本级和下级开展反腐败工作负有全面领导和监督责任,纪委对本级和下级反腐败工作负有领导和监督责任,落实纪委对同级党委和下级领导班子及其成员的监督责任。同时,要把严明党的纪律作为正党风、转作风的重要抓手,严格执行重要工作和重大情况报告制度,强化政治纪律、组织纪律执行情况监督检查。要在政治站位上有更高标准、更宽眼界,自觉把反腐败斗争工作置于党和国家大局中来思考和谋划,准确把握政治和业务的关系,善于从具体业务切入、从政治高度发现和辨析问题,冷静研判化解党内存在的各种政治隐患,切实把严明政治纪律和政治规矩落实到具体人、具体事。

(二)健全责任分解机制与协同机制

反腐败斗争工作本身涉及到社会方方面面和各个领域,而且相互影响、相互渗透,因此必须健全责任分解、检查监督、倒查追究的完整链条。完善的责任分解与协同工作机制能够协调党的组织机构之间的关系,统筹反腐败斗争工作各方面的内容,调动责任主体的积极性、主动性和自觉性,提高反腐败斗争工作效果和效率。

建立责任分解机制,制订反腐败斗争各专项工作的计划,包括工作任务、重点内容、责任领导、牵头单位、协办单位等内容,确立担责比例,实现责任有效分解,形成完整的闭环"责任链"。各部门各负其责,首先要负起本单位的反腐败斗争工作责任,建立起制度、监督并重的惩治和预防腐败体系,纵向上坚持"一把手"负总责,一级抓一级的原则。建立责任协同机制,下级负有向上级报告的责任、履行反腐败斗争工作监督的义务。党委和纪委要定期开展交叉办案,加强沟通、交流、协作,实现责任和内容的衔接顺畅和统一协调。除此之外,还应当建立责任考核机制,对党委和纪委履行责任及效果进行考核。坚持日常考核、巡视考核和年度考核相结合,将考核结果纳入领导干部政绩考核指标体系,作为领导干部奖励惩处、选拔任用的重要依据。对职责范围内的失职、渎职严肃追究责任。对发生严重违规违纪、重大腐败案件、"四风"突出问题的地方、部门和单位,既倒查追究党委主体责任,也要倒查追究纪委监督责任。

(三)依靠群众参与和支持进行反腐败斗争

依靠群众参与和支持是抓好反腐败斗争工作的基础,是我们党群众路线的集中反映,也是宪法赋予"人民当家作主"这一基本政治权利的集中体现。反腐不仅是全党的重大政治责任,更是人民群众的权利和义务。新形势下,推动全面从严治党向纵深发展,应坚持群众路线,保持党同人民群众的血肉联系,引导广大人民群众支持和参与正风反腐,深入推进党风廉政建设和反腐败斗争,这是形势使然,也是民心所向。持续深化正风反腐,推动全面从严治党向纵深发展、向基层延伸,必须坚持人民立场,以维护人民根本利益为导向,紧紧依靠广大人民群众的支持和参与,在人民群众中汲取智慧和力量,切实加大对群众身边不正之风和腐败问题的查处力度,取得让人民群众比较满意的成效。

在互联网时代,人人都是新媒体、人人都是麦克风,群众发现任何违纪违法问题线索,只要手机一拍、微信一发,立即就能上网曝光。微博、微信、论坛等各种平台成了网络监督、舆论监督的重要渠道,数量庞大的网民正成为反腐战场上一支"轻骑兵"。这就启示我们,在全民信息时代推进全面从严治党,要求我们在理念、思路、战略、战术上都要与时俱进,不断探索和开辟新的模式、新的路径、新的方式。依靠人民群众参与反腐,一定要坚持人民的利益高于一切,以人民群众满意为检验反腐败成效的最高标准。坚持让群众对反腐败成效进行评价,只有让群众享有评价权,才能使其知情权、参与权和监督权落到实处。同时,要始终把群众的智慧作为工作创新的力量源泉,只有这样才能克服前进道路上的种种障碍,排除反腐败斗争的险阻。

三、加强党的自身建设

中国共产党历来重视党的自身建设,面对错综复杂的国际形势和不断发展变化的国内环境,我们党明确提出并大力加强党的执政能力建设和先进性建设,着力提高党的领导水平和执政水平,提升拒腐防变和抵御风险能力,在党的建设上创造了宝贵经验,取得了伟大成就。反腐败斗争工作本身具有长期性、艰巨性、复杂性,要有"打铁还需自身硬"的坚定决心。突出反腐败斗争,坚持标本兼治、综合治理、惩防并举、注重预防的方针,建立健全教育、制度、监督并重的惩治和预防腐败体系,在坚决惩治腐败的同时,更加注重治本、更加注重预防、更加注重制度建设,加强领导干部廉洁自律工作。

(一)突出思想引领,提高政治站位

推进反腐败斗争,各级纪检监察机关必须牢牢把握自身在推进党的自我革命、守护党的初心使命中的职责定位,在增强"四个意识"、坚定"四个自信"、做到"两个维护"上当好表率。强化理论武装,坚定政治信仰,扎实开展"不忘初心、牢记使命"主题教育,持续学懂、弄通、做实习近平新时代中国特色社会主义思想,结合反腐工作实际、结合职能职责、结合正在做的事情,提高政治觉悟,自觉对标对表,努力做到学思用贯通、知信行统一。对领导干部加强权力观教育,要充分认识到手中的权力是人民赋予的,只能用来为国家和人民谋利益,决不能变成谋取个人私利的工具。坚持党要管党、全面从严治党,引导广大党员干部自觉拧紧思想认识上的"总开关",增强防腐拒变能力,同一切影响党的先进性、弱化党的纯洁性的倾向作坚决斗争,确保违法违纪违规现象得到有效遏制,努力把我们党建设得更加坚强有力。要把思想政治工作与实际工作紧密结合起来,把解决思想问题同解决具体问题紧密结合起来,对领导干部在政治上严格要求、工作上大力支持、生活上热情关心。必须始终在政治立场、政治方向、政治原则、政治道路上同以习近平同志为核心的党中央保持高度一致,以坚如磐石的意志和抓铁有痕的决心,深入推进党风廉政建设和反腐败斗争。

(二)加强队伍建设,注入生机与活力

中共十九大修订的党章对纪委的职能职责、工作内容等作了重大拓展和深化,国家监察体制改革对监委的职责权限、运行程序等作了重大改革和创新。纪检监察干部必须立足主责主业,坚持纪法贯通、法法衔接,在思想观念、方法手段、工作流程等方面与时俱进,切实解决本领不足、能力恐慌等问题,全面提升专业素养和业务水平。

反腐败斗争工作长期深入推进,必须有高素质的干部队伍作为保障。一要严把进人关,注意选调那些党性强、综合素质好、发展潜力大的优秀干部,以及熟悉财经、金融、法律等方面的专门人才,充实纪检监察干部队伍。二要加强教育培训工作,以改善干部队伍知识结构、提高政治和业务素质为重点,组织纪检监察干部学习经济、法律、科技、金融、财税等现代科学知识,培养一批适应新形势需要的高层次、高水平的专门人才。三要加大轮岗交流力度,要做好纪检监察干部交流工作,特别是对在查办案件、执纪监督岗位上工作时间较长的干部,实行定期交流,积极拓宽干部交流渠道,做好挂职锻炼工作。四要推进干部人事制度改革。认真落实《党政领导干部选拔任用工作条例》,把政治合格作为选人用人首要标准,强化对干部政治忠诚、政治定力、政治担当、政治能力和政治自律等方面的考察。树立重实干、重实绩的鲜明导向,叫响"干部只管专心干事,组织负责搭建平台",重点关注政治过硬、立场坚定、坚持原则、担当作为的干部,对任劳任怨、踏实肯干的干部倍加关爱,让实干有成绩者有舞台、得重用。

(三)深化改革引领,强化能力支撑

坚持稳中求进,稳高压态势、稳惩治力度、稳干部群众对持续反腐惩恶的预期,在此基础上强化"进"的措施,以改革创新激发内生动力。优化组织结构,强化贯通协同,持续深化纪检监察体制改革,做实党对反腐败工作全覆盖、全方位、全过程领导。分类推进派驻机构改革,加强对派驻机构的统一领导和管理,赋予派驻机构相应监察职能,建立定期会商、情况通报、联合监督执纪等机制,完善重要事项报告、廉洁风险反馈等制度。认真贯彻落实中共中央《关于进一步激励广大干部新时代新担当新作为的意见》,用活用好鼓励激励、容错纠错、能上能下三项机制,最大限度保护干部积极性。坚持实事求是、全面考核,调整完善纪检监察工作考核指标体系,突出监督首要职责,坚决克服过于注重办案数量、忽视办案质量等问题,充分发挥考核"指挥棒"作用。加强正向激励,真情关爱干部、真心支持干部,鼓励干部发扬斗争精神,勇于直面矛盾、敢于较真碰硬,开拓进取、攻坚克难,创造出经得起历史检验的实绩。

(四) 提高执政能力,加强反腐败斗争

党的二十大报告指出,我们党作为世界上最大的马克思主义执政党,要始终赢得人民拥护、巩固长期执政地位,必须时刻保持解决大党独有难题的清醒和坚定。百年未有之大变局加速演进,构成了新时代中国共产党领导和执政的内部环境考验,这也从加强执政能力建设到加强长期执政能力建设,对党的自身能力建设提出了更全面的要求、更严格的标准。只有着力坚定政治自信、强化使命担当、推进自我革命,才能实现长期执政能力建设的目标。要深刻把握时代主基调,把党的政治领导力、思想引领力、群众组织力、社会号召力,体现在全面深刻认识我国发展重要战略机遇期的特点上,持续开阔视野,增强洞察能力,锤炼卓越的战略统筹能力;体现在准确识变、科学应变、主动求变上,勇于和善于在迎接挑战中化危为机,牢牢抓住推动事业发展的主动权;体现在坚持一切从实际出发,保持战略定力、提高决策能力上,努力做好自己的事情。要从讲政治的高度看问题、办事情,同党中央决策部署保持高度一致,不打折扣、不找借口、不推责任,增强执行的自觉性和坚定性,以对党的绝对忠诚狠抓工作落实、推进各项事业。面对矛盾敢于迎难而上,面对危机敢于挺身而出,面对失误敢于承担责任,面对歪风邪气敢于坚决斗争,多做实事、多出实招、务求实效,用严实作风提升执行效率。特别是领导干部要真正干在实处、走在前列,推动"关键少数"担负关键责任、带动"绝大多数",一级带动一级,层层传导压力。

第二节 加强法规制度建设

加强反腐败法规建设,是坚持全面从严治党的重要内容。法规制度带有根本性、全局性、稳定性、长期性,铲除不良作风和腐败现象滋生蔓延的土壤,根本上要靠法规制度。中共十八大以来推动组织、制度创新,加强法规制度建设的新实践,有力推进了反腐败斗争工作的制度化、规范化。进入新时期,习近平提出"善于用法治思维和法治方式反对腐败"的重要论述,一方面加强反腐败国家立法,另一方面加强党内反腐败法规制度建设,让法律制度刚性运行的指导思想得到较好的贯彻,全面依法治国方略在反腐败工作实践中得到重要体现。

一、统筹规划党内反腐败法规体系

中共十八大以来,以习近平同志为核心的党中央将党内法规制度建设提升到新高度,要求将之作为事关党长期执政和国家长治久安的重大战略任务,摆到更加突出位置切实抓紧、抓好。健全党内法规是反腐败斗争健康有序进行的根本保证,2015年6月26日在中共中央政治局第二十四次集体学习会上,习近平强调,要加强反腐败法规制度建设,把法规制度建设贯穿到反腐败斗争各个领域、落实到制约和监督权力各个方面,发挥法规制度的激励约束作用,推动形成不敢腐、不能腐、不想腐的有效机制。推进党内反腐败法规的完善与发展,对加强反腐败斗争、预防惩治腐败、完善中国特色社会主义法治体系、全面推进依法治国具有重要意义。

(一)继续推进党内法规的顶层设计

在党内法规制度中,过去长期以来都缺乏科学的规划和统筹,出现党内法规制度的应急化、随意性、"碎片化"、系统性不足的问题,党内法规制定也涉及党规和国法两个体系一、中央和地方两个层级衔接的问题,需要多部门协调工作。中共十八大以来,世情、国情都发生了很大的变化,对反腐败法规建设也提出了很大的考验,当务之急,是要在反腐败法规建设中把进行法规的体系规划放在首要位置。从整体规划出发,能够最大限度地减少成本,使得人力、资源等实现最大化利用,从而提高党内法规的完整性,促进党内法规体系的完备。2018年、2023年,中央连续出台两个党内法规制定工作的五年规划,对党内法规制定工作进行顶层设计,以加强党内法规建设工作的计划性、协调性,保证党内法规制度的系统性、科学性和前瞻性。但是要真正使得党内法规的顶层设计落实到位,仅靠规划是不够的,还要加强理论研究,继续深化体系建设。规划中所明确的需要制定、修订、健全、完善的党内法规,只是制定工作的一个初步指引。反腐败法规建设本身就需要很强的系统性,要坚持问题导向、突出重点,提升法规的针对性和可操作性。注重同其他方面法规制度相衔接,提升反腐败法规制度的整体效应。如何使得不同层次、不同领域党内法规彼此保持协调一致,如何保证所有党内法规有条不紊统筹推进,这些问题要求中央必须进一步加强整体谋划,各个党内法规制定主体严格按照中央要求协调推进党内法规体系建设。

(二)改进反腐败法规的制定和修订工作

虽然当前反腐败法规已基本形成了体系,但是法规制定中,有的基础主干性党内法规、支撑性党内法规和实践中亟需的党内法规尚未出台或者不够健全完善,党内法规制度的系统性、集成性有待提高。所以,改进反腐败法规的制定和修订工作尤其需要重视。一是补齐主干党内法规的缺位,主干党内法规的缺位,是指那些对构成反腐败法规制度体系框架具有支架作用、必不可少的准则和条例仍不够充实。在完善过程中,要根据国家反腐败斗争工作需要和党的建设实际分析出台综合性准则的必要性与可能性,准确判断党的领导和建设还存在哪些方面有必要通过专门性准则的形式加以规定。二是完善配套党内法规。配套性党内法规不足,是指与主干党内法规配合的具体党内法规欠缺,无法形成完整的制度链。一般中央党内法规为了避免"一刀切",往往作出相对原则性的规定,并对中央部委和地方党委制定实施配套党规作出授权规定,部委和地方应当按照中央党内法规的精神和原则性规定,及时紧密结合本部门本地区实际作出更加明确具体的规定。三是突出党内法规制定过程的民主性和开放性的要求。党内法规体现党的统一意志,党的统一意志既不是党员个人意志或者个别党组织意志的简单相加、随意组合或简单折中,又不是少数几个主要领导个人意志的直接体现,而是党通过一定的程序,按照民主集中制的要求,将党员个体的意志上升转化为一种抽象的、整体性的价值选择、判断标准和共同意志。

(三) 加强程序性、基础性法规制度建设

反腐败法规体系中不仅包含制约权力的实体性内容,更要有体现公正的程序性设计。中共十八大召开之后,党中央在开展党内法规建设的过程中,十分注重基础主干性法规、程序性法规的建设,如《中国共产党问责条例》《中国共产党巡视工作条例》等,前者是关于党建工作的基础主干性法规,在党员干部选拔与聘用,党员干部问责方面起到至关重要的作用;后者为反腐败斗争工作领域的基础性法规。同时,对于在某些领域严重缺乏程序性法规的问题,党中央委派专门的工作调查组进行研究分析,并结合我国国情,采取了相应的解决措施,如在《中国共产党巡视工作条例》中增添关于"纪律与责任程序"的新内容,将巡视工作更加细致化。法规制度之所以能够发挥良好作用,正是由于程序性法规、基础性法规的支撑。

要增强程序正义意识,增加必要的程序性规定,通过严密的程序设置规范党内监督权力的行使和运用。程序制度的制定应该符合其内在的规律要求,从客观实际出发,方式、顺序、时效等不可随意颠倒或缺少。在实际工作中,工作程序往往是由不同的层次和分支程序组成的一个程序系统。在制定程序制度时应该化繁就简,既要符合客观需要,又要便于操作,按照不同的层次、不同的分支分别制定相应的程序,形成一个系统的程序制度。还有在程序上应完善关于法规制度的"立、改、废"机制。定期对现有反腐败法规制度进行梳理、评估,建立制度审批和退出机制。重视制度可行性调研,对于不能发挥作用、落实不了的制度,该废止的废止,该完善的完善,避免随意出台和随意废止制度。

(四) 与时俱进充实完善反腐败法规体系

中共十八大召开之后,党中央意识到了党建工作对于国家、党组织发展的重要性,便结合新时代中国特色社会主义国情,制定了新的整体规划,为当时的党建工作指明了具体的发展方向。在此过程中积累了宝贵的党建经验并将其应用到了其他党内法规的建设进程之中。例如,《中国共产党纪律处分条例》在修订、改进过程中就融入了许多成功的党建经验;八十二条之中规定,党员干部违反党内法规,私自参加以

"战友会""老乡会"为名义的不正当活动,情节严重者要给予严重警告处分;反对铺张浪费,传承节省节约一直是我们党的优秀传统习惯,这些在党建工作中都作为了重点突出,从过去的《关于反贪污浪费的指示》到被群众所称赞的"八项规定"等均是通过硬性规定来约束党员干部的行为。把党建工作中积累的丰富、成熟、科学的宝贵经验应用到反腐败法规建设,不但体现了法规建设的合理性与科学性,同时还有效抑制"四风"问题的蔓延,遏制不良风气的传播,进而为实施全面从严治党起到积极的推动作用。自中共十八大胜利召开之后,党内法规的制定也十分注重不同法规之间的协调一致,在修订时,采取多种措施并行的方式解决不同法规间的矛盾。采取科学合理的方式,结合实际情况,对党内各法规进行统一协调,可以使党内法规体系发挥更大作用,展现出更加良好的整体效应,要注重在协调统一关系的过程中,保持法规间的协调、一致性。

二、突出反腐败法规建设的重点内容

反腐败法规制度在内容上是一个庞大的体系,涉及政治、经济、社会发展和党建等各个方面,其中对权力的监督和制约是核心和关键。当前,主要是围绕改革权力的运行机制,完善党内民主机制,加强基础性制度建设,如财产申报制度、业绩考核制度、权力公开制度等群众呼声强烈等问题,突出反腐败法规建设的重点内容。要在反腐败斗争各个领域、制约监督权力各个方面,体现全覆盖、零容忍的要求。

(一)重点加强对"一把手"的监督制度设计

《中国共产党党内监督条例》规定:"党内监督的重点对象是党的各级领导机关和领导干部,特别是各级领导班子主要负责人。""一把手"和领导班子,对一个单位、一个地区的工作起着统领全局的关键性作用,肩负着把方向、谋全局、抓大事的重任,是"关键少数"中的关键少数。中共十九届中央纪委六次全会强调,要重点完善对高级干部、各级主要领导干部监督制度和领导班子内部监督制度,推动上级"一把手"抓好下级"一把手",着力破解对"一把手"监督和同级监督难题。

突出领导干部这个"关键少数",加强监督管理,首先就要突出对"一把手"和领导班子的政治监督,以发现和纠正政治问题为着力点,细化政治监督内容。是否政治坚定、敢于担当,带头做到"两个维护",坚持和完善中国特色社会主义制度,坚定不移坚持和巩固党的领导制度;是否带头正确履行职能职责,带头履行全面从严治党主体责任,坚持党建业务一起抓,推动形成决策科学、执行坚决、监督有力的权力运行机制;是否带头遵守党的"六项纪律",带头贯彻落实中央八项规定及其实施细则精神,驰而不息反对"四风"等重要问题。督促认真执行民主集中制,严格落实"三重一大"决策制度,健全履职行为公开制度。针对党政领导机关、行政执法机关、司法机关和经济管理部门等重点部门和领导干部特别是主要负责人等重点人群,缩小权力运行的自由裁量空间,强化权力制约的监督机制。对"一把手"和领导班子开展监督必须强化自上而下的组织监督，改进自下而上的民主监督，发挥同级相互监督作用，加强对"一把手"和领导班子的日常管理监督。

把制度机制的建设和完善摆在重要位置，进一步督促各级党组织健全完善民主决策、依法决策的制度机制，对重大决策的形成、执行和调整等作出更加细化的规定。要推动完善制度规范执行的有效机制，督促各级党组织严格执行领导干部个人有关事项报告制度、重大事项请示报告制度、述责述廉制度、民主生活会制度、经济责任审计制度等，完善每年年终对领导班子及领导干部进行满意度测评、民主测评、民主评议、民意调查机制，健全关键部位、关键岗位的"一把手"进行定期轮岗和交流机制。要用严格的执纪执法推动制度执行，坚持严字当头，综合运用好"四种形态"，对有令不行、有禁不止的要坚决严肃查处。

（二）着眼于重点领域和关键环节的制度建设

权力运行的重点领域和重点环节最容易滋生腐败。随着经济社会不断发展，新情况、新问题不断出现，重点领域和关键环节所涉及的法律法规相对滞后。虽然近年来重点领域和关键环节都建立了相应的制约机制，但从具体实践看，这些制约措施发挥的作用并不理想，有的甚至形同虚设。一些领导干部不按法定程序办事，做表面文章，台前按原则办事，幕后谋非法利益。反腐败斗争制度建设要取得实效，关键是抓住这些重点领域和重点环节，有针对性地制定出更有刚性、更加严密的防治腐败的制度机制。要建立健全"结构合理、配置科学、程序严密、制约有效"的权力运行机制，督促各部门排查权力运行的风险点，尤其是人事、经济、监督等部门，找准问题发生的主要环节，有针对性地通过建章立制加以治理和防范。推进重要领域、重点部门和关键环节上的反腐败斗争工作。把维护人民群众的利益放在首位，坚决纠正一些单位和部门存在的办公不公、以权谋私、损害群众利益等问题。整合各职能部门监督力量，对重要领域、重点部位和关键环节进行全方位和多层面的监督，只有进行全面的和全过程的监督，才能有效防止腐败行为的发生，使反腐败工作得到有序发展。除此之外，还必须对重要领域、重点部位和关键环节的腐败行为进行严肃查处，集中力量进行整治，构建大案要案查处的运行机制，才能切实推动反腐败斗争取得更大成效。

（三）加快填补反腐败斗争工作制度空白

要时刻掌握腐败现象的苗头性、趋向性问题，时刻掌握社会生活各个方面出现的新情况、新问题，对腐败问题的发生和发展要有准确的预测和判断，增强制度建设的防范效能。主动适应新时期反腐败斗争的新特点，在反腐的政治效果、法纪效果和社会效果之间找到最佳结合点，着力推动反腐败斗争的理念和思路，从单项、局部的体制制度改革向反腐败斗争工作制度的顶层设计和总体规划转变，从侧重防止贿赂等现实腐败风险转向加强权力运行监控、防止利益冲突等潜在腐败风险转变，从党政机关领域向农村基层、城市社区和"两新组织"领域延伸。同时，进一步完善反腐败战略及策略，坚持把握规律性、提高前瞻性、增强预见性，由应对式的被动反腐转向有预见的主动反腐,由不变应万变的静态反腐转向紧贴经济社会政策和发展进程的动态反腐,由事后查处的补救式反腐转向事前、事中、事后的预防、控制和惩治。主动适应群众利益诉求日益多元化的新趋势,努力把握最广大人民群众根本利益、现阶段群众共同利益、不同群体特殊利益的关系,抓住群众所思所忧所盼的最直接、最现实利益问题,从侧重监督管理向监督和服务并重转变。

三、强化反腐败法规制度的执行

中共十八大以来,以习近平同志为核心的党中央高度重视党内法规制度建设,把制度治党、依规治党贯穿于全面从严治党全过程。2015年6月中央政治局就加强反腐败法规制度建设进行第24次集体学习,习近平总书记系统阐述了反腐败法规制度建设的重要思想,其中"法规制度的生命力在于执行"成为这次学习会的关键词。2019年,习近平在内蒙古考察并指导开展"不忘初心、牢记使命"主题教育时指出,党内法规不少,主要问题在于执行不力,要强化法规制度执行,不能打折扣。加强党内法规制度建设,就要坚持制定和实施并重。反腐败法规体系中不仅包含制约权力的实体性内容,更要包括有操作性的程序性设计。当前,以程序性法规制度建设提升党内法规的执行力刻不容缓。

(一) 加强反腐败法规执行问责

在问责体系方面,目前与问责有关的专门性党内法规制度包括《中国共产党问责条例》(2019)、《干部选拔任用工作监督检查和责任追究办法》(2019)、《中国共产党党内法规执行责任制规定(试行)》(2019)、《领导干部干预司法活动、插手具体案件处理的记录、通报和责任追究规定》(2015)、《关于实行党风廉政建设责任制的规定》(2010)、《党政干部问责暂行规定》(2009)等。除此之外,其他一些重要党内法规制度在工作原则或主要内容中也有涉及制度执行的责任要求和问责规定。可以说,当前制度执行问责规定已成为党内法规制度内容的一个标配,制度执行问责机制已初步成型。反腐败法规建设应在此基础上,进一步完善制度执行问责机制,比如问责主体、问责对象、问责程序、问责后果、问责反馈等内容,真正把制度执行问责贯穿于反腐败法规制度建设之中,进而融入政治建设、思想建设、组织建设、作风建设、纪律建设,让每一项党的建设都有相应的制度执行问责保障。要对制度执行作出可量化、可考核、可追责的具体规定,让制度执行本身有标准和参照。在具体应用中,制度执行问责要坚持政治引领,从增强"四个意识"、坚定"四个自信"、做到"两个维护"的高度来审视制度执行的有效性,不能把制度执行简单地理解成传达学习、方案制定等规定动作,而要从是否达到政治效果、法纪效果、社会效果来审视制度执行情况,见人见事。问责要针对不同党内法规制度内容以及制度执行环境,分析制度执行过程中出现的表层问题和根源因素,切中制度执行偏差问题的命门,提出相应的问责要求,杜绝庇护纵容。

（二）加强反腐败法规执行评估

制度评估是强化制度执行的有力抓手。中共十八大以来，一些地方党组织和政府创新开展制度廉洁性评估工作，重点对制度的程序设计、责权统一、职权设置等内容进行评估，评估结果对开展制度执行问责提供了工作支持。《中国共产党党内法规执行责任制规定（试行）》（2019）规定："党内法规制定机关可以视情对党内法规执行情况、实施效果开展评估，督促党组织和党员领导干部履行执规责任，推动党内法规实施。"该规定明确了评估的重点是执行情况和实施效果，其目的是督促执行责任、推动制度执行。制度执行评估具有法定性，可以对制度本身进行全面"体检"，全面考察某项制度的执行情况，发现制度执行偏差背后的体制性机制性因素。当前，要进一步创新反腐败法规执行评估机制，重点是创新评估方式，改变以往自上而下的调研检查方式，综合运用对照检查、专家评估、社会评估、分析性评估、预测性评估等方式开展评估工作。坚持问题导向，突出评估重点，通过深入调查研究、多方论证和充分实践，形成以评估检查对象、评估检查的标准和程序、评估检查的结果运用为基本要素，从制定实施、备案审查、执行落实、监督检查到跟踪问效等方面着手开展评估检查。确保评估工作有章可循，在认真分析日常监督中发现问题的基础上，结合前期调查研究成果，明确重点检查制度执行不严格、配套文件衔接不够、责任落实不到位、评估机制不健全等方面问题。评估过程中，积极构建以制度的可操作性、制度的执行效果、制度执行的监督情况为要点的评估体系。要优化评估结果的运用，针对评估发现的问题和提出的可行性建议采取相应的反馈措施，要求相关责任部门和负责人及时反馈整改或改进情况，形成人人有责、人人尽责的工作局面。

（三）建立健全反腐败法规执行的监督机制

习近平在中央政治局第十七次集体学习时强调："要强化制度执行力，加强制度执行的监督，切实把我国制度优势转化为治理效能。"[①]在中共十九届中央纪委四次全会上，他进一步强调："要完善全覆盖的制度执行监督机制，强化日常督察和专项检查。要把制度执行情况纳入考核内容，推动干部严格按照制度履职尽责、善于运用制度谋事干事。"[②]加强对制度执行的监督，首先要聚焦"关键少数"，强化近距离、常态化、全天候的日常监督，通过实地调研、听取汇报、个别谈话、民主生活会、提出纪检监察建议等多种形式，掌握第一手鲜活资料，精准分析研判政治生态。与此同时，坚持以强化执纪监督为重点，着力形成监督有力、制约有效的监督责任落实体系。作为党内监督的重要职能主体，各级检察院、纪检监察机构要自觉把责任扛在肩上，明确自身职责定位，灵活运用监督执纪权力，既协助党组加强党风廉洁建设和组织协调自身

---

① 习近平.继续沿着党和人民开辟的正确道路前进 不断推进国家治理体系和治理能力现代化[N].人民日报，2019-09-25.

② 习近平在十九届中央纪委四次全会上发表重要讲话强调 一以贯之全面从严治党强化对权力运行的制约和监督 为决胜全面建成小康社会决战脱贫攻坚提供坚强保障[N].人民日报，2020-01-14.

反腐败斗争工作,又督促检查相关部门落实惩治和预防腐败工作任务,有效促进自身反腐建设制度规定的落实。要坚持结果导向,把制度执行责任落实到个体,通过严格的考核评价机制,把制度执行情况纳入责任制考核和述职考评范围,作为党员领导干部年度考核评定、提拔和评先评优的重要条件。

(四)建立健全容错纠错机制

习近平针对容错纠错提出"三个区分开来"原则,即把干部在推进改革中因缺乏经验、先行先试出现的失误和错误,同明知故犯的违纪违法行为区分开来;把上级尚无明确限制的探索性试验中的失误和错误,同上级明令禁止后依然我行我素的违纪违法行为区分开来;把为推动发展的无意过失,同为谋取私利的违纪违法行为区分开来。中共十九大报告中明确提出"建立激励机制和容错纠错机制,旗帜鲜明为那些敢于担当、踏实做事、不谋私利的干部撑腰鼓劲"。由此可见,对于在制度执行过程中存在的问题,要综合考虑问题发生的主观动机、客观条件、程序方法、问题性质、后果影响、处置行为等情况,认真甄别、准确研判,并视情节对具体执行人员给予问责、减责、免责。

反腐败法规执行中的容错纠错机制旨在保护那些作风正派又坚决执行制度的干部,宽容干部在制度执行中的失误,解决干部执行制度的"后顾之忧"。首先,要将容错纠错置于党内法规制度体系建设中把握。认真贯彻落实中央党内法规的已有规定,如《关于新形势下党内政治生活的若干准则》中关于容错纠错的相关规定,《中国共产党重大事项请示报告条例》关于请示事项和程序的规定。其次,容错纠错之错涉及对政策、党规、国法依据之有无、冲突进行辨别,需要全面细致深入地分析论证,难以一言以蔽之,难以列举穷尽,难以简单界定。解决这一问题切实可行的办法是建立一套容错纠错的程序机制。还要及时打好制度的"补丁",对涉及党规、国法存在空白规定的及时填补;对实践证明已经比较成熟的改革经验和行之有效的改革举措,要尽快上升为党内法规或国家法律;对存在冲突的及时消除,对部门间争议较大的重要立法事项,要加快推动和协调;对于一些成为反腐败斗争工作阻碍的法律法规,要及时修改或废止,不能让一些过时的法律条款成为绊马索;对实践条件还不成熟、需要先行先试的,要按照法定程序作出授权。

四、做好党内法规与国家法律的衔接协调

2014年中共十八届四中全会通过《全面依法治国若干重大问题的决定》,将党内法规体系纳入我国社会主义法治体系。党内法规体系的建设与实施,不仅是维护党的执政地位和提高党执政能力的保障,同时还肩负着国家治理的重要使命。2016年在全面从严治党不断推进的背景下召开的中共十八届六中全会,突出强调"制度治党",党内法规作为制度治党的重要基石,其在依法治国与制度治党中的重要作用更加凸显。党内反腐败法规与国家反腐败法律在反腐败规范体系中的功能定位各不相

同,有各自的适用范围、约束标准、惩戒手段,相对独立,并行不悖。只有做到两者相辅相成,相互协调,反腐败规范体系的整体效能才能得到最大程度的发挥。

(一) 科学认识党内法规与国家法律之间的关系

全面从严治党,适用反腐败法规首先要科学认识党内法规与国家法律之间的关系。建设社会主义法治国家,坚持和完善中国共产党的领导是最根本的保障,依法治国是党领导人民治理国家的基本方略,依法执政是党治国理政的基本方式,走中国特色社会主义法治道路,就是要把依法治国基本方略同依法执政基本方式统一起来。治国与治党互为前提、相互促进,要保障治国与治党之间的互动关系,最重要的就是实现两大制度体系之间的协调与衔接。那些可以或者已经由国家相关法律规定的,应尽量通过国家法律来规范,党内法规要聚集法律底线之上的行为约束,不能越俎代庖规定应由法律规定的事项,或者无依据扩大其适用范围,确保与国家法律体系的和谐融洽。党内法规严于国家法律,国家法律高于党内法规。《中国共产党章程》对党的各级领导干部的要求也比《中华人民共和国公务员法》对一般公务员的要求要严格得多。2015年10月中央政治局会议审议通过的《中国共产党纪律处分条例》即是力促"纪法分离"的实践。修改后的条例将旧条例中70多条与国家法律重合的内容删除,规定党员受到党纪追究,涉嫌违法犯罪的,应当及时移送有关国家机关依法处理,在法纪之间做到边界清晰,泾渭分明。

(二) 处理好党规和国法的衔接配合

对于党内反腐败法规与国家反腐败立法的衔接配合、良性互动,还要求在制度建设上,增强问题意识,找准制度的空缺和漏洞,制定有针对性、可操作性的规范,使两者在具体案件的处理中能顺畅地对接,共同发挥对腐败的震慑和惩戒作用。加强在制定环节中的沟通与协调,在制定环节中应当建立沟通和协调机制,畅通党内法规与国家法律制定主体之间的沟通渠道,将这一沟通协调机制贯穿党内法规制定中的各个环节,在起步阶段,针对立法规划进行协调沟通,加强二者在规划上的协调性,保持党内法规制定规划与国家法律制定规划基本一致,避免立法上的重叠。不仅要在党内法规制定时注重其合法性,严格按照《党内法规制定条例》所规定的程序对其进行审查和备案,还要对已生效的党内法规及时进行评估和清理,对生效规范的运行效果进行评估研判,对由于适应社会发展需要而导致的国家法律修改或废止的情况作出及时回应,进行自我修正,当修正的修正,当修改的进行修改,当废止的及时废止,避免因国家法律调整而出现的合法性障碍。另外在功能上,要发挥党内反腐败法规的及时性、灵活性特点,对国家法律法规尚不完善的方面,可以先行制定相关法规进行补充,及时分析和总结反腐败法规的执行情况,对经过实践检验、适应形势发展的法规,通过法定程序,适时上升为国家法律法规。

(三) 明确党规和国法各自的功能作用

党内法规规定事项当以党内事务为限,党外事务应由国家法律调整,对于国家法律不宜调整的党内事务相关事项,由党内法规进行调整,突出其针对性、严格性,针对具体事项,在不违反国家法律的前提下,进行具体细化,提高约束标准,使其成为党内法治的根本依据,将其视为从严治党的法治资源。在适用上应当尽可能地避免党内法规的"外溢"现象,将其范围严格限制于党内,对公权力系统而言,党内法规应当仅适用于该系统内的党员及党员领导干部。若规定事项需涉及系统整体,则需要进入向国家法律转化的轨道,通过制定国家法律进行规范调整。划定明晰的党内适用范围,是党内法规管党治党之功能定位的基本要求,若存在范围上的"外溢",则会在一定程度上造成国家法治体系上的混乱,甚至影响国法之权威,影响公权力系统中其他工作人员乃至普通公民对国家法律的预期性评判。党内法规必须与宪法法律相一致,不能相冲突。当然,在注重与国家反腐败立法衔接的同时,也要加强党内法规体系内在的协调统一性。根据党风廉政建设和反腐败的新形势和新情况,对党内法规执行情况和实施效果开展评估,检验各项制度和程序是否合理,发现问题和不足,为党内反腐败法规的清理、修订、解释和废止与否提供依据,推进党内反腐败法规制度体系的协调统一和与时俱进。

第三节 完善健全反腐败斗争工作机制

中共十八大以来,以习近平同志为核心的党中央将反腐工作提到了前所未有的新高度,强调要创新反腐败体制机制,夯实反腐败法规和制度的保障基础。当前,完善健全反腐败斗争工作机制是深入、持久、更有效地开展反腐败斗争的现实需要。反腐败斗争工作本身具有长期性、艰巨性等特征,是一个由多环节组成的复杂运行过程,完善健全反腐败斗争工作机制就是有效整合各个构成要素和环节,使其相互衔接、协调运转,形成共同的着力点,产生"整体大于部分之和"的综合效应,最终实现机制功能的最大化。要坚持中国共产党的领导,以法律为准绳,以事实为依据,在监察法的框架内,将所有公权力行使人员纳入监察范围,全面加强惩治和预防腐败体系建设。

一、强化防控,建立健全预防腐败机制

腐败问题首先是源于道德上的腐败,这在一定程度上是源于教育的缺失和环境的作用,因此,宣传、警示、教育等预防机制在反腐败斗争工作中是必不可少的。风险防控必须有完善的防控体系,惩防并举,多管齐下,把制度的笼子编织严密,形成对权

力的制约和对腐败的有效震慑。防控的立足点是防止和控制腐败行为的发生,应着手日常工作,涉及权力运行的每一个环节。

(一) 增强预防针对性,形成不能腐的防范机制

预防腐败是反腐的重要举措。"事先预防重于事后惩处"是国际社会在反对腐败方面的一个普遍共识。在预防阶段,一方面是要仔细查找工作中的廉政风险点,制定相应的预防腐败措施,把查找的重点环节放在重大事项决策、重大项目安排、重要人事任免、大额度资金使用等"三重一大"的关键部位,落实到岗位责任到人,使预防腐败工作具有较强的可操作性。预先分析重点领域和工作环节发生腐败的机会与条件,提出有针对性的防范措施,预防腐败发生。在实践中,需要努力将风险防范工作融入各类日常的管理制度和流程之中,真正实现风险防范工作的标准化、规范化、信息化,使其能够可持续发展。不同类型的风险往往对应着不同的防控措施。针对岗位职责、制度机制方面的廉政风险,具体的、有针对性的制度可以取得立竿见影的效果;而对于思想道德或社会文化层面存在的腐败诱因,则需要系统性的规划和长期的努力。另一方面要加强考核,通过定期与不定期相结合的检查考核,特别是对高风险点加大检查力度,推动业务工作不断改进,产生以廉促政的联动效应。积极探索现代互联网技术在反腐败斗争工作中的运用方式,运用网络、电子政务等手段规范工作程序、严格制度设计、监控权力运行、制定廉政风险防控措施,学习掌握数据统计方法和信息技术的应用,提高反腐败工作的科学性,确保前期预防、中期监控、后期治理工作有理、有据、有秩序、有效果。

(二) 加大惩治力度,形成党员干部不敢腐的惩戒机制

反腐败斗争是攻坚战、更是持久战,不可能一蹴而就,也不可能一劳永逸。只有构建惩戒机制,加大惩治力度,坚持有腐必反、有贪必肃,始终保持严惩腐败的社会环境和高压态势,才能形成高压震慑,使党员干部"不敢腐"。一方面,坚持"打虎""拍蝇""猎狐"协同推进。"打虎""拍蝇""猎狐"是我们党突破"惯例"和"常态",对领导干部特别是高级领导干部腐败行为进行坚决惩治,对群众身边的"微腐败"、形式主义、官僚主义进行整治的形象说法。一体推进"打虎""拍蝇""猎狐"凸显了党有腐必反、有贪必肃的坚强决心和对腐败零容忍的鲜明态度,客观上形成了严惩腐败的高压态势。另一方面,反腐败工作要在推进常规反腐的同时突出重点,聚焦重点领域和"关键少数"。综合梳理腐败问题的高发领域,大多涉及选人用人、审批监管、资源配置等问题,这些重点领域腐败问题能否顺利解决很大程度上关系到我国反腐败工作的大局和成效,必须直指靶心精准发力。习近平指出:"坚持靶向治疗和精确惩治,要把反腐败的重点放在事关全局和国家安全的重大工程、重点领域和关键岗位。"[①]把关注重点聚焦在手握权力的党员干部特别是党政机关和企事业单位的高级领导干部,他们

---

① 姜洁.取得全面从严治党更大战略性成果 巩固发展反腐败斗争压倒性胜利[N].人民日报,2019-01-12.

手握实权,如果滥用权力将会给党和国家带来严重后果。聚焦党员干部等"关键少数",就要利剑出击,坚决斩断利益链、破除关系网,坚持无禁区、全覆盖、零容忍,坚持重遏制、强高压、长震慑,坚持受贿行贿一起查,加大惩治力度,提升腐败成本,形成严惩腐败的高压态势和长期震慑。

(三)筑牢思想堤坝,构建党员干部不想腐的免疫机制

共产党人最大的政治教养是对马克思主义的信仰、对社会主义和共产主义的信念。事实证明,党员干部腐化堕落首先是从思想堤坝决口开始的。因此,反对腐败必须重视思想建党,筑牢党员干部的道德堤坝和思想防线,构建党员干部不想腐的免疫机制。习近平指出:"理想信念坚定,骨头就硬,没有理想信念,或理想信念不坚定,精神上就会'缺钙',就会得'软骨病'"[①],"'就可能导致政治上变质、经济上贪婪、道德上堕落、生活上腐化',从严管党治党,首先就要坚定党员干部的理想信念。"[②]坚定的理想信念是共产党攻坚克难、奋勇向前的根本保证,也是隔绝党员干部和腐败行为最牢不可破的思想防线。要加强对党员干部的思想教育,注重党员干部的思想改造,不断提高党员干部思想水平和道德情操,坚定政治信仰、涵养良好作风、培育为民情怀,行使权力时主动规避风险,免于"被围猎";开展党员干部"四史"学习教育活动,在学习党史、新中国史、改革开放史、社会主义发展史过程中坚守初心使命、强化责任担当、锻造良好品德,在学习教育中破除党员干部"心中之贼",增强拒腐防变能力,在思想深处构建不能腐的自律机制和免疫机制。党员干部讲官德、立政德,弘扬对党忠诚、清正廉洁、勤恳为民的价值观,有利于营造风清气正的党内政治生态,有利于党员干部养成"不想腐"的思维习惯和政治操守。党员干部要筑牢理想信念,站稳政治立场,增强"四个意识"、坚定"四个自信"、做到"两个维护",在思想上、政治上、行动上始终同党中央保持高度一致;守公德,党员干部要坚守初心使命,站稳人民立场,把人民群众所想、所急、所需真正放在心上,为满足人民日益增长的美好生活需要而努力奋斗;严私德,党员干部要慎始慎微慎独,经常擦拭心灵上的灰尘、思想上的污垢,坚决反对个人主义、享乐主义和奢靡之风,自觉抵制各种诱惑,始终做到对党忠诚、对民负责。

二、多措并举,健全反腐败斗争保障机制

系统推进反腐败斗争工作,要建立完善的"责权利"相匹配的保障机制,以夯实不能腐、不想腐的社会根基。腐败的根源是权力过度集中,权力运行机制不完善导致体制内腐败滋生,因此,必须厘清权力与责任的边界,强化对重大决策权的事前约束,警惕"权力大、责任小""权力小、责任大"的极端,平衡领导干部的责权利,实现权力健康有效运行。

[①][②] 习近平总书记系列重要讲话读本[M].北京:学习出版社,人民出版社,2014:159.

(一) 切实加强廉洁文化建设

社会廉洁文化建设是一个长期的综合过程,关乎到每一个社会成员,涉及社会方方面面,需要我们在实践中不断地探索和深化。最基础的工作就是加强理论研究,强化、深化人们对廉洁文化的认识,廉洁文化理念、廉洁文化建设等都需要进行深入研究。其次,要培育廉洁文化的观念,通过一系列为人们所接受的价值观念来约束人的思想和行为,促进廉洁自律,同时要消除文化层面的错误观念,包括一些传统观念和市场经济条件下利益诱惑对头脑的冲击而导致的信念动摇和世界观、人生观、价值观扭曲等。

廉洁文化建设,必须坚持以中国特色社会主义理论体系为指导,以廉洁从政为目标,以廉洁文化制度化为重点,把廉洁文化融入中国特色社会主义经济、政治、文化、社会和党的建设之中。在我国优秀的传统文化当中蕴含着丰富的廉洁文化,加强廉洁文化建设应当以传统文化中的廉洁思想为基础,做到继承和发扬,对于其内涵精华进行深入的探讨和实践,实现一个经验的积累过程。同时也要善于吸收国外的先进文化和先进经验,做到面向未来,对现有的经验和思想进行升华与创新,使其适应现代化社会,增强文化自信,为全面从严治党树立正确方向。系统化地构建廉洁文化教育体系,以家庭、学校或者社区等为基础,实现长期性、整体性、系统性的直接教育,反复向群众传递教育观念、传统理念,营造良好的廉洁文化氛围,促进廉洁文化的传播和传承。深度挖掘廉洁文化教育载体,达到廉洁文化的理想效果并且使其深入人心,也可通过网络传播的形式将廉洁文化建设纳入一些新兴媒体当中。

廉洁文化需要制度做保障,制度需要廉洁文化作为支撑,二者相互依存。要加强廉洁制度保障体系,体系的科学性、合理性以及保障能力都会影响到体系的运行效果和对廉洁行为的规范强度。廉洁制度不是一成不变的,需要根据社会的发展和变化而不断调整与完善,进行动态性的修订,在其制度建设过程中需要实现多元化和透明性,并且广泛征求社会阶层的意见,使得廉洁文化制度可以更多体现社会诉求,为群众谋取利益。强化制度的权威意识,视制度为最高权威,按照制度要求行使手中的权力,制度面前人人平等,不分职别、地位,都要受到制度的制约,特别是把权力纳入法治化轨道,防止权力异化和权力腐败。

(二) 创新反腐宣传教育载体

首先,整合媒体资源(党报党刊、广播电视、官方网站)。一方面,深入宣传报道勤政廉政典型人物、典型事件,树立清廉政党和清廉政府的良好形象;另一方面,又要及时报道腐败官员及其腐败事件,凸显社会正义。同时要开辟专栏、开设专门网站进行宣传教育,在全社会形成对腐败的高压态势,让廉洁观念深入人心。其次,像各地的爱国主义教育基地一样,建立廉洁教育基地,并且把参观廉洁教育基地作为干部培训、学生学习的必修课。此外,可以依托电子政务、手机短信、社会活动、家庭等多种渠道进行廉洁教育,目前很多地方已经搞起了廉洁文化公园、廉洁文化广场、廉洁文化长廊、廉政教育展等多种形式,开展了廉洁文艺演出、廉洁格言警句征集、典型腐败案例剖析等活动,随着认知的深化和经验的积累,期待进一步加强。同时,要把廉政教育与勤政教育相结合,党内教育与家庭教育、社会教育相结合,集中教育与经常化教育相结合,不断推动反腐倡廉教育制度化、常规化,构建反腐倡廉教育的长效机制。只有常态化的长效机制才能克服一些人的侥幸心理,让廉洁从政从外在约束内化为自觉行动。

(三)提高反腐效能的制度保障

制度创新是制度反腐的灵魂,反对腐败首先是有法可依,有章可循,科学的制度制定机制是一切工作的前提和基础,没有制度谈不上执行力,更谈不上制度反腐。反腐败斗争的关键是把"权力装进制度的笼子",编织严密的制度笼子是反腐败斗争工作的重要环节,也是提高反腐效能的重要保障。

首先,反腐败的制度建设需要准确把握世情、国情和党情,对国际、国内形势的准确把握,才有可能真正做到与时俱进。新时期,世情、国情、党情的变化,对我们党和国家而言,是机遇也是挑战,抓住机遇,深化改革,扩大开放,是中国走向强盛的必由之路。各种挑战则是路上的绊脚石,是我们前进的障碍。"打铁还需自身硬",以制度完善市场经济体制、以制度制约权力的运行、以制度规范人们的言行,是应对挑战的治本之策。其次,中国古往今来几千年的历史长河中,也沉淀了许多可资借鉴的精华,中国共产党自成立伊始,就确立了全心全意为人民服务的宗旨,廉政为民,反对腐败,把为劳苦大众谋利益作为革命的出发点和立足点。血雨腥风中披荆斩棘,为民请命;执政探索中严明法纪,严惩腐败。新时期,是改革的年代,也是创新的年代,是在借鉴中改革,是在继承中创新。兼收并蓄,取长补短,与时俱进,是马克思主义的品格,是中国特色社会主义发展的必然要求。加强反腐制度建设,既要坚持和运用党在长期实践中积累的成功方法,又要适应新形势、新任务的要求,积极探索新学科、新技术、新知识与制度建设有机结合的途径和手段,高度重视现代科学技术尤其是信息技术在反腐败斗争工作中的作用,把科技手段融入制度设计之中,不断提高反腐败斗争工作的科技含量,提高科学化水平。

三、深化改革,构建新时代反腐败斗争长效机制

改革是社会主义社会发展的直接动力,也是兴利除弊的锐利武器。许多腐败现象产生于改革实践中,解决问题的途径依然在深化改革中。历史和现实充分证明,只有持续推进反腐机制变革、加强反腐法治化建设、强化反腐保障机制,将反腐败制度优势转化为反腐败治理效能,全面激发治理腐败的动力,才能使得反腐败斗争工作持续深化下去。

(一)深化政治体制改革,加强依规治党与依法反腐

深化政治体制改革,是我国经济体制改革发展到一定阶段的必然要求,也是抑制腐败现象的必然要求。推进政治体制改革,必须坚持人民主体地位,发展全过程人民民主,保证人民当家作主。中国政治体制改革的目标是在宪法和法律的框架内,党委领导,政府负责,人大监督,政协参与,司法独立。

从新中国成立以来的政治实践来看,"党政分开"是政治体制改革的首要关键。因为党政不分使党分散了抓好自身建设的精力,不是提高或加强了党的领导,而是降低、削弱了党的领导。只有党政分开才能真正做到"党要管党、从严治党",集中力量抓好党建;才能发挥"总揽全局,协调各方"的领导作用;才能使党委真正能够履行监督的职能,更好地发挥党对社会主义现代化建设事业的领导核心作用。中共十八大以来,随着反腐败斗争的深入推进,在我们党的领导下,反腐败更加注重领域的法治化建设,先后出台"八项规定"、《中国共产党问责条例》,修订《中国共产党巡视工作条例》《中国共产党纪律处分条例》等。2012年至2016年短短四年间,中央修订或出台的党内法规超过50部,有效地推进了依规治党与依法治国之间的有效衔接。加强反腐败法治化建设,最首要也是最关键的就是要实现"有法可依"。2018年《中华人民共和国监察法》出台,标志着我国反腐工作正朝着制度化、规范化方向发展。新形势下应持续推动反腐败专门立法,并完善配套法律制度,如干部财产公示制度等。同时,注重预防和惩治并重的法律建设,构建一整套从源头到末端预防和惩治腐败的法律体系,实现问责与追责有效衔接,以更严苛的问责、更全面的追责推动反腐败斗争纵向深入、横向覆盖。以法治化方式强化反腐有效性,原因在于法律的权威性一旦成为社会规范,会为腐败治理提供某种潜在的自我推动力,从而实现反腐败斗争常态化。

(二)深化行政管理体制改革,推进政府职能转变

行政管理体制改革是不断适应社会主义市场经济体制的需要而进行的政府改革,目的在于更好地履行政府职能,发挥政府的作用。当前我国正处于改革的攻坚期和发展的关键期,任务艰巨而复杂,只有加快推进政府自身建设和管理创新,才能更好地实现科学发展、和谐发展。一是要全面推行政府权力清单制度,严格界定权力边界,不擅权,不越权,不渎职;进一步整合部门交叉和管理分散的行政权力事项,优化政府职权配置,不推诿,不扯皮;完善行政权力运行的监督机制、激励机制和问责机制,预防和惩治行政腐败。二是要规范立法,合理行政,完善立法前评估制度,提高行政法规、规章的科学性、合理性;全面实施行政法规、规章的立法后评估制度和定期清理制度,保证行政法规、规章的实效性;建立健全重大行政决策咨询论证机制和重大决策的合法性审查、评估机制,扩大民主参与,畅通民主渠道。三是要在转变政府职能的基础上,大幅度精减政府机构,压缩规模,减少行政事业性开支,解决机构臃肿、层次重叠、人浮于事、高高在上、滥用权力、互相推诿、不讲效率等官僚主义现象。

政府作为社会经济活动的监督者、仲裁者,要凭借法规、政策的约束力,对市场交易、市场竞争提供配套服务和监督管理,营造良好的市场环境,加快市场体系建设,促进经济活动有序、规范。维护经济社会秩序,形成科学化、民主化、规范化的行政决策机制,及时反映人民群众的要求,全面、准确、及时地提供信息,发布政策、决定。坚持政企职责分开、官商分开的原则,进一步完善制度,增强制度的稳定性和各种制度之间的协调性,健全对领导干部经商行为的核查机制,制定有威慑力的惩罚措施。

（三）深化纪检体制改革,推进反腐体制的创新

中共十八届三中全会强调推动党的纪律检查工作双重领导体制具体化、程序化、制度化,强化上级纪委对下级纪委的领导。解决了两个最主要的实质性问题:一是履行职责的权力;二是干部管理权限,明确由上级纪委领导管理。同时强调党委主体和纪委监督"两个责任一起扛"、查办案件的事权和干部提名的人权两个权力"上提"、纪委派驻机构和巡视制度两个"全覆盖"、巡视组长"一次一授权",将反腐导入了制度创新的路径。深化纪检体制改革,首先应对现有分散在全国党政机关的反腐机构进行整合,设立全国统一的独立的反腐专门机构,实行垂直管理,并赋予相对独立的权力。可由一些地方试点,进而延及到面。统一的机构、垂直的管理、整合的力量、独立的权力,可实现"异体监督",又加强了反腐机构的权威性,将是提高反腐效能的有益之举。即使在未能成立统一的"国家反腐败委员会"之时,也要进一步深化纪检体制改革,派驻制中实现权力上移,把一些权力收回纪委,整个派驻机构的人员工资发放、资源配置保障都由中纪委派发,真正保证监督的独立性,同时加强纪委书记的"专职性""独立性",设专职纪委书记,剥离纪委书记的其他兼职。

第四节　完善权力监督体系

强化对权力运行的制约和监督,保证公权力不被滥用,是国家治理的关键环节之一。中共十九届四中全会审议通过《中共中央关于坚持和完善中国特色社会主义制度、推进国家治理体系和治理能力现代化若干重大问题的决定》,专门对"坚持和完善党和国家监督体系,强化对权力运行的制约和监督"进行重大部署,从顶层设计的高度进一步明确了加强权力运行制约和监督机制建设的重大意义和发展方向。要不断完善制度建设,有效规范权力运行,全面加强对权力运行的制约和监督,着力构建科学高效、规范透明、监督有力的权力运行长效机制。

一、强化巡视工作制度

巡视制度是我们党进行自我监督的手段,是上级党组织对下级党组织及其成员

进行权力监督的重要方式。自中共十八大以来,巡视工作在反腐败工作中发挥了重要作用,中共十九大报告作出了"反腐败斗争压倒性胜利"的重要决定,为巡视工作的开展规划了蓝图。二十届中央纪委三次全会提出,要突出政治定位深化巡视巡察,不仅要加强对省、区、市巡视工作的指导督导,还要全面推动市县巡察向基层延伸。巡视已经成为党内监督的战略性制度安排。"巡视永远在路上",建设与完善也需要永远在路上,只有不断地与时俱进,完善巡视制度才能够使得巡视制度威慑力常在。新时期,要继续强化巡视制度的反腐作用,保持巡视工作的高压态势,提高巡视制度在国家治理体系和治理能力现代化进程中的地位,进一步推动巡视制度精细化,为巡视制度落实提供法律保障和依据,充分发挥其反腐效力。

(一)完善巡视制度,推动巡视制度精细化

拥有科学完善的巡视制度可以有效提高巡视的工作质量。首先,完善工作流程制度。巡视是上级对下级的巡视,巡视的内容以及评价指标都要具有标准的规定,通过严格的巡视岗位设立与规范的巡视流程开展巡视。巡视工作要有规律、有顺序地推进,细化巡视工作的具体准则以及每个巡视环节中需要完成的任务。对巡视任务与巡视工作进行量化细化,将其作为评价巡视工作成效的具体标准。扎实开展常规巡视,积极探索专项巡视,落实巡视的全覆盖要求。其次,健全巡视考核激励机制,完善巡视考核问责机制。由于巡视工作本身就是一种考核,所以要对巡视工作进行考核,是存在一定难度的。目前,仅是对巡视工作有一些相关的要求,但还不够精细,对于巡视人员的考核,应当与对其他公职人员的考核有所区别。可根据问题的收集和办理情况,给予巡视工作人员相应的激励奖励,拓宽巡视人员的交流渠道。相应的,巡视工作也需要建立健全问责机制,加强对巡视干部的问责。巡视人员的工作作风、工作态度,是否履行工作职责会直接关系到巡视工作的实效性。要明确巡视人员的权限与责任,通过细化的责任规范,防止巡视人员职责与权力脱轨,使得巡视工作能够更加规范。

(二)优化巡视人员配置

建立巡视人员选拔制度,真正选出德能勤绩廉兼备的优秀巡视人才,优化人员结构,在年龄和经验上,注意形成梯队,避免人才断层。建设过硬的巡视队伍,完善巡视干部选拔、调整、交流机制,解决好监督者接受监督的问题。加强培育培训,提升巡视人员业务能力,强化思想政治教育,引导巡视人员树立正确权力观,提升党性修养。要加强内部管理,强化问责,对违纪甚至贪污受贿严肃查处。对于巡视的官员,一方面要对巡视的权力加以限制,防止对地方官员"苛察",另一方面又要对其有足够的信任和合理的评价机制。权力就是责任,责任就是担当。加大被巡视对象政治动员力度,除了查办问题,巡视人员还肩负着预防问题产生的职责,除了找出问题,更重要的是深挖问题背后的根源。要动员群众积极参与巡视,加强对巡视工作的宣传,展示巡视工作成果,打消群众疑虑,真正做到取信于民,拓宽问题收集渠道,方便群众举报线索,更广泛、更全面地发现问题,要保护举报人隐私,维护举报人权益,及时反馈问题办理情况。

(三)创新巡视工作的方式

一是要深化专项巡视,巡视一般是针对国有企业、事业单位以及高校等相关的组织进行全面的巡视。除此之外,针对部分社会关注的热点事件开展专项巡视也是非常有必要的,如当前社会关注的热点话题——脱贫攻坚。党组织就可以派相关的巡视人员针对脱贫攻坚问题进行巡视,查看不同区域、不同职位的工作人员开展脱贫攻坚的成果。专项巡视的优势在于能够针对具体问题与成果进行巡视,从而得出具体的结论。同时,还需要对巡视结论进行深入分析,从而有针对性地采取不同的应对措施,推动社会政策的践行。当前社会环境中的文化、经济等一系列热点问题都可以采取专项巡视进行监督。专项巡视可以有效提高党内工作开展的效率和质量,在实际巡视过程中要将专项巡视与全面巡视结合起来,结合实际需求来开展巡视工作。

二是伴随着互联网技术的成熟与普及应用,巡视工作中也需要融入互联网技术。巡视工作中运用互联网技术不仅可以对巡视工作资料与数据进行高效整理,同时还可以通过互联网平台公布巡视工作计划、巡视工作过程与巡视工作结果,与群众互动。群众可以根据自身需求在互联网平台上查阅巡视工作,还可以根据巡视工作要求自主收集材料数据,提供给巡视工作组。利用互联网平台的开放性开展巡视工作,不仅能够让群众积极参与到巡视工作中,全面保障群众的利益,更为重要的是还能够通过群众提供的数据信息,使得巡视工作更加高效、更加准确地开展。同时,还可以在互联网平台上建设巡视工作交流平台,与群众进行零距离互动,群众可以随时发表自己的言论。巡视是从严治党、维护党纪的重要手段,利用互联网是巡视工作理念与实践的创新,也是时代发展的必然选择。巡视工作要积极联合互联网,公开引导群众,调动社会各界力量进行巡视,从而有效提升巡视反腐成效。

(四)强化巡视工作反馈制度

巡视并不是目的,最关键是巡视成果的运用,要建立巡视后整改评估机制,对整改提出建议对策,提升整改质量和深度。巡视整改既是一项政治性很强的工作,也是一项专业性很强的工作。上级党组织要对巡视过程中发现的问题进行分类处理,以便下一步有针对性地解决与移交,被巡视单位要认真对照巡视反馈意见,研究整改思路和具体措施,将巡视反馈意见细化为具体问题,制作巡视整改问题清单、任务清单和责任清单,明确责任领导、责任部门、整改时限。力求形成对巡视对象的落实考察监督体系,避免被巡视部门推卸责任。已整改完成事项要开展"回头看",正在整改的事项要严守时间点、严把质量关,确保整改到位。要加强制度建设,突出建章立制,既制定"当下改"的硬举措,集中解决巡视指出的问题,也从体制机制上查找缺陷、堵塞漏洞,形成"长久立"的好机制。对巡视、巡察、督查、审计发现的倾向性、苗头性问题,要运用改革的办法、创新的思维,形成一批"管根本、管长远"的制度措施。

二、重点加强对"关键少数"的监督和制约

习近平强调:"加强党内监督,必须从领导干部特别是高级干部做起。"①中共十八大以来的实践表明,既要坚持历史上形成的以党的领导干部为监督重点的传统经验,又要将这样的重点不断具体化和清晰化。中共十八届六中全会以坚定的政治魄力把对高级领导干部的监督摆在了关键地位。破解"关键少数"监督难题,加强对权力运行的制约和监督,是推动反腐工作向纵深发展的紧迫任务和现实需要。

(一)以扎实的学习教育培育监督自觉

着力培育广大领导干部"权力应受监督"的意识,养成权力必受监督的习惯,营造人人监督权力的氛围。思想是行动的先导,要在打牢拒腐防变思想的基础上持续发力。领导干部只有养成拒腐防变的思想自觉,才能确保干净做人、干净干事。

中共十八大以来,习近平多次对党员干部学习教育问题作出重要指示、发表重要论断、进行科学阐述,提出一系列新思想新观点新要求,必须把党员干部学习教育进一步重视起来,深入学习党的创新理论。把学习贯彻习近平新时代中国特色社会主义思想特别是党的自我革命的重要思想作为领导干部教育培训主题主线,在深化、内化、转化上持续用力,自觉从党的创新理论中找理念、找思路、找方法、找举措。落实全面从严治党,各级领导干部既是管理者、治理者,又是被管理者、被治理者。这就要求领导干部,一方面必须切实履行主体责任,把党章党规党纪挺起来、立起来、严起来,不断净化地方或部门政治生态,另一方面必须切实肩负发挥示范带动作用的重要职责,增强自我革命的勇气,使主动接受监督成为自觉行动,以上率下,真正从自我做起,向"严"看齐。领导干部不仅要主动接受组织监督和群众监督,坚持按规则、按程序办事,把权力关进制度的笼子,更要加强自我监督,慎独慎微,修身立德,自觉让权力在"阳光"下运行,最大限度地保证权力正确行使,做到立身不忘做人之本、用权不谋一己之私。

(二)以严肃的组织生活增强监督制约效果

严肃认真的组织生活是党内政治生活的重要内容和载体,是对"关键少数"进行监督的经常性手段。强化参加组织生活的自觉。通过各种有效方式,提醒领导干部按时参加双重组织生活,督促其以普通党员身份向组织汇报思想工作情况,接受他人批评监督。找准各自定位履行监督职责。探索建立有效的责任分工、落实和反馈机制,督促党组织及党员干部履行好组织生活中的监督责任。党委要履行主体责任,书记发挥好第一责任人作用,班子成员履行相应监督职责、尽到监督责任;纪委要加强对组织生活开展情况的督导,对领导干部履责不力的要追究责任;党员要通过合法渠

---

① 习近平在党的十八届六中全会第二次全体会议上的讲话:节选[N].人民日报,2017-01-03.

道和方式,加强对领导干部用权的监督。用好批评和自我批评这个有力武器。坚持"言者无罪闻者足戒",大力倡导讲真话、道实情、真批评,见筋见骨点问题,坦诚敞亮提意见,健全激励惩处机制,形成"严于自我批评、勇于开展批评、乐于接受批评、善于进行批评"的浓厚氛围。

(三) 以完善的制度机制形成监督制约合力

制度建设是全面从严治党的长远和根本之策。对权力运行的制约和监督不能只靠领导干部自觉,关键是要形成有权必有责、用权必担责、滥权必追责的制度安排,把权力关进制度的笼子。首先要完善权力运行机制,认真贯彻落实民主集中制和党委统一的集体领导下的领导班子分工负责制度,形成结构合理、配置科学、制约有效的权力运行机制。其次,构建科学严密的监督体系,党的二十大报告专门在"完善党的自我革命制度规范体系"中指出:"健全党统一领导、全面覆盖、权威高效的监督体系,完善权力监督制约机制,以党内监督为主导,促进各类监督贯通协调,让权力在阳光下运行。"[①]对权力的监督不能单打独斗,必须整合力量打好"组合拳",让各项监督同向发力。坚持思想政治监督与作风纪律监督相一致,普遍监督与重点监督相兼顾,实现党内监督和群众监督、舆论监督等方面的有机统一,确保全面监督、专责监督、职能监督、日常监督等同频共振。把监督责任明确到人,建立完善巡视、审计等部门线索移交、调查核实、责任追究、问题整改、情况反馈等环节的衔接机制,形成完整的监督链条。此外,还应当健全完善问责追究制度,严肃追责问责,既注重对用权不当的问责,又注重对监督不力的问责,既注重对违纪问题的事后问责,又注重对苗头性倾向性问题的及时提醒纠正。

三、完善反腐监督体系

(一) 发挥人民群众的监督作用

群众监督是最广泛、最直接、最有效的监督,权力行使要为民所用,权力运行就要接受群众监督,充分保障群众的话语权。群众监督作为民主监督的一种重要形式,是人民群众对国家行政机关及其工作人员的工作所进行的监督。习近平多次强调:"要多听听人民群众意见,自觉接受人民群众监督。"我们党历来高度重视群众监督,中共十九大报告指出,"增强党自我净化能力,根本靠强化党的自我监督和群众监督",将群众监督提升到增强党自我净化能力根本之一的全新高度。在长期的反腐败斗争中,也涌现出诸多群众监督和纪检委监督共同发力的典型实例,充分体现了我们的制度优势和全社会对于坚决反对腐败所凝聚的共识。

发挥人民群众的监督作用,就是要把权力置于严密的监督之下,首先就是要拓展

[①] 习近平.高举中国特色社会主义伟大旗帜 为全面建设社会主义现代化国而团结奋斗:在中国共产党第二十次全国代表大会上的报告[M].北京:人民出版社2022:66.

民意渠道,充分发挥群众参与的积极性。通过党务、政务公开这个载体,让人民群众及时了解权力运行情况,从而进行有效监督。通过政府门户网站和单位网页的公众留言板、领导信箱、社区论坛等网站,包括领导接待日,群众听证会,民主座谈会,以及民政、信访、纪检部门受理群众上访案件等与人民群众沟通交流窗口等形式,拓宽人民群众民情民意表达渠道和反映问题途径,扩大与人民群众交流对话的窗口,自觉接受人民群众监督。进一步畅通检举控告渠道,发挥群众监督作用,能够不断增强人民群众对党的信任和信心,厚植党的执政根基。反腐工作必须依靠群众支持和参与,而信访举报是群众参与反腐败斗争最重要的渠道,要更好地发挥群众参与的作用,就必须千方百计为群众信访举报开辟便捷渠道。建立对证人和举报人的经济补偿制度,保护证人和举报人的人身安全和财产安全,对群众举报信息及时反馈、及时处理,保护群众的监督热情,维护群众监督权利。对群众合理的诉求及时予以处理,对确实存在的问题及时予以纠正,对群众暂时不理解、不支持的工作要及时解惑,对存在的违纪违法行为及时予以查处。只有这样,才能维护好政府部门公信力,维护好群众合法权益,才能跳出历史周期率。

(二)发挥民主党派的监督作用

民主监督作为民主党派的基本职能之一,对于提高执政党的执政能力、完善我国的民主监督体系、加强社会主义民主政治建设,具有重要意义。长期以来,各民主党派作为中国共产党久经考验的亲密友党和社会主义参政党,始终同中国共产党风雨同舟、患难与共,紧密合作、团结奋斗,为民族独立、人民解放和国家富强、人民幸福,为坚持和发展中国特色社会主义作出了不懈努力。在全面从严治党背景下,民主党派民主监督具有新的时代内涵与价值功能,对构建中国共产党统一领导、全面覆盖、权威高效的社会主义监督体系,推进全面从严治党向纵深发展,不断巩固中国共产党的领导和执政地位,具有重要的理论价值和现实意义。

民主党派民主监督是在坚持四项基本原则基础之上的政治监督。政治监督就其本质来讲,是"对公共权力的控制和约束"。民主党派民主监督的对象不是一般的事务性监督,不是共产党的党内事务监督,而是对共产党执掌和运用公共权力的监督,主要针对的是执政党及其领导干部的执政行为,包括国家重大方针政策、重大改革决策、重要决策部署贯彻执行情况、党委依法行政及党员领导干部履职尽责、为政清廉等方面的情况。要充分尊重民主党派的组织独立性,认真贯彻《中共中央关于加强中国特色社会主义参政党建设的意见》精神,为民主党派履行职能提供必要的支持和帮助。建立健全知情明政渠道,推进政府信息公开的力度和广度,扩大民主党派知情范围。党委政府坚持重大事项协商制度,不定期地向民主党派通报近期重点工作和本地区政治、经济、社会发展的具体情况和信息,深化政府有关部门与民主党派的对口联系制度。充分利用好制度平台,通过召开民主监督专题会议、与有关部门的联席会议等形式,推动民主监督进一步落实。拓宽民主党派监督渠道,确保民主党派的知情权,扩大参与范围,从法律程序上保证监督渠道的畅通。规范反馈环节,落实监督成果,反馈重在对监督成果的落实和督办,对各类监督意见和建议,相关部门要归类整理,说明情况和原因,逐渐形成"提案办理"式的规范流程,做到"事事有回音,件件有答复",并在一定范围内对监督结果进行公开。

(三)加强网络舆论监督

新闻媒体的重要性既体现在对国家各项方针政策的宣传方面,也突出表现在革新人民对民主政治的理解以及引导社会政治方向上。舆论监督是新闻媒体运用舆论的特有力量给予公众帮助,使其更好地对社会事务、政府事务以及所有和公共利益有关的事务进行了解,并遵循社会生活准则和法制的一种社会行为。尽管没有强制规定,但其却具有一种道德的、精神的力量。随着社会的不断进步,信息技术以及网络技术得到了迅猛发展,网络时代的到来对新闻舆论监督提出了新的要求。在此形势下,新闻舆论监督必须积极转变,与时俱进,以充分发挥出新闻舆论监督的作用。当前,电视问政、微博问政等已初显功效,我们国家已经深刻认识到并已经开始利用网络、信息、微博、新闻等媒介渠道逐步搭建了诉求平台,这些平台的搭建,既提高了为政者的服务质量,也获取了不少有价值的案件线索。舆论监督是一种自下而上的监督,效能非同寻常,为此,要抓紧制定《新闻法》,以法律形式规定新闻媒体的权利、义务和责任,保障新闻工作者的采访权、报道权、评论权,使新闻媒体成为规范公共权力运作,遏制腐败现象蔓延,传递民众心声的有力工具。要想充分发挥出新闻舆论监督的作用,就要紧密结合新闻舆论监督和司法监督、组织监督,建立健全监督体系,三者相互监督和服务,才可以顺利达到此目的。司法和组织部门可以运用新闻舆论发声,将信息公开,而组织部门和司法部门也可以从外部对新闻舆论监督提供保障,为顺利开展新闻舆论监督奠定坚实的基础。同时,充分发挥网络在监督方面的优势,运用科技手段防腐反腐,加强网络管理,打造健康的网络监督平台,多管齐下,让腐败现象在人民群众的汪洋大海之中无处遁形。

后　记

自2011年安徽省社会科学院组织实施学科建设以来,马克思主义研究所一直致力于中国特色社会主义理论与实践研究,在顺利完成所承担的第一期骨干学科建设研究任务之后,2015年、2018年先后承担了第二期院重点学科建设项目"中国特色社会主义研究"、第三期院重点学科建设项目"习近平新时代中国特色社会主义思想研究"。在本周期的3年间,公开发表论文100多篇,其中包括在各类核心期刊发表的论文20多篇。

本书是安徽省社会科学院马克思主义研究所承担的第三期院重点学科建设项目"习近平新时代中国特色社会主义思想研究"的成果。全书分为上、中、下3篇,即由全面从严治党的形成依据与重大意义、全面从严治党的科学内涵与鲜明特点、全面从严治党的实践路径与具体对策三大部分组成,各部分及其各章之间既相互独立又相互联系,在吸收借鉴国内学术界现有研究成果的基础上,运用跨学科研究方法,从新时代全面从严治党的形成依据、发展历程、重大意义、科学内涵、主要内容、鲜明特点、实践路径与具体对策等方面,对新时代全面从严治党进行较为系统的研究,在突出宏观研究优势的同时,力求从研究视角、研究内容等方面寻找新的突破点,以更加开阔的视野和更为多元的维度,强化对贯彻落实全面从严治党的研究,对深入理解和把握新时代全面从严治党以及持之以恒推动全面从严治党向纵深发展具有重要的参考价值。

"习近平新时代中国特色社会主义思想研究"重点学科建设项目主持人杨根乔研究员负责全书框架设计、修改和统稿,并与马克思主义研究所的研究人员一起承担了全书的研究和撰写任务。其中,承担各章撰写任务的人员分别是:戚嵩(第一章、第二章、第三章)、杨根乔(第四章、第五章、第六章)、胡虹(第七章、第九章、第十三章)、王兴仓(第八章)、崔玉亮(第十章)、范秋雨(第十一章)、贾绍俊(第十二章)。

本书的出版得到了中国科学技术大学出版社的大力支持,他们为本书的顺利出版付出了辛勤的劳动;中共安徽省委党校(安徽行政学院)党的建设教研部原主任郝欣富教授、中共安徽省委党史研究院(安徽省地方志研究院)第七研究室主任徐京、中共安徽省委党校(安徽行政学院)党的建设教研部主任吴梅芳教授审阅本书并提出了宝贵的修改意见和建议,在此一并表示衷心感谢!

由于水平有限,书中难免存在疏漏和不妥之处,敬请读者谅解,并给予批评指正。

杨根乔

2024年8月26日